l'intégrale

Le travail

Virgile
Géorgiques

Simone Weil
La Condition ouvrière

Michel Vinaver
Par-dessus bord

Sous la direction de
Philippe Guisard
et **Christelle Laizé**

ellipses

ISBN 9782340-065246

8/10 rue la Quintinie 75015 Paris

www.editions-ellipses.fr

Table des matières

Littérature et langage

Art et symboles

Exercices appliqués

Les auteurs

Romain BERRY

Romain Berry est professeur agrégé à l'externe de Lettres modernes. Il enseigne en CPGE littéraire (spécialité Lettres modernes en Khâgne) et CPGE scientifiques (MP* et PCSI) au lycée Claude Fauriel de Saint-Étienne (42). Il a notamment publié la partie consacrée aux *Années* d'Annie Ernaux dans l'Atlande 2017 à destination des Khâgneux, ainsi que de nombreux articles et ouvrages à destination des CPGE scientifiques. Il fait partie du jury du Concours Commun Mines-Ponts et du CAPES externe de Lettres, après avoir fait partie du jury du concours Centrale-Supelec pendant trois ans.

Frédérique BOURNET

Agrégée de Lettres classiques, Frédérique Bournet enseigne au lycée de la Martinière-Duchère à Lyon. Elle a participé à la traduction de la correspondance de Pétrarque aux Belles Lettres et collabore à diverses revues (2007).

Marie-Anne CHARBONNIER

Professeur honoraire de Chaire Supérieure au lycée Henri-IV, Marie-Anne Charbonnier enseigne au Collège Sévigné.

Simon CHEMAMA

Normalien (Ulm 2003), agrégé, docteur en Études théâtrales (Paris III) et en Lettres (Rutgers University). Simon Chemama enseigne en classes préparatoires à Lyon et a fondé en 2018 l'APROTHEA (association des professeurs de théâtre en cpge). Il a publié notamment des ouvrages majeurs sur l'œuvre de Michel Vinaver, dont *Le théâtre de l'immanence* (Champion, 2016) ainsi que la correspondance de Vinaver avec Camus (*S'engager ?*, L'Arche, 2012). Simon Chemama est aussi metteur en scène et dramaturge.

Mathieu COCHEREAU

Agrégé de philosophie et docteur de l'université Paris 1 Panthéon-Sorbonne en philosophie, Mathieu Cochereau enseigne au lycée Cassin de Gonesse et en CPGE scientifiques au lycée Hoche de Versailles. Il a publié *Connaître Arendt* aux éditions Ellipses en 2016 et a traduit plusieurs traités philosophiques de Cicéron aux éditions Payot et Allia.

Catherine DURVYE

Agrégée de Lettres classiques, Catherine Durvye a été professeur en classes préparatoires au lycée Lakanal de Sceaux.

Anne GRIFFET-BONNET

Anne Griffet-Bonnet, professeur agrégée de Lettres modernes, docteur ès Lettres de l'Université Paris Sorbonne (avec une thèse en droit et littérature sous la direction de Georges Forestier), enseigne en CPGE scientifiques au lycée Marcelin Berthelot à Saint-Maur-Des-Fossés et est membre de divers jurys de concours.

Maria LEONE

Agrégée de Lettres modernes enseignant en CPGE scientifiques au lycée Jean Perrin à Lyon, Maria Leone est aussi spécialiste de Rousseau, auteur auquel elle a consacré plusieurs articles ainsi que deux ouvrages : *Voltaire et Rousseau, la révolution des esprits*, éditions Le Figaro (2012) et *Rousseau et les femmes*, EMCC éditions (2012).

Gilbert PONS

Agrégé de philosophie, critique d'art et photographe, Gilbert Pons vit et travaille désormais dans le Tarn. Voici ses principales publications : *L'Horloge de sable*, Au Figuré, 1991 ; *Choses feintes et objets peints, les ambiguïtés de la nature morte*, Au Figuré, 1993 ; *Le Paysage, sauvegarde et création* (sous la direction de), Champ Vallon, 1999 ; *Portraits de maîtres, les profs de philo vus par leurs élèves* (avec Jean-Marc Joubert), CNRS Éditions, 2008 ; *Citations, un dictionnaire, Ellipses*, 2010.

Philippe QUESNE

Ancien élève de l'ENS-Ulm, agrégé de philosophie, docteur en philosophie (thèse publiée aux éditions Kluwer/Nijhoff sous le titre *Les recherches philosophies du jeune Heidegger*), Philippe Quesne est professeur de Chaire Supérieure en classes préparatoires littéraires (Khâgne) et scientifiques (BCPST) au lycée Henri-IV.

Les coordinateurs

Philippe GUISARD & Christelle LAIZÉ

Agrégé de Lettres classiques, docteur de l'université Paris X Nanterre en langues et littératures anciennes (avec une thèse menée sous la direction d'Agnès Rouveret, *Horace et l'hellénisme*), professeur de Chaire Supérieure, Philippe Guisard enseigne en classes préparatoires littéraires au lycée Henri-IV à Paris.

Agrégée de grammaire, docteur de l'université Paris IV Sorbonne en langues et littératures anciennes (avec une thèse menée sous la direction de Jacqueline Dangel et Françoise Létoublon, *Lieux de mémoire dans « l'Énéide » de Virgile*), professeur de Chaire Supérieure, Christelle Laizé enseigne en classes préparatoires littéraires au lycée du Parc à Lyon.

Philippe Guisard et Christelle Laizé ont publié *Le lexique grec pour débuter* (Ellipses, 2012), *Les Verbes latins* (Ellipses, 2009) ; *Le Lexique latin pour débuter* (Ellipses, 2008) ; *Le Lexique nouveau de la langue latine* (Ellipses, 2007) ; *Le Lexique nouveau de la langue grecque* (Ellipses, 2006) ; *La Grammaire nouvelle de la langue latine* (Bréal, 2001). Ils dirigent **la collection « Cultures antiques »** chez Ellipses (*L'Art de la parole, pratiques et pouvoirs du discours*, 2009 ; *Les Dieux et les hommes*, 2010 ; *Le Pouvoir : diriger, commander, gouverner*, 2011 ; *Expériences et représentations de l'espace*, 2012 ; *La famille*, 2013 ; *La guerre et la paix*, 2014 ; *Le corps*, 2015 ; *Éloge et blâme*, 2016 ; *Le temps*, 2017 ; *Savoir, apprendre, éduquer*, 2019 ; *L'homme et l'animal*, 2021) **et la collection « L'Intégrale »** (*Le Mal*, 2010 ; *La Justice*, 2011 ; *La Parole*, 2012 ; *Le temps vécu*, 2013 ; *La guerre*, 2014 ; *Le monde des passions*, 2015 ; *Servitude et soumission*, 2016 ; *L'aventure*, 2017 ; *L'amour*, 2018 ; *La démocratie*, 2019 ; *La force de vivre*, 2020 ; *L'enfance*, 2021).

Ils sont auteurs, depuis janvier 2016, des *Chroniques anachroniques* du site www.laviedesclassiques.fr.

Introduction

Philippe QUESNE

Le paradoxe du travail

Introduction

Même si elles peuvent révéler quelque chose quant au concept général de travail, la notion physique du « travail », « travail d'une force » comme « énergie fournie par une force quand son point d'application se déplace », celles, biologiques, de « travail musculaire » ou de « travail d'érosion », ou encore celle, obstétrique, du « travail » de la femme en couches, restent périphériques eu égard à ce qu'on entend ordinairement par ce terme, à savoir une activité humaine de production de biens et de services. Cette définition, qui ressort plutôt de l'économie, peut être complétée en disant que cette activité est rémunérée, ou que cette production est celle d'un employé, fournie en échange d'un salaire, au sein d'un marché libre du travail, dans lequel on peut entrer ou sortir plus ou moins librement. Ces traits descriptifs sont décevants car ils redoublent, de manière asbtraite, notre expérience la plus triviale : quand nous recevons des biens, nous savons qu'ils ont été produits par l'activité plus ou moins qualifiée d'un employé, et ce contre un salaire, et quand nous-mêmes sommes au travail, nous savons ce que nous avons à produire en échange de ce salaire, mais aussi que nous pouvons perdre ce travail, tout autant que postuler pour un nouveau, que nous avons des chances non-négligeables d'obtenir.

Toute interrogation philosophique sur le travail doit donc commencer par une mise en relation du travail avec sa cause. Comme activité qui coordonne plusieurs hommes entre lesquels le travail se divise, il est une des formes par laquelle une espèce, ici l'espèce humaine, reproduit son existence dans et face à la nature. Le travail est d'abord le moyen par excellence de la survie de l'espèce humaine, ce qu'il fallait inventer, comme division du travail, pour que l'espèce humaine soit viable, et ensuite, ce moyen suppose la nature : il s'effectue « dans la nature » parce que le travail est fourni par des corps humains, et « face à la nature » parce que le travail l'envisage comme une matière, ou un point de départ, pour en tirer ces moyens de survie. Le rapport à la survie et le rapport à la nature impliquent donc deux sortes de règles : celles, sociales, par lesquelles nous divisons le travail entre les hommes qui composent l'espèce, et celles, techniques, par lesquelles nous tirons de la nature comme matière les produits qui servent à notre survie. Ces deux types de règles font une économie, certes, mais précèdent toute économie. Ce sont les forces productives, corps, intelligence et techniques, et les rapports de production, coordination des individus de l'espèce qui sont au travail en un lieu donné. Cette définition est celle de Marx : « On peut distinguer les hommes de animaux par la conscience, par la religion, par tout ce qu'on voudra. Ils commencent eux-mêmes à se distinguer des animaux à partir du moment où ils commencent à produire leur moyen d'existence – ce pas en avant étant conditionné par leur organisation corporelle. En produisant leurs moyens d'existence, les hommes produisent indirectement leur vie matérielle elle-même[1] ». La prise en considération sérieuse du travail rompt avec la description économique du travail en tentant de situer son enjeu et sa genèse : c'est le travail, et donc l'activité matérielle de l'homme, qui le distingue de l'animal, et non pas les facultés de l'esprit. Placer ainsi le travail au cœur de la survie humaine, c'est caractériser l'homme non plus par l'esprit, de manière idéaliste, mais en rapport avec ce qui lui permet de persévérer dans son être : si l'homme peut survivre et continuer à vivre, il le doit non pas à quelque contemplation, mais à son activité au sein de la nature, il le doit à son corps et à quelque faculté qui lui est incorporée, et non pas à l'esprit. Le travail est donc au centre d'une problématique pragmatique et matérialiste, mais aussi naturaliste : l'homme se distingue ainsi de l'animal par un processus naturel continu, donc lors d'une histoire évolutive propre, et si le travail est le moyen de l'espèce humaine, c'est que celle-ci se distingue aussi par une spécificité corporelle. En outre, c'est dans et par le travail que l'homme produit ce qui lui permet de vivre et de survivre, niant ainsi la nature, la transformant, et c'est donc le travail qui situe aussi l'espèce humaine « au-dessus de la nature », donc en position de « maître et possesseur » de la nature. En outre, en travaillant, et dans le cours de cette activité même, l'homme transforme aussi sa vie matérielle, c'est-à-dire qu'il révolutionne sans cesse les rapports de production, ou encore les liens sociaux dans lesquels il vit et qui sont fondés sur la division du travail, mais aussi les forces de production, techniques et productives. Non seulement l'homme se met au travail en tant qu'espèce naturelle, poussé par sa nature, non seulement il se distingue par là des autres espèces animales et y acquiert donc son visage proprement humain, non seulement le travail est ce sans quoi l'espèce humaine ne peut survivre ou vivre, mais en outre, l'espèce humaine, dans et par le travail, se donne sa propre histoire, en transformant constamment sa vie matérielle, et a donc une chance, en prenant conscience de cela, de faire son histoire, d'en décider, au lieu d'en subir la fatalité.

Quand le concept de travail est perçu à ce niveau, comme condition de la survie de l'homme, définition de l'humanité comme espèce naturelle, mais aussi éventualité d'une maîtrise de son destin historique, on peut en déduire que rien n'est plus nécessaire à l'homme que le travail. C'est ce que nous pressentons trivialement en énonçant que sans le travail, nous en viendrions à mourir de pauvreté et de misère, nous n'aurions aucune des joies de l'existence, nous commencerions à lutter les unes contre les autres et à sombrer dans l'anarchie : bref, rien ne semble aussi nécessaire à nos vies que le travail. On pourrait même dire qu'à celui à qui manque toute vertu, le travail est d'autant plus nécessaire qu'il lui donnera, par la contrainte, l'ensemble des vertus sociales, morales, physiques, dont il a besoin sans le savoir : sans la société édifiée dans la division du travail, cet homme paierait le prix de son peu de vertu.

En passant, à l'aide de Marx, par-delà les descriptions économiques du travail, en le comprenant dans sa nécessité naturelle, humaine et historique, nous en faisons un concept digne de ce nom, voire une puissance sans égale dans nos vies.

1. K. Marx, *Œuvres*, Pléiade, 1982, Tome III, p. 1055.

Pourtant, en allant chercher au fond de la mémoire humaine, dans une culture générale qui peut-être ne nous parle plus beaucoup, nous trouverons que ceux qui, parmi les hommes, travaillent, ont porté sur le travail un jugement de valeur qui diffère grandement du sens général qu'a ce concept dans l'élaboration grandiose de Marx : pour prendre l'exemple de deux cultures à prétention universelle, l'une religieuse et l'autre philosophique, la première judéo-chrétienne, la seconde grecque antique, nous les verrons sur ce point converger, voire consoner, malgré toutes les oppositions, voire les incompatibilités qu'on peut dresser entre les deux, dans l'idée que le travail ne peut être que l'objet d'une péjoration, voire d'un dégoût, et cela alors même que sa nécessité semble reconnue. Dans l'une, il est la punition qui suit le péché et se confond avec la condition générale de l'homme qui chute dans une vallée de larmes, où l'on gagne son pain à la sueur de son front, alors que le jardin figurait une nature dans laquelle l'homme trouvait dans la générosité de la nature et de dieu de quoi vivre et survivre – il est donc une torture, comme l'indique son étymologie latine dans les langues romanes (*tripalium*) ; dans l'autre, il est indigne d'un homme libre, c'est-à-dire d'un homme qui se maîtrise lui-même et jouit du plus grand bonheur, mais doit être réservé à l'esclave. Qu'il soit le fait de l'homme pécheur ou de l'esclave, le travail a en commun de ne pas être le lot de l'homme heureux. Travailler fait grincer des dents, si l'on peut dire. Cet énoncé nous oriente en effet dans le sens d'une question tout à fait triviale, ou plutôt de la détermination tout à fait triviale du problème du travail, ou d'un des problèmes centraux du travail, sous la forme d'une alternative : alors que, objectivement, lucidement, théoriquement, chacun s'accorde sur la nécessité absolue du travail, et sur le fait que l'humanité lui doit sa survie dans la nature, son visage propre, et son histoire, pourtant, subjectivement, existentiellement, pratiquement, l'homme n'accorde pas sa conduite à cet aveu et ne veut rien moins que se lever le matin pour rejoindre son lieu de travail, ou bien caresse avec délectation l'idée des vacances, c'est-à-dire d'un néant de travail, comme on envisage à la fin des temps le paradis. Si rien ne semble plus absurde à l'individu minimalement réfléchi que de refuser le travail, il semble au contraire que le même individu ne ressente rien de plus immédiat et sensé que de le refuser, et de se dire que, comme il travaille toujours pour les autres, le travail doit être pour les autres, c'est-à-dire, paradoxalement, pour moi. C'est bien à cela que semblent correspondre les deux valeurs, à peine distinctes, du travail dans les cultures judéo-chrétiennes ou grecque antique : le travail suscite une réaction individuelle, quasi-physiologique, de dégoût. Est-ce là un refus de céder à une convention humaine que toute notre nature récuse, bien que nous puissions lui faire quelque concession hypocrite aux fins d'y échapper le plus possible, ou bien est-ce la fuite plus radicale d'une réalité humaine naturelle insupportable, de même type que celle de la mort ? Le refus du travail, qui n'a pas de sens, est la seule chose qui fasse sens pour une vie humaine. Cet étrange énoncé, qui frise la contradiction, nous semble condenser le caractère énigmatique du travail. Tout d'abord, nous justifierons la thèse de Marx, en montrant que le travail fonde la société, ou que, sans travail il ne peut y avoir de société, mais aussi qu'il fonde la rationalité, ou que sans travail, les facultés éminentes de l'esprit humain ne peuvent exister, et enfin que le travail fonde jusqu'à l'humanité de l'homme, ou encore que, sans travail, pas d'être humain. Dans un deuxième temps, nous relativiserons grandement le caractère absolu et universel du travail, à la fois dans l'espace et dans le temps, pour montrer que, dans le travail, l'homme éprouve durement, ou paie le prix exorbitant de n'être plus un animal comme les autres, ou bien encore que l'histoire dans laquelle le travaille le lance, loin d'être une histoire dont il est le maître, semble produire des monstres encore plus aliénants que la nature elle-même. Enfin, nous tenterons de comprendre les deux termes de notre problème « ensemble », à savoir que le travail soit absolument nécessaire et donc impossible à refuser et qu'en même temps, tout notre être puisse le refuser aussi ardemment : il s'agit du phénomène de la domination, qui se trouve au fondement du travail peut-être plus encore que celui de la nature et de la survie.

I. De la nécessité sociale, rationnelle et humaine du travail ......

○ 1. Le travail fondement de la société

Dans la République, Platon fait dériver la société du travail, si bien que l'on peut dire qu'il n'y a de travail que social, ou que le sens même du travail est d'être social : on ne travaille pas si on joue de la guitare chez soi, pour son loisir, même si cette pratique nous est difficile, mais bien si on répond à la demande sociale de foules avides de musique, et ce n'est pas le moindre des reproches faits par Platon à l'artiste que le fait qu'il ne suit aucune demande sociale, mais semble imposer son œuvre sans qu'on lui ait rien demandé. D'ailleurs, ce caractère asocial de l'artiste va de pair avec l'absence de règles techniques dans son activité : incapable d'être social, de se plier à la règle sociale du travail, il est tout autant incapable de se plier à celle du travail réglé, de la technique, qu'il ne peut que contrefaire, aux fins de rester seul tout en tirant profit de la société.

Car la société résulte de deux facteurs, selon Platon : d'abord, le fait que « chacun de nous ne se trouve pas auto-suffisant » dans la nature, et ensuite le fait « qu'il est porteur de beaucoup de besoins[1] », que nous devons satisfaire dans cette nature. L'axiome du travail est le suivant : étant donné les nombreux besoins qu'un individu doit satisfaire, seul au milieu de la nature, le travail se justifie du fait que cet individu est incapable d'arriver à cette satisfaction seul dans la nature, donc qu'il doit en passer par les autres. Il n'y a pas d' « autre origine à la fondation d'une cité[2] ». L'idée est simple, mais en tant qu'axiome, elle est difficilement contestable : soit un homme seul dans la nature avec le besoin de se nourrir et de boire, celui d'un abri pour dormir à l'écart des dangers, celui du vêtement[3], et, ajouterons-nous, celui de se reproduire, etc., sans quoi l'espèce humaine ne peut continuer

1. *République*, trad. P. Pachet, 369 b.
2. *Ibid.*
3. *Ibid.*, 369 d.

dans la nature, on voit aisément que l'homme seul, « avant le travail », court à sa perte, et ce dans un délai très bref, s'il tente l'aventure de la satisfaction de ses besoins primaires seul. S'il doit satisfaire sa faim, comment construirait-il un abri, surtout s'il doit aussi se vêtir dans le même temps ? Ne sera-t-il pas dépassé ? L'homme n'est pas donc pas viable en tant qu'organisme solitaire dans la nature. Comment a-t-il pu le devenir ? Il faut s'y mettre à plusieurs, de telle sorte qu'« un homme en prend un second pour le besoin d'une chose, et une troisième pour le besoin d'une autre chose[1] » : mon existence dépend alors d'autrui, pour qui je travaille et qui travaille pour moi. Il est de ce fait nécessaire que ces hommes qui s'entraident le fassent dans un même lieu d'habitation, formant ainsi une société[2]. Les deux mots grecs utilisés ici sont formés sur la racine « *Oikos* », maison, lieu de résidence, avec à l'horizon l'idée d'économie : le travail, c'est aussi une certaine proximité spatiale des hommes entre eux, car on ne peut, sans y perdre la vie, attendre d'être en Perse, si on est grec, pour se procurer un manteau. Pourtant, des hommes, si avides soient-ils de collaborer pour survivre, en se tenant les uns près des autres, ne peuvent atteindre ce but qu'à une condition très précise, qui est la structuration de ce groupe. La société ne peut « procurer tant de choses », nécessaires à l'assouvissement de mes besoins, que si « l'un est cultivateur, l'autre maçon, un autre tisserand[3] ». Autrement dit, le travail n'est pas d'abord l'utilisation de son corps aux fins de la fabrication d'un produit d'usage, mais un ordre social, celui de la division du travail : l'invention miraculeuse qui permet à l'homme de survivre seul dans la nature est, si l'on peut dire, l'étiquetage des hommes, qui ne sont plus simplement des hommes naturels, mais remplissement une fonction précise dans l'assouvissement des besoins. C'est cette division du travail, donc le travail social, qui est le travail tout court, en tout cas le travail *in statu nascendi*. Cette articulation des hommes entre eux n'est pas hiérarchique, verticale, mais purement horizontale, et de l'ordre d'une simple division des tâches, par laquelle les hommes acquièrent une nouvelle identité.

Pourtant, une fois opérée la division du travail, la question se pose de savoir s'il est mieux de faire un seul métier ou plusieurs, ou encore si le laboureur doit travailler durant tout son temps pour fournir à toute la cité, ou s'il ne doit que se fournir lui-même en blé pour consacrer le reste du temps, tant bien que mal, à satisfaire ses autres besoins[4]. Question étrange s'il en est, et qu'on croyait avoir dépassée ! Pourtant, elle est logiquement possible : après l'instauration d'un ordre par division du travail, il serait encore possible, même si c'est contre l'esprit de la chose, que chacun bénéficie de sa propre spécialité, et reste à l'état de nature quant au reste. Ce qui se cache derrière cette question apparemment absurde est, peut-on penser, l'interrogation quelque peu angoissée de l'interdépendance : si je fournis toute mon énergie de laboureur à la cité, il est toujours possible que le

1. *Ibid.*, 369 b.
2. *Ibid.*, 369 c.
3. *République*, trad. P. Pachet, 369 d.
4. *Ibid.*, 369 e.

maçon, lui, ne se dévoue que très peu, et que je sois la dupe d'une telle division, c'est-à-dire la dupe du travail. Cette peur d'être floué dans l'interdépendance est l'affect constant des sociétés. Le travail suppose donc une forme de rationalité : « Or, dans un échange, qu'on donne à quelqu'un d'autre, quand on le fait, ou qu'on reçoive, c'est parce qu'on croit que ce sera meilleur pour soi-même[1] ? ». En effet, si la division du travail est la solution, encore faut-il que l'homme seul comprenne qu'il y va de son intérêt d'y entrer en toute bonne foi. La vertu se définit alors comme service, au contraire du parasitisme, et demande à chacun de pouvoir se mettre à la place du tout de la division du travail. Cette vertu n'est pas liée au travail par accident, mais c'en est une qualité essentielle dans la mesure même où le travail est division du travail. Un deuxième problème est celui du critère de l'ordre proposé ou de la division du travail, autrement dit de l'étiquetage des hommes. Ici, c'est la nature qui est invoquée, qui nous prédispose à tel métier plutôt qu'à telle autre[2] : on peut imaginer qu'il s'agit à l'origine de dispositions plutôt physiques, par exemple la taille, la force musculaire, ou l'endurance, mais on peut aller jusqu'à dire que l'école, aujourd'hui, ne fait qu'orienter les individus en fonction de leurs dispositions naturelles. Donc, la division du travail est fondée, à un double titre, sur la nature pour décider du contenu de la structure, de son remplissement, et sur la rationalité morale de chaque individu pour pouvoir « fonctionner ». C'est une machine mathématiquement définie, sur une base éthico-naturelle. La dimension éthique du travail est soulignée tout particulièrement : s'il faut que chacun ait un seul travail, la raison en est éthique, car c'est seulement ainsi que chacun pourra prendre conscience de l'interdépendance de la société, et donc travailler exclusivement, comme la logique de la division du travail l'exige, au service de la cité, pour mieux remplir ses besoins, mais c'est aussi, au-delà, d'un intérêt politique majeur, puisque, si la justice se définit, au début de la République, comme « rendre à chacun le sien[3] », comment pourra-t-on même évaluer ce qui est le sien pour chaque individu si on ne sait ce que la cité lui doit, c'est-à-dire ce qu'il fait pour la cité et qui de ne devient déterminable intégralement que si chacun a un métier et un seul ? En outre, la nécessité d'un seul métier dans la division du travail articule l'idée de service de la société à celle de la compétence technique, car « si on laisse passer le bon moment pour un travail, il est manqué... il y a nécessité que celui qui fait se mette à la disposition de la chose à faire, et n'agisse pas comme une fonction accessoire[4] » : étant lié à la société tout entière par son métier, l'ouvrier ne travaille plus pour lui-même, quand cela lui chante, et de manière négligente, mais il s'identifie à son ouvrage, fait abstraction dans cette tâche de sa personnalité, devient peu à peu l'ouvrage lui-même, ce qui signifie qu'il y pense sans cesse et de manière impartiale, le soigne et le couve, et devient donc capable, sur cette base, d'en faire une technique, procédant selon des règles de fabrication déterminées. La conséquence pratique est aisée à déduire, comme le fait Platon : « chaque genre de

1. *Ibid.*, 369 c.
2. *Ibid.*, 370 b.
3. *Ibid.*, 331 d.
4. *République*, 370 b.

choses est produit en plus grand nombre, en meilleure qualité, et plus facilement, , lorsque c'est un seul homme qui fait une seule chose[1] ». Dans la division du travail, si on comprend son intérêt éthique, un miracle se produit : la société fabrique des biens toujours plus nombreux, toujours plus rapidement, et toujours de meilleure qualité, alors même qu'ils sont plus nombreux et produits plus vite. Cela définit le progrès matériel, technique, et défie l'intelligence individuelle. On voit donc que, de la division du travail comme fondement de la société jusqu'au métier comme travail spécialisé, assumé par un seul individu, il n'y a aucune rupture : c'est en raison de cette division que chacun fait « une chose, conformément à sa nature, et au bon moment, en se mettant en congé des autres choses[2] ». Bizarrement, c'est dans l'interdépendance assumée jusque dans son existence individuelle, intégralement, que l'individu retrouve son indépendance complète : il est seul, fait abstraction des autres, maîtrise son temps, et se plaît à l'ouvrage. L'activité humaine devient sensée, vertueuse, maîtrisable, indépendante tout en étant au service du tout.

Dans le mythe de Prométhée et d'Epiméthée, tel que retracé par Protagoras dans le dialogue platonicien du même nom, le travail est dérivé de la nature humaine en tant que tel : Epiméthée a pourvu, selon le commandement divin, les animaux d'armes de défense, d'un équipement instinctif pour les adapter à leur environnement, de protections corporelles, mais il a oublié l'homme qui reste « nu, sans chaussures, ni couverture, ni armes[3] ». De cette déficience naturelle, qui en fait un animal pauvre en instincts ou dépourvu d'instincts, inapte à réagir de manière adéquate à un stimulus, mais plutôt pris de panique, de cette aporia donc, Prométhée a fait un avantage en volant aux dieux les techniques, et le feu pour en faire usage, et en les donnant aux hommes : moins qu'un animal, et plus qu'un homme, tel est ainsi situé l'homme en tant qu'animal laborans – moins qu'un animal car il a, paradoxalement, une nature inadaptée à la nature, et plus qu'un homme, car le remède en est le travail, c'est-à-dire la maîtrise de la nature, par son esprit, en concevant des idées qui sont invisibles et le mettent en rapport aux dieux. La limite du travail est très clairement indiquée dans le mythe : si le travail permet aux hommes de survivre, il ne leur permet pas de le faire dans de bonnes conditions car, dispersés en petites communautés, ils sont à la merci des bêtes sauvages, et il faut entendre par là tout ce qui présente un danger pour l'homme dans la nature, puis, quand ils parviennent à se rassembler derrière de hautes murailles, ils découvrent que la bête sauvage est en eux, se divisent et se dispersent à nouveau. Il leur manque l'art politique ou la justice, et par conséquent, le travail, s'il fonde la survie humaine sous forme de société, ne peut suffire à rendre viable cette société, et doit trouver son complément dans la politique.

Platon aborde dans la République, et ce assez longuement, cet autre aspect du travail ainsi conçu, comme forme mathématico-éthico-naturelle : il est dans

1. *Ibid.*, 370 c.
2. *Ibid.*
3. *Protagoras*, trad. E. Chambry, XI.

sa logique de faire sortir cette forme hors d'elle-même[1], et de la pousser jusqu'à l'infini, tout comme une douzaine est une collection finie, une forme numérique, qui éclate dès qu'on déploie la série des entiers naturels jusqu'à l'infini. Il faudra en effet produire non seulement les moyens de notre subsistance, mais, dans le cadre des techniques réglées, les moyens de ces moyens, donc les outils, d'où une augmentation de la population. Cela n'est encore rien à côté de la nécessité de l'échange, qui vient s'ajouter à l'usage : s'il faut des ouvriers spécialisés pour satisfaire les besoins de la société, le résultat est que chaque ouvrier spécialisé est en quelque sorte « assis » sur les objets qu'il produit, mais il est certain que le boulanger ne construira pas plus sa maison avec des pains au chocolat que le maçon ne mangera des parpaings. Ils doivent échanger, et donc favoriser une autre sorte de progrès dû au travail, qui consiste en apprentissage des langues, culture de la politesse, commerce entre les hommes, communication entre les peuples, mais aussi dans le risque plus grand que l'échange ne supplante l'usage, que la monnaire, équivalent universel, ne fasse oublier le rapport des biens aux besoins. Les commerçants pour l'import-export avec les États voisins, les marchands qui représentent les ouvriers au marché en sont deux exemples. Dans une cité devenue autarcique, le danger est de voir apparaître des désirs superflus, qui donnent naissance à des métiers ne satisfaisant pas les besoins immédiats, puis de voir la population grandir de manière telle qu'il faudra s'assurer d'autres terres à cultiver, donc faire la guerre aux États voisins[2] – l'impérialisme comme stade suprême du travail.

Plus largement donc, et à titre de conclusion sur ce point, Aristote distingue bel et bien deux plans dans l'existence des ensembles humains : le premier plan, celui des sociétés naturelles, fondées sur une finalité précise qui est l'autarcie, le fait de pouvoir satisfaire l'ensemble de ses besoins, qui implique une division, une diversification de ces ensembles sous la forme de la famille, des villages puis des villes, sous l'effet d'une dynamique dont le moteur est principalement le travail, et la deuxième plan est celui des cités politiques, dans lesquelles on conduit la discussion sur le juste et l'injuste, non plus pour survivre, mais pour bien-vivre[3], car l'homme ne pourrait accepter de vivre dans une société de tyrannie ou d'inégalités trop criantes. Le rapport entre les deux cités est intéressant : il y a une relation inversement proportionnelle entre autarcie et unité, comme l'illustre le corps individuel, parfaitement un, mais très peu autosuffisant, puis la famille plus diverse mais plus autarcique aussi, jusqu'à la ville, parfaitement autarcique, mais où la perspective de l'unité s'est perdue. Trouver cette unité oblige donc à un changement de plan, de la société de travail à la politique comme discussion sur le juste et l'injuste. Le travail fonde une société des hommes dans laquelle tous sont divers et de plus en plus divers dans leurs fonctions, alors que chacun est non seulement l'égal de tout autre, mais plus encore identique à tout autre en tant que citoyen. Un citoyen français a les mêmes droits qu'un autre citoyen français,

1. *République*, op.cit., 371 a sqq.
2. *République*, 373 d.
3. Aristote, *Politique*, 1280 b 39 – 1281 a 4

mais diffère par son insertion dans la division du travail. Le travail ne doit pas nous griser : il faut apprendre la différence entre croissance et bonheur, vivre et bien-vivre, autarcie et justice.

○ 2. Le travail fondement de la rationalité

a) L'abeille et le travailleur

Marx lui-même, tout matérialiste qu'il soit, en tentant de décrire le « travail sous une forme qui appartient exclusivement à l'homme », énonce la chose suivante : « Mais ce qui distingue dès l'abord le plus mauvais architecte de l'abeille la plus experte, c'est qu'il a construit la cellule dans sa tête avant de la construire dans la ruche. Le résultat auquel le travail aboutit préexiste idéalement dans la tête du travailleur. Ce n'est pas qu'il opère seulement un changement de forme dans des matières naturelles ; il y réalise du même coup son propre but dont il a conscience, qui détermine comme loi son mode d'action, et auquel il doit subordonner sa volonté[1] ». Le travail comporte donc : 1°) l'existence dans l'esprit, sous forme d'idée, de plan, de projet, de ce qu'il y a à produire, avant qu'il ne soit produit ; 2°) la transformation de cette idée en but conscient, à réaliser ; 3°) la loi qui articule ce but aux moyens nécessaires à l'atteindre, et qui prescrit le mode d'action ; 4°) la subordination d'une volonté, qui d'ordinaire est désir, caprice, etc., à cette loi, 5°) enfin, un changement de forme dans des matières naturelles, donc la transformation des matières premières en un produit, au moyen d'un changement de forme, permis par l'action décrite ci-dessus. Ces cinq éléments sont tous des modes de la rationalité : raison théorique, qui voit idéalement la chose, raison pratique, qui en fait un but et lui soumet la volonté, raison qui déduit, en articulant des moyens à un but.

b) La raison des causes

Pour Aristote, le travail est d'abord *poïèsis*, c'est-à-dire action dont il résulte quelque chose qui est extérieur à l'agent, ou encore ce que nous appelons production. En tant qu'il le produit, il fait venir quelque chose à l'être, et en faisant ainsi venir quelque chose à l'être, celui qui produit, ou qui travaille, considère ce sans quoi la chose à produire ne peut venir à l'être, et il y a donc, dans la *technè*, qui est le nom de cette opération propre, ou l'autre nom du travail, un exercice de la raison : « Dans tous les cas où il y a une fin, c'est en vue de cette fin que se fait l'enchaînement des moyens[2] ». Il y a donc, ici, une délibération, mais qui doit se distinguer de la délibération pratique, qui touche justement à ce domaine qu'Aristote appelle la *praxis*, donc l'action dont il ne découle pas quelque chose d'extérieur à l'agent, mais qui porte sur l'agent lui-même – par exemple une action qui a pour but de devenir président de la République : le travail n'est pas l'action, car l'action se meut dans le contingent, en ce qu'il est possible ou non de devenir président de la République, alors que le travail qui fait venir quelque chose à l'être, relève

1. Marx, *Œuvres*, I, Pléiade, p. 728.
2. Aristote, *Physique*, 199 a.

de la même nécessité que la nature. Le travail doit donc, comme le dit Aristote, imiter la nature, c'est-à-dire comprendre comment fonctionne la nature, et par conséquent réfléchir aux causes. Le travail, c'est le type de rationalité qui, une fin étant donnée, délibère sur les causes pour l'atteindre. Et comme c'est la première attitude par laquelle l'homme peut survivre dans la nature, force est d'en déduire que la rationalité commence avec le travail. En effet, il ne peut y avoir de lit pour l'ébéniste s'il n'y a d'abord du bois, c'est-à-dire une matière : on dira donc que le bois est la cause matérielle du lit, et c'est dans cette matière, à laquelle l'agent est extérieur, que le travail doit trouver son point d'application. En outre, il ne peut y avoir un lit si ce lit n'est représenté dans une conscience, comme une fin anticipée : on dira donc que l'idée du lit est la cause formelle du lit, et c'est en connaissant cette idée et en la gardant à l'esprit tout au long de l'opération, que l'ouvrier peut produire un lit. Par ailleurs, sans l'agent, pourvu d'un corps et d'une volonté, qui interviennent de manière motrice pour changer la forme de la matière donnée, ici le lit, il ne saurait non plus y avoir de lit : on dira donc que l'agent est la cause efficiente ou motrice du lit, qu'on appellera à l'ère moderne cause tout court, cause physique pour ainsi dire. Enfin, sans le besoin d'un lit, qui émane d'un individu qui en a besoin, autrement dit sans une demande ou une commande, il ne saurait non plus y avoir de travail de fabrication d'un lit, et donc pas plus de lit que dans les cas précédents : on dira donc que la demande d'un cavalier qu'on lui fabrique un mors est la cause finale du mors – c'est d'ailleurs l'exemple que prend Platon dans la République[1] pour expliquer que le cavalier est le seul à pouvoir dire si le mors fini est beau, adéquat, en tant que praticien de l'art équestre, alors que ce juge ultime manque dans les beaux-arts. On peut donc dire que le travailleur est celui qui a affaire aux causes, car il cherche sans cesse une commande, une matière, se fait l'idée du but à atteindre et lui coordonne des moyens pour finir par entrer en action, avec son corps et sa volonté.

En outre, ces causes qui sont ce au milieu de quoi le travailleur se meut sont les causes même qui sont à l'œuvre dans la nature. Aristote analyse ce caractère naturel du travail de deux manières : d'une part les procédés de la nature et du travail ou de la technique sont identiques, comme le montrent les exemples de la digestion, semblable à une ébullition produite en milieu humide par la chaleur organique, ou du fonctionnement du poumon, identique à celui d'un soufflet de forge, mais aussi la construction d'un nid par l'hirondelle. À l'inverse, si la nature produisait quelque chose qui relève du travail humain, elle le ferait de façon identique au travail humain : « La manière dont une chose se fait, c'est aussi la manière dont la produit la nature ; et la manière dont elle se produit naturellement, c'est aussi la manière dont on la fait, si rien ne l'empêche. Par exemple, si la maison était le produit d'une génération naturelle, sa génération s'effectuerait de la même façon que par l'art (c'est-à-dire par les mêmes moyens)[2] ».

1. Platon, *République*, 601 c.
2. Aristote, *Physique*, II 8 a 18-20.

Le travail ne fait donc pas qu'imiter la nature, mais il est promis à une plus haute dignité en ce qu'il la parachève, la complète ou la prolonge : il n'y a pas de lit dans la nature, et non seulement l'homme possède l'idée d'un lit, d'autre chose que ce que la nature fait venir à l'être, mais il est capable de lui donner une existence dans la nature. D'où l'interprétation aristotélicienne qu'on pourrait donner du mythe de Protagoras : si le travail humain a quelque chose de divin, c'est parce qu'il peut se rapporter à une idée qui n'est pas présente dans la nature et lui donner une existence naturelle, à la manière d'un démiurge. Dans l'agriculture, la médecine, l'éduction, le travail parachève la nature, et s'avère démiurgique[1]. D'ailleurs, ce dépassement de la nature par les mêmes moyens que la nature n'aurait pas lieu si le travail et la nature n'étaient pas isomorphes, et ne procédaient pas d'une manière analogue.

Pourtant, nature et travail, dans leurs opérations respectives, semblent avant tout se distinguer par le fait que les processus naturels ne comportent pas une phase de délibération ou de réflexion. Si pour Aristote, il suffit qu'il y ait articulation des moyens aux fins pour qu'on parle de finalité, comme dans la construction de la toile par l'araignée, dire que la nature opère à l'aveugle alors que le travail le fait avec circonspection semble oublier que, même dans le cas du travail, la délibération, la réflexion, la prudence, le tâtonnement sont des imperfections, comme l'écrit Philopon, le commentateur d'Aristote : « La délibération marque un défaut d'intelligence... et quand l'artisan délibère, ce n'est pas en tant qu'artisan qu'il délibère, mais en tant qu'il est en défaut sur son art : c'est par ignorance qu'il est conduit à délibérer[2] ». La perfection du travail, le travail dans son essence, tend vers la production naturelle, et si la délibération est la preuve de la rationalité, le travail est, quant à lui, la preuve que la rationalité peut s'incorporer en l'homme, donc devenir culture. On devient un agriculteur, et cela « se voit ». Pour Aristote, le fait de travailler sans réfléchir, ne signifie pas du tout l'aliénation machinique de notre époque, mais au contraire l'appropriation en profondeur de l'art et de la technique, le fait de devenir, incarné, un homme de l'art. D'où la mauvaise humeur de maints artisans, dans les dialogues de Platon, quand Socrate leur demande de rendre raison de leur activité par le logos, dans le discours, sous peine de quoi leur activité serait comme rien, presque inexistante, alors même que le meilleur signe de leur art est qu'ils produisent ce qu'ils produisent dans le silence des gestes et dans une rationalité de la main qui n'a plus besoin de discours. On pourrait dire à l'inverse que c'est le « rendre raison » socratique qui ne comprend pas ce qu'est le travail en tant que tel, et qui ne le comprend pas parce qu'il n'a jamais travaillé, ni poussé le travail jusqu'au point où il devient nature et art, sans aucun besoin de justification autre que l'excellence du produit.

c) De la magie au travail

Cette rationalité opératoire des causes, acquise dans et par le travail, rend l'homme apte à dominer la nature, et par conséquent à lui donner confiance dans ses propres

1. Aristote, *Physique* 199 a 20-30.
2. Philopon, *Commentaire de la Physique d'Aristote*, II 8.

moyens. Il faudrait donc mettre l'attitude rationnelle propre au travail en opposition à l'attitude que l'homme adoptait face à la nature avant de travailler. Nul doute qu'avant de pouvoir gagner dans le travail cette confiance que procure l'opération causale, l'homme était un animal que « les phénomènes naturels épouvantent[1] ». Dépourvu de toute réaction instinctive, l'homme en vint à l'attitude magique, par laquelle les différentes forces de la nature, qui le menacent (fleuves, terre, montagnes, etc.), ne purent être conjurées que si on suppose à leur fondement ou plutot derrière elles quelque divinité acharnée à lui nuire, qu'il est alors nécessaire d'apaiser, ou de se lier, par des prières, des dons, des sacrifices réguliers. Ce monde de la magie, d'une nature animée par des figures calquées sur l'homme, est une « projection de la subjectivité sur la nature... à la base de tout mythe[2] ».

On pourrait étendre cette attitude mythique à toute religion, comme le fait Feuerbach, par opposition à l'attitude laborieuse : « L'homme déplace d'abord à l'extérieur de soi sa propre essence avant de la trouver en lui[3] » . En effet, les forces qui informent la nature, l'homme ne les trouve pas en lui dans l'attitude magique, mais hors de lui, sous la forme de dieux, démons, d'esprits. En cela, « la religion est l'essence infantile de l'humanité... l'enfant voit son essence, l'homme à l'extérieur de lui – en tant qu'enfant, l'homme est à lui-même objet sous la forme d'un autre être[4] ». Le travail, c'est donc le passage de l'enfance de l'humanité, vouée à aliéner ses forces en l'imagination superstitieuse d'un autre, à l'âge adulte ou viril, c'est-à-dire celui de l'homme au travail, avec sa réalité corporelle. En ce sens, l'accession à la promesse des Lumières, la sortie de l'état de minorité de l'homme, est réalisée par le travail plus que par la raison : « L'être divin n'est rien d'autre que l'essence humaine ou mieux, l'essence de l'homme, séparée des limites de l'homme individuel, c'est-à-dire réel et corporel, et objectivée, c'est-à-dire contemplée et honorée comme un autre être... distinct de lui[5] ». Par le travail, l'homme se réapproprie les forces qu'il a aliénées dans les dieux et les démons, il apprend que ce sont ses propres forces. « La matière doit être dominée enfin sans qu'on l'imagine habitée par des forces actives ou dotées de forces occultes[6] » : c'est le passage de la nature à la matière, qui n'est pas accompli d'abord dans la science, mais dans l'activité technique, dans le travail humain. En ce sens, on pourrait dire que le véritable anthropomorphisme est celui du travail, non pas celui de la religion : dans la religion ou la magie, ce qui est à l'image de l'homme, ce sont les chimères et les superstitions censée animer la nature, dans le travail, c'est la nature qui devient à l'image de l'homme en étant réduite à de la matière, c'est-à-dire à une des causes auxquelles l'homme a affaire pour faire de la nature une nature qui a le visage de l'homme, qui est son habitat.

1. Adorno, Horkheimer, *Dialectique de la raison*, Tel Gallimard, p. 24.
2. *Ibid.*
3. Feuerbach, *L'essence du christianisme*, Tel Gallimard, p. 130.
4. *Ibid.*
5. Feuerbach, *L'essence du christianisme*, Tel Gallimard, p. 131.
6. Adorno, *Horkheimer, op. cit.*, p. 24.

Pour ce faire, il doit devenir impersonnel, non plus dans l'humiliation devant dieux et démons, mais en dominant ses propres forces, sous la conduite de l'idée, dans le rapport à une nature devenue matière.

○ 3. Le travail fondement de l'humanité

a) La libération de l'homme libre

C'est en effet comme par ricochet que cette transformation de la matière obtenue dans et par le travail est aussi, et peut-être surtout, une transformation de l'homme par lui-même. Si elle est moins bien aperçue en général, c'est parce que l'homme reste sans doute fasciné par le visage humain qu'il a réussi à donner à la nature, et il s'y mire, satisfait de se reconnaître là où quelque chose lui était donné comme étranger voire effrayant. C'est peut-être donc une ultime aliénation de l'homme que de ne pas prendre conscience de lui-même au travail, mais de rester fixé sur le résultat, il est vrai digne d'admiration, du travail. Car qu'en est-il du sujet qui travaille, que devient-il en travaillant ? Pour résumer, on pourrait dire que, par et dans le travail, l'homme s'humanise, et ce dans plusieurs directions[1] : 1°) il se libère de sa dépendance à la nature et à ses forces, et gagne une perception toujours plus claire de ses propres forces, c'est-à-dire de ce qui fait la puissance de l'homme. Il s'humanise donc au sens où il commence à savoir de plus en plus précisément de quoi est capable l'homme, et non pas seulement ce qu'il est abstraitement. 2°) Il se libère de l'assujettissement à son désir, en apprenant à le réfréner tout au long de l'opération qu'il mène avec les causes, et ce jusqu'à ce qu'il arrive à faire exister hors de son produit tel qu'il l'a conçu. Cette libération de soi, de son côté naturel, peut être aussi une libération à l'égard de sa propre vie, si on pense un peu à l'adage bien connu, dans lequel le mot « art » vaut pour technique ou travail : « Ars longa, vita brevis ». 3°) Il se libère de tout sentiment d'infériorité, de manque de confiance en soi, d'accablement, car il trouve dans le travail de quoi jouir de lui-même, de son œuvre, de ses efforts pour parvenir au but, et du fait que ces efforts, dans le travail sont rarement vains, mais touchent le plus souvent au but. 4°) Quand bien même ils ne le feraient pas, ces efforts constituent l'ensemble de ce qu'on appelle la formation, liée au travail, et qui est le développement de la culture théorique, sciences théoriques et appliquées, apprentissage des langues, stockage d'expériences dans la mémoire et possibilité de les remobiliser dans le travail, mais aussi ouverture à la diversité des hommes avec lesquels on entre en contact par le travail, mais aussi une culture pratique, qui est à la fois la victoire sur soi-même, sur son penchant à l'oisiveté, le besoin de l'activité, la discipline du corps et de l'esprit, l'acquisition de l'habileté, ou encore la modestie, qui va de pair avec la fierté de ce qui est accompli, et qui touche à la nécessaire subordination de la volonté aux choses telles qu'elles sont dans leur nécessité opératoire, à la reconnaissance du caractère spécialisé et parfois étroit du travail bien fait, et donc aussi de la valeur de tous ceux qui participent à la division du travail.

1. Hegel, *Principes de la philosophie du droit*, § § 191-198.

« La forme, l'idée-projet conçu par la conscience, par le fait d'être posée en dehors de la conscience, d'être insérée, par le travail, dans la réalité objective du monde, ne devient pas, pour la conscience travaillante, une entité autre qu'elle. Car c'est précisément cette forme qui est son être pour soi pur ; et dans cette forme, cet être-pour-soi se constitue pour elle en vérité, ou en réalité objetive révélée, consciente. L'homme qui travaille reconnaît dans le monde effectivement transformé par son travail sa propre œuvre ; il s'y reconnaît soi-même ; il y voit sa propre réalité humaine ; il y découvre et y révèle aux autres la réalité objective de son humanité, de l'idée d'abord abstraite et purement subjective qu'il se fait de lui-même. Par cet acte de se retrouver soi-même par soi-même, la conscience travaillante devient donc sens ou volonté propre ; et elle le devient précisément dans le travail, où elle ne semblait être que sens ou volonté étranger. L'homme n'atteint son autonomie véritable qu'après avoir surmonté l'angoisse de la mort par le travail effectué au service d'un autre[1] ».

b) Les interdits fondamentaux et le travail : la figure de l'homme

Il faut encore insister sur le moment propre au travail, et qui doit être isolé de l'opération que l'homme mène au milieu des causes : comme Marx le fait remarquer, avec l'idée d'une subordinaiton de la volonté, ou Hegel avec le concept d'une libération du désir ou de la nature dans le sujet, ou encore Aristote avec l'idée d'un agent qui doit faire entrer une forme dans une matière, le moment propre du travail, qu'on appelle parfois effort, s'étend bien plus loin que le mot ne le suggère, car il est la tension vers la chose à produire. Le souci de l'avenir, propre au travail, est la séparation avec l'animalité et la naturalité et le désir. En ce sens le travail est aussi lié à l'hominisation de l'homme. C'est la lecture audacieuse que fait Bataille en rapprochant du travail et de la négation de la nature, les tabous et les interdits fondamentaux qui donnent à l'homme son visage humain, et apparaissent à l'orée de l'histoire comme le moment de son hominisation[2], . En effet, quel est le sens général de la prohibition de l'inceste, mais aussi d'autres interdits sexuels ? De l'interdiction de laisser des cadavres sans enterrement ? Des interdits qui frappent la consommation des produits de la nature, du type cru et cuit, ou de la propreté ? Il semble qu'ils instaurent une frontière, tout autant naturelle que normative (et qui ne nécessite donc pas l'effort lié aux normes morales pour être respectée), entre l'homme et l'animal, ou encore que leur sens est une certaine négation de la nature. Dépasser une telle frontière, commettre l'inceste, laisser les cadavres pourrir sur le sol, ou ne pas interposer entre soi et la nature ne serait-ce que la saisie à la main du fruit dans l'arbre avant de le manger, ce n'est pas redevenir animal, mais devenir inhumain, ou monstrueux. N'est-ce pas en réalité « la vie dans l'instant » que l'homme doit à tout prix s'interdire par là, et une telle jouissance de l'instant, objet du tabou, n'est-elle pas foncièrement liée à celle de la sexualité et de l'agressivité meurtrière ? Si cela est exact, ces interdits font de l'homme, comme le disait Hegel de manière plus générale, un être qui réfrène son désir, ou, plus précisément, qui

1. A. Kojève, *Introduction à la lecture de Hegel*, Tel Gallimard, p. 31-32.
2. G. Bataille, *Œuvres complètes*, VIII, p. 17 sqq.

doit avoir l'avenir pour dimension temporelle première et essentielle. Et cela n'est-il pas lié au travail, dont la relation à l'avenir, bien spécifique, est celle qui exige de nous que nous différions la jouissance de chaque instant, et donc chaque instant, jusqu'à ce que le terme, c'est-à-dire l'actualisation de l'idée dans une matière, soit atteint ? Il y aurait donc un lien entre les interdits qui ont historiquement et très concrètement fait de l'homme ce qu'il est, défini par eux, hominisé, et la structure temporelle du travail, par lequel seule le travail peut permettre la survie de l'homme en définissant par là même sa vie, une vie qui est sans cesse ajournée, reportée au lendemain, à l'instant suivie, une vie qui diffère de soi. D'ailleurs, n'est-il pas tout aussi flagrant que, plus l'homme a travaillé, non pas seulement individuellement, mais aussi au fil de l'histoire comme genre humain, plus sa perspective temporelle, orientée vers l'avenir, s'élargit, plus il devient capable de prendre en compte dans son existence actuelle des événements situés dans un lointain avenir et de s'en soucier ? On peut penser que l'homme qui venait de prendre figure humaine pouvait sans doute promettre, envisager, prévoir, dans un délai de quelques heures voire d'une journée, puis que ce délai s'est agrandi jusqu'à pouvoir inclure la préoccupation pour des événements qui se dérouleront dans plusieurs centaines voire milliers d'années, comme par exemple certains dangers écologiques, ou l'éventuelle habitation humaine de planètes autres que la terre. Pendant une certaine période de l'histoire humaine, l'homme ne fut-il pas enterré avec ses outils ?

II. La malédiction du travail : relativisation, aliénation, négation

○ 1. La relativisation

On comprend aisément, du même coup, que cette différence de soi à soi, cette remise de la vie, de l'instant et de la jouissance à plus tard, comme dimension de l'avenir ouverte par le travail, fasse naître en l'homme un immense soupir de nostalgie, qu'il exprime parfois dans l'art : l'*animal laborans* a commencé par souffrir réellement d'être l'animal qu'il est, indéterminé, pauvre en instincts, livré sans défense aux dangers de la nature, puis après avoir très longtemps travaillé, il finit peut-être par souffrir de ne plus être un animal comme les autres, celui qui est dans le monde comme une goutte d'eau dans l'eau. Si fier soit-il de ses acquisitions, de ses produits, de sa maîtrise technique et de domination de la nature, l'homme ne souffre-t-il pas l'impossibilité de la vacance animale ? Certaines des valeurs qui sont associées au travail dans les cultures judéo-chrétienne ou recque antique peuvent nous le laisser penser : la nostalgie d'un paradis, d'une nature dans laquelle l'homme est comme un vivant au milieu de la vie, ou l'aspiration à ne plus faire que contempler des idées ou des formes éternelles, évoqué comme bonheur suprême et éternel, montre ce que l'idée d'un passé immémorial, sans travail, peut avoir de commun avec celle de son renouveau dans un état à venir, tous deux condamnant un présent qui n'est qu'une condition d'esclave dans une « vallée de larmes ».

Il semble que le travail ne puisse donc définir l'homme en totalité, et que quelque chose en lui résiste au travail, le refuse, s'en afflige et s'en accable terriblement. Sur un plan moins affectif, plus objectif, cela doit nous conduite d'abord à une relativisation du travail : il ne peut valoir comme un absolu pour l'existence humaine, et si l'homme survit par et dans le travail, nul doute que non seulement il n'y atteint pas son bonheur propre, comme le disait Aristote en distinguant vivre et bien vivre, mais peut-être une autre vérité désagréable à entendre est-elle que le travail, tout en nous permettant de survivre, compromet, en tant qu'il est ce qu'il est, notre désir de faire plus que vivre, c'est-à-dire de bien vivre.

a) Vivre pour autrui

Tout d'abord, une telle relativisation s'opère sur le travail en tant que relativisation pure, si on peut dire. En effet, non seulement l'homme comme travailleur n'existe que relativement à la fin qu'il se fixe dans l'opération du travail, soit l'actualisation de l'idée qu'il a en tête et à laquelle il subordonne toute sa volonté et tout son être, mais en outre, une fois le produit fini, il retrouve ce qui est réellement à l'origine de toute l'opération, sa cause finale, la commande, ou la demande sociale, qui attend toujours en bout de chaîne quand on vend sa production. Autrement dit, si le travail est toujours division du travail et travail social, il semble que cette division compose la société comme une machine où chaque élément ne vaut que parce qu'il sert un autre, pourvu d'un besoin. Par conséquent, le fait que nous travaillons toujours pour et par autrui nous indique suffisamment l'aliénation généralisée et fondamentale en quoi consiste le travail : nos vies n'y sont pas pour elles-mêmes, mais relatives à autrui, à tel point que nous pouvons nous découvrir en très grand « travailleur », enthousiaste et prêt à déplacer des montagnes, mais dans le loisir, quand une activité qui pourrait être ou se trouve être un travail n'est plus faite que pour nous-mêmes, quand nous en sommes la finalité, et ce de manière gratuite. Si nous jouissons de cette gratuité, nous en jouissons à l'écart du travail, voire contre le travail, qui nous soumet à la demande et n'est, par définition, jamais un jeu. On crédite Napoléon de l'aveu de n'avoir jamais travaillé, mais d'avoir tout fait comme en jouant, et on peut voir à son exemple qu'on peut aller beaucoup plus loin par jeu et par passion que par le travail. Dans une société donnée, où chacun sert de moyen à chacun, ce qui a disparu, c'est bien le but. Où est la fin, pourrait-on se demander si on se détache quelque peu de son travail social ? On ne l'aperçoit guère, sauf hors du travail, hors de la machine qu'il constitue dans sa dimension. D'où un léger sentiment d'absurdité qui peut prendre l'homme quand il s'identifie à son travail : non seulement ce n'est qu'une partie de sa vie, mais elle prend beaucoup trop de place, presque la totalité, alors qu'elle est toujours relative. On peine sans fin ni finalité.

b) Qui travaille : tous ?

Il faut tout autant relativiser l'idée, liée au travail en tant que division du travail, d'une espèce humaine se reproduisant dans et face à la nature, dans la mesure où, comme l'enjeu est la survie de l'homme, la fable qu'on nous raconte est celle d'un unanimisme humain dans cette quête, comme si tous les hommes, dramatiquement pénétrés de ce qui s'y joue, prenant conscience par leur raison de l'intérêt qu'il y a à se lancer dans l'aventure, s'y attelait tous, donnant alors la forme fondamentale de la société et de l'espèce humaine. De chaque homme valant pour zéro dans l'état de nature, on passerait, via la structuration de tous dans la division du travail, à la survie, à la richesse, puis au bonheur de chacun. Or, il s'agit là d'un idéalisme sans doute nourri par la première figure, platonicienne, du travail, car c'est un fait que tous les hommes ne travaillent pas dans une société donnée : les hommes au pouvoir, qui ne font pas un travail à proprement parler (ce qu'indique le fait qu'ils reçoivent moins un salaire qu'une indemnité pour ce faire), les criminels, trafiquants, délinquants, prostitués, qui ne sont pas dans l'ordre social de la division du travail, les artistes, que Platon veut exclure de la cité car ils s'en sont déjà exclus en dissimulant leur incapacité technique derrière les illusions qu'ils tentent de vendre, à la manière d'un magicien, mais aussi les rentiers, les propriétaires des moyens de production, les chômeurs – ainsi que les enfants ou les gens âgés. Beaucoup d'hommes, dans une société donnée, font autre chose que travailler, soit qu'ils vivent purement et simplement, comme les enfants, soit qu'ils pillent, comme la première catégorie nommée, soit qu'ils parasitent, soit qu'ils dominent et fassent travailler. Par opposition à la définition socio-économique de l'espèce, réalisé par et dans le travail, on pourrait s'aventurer en évoquant le caractère résistant de l'espèce en son sens biologique, car les types d'activités mentionnées, se rapprochent étrangement, de celles qu'on observe dans le vivant en général. Si la question de savoir qui travaille se pose au niveau statistique de la mesure de la population active, il est vrai qu'on se pose rarement la question de ce que font, de manière générale, ceux qui, dans une société donnée, ne travaillent pas : si la survie est assurée par le travail, s'occupent-ils de vivre, de bien vivre, ou d'autre chose ?

c) A-t-on toujours travaillé ?

Si la relativisation peut ainsi prendre le sens d'une limitation dans l'espace d'une société donnée, dont certaines parties sont hors du travail, elle peut aussi prendre le sens d'une limitation dans le temps, c'est-à-dire, ici, le temps collectif de l'histoire. La question serait la suivante : a-t-on toujours travaillé ? Si provocante qu'elle paraisse, son sens est assez clair : le travail n'apparaît sans doute, dans un processus qui le constitue au début de l'ère moderne, que comme le fait du travailleur libre, puis sous la forme du contrat de travail, par lequel on échange sa force de travail contre un salaire. Auparavant, peut-on vraiment prétendre qu'on travaillait ? Dans les modes de production que Marx distingue, liés aux forces de production et aux rapports sociaux de production, déterminés historiquement dans leur rapport mutuel, on peut distinguer ceux, asiatique et grec, qui reposent, selon des modalités différentes, sur l'esclavage, et ceux, féodaux, liés à la terre, qui impliquent la condition de serf. Autrement dit, avant l'ère moderne, on ne peut pas dire que l'homme travaille, même si cela ne veut pas dire qu'il ne fait rien, au contraire : cela signifie qu'il sert. « Dans les deux formes, les individus ne se comportent pas comme des travailleurs, mais comme des propriétaires – et membres d'une communauté, qui en même temps travaillent. La but de ce travail n'est pas la création de valeur – même s'ils peuvent faire du travail en plus pour s'échanger entre eux des produits étrangers, c'est-à-dire en excès ; mais leur but est la conservation du propriétaire individuel et de sa famille, comme de la communauté dans son ensemble. L'installation de l'individu comme travailleur, dans cette nudité, est elle-même un produit historique[1] ».

Le travail et le travailleur sont donc historiquement produits, ils ne sont pas de tout temps, comme dans la vision platonicienne. Ils supposent donc des conditions d'apparition, à partir d'un mode de production antérieur, le mode féodal, dont la dissolution, dans sa modalité propre, provoque l'émergence du travail et du travailleur libre. Très généralement, cette dissolution a pour objet les formes différentes dans lesquelles le travailleur est encore un propriétaire, ou dans lesquelles le propriétaire est encore celui qui travaille. Ce processus, fondamental pour comprendre la réalité du travail, est celui à l'issue duquel on trouve « le travailleur en tant que travailleur libre face aux conditions objectives de la production comme propriété qui leur fait face, comme capital[2] ». Dès lors, on comprend que le travail n'apparaît pas seul, mais que le travail et le capital apparaissent en même temps, pour former un nouveau mode de production, le capitalisme, dans lequel les deux puissances se font face de manière conflictuelle et peut-être fatale. Ce processus comprend quatre traits structurels[3] : 1.la relation au sol et à la terre, comme condition naturelle de production, est dissoute, et avec elle les relations d'appartenance qui attachent le travailleur à la terre et au seigneur de la terre, de même que les relations de propriété qui font de celui qui travaille un petit propriétaire foncier libre ou un métayer ; 2.la propriété des instruments de production par le producteur est dissoute, et avec lui la corporation qui suppose cette propriété de l'outil de travail, mais aussi la propriété du travail, comme une habileté artisanale ; 3. la conséquence en est la suppression de la possession de moyens de consommation avant la production – la propriété foncière comporte un fonds consommable, et le compagnon, par exemple, se nourrit pendant sa formation auprès du maître et de son fonds consommable ; 4.le travailleur en personne, comme esclave ou propriété de corps, est dissous, car ce n'est plus la personne du travailleur qui est requise, mais sa force de travail, qui peut à terme être remplacée par une machine.

Contre les tenants de l'économie politique, qui fondent l'enrichissement moderne sur la division universelle du travail et sur le droit, Marx insiste sur les événements

1. Marx, Grundrisse der Kritik der politischen Ökonomie (Introduction générale à la critique de l'économie politique), Marx-EngelsWerkausgabe, T. 42, p. 384 (notre traduction).
2. Marx, Grundrisse der Kritik der politischen Ökonomie (Introduction générale à la critique de l'économie politique), Marx-EngelsWerkausgabe, T. 42, p. 406 (notre traduction).
3. Marx, *Ibid.*, p. 409 sqq.

historiques cauchemardesques qui se dissimulent derrière cette prétendue idylle juridico-économique : expropriation brutale des propriétaires féodaux, avec pour résultat le vagabondage d'individus dépossédés, la dépossession des moyens de production privés et artisanaux et leur concentration dans des fabriques, laissant face-à-face des propriétaires de ces moyens de production et des hommes « libres » de vendre par contrat leur force de travail, c'est-à-dire en réalité dépossédés, contre un salaire, dans des conditions réelles et légales qui rendent ce salaire très faible, et enfin le colonialisme pour acquérir les richesses permettant de mettre en place ce système, ainsi que le système bancaire nécessaire à l'investissement. Autrement dit, ce que Marx appelle l'accumulation primitive du capital est le soubassement terrible de la naissance conjuguée du capital et du travail : le travailleur est donc un être qui porte en lui la suppression de son lien à la terre, à la propriété de ses moyens de production et de son travail, à la consommation immédiate, et devenu, dans un sentiment de grande dépendance, d'arrachement voire de panique, une force de travail, un corps utilisable, qui doit se vendre sous peine de crier famine. Si l'analyse a déjà été contestée et est parfois contestable, qui niera qu'il n'y ait dans la mémoire du travailleur des pans de cette histoire brutale ?

○ 2. L'aliénation

a) L'exploitation

On s'oriente alors plus franchement, au-delà de la relativisation, vers le concept d'aliénation ou vers l'idée du retournement du travail contre le travailleur : en se libérant de la nature par le travail, celui qui travaille découvre avec stupeur qu'il est devenu prisonnier du travail. Tout d'abord, celui qui travaille découvre qu'il est en réalité le prolétaire, « le salarié qui produit le capital et le fait fructifier, et que M. Capital [...] jette sur le pavé dès qu'il n'en a plus besoin[1] ». Le travailleur, par l'usage qui est fait dans les usines de sa force de travail, permet à la marchandise d'être vendue à une certaine valeur, liée à son travail, mais le profit du capitaliste, qui nourrit le capital, provient du fait qu'une partie de ce travail qui donne la valeur à la marchandise n'est pas payé, car on ne paie l'ouvrier que pour reproduire ses moyens d'existence (comme prolétaire donc), ce qui est toujours inférieur à la valeur de son travail qu'on retrouve dans celle de la marchandise. Cette extorsion, appelée plus-value, se double de la liberté de congédier le travailleur quand il n'est plus utile. La relation entre les hommes qui composent le capitalisme devient donc une relation d'exploitation, d'humiliation et, du côté du prolétaire, d'hébétude, de révolte et de ressentiment.

b) Au service de la machine ou du capital ?

Ceci quant aux rapports sociaux de production, car quant aux forces productives, ce que le capitalisme produit, en tant que lieu et milieu du travail, c'est le machinisme. Le propre du machinisme est que les outils, qui exercent une action

1. Karl Marx, *Le Capital*, GF, 1969, p. 675.

sur le monde, et les instruments, qui explorent la perception du monde, n'ont plus pour support ou source d'énergie le corps de l'homme, mais une machine, soit machine à vapeur, soit machine hydraulique, qui donne le mouvement convenable et exécute avec ses instruments la même opération que le travailleur exécutait auparavant avec son corps. La machine est alors un véritable individu technique : la machine comprend trois parties, moteur, transmission, et opération, dont la dernière avait été mécanisée en premier lieu, et dont la première était assumée par le corps humain. Avec la machine à vapeur, le moteur est mécanisé, puis la transmission, avec pour résultat que le travailleur ne doit plus que l'alimenter en énergie et la disposer adéquatement, mais aussi, et surtout, que la proportion entre le corps humain et la machine centrale de l'usine n'existe plus, contraignant le corps du travailleur à servir la machine, à son rythme, qui est effréné. Il n'est plus en lutte contre la nature, mais contre la machine elle-même. C'est le fameux passage, analysé par Marx, de l'atelier d'artisan à la manufacture, qui réunit en un même lieu des artisans indépendants, puis à la fabrique, dans laquelle la machine domine tout le processus de production, avec sa taille et sa vitesse disproportionnées, que le travailleur suit dans une sorte d'hébétude. Dans la manufacture, le travail est divisé sur place, et l'ancien artisan-serrurier, affecté à la partie de la fabrication d'une remorque, par exemple la visserie, perd son tour de main et son métier : « Ce n'est pas seulement le travail qui est divisé, subdivisé et réparti entre divers individus, c'est l'individu lui-même qui est morcelé et métamorphosé en ressort automatique d'une opération exclusive, de sorte que l'on trouve réalisée la fable absurde de Mennius Agrippa, représentant un homme comme fragment de son propre corps[1] » Par exemple, l'homme physique devient, en tant que serrurier recyclé dans la manufacture, un bras qui visse « à tour de bras »... Dans la fabrique, une étape supplémentaire est franchie : le corps n'est plus qu'une partie de la machine, qui l'alimente, la surveille, et la soigne, appelé à se considérer lui-même comme moins important, en tant que corps imprécis, que les parties mécaniques de la machine. N'importe quel corps, celui d'un homme, d'une femme ou d'un enfant, fait alors l'affaire. Pourquoi les ouvriers se sont-ils mis à détruire, dans des émeutes, leur outil de travail, devenu machine ? On peut évoquer un aveuglement à la technique de l'ouvrier, ou encore, comme Simondon, le fait que le progrès se soit renversé de manière « angoissante et agressive[2] », et plaider pour un rétablissement de la continuité entre corps et moyen de production, remplacée par une discontinuité qui serait la véritable aliénation dans le cas de la machine. On peut aussi, à la manière de Marx, peut-être de manière plus convaincante, se demander si la raison n'est pas autre que purement technique : après tout, l'ouvrier connaît la machine, il en fait l'épreuve chaque jour, il s'y habitue, et c'est plutôt le travail des femmes et des enfants, et le bouleversement qu'il induit dans sa vie sociale et familiale, qui déclenche sa révolte. Autrement dit, c'est la perception, consciente ou non, que le capital franchit un pas de plus en réduisant toujours plus la vie

1. Marx, *Œuvres* I, La Pléiade, Le Capital, p. 903-904.
2. Simondon, *Du mode d'existence des objets techniques*, Aubier, 2012, p. 116.

du travailleur à la machine, à la seule fin d'augmenter la plus-value. La question revient : l'essence du travail est-elle sociale ou technique, rapports de production ou forces productives ? Pour Marx, il semble que le problème du travail soit celui de la propriété des moyens de production qui, privée, ne cesse d'assujettir toujours plus le corps du travailleur, alors que la mise en commun des moyens de production permettrait d'émanciper le travailleur sans renoncer aux machines.

c) L'inversion de sens

En réalité, peut-être faut-il porter le problème du travail jusqu'à une dimension métaphysique, plus encore que technique ou sociale, pour le comprendre, et parler non plus de relativistion ou même d'aliénation, mais d'auto-négation. En effet, si l'homme nie la nature en travaillant, il oublie peut-être, fasciné par le miroir que lui offrent ses œuvres, qu'il se nie lui-même dans cette opération, car ce qu'il a oublié, c'est qu'il est lui aussi nature, ou partie de la nature : pour travailler face à la machine dans une fabrique, ou même, plus simplement, pour contrôler les processus à l'œuvre dans une centrale nucléaire, il faut payer dans son corps le prix du contrôle accru de la nature, en étant plus concentrée, plus inquiet, plus stressé, soi-même plus contrôlé et contraint. « Aussitôt que l'homme se sépare de la conscience qu'il a d'être lui-même nature, toutes les fins pour lesquelles il se maintient en vie, le progrès social, le développement de toutes les forces matérielles et spirituelles, voire la conscience elle-même, sont réduites à néant et l'intronisation du moyen comme fin qui, dans le capitalisme avancé, apparaît ouvertement comme une insanité, est déjà perceptible dans la préhistoire de la subjectivité… la domination de l'homme sur lui-même, sur laquelle se fonde son moi, signifie chaque fois la destruction virtuelle du sujet au service duquel elle s'accomplit ; car la substance dominée, opprimée et dissoute par l'instinct de conservation, n'est rien d'autre que cette part de vie – en fonction de laquelle se définissent uniquement les efforts e la conservation de soi – ce qui doit être justement conservé[1] ». La logique propre au travail aboutirait ainsi, au cours du temps historique, à une destruction de la nature de l'homme, à une auto-négation.

Bataille exprime bien cette dialectique dans un paragraphe intitulé « le travailleur et l'outil » : « L'outil change en même temps la nature et l'homme : il asservit la nature à l'homme qui le fabrique et l'utilise, mais il lie l'homme à la nature asservie. La nature devient la propriété de l'homme mais elle cesse de lui être immanente. Elle est sienne à condition d elui être fermée. S'il met le monde en son pouvoir, c'est dans la mesure où il oublie qu'il est lui-même le monde : il nie le monde mais c'est lui-même qui est nié[2] »

1. Adorno/Horkheimer, *op. cit.*, p. 68.
2. G. Bataille, *Œuvres complètes*, VII, p. 305-306.

III. Maître et esclave : travail et domination

○ 1. L'esclave mis au travail par le maître[1]

Éloignons-nous de ces hauteurs métaphysiques, qui risquent de nous faire oublier la leçon raisonnable du travail, pour enfin tenter de résoudre la question initiale : pourquoi ne pouvons-nous pas refuser le travail, chose collectivement nécessaire, et d'un même mouvement le refusons-nous avec la dernière énergie en tant qu'individus, comme une atteinte grave à ce que nous sommes ? Partons de la fresque historique du travail brossée par Marx : en dehors des deux modes de production qui sont censés être à au commencement du processus historique global, comme c'est le cas du communisme agraire ou primitif, ou bien à sa fin, soit le communisme comme émancipation de l'homme, et qui sont peu identifiables dans la réalité historique comme tels, les quatre autres modes, asiatique, antique, féodal et capitaliste, semblent avoir, à l'exclusion des deux autres, dont ils génèrent sans doute la figure compensatoire, un trait de caractère commun : la domination. Précisons encore à partir de remarques antérieures : 1. il apparaît que le travail soit une chose nécessaire à la survie de l'homme et que l'espèce humaine doit donc assumer pour se conserver, 2. la division du travail ne concerne pas la totalité de la société ainsi divisée, mais des parties de celle-ci en sont exemptées, 3. celui qui travaille sait donc et voit donc que d'autres ne travaillent pas, et qu'il est donc possible de vivre en société sans travailler, 4. à y regarder de plus près, en se demandant qui ne travaille pas, on observe qu'il s'agit de certains qui profitent du fait que les autres travaillent, par exemple l'État asiatique, les maîtres grecs, les seigneurs, puis les capitalistes 5. historiquement, il apparaît donc que certains ont mis les autres au travail, et si l'espèce humaine survit par et dans ce processus, sa finalité semble en être plutôt ce que permet la domination chez ceux qui dominent, à savoir bien vivre, ce bien vivre résidant apparemment dans le fait de ne pas travailler 6. celui qui doit travailler se sent donc, en référence à ce processus historique, et qu'il l'ignore ou non, placé en position de dominé : il sait qu'il est possible de ne pas travailler, et que s'il travaille, c'est moins une nécessité qu'une contrainte que d'autres font peser sur lui, et s'il refuse de tout son être le travail, c'est sans doute parce qu'en lui réagit celui qui porte les stigmates de la domination verticale, au détriment de la rationalité de la division sociale du travail comme phénomène horizontal. Dans ce contexte, même l'épanouissement au travail n'est-il pas le signe de la mauvaise foi par quoi le travailleur trompe son ressentiment, et évite de jeter un œil dans les soubassements cruels et répétitifs de l'histoire ?

En effet, Hegel a été le premier à ne pas voir le fondement du travail dans la survie ou l'auto-reproduction matérielle du genre humain, mais au sein de la relation de reconnaissance. Si la satisfaction du désir en tant que désir humain

1. À ce sujet, cf. Hegel, *La phénoménologie de l'esprit*, B. Conscience de soi, IV La vérité de la certitude de soi-même, A. Autonomie et dépendance de la conscience de soi. Maîtrise et servitude. ; et A. Kojève, *op. cit.*, « En guise d'introduction », p. 11-34.

est atteinte dans la reconnaissance du sujet humain par l'autre, et non pas dans la consommation d'objets ou dans l'achat de biens somptuaires, la thèse de Hegel est que cette reconnaissance ne peut être satisfaite qu'en passant par une lutte, qui est même une lutte à mort. Cela ne signifie pas qu'elle implique la mort, mais que le triomphe sur l'autre est obtenu en faisant peur, c'est-à-dire en allant plus loin que lui dans la mise en jeu de sa propre vie – dans son risque. Il en découle une relation non plus entre deux hommes, mais, à l'issue de la lutte, entre un maître, qui s'est montrée supérieur à la nature, à la vie, à sa propre vie et à ses biens, et un esclave, qui s'est montré inférieur à la vie, à la nature, à sa propre vie, etc. : l'esclave sera donc assigné à la nature, qui est son milieu de vie, qu'il est appelé à transformer pour satisfaire le maître, pour le servir. Le Maître vit alors dans un monde purement humain, puisqu'il a des relations purement humaines avec les autres hommes, qui sont ses pairs, dans la culture, le jeu, les concours, etc., tout autant qu'avec la nature, puisque celle-ci lui est toujours présentée médiatisée par l'esclave, avec qui il n'a pas de rapport, comme ayant le visage humain de la satisfaction du maître. Au contraire, l'esclave ne vit que dans un monde naturel, n'ayant rapport aux autres esclaves que médiatisé par la nature, dans le monde du travail, où ils doivent coordonner leurs efforts pour transformer la nature au service du maître, et n'ayant de rapport au maître que médiatisé par la nature qu'il lui offre transformée. Le monde humain du maître s'oppose au monde naturel de l'esclave. Il n'y a dès lors pas de reconnaissance mutuelle possible, et comme la satisfaction du désir humain passe par la reconnaissance, son *telos* est que tous les hommes soient reconnus : par conséquent, Hegel ajoute que l'esclave, maîtrisant la nature, et donc configurant le monde dans lequel lui et le maître vivent, tandis que le maître voit ce monde progressivement lui échapper, prend la direction du processus historique, comme bourgeois supplantant l'aristocrate. Pourtant une affirmation et une question sont ici requises. L'affirmation : si le moteur historique est le désir de reconnaissance, le travail prend son sens comme relation entre maître et esclave, et son origine est dans la domination, par exemple comme mise au travail d'un peuple soumis par une aristocratie guerrière – ce sens peut-il être effacé, et l'homme peut-il oublier ce sens ? La question : est-il si sûr que la logique de la reconnaissance implique le dépassement de la domination du maître sur l'esclave, et pourrait-il y avoir une division du travail si elle n'était pas engendrée par une contrainte ou dans le contexte d'une domination ? Et plus encore : si le processus décrit par Hegel est que l'opposition, présente aussi dans les modes de production de Marx et leurs rapports sociaux, entre quelques maîtres et une masse d'esclaves, s'estompe peu à peu pour donner lieu à la reconnaissance universelle, cela veut-il dire que maîtres et esclaves deviennent tous des hommes abstraits, oublieux du passé historique, ou bien que chacun devient un maître, auquel cas il faut se demander qui travaille encore voire, plus inquiétant : cela ne veut-il pas dire que tous sont devenus esclaves, c'est-à-dire subissent la contrainte du travail comme des esclaves qui n'ont plus besoin de maîtres pour le leur imposer, qui se l'imposent à eux-mêmes, et qui ne trouvent dans la nécessité de la survie, ou dans la reconnaissance de tous, que la justification fallacieuse de leur état ?

○ 2. Le travailleur est-il un esclave[1] ?

Si celui qui travaille est proprement celui qui est dominé, et si le travail est un malheur parce qu'il est la chose de l'esclave, et d'abord lié au statut d'esclave, il importe de comprendre ce qu'est l'esclave. Tout d'abord, Aristote affirme qu'aucune activité technique ou productrice ne peut être menée à bien sans des instruments appropriés, c'est-à-dire aussi sans des auxiliaires qui jouent le rôle d'instruments, instruments vivants, et qui ne peuvent être remplacés par des instruments. En ce sens, l'esclave ne fournit pas la force motrice, comme un bœuf, tirant la charrue, mais il reste indispensable, même si des machines fournissent cette force. Il se caractérise par l'obéissance, dont il faut être capable, car obéir veut dire écouter, et les instruments ou les animaux n'en sont ou bien pas capables du tout ou bien très peu, et il est l'instrument vivant qui est affecté aux autres instruments. Aristote, qui, comme tout philosophe grec, raisonne *sub specie aeternitatis,* semble donc convaincu que, quel soit l'état d'avancement technique d'une société, il y aura toujours besoin d'hommes qui obéissent à quelqu'un, en étant préposé à une tâche instrumentale qu'aucun instrument ne peut accomplir, et qui se porte sur les instruments non-vivants, ou sur les animaux peu capables d'obéissance.

Conscient du problème, il pose la question de la justification, car des hommes libres ne sauraient être ainsi asservis. Pourtant, nombre d'hommes sont dans la position décrite ci-dessus, y compris à notre époque. Si Aristote concède que les prisonniers de guerre sont destinés à l'esclavage (pas tous), le sens en est alors le même que chez Hegel : le résultat d'une lutte à mort, abordée d'une manière plus directe mais similaire à celle de Hegel. En allant plus loin, Aristote pense que l'esclavage ainsi conçu est dans la nature des choses, car certains hommes ont de la raison pour comprendre et obéir, mais pas pour assez pour se conduire raisonnablement. Il ne s'agit pas de refuser l'intelligence à l'esclave, ni même une grande intelligence technique, voire scientifique, mais plutôt, dans ce contexte, de lui refuser une intelligence pratique, c'est-à-dire liée à la *praxis.* Celle-ci diffère de la *poïèsis* et de la *technè,* qui servent à produire quelque chose qui devient extérieur à l'agent : elle n'est pas production mais action qui a sa fin en elle-même et pour but le bien agir, que ce soit pour devenir président de la République, ou pour être un bon père de famille. Autrement dit, on peut penser que l'esclave est capable de travail mais pas d'action, et si l'esclave est un travailleur, c'est parce qu'il n'est pas libre, c'est-à-dire incapable d'action – il est dans la même dépendance au maître que le corps à l'âme, ce qui ne veut pas dire qu'il n'a pas d'âme, mais que la fonction pratique de l'âme lui fait défaut, soit qu'il se trompe dans ses buts, soit qu'il n'utilise pas les bons moyens. Au fond, l'idée d'Aristote est qu'il travaille parce que, par nature, dans ce monde contingent et complexe, il ne sait pas agir. C'est donc dans son intérêt d'être un travailleur, ici un esclave. Donc, non seulement, il faut et il faudra toujours des esclaves, mais la nature y prédispose certains – on pourrait même dire le plus grand nombre, si tant est que l'homme libre est rare.

1. Aristote, *Les politiques,* trad. P. Pellegrin, GF, 1990, 1253b-1255b.

Si, pour finir, Aristote considère l'autorité du maître sur l'esclave comme despotique, cela ne veut pas dire qu'il ait tous les droits, mais que son autorité n'a pas égard à la justice, mais à son propre intérêt. Au fond, si le maître est considéré comme libre, et donc pratiquement raisonnable, il connaît ou assume les conditions dans lesquelles on agit, par exemple comme un homme politique, et utilise les hommes pour parvenir à ses fins, ou bien dans son intérêt, car il sait définir ses fins, son intérêt, et les moyens pour y parvenir. On pourrait penser qu'il est comme l'homme politique avec son peuple, dans certaines circonstances urgentes. Il commande donc dans son intérêt, et se fait obéir : en échange, il subvient aux besoins primaires de l'esclave.

On peut donc, pour finir, se demander si, à l'époque moderne, celle du capitalisme tel que décrit par Marx, cette réalité de l'esclave, que les Grecs considéraient comme de tout temps, n'a pas encore une certaine validité, non pas au sens où il reste des esclaves au sens juridique du terme sur la terre, mais au sens plus restreint où, par exemple, la condition du travailleur libre ne dissimulerait pas, comme le suggère Marx lui-même en faisant de la lutte des classes le principe de tous les modes de production, un antagonisme entre maître et esclave. Derrière le travailleur libre, sous une autre forme, nous rencontrerions celui qui est dominé par le maître, qui lui obéit, et en est dépendant. Le prolétaire est-il un esclave ? On s'approche d'une telle identité, partielle, mais réelle, si on passe en revue les traits par lesquels Marx décrit le prolétaire et fait la genèse de son apparition.

○ 3. Y a-t-il un mensonge moderne du travail ?

Nietzsche parie sur le fait que les Grecs décrivent correctement les phénomènes, et que les autres époques de la pensée restent très en deçà de cette perception des choses, ou cherchent à la dénier. Quelques propositions, prélevées dans son projet de Préface, L'État chez les Grecs[1], peuvent ici trouver leur place : 1. dans notre monde, tous se conduisent en esclaves, mais l'effroi devant le mot nous a donné un avantage dérisoire sur les Grecs, qui est que nous avons créé deux concepts illusoires pour nous détourner de cet effroi : « dignité de l'homme » et « dignité du travail » ; 2. les hommes de notre époque travaillent de manière contraignante et épuisante, pour continuer « misérablement une vie de misère », et ils sont amenés pour ne plus y penser à considérer cette activité comme « digne de respect » ; 3. ce travail ne pourrait être considéré comme digne que si l'existence elle-même, qui se conserve par lui, avait une valeur, voulait quelque chose d'important, car le travail n'est que le moyen de la volonté ; 4. or, le but du travail semble être d'exister et de se conserver à tout prix, et non pas de poser des buts dont le travail serait le moyen de les atteindre ; 5. les Grecs se passaient de telles « hallucinations conceptuelles » : pour eux, « le travail est un avilissement car l'existence n'a pas de valeur en soi » ; 6. impitoyablement, Nietzsche ajoute à l'adresse de ses contemporains : « des fantômes tels que la dignité de l'homme, la dignité du travail, sont les indigentes

1. Nietzsche, *Œuvres philosophiques complètes*, I**, p. 176-180.

produits de l'esclavage qui se dissimule à lui-même. Triste époque où l'esclave doit recourir à des pareils concepts » ; 7 à la manière d'Aristote, il faut affirmer que la dignité ne peut se concevoir que là où « l'individu se dépasse lui-même... et n'est pas obligé... de travailler afin d'assurer sa survie individuelle ». Nietzsche inverse l'appréciation usuelle de la relation, qui péjore le maître pour vanter l'esclave : la difficulté est d'être un maître, visant un but plus élevé que la simple existence, et se risquant pour cela, alors qu'être esclave ne consiste qu'à se conserver tel qu'on est ; 8. les Grecs dissimulent autant le travail de la grossesse, dans l'opération de la procréation, que la partie laborieuse dans celle de la création : ils louent le résultat, mais jettent une voie pudique sur les conditions de sa venue à l'être, et en ont honte ; 9. de même qu'une existence individuelle qui se dépasse elle-même doit ne pas se préoccuper de la survie, de même l'essence de la civilisation repose sur l'esclavage, qui n'est que la forme collective, et logique, de l'instinct d'auto-dépassement qui est le propre de toute vitalité. Si un tel instinct existe collectivement, il ne prospère que sur l'accroissement de la misère de ceux qui travaillent ; 10. si cet assujettissement fait défaut, la civilisation fait aussi défaut dans une société qui sera encore plus sûrement vouée à l'oubli des siècles, parce qu'elle ne faisait que travailler pour se conserver, sans chercher à se dépasser pour se justifier.

La révolte énoncée par Nietzsche, qui est l'inversion du cri de révolte exprimé par Marx, a beau sembler excessive, elle nous incite à nous demander si, parmi les maintes propositions énoncées sur le travail au fil de siècles de réflexion, il ne serait le plus judicieux d'affronter celles qui, à défaut d'être nécessairement vraies, sont celles qui contestent le plus notre vision ordinaire des choses quant au travail, et secouent les certitudes au nom desquelles nous les avons peut-être refoulées, avec la part de mauvaise foi qui accompagne tout refoulement.

Lecture des œuvres

Virgile,
Géorgiques

Catherine Durvye

Simone Weil,
La Condition ouvrière

Mathieu Cochereau

Michel Vinaver,
Par-dessus bord

Simon Chemama

Le travail dans les *Géorgiques* de Virgile

Labor omnia vicit : le travail a tout vaincu.

Ou plus précisément : *Labor omnia vicit/Improbus et duris urgens in rebus egestas.* (I, 115)
Le travail astucieux a tout vaincu, tout comme le besoin pressant, dans des circonstances difficiles.

Introduction

On vous demande d'illustrer votre réflexion sur le travail par la lecture d'un traité d'agriculture en vers latins, les *Géorgiques* de Virgile, rédigé de 37 à 30 avant J.-C. ; c'est vous introduire d'emblée dans le monde antique qui n'a pas encore du travail la vision moderne à laquelle vous êtes habitués et confrontés. La forme même de ce curieux traité agricole vous étonnera sans doute, au même titre que les conseils techniques, les références à la religion romaine, à la mythologie, à l'astrologie et à l'actualité de son temps, toutes curiosités qui vous obligeront à ajouter à la lecture des 2 187 vers qui le composent celle des 633 notes qui viennent l'éclaircir dans l'édition qu'on vous recommande. C'est un ouvrage singulier et même, à bien des égards, mystérieux que ce traité dont on ne sait même pas très bien à quels lecteurs il pouvait précisément s'adresser et dans quels desseins.

Par ailleurs, cet ouvrage est consacré exclusivement aux travaux agricoles, comme l'indique son titre, *Georgica* : la racine grecque *gè* signifie la terre et le suffixe, grec lui aussi, *ergon* désigne l'activité, l'action, l'ouvrage, la besogne, quelquefois même le besoin, et au pluriel sous la forme *erga* les travaux des champs ; c'est d'ailleurs le titre d'un ouvrage d'Hésiode, *Les Travaux et les Jours*, écrit au début du VIIe siècle avant J.-C., dont Virgile s'est largement inspiré. Les autres formes du travail que nous connaissons de nos jours, comme l'usine et sa production industrielle dont *La condition ouvrière* (1937) de Simone Weil vous entretiendra, ou le marketing et ses rivalités que vous verrez à l'œuvre dans *Par-dessus bord* (1972) de Michel Vinaver, n'existent pas encore et ce sont vingt siècles qui séparent les *Géorgiques* des deux autres œuvres de votre programme.

On peut par conséquent se demander si ces trois auteurs parlent bien du même travail dans la mesure où les termes qui le désignent varient d'une langue à l'autre et n'apparaissent pas tous au même moment, dans la mesure où le travail évolue avec le temps et ne saurait rester le même d'une époque à l'autre, dans la mesure enfin où nous n'avons plus guère l'habitude de consulter les poètes pour obtenir des conseils avisés en matière d'agriculture, ce qui fait de l'œuvre de Virgile un produit daté.

Difficultés lexicales : d'un mot à l'autre

Le mot travail n'a aucun équivalent en latin ou en grec ancien : cela peut laisser penser que notre façon d'envisager le travail dans la langue française ne saurait trouver de résonnance précise dans un texte latin. Ce dont nous parle Virgile, c'est du labeur (*labor, oris*), vieux mot français qui désigne une activité qui demande un effort et de la persévérance, une activité utile, qui n'est pas sans noblesse ; *labor* en latin est employé spécifiquement pour les travaux des champs et, de ce point de vue, il est à l'origine de toute une famille lexicale française, *labour, laboureur, labourage,* mais aussi de termes plus généraux, susceptibles de s'appliquer à toute sorte d'activités, comme *laborieux, laboratoire* ou encore *élaborer.* C'est aussi *labor* qu'on emploie pour les travaux de la guerre, pour ceux du *forum* ou encore pour ceux d'Hercule. Ces tâches, qui demandent toutes un effort, sont énumérées, juxtaposées, mais sans rien de centralisé, de réglementé qui puisse rappeler ce qu'on entend à l'heure actuelle par le Travail, doté d'un ministère, d'une réglementation rigoureuse, de droits et de devoirs et dont la rémunération suscite nombre de réclamations et de grèves. Quant au lexique grec du travail, nous avons vu qu'il mentionne l'activité par le mot *ergon*, l'activité par rapport à l'inaction, et qu'il peut également désigner à lui seul aussi bien les terres labourées que le labourage, les travaux de la guerre que ceux de la navigation. On retrouve cette racine dans l'*énergie*, qu'on pourrait définir comme ce qui est ou ce qui met en action. Pour une tâche pénible, on emploie plus volontiers *ponos*, d'où viennent la *peine* et l'*homme de peine*, mais aussi la *punition*, le châtiment (en latin *poena*). Les civilisations antiques ne connaissent donc pas de notion conceptuelle et centralisée du travail, elles connaissent l'effort, l'obstacle qu'il faut vaincre, la nécessité à laquelle il faut faire face, qu'il s'agisse de la nature à vaincre et à adapter aux besoins humains ou de rivalités entre hommes à régler pour survivre ; elles envisagent le *labor* ou l'*ergon* comme une lutte nécessaire à l'amélioration de leurs conditions d'existence et la première de ces luttes est bien l'agriculture sans laquelle elles ne peuvent se nourrir.

Quant au substantif *travail*, propre à la langue française, il apparaît au XIIe siècle, dans un sens strictement technique, d'une part en agriculture pour désigner un appareil qui permet de maintenir les grands animaux pendant qu'on les ferre et qu'on les soigne, d'autre part en obstétrique pour désigner l'accouchement. On a cru bon de trouver la souche étymologique de ce nom dans un substantif bas-latin, *tripalium*, instrument formé de trois pieux où l'on attachait les animaux pour les ferrer, mais aussi occasionnellement des esclaves à punir. Il n'en fallait pas plus pour que la notion de travail soit aussitôt entachée d'images de tortures et de tourments et qu'il soit considéré comme une punition, voire un supplice. En réalité, dès le

XIXe siècle, Littré délaisse cette étymologie pour recourir au nom *trabs, trabis,* la poutre, qui constitue une entrave, peut-être celle qui entrave les grands animaux, mais surtout l'idée d'un obstacle ou d'une résistance à vaincre, d'un effort nécessaire que l'on retrouve dans *entraver.* Le travail pourrait donc exprimer une tension vers un but qui rencontre une résistance. Ce nouvel apport étymologique n'exclut pas nécessairement l'effort et la douleur, mais il dédramatise le travail qui semble ainsi évoquer un mouvement, une force, qui rencontre un obstacle que l'activité humaine s'emploie à dépasser. Travailler, c'est donc s'employer à dépasser un obstacle : c'est se mettre en condition de le vaincre, c'est une victoire en perspective. C'est au XVe siècle seulement que le mot *travail,* dans ce sens général, se substituera au *labeur.*

De nos jours, on entend par travail l'activité de transformation de la nature ou de la matière, propre aux hommes, activité qui les met en relation et qui est producteur de valeur. En anthropologie, le travail est un comportement spécifiquement humain ; en économie, le travail est ce qui anime la production de biens et de richesses nouvelles ; en sociologie, le travail définit la place de chacun dans la société en lui donnant un métier ; psychologiquement il est trop souvent vécu comme un mal nécessaire, mal rétribué, trop contraignant et son caractère mercenaire fait oublier son sens et son utilité première.

Il conviendra par conséquent de voir ce qui amène Virgile à faire l'éloge du travail.

Décalages historiques : d'une époque à l'autre

Le travail est toujours lié à une époque historique donnée et on peut aisément imaginer que, dans la société romaine à l'aube de notre ère, l'organisation et les conditions de travail sont différentes de ce qu'elles sont à présent. L'agriculture est prépondérante dans toutes les sociétés antiques et occupe 90 % de la population, quand elle n'occupe plus que 1,5 % des travailleurs français aujourd'hui ; la richesse des Romains est avant tout terrienne. L'artisanat, lui, n'est pas encore industrialisé et on le confond avec les arts, désignés par le même mot, *ars, artis* ; ce travail n'est guère prisé. Le commerce quant à lui est en plein essor et enrichit nombre d'affairistes souvent véreux ; l'extension de l'empire colonial romain favorise particulièrement le grand commerce indispensable à la circulation des denrées et produits qui transitent entre les provinces et Rome.

Après cinq siècles d'existence et plus de 100 ans de guerres civiles, les institutions de la République romaine sont à bout de souffle et l'on approche d'une première mondialisation, réduite au monde connu d'alors, le pourtour de la Méditerranée, conquis et « pacifié » par Rome. Cette croissance appelle le nouveau régime impérial qu'Octave, le futur Auguste, qui a vaincu Pompée puis Antoine, va réussir à établir. Telles sont les circonstances dans lesquelles Virgile rédige ses *Géorgiques* :

les campagnes sont ravagées, les paysans conscrits et désormais démobilisés ne parviennent pas à remettre leurs terres en culture ; les riches propriétaires et l'État les rachètent à bas prix et la production agricole italienne végète, concurrencée par les productions provinciales ; par ailleurs, et ce n'est pas l'élément le moins notable, les travailleurs sont pour la plupart des esclaves auxquels se joignent des hommes libres et pauvres qui louent leurs bras ; l'abandon de ce travail agricole aux mains de la classe servile n'a pas peu contribué à sa dépréciation. À la fin du premier livre des *Géorgiques* Virgile s'en plaint ainsi : *Ici-bas en effet le juste et l'injuste sont renversés, tant il y a de guerres par le monde, tant le crime revêt d'aspects divers. La charrue ne reçoit plus l'honneur dont elle est digne ; les guérets sont en friche, privés des laboureurs entraînés dans les camps ; et les faux recourbées servent à forger une épée rigide* (I, 505-508). Les travaux de la guerre semblent être exclusifs de ceux de la terre et, en cette fin de guerre, Virgile appelle de tous ses vœux le retour aux travaux de la paix, qui ne sont autres que les travaux des champs et, avec eux, le retour de la justice. Il est donc grand temps de remettre à l'honneur le premier de tous les métiers à cette époque, celui du paysan, en grec le *géorgos*.

Si certaines de ces circonstances ne sont pas étrangères à celles de notre temps, les progrès techniques et scientifiques, l'organisation sociale du travail, la formation des agriculteurs, la fin de la grande propriété terrienne et la laïcisation risquent de faire apparaître la vision des travaux des champs que présente Virgile comme assez désuète.

Poète et paysan : d'un travail à l'autre

Enfin, est-ce auprès d'un poète qu'on se renseigne de nos jours pour apprécier et comprendre la nature, les techniques et la valeur du travail agricole ? Quand Virgile écrit ses *Géorgiques*, il écrit pour un lectorat difficile à identifier. Les livres sont rares et seuls les plus riches en possèdent ; l'usage est aux lectures publiques, les *recitationes*, qui ne touchent qu'une classe sociale aisée et oisive ; elles pouvaient donc attirer les riches propriétaires qui vivent à Rome, loin de leurs terres et qui ne les cultivent pas eux-mêmes ; le plus souvent ils les afferment, en confient l'exploitation, ferme par ferme ou lot par lot, à leurs esclaves ou employés, quand ils ne les ont pas tout simplement destinées à leurs divertissements en en faisant des terrains de chasse, des parcs d'attraction ou des jardins fastueux. Pour qui alors un pareil traité d'agriculture ? En est-ce bien un ? Il est en tout cas le résultat d'un travail sérieux et acharné de sept ans, d'une commande officielle de Mécène dont la protection permet à son auteur de se consacrer exclusivement à l'écriture, peut-être un ouvrage de propagande politique. On sait que ce programme, même s'il nous émeut encore, n'eut pas le succès espéré par Auguste et que l'agriculture ne retrouva pas sous l'Empire la prospérité, l'efficacité autarcique et l'honneur qu'elle avait connus aux premiers temps de la République. Cet ouvrage pose également la question du travail du poète, de la place du travail intellectuel, de son utilité et de son efficacité ; est-ce un travail, ou le produit de l'oisiveté ? Cette oisiveté que les Romains appelle *otium*, et que nous traduisons à tort par *loisir* ou *retraite*, est bien éloignée de ce que nous appelons *loisir* de nos jours et plus encore de ce que nous entendons par *retraite* dans le droit du travail. L'*otium* s'oppose au *negotium*, qui désigne une activité rétribuée destinée à la production des biens communs nécessaires à la société ; l'*otium*, lui, désigne une autre activité, celle de l'étude, du travail personnel et intellectuel, de l'instruction, de la pensée opposée à l'action physique ; c'est un travail mené à des fins individuelles et non plus sociales. Ce travail personnel n'a évidemment pas grand-chose à voir avec les divertissements que nous nommons actuellement nos loisirs. Mieux vaudrait considérer que ce fameux *otium* correspond aux études que vous poursuivez et qui vous invitent à réfléchir personnellement à la place du travail dans nos vies. Ce travail n'est pas un négoce rétribué, mais un temps où l'État et vos familles vous subventionnent à ne rien faire de productif matériellement pour vous permettre de réunir les connaissances nécessaires à une pensée individuelle, libre et autonome. Le travail du poète est, semble-t-il, de cet ordre lui aussi : Virgile, protégé par le riche Mécène qui a d'ailleurs donné par antonomase son nom au mécénat, doté d'une belle propriété près de Naples, au sud de l'Italie, pour compenser les confiscations dont il a été victime en Gaule cisalpine, au nord de l'Italie, Virgile donc bénéficie de cet évergétisme fréquent dans le monde antique qui lui octroie du temps libre de tout travail manuel pour penser au rôle de l'agriculture dans l'économie et la vie sociale du pays et en faire une œuvre d'art susceptible d'orienter la formation du nouveau régime que le tout jeune Octave se trouve en position d'inventer et d'établir. Il le fait avec conviction et sérieux, avec le souci de s'instruire et d'instruire ; cela donne au poète le statut d'un véritable travailleur malgré son oisiveté apparente. C'est en quelque sorte ainsi que le mathématicien Bertrand Russell, dans son *Éloge de l'oisiveté* (1932) distingue deux sortes de travail : *Il existe deux types de travail : le premier consiste à déplacer une certaine quantité de matière se trouvant à la surface de la terre ou dans le sol lui-même ; le second à dire à quelqu'un d'autre de le faire. Le premier type de travail est désagréable et mal payé. Le second type est agréable et très bien payé. Le second type de travail peut s'étendre de façon illimitée : il y a non seulement ceux qui donnent des ordres, mais aussi ceux qui donnent des conseils sur le genre d'ordres à donner.* Faut-il pour autant considérer ces « travailleurs de l'*otium* » comme des parasites ? Russell, au contraire, constate que c'est à cette classe supposée oisive que nous devons la totalité de ce que nous appelons la civilisation, les arts, les sciences, le droit, et il assure même que c'est de cette classe que la libération des opprimés a reçu son impulsion. Il en donne pour exemple la Commune, qui fut menée par des avocats et des journalistes, et conclut : *Sans la classe oisive, l'humanité ne serait jamais sortie de la barbarie.* Car penser est aussi un travail, qui demande du temps et des efforts, et toutes les sociétés ont besoin de penseurs autant que de nourrisseurs.

Pour nous mettre efficacement au travail, il convient d'examiner ce qu'étaient les travaux à l'époque de Virgile, puis d'observer soigneusement le contenu et les caractéristiques de l'œuvre virgilienne, pour déterminer finalement les arcanes de la dialectique du travail, lieu de contradictions multiples.

Les travaux au temps de Virgile

Nous préciserons d'abord dans quelles circonstances politiques, économiques et sociales les travaux des Romains s'organisent pour remodeler une société éprouvée par la guerre civile, puis nous présenterons l'éventail des travaux auxquels ils s'adonnent, avant d'apprécier la nature et la valeur du travail dans l'économie romaine.

Les circonstances politiques, économiques et sociales

○ Fin des guerres civiles

Quand Virgile commence à rédiger les *Géorgiques*, en 37 avant J.-C., les guerres civiles qui sévissent depuis plus de 100 ans s'acheminent vers leur fin ; la bataille d'Actium en 31 assurera le triomphe d'Octave sur Antoine ; Octave a alors 32 ans ; c'est en 29 que les *Géorgiques* sont achevées et publiées.

Amorcées par les crises entraînées par les réformes agraires proposées par les frères Gracques, l'un et l'autre assassinés à l'instigation du Sénat en 133 et 121 avant J.-C., les guerres civiles recommencent en 88 avec la lutte de deux généraux, Marius et Sylla, forts chacun de leurs victoires qui les ont enrichis et dotés d'une armée personnelle prête à les soutenir, le premier en Afrique et en Germanie, le second en Orient ; ils suscitent à Rome émeutes, massacres et proscriptions jusqu'à ce que Sylla, en 82, l'emporte, se faisant accorder une dictature illimitée, ébauche d'un pouvoir monarchique qui mettrait fin à la République. Mais le Sénat, pièce maîtresse des institutions de la République, le contraint d'abdiquer en 78. Toutefois, les guerres extérieures continuent et contraignent le Sénat à se mettre de nouveau à la merci de généraux ambitieux, Crassus et Pompée. Pompée, victorieux en Orient, complote avec Crassus et Jules César. Mais César, qui vient de conquérir la Gaule, franchit en 49 le Rubicon et rentre à Rome pour contrecarrer les ambitions de Pompée. Il l'affronte à Pharsale en 48, vainc Pompée qui est assassiné l'année suivante en Égypte. Alors nommé consul à vie, César, que l'on soupçonne de vouloir rétablir la royauté à son profit, est à son tour assassiné en 44 par les Républicains. Octave, fils adoptif de Jules César qui lui a légué sa fortune, s'associe avec Antoine et Lépide pour lutter contre les meurtriers de son père qu'il bat à Philippes en 42. Des paysans spoliés, soutenus par un frère d'Antoine, se révoltent alors contre les vétérans d'Octave, que ce dernier, en les démobilisant, avait récompensés en leur donnant des terres confisquées à leurs propriétaires. Dès lors, les rapports entre Antoine et Octave se dégradent progressivement bien qu'Octave ait fait d'Antoine son beau-frère. Mais quand Antoine répudie Octavie pour épouser Cléopâtre, Octave et le Sénat déclarent la guerre à l'Égypte, dont la flotte est battue à Actium en 31. Antoine et Cléopâtre se suicident. L'Égypte ainsi conquise devient une province romaine, providentiel grenier à blé de Rome et propriété personnelle du *princeps*, Octave, qui prend le nom d'Auguste en 27. Sans avoir modifié les structures de la République, l'Empire romain a commencé et met fin aux guerres intestines.

Ces guerres civiles révèlent que les institutions républicaines qui suffisaient à l'administration d'une cité d'une dimension modeste, c'est-à-dire d'un État au mieux circonscrit à la péninsule italienne, ne suffisent plus à l'encadrement d'un empire romain désormais très étendu sur tout le pourtour de la Méditerranée que les Romains appellent désormais *Mare nostrum*. Cet empire décuple l'avidité et les ambitions de bien des citoyens romains éminents, peu soucieux du bien-être de la plèbe. Cependant la haine de la royauté, dont Rome s'était libérée en 509 avant J.-C., est persistante dans le parti républicain tandis que les généraux, forts de leurs armées personnelles et enrichis par leurs victoires, tentent de rétablir un pouvoir centralisé et autoritaire qui déposséderait le Sénat et le peuple de leurs pouvoirs. C'est finalement Octave qui eut l'habileté de laisser les institutions en place et de ne s'attribuer que très progressivement et pour ainsi dire imperceptiblement les pouvoirs des uns et des autres ; il se fit *princeps* (mot à mot *première tête*) que nous traduisons par *empereur*, ce qui évite toute allusion à la royauté. C'est en Octave, plusieurs fois invoqué et loué dans les *Géorgiques*, que Virgile place tous ses espoirs pour l'instauration de ce nouveau régime et c'est peut-être même lui qu'il prétend conseiller et ramener à la sobriété première des Romains dans les *Géorgiques*, loin du fracas des guerres et de l'éclat du luxe.

○ Fin de l'autosuffisance agricole

La mobilisation avait éloigné de leurs terres bon nombre de paysans italiens, ces soldats-laboureurs qui fournissaient la plus grande part des effectifs des armées en temps de guerre, et les campagnes s'étaient considérablement appauvries ; bien des terres avaient été rachetées à bas prix par de grands propriétaires terriens et par l'État qui se trouvait ainsi à la tête d'un *ager publicus* de plus en plus étendu ; ces *latifundia* ou grandes propriétés avaient supplanté les petites et les moyennes, évinçant la plèbe de la propriété terrienne ; c'est d'ailleurs à cela qu'Octave avait voulu remédier en dotant les vétérans de terres au moment de leur démobilisation. Mais libérés et même ainsi dotés, ces paysans s'endettaient pour remettre leurs terres en culture et, faute de pouvoir rembourser leur dette, ils les revendaient pour devenir de simples fermiers ou métayers dans le meilleur des cas, ou bien pour aller grossir la plèbe urbaine et vivre de petits métiers ou du clientélisme.

Quant aux grands propriétaires, ils vivaient à Rome et faisaient cultiver la terre par des esclaves dont le nombre s'était beaucoup accru avec les guerres, des affranchis ou des plébéiens ruinés qui se louaient. Ces cultures déléguées étaient peu prospères, d'autant que la concurrence des céréales fournies par les provinces à bas prix rendait ces cultures peu rentables. L'agriculture d'autoconsommation cédait la place à une agriculture spéculative qui, aux dépens de la culture céréalière, se consacra aux cultures arbustives, vignes et arbres fruitiers susceptibles de trouver un marché plus rentable dans la péninsule italienne. On s'adonna aussi à l'élevage extensif du gros bétail dans les montagnes et dans les landes, sans beaucoup de soin parce qu'on consommait peu de viande, et surtout du cochon ; en parallèle, un élevage de luxe, fournisseur de poissons et de gibier, se développait. C'en est déjà bien fini de la culture nourricière qui fournissait à ses travailleurs des denrées *qu'ils n'avaient pas achetées* (IV, 133) et, de ce point de vue, le vieillard de Tarente est une image nostalgique plus qu'une réalité, à moins qu'il ne figure l'idéal du vétéran heureux dans son entreprise et d'un retour à la terre souhaité par Auguste et réussi. Il restait toutefois dans le Nord du pays et loin des côtes, là où le blé importé était plus cher, quelques petits et moyens propriétaires assez conformes au modèle que Virgile propose dans les *Géorgiques*. Mais la prospérité agricole était lacunaire et les marchés hésitaient entre la consommation d'un petit nombre de privilégiés et une exportation qui n'était pas sans danger.

C'est dans ce climat de crise agricole que Virgile composa son traité.

○ Une première mégalopole

Cette crise agricole s'accompagne d'un exode vers les villes et même, plus précisément, vers la Ville, Rome, devenue avec son million d'habitants une mégalopole comparable aux nôtres, avec une densité de 1 000 habitants par hectare : elle regroupe un septième de la population de la péninsule italienne. Elle est cosmopolite et accueille des provinciaux, dont beaucoup ont d'ailleurs obtenu le droit de cité, des affranchis et nombre de paysans ruinés venus de toutes les régions de l'Italie. L'affranchissement, de plus en plus répandu, fait qu'avec le temps une grande partie de la population aura des ascendants esclaves. La limite qui séparait les plébéiens pauvres et sans terre, qui étaient citoyens, et les esclaves, qui ne l'étaient pas, tend à s'estomper sur le plan économique. Les esclaves, eux, continuent d'affluer de toutes les nouvelles provinces conquises et ruinent le marché du travail en fournissant une main-d'œuvre quasiment gratuite. La population de la Ville est donc extrêmement mêlée, on y parle bien des langues, en même temps qu'on y exerce toutes sortes de métiers, petits commerces, artisanats, services publics, professions libérales, mais la plèbe urbaine y est vouée à un sempiternel chômage, faute d'emplois. Fort heureusement, le clientélisme y remédie : les gens qui comptent à Rome se font une obligation d'accueillir chaque matin une file de gens qui attendent devant leur porte le moment de présenter leur salutation, en échange de laquelle leur est remise la *sportule*, un panier-repas pour la journée, peu à peu remplacé par un pourboire équivalent. Assistés et patrons y trouvent leur compte : ces clients votent pour leur patron, font sa propagande au moment des élections et lui rendent toute sorte de services ; en échange, ils sont nourris. L'agriculture au temps d'Auguste est par conséquent bien différente de celle de l'ancienne Rome.

Cette énorme ville, qu'on pourrait qualifier tout aussi bien de cour que de capitale, vit aux dépens des provinces qui lui fournissent des impôts en argent et en nature, notamment du blé venu de Sicile, de Sardaigne, d'Afrique du nord et d'Égypte, approvisionnement géré par le Préfet de l'annone et redistribué chaque jour avec un soin méticuleux pour nourrir cette immense foule que la faim pourrait amener à se soulever ; c'est là l'origine du fameux *panem et circenses* qui, dit-on, assurait le maintien de l'ordre ou au moins un certain calme. C'est cette magistrature qu'Auguste s'appropriera en premier. Les plus riches tirent leur revenu de l'exploitation plus ou moins rentable de leurs terres, terres éloignées de la Ville, soit en Italie, soit dans des provinces bien plus lointaines ; ils se livrent aussi parfois, du moins pour la classe des chevaliers, à des affaires commerciales et financières liées au transfert de tout ce qu'on ne produit pas à Rome et dont le besoin est quotidien ; ces affaires sont source de rapides et grandes fortunes ; quant aux patriciens, ils vivent de leurs terres et occupent des fonctions administratives, militaires ou religieuses, seuls travaux auxquels leur dignité et leur rang les autorisent.

Rome ne produit pour ainsi dire rien et importe presque tout, elle est fournie par les provinces proches et lointaines et le travail est assuré par des esclaves et des affranchis, eux aussi importés de ces provinces comme de simples marchandises. Les riches commandent le travail et le font faire par d'autres. De cette situation Virgile ne dit rien ; dans son traité il se contente d'énoncer et de détailler les opérations à mener, les techniques à employer, les conditions favorables à un travail ou à un autre, il examine le travail agricole sans considérer le travailleur, comme s'il n'était qu'un outil parmi les autres, un *outil animé*, puisque c'est ainsi qu'Aristote avait défini l'esclave grec. Virgile ne le fait cependant pas sans une réelle bienveillance, puisqu'il place cet ouvrier agricole pour ainsi dire sur le même plan que le bœuf sans qu'il n'y ait rien là de péjoratif : on vénère en effet les bœufs et on les entoure de soins parce que sans eux le labour ne serait plus possible, mais surtout parce que c'est un animal de choix, pour ainsi dire sacré, que l'on réserve aux sacrifices. Que le travail manuel soit le fait d'esclaves plutôt que des citoyens ne l'indigne pas et nous ne nous en serions probablement pas indignés non plus si nous avions vécu à cette époque. Si de nos jours les contraintes du travail des champs sont toujours les mêmes, la condition des travailleurs, elle, a bien changé.

Les travaux romains à l'aube de l'Empire

○ Absence de formation et de centralisation

La diversité des tâches est très grande en cette fin de République, mais rien ne vient en centraliser ni les conditions, ni les rétributions, ni même les techniques. Le travail est livré à l'initiative de celui qui le commande et de celui qui l'accepte, il est individuel et ne semble même pas, au moins pour ce qui est de l'agriculture, nécessiter de formation.

Les grands propriétaires ne sont pas à proprement parler des cultivateurs ; pour eux leurs terres sont un revenu plus qu'un métier et ils n'ont le plus souvent aucun savoir particulier en la matière. Cicéron affirme même dans le *De Oratore*, qu'il n'est pas nécessaire d'avoir des connaissances agronomiques et qu'il suffit d'une bonne capacité d'observation pour cultiver : *Nul n'est privé de vue et de jugeote au point de ne rien connaître aux semailles et aux moissons, à la taille des arbres ou des vignes, et pour ignorer complètement quand et comment ces travaux s'accomplissent.* Tout le monde peut donc s'y mettre et le métier dans sa spécialisation n'est guère reconnu ; Cicéron va même jusqu'à en faire un travail de vieillard en mal d'occupation, un travail indigne d'un homme libre ; Salluste en fait également un travail servile, un travail d'esclave dont il n'envisage pas de se satisfaire quand il s'écarte de la vie politique. Le fait même que le travail des champs ait été entièrement remis aux mains des esclaves n'était d'ailleurs pas propre à le remettre à l'honneur.

Pourtant, les traités d'agriculture se multiplient au cours du premier siècle avant J.-C., tout comme les traités de chasse, de pêche, d'architecture, de médecine, des recueils de plaidoiries, des manuels d'économie domestique, qui tous tendent à assurer une formation et à reconnaître une professionnalisation des tâches. Dans le domaine de l'agriculture, Caton l'Ancien (234-149 av. J.-C.), qui écrit à la fin des guerres puniques, fait du paysan dans son *De agricultura* un citoyen modèle, endurci par les travaux incessants de l'agriculture et de l'élevage dont il détaille avec minutie les activités, mais aussi un soldat émérite quand la guerre survient ; Varron (116-27 av. J.-C.), en 37, c'est-à-dire au moment où Virgile commence à écrire les *Géorgiques*, traite successivement, dans son *De re rustica* en trois volumes, de l'art de l'agriculture, des troupeaux et de l'économie rurale ; il multiplie ses conseils non sans louer la supériorité du paysan sur le citadin dont il stigmatise la paresse. Ce sont là les premiers cours de formation agricole et Virgile, après les avoir consultés attentivement – il connaissait même personnellement Varron – prend leur suite en écrivant les *Géorgiques* destinées à remettre à l'honneur le travail des paysans. Cela semble propre à inciter ces grands propriétaires, qui résident en ville et font travailler à distance des armées d'esclaves, à s'intéresser eux-mêmes à un travail qui les nourrit et fait leur fortune. On peut penser que, pour bien d'autres métiers manuels, on se forme aussi sur le tas et sans préparation.

Les seuls métiers qui semblent nécessiter une formation sont ceux de la *cursus honorum*, carrière politique réservée aux riches patriciens, tous de familles sénatoriales et destinés à devenir sénateurs et éventuellement consuls, non sans avoir exercé les fonctions hiérarchiques préalables et rigoureusement fixées dans cette *course aux honneurs*. Cette classe commence d'ailleurs à s'adjoindre quelques *hommes nouveaux*, issus le plus souvent de la classe équestre, classe aisée traditionnellement définie par sa capacité à fournir à ses enfants le cheval et l'équipement nécessaire pour être cavalier lors d'une mobilisation ; Marius, Cicéron ou Agrippa, l'un des principaux généraux et ami d'Auguste, sont des exemples fameux de cette promotion. Chevaliers et patriciens poursuivent pour cela des études de philosophie et d'art oratoire, souvent en Grèce, et se préparent ainsi aux métiers de la politique, à l'exercice de fonctions publiques, militaires et religieuses. Ce sont les seuls travaux qu'ils peuvent exercer sans entacher leur dignité, des travaux de commandement et non des travaux manuels qu'ils considèrent comme dégradants.

○ Une multiplicité de travaux

L'artisanat se présente sous la forme d'une multiplicité de petits ateliers urbains aux mains de travailleurs libres ou d'esclaves travaillant pour leurs maîtres ; ils travaillent les métaux, le bois, la laine, la soie, le cuir pour en faire différents objets, en général usuels mais aussi artistiques ou décoratifs, ce qui place les artistes sur le même plan que les artisans. Leur travail manuel n'est pas plus prisé que celui des agriculteurs. Les boutiques sont nombreuses dans les villes, fournissant toutes sortes de denrées et de produits confectionnés. Mais ces artisans travaillent pour vendre leurs produits et non principalement pour en user eux-mêmes ; à la différence des paysans, ils travaillent sur une matière déjà ouvrée et qu'ils ont achetée pour la revendre après y avoir ajouté un nouveau travail ; aux yeux de Virgile, ils cherchent simplement à faire fructifier de l'argent et non à satisfaire leur propre besoin. C'est l'usage de cette valeur intermédiaire, de ce moyen, qui dénature en quelque sorte leur travail par comparaison avec la pureté de celui du paysan qui consomme lui-même le bien qu'il a produit. C'est que la force du travail ne trouve sa légitimité que dans le besoin strict de l'entretien de la vie. Le travail est la contrepartie du besoin, qui dans le texte est souvent exprimé par *fames*, la faim, ou *egestas*, le manque, l'indigence ; encore faut-il que ce manque, qui est aussi désir, relève de la nécessité et non de l'*hybris*, c'est-à-dire de la démesure et du caprice. Virgile s'accorde avec Lucrèce pour penser que le plaisir se limite à l'absence de douleur ; or les artisans, eux, ne travaillent qu'à la fabrication d'objets pour la plupart luxueux et superflus. Le commerce, toujours fondé sur la fructification de l'argent, est donc lui aussi corrupteur.

Or le commerce a été favorisé par la colonisation romaine, il est florissant et se fait principalement par voie maritime et de préférence par cabotage ; le réseau routier, constitué surtout à des fins militaires, l'encourage aussi. L'Italie exporte vers ses provinces des vins, de l'huile, mais aussi des céramiques et des objets en métal ; mais elle importe plus encore, des céréales de Sicile, d'Afrique du Nord et d'Égypte, des salaisons gauloises, des poissons du Pont-Euxin, l'actuelle mer Noire, et de nombreux produits de luxe venus d'Orient. Les transporteurs et les hommes d'affaires font fortune en assurant la circulation de tous ces produits qui s'acheminent quotidiennement vers Rome et le déséquilibre des échanges est largement compensé par les sommes et les tributs extorqués aux provinces. Rome vit de la richesse des provinces qu'elle s'est appropriées, elle a pris le goût du luxe et de la facilité, elle n'a plus grand-chose à voir avec la sobre austérité de ses débuts, elle importe même ses cultes, sa littérature et sa philosophie : les *Géorgiques* par exemple, outre leur titre grec, sont très influencées par *Les travaux et les jours* d'Hésiode et par la poésie alexandrine.

Parmi tous ces travaux, l'agriculture reste le principal fournisseur de l'économie romaine et c'est dans ce travail que Virgile s'attache à retrouver la simplicité première des débuts de la Ville, une ville de pasteurs et de cultivateurs, dans laquelle la seule richesse est celle d'un lopin de terre attribué qui doit suffire à nourrir une famille et dont l'excédent de production doit permettre par l'échange de s'assurer les biens indispensables qu'on ne produit pas soi-même. Ce sera encore l'idéal de Jean-Jacques Rousseau au XVIIIe siècle. Le paysan n'est pas comme le citadin obligé de tout acheter et ne risque pas d'oublier la finalité première du travail pour s'égarer dans la recherche du superflu ; il sait garder la mesure, ne recherche pas le luxe et ne confond pas moyen et fin. Il échappe aux dangers de la ville.

Il semble donc bien qu'on ne puisse pas parler au temps de Virgile de travail au singulier dans la mesure où cette effervescence d'activités diverses résulte de rapports individuels et fait qu'aucune ne se reconnaît dans les autres ; cette dispersion empêche de se former une idée générale du travail. Tout au plus pourrait-on distinguer des rivalités entre les travaux des villes et ceux des campagnes ou entre les travaux physiques et ceux qui sont intellectuels, la plus marquante de ces oppositions étant tout simplement celle qui sépare ceux qui travaillent et ceux qui mettent leur point d'honneur à ne pas le faire, même s'ils se consacrent aux services publics de l'État, peu ou mal rétribués, mais qui leur permettent de prendre part au gouvernement et de s'y enrichir au besoin. La délégation des tâches manuelles aux esclaves et à la plèbe aboutit inévitablement à la dépréciation de ces « métiers ».

○ Des travaux peu prisés

Dans les faits, à la fin de la République, les Romains méprisent le travail : ils le cantonnent aux travaux manuels et aux tâches subalternes qu'ils ne pratiquent pas eux-mêmes et qu'ils confient depuis longtemps aux esclaves, aux affranchis et parfois aux plus déshérités des citoyens. On l'a vu en ce qui concerne les travaux agricoles, une grande partie de l'artisanat et des petits commerces, mais on confie aussi aux esclaves les secrétariats, la médecine, les tâches de répétiteur auprès des enfants en la personne des pédagogues, les services publics manuels comme les travaux de voirie, le travail dans les mines, le bâtiment ou la lutte contre les incendies. Les Romains aisés ne travaillent guère par eux-mêmes et n'occupent pas d'autres tâches que celles d'homme politique qui ne sont pas considérées comme un travail, mais comme un honneur, si l'on en croit la terminologie de la *cursus honorum* ; tout au plus exercent-ils souvent le métier d'avocat quand il leur faut travailler, comme le fit Cicéron ou le fera encore Pline le Jeune. Le monde du travail, au sens moderne du terme, se trouve ainsi privé chez les Romains de toute une partie du secteur tertiaire qui ne produit pas à proprement parler, mais qui organise la production ; c'est un travail tout intellectuel et qui le plus souvent conserve pour lui-même la plus grande part de ses bénéfices.

Cette répartition des tâches permet d'opposer citoyens, qui travaillent peu et intellectuellement, et non-citoyens, cantonnés aux tâches subalternes, deux ensembles qui ne se recoupent que d'une mince intersection : certains esclaves, une fois affranchis, peuvent s'enrichir et voir leurs enfants accéder à la citoyenneté – ils occuperont même une place prépondérante auprès des empereurs à venir – tandis que certains citoyens sont si pauvres qu'ils sont amenés à faire des travaux serviles, voire à vivre en assistés au service de leur patrons.

Il y a donc deux sortes de travailleurs, ceux qui organisent le travail et ceux qui le mettent en œuvre, ceux qui commandent et ceux qui exécutent. Or la rébellion des exécutants, disons des travailleurs, si fréquente dans nos sociétés modernes, se trouvait à l'époque de Virgile étouffée par le statut même de l'esclave, dépourvu de tout droit, qui ne pose plus trop de problèmes de discipline en cette fin de siècle et constitue une espèce de domesticité docile. Le sort de ces esclaves était d'ailleurs inégal et un esclave familial vivait souvent sensiblement mieux qu'un esclave public. Quant aux plébéiens les plus pauvres, ils semblaient se soumettre aux aussi. Comme l'écrit Lucien Jerphagnon dans son *Histoire de la Rome antique* : *La perception des différences, pour humiliante qu'elle soit, n'engendrait pour ainsi dire pas, dans la société romaine, de tentation subversive : tout au plus le désir de combler la distance pour son propre compte, individuellement et hors de toute solidarité de classe.* Au temps de Virgile, les révoltes d'esclaves ne sont plus à l'ordre du jour et ce prolétariat n'a pas de conscience de classe.

La valeur du travail dans l'économie romaine

Si les travailleurs sont généralement méprisés, la répartition et la qualité de leurs travaux préoccupent les dirigeants du principat, suffisamment pour les inciter à engager Virgile à défendre les travaux d'une agriculture en crise, mais aussi pour rappeler à ceux qui les commandent qu'ils travaillent contre eux-mêmes en ne les dirigeant pas avec assez de soin, voire en ne prenant pas part eux-mêmes à ces travaux. Il s'agit donc de faire l'éloge du travail dans une société qui le dédaigne en rappelant avant tout la puissance de production et de progrès du travail physique, les progrès qu'il entraîne matériellement mais aussi intellectuellement et moralement.

○ Une main-d'œuvre surabondante

Au premier siècle avant J.-C., Rome a conquis l'essentiel de ses provinces et les guerres lui ont fourni pléthore d'esclaves, main-d'œuvre acquise à bas prix qui constitue une réserve de travailleurs inépuisable. Ils occupent, comme on l'a vu, la plupart des métiers manuels, mais aussi les emplois domestiques et un certain nombre de tâches plus qualifiées ; les esclaves grecs en particulier, souvent instruits, pouvaient être précepteurs, comptables ou médecins. Toutefois, ce formidable apport d'ouvriers non qualifiés, sans droits, possédés par leur maître comme des choses, dissuada les Romains de travailler eux-mêmes et fit concurrence aux citoyens les plus démunis, qui se déclassaient en se louant pour des tâches qu'on considérait désormais comme des tâches serviles, indignes d'un homme libre. Cette multitude d'esclaves ne fut pas sans donner quelques inquiétudes à leurs maîtres qui, au cours du dernier siècle avant notre ère, durent faire face à plusieurs guerres serviles dont la plus connue et la dernière fut celle que dirigea Spartacus en 70 av. J.-C. Sous Auguste, la population italienne comptait, semble-t-il, 7,5 millions d'habitants dont 3 millions d'esclaves. La menace démographique qu'ils représentaient avait incité à améliorer leur sort progressivement : certaines punitions furent interdites et l'affranchissement devint plus fréquent ; l'esclavage romain n'avait plus ce caractère définitif et fermé qu'il avait eu par exemple en Grèce. Une famille riche pouvait posséder jusqu'à 500 esclaves et le *Princeps* en eut jusqu'à 20 000. Conscient que ces esclaves forment la foule active des travailleurs, les Romains trouvèrent nécessaire de les traiter mieux pour qu'ils travaillent mieux et renoncent à la révolte, par exemple en leur promettant l'affranchissement par testament.

Il n'en reste pas moins que la présence, bien involontaire, de ces travailleurs serviles fit des Romains aisés une classe oisive, rechignant au travail, recherchant la facilité et la satisfaction de tous leurs désirs, même les plus dépravés : il y a probablement en ce début de Principat une volonté de réhabiliter le travail tout autant que l'ordre moral que les guerres civiles avaient largement contribué à détruire. Et pour ce faire, Virgile rédige les *Géorgiques* à la demande de Mécène, conseiller intime d'Octave ; mais il y tait l'existence des esclaves, réinstaure sans la nommer la *familia*, dans laquelle le *paterfamilias* est un père pour ses enfants comme pour ses esclaves et n'hésite pas à mettre la main à l'ouvrage à leurs côtés. L'esclave y redevient un domestique, un membre de la maison, et non plus un simple ouvrier sans qualification, outil comme un autre, bien étranger à son maître. C'est l'exploitation familiale de la terre qu'il prône, contre les *latifundia* industrielles où les esclaves sont plus maltraités que dans les familles. En même temps que le travail agricole, il réhabilite celui qui l'accomplit, quel qu'il soit, comme si la terre appartenait au travailleur plus qu'au propriétaire. Le silence qu'il entretient quant au statut social des travailleurs agricoles dont il énumère les tâches semble parler en leur faveur.

○ Une économie stagnante

Il n'en reste pas moins que ce travail sous-traité et mal rétribué manquait cruellement de rentabilité. On ne pouvait guère s'attendre à ce que des travaux auxquels n'étaient intéressés ni les ouvriers ni les commanditaires donnent des résultats satisfaisants. Le rendement du travail servile était vraisemblablement moitié moindre que celui du travail des hommes libres et dans le même temps les petites et moyennes propriétés, du type familial disparaissaient.

La production essentielle, celle des céréales, périclita devant les importations à bas prix qui venaient des provinces ; l'agriculture, de nourricière qu'elle était, se consacra à une production de luxe, renonçant à l'autosuffisance. Comme Varron l'écrit : *Maintenant que les pères de famille aiment mieux agiter leurs mains au théâtre et au cirque que dans les guérets et les vignobles, nous payons pour qu'on nous apporte d'Afrique et de la Sardaigne le blé nécessaire à notre nourriture, nous faisons la vendange dans les îles de Cos ou de Chio…* Même les cépages cultivés en Italie sont désormais importés de Grèce.

Dans le domaine industriel, pas de progrès : on se reposait sur la force motrice inépuisable des esclaves sans chercher d'outil pour rendre plus efficace le travail humain. On se contenta le plus souvent de faire venir de provinces les métaux, les textiles et autres matériaux dont on avait besoin ; tout au plus y eut-il des carrières de pierres en Etrurie ; il y eut donc peu d'ouvriers en Italie même.

Les Romains furent cependant de grands bâtisseurs de villes, de ports et de routes comme Virgile le rappelle au livre II dans son éloge de l'Italie : *Ajoutez tant de villes incomparables, tant de travaux de construction, tant de places bâties par la main des hommes sur des rochers à pic, et ces fleuves baignant le pied d'antiques murailles.* […] *Rappellerai-je nos ports et les digues ajoutées au Lucrin…* (II, 155-157 et 161). C'est surtout dans le domaine de l'architecture qu'ils progressèrent avec la technique du blocage. Auguste se livra non pas à la reconstruction de Rome, mais à sa restauration, affirmant laisser après lui une ville de marbre en lieu et place d'une ville de briques. Ce sont eux aussi qui dotèrent leur empire de réseaux routiers dont certaines de nos routes suivent encore le tracé ; ces routes furent l'œuvre d'esclaves, mais aussi de soldats qui, semble-t-il, tout citoyen qu'il fusse, ne rechignaient pas aux travaux manuels.

Quoi qu'il en soit, les Romains ne furent pas de grands producteurs de biens : ils les importèrent plutôt, au même titre qu'ils importaient leur main-d'œuvre.

Le déséquilibre de la balance économique, qui les conduisait à tout importer sans rien produire eux-mêmes et à déléguer le travail de production, les faisait dépendre complètement de leurs provinces et les installait dans une paresse et une indolence qui les menaçaient à long terme. Ils ne s'épanouirent finalement que dans le commerce et la finance, mais la balance commerciale restait fortement déficitaire et seuls les impôts et tributs imposés aux provinces permettaient de l'équilibrer.

○ Une inventivité bien maigre

Les Romains ne furent donc pas de grands inventeurs dans les domaines scientifique et technique, ni même dans le domaine artistique et littéraire. Dans le domaine agricole leurs outils sont restés primitifs : ils utilisent une charrue sans roue, l'*aratrum*, et une charrue à roues, le *currus*, empruntée aux Gaulois. Les pressoirs et les moulins restent rudimentaires. Seules les techniques de la jachère et de l'assolement sont plus évoluées, tout comme la multiplication des labours et la sélection des graines de semence. La culture de la vigne et de l'olivier est influencée par la Grèce. Dans le domaine industriel, les Romains ne firent guère d'invention non plus : celles qu'ils nous ont transmises venaient toutes des autres pays méditerranéens. Ils ignoraient le ferrage des chevaux, l'attelage rationnel par le poitrail et même le gouvernail, aussi les chevaux attelés au cou n'avaient-ils qu'un maigre rendement et les navires dirigés à la godille n'étaient-ils que d'un tonnage réduit. Ils ne généralisèrent pas non plus l'usage du moulin à eau que les Égyptiens connaissaient pourtant.

Dans le domaine des arts, ils ne furent pas plus inventifs. C'est aux Étrusques qu'ils empruntèrent l'art de la voûte et aux Grecs à peu près tout le reste, à l'exception de l'arc de triomphe qui leur est propre. Leur seule originalité fut celle du blocage dans le bâtiment. Quant à la littérature romaine, elle s'inscrivit dans la lignée grecque dont elle commença par traduire les œuvres en latin ; se succédèrent à partir du IIIe siècle avant J.-C. les poètes épiques, les œuvres théâtrales, comédies et tragédies, l'éloquence et les poèmes lyriques teintés d'alexandrinisme, tous d'inspiration grecque. Ils n'eurent personne à opposer aux Grecs tels qu'Euclide ou Archimède qui s'étaient illustrés dans le domaine scientifique. Essentiellement pratiques, ils n'étaient pas enclins aux spéculations désintéressées et firent de piètres philosophes. Ils se contentèrent de romaniser les philosophies grecques, celle de Pythagore, d'Épicure ou encore de Zénon, fondateur du stoïcisme, par exemple. L'œuvre de Virgile, qui se veut si fortement italienne, témoigne bien cependant de l'imprégnation de la culture grecque dans laquelle baigne tout Romain quelque peu instruit et dont il fait une combinaison assez originale.

Si donc les Romains donnent l'impression d'avoir été des travailleurs infatigables – on parle bien d'un travail de Romain – ils l'ont surtout été du fait de leurs armées, principalement recrutées parmi les paysans italiens et provinciaux, et de leurs esclaves, plus que par leur ingéniosité technique et artistique ; ils ont été dans ces derniers domaines des imitateurs plus que des créateurs ; on peut à tout le moins leur concéder le bon goût d'avoir su reconnaître la supériorité de ce que les pays conquis leur apprenaient, leur montraient, de l'avoir assimilé et répandu. Mais pour ce qui est du travail à proprement parler, Virgile avait fort à faire pour leur en montrer la nécessité, l'utilité, le profit et les bienfaits qu'il est susceptible d'apporter au progrès de l'être humain.

Un travail littéraire : les *Géorgiques* de Virgile

Venons-en à l'œuvre qu'il vous faut *travailler*, au sens agricole du terme si l'on peut dire, c'est-à-dire ameublir, labourer, moissonner et vendanger pour en extraire l'image qu'il donne du travail, voire le travail qu'il accomplit.

Virgile au travail

○ Un paysan gaulois transplanté

Virgile naquit en Gaule cisalpine, en 70 avant J.-C., près de Mantoue en Lombardie, dans une famille de paysan modeste. Il est d'origine gauloise, né dans une région qui fut conquise par les Romains tout au début de IIe siècle avant J.-C. et ne devint effectivement une province qu'en 82 avant J.-C. à l'instigation de Sylla, pour être finalement en 42 avant J.-C. englobée dans l'Italie.

Il est paradoxal que nous ne connaissions que fort peu la vie de Virgile qui est pourtant le plus grand poète national romain : *son Enéide* fut pour les Romains l'équivalent de l'*Iliade* et de l'*Odyssée* pour les Grecs. Les biographies tardives et incertaines qui ont été conservées laissent cependant penser que son père, simple fermier, avait épousé la fille de son maître, de famille plus bourgeoise, plus aisée et plus instruite que la sienne. Virgile fit néanmoins d'excellentes études à Crémone, à Milan et à Rome, puis à Naples où il suivit les leçons du philosophe épicurien Siron, qui lui donna entre autres le goût des sciences. Il garda de son enfance en Lombardie un goût et une connaissance de la nature et de la vie rurale très présents dans les *Géorgiques*, comme dans le reste de son œuvre. Ses études, elles, poursuivies avec le plus grand sérieux, lui donnèrent une culture générale très fournie qui embrassait les lettres, la philosophie, l'histoire, les mathématiques, l'astronomie, les sciences naturelles et la médecine ; elles en firent un érudit, comme on le voit dans ses œuvres.

En 42, une partie de ses terres lombardes furent confisquées et assignées à des vétérans d'Antoine et d'Octave. Mais grâce à l'intervention de Pollion, chargé de la redistribution des terres dans cette région et lui aussi poète à ses heures, il obtint en compensation un domaine près de Naples, en Campanie, ce qui lui permit de se consacrer à l'écriture des *Bucoliques* commencées dès 42 et achevées en 37. Ce poème pastoral, qui s'inspirait des *Idylles* du poète grec Théocrite (IIIe siècle avant J.-C.), évoquait les confiscations dont il était victime en même temps que sa profonde vénération pour le jeune Octave. Cette œuvre connut un grand succès et attira l'attention de Mécène qui l'introduisit dans son cénacle de poètes et d'écrivains, lui fit connaître Octave dont il était le conseiller intime, et le dota par surcroît d'une maison sur l'Esquilin, à Rome. Ainsi protégé, doté et introduit, il vivait dans sa propriété de Naples, à la campagne et solitaire, loin des agitations politiques, entièrement consacré à son travail de poète, et il pouvait aisément loger à Rome lors de ses passages.

○ Un poète officiel

Autour de Mécène se rassemblait tout une pépinière d'hommes de lettres et de poètes dont Octave devait tirer parti et qui permit, à l'aube de ce régime, une floraison brillante d'artistes et d'écrivains comme il n'y en avait pas eu jusqu'alors, faisant du principat d'Auguste l'âge d'or des arts et de la littérature. Cette littérature, qui célébrait un retour à la paix, à l'ordre et à l'éclat d'une vie intellectuelle tout à la gloire d'Auguste, eut le mérite d'aider à la reconversion de l'art oratoire, seul prisé au temps de la République, dans des genres littéraires renouvelés. Octave eut cette idée, toute nouvelle à Rome, qu'un pouvoir pouvait trouver avantage à asseoir sa popularité sur une littérature qui l'encenserait et sur des travaux intellectuels. L'artiste fut ainsi distingué de l'artisan. Or il n'est, malgré tout ce qu'on a pu en dire, pas anodin que les *Géorgiques* fussent présentées comme une commande de Mécène et donc indirectement d'Octave : Mécène est de fait invoqué dès le deuxième vers du poème (I, 2), comme le destinataire explicite de l'ouvrage, suivi au vers 25 d'Octave, sollicité parmi les dieux, sous le nom de César, comme le seul qui puisse exaucer sa prière. Dans le deuxième livre (II, 41), Mécène est de nouveau mentionné et appelé à l'aide cette fois-ci : *Et toi, viens à mon aide et parcours avec moi la carrière commencée, ô ma gloire, ô toi à qui je dois la plus grande part de ma renommée, Mécène, déploie nos voiles et vole sur la mer libre* ; au troisième livre, il est mentionné cette fois comme le commanditaire de l'ouvrage : *tes ordres, Mécène, ne sont pas faciles à exécuter* ; au livre IV, il est invité à *tourner ses regards du côté* de l'apiculture et du modèle social que les abeilles présentent. Destinataire, secours, commanditaire ou lecteur, Mécène est l'instigateur de cette œuvre et Virgile ne renie pas son statut de poète officiel. Quant à Octave, non content de l'avoir installé de son vivant au rang des dieux à venir dès l'entrée en matière de son poème, Virgile à deux reprises se fait aussi le chantre de ses travaux guerriers. Il annonce peut-être l'*Enéide*, épopée à la gloire du régime instauré par Octave, en déclarant : *Bientôt pourtant je me préparerai à dire les ardentes batailles de César* (III,

46-48) ; à la fin du livre IV, il célèbre la gloire d'Octave qui poursuit ses travaux de pacification universelle pendant que lui, Virgile, *florissant aux soins d'un obscur loisir* (mot à mot : *m'épanouissant dans les études d'un loisir sans gloire*), écrit son poème : *pendant que le grand César lançait ses foudres guerrières contre l'Euphrate profond, et, vainqueur, donnait des lois aux peuples soumis, et se frayait un chemin vers l'Olympe* (IV, 560-562). Belle occasion d'opposer l'*otium*, le travail de l'esprit et de la réflexion auquel il s'adonne, aux activités guerrières du prince, et d'ennoblir ce fameux loisir qui jusque-là n'était pas compté comme un véritable travail – c'est l'adjectif *ignobilis* que Maurice Rat traduit par *obscur* et qu'on pourrait traduire plus précisément par *sans noblesse, sans gloire*. Le poète est désormais l'adjoint du prince et il travaille auprès de lui à l'instauration d'un nouveau pouvoir. Il ne semble donc pas douteux que les *Géorgiques* ne soient un ouvrage de commande, en même temps qu'un ouvrage de propagande en l'honneur d'un nouveau régime sur lequel Virgile fonde tous ses espoirs quant à sa propre gloire. L'*Enéide* à laquelle Virgile se consacrera jusqu'à sa mort, en 19 avant J.-C., le confirme : en travaillant à la gloire du prince, il travaille à sa propre renommée.

○ L'apôtre de la romanité

Car Virgile est bien le défenseur de la romanité et tient à assurer la mémoire de ce qui a fondé Rome : le travail, le respect, l'honneur, la sobriété, la vertu et la piété, c'est-à-dire ce fameux *mos majorum*, ces mœurs des ancêtres, qui font rêver tous les Romains pendant la période des guerres civiles et qui pourraient permettre de ramener un peu d'unité au sein d'une population si divisée et individualiste. Les origines paysannes de Virgile et son attachement à la terre le portent spontanément à ce conservatisme, sans qu'il manque pour autant de réalisme et qu'il soit rétrograde ou réactionnaire ; la situation présente de Rome, comme les guerres civiles le montrent, appelle à un pouvoir plus centralisé et à la restauration de la morale solidaire des débuts de la République qui s'est dissipée dans les conflits individuels de généraux ambitieux et avides. Il prend donc par raison plus que par goût le parti du principat. Il faut ramener au sens de l'honneur, à la modération, au dévouement, à la solidarité et à la paix aussi bien les citoyens ordinaires que les chefs militaires de ces conflits, dont Octave reste malgré tout un des représentants féroces ; et pour ce faire, il faut renvoyer les patriciens aux champs, au travail, à l'effort. Les *Géorgiques* vont présenter cet idéal ancestral non comme une réalité passée, mais comme un avenir à construire ; l'heure n'est pas à la nostalgie d'un âge d'or mythique et révolu, mais à son édification sociale et politique à venir. Il se trouve qu'Octave semble avoir eu les mêmes aspirations, qu'il donna l'exemple d'une vie personnelle frugale et modérée et qu'il souhaitait lui-même ce retour à l'ordre moral. Auguste trouvait ainsi dans Virgile un apôtre habile, capable de persuader ses contemporains de revenir à des activités plus soucieuses du bien commun, plus productives et partant plus vertueuses. Il était judicieux, pour obtenir cela, de renvoyer aux champs les citoyens égarés dans la Ville où ils prenaient l'habitude d'une oisiveté improductive et déréglée et de leur redonner ainsi des activités saines et dépourvues de convoitise. La grande originalité et le modernisme de Virgile s'affirment dans ce renversement du mythe de l'âge d'or, dans lequel l'homme naturel trouvait tout en abondance sans avoir rien à faire et s'épanouissait dans une hébétude tout animale, pour lui substituer le mythe de la vie rurale imposée par Jupiter aux hommes afin qu'ils accèdent à la culture et que, par des travaux nombreux et incessants, ils adaptent la nature à leurs besoins (I, 118-146). Ils y gagnent la maîtrise de la matière et l'éveil de l'intelligence, ou du moins d'une ingénierie fondée sur l'expérience, en même temps qu'une marge de manœuvre sur leur propre destin. Car le travail agricole, indissociable du progrès, a permis à l'homme de se soustraire aux aléas et aux errances de la cueillette, a sédentarisé l'homme, l'a incité au regroupement et a fondé la société dans laquelle les échanges et les travaux ont amélioré les conditions de vie.

Paysan, provincial, devenu poète officiel et apôtre d'une religion nouvelle, celle des espoirs qu'il fonde sur ce nouveau dieu qu'est Octave, Virgile ne se contentera pas d'écrire les *Géorgiques,* il fera à sa manière œuvre d'historien en écrivant l'*Enéide,* qui réécrit l'histoire de Rome pour donner au nouveau régime les fondations mythiques dont il a besoin. Et de fait, tous les petits Romains apprendront à lire dans son œuvre et s'imprégneront ainsi d'une *romanitas,* nouvelle forme du *mos majorum* adaptée aux temps nouveaux.

Les *Géorgiques* : un produit du travail virgilien

La réflexion, la mise en forme, le travail métrique et poétique de Virgile aboutirent donc en 29, après sept ans d'une rédaction minutieuse, à cette œuvre originale qui, sous couvert de traité d'agriculture ou de poème rural et pastoral, s'avère une véritable profession de foi dans la valeur du travail et du progrès. C'est tout un programme de philosophie politique, sociale et humaniste dont Virgile confie la réalisation à Octave.

○ Un traité d'agriculture : genèse et composition

Pour écrire cet ouvrage, Virgile a recouru à tous les traités agricoles qui existaient déjà et rassemblé suffisamment de connaissances pour que la qualité technique des informations qu'il donne soit indéniable à son époque, même s'il est évident que certaines d'entre elles sont à présent bien désuètes. Il recourut bien sûr au premier de tous ces traités, celui d'Hésiode, *Les travaux et les jours,* texte en vers grecs du VIIe siècle avant notre ère, qui fut écrit lui aussi au sortir d'une période de troubles et de guerre et qui fait l'éloge du travail agricole en ce qu'il nous arrache au déterminisme de la nature et nous achemine vers la vertu et la justice : *Devant la vertu, les dieux ont mis la sueur. Long, ardu est le sentier qui y mène, et âpre tout d'abord. Mais atteins seulement la cime, et la voici dès lors aisée, toute difficile qu'elle soit* (289-292). Il s'inspira également du *De agricultura* de Caton (234-149 avant J.-C.), en prose, publié à la fin des guerres puniques, au moment où le déclin de l'agriculture italienne se faisait déjà sentir pour la première fois et pour les mêmes raisons qu'à la fin des guerres civiles, et du *De re rustica* de Varron, en prose également, publié en 37, au moment même où Virgile entame ses *Géorgiques*. Dans l'édition qui vous est proposée, vous trouverez, dans la notice qui précède les notes de chacun des quatre livres, le contenu détaillé des différentes parties de chaque livre et, à la fin de chacune de ces quatre notices, les sources auxquelles il s'est reporté.

Ce traité se compose en effet de quatre livres qui traitent successivement de la culture céréalière (I) puis arbustive (II) avant de s'étendre à l'élevage du gros et moyen bétail (III) et enfin à l'apiculture (IV). Mais il n'est pas si sûr que Virgile ait d'emblée adopté un plan qui semble repris à Varron. C'est pourquoi il convient de présenter successivement ces quatre livres en fonction de ce qui fut leur genèse.

– Sollicité par Mécène, il écrivit sans doute le **premier livre** dont la construction pourrait assurer son indépendance par rapport à la suite. En effet, ce premier livre est soigneusement encadré par la traditionnelle invocation initiale aux dieux – à la déesse de la moisson, Cérès, en particulier – parmi lesquels il installe Octave, (I, 24-42) comme l'*auteur des moissons* et *le seigneur des saisons*, et par la longue célébration finale qui, loin de tout enseignement agricole, rappelle successivement l'effroi de la nature lors de l'assassinat de Jules César par les Républicains, la victoire que remporta Octave en 42 à Philippes contre ces mêmes Républicains, avant de supplier *les dieux de ne pas empêcher ce jeune héros de relever les ruines du siècle* et de mettre fin aux horreurs de la guerre pour que la charrue reçoive à nouveau *les honneurs dont elle est digne*. Bien encadrés par cet hommage rendu à César et à son fils adoptif Octave, on trouve tous les conseils indispensables à la culture du blé et autres céréales : le choix de terrains appropriés, le labour, l'assolement et la jachère, les semailles, les outils nécessaires, hoyaux, herse, serpe et toutes *ces armes propres aux rudes campagnards* (I, 160) que sont le soc, l'araire et la charrue, les rouleaux et les traîneaux, sans oublier toutes les vanneries d'osier, *armes* dont, pour la plupart, l'usage a été enseigné par Cérès (I, 156-203). Vient ensuite l'observation des astres, connaissances astronomiques et croyances qui tiennent lieu de météorologie et permettent de prévoir les soins nécessaires en fonction des aléas du temps, et en particulier les avertissements nombreux que donnent la lune et le soleil non seulement à l'agriculteur qui peut ainsi organiser au mieux ses travaux, mais aussi aux politiciens qui peuvent grâce à eux juger de leurs actions ; en l'occurrence, ces astres s'offusquent de la guerre civile, de cette guerre entre Romains, qui est contre nature. La religion romaine se trouve ainsi étroitement imbriquée dans l'agriculture, comme elle l'est dans l'action politique ; c'est toujours le cas dans les textes anciens, si l'on excepte Lucrèce épicurien, matérialiste et athée. C'est ainsi que Virgile peut clore son premier livre sur la consternation que la nature a manifestée aux hommes lors de l'assassinat de César et son approbation toute relative lors de la seconde victoire des César, père et fils adoptif, à Philippes, en Grèce, la dernière portant Octave au pouvoir (cf. note 478). Virgile a pu avoir l'impression de s'être acquitté de sa commande avec ce premier livre.

– C'était sans compter sur Mécène, lui-même grand propriétaire terrien, pour lequel l'agriculture ne se limitait plus, comme aux temps ancestraux, aux labours et aux moissons comme on le voit chez Hésiode, mais s'étendait à l'arboriculture qui trouvait en Italie plus de débouchés que la culture céréalière. Virgile se consacra alors à un **second livre** sur l'arboriculture, avec une prédilection marquée pour la vigne et l'olivier. Et la conclusion développée et ambitieuse qu'il lui donne, qui vante les joies et les avantages de la vie champêtre loin des horreurs de la guerre et des folles agitations de la ville (458-542), laisse penser qu'il espérait bien s'en tenir là. C'est donc Bacchus, dieu de la vigne, qu'il invoque au début de ce livre, mais c'est Mécène qu'il appelle à l'aide pour cette nouvelle navigation, pour laquelle il promet de s'en tenir au sujet et de procéder par cabotage, refusant ainsi de s'éloigner de cette terre labourée qui lui est si chère : *Viens à mon aide et longe le bord de la côte ; les terres sont à portée de nos mains : je ne te retiendrai pas ici par des fictions de poète ni par de vaines ambages et par de longs exordes* (44-46). Est-il fâché de quitter le terrain du *mos majorum* et des soldats-laboureurs ? Exprime-t-il cet agacement quand il écrit : *Je ne souhaite pas de tout embrasser dans mes vers ; non, même quand j'aurais cent langues, cent bouches et une voix de fer* (42). Il semble qu'on lui en demande plus qu'il ne voulait, que pour lui, comme il commence d'ailleurs par le dire, les arbres peuvent très bien pousser seuls pour la plupart – c'est d'ailleurs le cas de l'olivier qui ne donne que peu de travail – et qu'on ne saurait donc comparer les travaux et les vertus du vigneron et du pépiniériste à ceux du laboureur. De la vigne elle-même, qui demande un soin tout particulier, il rappelle même les défauts : *Quels bienfaits dignes d'être autant célébrés nous ont apporté les dons de Bacchus ? Bacchus a même donné des prétextes au crime : c'est lui qui dompta pour la mort les centaures furieux, et Rhétus, et Pholus, et Hylée menaçant les Lapithes de son grand cratère* (454-457). On sent bien à ce passage que l'affection sans borne qu'il voue au laboureur ne s'étend pas aussi pleinement au vigneron et à cette culture de la vigne à laquelle se sont reconvertis les grands propriétaires romains ; et l'on ne s'étonne guère qu'à cette occasion, il s'écrie : *Fais l'éloge des vastes domaines, cultives-en un petit* (412-413) ; de fait le sage vieillard de Tarente (IV, 125-146), dans le quatrième livre, aura des plantes maraîchères, des fleurs, des poiriers, des ormes et des ruches, mais pas de vigne. Après avoir énuméré les différentes essences d'arbres, la nature des sols qui convient à chacun, leurs divers modes de reproduction du marcottage à la greffe, les soins de taille et de désherbage qu'exige l'arboriculture, après avoir fait l'éloge de l'Italie qui par son climat tempéré se prête plus que d'autres à l'agriculture, à la fois *grande mère des récoltes, terre de Saturne* et *grande mère de héros* (173-174) et s'être étendu sur les soins que demande la viticulture, il conclut longuement sur le bonheur et la vertu de modération des agriculteurs qu'il oppose aux fureurs et aux vices de la ville. La terre leur verse une nourriture finalement *facile* (450) malgré le travail incessant qu'elle impose ; loin de l'agitation d'une ville qui se complaît dans le luxe et le superflu, ils jouissent *d'un repos assuré, d'une vie qui ne sait point les tromper, de loisirs en de vastes domaines*, des *mugissements des bœufs* et de *doux sommeils sous les arbres* (467-470). Ils forment une *jeunesse dure à l'ouvrage et habituée à peu* (472), on y respecte les dieux et les pères, et surtout, *c'est chez eux qu'en quittant la terre la Justice fit ses derniers pas* (473-474). Les travaux des champs sont donc sources de force, d'endurance, de modération, de respect, de piété, de loyauté, toutes vertus qui rendent les paysans chers à la Justice. C'est là la vie des vieux Sabins et à peu de chose près, si l'on excepte le travail, celle des temps de Saturne, c'est un nouvel âge d'or. L'ouvrage ainsi conçu est un dyptique qui pouvait se suffire à lui-même.

- Mais il en fallait sans doute davantage à Mécène, dont les *ordres* (III, 41), écrit Virgile, ne sont pas *souples* ; Maurice Rat traduit *mollia* par une glose, *faciles à exécuter*, mais il se peut que Virgile se plaigne surtout d'un excès d'autorité qui l'oblige à insérer dans les travaux de la terre le travail que donnent les animaux. Il obéit cependant et écrit deux livres supplémentaires consacrés à l'élevage ; s'il a repris le plan de Varron, c'est apparemment contraint par le réaliste Mécène plus que par conviction. Le **troisième livre** détaille donc les travaux de sélection des meilleurs reproducteurs équins et bovins, ceux de la sélection des meilleures femelles, les soins à leur accorder quand celles-ci sont pleines, puis ceux qu'il faut donner aux petits en fonction de leur destination, chevaux de guerre, de course ou de trait, bœufs de labour ou animaux destinés aux sacrifices religieux, énumération qui aboutit à une réflexion plus générale sur l'amour, source de passions et de furies qu'il faut prévenir si l'on ne veut pas compromettre la reproduction. Et Virgile d'ajouter : *Oui, toute la race sur terre et des hommes et des bêtes, ainsi que la race marine, les troupeaux, les oiseaux peints de mille couleurs, se ruent à ces furies et à ce feu. L'amour est le même pour tous* (242-244). L'éleveur doit donc, par ses soins et son travail, dompter ces folies et ramener l'amour à sa force créatrice, la reproduction, qu'il peut ainsi améliorer. Nous ne sommes plus au temps des *Bucoliques*, dans lesquelles il proclamait : *omnia vincit amor, l'amour vainc tout.* C'est désormais au travail que Virgile attribue la capacité d'avoir tout vaincu, loin des fureurs de l'amour ; de là à penser que ce sont aussi les hommes qui auraient intérêt à calmer leurs passions pour retourner à une saine vision de la famille, cellule de l'entretien de la vie et de la reproduction humaine, il n'y a pas loin ; il donnait d'ailleurs de cette famille une image heureuse à la fin du livre II : *Le laboureur fend la terre de son areau* (araire) *incurvé ; c'est de là que découle le labeur de l'année ; c'est de là qu'il sustente sa patrie et ses petits-enfants,* (de là qu'il sustente[1]) *ses troupeaux de bœufs et de jeunes taureaux qui l'ont bien mérité.* [...] *Cependant ses enfants câlins suspendus à son cou se disputent ses baisers ; sa chaste demeure observe la pudicité* (II, 513-515 et 523-524). Heureux de sa provende, le laboureur entouré de sa famille *ne voit autour de lui ni indigents à plaindre miséricordieusement, ni riches à envier* (II, 498-499). Ce troisième livre se poursuit dans l'énoncé des soins à dispenser aux brebis et aux chiens, des ressources qu'ils nous fournissent, la laine et le lait pour les uns, la protection et la chasse pour les autres, de la propreté à entretenir dans les étables pour éviter les maladies des troupeaux, pour finir par l'évocation affligeante de la peste du Norique. Faut-il voir dans cette peste, qui reprend à la fois la peste d'Athènes dans *La guerre du Péloponnèse* de Thucydide (fin du ve siècle avant J.-C.) et celle d'animaux dans le *De natura rerum* de Lucrèce, une métaphore de la peste morale qui a frappé Rome durant les guerres civiles ? Elle évoque en tout cas ce qui peut s'ensuivre d'un manque de soins porté à l'agriculture et à l'élevage, mais aussi d'un manque de soins porté à la civilisation pendant les guerres qui pourrait conduire à la mort et à la disparition de la cité. Rome mourra-t-elle de tant de guerres fratricides et de l'oubli de sa vertu première ? Ou saura-t-elle retourner à la culture à tous les sens du terme, l'agriculture, mais aussi les valeurs autour desquelles une société se réunit et que l'on désigne par la culture, valeurs qu'on honore et dont on se revêt ? C'est là le triple sens du verbe *colo, cultiver la terre, honorer, se parer* et c'est le participe passé de ce verbe, *cultum,* qui est à la racine de notre mot *culture,* lui aussi polysémique. À la fin de ce troisième livre, Virgile semble se demander si les guerres civiles, qui mettent fin à la République, vont aussi tuer Rome et la romanité ou lui permettre de renaître.

– Le **quatrième livre**, tout entier consacré à l'apiculture et à l'histoire, pour nous invraisemblable, de la naissance spontanée des abeilles dans une carcasse de veau ou de bœuf sacrifiés, la *bugonia,* semble opter pour la résurrection. Certes l'apiculture est très répandue dans les pays méditerranéens et on ne connaît pas alors d'autre sucre que le miel ; mais fallait-il en faire l'objet d'un quatrième livre entier ? Oui, si l'on compare la triste fin du livre trois, qui s'attarde avec désolation sur les cadavres d'animaux victimes de la peste et en pleine décomposition, et la fin du livre IV qui, elle, voit naître de la décomposition de quatre bœufs et de quatre génisses un nouvel essaim d'abeilles : *Alors, prodige soudain et merveilleux à dire, on voit, parmi les viscères liquéfiés des bœufs, des abeilles qui en remplissent les flancs bourdonner et s'échapper des côtes rompues, et se répandre en des nuées immenses, puis convoler au sommet d'un arbre et laisser pendre leur grappe à ses flexibles rameaux* (554-558). C'est sans doute assez dire que Rome, tel ce nouvel essaim, peut renaître de la décomposition dans laquelle se trouve la République en cette fin de guerre

1. Je rectifie la traduction de Maurice Rat ; les bœufs et les petits-enfants ne sont pas sur le même plan : la reprise de *hinc* qui signifie *de là,* sépare d'une part la patrie et les enfants, d'autre part les bœufs et les jeunes taureaux.

civile, renaissance qui lave et purge la violence des conflits comme est lavée la faute d'Aristée à l'égard d'Eurydice ; une société, corrompue par la guerre, la convoitise et les rivalités, peut sans doute renaître elle aussi, renaître sous un nouvel ordre, celui que Virgile conseille à Octave dans ses vers. Ce livre IV s'emploie donc à expliquer comment aménager au mieux les abords de la ruche, comment la construire d'écorce ou d'osier, comment éloigner d'elle tout ce qui pourrait lui nuire, comment attendre la fin de la lutte entre les rois – les Romains ignoraient que ce sont des reines – qui déclenche des batailles féroces, comment éliminer le vaincu pour permettre à la ruche de s'installer enfin dans la paix et d'accomplir sa tâche en produisant son miel. Et si le roi *inconstant* (105) ou instable batifole, il ne faut rien de moins que lui couper les ailes ; c'est au roi de montrer l'exemple : *les rois restant tranquilles, personne n'osera prendre son essor ni arracher les enseignes* (107-108). Ferme appel que lance ici Virgile à Octave pour mettre fin aux guerres et se consacrer désormais à la paix ; ne l'engageait-il pas déjà à cela à la fin du premier livre : *Depuis longtemps, César, le palais céleste nous envie ta présence, et se plaint de te voir sensible aux triomphes décernés par les hommes. Ici-bas, en effet, le juste et l'injuste sont renversés, tant il y a de guerres par le monde, tant le crime revêt d'aspects divers* (I, 503-506) ; il est temps de revenir à la paix et à la terre. Et pour ce faire, c'est Priape, fils de Bacchus, dieu de la fertilité et protecteur des jardins, dont les bustes servaient d'épouvantail contre les prédateurs, qu'il invoque ; ce sont des jardins qu'il faut désormais cultiver, loin des combats ; les Romains eurent, de fait, à cette époque un goût très prononcé pour les jardins dont un grand nombre virent le jour à Rome ; Auguste lui-même y consacra une grande partie du Palatin. Les jardins sont pour Virgile l'occasion d'une digression fameuse – qui inspira sans doute La Fontaine, puis Voltaire – celle du vieillard de Tarente en son jardin, qui *avec ces richesses, s'égalait, dans son âme, aux rois* (132). Mais Virgile renonce à traiter des jardins pourtant fort prisés des Romains pour revenir à l'organisation du travail chez les abeilles, sur laquelle nous reviendrons nous aussi ultérieurement.

Cette courte et fameuse incursion dans l'univers factice des jardins, qui ne sauraient avoir aux yeux de Virgile le prix et l'utilité du champ cultivé, n'est pas la seule digression du livre IV ; on est en effet surpris d'y trouver une fable mythologique qui occupe à elle seule plus de la moitié du livre (281-558) et qui semble *a priori* assez incongrue et sans beaucoup de rapport avec la notion de travail. Elle n'est légitimée par Virgile que parce qu'elle accrédite, au moyen du mythe, la génération spontanée des abeilles, la *bugonia*, cette *mémorable invention* du maître de l'Arcadie qu'était Aristée, fils de la nymphe Cyrène et d'Apollon. C'est ce demi-dieu peu connu qui a inspiré aux hommes l'art de l'élevage des troupeaux et des abeilles, de même que la culture de la vigne et celle de l'olivier. Virgile associe l'histoire d'Aristée, très ancienne divinité agricole, et celle d'Orphée et d'Eurydice qu'il enchâsse ainsi entre la mort des abeilles et leur résurrection ; celle-ci ne peut survenir qu'à la suite de rites expiatoires qui amenderont le *grand forfait* d'Aristée et *l'accès de démence subite* du malheureux Orphée. Aristée a cédé à la violence de ses désirs en poursuivant Eurydice et en causant involontairement sa mort, mais Orphée, lui, n'est pas moins coupable d'avoir douté de la parole divine et de n'avoir pas fait confiance à *la loi fixée par Proserpine*, causant ainsi la seconde mort d'Eurydice ; l'un comme l'autre, ils ont cédé aux fureurs d'un amour sauvage et déréglé. Ce sont encore ces mêmes fureurs de l'amour qui conduisent les Bacchantes à dépecer Orphée, par jalousie et sous l'effet de l'ivresse qui préside aux fêtes de Bacchus. Faut-il voir dans Aristée une figure d'Octave qui a pris part aux guerres fratricides des Romains et dans Orphée une figure du poète ? Octave sera-t-il cet apiculteur virtuose, capable de maîtriser non seulement les transformations confuses de Protée, mais aussi les métamorphoses occasionnées par les guerres civiles, pour faire resurgir un peuple romain revenu à son efficacité agricole et à sa vertu et sa piété premières ? Quant à la mort du poète, elle souligne sa fragilité dans un monde où la violence prédomine, mais aussi sa survie éternelle, puisque même cette mort ne réussit pas à faire taire son chant : sa tête, emportée par les eaux glacées, continue de crier sa fidélité conjugale, alors bien en crise, et de plaindre Eurydice. Les abeilles ne sont pas seules à être éternelles, la voix du poète l'est aussi. Cette irruption d'une idylle, d'un petit poème à sujet pastoral et amoureux, dans un ouvrage qui se veut savant et réaliste, ce retour au genre plus léger dans lequel Virgile s'était illustré dans les *Bucoliques*, a de quoi surprendre ici ; il est pourtant souligné par Virgile qui clôt son poème par une référence explicite, en reprenant au dernier vers une partie du premier vers de ce précédent ouvrage et en célébrant *Tityre*, couché *sous le dôme d'un vaste hêtre* (565). L'emploi du passé dans ces derniers vers semble faire de la mort d'Orphée les adieux qu'il adresse à la poésie légère et lyrique qui n'est plus de mise, au profit d'une poésie savante et didactique qui contribuera au rétablissement de la grandeur de Rome ; il a su faire lui aussi sa métamorphose : il a *joué* des airs bucoliques, mais maintenant il se livre au *loisir sans gloire* (*otium ignobile*), il travaille.

On a beaucoup dit que Virgile avait introduit cette idylle pour remplacer un éloge de Gallus, son ami comme celui d'Octave, qui s'était compromis en Égypte en abusant des pouvoirs que celui-ci lui avait confié (cf. note 170 de votre édition). Il paraît douteux toutefois que cet éloge ait pu occuper plus de deux cents vers, ce qui n'aurait pas été moins incongru que le récit qui l'a remplacé. Néanmoins, Gallus était aussi poète et avait composé quatre livres d'élégies, les *Amores*, consacrés à ses amours pour Lycoris ; Virgile aurait donc pu remplacer l'éloge de Gallus par un poème dans le style de ceux qu'il écrivait ; la mort d'Orphée et celle d'Eurydice seraient alors l'image de la mort d'une certaine forme poétique en même temps que celle de Gallus lui-même.

Cet exposé sur la genèse probable des *Géorgiques* vous a permis d'en parcourir le contenu et confirme que la colonne vertébrale en est bien un traité d'agriculture qui étend peu à peu son domaine à l'arboriculture et à l'élevage, et qui sert de prétexte à une réflexion beaucoup plus vaste puisque c'est toute la civilisation romaine qui doit être réformée pour éviter de disparaître.

○ Un poème rural

Si agricole que soit ce traité, il témoigne d'une sensibilité à la nature et d'un souci de la manière de la représenter par l'écriture qui sont ceux d'un poète plus que d'un agronome.

C'est un fervent amateur de la vie rurale et un ami de la nature qui s'exprime. Il use du vers épique, l'hexamètre dactylique, encore peu expérimenté en Italie, comme l'avait fait juste avant lui Lucrèce dans le *De natura* ; il parviendra à donner à ce mètre une forme plus accomplie et plus harmonieuse que ne l'avait fait son prédécesseur, faisant de ses *Géorgiques* l'épopée du travail de la terre. En choisissant ce mètre, le plus long de tous les vers latins, il donne toute son ampleur à son sujet et fait de la nature un personnage pour ainsi dire épique, une nature avec laquelle le cultivateur, lui aussi épique, est certes tenu de se mesurer, qu'il doit travailler, maîtriser, mais dont il doit aussi se faire une alliée, dont il doit endiguer les fureurs sauvages et prévenir les colères. Il s'agit bien d'une lutte contre la nature que le paysan s'évertue à domestiquer, à civiliser.

Il admire cependant sa prodigieuse fertilité et sa non moins prodigieuse variété, au point que ses principales consignes consistent à mettre au jour certaines « lois de la nature », lois intangibles et éternelles, qu'il convient de respecter. La première de toutes est celle du cycle des saisons : *Ce n'est pas en vain non plus que nous observons le coucher et le lever des astres et les diverses saisons qui se partagent également l'année* (I, 257-258). La seconde, et ce n'est pas la moindre, est sans doute celle-ci : *toute terre ne peut porter toute espèce de plantes* (II, 109), ce qu'il confirme en assurant que *chaque arbre a sa patrie* (II, 116). Dans le livre I déjà, il annonçait ces lois éternelles : *Telles sont les lois et les traités éternels que la nature a, dès le début, imposés à des lieux déterminés, lorsqu'au premiers temps du monde Deucalion jeta sur le globe vide les pierres d'où les hommes naquirent, dure engeance* (I, 60-63). Telle est donc la loi des végétaux ; celle des animaux sera énoncée au livre III : *l'amour est le même pour tous* (III, 244). Il faut par conséquent donner à chaque plant la terre qui lui convient, tailler les arbustes pour qu'ils fructifient et modérer les animaux en chaleur si l'on veut maîtriser et améliorer leur reproduction. Le cultivateur, comme l'éleveur, est là pour améliorer la fructification et la reproduction. Car *tous les arbres exigent une dépense de soins (labor), tous demandent à être dressés en pépinière et domptés à grands frais* (II, 61-62). *Au travail donc, ô cultivateurs ! apprenez les procédés de culture propres à chaque espèce ; adoucissez en les cultivant les fruits sauvages ; que vos terres ne restent pas en friche* (II, 34-36). Cet enthousiasme, ces encouragements, cette adresse directe aux destinataires, engagent à respecter une nature dont il s'agit de faire progresser les richesses enfouies et désordonnées en les disciplinant plus qu'en les combattant. On greffe, on tuteure, on taille, on redresse, on contraint, mais c'est une aide qu'on apporte à la nature pour la rendre plus belle et plus riche ; le progrès qui en résulte est à la fois économique, moral et même esthétique.

Cette beauté, Virgile la célèbre aussi bien dans ses aspects les plus sauvages et désordonnés, en dressant par exemple le tableau grandiose d'une tempête qui remplit d'effroi tous les hommes et arrache les moissons (I, 311-334), que dans ses aspects riants et domestiqués, quand il évoque le printemps au livre I, période des semailles : *Au printemps nouveau, quand fond la glace sur les monts chenus et que la glèbe amollie s'effrite au doux Zéphyr, je veux dès lors voir le taureau commencer de gémir sous le poids de la charrue, et le soc resplendir dans le sillon qu'il creuse* (I, 43-46) ; ou encore au livre II, quand il peint le temps primordial de l'étreinte grandiose du ciel et de la terre : *Alors le père tout puissant, l'Ether, descend en pluies fécondes dans le sein de son épouse joyeuse et, leurs immenses corps s'étant unis, il nourrit tous ses petits à venir* (II, 323-345)[1]. Belles images qui ont inspiré bien des poètes et des peintres. Virgile multiplie ainsi la description poétique des paysages et des phénomènes naturels, mais il fait de même pour les outils du laboureur, tantôt des *armes*, certes, indispensables au travail qu'il entame contre la résistance de la nature, mais aussi des créations ingénieuses et soignées dont il détaille avec gourmandise la confection, en multipliant les noms techniques, comme ceux des matériaux utilisés, en insérant dans sa recette les lieux où se trouvent ces matériaux comme ceux où on les fait sécher. Il crée pour ainsi dire une poétique de l'outil : *On prend tout de suite dans les forêts un ormeau qu'on ploie de toutes ses forces pour en faire un age* (axe) *et auquel on imprime la forme de l'areau* (araire) *courbe ; on y adapte du côté de la racine un timon qui s'étend de huit pieds en avant, deux oreillons et un sep à double revers. On coupe d'avance un tilleul léger pour le joug et un hêtre altier pour le manche, qui, placé en arrière, fait tourner le bas du train : on suspend ces bois au-dessus du foyer et la fumée en éprouve la solidité* (I, 169-175). Et voici l'araire, indispensable au laboureur qui fabrique lui-même son outil de production avec un soin pour ainsi dire affectueux ! Virgile multiplie également les noms toponymiques aux sonorités riches, comme ceux de tout un panthéon mythologique qui animise la nature tout entière.

Enfin il personnifie aussi bien la terre et les plantes que les bêtes : les arbres ont leur *patrie*, ils ont aussi des chevelures, le cheval de course *a la victoire à cœur* (III, 112), les taureaux en rut se battent pour conquérir la belle génisse, pourtant bien indifférente, et le vaincu gémit et souffre en patriote de son exil : *le regard tourné*

1. La traduction qu'on vous propose me paraît défaillante et je vous en ai proposé une autre, plus susceptible de rendre la force de cette image ; il n'est nulle part question de *suc* dans le texte latin et *conjux* désigne une *épouse* et non une simple *compagne* ; enfin la double occurrence de *magnus*, apposé à *Aether*, et de *magno corpore*, qui désigne le corps de la terre, insiste bien sur la grandeur de l'œuvre qui s'accomplit à la saison des semailles et de la reproduction.

vers son étable, il s'est éloigné du royaume où régnaient ses aïeux (III, 219-235). Outre la personnification qui prête aux plantes comme aux animaux des sentiments humains, le recours à de nombreuses métaphores et comparaisons contribue à cet animisme de toute une nature dont l'homme n'est plus qu'un être parmi les autres, même si le travail, qui lui est propre, le met à même de lui résister. On voit dans le livre IV comment les abeilles, dont les travaux sont comparés explicitement à ceux des Cyclopes, deviennent progressivement la métaphore des sociétés humaines par le jeu d'un lexique à la fois social, juridique et militaire, ce que Virgile annonce dès les premiers vers de ce livre : *Je t'offrirai en de petits objets un spectacle admirable : je te dirai les chefs magnanimes, et tour à tour les mœurs de la nation entière, ses passions, ses peuples, ses combats* (IV, 3-5).

Le travail d'écriture accompli par Virgile transforme ce traité d'agriculture en poème, en un poème de la campagne, c'est-à-dire d'une nature enrichie par les travaux de l'homme, animée, personnifiée, avec laquelle l'homme doit lutter pour se nourrir et se protéger, mais dont il est aussi le complice compatissant et respectueux. Il s'agit donc bien d'un poème rural et d'un hommage à la campagne comme à ceux qui la modèlent et la mettent en valeur par leur travail.

○ Une prière votive

C'est aussi l'occasion pour Virgile de former des vœux fervents pour l'avenir d'un monde romain qui s'est mis en péril ; les *Géorgiques* prennent de ce fait des allures de profession de foi et de prière votive.

Il n'est pas douteux que la curiosité de Virgile lui avait fait lire le *De natura* de Lucrèce (94-54 avant J.-C.) que Cicéron venait de faire publier à titre posthume. Lucrèce se flatte de présenter pour la première fois en latin la doctrine du philosophe grec Épicure (341-270 avant J.-C.). L'épicurisme, encore très peu répandu à Rome en cette fin du premier siècle avant J.-C., est une philosophie matérialiste qui lutte contre les superstitions, les passions et la peur de la mort, tout en attribuant l'évolution du monde au hasard. Cette philosophie avait développé une physique singulière : le monde est composé d'atomes qui tombent dans le vide, parallèlement, sauf quand le hasard en conduit certains à dévier spontanément de façon imprévisible, à en entrechoquer d'autres et à former ainsi de nouveaux corps, faisant du monde un monde en évolution et changeant ; c'est ce *clinamen* qui permet à la nature de créer et de se renouveler. Quant aux dieux, ils nous sont étrangers et ne s'intéressent guère à nous ; il faut donc cesser de les craindre et apprendre à nous contenter de notre nature et de notre condition mortelle pour atteindre à un bonheur mesuré, l'ataraxie ou absence de trouble, en fuyant autant qu'on le peut la douleur physique et morale. C'est une philosophie austère qui fait du plaisir une simple absence de douleur et appelle à une modération qui voisine la résignation. Nous sommes loin de l'image qu'on a souvent donné de l'épicurisme, confondue avec l'hédonisme, c'est-à-dire la recherche du plaisir et d'un plaisir parfois si effréné qu'il fut illustré par l'image des *pourceaux d'Épicure*. Lucrèce prit donc le parti de réhabiliter ce dernier en exposant sa doctrine dans une grande épopée. Il peint dans son *De natura* la misère de l'homme sans dieu puisque, même si les dieux existent, il reste convaincu qu'ils ne s'intéressent aucunement à nous. En lieu et place de l'âge d'or traditionnel de la littérature romaine, il dresse le tableau affligeant de premiers hommes abandonnés dans une nature hostile et peu prolifique : *Le monde, dans la fleur de sa nouveauté, faisait croître en abondance une pâture grossière qui suffisait aux misérables mortels* (943-945) ; encore cette nourriture, composée de glands et des fruits de l'arbouse, nourriture à présent réservée aux cochons chez Virgile, n'était-elle pas toujours suffisante puisque *c'était la disette d'aliments qui livrait à la mort leurs membres épuisés*, quand ils n'étaient pas engloutis par quelques fauves qui leur tenait lieu de *tombeau vivant* ; force leur était donc de vivre dans la peur et la résignation. Ce sombre tableau peut évidemment avoir été inspiré par les malheurs de la guerre civile ; mais c'est aussi, aux origines de l'homme, le tableau d'une vie sauvage et peu enviable qui contraste avec le mythe de l'âge d'or.

Virgile ne peut se satisfaire d'une pareille déréliction et il tend plutôt vers le stoïcisme, une doctrine radicalement différente et bien en vogue à Rome, qui rétablit une providence divine à l'origine de la création du monde et un ordre cosmique. Le monde récupère ainsi un sens et, comme on l'a vu, a ses lois propres ; l'homme doit donc conformer sa conduite à cet ordre. C'est pour Virgile l'occasion de réintroduire tout un panthéon traditionnel à l'œuvre dans la nature, qu'Octave d'ailleurs voulait lui aussi remettre à l'honneur. Il énumère longuement ces dieux dès les premiers vers du premier livre (I, 5-23) ; il les mentionne à nouveau à la fin du livre II en célébrant chaleureusement les dieux champêtres comme Pan, dieu des bergers et des troupeaux, le vieux Silvain, protecteur des forêts, et les nymphes, divinités subalternes partout présentes dans la nature et associées à sa productivité ; on trouve aussi, disséminés dans son poème, Cérès, déesse des moissons, Jupiter, qui nous dotera du travail, Vénus et Bacchus, dont il faut se méfier, Priape, fils de Bacchus, dieu de la fertilité et protecteur des jardins, Palès, divinité des troupeaux, les dryades, tout un peuple divin qui hante la nature, parfois inquiétant, mais le plus souvent protecteur : Jupiter peut agiter ses tempêtes, mais il a le souci de nous rendre intelligents, Vénus assure la reproduction, mais elle insuffle aussi des passions et des dérèglements destructeurs, Bacchus peut animer le fêtes, mais son ivresse peut nous rendre violents ; tous tentent cependant de communiquer par des signes avec les paysans pour les prévenir, les instruire, les blâmer ou les conseiller. Les Romains furent de grands lecteurs de présages. Il faut bien sûr y ajouter les astres et les constellations, qui étaient des êtres vivants et divins dans l'antiquité, et qu'Octave, à la suite de Romulus et de Jules César, est censé rejoindre à sa mort ; c'est ainsi que Virgile l'apostrophe : *Ou bien, astre nouveau, prendras-tu place, aux mois lents dans leur course, dans l'intervalle qui s'ouvre entre Erigone et les Chèles qui la poursuivent ?* (I, 32-33). Cela n'est pas sans évoquer un certain panthéisme dans lequel Virgile se rassure et une certaine mystique, puisqu'il faut à la fois que le paysan cherche les trésors matériels que cache la terre et qu'il décrypte les leçons que la nature lui donne.

Le paysan vit donc dans une nature animée et vivante, travaille une matière qui lui résiste certes et lui est même souvent hostile, mais il n'est pas, comme chez Épicure et Lucrèce, livré à lui seul puisqu'il est, s'il veut bien y prêter attention, guidé par une bienveillance divine de type stoïcien qui le conduit à une sagesse pratique, faite d'une modération qui, soulignons-le, caractérise plutôt l'épicurisme ; la philosophie de Virgile emprunte, on le voit, à l'une et l'autre école. Dans le même temps, le paysan acquiert un savoir expérimental qui lui assure une relative maîtrise de la nature et le dote d'une conscience morale : enfin, il n'est pas livré au hasard, il vit dans un monde ordonné et peut, s'il fait le choix du bien, accéder à un bonheur simple et à un repos qui n'est pas sans quelques joies, comme on le voit lors des fêtes religieuses pendant lesquelles les agriculteurs célèbrent les divinités qui ont contribué aux récoltes ou encore pendant l'hiver où ils se trouvent à l'abri du besoin, grâce à leurs travaux. Le travail agricole, chez Virgile, relève du culte, comme chez Hésiode, et en cela les *Géorgiques* se présentent bien comme un contre-Lucrèce. Pour bien cultiver son champ, il faut savoir *cultiver* les dieux et leur rendre un *culte*, puisque *culture* et *culte* dérivent du même verbe latin *colo, is, ere, colui, cultum* qui signifie à la fois *cultiver* au sens agricole, *honorer*, ce qui donne son origine au nom *culte*, et même *soigner* ou *se parer*, comme on le fait d'une *culture*, la culture nationale dans laquelle nous vivons, comme celle que nous acquérons par nos études, qu'elle soit littéraire, philosophique, historique ou scientifique. C'est ainsi que Virgile se fraie un chemin entre le stoïcisme et l'épicurisme qui commence à se répandre à Rome et qu'il aménage, sans le renier tout à fait comme on le verra.

Les *Géorgiques* sont donc une véritable profession de foi, foi en une nature prévenante et conciliante, foi en des dieux qui ne nous sont pas étrangers et qui sont même secourables, foi aussi en un *princeps*, un prince, qu'il destine explicitement à l'apothéose et à une déification posthume, et de la vertu duquel il veut faire un modèle pour tous les citoyens. Ce faisant, il redonne un ordre au monde et un sens au progrès, dont la démarche nous incombe par la voie du travail. Cette voie, c'est le mot *via* qui la désigne et que Maurice Rat, dans votre ouvrage, traduit par *pas à pas* (II, 2) ; *via* signifie plutôt *route orientée* ou, au sens figuré, *méthode* ; c'est aussi souvent la métaphore du progrès, le *cheminement, le sentier qui mène, âpre d'abord*, comme l'écrit Hésiode, *au mérite* : pas de mérite ni de vertu sans ce cheminement qu'est le travail.

Les *Géorgiques* sont donc une œuvre complexe ; sous l'apparence d'un banal traité agricole didactique et de par le travail de création d'un univers poétique bien propre à célébrer ce nouveau dieu, le *princeps*, qui protégera désormais les moissons et qui est appelé à être à lui seul bien au-dessus de tous ces dieux champêtres que

Virgile nous recommande de célébrer et d'écouter, elle prétend former des hommes, un peuple, un prince et cela à partir d'une seule force, le travail ; il revient à tous, chacun dans sa partie et sans oublier cette loi fondamentale de la nature qui veut que toute terre ne peut tout faire pousser, de contribuer à cette progression[1].

Labor omnia vicit : un hymne au travail

Les *Géorgiques* sont un hymne au travail, à la peine qu'on se donne pour faire advenir du nouveau, et si possible quelque chose d'utile et de meilleur. Et c'est, aux yeux de Virgile, le travail agricole qui illustre le mieux les bienfaits et le caractère démiurgique du travail. Nous examinerons comment Virgile voit dans le travail l'instrument d'une seconde naissance de l'homme, l'*homo laborans*, comment il restaure l'idéal de la vie rustique, comment il fait accéder le paysan à la sagesse et comment il fait de ce citoyen le fondement du nouveau régime.

○ Les origines du travail : le travail fait l'homme

Dans le premier livre et dans ce qui pourrait apparaître comme une digression, Virgile s'attache à réécrire le mythe prométhéen de la création du travail. Là où la mythologie traditionnelle faisait du travail une punition infligée aux hommes par Jupiter après que Prométhée eut volé le feu divin en leur faveur – version punitive qui se trouve aussi dans la Bible, au moment de la chute, puisque c'est pour une faute qu'Adam et Ève sont condamnés, l'un au travail des champs, l'autre au travail de la grossesse – Virgile, lui, propose une autre version (I, 118-146). Le travail, si pénible soit-il, nous est en effet dispensé par Jupiter comme une grâce : *Le père des dieux lui-même a voulu rendre la culture des champs difficile, et c'est lui qui le premier a fait un art de remuer la terre, en aiguisant par les soucis les cœurs des mortels et en ne souffrant pas que son empire s'engourdît dans une triste indolence* (I, 121-124). C'est pour améliorer notre condition que le travail nous est imposé. Il s'agit d'éveiller notre ingéniosité, notre capacité de création, et de nous faire sortir de l'hébétude et de la torpeur corporelles dans lesquelles nous étions à l'âge d'or, quand *la terre produisait tout d'elle-même, librement, sans contrainte* et quand *les ruisseaux de vin couraient çà et là*. Virgile déprécie donc ce fameux âge d'or, pendant lequel les hommes ne travaillaient pas et vivaient sans effort ; selon lui, ils n'y atteignaient pas à un véritable bonheur, ils y étaient plutôt dans l'état de passivité d'un animal rassasié et dans une perspective d'immutabilité sans espoir. C'est en introduisant le mal dans la nature et le souci (*cura*), expression du besoin, au cœur de l'homme que Jupiter lui donne sa véritable noblesse, celle du travail ; c'est grâce à lui qu'il prend sa part dans la création du monde, qu'il y est associé activement. Le gain que l'homme y trouve surpasse en effet la simple satisfaction de ses besoins élémen-

1. Il est intéressant de rappeler que *progrès* vient du verbe latin *progredior*, qui signifie *marcher, avancer, aller plus loin*. Pas de progrès sans chemin parcouru. Le travail est la *voie* (*via*) du progrès, comme du mérite.

taires : il trouve dans le travail le moyen d'affirmer son indépendance, il échappe au déterminisme et peut par ses actions modifier le monde matériel auquel il est redevable ; ce faisant il développe sa connaissance de la nature en même temps que sa conscience morale, puisqu'il doit faire le choix du bien ou du mal et qu'il a charge de faire advenir le mieux ; il s'inscrit enfin dans la temporalité puisqu'il entre dans l'ère du progrès, d'un monde en devenir et non plus immuable, d'un avenir dont il est responsable. C'est finalement l'homme qui s'arrache à la nature et à l'animalité pour entrer dans l'âge de la culture. Le travail fait l'homme et lui assure en quelque sorte une seconde naissance ; ce serait assez pour justifier l'emploi du même mot en obstétrique.

Dès lors Jupiter introduit dans la nature tous les maux qui font obstacle à la survie des hommes et les contraint à développer leur intelligence pour les vaincre. Ces derniers se trouvent donc dans la situation dans laquelle les a peints Lucrèce. Mais, chez Virgile, ils ne sont pas sans le secours des dieux : Cérès leur enseigne aussitôt le labour et le sarclage, la lutte contre les mauvaises herbes et les parasites qui guettent la culture du blé, céréale désormais indispensable puisque la cueillette du gland et de l'arbouse n'assure plus une nourriture suffisante ni satisfaisante. Sur les conseils de cette déesse les hommes se fabriquent alors toutes sortes d'outils propres à faciliter leurs travaux. Voici *l'homo faber*. Pour assurer sa subsistance, il doit désormais travailler sans cesse et avec effort, *comme celui qui, à force de rames, pousse sa barque contre le courant ; si par hasard ses bras se relâchent, l'esquif saisi par le courant l'entraîne à la dérive* (I, 202-203). Le travail est l'équivalent d'une nage à contre-courant, incessante, qui évite au travailleur la régression et lui assure par son effort une progression bénéfique. C'est l'avènement d'un *homo laborans*, au sens du participe présent, c'est-à-dire un homme toujours en train de travailler et de se faire. Le travail, triomphant toujours de nouveaux obstacles, civilise progressivement la nature et les hommes et c'est sur lui que compte désormais Virgile pour restaurer une Rome déchirée par les guerres intérieures et la ramener à l'ordre et à la paix civile. L'âge d'or, s'il y en a un, n'est plus derrière nous, il n'est plus béatement oisif, il est devant nous et c'est à chacun d'y travailler. Et si l'on peut encore trouver dans le monde d'alors une image de ce que les Romains appelaient traditionnellement l'âge d'or, ce n'est plus que dans la version glaciale que Virgile en présente au livre III, dans les contrées Scythes, en Russie, où il suffit pour se nourrir de ramasser les animaux transis, gelés et incapables de se mouvoir et de se défendre, curieuse version animale de la cueillette : *Ces barbares mènent une vie tranquille et oisive dans des cavernes creusées profondément sous terre.* [...] *Là, ils passent la nuit à jouer, et ils s'enivrent, joyeux, d'une liqueur fermentée d'orge et de sorbes acides qui imite le jus de la vigne. Ainsi vit, sous la constellation des sept Bœufs hyperboréens, une race d'hommes effrénés, toujours battue de l'Eurus du Riphée, le corps couvert de peaux fauves de bêtes* (III, 375-383). Rien d'enviable chez ces populations qui vivent encore, nous dit Virgile, dans une tranquille oisiveté (*secura otia*), sans travail, mais à l'état sauvage et sans règle. Le véritable âge d'or commence donc avec le travail et c'est à chacun de le faire advenir, progressivement, par un travail judicieux, incessant et persévérant.

Virgile ne nie pas pour autant la pénibilité du travail, mais il lui trouve des compensations. Le cultivateur apaise sa faim en cultivant, et ce n'est pas tout, il transforme aussi sa propre nature. Le travail développe en lui l'attention qu'il faut porter à l'ouvrage, la conception préalable des étapes qui lui permettront de réaliser son projet, la volonté qu'il faut pour le mettre en œuvre et le dote ainsi de connaissances acquises par l'expérience, d'un savoir-faire technique qui tend à professionnaliser les différents travaux, à en faire de véritables métiers. Ce sont ces connaissances acquises par les générations précédentes que Virgile recense dans les *Géorgiques*, connaissances sur lesquelles les cultivateurs pourront s'appuyer et auxquelles ils pourront ajouter celles qu'ils découvriront à leur tour ; et de fait, les machines agricoles ont bien progressé depuis deux mille ans, comme la connaissance de la nature.

Le progrès de la civilisation semble dès lors assuré comme on le voit dans l'éloge de l'Italie au livre II : *Ajoutez tant de villes incomparables, tant de travaux de construction, tant de places bâties par la main des hommes sur des rochers à pic, et ces fleuves baignant le pied d'antiques murailles* (II, 155-157). C'est là tout ce que *l'art antique* de l'agriculture a fait naître et permis. Tous ces arts, entendez ces autres travaux, dérivent du premier, le travail de la terre et c'est la raison pour laquelle, écrit-il, *il chante le poème d'Ascra par les villes romaines* ; Ascra est la ville natale d'Hésiode, en Grèce ; le poème d'Ascra, que Virgile se fait fort de diffuser dans les villes italiennes, ce sont donc *Les Travaux et les Jours*, poème rustique par excellence, et une des toutes premières œuvres de notre littérature occidentale, puisqu'avant elle nous ne connaissons guère que l'*Iliade* et l'*Odyssée*. L'*Iliade* chante la guerre, l'*Odyssée* raconte le retour difficile des combattants dans leur patrie ; il faut maintenant faire place à Hésiode, qui célèbre les travaux de la paix qui sont ceux du retour à la terre.

Loin d'être un châtiment le travail est donc pour Virgile une bénédiction ; c'est lui qui nous a fait homme, et si nous l'abandonnons nous retournerons à la sauvagerie. Cette modification du mythe initial constitue une véritable révolution pour la mentalité romaine qui, comme on l'a vu, délègue tous les travaux physiques, c'est-à-dire les plus éprouvants, à des esclaves et à la plèbe.

○ Le premier de tous les travaux : hommage aux laboureurs

C'est par *l'art de remuer la terre* que Jupiter inaugure le travail ; il faut désormais *remuer la terre* pour qu'elle produise. Le travail des champs fait ainsi figure de retour aux origines et reste un des piliers des mœurs des anciens, le *mos majorum* que l'on prête aux premiers Romains : c'est en cultivant leurs champs que ceux qui étaient à la fois laboureurs et soldats ont fondé la grandeur de Rome et ce sont, semble-t-il, les travaux de la guerre, qui plus est de guerres fratricides, qui sont en train de la perdre. *Mars impie sévit dans tout l'univers* (I, 511) écrit Virgile : dans la péninsule italienne elle-même, en 36, l'Etrurie se soulève sans respecter les traités et dans les champs de Philippes, au nord de la Grèce, là où les Romains se sont entretués, *le laboureur, en remuant la terre avec l'airain courbé, trouvera des javelots rongés d'une rouille lépreuse ou, de ses herses pesantes, heurtera des casques vides, et s'étonnera de voir dans ces sépulcres entrouverts des ossements énormes* (I, 494-497). Triste récolte ; la terre semble reconvertie en tombeau par la guerre dont les travaux ne sèment que mort et destruction. Mais nous ne sommes plus à l'âge des héros, il est temps de mettre un terme à la guerre et de rendre à la terre ses laboureurs. Il faut dire que depuis que Virgile est né il n'a connu que la guerre ; cette double fonction du citoyen romain, à la fois soldat et laboureur, qui doit parer à la défense du pays en même temps qu'à la disette de ses proches et que Caton, comme Varron, vantent encore, n'est plus de mise pour Virgile ; il va même jusqu'à suggérer à la fin du livre II qu'il serait peut-être sage de les distinguer et de laisser l'agriculteur à l'écart des *faisceaux* et du *forum*, à l'écart de la vie publique, accomplissant soigneusement le travail auquel il s'est formé et adapté par l'expérience et, souhaitons-le, par le présent traité d'agriculture. Est-ce une invitation à recourir à des armées de métier ? Ou tout simplement à renoncer à la guerre ? Car les guerres se poursuivent aux lointaines frontières de l'empire, et d'ailleurs elles ne cesseront jamais ; mais sous l'empire, de fait, on recourra progressivement de plus en plus à une armée de métier et à des mercenaires étrangers.

Les travaux de la guerre n'ont donc pas bonne presse dans les *Géorgiques* et Virgile revendique pour les cultivateurs le droit de n'être plus soumis à la conscription ; ils doivent au contraire se tenir résolument à l'écart de la ville et des combats, en bons épicuriens. Car, à la différence d'un stoïcien, un épicurien ne se mêle pas de la vie publique, il vit à l'écart, loin du monde, tout entier consacré à l'ouvrage qui est le sien et qui lui permet de subvenir à ses propres besoins. La campagne devient ainsi le lieu autarcique où les paysans vivent entre eux, presque collectivement, en consommant ou échangeant leurs produits dans la cordialité et la bonne entente. Ils n'ont besoin ni du commerce, ni du luxe, et moins encore des *discordes armées, des affaires de Rome*, pas plus que de celles de *ces royaumes destinés à périr* que sont les provinces. Virgile voit en effet la source des conflits dans l'enrichissement et la convoitise que les villes nourrissent, et peut-être même dans cette extension presque monstrueuse de l'empire, alors que la vie rustique, la *rusticitas*, peut fournir aux agriculteurs de quoi satisfaire leurs besoins les plus nécessaires. À la ville, on vend et on achète, l'or y a tout corrompu, l'ambition également ; au champ, on produit ce qu'on consomme ou ce qu'on échange ; ainsi voit-on *souvent le conducteur d'un ânon qui tarde charger les flancs de l'animal d'huile ou de fruits grossiers, et rapporter, à son retour de la ville, une pierre incuse ou une masse de poix noire* (I, 273-275). L'illusion du troc est entretenue par cette présentation des achats du paysan à la ville. Les Romains des débuts de la République ont d'ailleurs longtemps ignoré la monnaie. La ville monstrueuse qu'est devenue Rome, surpeuplée, mêlée, peu sûre, corrompue, inspire à Virgile, comme d'ailleurs à bien des Romains, cette idéalisation de la vie rustique dont il contribue à faire un véritable mythe. À la campagne, on ne se contente plus désormais de nouer de charmantes et vertueuses idylles, comme dans les *Bucoliques* et dans la poésie alexandrine, on n'y cultive pas non plus la seule amitié comme on le voit chez Horace, désormais on y travaille la terre, on y vit en famille activement et sainement, on produit avec compétence et intelligence de quoi satisfaire ses besoins en toute modération. C'est bien une vie de modération tout épicurienne, *l'aurea mediocritas* que célébrera Horace, ami de Virgile et lui aussi provincial. Le mode de vie des paysans constitue un nouvel âge d'or, un âge d'or où le paysan travaille, bien supérieur en cela aux citadins, et qui pourrait même être parfait si la guerre ne s'en mêlait pas, comme on le lit à la fin du livre II : *Telle fut la vie que menait sur les terres Saturne d'or : on n'avait point alors entendu encore souffler dans les clairons, ni sur les dures enclumes crépiter les épées.* Il faut donc instaurer la paix ou du moins exempter les paysans de tout service aux armées, comme de tout clientélisme ; ils doivent travailler à produire ce qui est indispensable à la vie et non prendre part aux discordes politiques ou donner la mort. Virgile n'est pas sans audace quand il présente cette requête au chef de guerre invétéré qu'est encore Octave en 29.

Bien entendu, cette vision de la vie à la campagne reste une construction imaginaire : bien des propriétaires terriens n'étaient pas rentrés après la guerre et y avaient perdu la vie, d'autres s'étaient ruinés en tentant sans succès de remettre leurs terres en culture avant de regagner la Ville, les vétérans, dotés de nouvelles terres, ne s'étaient pas tous établis aussi sagement que le vieillard de Tarente et avaient, en quelque sorte, *bu* leur propriété ; les campagnes s'étaient dépeuplées et ce ne sont pas les grands propriétaires qui vivaient à la ville, ni les esclaves qu'ils faisaient travailler, qui pouvaient donner corps à pareil mythe.

○ La sagesse de l'agriculteur : le fruit spirituel du travail

Pourtant, si le travail de la terre a pour mission d'entretenir la vie matérielle et d'assurer la reproduction, ce n'est pas là son seul profit. Le travail accroît aussi les connaissances et l'habileté du cultivateur : il éveille son esprit en même temps qu'il sustente et affermit son corps. De simple consommateur à l'état sauvage ou au temps de Saturne, il devient producteur de denrées nouvelles pendant que son esprit s'élargit et que sa pensée s'éveille. La fréquentation quotidienne de la nature la lui rend familière, il l'observe et découvre les règles de son fonctionnement ; quand celles-ci le desservent, il s'efforce de trouver la manière de contourner cet obstacle ou de le retourner en sa faveur ; il invente les semailles, la greffe – qui remplit Virgile d'enthousiasme pour sa créativité –, une reproduction plus sûre ; les obstacles et le besoin se conjuguent pour faire de lui un technicien rusé et compétent. Cela en fait aussi un sédentaire et un propriétaire, il enclôt son terrain, il construit sa maison, puis des villages et des villes. Bref, le travail lui donne un métier, une fonction, une utilité dans sa cité, il vit en société. Cette compétence technique et les découvertes qu'il peut y ajouter constituent bien un savoir et l'accumulation de ces savoirs, transmis d'une génération à l'autre, permet la perpétuation et le progrès de la vie et de la civilisation, il s'insère dans un monde en devenir. Le travail ne se contente donc pas de transformer la matière, il permet aussi de mieux la connaître de façon tout expérimentale et socialise l'homme.

Car, par son travail, l'agriculteur n'a pas seulement changé la nature en une campagne plus appropriée à ses besoins, il n'a pas seulement couvert sa table de ses propres productions, il s'est aussi transformé lui-même, il s'est créé une *nature humaine*, qui n'est plus seulement naturelle, mais qui est déjà culturelle, c'est-à-dire transformée par l'homme. Et, aux yeux de Virgile, cette connaissance expérimentale, qu'il qualifie de *sapientia*, pourrait bien valoir celle de la science, d'autant plus qu'elle s'augmente nécessairement d'une sagesse morale, c'est-à-dire de l'adoption de mœurs appropriées. Son travail l'incite en effet au respect de son adversaire, la nature, dont il découvre les lois imprescriptibles en même temps que la fertilité potentielle, à la bienveillance, à la modération de ses désirs, à la tempérance, à l'endurance, à la loyauté, à la justice, à la piété et à la fierté saine qui en résulte. Le travail est pour lui une école, une recherche, un chemin (*via*), qui lui fait accumuler les expériences et développe en lui un savoir qui égale bien des recherches scientifiques ou philosophiques. En effet, même si ce savoir le conduit à se contenter d'une vérité qu'il ne saurait guère prouver ni établir scientifiquement, il détient cependant la *raison des effets*, comme l'écrit Pascal lorsqu'il défend l'opinion du peuple, la raison pratique à défaut de la raison abstraite, comme on le voit à la fin du livre II : sans connaître les causes, ce cultivateur n'est pas moins heureux ni moins vertueux que celui qui les connaît ; il connaît, lui, les dieux champêtres, il a découvert au cours de ses travaux les lois de la nature et sait les faire profiter au mieux à ses besoins et à ceux de la petite collectivité qui l'entoure. Le cultivateur se constitue donc une authentique sagesse, qui n'a rien à envier à celle que proposaient les grands systèmes philosophiques pour lesquels la sagesse, inséparable de la science, reposait sur une physique théorique, c'est-à-dire sur une explication du monde matériel, d'où découlait une morale. Cette sagesse expérimentale est dépourvue de toute connaissance intellectuelle et ne résulte que du contact direct avec la nature que le cultivateur entretient dans son travail. Le cultivateur est en quelque sorte un philosophe spontané, un sage pragmatique, le détenteur d'une sorte de sagesse des nations, quand le philosophe de profession, théorique et doctrinaire, est parfois bien éloigné de la réalité et de la vie pratique. C'est par conséquent son travail qui insuffle au paysan sa morale et sa piété. Satisfait et loin de toutes les tentations de la ville, il sait être modeste dans ses désirs et tempérant ; dehors par tous les temps, il est endurant et courageux ; son respect pour sa meilleure pourvoyeuse, la nature, lui inspire le respect et la vénération pour les dieux qu'il croit discerner en elle.

Quant au poète, il poursuit à la campagne, dans sa propriété, solitaire en même temps que proche de tous ceux qui y travaillent sa terre, loin des agitations politiques et sociales, l'écriture de cette admirable défense du travail des paysans que sont les *Géorgiques*. Son propre travail relève de l'*otium* selon les Romains, travail personnel, intellectuel et sensible, travail de la pensée qui interroge, qui pèse et qui juge, qui devrait bien lui valoir d'être compté parmi les travailleurs. Son travail n'est certes pas physique, mais il est lui aussi productif, puisqu'il modifie la perception de la matière en la transfigurant, qu'il travaille la langue pour lui faire dire plus, qu'il est donc créateur d'une vision toujours renouvelée d'un monde dont il s'efforce d'orienter le changement conformément à ses désirs fervents. Poète de la paix à laquelle il aspire et qu'il veut faire advenir, il se doit de célébrer les travaux de la terre-mère, celle qui enfante, contre ceux de la guerre, qui détruit, et ceux du commerce et des affaires, qui trompent par l'usure et la surenchère. Le poète est finalement à l'esprit humain ce que le paysan est à la terre : il travaille à encourager et célébrer les vertus du paysan, à regretter les entreprises guerrières d'Octave, à conseiller le nouvel empereur pour l'édification d'un nouveau régime plus propice à la paix, comme le fameux ajout un peu mystérieux du quatrième livre va le confirmer.

○ L'apiculture : le travail, fondement de la nation

La viticulture était très en vogue à l'époque où Virgile écrivit les *Géorgiques*, aussi y consacra-t-il la plus grande partie de son deuxième livre. Si la viticulture relève effectivement d'un travail assidu de l'agriculteur, il la considère, on l'a vu, avec quelques réserves : Bacchus enivre et peut inciter à la violence. On le voit également dans l'image guerrière de ces vignes plantées en quinconce, comme une armée rangée en ligne de bataille : *Telle, au cours d'une grande guerre, on voit souvent la légion déployer au loin ses cohortes, l'armée faire halte dans une plaine découverte, les fronts de bataille s'aligner, et toute la terre au loin ondoyer sous l'éclat de l'airain ; l'horrible mêlée n'est point encore engagée, mais Mars hésitant erre entre les deux armées* (II, 279-283). Ces vignes font craindre l'ivresse, sa démesure et sa violence. La viticulture relève du superflu aux yeux de Virgile et d'un superflu dangereux ; il lui préfère la culture du blé, nourriture spécifiquement humaine, fidèle en cela à l'*Odyssée* qui désigne les hommes par la périphrase des *mangeurs de pain*.

L'apiculture, qui occupe le quatrième livre, est un élevage, si l'on peut dire, de bien petites bêtes dont Virgile nous assure d'emblée que *Mince est le sujet*[1] *(labor), mais non mince la gloire, si les divinités jalouses laissent le poète chanter, et si Apollon exauce ses vœux* (IV, 6-7). Il tient bien à attirer notre attention sur ces minutieux travaux intellectuels qui sont ceux du poète, qui semblent être inutiles et anodins, et qui pourtant peuvent opérer de grandes nouveautés dont l'inventeur tirera toute

1. Dans le vers *in tenui labor, at tenuis non gloria*, le nom *labor* est traduit par *sujet*, ce qui en altère le sens. Mieux vaudrait traduire par « C'est un travail sur un maigre sujet, mais la gloire (de celui qui accomplit ce travail, c'est-à-dire ici le poète), elle, n'est pas maigre ». C'est le labeur du poète qui est en cause.

sa gloire. C'est donc avec une grande attention qu'il faut lire ce quatrième livre qui invite à une réflexion sur le rôle que l'organisation du travail joue dans la stabilité et l'harmonie d'un État.

C'est en effet la ruche qui se présente comme le modèle d'une organisation du travail idéale (149-227). Virgile rattache ce modèle à la mythologie latine en l'attribuant à Jupiter : *Je vais exposer les instincts merveilleux*[1] *dont Jupiter lui-même a doté les abeilles* (149-150). Suit une longue présentation de la diversité des tâches et de la spécialisation de chacune des ouvrières de la ruche : certaines sont préposées à la subsistance et vont *paître*, puisque le latin ne connaît pas le verbe *butiner*, d'autres, en architectes, s'adonnent à la consolidation de la ruche, d'autres, les éducatrices, entraînent les plus jeunes à voler, d'autres, guerrières, montent la garde, les plus vieilles construisent les rayons pendant que les plus jeunes vont à l'approvisionnement. Elles travaillent toutes du matin jusqu'au soir : *Toutes se reposent de leurs travaux en même temps, toutes reprennent leur travail en même temps* (184). Pour être plus précis, ce sont deux mots différents, *opus* et *labor*, qu'emploie Virgile : *opus* désigne l'ouvrage accompli et *labor* le travail en train de s'accomplir et la peine qu'il donne ; mieux vaudrait traduire par *Pour toutes ensemble le repos une fois l'ouvrage achevé, pour toutes ensemble la mise au travail.* Ce qui revient à dire que le temps et les horaires du travail sont les mêmes pour toutes ; cette affirmation relève d'ailleurs d'une fausse observation, puisque nous savons à présent qu'elles ne travaillent pas toutes en même temps.

Dans cette cité idéale, les enfants sont élevés en commun, sans que cela pose de problèmes, puisque les abeilles ne s'accouplent pas et trouvent leurs petits dans les fleurs et les feuillages sur lesquels elles les recueillent ou, plus exactement, les cueillent. Les voici préservées des dérèglements de l'amour. Telles sont les connaissances scientifiques de l'époque et il va sans dire qu'elles ouvrent une voie royale à l'imagination de Virgile. Dans cette maison communautaire qu'est la ruche et que Virgile qualifie de *ville*, les abeilles à l'abri des folies de Vénus travaillent, suivent de *grandes lois* et respectent les *pactes conclus*, se construisent des *remparts*, elles ont une *patrie* et des *Pénates fixes*, elles constituent une *nation* qui fonde ses *espoirs* sur les jeunes adultes qu'elles élèvent avec grand soin, elles ont une *cour*, un *roi* et des *citoyens* : *d'elles-mêmes, elle remplacent leur roi et les petits Quirites, et refaçonnent leurs cours et leur royaumes de cire* (201). Comme le montre l'abondance du vocabulaire juridique, cette société des abeilles réalise aux yeux de Virgile l'alliance du droit et de la nature, une société naturelle – ce qui en soi est une contradiction, un oxymore, puisque la société s'est précisément construite contre la nature – mais c'est ce qu'il souhaite voir s'installer à Rome.

1. C'est *natura* que Maurice Rat traduit par *instinct merveilleux* ; merveilleux n'est pas dans le texte ; *natura* désigne leur *nature*, qu'on peut traduire si l'on veut par *l'instinct naturel* qu'on ne connaît pas encore. Est-il merveilleux ? Je vous laisse le soin d'en décider.

Le bourdonnant travail anime toute cette cité active et productive qui n'a rien à envier aux bruyantes cavernes de ces métallurgistes que sont les Cyclopes ; elle n'amasse pas moins qu'eux : *De même, s'il est permis de comparer les petites choses aux grandes, les abeilles de Cécrops sont tourmentées d'un désir inné d'amasser, chacune dans son emploi* (176-178). Leur unique fonction semble être de produire du miel et de le thésauriser, car leur instinct divin les a aussi dotées d'une mémoire et d'une capacité de prévoir : elles vivent dans la même temporalité que nous ; elles se souviennent de l'hiver et amassent en prévision de son retour, comme le font les agriculteurs.

Mais elles ne sont pas seulement industrieuses, elles sont aussi présentées par Virgile comme n'étant chacune qu'une partie d'un grand corps qui n'a qu'une *âme* (*mens*) tant que leur roi est sauf. Elles sont donc unies dans un seul projet, celui de l'entretien d'une nation et de son chef qu'elles vénèrent ; vision d'une société bien propre à plaire à Virgile comme à Octave. Elles doivent cela au fait qu'elles sont dotées *d'une parcelle de la divine intelligence* (*mens*) *et des émanations éthérées* (*haustus aetherios*) (220-221). La traduction n'est pas très claire : faut-il passer de l'*âme* à l'*intelligence* dans deux occurrences de *mens* aussi proches ? Il me semble qu'on pouvait éviter cela en traduisant par *état d'esprit* ou *dispositions d'esprit* ; or cette disposition d'esprit, c'est l'instinct, aveugle à toute réflexion, qui dirige une action dénuée de conscience et pour ainsi dire mécanique. Quant aux *émanations éthérées*, elles mériteraient une note : il semble que les abeilles aient héritées d'une parcelle d'instinct divin et qu'elles aient absorbé une gorgée de la sagesse céleste. Elles sont donc instinctivement appliquées à un projet partiellement divin, elles travaillent sans rechigner, mais aussi sans conscience, à un programme qui leur assure l'éternité d'un corps ou d'une espèce dont chaque individu est appelé à rejoindre à sa mort le ciel, c'est-à-dire le séjour divin dont il est originaire. On retrouve, à la fin de cet exposé des mœurs des abeilles, ce qui peut dissiper toute crainte de la mort et réalise de façon syncrétique l'union de plusieurs philosophies : le panthéisme dont nous avions déjà remarqué la présence, le pythagorisme qui croit à l'apothéose, dont nous avions déjà eu un aperçu avec la divinisation possible d'Octave à sa mort, pythagorisme que les stoïciens avait partiellement adopté : *Car selon certains, Dieu se répand sur toutes les terres, et les espaces de la mer et les espaces du ciel ; c'est de Lui que les troupeaux de petits et de gros bétail, les hommes, toute la race des bêtes sauvages empruntent à leur naissance les subtils éléments de la vie ; c'est à Lui que les êtres sont rendus et retournent après leur dissolution ; il n'est point de place pour la mort, mais, vivants, ils s'envolent au nombre des constellations et ils gagnent les hauteurs du ciel* (221-227). Ce retour des âmes au séjour céleste et divin d'où elles viennent est issu de Platon et, à travers lui, de Pythagore. Cette éternité promise semble bien décupler les forces que les abeilles mettent à leurs travaux et se confirme dans la renaissance spontanée de leur essaim au cœur d'une carcasse de bœuf.

Virgile semble nous inviter à pareille discipline et nous promettre, sinon l'éternité, du moins la survie de l'espèce dont nous assurons la continuité en travaillant à produire ce dont elle a besoin : or ce dont a besoin Rome, c'est de blé pour nourrir sa population, comme les abeilles ont besoin de leur miel, mais c'est aussi d'un prince que les Romains vénèrent, respectent et aiment : *Tant que ce roi est sauf, elles n'ont toutes qu'une seule âme ; perdu, elles rompent le pacte, pillent les magasins de miel, brisent les claies des rayons. C'est lui qui surveille leurs travaux ; lui qu'elles admirent, qu'elles entourent d'un épais murmure, qu'elles escortent en grand nombre ; souvent même elles l'élèvent sur leurs épaules, lui font un bouclier de leurs corps à la guerre et s'exposent aux blessures pour trouver devant lui une belle mort* (212-218). Un prince se doit aussi d'être un modèle, un surveillant et un protecteur, à la fois *l'auteur des moissons* et le surveillant des travaux, pour que son peuple travaille avec ferveur et le vénère. Et pour cela, il faut penser à l'approvisionnement avant de penser à la guerre ; il n'est peut-être pas anodin qu'au cours d'une disette qui suscita des troubles, le premier pouvoir qu'Auguste reprit aux patriciens pour se l'approprier fût celui du préfet de l'Annone qui gérait l'approvisionnement en blé de la ville de Rome, se faisant ainsi le père nourricier de ses sujets les plus démunis.

On peut retenir de tout cela que le travail est le fondement même d'un État, en ce qu'il assure la vie de ses ressortissants, voire de l'espèce tout entière ; c'est là qu'il trouve son sens premier. Mais il contribue aussi à réunir autour d'un même projet, propre à chaque nation, tous les travailleurs, autour d'un chef qui doit lui-même incarner ce projet pour être vénéré ; et quand ce chef vient à manquer, le désordre s'installe. C'est à ce projet qu'Octave doit donner forme et à la réalisation duquel il doit veiller en encourageant tous ceux qui travaillent physiquement et intellectuellement à cette mise en œuvre. Octave ne sera pas roi, pour ménager son peuple qui abhorre ce titre, mais il en aura toutes les fonctions et toutes les prérogatives sous le nom de *princeps* que le Sénat lui attribuera en même temps que celui d'Auguste en 27 avant J.-C., deux ans après la publication des *Géorgiques*. Sa campagne de remise en ordre, de retour au travail, à la vie de famille et à la vertu n'aura évidemment pas les résultats idylliques que fait miroiter cette cité des abeilles, mais Auguste y parviendra en partie et redonnera à Rome quelques décennies de paix et de réelle grandeur.

Karl Marx reprendra l'exemple du travail des abeilles pour montrer que, si méticuleux et rigoureux qu'il soit, il est parfaitement distinct du travail humain ; dans le *Capital*, il écrit : *Ce qui distingue dès l'abord le plus mauvais architecte de l'abeille la plus experte, c'est qu'il a construit la cellule dans sa tête avant de la construire dans la ruche. Le résultat auquel le travail aboutit préexiste idéalement dans l'imagination du travailleur. Ce n'est pas qu'il opère seulement un changement de forme dans les matières naturelles ; il y réalise du même coup son propre but, dont il a conscience, qui détermine comme loi son mode d'action, et auquel il doit subordonner sa volonté.* Il écrit encore : *L'animal fait immédiatement un avec son activité vitale.*

Il ne se distingue pas d'elle. Il est cette activité. L'homme fait de son activité vitale elle-même un objet de sa volonté et de sa conscience. Il a une activité vitale consciente. Et c'est ce qui fait sa liberté. Travailler comme des abeilles, c'est se condamner à vivre sans conscience, sans liberté, sans progrès. Si le programme instinctif guide les abeilles à leurs tâches répétitives et à l'imitation d'un roi, c'est parce qu'elles sont sans conscience individuelle et l'on ne peut rien obtenir de tel de la part d'un travailleur humain, qui poursuit toujours un but individualisé, personnel, et tend toute son ingéniosité et sa volonté à l'atteindre. La société des abeilles est un modèle sauvage et naturel qui ne sera humain que lorsque les hommes se seront approprié ce modèle en l'adaptant à l'être culturel qu'ils sont devenus. Pour Virgile, c'est donc une image qui prête à réflexion plus qu'un modèle à adopter sans réserve ; comment pourrait-il s'accommoder d'un modèle social qui nie toute individualité et toute évolution ? Certes l'individualisme croissant a mené Rome à la guerre civile et au désordre, mais c'est le fait de la démesure et non de l'individualisme en soi ; il souhaite simplement voir le souci du bien commun reprendre le pas sur l'intérêt particulier, remettre de l'ordre sans pour autant construire une société totalitaire dans laquelle l'individu ne serait rien de plus qu'un rouage.

Le travail occupe donc une place fondamentale dans l'ouvrage de Virgile. Il consacre la naissance de l'homme, arraché à la nature et capable de la transformer en se transformant lui-même. Il est le ferment de la socialisation et le moteur de son entretien. Encore faut-il pour garder tout son sens que chaque travailleur y recherche le bien commun avant le sien propre et c'est peut-être là ce « stimulant » qu'appelle Simone Weil dans la *Condition ouvrière*, plus urgent à ses yeux qu'une augmentation de salaire.

Les contradictions du travail chez Virgile

Le travail, chez Virgile, oppose des domaines antagonistes comme la nature et la culture, la matière et l'esprit, l'asservissement et la liberté ; le travail en effet opère toujours contre une réalité insatisfaisante avec l'espoir d'en mettre au jour une autre plus conforme aux besoins humains. Ainsi, la culture à tous les sens du terme, fruit du travail, s'impose contre la nature et fait de celui-ci une nécessité perpétuelle ; car le travail transforme aussi l'homme en éveillant son esprit lequel n'a de cesse de se rendre maître de la matière ; quant à l'asservissement au travail, de façon déconcertante, il est ce qui contribue à notre liberté.

Nous nous proposons donc d'observer comment Virgile, qui veut remettre le travail à l'honneur dans une société où il ne l'est plus guère, présente ces affrontements et leurs retournements inattendus.

Entre nature et culture

○ Une nature malveillante

À l'origine et dans l'âge d'or saturnien, l'homme est dans la nature un animal parmi les autres, livré à la jouissance d'une nourriture abondante et, selon ce mythe, parfaitement heureux de son oisiveté. Mais Jupiter s'avise qu'il est aussi *indolent* et, somme toute, hébété de cette jouissance sempiternelle qui l'immobilise dans un fastidieux présent ; il décide donc de priver les hommes de leur confort alimentaire et de la tranquille sécurité dans laquelle ils vivent pour les contraindre à devenir actifs, entendez travailleurs, ce qui les obligerait non seulement à devenir intelligents, mais aussi à se *prendre en mains*, expression familière qui rend assez bien compte du travail manuel auquel se livre le cultivateur. La lutte de l'homme contre la nature est amorcée et se manifeste par le travail.

Voici donc l'homme traqué dans une nature hostile qui ne lui fournit plus facilement sa nourriture et qui le menace de ses sols inégalement fertiles, de ses tempêtes, de ses hivers rigoureux, de ses fortes chaleurs et de toutes sortes de maladies ; il n'est pas moins menacé par les animaux venimeux, prédateurs ou dangereux qui l'entourent désormais et que Jupiter semble avoir multipliés à plaisir : *C'est lui qui donna leur pernicieux virus aux noirs serpents, qui commanda aux loups de vivre de rapines, à la mer de se soulever, qui fit tomber le miel des feuilles*[1]*, cacha le feu et arrêta les ruisseaux de vin qui coulaient çà et là. Son but était, en exerçant le besoin*[2]*, de créer peu à peu les différents arts, de faire chercher dans les sillons l'herbe du blé et jaillir du sein du caillou le feu qu'il recèle* (I, 129-135). Cette hostilité, la violence et la confusion générale qui en résulte dans la nature désormais malveillante poussent l'homme à agir, à travailler pour avoir un sort meilleur : c'est le besoin pressant de défendre sa vie qui éveille sa réflexion, lui fait prendre conscience de sa misère et l'incite au travail ; ainsi espère-t-il éviter ou du moins retarder sa mort. L'homme primitif sort alors de sa léthargie, il n'est plus seulement misérable, il a conscience de l'être et il décide de s'attaquer à la terre, de lui faire produire ce qui le nourrit au mieux de ses intérêts, là où il veut le consommer, de rétablir par tous les moyens sa sécurité et de cesser ses vagabondages : de chassé, il devient chasseur. C'est la fin

1. On croyait alors que le miel tombait du ciel sur les feuilles, comme la rosée, mais Jupiter en *dépouilla* les feuilles, ce qui traduirait mieux le verbe *decussit*, il le cacha, on le sait, dans des ruches où l'homme ne peut plus le prendre qu'au risque d'être piqué.
2. *En exerçant le besoin* est mal traduit ; le vers *ut varias usus meditando extunderet artes* signifie mot à mot *pour que le besoin* (*usus* désigne ce dont l'usage est indispensable), *par une réflexion préalable,* (*meditando*), *fasse émerger* (*extunderet*) *des techniques variées* (*varias artes*) ; le verbe *meditor* signifie *penser, réfléchir,* mais aussi *préparer, étudier, avoir en vue quelque chose* ; par ailleurs, *usus* est le sujet de *extunderet* et non le complément de *meditando*. La réflexion est mise au travail par le besoin et c'est elle qui invente les *techniques*, en y englobant ce que nous appelons aujourd'hui les arts.

de la vie errante et de la fuite devant le danger, il lui fait face, décidé à l'affronter ou du moins à le réduire, en donnant à la nature un ordre et un visage plus humain. Pour Virgile, il a pris le parti de la vie.

○ Le triomphe de la culture

Au travail, le cultivateur assure donc sa survie. Fort de sa nouvelle sédentarité, il aligne les sillons dans ses champs, il range ses vignes en quinconce, il construit sa maison, ses granges, ses étables, il tisse sa laine, se chausse du cuir des animaux qu'il a domestiqués et qu'il élève, consomme leur lait et leur viande, il dresse ses chiens de garde et vit dans une autarcie étroite. Puis il s'avise qu'en spécialisant certaines tâches, il gagnerait du temps ; s'ensuivent, comme on l'a déjà vu dans l'éloge qu'il fait de l'Italie au deuxième livre, les bourgs et les villes où se regroupent artisans et commerçants, les remparts et les routes, les ports et la navigation. Peu à peu une nation naît qui regroupe fermes et villes. La civilisation romaine s'est formée ainsi grâce au travail des premiers Romains.

La nature vierge, violente et hostile, elle, est appelé à disparaître pour faire place à un paysage campagnard ou urbain plus ordonné. La transformation est de taille, et elle enchante Virgile : c'est le visage de la campagne qu'il connaît et qu'il aime ; la nature vierge l'effraie. C'est ce premier âge de la civilisation qu'il privilégie, celui d'une économie agricole et pastorale, qui nourrit toute une population de façon autarcique. Et c'est à cette forme que Virgile voudrait voir la campagne italienne revenir, forme qu'il considère comme adaptée et conforme à la romanité, à l'humanisme romain. En transportant son âge d'or dans cette période du développement des civilisations, dans l'âge du travail et de l'agriculture, Virgile renie la nature en lui préférant une nature désormais domestiquée, imprégnée d'un ordre humain, la campagne (*rus* et non *natura*) qui n'a plus guère de naturel que le matériau que l'homme a travaillé pour son profit : la terre. L'homme y maîtrise les productions végétales et la reproduction des animaux : il s'est définitivement rendu maître d'une nature qui le tyrannisait. Il n'y a plus désormais qu'une culture, une nature cultivée et mise en œuvre par le travail des hommes.

Aussi Virgile, après avoir énuméré les premiers arts qui dérivent tous de l'agriculture, la navigation, l'astronomie, la chasse au lacet et à la glu, les chiens dressés pour la chasse et la garde, les filets de pêche et les scies, s'écrie-t-il triomphalement : *Tous les obstacles furent vaincus par un travail acharné et par le besoin pressant en de dures circonstances* (I, 145-146). Ces deux vers appellent d'ailleurs un certain nombre de remarques. L'adjectif *improbus,* qui qualifie le travail et qui est ici traduit par *acharné,* signifie plutôt *rusé, astucieux,* un brin *malhonnête* ; il caractérise l'effort stratégique d'imagination par lequel l'homme parvient à tromper la nature et la matière pour leur faire produire ce dont il a besoin. On lit d'ailleurs plus haut : *On imagina de prendre au lacet, de tromper les oiseaux avec de la glu et d'entourer d'une meute les profondeurs des bois* ; il s'agit bien ici de tendre des pièges à la nature. Quant au besoin, il est ici désigné par *egestas*, c'est-à-dire le *manque*, l'*indigence*, la *disette*, et non plus par *usus* qui désigne plutôt l'*usage*, *ce dont on aurait l'emploi*, *ce qui est nécessaire*, *l'utile* ; le besoin s'exprime sous deux aspects, il est *manque* de *ce qui est nécessaire à la vie*, *manque* de *ce qui est utile*. On peut donc traduire : *Le travail* (*labor*) *astucieux a tout vaincu, tout comme le pressant besoin, dans une situation difficile*. Cette astuce relève de l'éveil de son imagination et de sa pensée, il est désormais un être culturel. C'est bien d'une victoire qu'il s'agit, une victoire remportée, grâce au besoin et à l'astuce qu'il a éveillée dans l'esprit humain, sur une nature à la domination de laquelle il s'est arraché et contre laquelle il devra désormais lutter sans fin pour maintenir ou améliorer encore ses conditions de vie. Cette victoire et cet arrachement donnent naissance à l'homme dans sa forme moderne.

○ Les dangers de la culture

Car la culture ne se limite pas à l'agriculture. En travaillant l'homme s'est aussi transformé lui-même, il s'est cultivé : désormais il observe, il pense, il imagine, il a conscience de son sort, il se fixe un objectif, il veut le réaliser. Il est installé dans un triple temps linéaire, un passé dont il peut mesurer les qualités et les défauts, un présent, dans lequel il se livre à l'action et à l'expérience que constitue tout travail, et un avenir qu'il prévoit et tente de mettre en œuvre par toutes sortes de stratégies. L'homme s'est donné par son travail une culture : il est attaché à un type d'habitat, à une mode vestimentaire et alimentaire, à la possession d'outils et d'objets variés et à un ensemble de valeurs esthétiques, politiques et morales qu'il défend et entend bien garder, voire accroître encore. Or Virgile voit d'un mauvais œil la culture romaine s'éloigner de celle qu'on prête aux Romains des débuts de la République, culture qui, en quelque sorte, leur tient lieu d'identité : le *mos majorum*, les mœurs des ancêtres, faites de simplicité et de sobriété. Ces valeurs sont celles du laboureur, courageux et énergique, pieux et vertueux qui fait le meilleur des soldats romains quand il le faut, qui a été célébré déjà par Caton à l'époque des guerres puniques et qui a continué de l'être pendant tout le premier siècle avant J.-C. : la culture romaine qu'il met en valeur est celle de l'âge rural du pays, alors presque exclusivement réduit à la péninsule italienne. Cette culture, c'est la *romanitas*, qui pour Virgile est l'équivalent de la *rusticitas*, et qu'il appelle de tous ses vœux. Il veut rester romain, or il a l'impression que l'extension de l'empire territorial romain dénature cette vieille culture ancestrale. Même l'agriculture n'est plus ce qu'elle était alors : on cultive la vigne plutôt que le blé, comme si l'on cherchait à s'enivrer, et qui plus est des cépages importés de Grèce, on aménage des terrains de chasse et des jardins d'agrément somptueux sur des terres dont la vocation est agricole, les paysans quittent la campagne pour la Ville et les civilisations étrangères des nombreuses provinces menacent l'intégrité de la culture romaine : on implante de nouveaux cultes qui font fureur, on fait venir des statues de Corinthe et des parfums d'Orient par bateaux entiers, on implante à Rome un épicurisme relâché qui met l'oisiveté et le plaisir à l'honneur. Virgile est un patriote nostalgique et il s'inquiète de l'évolution d'une civilisation qu'il vénère ; mais la prolifération des objets nouveaux, œuvrés sur place ou venus des provinces, augmente les besoins des hommes, puisque tout travail, comme l'écrit Marx, produit à la fois un objet et un sujet pour cet objet. Ainsi la convoitise croît de façon exponentielle et les citadins courent après le luxe, confondant caprice et besoin et multipliant *les battants incrustés d'une belle écaille, les étoffes où l'or se joue, les bronzes d'Eryphée et la laine blanche teinte du poison d'Assyrie* (II, 463-465). C'est là ce qui justifie sa méfiance à l'égard du commerce et des villes qui facilitent le mélange des cultures et la disparition possible de cette vieille *romanité* dont il se sent, lui, profondément imprégné.

Ce qui met Virgile mal à l'aise, on le sent, c'est que le progrès, par définition, continue sa marche perpétuellement, qu'il ne permet guère de pérenniser un âge de l'histoire, d'ailleurs bien idéalisé. Au moins, à la campagne, le progrès est plus lent et la culture traditionnelle se perd moins vite : le cultivateur *ne voit autour de lui ni indigents à plaindre miséricordieusement, ni riches à envier* (II, 499). Ce n'est, semble-t-il, qu'à la campagne qu'on s'approche au plus près de la justice sociale et de la vertu. La démesure peut cependant s'y introduire du fait que les grands propriétaires terriens, qui résident à Rome, en ont contracté les défauts : car ce sont eux qui ont implanté la viticulture, dessiné d'immenses parcs d'agrément et répandu ces nouvelles habitudes qu'introduisent dans le monde romain les civilisations des peuples nouvellement conquis. Et si les Romains s'éloignaient des vertus qui les caractérisent, s'ils s'orientalisaient, s'ils importaient tout au lieu de le produire, s'ils devenaient paresseux, si le monde romain était appelé à disparaître ? Telles sont les angoisses d'un monde en marche qui se transforme sans cesse : de nouveaux soucis nécessitent sans cesse de nouveaux travaux. Octave réussira-t-il à rétablir la paix et à sauver la romanité ? Et au prix de quels travaux ? Aussi Virgile s'efforce-t-il de préconiser le retour à la petite propriété, celle où l'on réside et où l'on travaille soi-même : *Fais l'éloge de vastes domaines, cultives-en un petit* (II, 412) ; l'opposition forte souligne assez l'amertume du poète qui ne peut dire ouvertement à tous ces grands propriétaires qu'ils ont tort. C'est aussi pour défendre la culture romaine traditionnelle qu'il rétablit le panthéon romain des divinités olympiennes et champêtres, auxquels beaucoup avaient cessé de croire, et qu'il plaide pour une soumission à l'État dont il trouve le modèle dans la ruche : une soumission inconditionnelle du travailleur manuel qui répète indéfiniment sa tâche sans jamais chercher à innover et sans autre conscience que celle de son *instinct divin*. Il réduirait bien le travail au seul travail agricole et se fonde sur le fait que la production du miel, fruit d'un travail animal, n'a jamais évolué. Virgile semble donc rêver d'un travail conduit mécaniquement et pieusement, sans grande innovation.

C'est pourquoi il n'apporte que quelques retouches à l'ancien *mos majorum*, dont il fait l'étape idéale de toute culture. Dans son poème à la fois politique et moral, il réécrit le mythe de l'inauguration du travail humain qui devient une grâce divine au lieu d'un châtiment et il fait du travail agricole un devoir dans la mesure où c'est le créateur de l'ordre du monde qui l'a voulu ; il réclame pour le cultivateur le droit de n'être pas arraché à sa charrue pour aller guerroyer ; il se fait enfin un devoir de réhabiliter le travail délaissé de l'agriculteur. C'est un réformateur prudent et pourtant révolutionnaire à sa manière. Ce sont les fureurs et les égarements de Rome qu'il faut désormais travailler et cultiver en les ramenant à la simplicité et à la modération, à la vertu, à une nouvelle vertu qui n'est plus la *virtus* (courage viril) du guerrier et du soldat laboureur, mais celle d'un agriculteur patient, attentif et réfléchi, qui guerroie avec la matière au lieu de se battre avec ses concitoyens.

Virgile choisit donc incontestablement la culture et son moteur, le travail, contre la nature vierge, sauvage et barbare telle qu'on la voit dans la Libye torride ou la Scythie glaciale, où des hommes, qui n'ont pas travaillé contre la nature, fuient devant la disette comme le soldat poursuivi par l'ennemi ou bien s'enferment dans une caverne obscure et s'enivrent pour oublier leur triste condition. Installé dans le monde du travail et du progrès, Virgile s'attriste cependant des égarements de ce progrès qui amène parfois à fondre les socs en épées et à renier la sobre vertu industrieuse du Romain pour se complaire dans la convoitise, le luxe et les plaisirs de la vie moderne. Les formes que prend la culture d'un pays sont transitoires et Virgile voit évoluer la culture romaine avec nostalgie et crainte. Ce sont donc désormais deux cultures qui s'affrontent, celle des champs et celle des villes, celle d'une sobre économie agricole et celle, plus cosmopolite, d'une économie de marché qui donnera naissance à d'autres valeurs.

Quoi qu'il en soit, en opposant l'homme à la nature, le travail a produit un ordre nouveau et un produit synthétique, ni naturel ni animal, un nouvel homme, cultivateur et cultivé, un animal hybride qui est à la fois corps et esprit. Il est bien clair que Virgile n'est pas à proprement parler un ami de la nature, mais plutôt un ami de la vie rurale, d'une campagne culturelle, et un humaniste.

Matière et esprit

Le monde est constitué de matière, d'une matière à laquelle l'homme appartient par son corps. Selon Virgile, il n'est à l'origine qu'un animal repu et satisfait, doté de sens, mais non d'intelligence ; c'est le travail qui l'en dotera.

○ L'émergence de l'esprit

C'est à la naissance de l'esprit que Virgile nous fait assister en remaniant le mythe de l'invention du travail. On a vu comment la détresse dans laquelle nous plonge la décision de Jupiter *aiguise par les soucis les cœurs des mortels et ne souffre pas que son empire s'engourdît dans une triste indolence* (I, 123-124). Il s'agit bien pour l'être humain de dépasser sa nature corporelle pour exercer son *empire* sur le monde et il la dépasse effectivement en développant son esprit. Il semble que ce soit d'abord le siège des sentiments qui est mis en mouvement, qui est ému par une détresse toute physique ; et ce serait en prenant conscience d'un manque fondamental que l'esprit et l'intelligence s'éveilleraient pour concevoir idéalement un projet préalable et indispensable à son travail, si l'on veut que cette action entreprise ne soit pas seulement instinctive, mais réfléchie. Chez Virgile, la pensée s'éveille avant l'action et provient de la sensation. La peur de la mort fait fuir par instinct mais, pour l'homme, il semble que ce soit elle qui ait provoqué la volonté de s'arracher à la seule matière pour faire émerger la conscience de soi et la volonté de travailler à son salut autrement que par la fuite. La sensation, au lieu de déclencher le seul instinct animal de survie, met en branle un esprit qui conçoit le danger et choisit de travailler à survivre et à vivre. L'esprit précède donc le travail en tant qu'action car, comme l'écrit Marx, si l'abeille agit sans conscience, par instinct, l'homme, lui, sait, avant de commencer à travailler, comment et pourquoi il entame son travail. C'est pourquoi son travail n'est jamais mécanique et n'est jamais à strictement parler une simple répétition imperturbable. Il est toujours adaptation et invention : quand le cultivateur recommence son cycle annuel de semailles, de croissance et de récoltes, il n'agit pas tout à fait aux mêmes dates, ni de la même manière suivant que la saison est pluvieuse ou non, selon la lecture qu'il fait de tous les signes que donnent tous les présages, divins ou non, que la nature dispense ; s'il n'échappe certes pas à la régularité d'un cycle qui va du printemps à l'automne, chaque année et chaque saison exigeront de lui un nouveau travail, adapté aux événements particuliers de chacune ; il y aura de bonnes et de mauvaises années.

Le travail n'est donc jamais seulement manuel ou physique, il est aussi intellectuel puisque la pensée y poursuit à la fois un but et l'élaboration d'une action appropriée, l'un et l'autre fixés par avance et susceptibles d'être remaniés et aménagés en fonctions des aléas au moment même de l'action. La vigilance est toujours de mise : il faut toujours prévoir (*prudentia*) et reconnaître (*cognoscere*), toujours avoir l'esprit tourné vers l'avenir et tenir compte des circonstances d'un présent particulier.

○ Le travail de l'esprit

Si le cultivateur travaille la terre et récolte des biens matériels, s'il exécute bien une tâche manuelle en elle-même incessante et fatigante, son esprit ne travaille pas moins, même à son insu. Il apprend à connaître la matière au même titre qu'un physicien, il sait à présent distinguer les sols, les plantes, les animaux, les insectes, au même titre qu'un botaniste ou un naturaliste, il connaît le ciel, ses astres, ses nuées, ses pluies et ses tempêtes, il en reconnaît avec sagacité les signes précurseurs, tel un astronome ou un météorologue, et s'approprie peu à peu une science dont l'origine n'est pas théorique, mais expérimentale. Toutes ces connaissances lui donnent une compétence qui croît d'année et en année et dont il peut tirer sa fierté. Son travail lui assure donc un profit matériel, celui de sa récolte dont il vit, mais aussi une connaissance sensible et expérimentale de la nature, dont il peut tirer une sagesse morale dont Virgile fait grand cas.

Car, spontanément, le cultivateur apprend à mesurer ses besoins à hauteur de ce que la nature peut lui fournir. Le vieillard de Tarente (IV, 125-148) ne tente pas de faire pousser sur sa maigre terre broussailleuse autre chose que ce qu'elle peut effectivement porter : quelques légumes, savamment *espacés*, bordés de fleurs peu exigeantes mais colorées et parfumées, le tout entouré d'arbres fruitiers, sans oublier les ormes et le platane indispensable pour son ombre. Et pour tout élevage, des abeilles qui lui fourniront leur miel. Le choix même des cultures qu'il implante souligne bien la part spirituelle de sa tâche, mais il montre aussi la leçon morale qu'il en tire : la modération de ses désirs et la délicatesse qui fait sa part à la beauté de l'ensemble. Il fait preuve d'une sensibilité qu'il met rationnellement en accord avec la réalité de son bien. En somme, il sait joindre l'utile, tout matériel, et l'agréable, lui, spirituel. Il voit ainsi *la très juste terre lui verser de son sol une nourriture facile* (II, 460), non sans agrément. Si donc le cultivateur a bien vaincu les violences et la malveillance de la nature, il la respecte, il a le souci de ne pas l'épuiser et de lui faire produire à la fois le bon et le beau. On le voit aussi bien dans les techniques mises au point par l'homme, l'alternance, la jachère ou la greffe, que dans la persistance d'un culte rendu aux divinités champêtres et à Cérès. Ces divinités prêtent en quelque sorte une âme et une vie à la nature, cet adversaire qui, si matériel soit-il, semble, en bonne mère désordonnée, abriter le secret de la germination et de la reproduction. Si donc l'esprit a bien pris tout son *empire* sur la matière travaillée, il reste malgré tout un bon maître, attentif et respectueux.

L'agriculteur n'a donc pas maîtrisé la terre par son seul travail manuel, mais aussi par le savoir qu'il a acquis insensiblement en travaillant. Chez Virgile, la naissance de l'esprit humain semble résulter d'un programme divin, celui de Jupiter en premier lieu, puis celui de Cérès qui donne à l'homme ses premières leçons d'agriculture (I, 147), celui de Minerve qui lui donne l'olivier, celui de Triptolème, qui, délégué par Cérès, lui *montre l'areau recourbé* (I, 19, et note 343). Ce sont les leçons divines qui ont amorcé son travail et facilité les découvertes techniques qui ont suivi et qui sont, elles, le fait de l'homme ; malgré tout, les hommes pourraient bien, à la manière des abeilles, avoir gardé *une parcelle de la divine intelligence*. Ainsi, Virgile ne s'éloigne pas de Platon pour qui la connaissance est réminiscence, c'est-à-dire résurgence d'un savoir divin qui a laissé en nous des traces qui peuvent être retrouvées par un travail qui s'apparente à un accouchement, la maïeutique, méthode d'interrogation dont Socrate, si l'on en croit Platon, était l'inventeur. La culture de la terre a donc permis au cultivateur d'accoucher d'un savoir que seule l'expérience du travail a fécondé. Le travail de la terre et les réflexions qu'il a inspirées au cultivateur constituent une sorte de gestation d'une sagesse et d'un savoir divins, une école indispensable à la recherche du Vrai, du Bon et du Beau.

○ Connaissance poétique

Or Virgile, dont le poème se donne pour objet le travail agricole et qui l'a peut-être même pratiqué, tend à faire de cette expérience qu'acquiert le paysan un savoir pour ainsi dire aussi fiable ou du moins plus réaliste que celui des premiers philosophes grecs qui exposaient de manière théorique et dogmatique leurs principes, sans vérifications ni preuves expérimentales. Pour lui, le travail, et précisément le travail manuel, devient un sujet digne d'observation et de réflexion ; ce travail est bien éloigné d'être une tâche honteuse et rebutante que l'on délègue autant qu'on le peut à des esclaves, comme c'était le cas pour les Grecs et aussi pour les plus riches des Romains. C'est une tâche des plus nobles, puisqu'elle dote les agriculteurs d'une connaissance sensible en même temps que raisonnable de la nature et de la place qu'y occupe l'homme. Car à défaut de connaître les mystères de la nature que les physiciens cherchent à découvrir ou à énoncer, il connaît intimement ceux des lieux qu'il arpente chaque jour et qui le nourrissent, il connaît les joies de la famille à l'abri du besoin, le repos au grand air et les réjouissances des fêtes. Il profite *d'un repos assuré* (II, 467), celui du travailleur satisfait des résultats de son ouvrage et des produits qu'il en a tirés : cette fois c'est son esprit qui est repu. C'est la tranquillité, l'ataraxie, de celui qui a agi et créé ce dont il avait besoin ; il a réuni la *praxis*, la conduite et l'action matérielle, et la *poièsis*, la création de biens à la fois matériels et spirituels.

Et le poète ? Il a soigneusement examiné et recensé les tâches, les techniques, les efforts innombrables que met en œuvre l'agriculteur ; il a réussi à dévoiler les qualités de son travail, les progrès de sa connaissance technique et spirituelle du monde qui l'entoure et les progrès de sa sagesse morale qui peut bien se passer des secours de la raison ; enfin, par la forme poétique qu'il a donnée à sa recherche, il a réussi à exprimer sensiblement et intellectuellement une philosophie du travail qui en renouvelle complètement la vision : ce que cette expérience pratique du travail manuel, cet apprentissage, nous apprend vaut aussi bien qu'un enseignement doctrinal. Contre une supériorité du savoir théorique et purement intellectuel, il restaure la vérité saine des compétences du laboureur et des conséquences à la fois intellectuelles et morales qui en découlent, la vérité d'une sagesse fondée sur l'expérience sensible du travail qui éveille peu à peu l'intelligence rationnelle. Même si Virgile regrette *qu'un sang froid coule autour de son cœur* (II, 184) et l'empêche d'accéder à la connaissance des causes, il semble estimer que le poète, par l'expression sensible qu'il sait donner à l'éveil de la connaissance abstraite surgie de l'expérience matérielle du travail, est plus à même d'être entendu du paysan que le philosophe : il connaît la vérité par l'esprit, mais aussi par le cœur, puisque ce sont bien les *cœurs* (I, 123) de l'homme que Jupiter a voulu éveiller en lui opposant des obstacles ; il vérifie ainsi l'adage pascalien selon lequel *le cœur a ses raisons que la raison ne connaît pas*. Il est en effet le seul à pouvoir affirmer que le cultivateur est heureux et même bienheureux (*fortunatus*, II, 458).

Quant à cette exclamation si fameuse, il ne faut toutefois pas omettre qu'elle est un irréel du présent : *Trop heureux les agriculteurs, pour peu qu'ils connaissent effectivement leurs biens !* Cet irréel laisse entendre que s'ils ont acquis ces connaissances et cette sagesse, ils n'en sont pas forcément conscients et ne sont sans doute qu'assez peu satisfaits de leur sort. C'est au poète de les éclairer à ce sujet : ils ont selon lui, par leur travail manuel, atteint cette ataraxie épicurienne, cette tranquillité qu'il n'a pas, lui, réussi à atteindre par la philosophie et il se contenterait bien de la leur : au lieu d'être philosophe, il sera le poète des travaux des champs.

L'asservissement et la liberté

On peut effectivement douter du bonheur des paysans, pour la plupart esclaves. Car le travail est asservissant par nature, même s'il permet d'acquérir une maîtrise indéniable et qu'ainsi il mène à la liberté.

○ L'asservissement au travail

Le travail s'exerce toujours contre une résistance à vaincre et, dans le cas des cultivateurs, cette résistance est celle de la nature, devenu marâtre par la volonté de Jupiter. Le choix de se rebeller contre elle par la culture des champs a un caractère irréversible : *Le travail des laboureurs revient toujours en un cercle et l'année en se déroulant le ramène avec elle sur ses traces* (II, 401-402). Le laboureur est enchaîné à son travail d'année en année s'il veut continuer de se nourrir. Et si le rythme d'un travail n'est pas conduit par l'éternel retour des saisons, s'il suit une progression linéaire, il doit lui aussi se perpétuer si l'on veut ne pas être ramené en arrière ou entraîné à la dérive (I, 201-204). C'est la contrainte inéluctable du progrès. Le travail est donc incessant, été comme hiver, jour comme nuit, et si Virgile n'insiste pas sur cet esclavage, l'énumération inépuisable des tâches suffit à le montrer. Le travail entrepris par l'homme l'enchaîne définitivement à la tâche d'entretien et d'extension de ses acquis.

Le cultivateur n'a donc que peu de répit puisqu'il ne s'arrache toujours à la nature que partiellement et momentanément compte tenu de l'immense variété des vies qu'elle abrite : *Et cependant, en dépit de tout ce mal que les hommes et les bœufs se sont donnés pour retourner la terre, ils ont encore à craindre l'oie vorace, les grues du Strymon, l'endive aux fibres amères, et les méfaits de l'ombre* (I, 118-121). Chaque obstacle vaincu en dévoile un autre et condamne le cultivateur à travailler à vie, au même titre que Sisyphe. Il travaille pour l'incertain, toujours menacé d'un gel, d'une inondation, d'une canicule, d'une maladie, d'une épidémie, de vipères ou de couleuvres ou tout simplement d'un échec, car le travail est un pari toujours renouvelé.

Rien n'est dit des maîtres dans les *Géorgiques*. Tout au plus entrevoit-on ces grands propriétaires qui ne jouissent qu'avec indolence des revenus d'un travail dont ils ignorent à peu près tout, présageant peut-être cette fameuse dialectique du maître et de l'esclave, énoncée par Hegel : car la jouissance abêtit le maître pendant que le travail instruit l'ouvrier et la conscience de soi née des obstacles que l'on doit franchir s'affaiblit chez le premier pendant qu'elle s'affirme chez le second. Mais Virgile présente surtout des fermiers et des métayers comme les maîtres des parties de domaines qu'on leur confie et s'adresse ainsi à des paysans qui sont leurs propres maîtres. La dimension sociale de l'asservissement au travail disparaît donc au profit de l'asservissement à la nature, présentée comme le véritable maître du cultivateur. Celle-ci d'ailleurs se conduit bien en maître : elle ignore tout des lois qui la régissent et travaille dans le désordre et à l'aveugle, pour un projet qu'elle ne connaît pas : elle fait preuve d'une anarchie et d'une indifférence que seule compense son immense fertilité. Dès lors, une fois que le cultivateur, lui, a découvert les lois de la nature, il peut les mettre à profit et faire de la terre son matériau. C'est la présence d'une conscience qui finalement donne la suprématie au travailleur humain, même si la victoire d'un jour reste à remettre en chantier le jour suivant.

○ Les contreparties du travail

Le caractère asservissant du travail a cependant ses contreparties. La plus manifeste pour l'agriculteur virgilien, c'est qu'il se nourrit directement du produit de son travail ; c'est au moins vrai pour le petit propriétaire ou le vieillard de Tarente. Le travail sert en premier lieu à gagner sa vie, à assurer sa survie alimentaire. Mais cela ne suffit pas toujours à satisfaire le travailleur.

L'autre contrepartie, qui pour Virgile est fondamentale, c'est de donner à l'homme sa forme complète en lui donnant sa dualité : corps et esprit. Car ce n'est pas seulement le corps qui est nourri, c'est aussi l'esprit. Et cette formation intellectuelle, morale et spirituelle que dispense le travail est essentielle pour Virgile ; c'est bien chez l'agriculteur qu'elle est la plus visible. Déjà pour Aristote, l'agriculture est un métier plus noble que les autres : la vie dans la nature, au grand air, toujours debout et en marche, fait du cultivateur un homme vigoureux et bien proportionné, qui vit dans de larges espaces, ce qui est propre à élever sa réflexion, au lieu que les artisans, toujours assis dans des ateliers obscurs et enfumés sont déformés et ont la vue courte et les pensées étroites. Les conditions dans lesquelles s'exercent les métiers ont donc leur importance et ils n'assurent pas tous la même formation. Cette idée d'un travail formateur au sens propre, c'est-à-dire capable de donner à l'homme sa forme culturelle, prend tout son sens dans l'école : elle doit permettre aux élèves qui travaillent d'acquérir un esprit digne de ce nom, ouvert à la connaissance du monde et de soi ; sans travail effectué, la formation ne se fera pas. Kant lui-même mettra en garde contre la tentation d'appendre par le jeu : on n'apprend qu'en travaillant, c'est-à-dire par la contrainte : *Dans le travail, l'occupation n'est pas en elle-même agréable, mais c'est dans un autre but qu'on l'entreprend.*

[...] *L'homme doit être occupé de telle manière qu'il soit rempli du but qu'il a devant les yeux, si bien qu'il ne se sente plus lui-même et que le meilleur repos soit celui qui suit le travail* (*Réflexions sur l'éducation*).

Le travail implique donc un but poursuivi avec foi et énergie, un but élevé de préférence, une conviction qui ne se limite pas à la seule attente d'un salaire. L'agriculteur a pour lui qu'il nourrit seul la population tout entière et qu'il est, au dire de Turgot, *celui qui a fait produire à la terre le salaire de tous les artisans*. Cela le prédispose sans doute à la convivialité, à la sociabilité, à la solidarité. Qui plus est, le paysan antique est aussi soutenu dans sa visée par sa religion : en travaillant, il remplit le dessein de Jupiter, il honore Cérès, Bacchus et les dieux champêtres. Il remplit son devoir tant au regard de la société qu'au regard des dieux. Mais le travail a évolué et l'agriculture ne tient plus la même place dans nos économies modernes. Dès lors, tous les travaux humains peuvent-ils susciter le même enthousiasme ? Tous peuvent-ils nous donner l'impression qu'ils sont utiles à la collectivité et à la marche du monde ? Sommes-nous même libres du choix de notre métier ? Et devons-nous conclure tristement comme Pascal : *La chose la plus importante de toute la vie est le choix d'un métier : le hasard en dispose* (517, édition Sellier). Non, c'est le travail, même s'il est fourni sous la contrainte, et d'abord à l'école, qui vous y préparera le mieux, et non le hasard.

○ La liberté

La liberté que donne le travail résulte de ces contreparties.

La contrepartie financière du travail nous maintient en vie et nous assure une indépendance matérielle, ce qui est la première étape vers la liberté, le sentiment de ne plus dépendre d'autres pour les choix que nous aurons à faire, la seule vraie majorité.

Mais c'est surtout l'ouverture d'esprit que l'homme acquiert qui est propre à lui donner son libre-arbitre, sa liberté de pensée. Car la pensée n'est rien sans l'action, sans le travail qui la met en œuvre : c'est par son travail, bien ou mal fait, que chacun contribue à la forme du monde à venir. Ainsi Virgile veut, grâce au travail des laboureurs retournés consciencieusement à leurs tâches, en faire des citoyens paisibles et sûrs qui donnent sa forme à l'État et assurer ainsi à l'empire romain stabilité et ordre. Il y a quelque chose de presque existentialiste dans cette conviction, l'idée que chacun par ses actes, et le travail en est un, engage le monde dans un certain sens et lui donne une certaine forme. Et le fait que le monde attende sa forme des conduites et des travaux de chacun d'entre nous est libératrice, même si elle est vertigineuse. Elle fait de l'homme l'artisan de sa destinée, le collaborateur de la création. C'est d'ailleurs bien ce que voulait Jupiter en contraignant l'homme au travail. Ainsi, par notre travail, nous pouvons échapper à la fatalité et au déterminisme. Il nous reste une possibilité d'influer en partie sur l'avenir du monde, d'y introduire le bien, ou le mieux, à chaque fois que cela est à notre portée, d'éviter d'y introduire le mal, par exemple par les travaux de la guerre qui laissent l'Italie dévastée au moment où écrit Virgile. Il est grand temps de revenir aux travaux de la paix. L'homme est donc en grande partie livré à lui-même, à ses choix, il est libre d'agir bien ou mal ; c'est du travail et du but à atteindre que chacun lui donne que dépend l'avenir.

Le travail, entrepris avec réflexion et orienté vers un but qui emplit de conviction, est par conséquent le seul et unique instrument de notre liberté. Il n'y a pas de contradiction entre les contraintes du travail et la liberté que seule ces contraintes engendrent.

Conclusion

La force du travail

En bon physicien, Virgile s'intéresse plus à la force que représente le travail qu'à la situation du travailleur. Pour lui le travail est avant tout une source d'énergie sans précédent dans l'histoire animale ; il permet à l'homme non pas de s'adapter à la nature, mais d'adapter la nature à ses besoins en la transformant. C'est avant tout une force physique : elle tente de vaincre un obstacle matériel qui entrave la satisfaction d'un besoin ressenti comme vital. Cette force et son résultat sont à ce point ressentis comme physiques qu'ils tendent à dissimuler l'effort intellectuel requis pour que cette entreprise puisse voir le jour.

Pourtant, la force du travail n'est pas seulement dans la force physique que le travailleur déploie dans son action, mais aussi dans la volonté ferme qu'il met dans son ouvrage et dans la finesse de la pensée qui en a conçu le déroulement. Le travail ébranle donc l'être humain dans toutes ses composantes : le corps, l'esprit et la volonté, c'est-à-dire l'être moral. C'est un exercice complet et une formation exemplaire.

Qui plus est, cette force est au service de la vie ; elle assure l'entretien et la formation du travailleur aussi longtemps qu'il persévère dans son ouvrage. La peur de la mort ou de la disparition s'apaise dans l'attention qu'exige le travail et s'annule dans la satisfaction finalement obtenue. Le travail est ainsi le mouvement même de la vie en lutte contre la mort ou du moins contre l'asservissement et l'affaiblissement qui y conduisent inéluctablement. Travailler, c'est donc vivre, et inversement jouir sans travail de la satisfaction de tous ses besoins, vivre dans l'oisiveté, c'est la mort.

Virgile considérerait comme coupable de ne pas employer cette énergie qui nous est propre et il nous invite au travail avec enthousiasme, sans jamais s'appesantir sur l'effort qu'il exige. Car cette force nous fait entrer dans le mouvement, dans l'évolution et dans l'histoire, c'est une sorte de militantisme de l'avenir dans le présent.

Le modèle agricole

Virgile prend pour illustrer l'exercice de cette force l'exemple du travail de la terre, secteur très développé dans l'économie domestique antique : l'agriculteur sème et regarde pousser ce dont il a besoin et finalement le consomme lui-même en grande partie. La chaîne alimentaire et téléologique est continue et courte ; il ne risque donc pas de perdre de vue la finalité de son travail : il travaille pour se nourrir, pour vivre. C'est ce stimulant et cette volonté qui le soutiennent dans son effort. Quand il s'agit des artisans, qui modèlent un matériau qu'ils ont acheté sans l'avoir produit, qui en font de plus un objet qu'ils ne destinent pas à leur consommation et qu'ils doivent vendre pour avoir l'argent indispensable à l'achat de leur nourriture, la chaîne est plus longue et l'objet fabriqué et destiné à la vente n'a plus le même charme que ce que l'on produit pour son usage. Ils *gagnent leur vie* au sens le plus restrictif du terme, quand le paysan produit ce dont il a besoin et même au-delà. L'artisan répare ou prépare, il ne vend pas l'objet qu'il façonne, il vend son travail. Le modèle agricole a l'avantage de se passer de tout intermédiaire. L'artisan, lui, court le risque d'oublier la finalité de son travail qu'il est tenté de placer uniquement dans la convoitise d'un revenu, c'est-à-dire dans le moyen de réalisation de son désir et non plus dans sa finalité première : il finit par convoiter des sommes d'argent, qu'il thésaurise au lieu de les faire servir à sa consommation. C'est cet enrichissement recherché qui, pour Virgile, fait perdre au travail sa noblesse, car l'artisan sera tenté de multiplier les besoins plus ou moins superflus de ses acheteurs pour augmenter sa fortune au-delà de ses besoins réels. Déjà, au quatrième siècle, dans l'*Économique*, Aristote écrivait : *L'agriculture est la plus honnête des occupations, car elle n'exploite pas les hommes, ni contre salaire, comme les taverniers et les mercenaires, ni par obligation, comme les soldats ; c'est aussi une occupation naturelle.* Là où l'agriculteur lutte contre la nature, l'artisan et le commerçant luttent contre l'homme qui dépense et cherchent à le tromper. Virgile pressent déjà les dangers de l'économie de marché et de la société de consommation, sans évidemment pouvoir les nommer.

Du reste la primauté du travail agricole sur tous les autres subsistera jusqu'au XIXe siècle. En 1766, Turgot écrit encore à propos du laboureur : *Ce que son travail fait produire à la terre au-delà de ses besoins personnels est l'unique fonds des salaires que reçoivent tous les autres membres de la société en échange de leur travail* (*Réflexions*, &5) ; il fait ainsi de l'agriculture le premier de tous les travaux et le seul qui soit véritablement productif. En 1768, dans son *Projet de constitution pour la Corse*, Rousseau reprend à son compte la vision romaine du *mos majorum* : *Les paysans sont attachés à leur sol beaucoup plus que les citadins à leurs villes. L'égalité, la simplicité de la vie rustique a pour ceux qui n'en connaissent point d'autres un attrait qui ne leur fait pas désirer d'en changer. De là le contentement de son état qui rend l'homme paisible, de là l'amour de la patrie qui l'attache à la constitution.* Il semble même étendre aux hommes les soins que Virgile préconise pour améliorer la reproduction des animaux : *Le goût de l'agriculture n'est pas seulement avantageux à la population en multipliant la subsistance des hommes, mais en donnant au corps de la nation un tempérament et des mœurs qui les font naître en plus grand nombre. Par tout pays les habitants des campagnes peuplent plus que ceux des villes, soit par la simplicité de la vie rustique qui forme des corps mieux constitués, soit par l'assiduité du travail qui prévient le désordre et les vices, car toute chose égale les femmes les plus chastes, celles dont les sens sont moins enflammés par l'usage des plaisirs, font plus d'enfants que les autres, et il n'est pas moins sûr que des hommes énervés par la débauche, fruit certain de l'oisiveté, sont moins propres à la génération que ceux qu'un état laborieux rend plus tempérants.* Voici qui n'aurait pas déplu à Virgile. L'agriculteur aura bonne presse aussi longtemps que la révolution industrielle n'aura pas bouleversé l'économie de secteur primaire.

Il faut reconnaître que les agriculteurs sont les seuls à travailler directement la nature et à lui faire produire des richesses, au lieu que les autres métiers se contentent de les transformer et ne produisent que des valeurs ajoutées : Virgile pressent ainsi la pré-industrialisation que représentent l'artisanat et le commerce des villes. Il faudrait pour être complet adjoindre à l'agriculture les mines et les carrières d'où l'on extrait minéraux et pierres, comme on le fait de nos jours ; si les mines d'Italie ne sont plus guère actives à l'époque d'Auguste, elles sont cependant mentionnées par Virgile dans son éloge de l'Italie : *ce même pays nous a montré dans ses veines des filons d'argent et des mines d'airain, et a roulé dans ses fleuves de l'or en abondance* (II, 165-166). L'avantage de tous ces métiers qui relèvent du secteur primaire est qu'ils travaillent tous directement et durement la nature en lui faisant produire ce qu'elle ne produirait pas d'elle-même et qu'ils sont les seuls à être aux yeux des anciens entièrement productifs et créateurs. Est-ce encore vrai dans nos sociétés modernes, dans lesquelles l'évolution des techniques agricoles a considérablement accru la productivité et, partant, réduit le nombre des agriculteurs ? Il me semble toutefois que l'attention gourmande à la qualité des productions agricoles et la multiplication des marchés fermiers témoignent encore de la considération et de la sympathie qu'inspirent les agriculteurs.

Les bienfaits du travail

Mais pour Virgile, le travail ne se limite pas à sa rétribution en nature ou en salaire ; l'important n'est pas tant qu'il fournisse les biens nourriciers indispensables à notre alimentation ; l'important ce sont les bienfaits qu'il apporte par surcroît au travailleur. D'ailleurs, grâce aux distributions de blé gratuites instaurées à Rome par Auguste, la question alimentaire était pour ainsi dire réglée pour ceux des habitants qui ne travaillaient pas : à Rome, on pouvait en effet vivre à ne rien faire et être nourri ; et pour occuper cette foule oisive, on multiplia les jeux et les distractions. Pour Virgile, ce n'est donc pas tant la faim qu'il fallait assouvir, mais l'oisiveté qu'il fallait guérir. Or le travail dispense généreusement ses bienfaits en occupant l'agriculteur, en lui assurant une formation technique, intellectuelle et morale : c'est un bienfaiteur.

On a vu comment le travail éveille l'intelligence de l'homme, conformément à la volonté d'un Jupiter revu et corrigé par Virgile. On peut aussi se souvenir que, dans la *Genèse*, c'est le fruit de l'arbre de la connaissance qu'Eve cueille malgré l'interdiction divine, et c'est cet accès à la connaissance qui la condamne, tout comme Adam, au travail. Chez Virgile aussi la connaissance est liée au travail, connaissance pratique et technique que le travail ne cesse d'augmenter et de parfaire. La connaissance de la nature acquise par l'agriculteur finit même par être plus appréciable que celle du savant ou du philosophe. Certes, pour Virgile, ce sont les dieux qui enseignent les premières techniques agricoles, Cérès et Triptolème pour les céréales, Bacchus pour la vigne, Aristée pour l'élevage et pour l'apiculture, mais c'est aux hommes qu'il appartient d'en faire le meilleur usage et de les améliorer sans cesse. On voit même les viticulteurs inviter Bacchus, le théoricien de la vigne, à venir fouler au pied le raisin aux côtés des vignerons : *Viens ici, ô père Lénéen, et, détachant le cothurne*[1] *de tes jambes nues, rougis-les avec moi dans le moût nouveau* (II, 5-7) ; son savoir divin est désormais complété par l'expérience humaine. Car le travail met à l'œuvre une ingéniosité technicienne qui devra constamment ajouter de nouveaux procédés à ceux que lui ont fournis la nature et ses divinités pour mieux ruser avec elle : *Il en est d'autres (procédés) que l'expérience a fait découvrir* (II, 23). Cette traduction rend imparfaitement le vers latin suivant : *Sunt alii (modi) quos ipse via sibi repperit usus* qu'on peut traduire par : *il y a d'autres (procédés) que l'expérience elle-même (ipse usus) s'est fournie (sibi reperrit) par son cheminement* (*via* est un ablatif). Le nom *via* désigne ici la méthode de l'expérience qui est celle du cheminement : avec le temps, c'est bien l'homme seul qui s'est donné une technique de plus en plus performante. Virgile ne cache pas son émerveillement devant ces progrès incessants et les métamorphoses qu'ils entraînent ; telles sont les merveilles de la greffe qui pourrait permettre d'avoir plusieurs arbres en un seul : *souvent même nous voyons les rameaux d'un arbre se*

1. Le *cothurne* était une chaussure montante à semelle très épaisse que portaient les acteurs tragiques.

changer impunément en ceux d'un autre arbre, et le poirier métamorphosé porter des pommes dues à la greffe et les cornouilles pierreuses rougir sur les pruniers (II, 32-34). Ces métamorphoses lui font tout espérer et son enthousiasme s'exprime dans le cri qui suit : *Au travail donc, ô cultivateurs !* Dans le livre IV, cet enthousiasme va même jusqu'à lui faire cautionner la possibilité pour l'apiculteur de faire naître la vie de la décomposition d'un cadavre de taureau.

Plus encore, le travail ne limite pas ses bienfaits à l'éveil de l'inventivité technique et de l'intelligence qu'elle nécessite, au progrès même qu'elle semble promettre, il donne aussi naissance à la conscience morale. Dans un monde que l'homme peut désormais transformer à sa convenance, des choix s'imposent et chacun devient responsable de la forme qu'il veut lui donner. Pour l'agriculteur virgilien, le contact qu'il entretient avec la nature l'incite au respect de sa fertilité qu'il tente d'améliorer, à la bienveillance et à la gratitude pour ce qu'elle accepte de lui donner en retour de ses soins ; aussi est-il pieux, juste, modéré dans ses exigences, il se contente de peu et devient vertueux, nous dit Virgile. Mais tous les autres travailleurs sont-ils aussi modestes ? Il semble bien que l'avarice et la convoitise des citadins n'aient pas la même retenue et c'est bien pourquoi Virgile souhaite qu'on laisse désormais ses paysans à l'écart de la guerre, mais aussi des *forums* qui sont en quelque sorte les grands centres commerciaux de l'époque. En bon physiocrate, pour qui la richesse vient de la terre, Virgile fuit le mercantilisme, source à ses yeux d'excès, de dépravation et de vice. L'*urbanitas* est décidément une avance du progrès de la civilisation qui ne convient guère à Virgile.

De nos jours, l'urbanisation a pris des proportions qui n'auraient guère plu à Virgile. Mais le travail en soi, opiniâtre et exigeant, reste la seule manière d'acquérir par notre propre expérience une compétence et des connaissances sans lesquelles nous ne pourrions pas développer notre aptitude à juger en connaissance de cause de ce que nous voulons ; le travail assure ainsi notre liberté de jugement. Quand il est rétribué, il nous donne une indépendance financière ; et quand il n'est pas rémunéré, mais seulement proposé à notre bonne volonté individuelle, comme c'est le cas pour les élèves préparationnaires que vous êtes, il vous cultive et vous donne les moyens d'une véritable liberté de pensée, bien propre à vous permettre, par vos entreprises, d'engager le monde dans le sens que vous voulez lui voir prendre.

Il faut encore saluer parmi les bienfaits du travail la réussite tout à fait exceptionnelle des *Géorgiques* de Virgile. Car il fallut sept années d'un travail opiniâtre et méticuleux pour que cet ouvrage voie le jour et, depuis plus de deux mille ans, il continue d'être lu, traduit, « travaillé », critiqué et encensé, et c'est même lui qu'on a choisi pour vous faire réfléchir aux mérites du travail. Virgile nous y montre combien le travail est à la fois le facteur et la condition de l'évolution conjointe de l'homme et de la nature. Et que dire des moyens mis en œuvre par le poète pour nous émouvoir et nous instruire ! Faut-il rappeler la splendeur des tableaux grandioses qu'il dresse des dérèglements de la nature, la compassion consternée qui accompagne l'évocation de la peste du Norique ou celle des ombres des morts qui, aux enfers, se pressent autour d'Orphée, émues par ses chants, la subtile évanescence d'Eurydice qui échappe pour la seconde fois aux bras d'Orphée, l'horreur de la guerre qui oppose les rois de la ruche, mais aussi l'émerveillement du poète devant l'activité incessante et le dévouement de ses ouvrières ? Faut-il aussi mentionner l'enthousiasme qu'il met à décrire et à énumérer des outils agricoles ou les cépages de vigne, l'humour dont il fait preuve en mettant en scène un Jupiter ennuyé de la sottise de sa créature trop facilement repue, ou une superbe génisse qui continue de paître dans la plus grande indifférence pendant que deux taureaux s'entredéchirent pour la conquérir. C'est la nature tout entière qu'il s'efforce de mettre sous nos yeux, une nature souvent généreuse, mais qui est aussi résistante et parfois traversée de mouvements confus et destructeurs, une nature à endiguer, à redresser, à exploiter avec fermeté, mais aussi avec respect, une nature vivante, capable de se réjouir de voir qu'avec l'aide des hommes elle a produit des fruits plus abondants et plus doux et que ses animaux se sont mieux reproduits. C'est même dans la nature qu'il cherche le modèle d'une société laborieuse et apaisée, celle de la ruche. C'est là le travail d'un vrai poète, malheureusement effacé par des traductions qui, si bonnes soient-elles, ne parviennent jamais à restituer la beauté d'un texte en langue étrangère et en vers. Non content de nous émouvoir, Virgile use de cette émotion qu'il nous transmet pour nous inviter à aller de l'avant et à travailler avec courage pour transformer le monde à notre convenance, il milite pour l'avenir et espère bien vous persuader par sa propre ferveur.

Ce travail poétique n'a pas peu influé sur l'évolution de Virgile lui-même et l'on peut aisément suivre la mutation spirituelle progressive qui s'opère chez lui d'une œuvre à l'autre. Dans les *Bucoliques* qu'il avait mis quatre ans à écrire, dans l'enthousiasme de la jeunesse, il nous engage à céder à l'amour : *omnia vincit amor* (X, 39), c'est-à-dire *l'amour vainc tout* ; dans l'utopie close des bergers arcadiens où l'on vit sans travailler, c'est l'amour qui règle tout. Mais dans les *Géorgiques,* fruit de sept ans d'effort, il semble avoir compris qu'on ne peut pas vivre sans cesse dans l'utopie et à l'écart de la vie sociale et il conclut : *Labor omnia vicit,* c'est-à-dire *le travail a tout vaincu* (I, 145). C'est à lui qu'on doit la domestication de la nature, la formation de nos sociétés, mais aussi notre intelligence, notre jugement et notre liberté : Virgile est entré dans la maturité et dans la vie sociale réelle. Il mettra onze ans pour écrire l'*Enéide,* qu'il laissera à peine achevée à sa mort ; il y prend compte du poids de l'histoire, du destin des peuples et de la souffrance et y présente cette fois les travaux héroïques et épiques d'Enée, fils de Vénus, destiné à faire renaître la civilisation troyenne, vaincue par les Grecs, en Italie, dans le Latium : pour ce faire, il lui faut traverser toutes sortes d'épreuves, de travaux autrement douloureux que ceux auxquels les *Géorgiques* nous engagent. Il y montre la puissance salvatrice de la souffrance, qui invite à se surpasser et à s'oublier pour défendre une cause qu'on place au-dessus de sa propre vie : Enée consent en effet à tous les sacrifices pour que naisse un jour Rome, survivance et résurgence de la Troie disparue.

Virgile,
Géorgiques

Catherine Durvye

Simone Weil,
La Condition ouvrière

Mathieu Cochereau

Michel Vinaver,
Par-dessus bord

Simon Chemama

Introduction

Peu de philosophes ont, comme Simone Weil, confronté leurs idées à la réalité. Sa position est en effet singulière : philosophe, elle met ses concepts au contact du réel ; ouvrière, elle travaille pour penser. Autrement dit, ce n'est pas du point de vue surplombant du philosophe que la notion de travail sera questionnée mais depuis le bas de la hiérarchie sociale, depuis le monde des ouvriers. Comme le dit d'ailleurs Simone Weil elle-même dans une lettre de janvier 1935 adressée à Albertine Thévenon : « je suis un « professeur agrégé » en vadrouille dans la classe ouvrière[1]. » Cette formule est à prendre au sérieux : la philosophe, qui a été reçue à l'agrégation en 1931, ne cessera d'éprouver ses idées parce que la pensée n'a de sens, selon elle, qu'en acte. Pour reprendre la célèbre image de Platon : penser ne sera pas sortir de la caverne pour contempler les Idées parfaites (car extraites de la contingence du monde) mais ce sera redescendre dans la caverne pour les vérifier.

Les textes au programme figurant dans *La Condition ouvrière* se caractérisent par leur diversité. On y trouve de nombreuses lettres à des camarades, à des intellectuels ou encore à une ancienne élève. Ces textes ont en commun de partager l'expérience de la vie d'usine avec des égaux, des femmes et des hommes qui partagent les préoccupations des ouvriers. On peut également lire une correspondance avec des patrons (Victor Bernard et Auguste Detœuf) où Simone Weil réfléchit à la meilleure manière de collaborer avec l'organisation des usines pour améliorer le sort des travailleurs. Mais on trouve d'autres textes encore, comme des papiers non publiés à destination des ouvriers, des articles publiés (ou destinés à la publication) dans des revues diverses. On constate donc que l'expérience ouvrière de Weil a été l'occasion d'un foisonnement intellectuel, comme s'il fallait mettre par écrit autant que possible la manière dont les idées ont été redressées par l'expérience. Même si les premiers écrits de la philosophe montraient déjà une une prise de distance critique à l'égard de Marx, qui est une grande source d'inspiration, les textes qui composent *La Condition ouvrière* permettent d'interroger une certaine vision du travail.

Quelques éléments de contexte

Simone Weil naît à Paris en 1909 dans une famille d'origine juive. Son père, Bernard Weil, qui fut chirurgien, ne donna pas d'éducation religieuse à ses enfants et ses sympathies politiques allaient du côté du parti radical. Les premières années de Simone Weil sont marquées par une santé fragile et une certaine précocité intellectuelle qui fut également le lot de son frère aîné, André Weil, qui allait devenir un très grand mathématicien. Elle obtient son baccalauréat en 1925 et entre en hypokhâgne au lycée Henri IV où elle fait une rencontre décisive, celle

1. Simone Weil, « Trois lettres à Albertine Thévenon », in *La Condition ouvrière*, Paris, Gallimard, 2002, p. 54.

du philosophe Alain, à tel point que son amie et biographe Simone Pétrement écrit : « C'est dans la classe d'Alain, à ce qu'il me semble, que commence la philosophie de Simone[1]. » D'Alain, elle gardera l'idée que la pensée est un travail de chaque instant qui ordonne tout ce que nous recevons du monde. En 1928, elle est reçue à l'École Normale Supérieure de la rue d'Ulm et, étudiante déjà, donne bénévolement des cours à des cheminots. En 1930, elle soutient son Diplôme d'études supérieures avec un mémoire portant sur « Science et perception chez Descartes », et est reçue à l'agrégation de philosophie en 1931. Elle demande alors à être nommée dans une ville industrielle. C'est ainsi qu'elle est affectée au Puy-en-Velay où elle fait la rencontre d'Urbain et Albertine Thévenon et s'engage dans la vie syndicale : en décembre 1931 elle participe à une délégation qui rencontre le maire de la ville pour présenter les revendications d'un groupe de chômeurs. On comprend vite que la pensée et la vie de Simone Weil ne sont pas séparées – ce dont atteste l'expérience de l'usine bien évidemment – et déjà en 1931 elle décide de ne garder de son traitement de professeure agrégée que l'équivalent du traitement d'un instituteur débutant pour verser le reste à des caisses de chômage ou à des organisations de secours.

L'année suivante, Simone Weil va en Allemagne et s'intéresse au milieu ouvrier et à la question du chômage. Ce voyage aura été l'occasion d'approfondir sa pensée et de développer un regard critique sur la philosophie de Marx – ce qui la conduit à prendre ses distances avec l'idée d'une révolution prolétarienne. De retour en France, elle enseigne à Auxerre avant de demander un congé en septembre 1934 afin de faire l'expérience du travail en usine en tant que manœuvre. Auguste Detœuf, administrateur de la société Alsthom, qu'elle connut grâce à Boris Souvarine, l'accepte dans une de ses usines, rue Lecourbe à Paris. Elle travaille ensuite aux Forges de Basse-Indre à Boulogne-Billancourt avant de devenir fraiseuse pour Renault. Dans cette expérience de la vie d'usine elle comprend dans sa chair que le travail n'est pas, comme le pensait Hegel, libérateur mais qu'il réduit à l'esclavage. Puis, les problèmes de son époque surgissent : elle va successivement voir la montée du nazisme en Allemagne, l'arrivée au pouvoir du Front populaire en France, qui change – même brièvement – le rapport des ouvriers à leur condition, et la guerre civile en Espagne dans laquelle elle s'engage. En 1937, elle découvre l'Italie et, à cette occasion, se rapproche du christianisme, ce qui peut expliquer la tonalité chrétienne, voire mystique, de la « Condition première d'un travail non servile » (1942). En 1940, lorsque Paris est occupé, elle se réfugie avec sa famille à Marseille où elle participe à des actions de la Résistance. L'année suivante, elle fait l'expérience du travail agricole en Ardèche et, en raison de la loi sur le statut des Juifs, ne peut plus enseigner. En 1942 elle part à New York pour rejoindre ses parents mais elle refuse de rester et gagne, quelques mois plus tard, Londres où elle devient rédactrice pour la France libre. C'est à cette période que Simone Weil écrit *L'Enracinement*. Mais sa santé est de plus en plus préoccupante, d'autant plus qu'elle se nourrit très peu – refusant de manger davantage que ce qui est permis en

1. Simone Pétrement, *La Vie de Simone Weil*, Paris, Fayard, 1997, p. 47.

France grâce aux tickets de rationnement. Atteinte d'une tuberculose, elle meurt en 1943 dans un sanatorium anglais à seulement trente-quatre ans. Malgré la brièveté de sa vie, elle nous livre une œuvre qui impressionne par sa volonté d'aller au contact de la réalité et c'est bien par l'épreuve du monde de l'usine que l'on peut comprendre *La Condition ouvrière.*

Proximité et distance avec Marx

Dans deux textes de jeunesse, marqués par l'influence du philosophe Alain, « De la perception ou le rêve de Protée » et « Du temps », Simone Weil fait déjà du travail une notion centrale. Dans « De la perception ou le rêve de Protée » elle montre que l'espace est l'objet de mon action et qu'il se constitue grâce à mon travail, dans « Du temps » elle établit que le temps est la condition de mon action. Il ne peut pas y avoir d'action dans le monde sans que celle-ci soit ancrée dans le temps et engage donc un rapport au travail. Puisque je suis toujours hors de moi et que je me projette vers quelque chose, cela signifie que je n'y suis pas déjà et que je dois œuvrer pour rejoindre ce projet. Dans la mesure où nous sommes des êtres mortels, nous ne pouvons exister que grâce au travail par lequel nous accomplissons ce que nous désirons. La définition du travail que donne Simone Weil dans ces textes de jeunesse ne manque pas de faire penser à l'idéal d'un travailleur transformant la nature grâce à son action. On pense ici la dialectique du maître et de l'esclave que développe Hegel dans la *Phénoménologie de l'esprit* : ceux qui sont chargés d'accomplir le travail dans la société sont certes des esclaves, parce qu'ils accomplissent pour d'autres la transformation de la nature, mais, dans la mesure où les maîtres se contentent de jouir sans travailler, ces derniers se trouvent dans une position de pure passivité. En résumé, c'est celui qui travaille qui est le véritable maître car il est indépendant et transforme le monde. Mais la question que se pose très tôt Simone Weil est la suivante : que devient le travail à l'époque industrielle ? Que reste-t-il de cette définition plutôt positive du travail héritée de Hegel lorsque le travailleur n'est plus que le rouage d'une machine ?

Pour comprendre la position de Simone Weil, il faut avoir à l'esprit l'apport décisif de Marx dans l'approche du travail, notamment dans le chapitre xv du livre i du *Capital.* Dans le chapitre « Machinisme et grande industrie », Marx montre que le développement des machines dans la production industrielle a entraîné une transformation du travail lui-même : le travailleur n'est plus un artisan qui manie des outils, il se trouve réduit à sa pure force physique, force qui peut être remplacée par des machines. Comme l'écrit Marx : « La machine, point de départ de la révolution industrielle, remplace donc le travailleur qui manie un outil par un mécanisme qui opère à la fois avec plusieurs outils semblables, et reçoit son impulsion d'une force unique, quelle qu'en soit la forme[1]. » La machine change le rapport au travail car elle implique la possibilité d'un travail infini, (elle ne se

1. Karl Marx, *Le Capital,* livre i, section iv, chap. XV, Paris, Gallimard, 2008, p. 467.

fatigue jamais) : si la machine est bien le meilleur moyen d'augmenter la productivité du travail, elle devient surtout le meilleur moyen pour prolonger le travail là où celui-ci était auparavant limité par le corps même du travailleur. Par conséquent, non seulement la force physique n'est plus requise mais surtout le temps de travail ne connaît plus de fin : « Le moyen de travail est dès lors un *perpetuum mobile* industriel qui produirait indéfiniment[1]. » Grande lectrice de Marx, Simone Weil retiendra les leçons de ce chapitre du *Capital*.

Si Marx a su analyser la transformation opérée sur le travail par le machinisme, il ne faut pourtant pas le suivre dans sa compréhension du mouvement révolutionnaire. Dans « Sur les contradictions du marxisme », Simone Weil avance avec audace : « À mes yeux, ce ne sont pas les événements qui imposent une révision du marxisme, c'est la doctrine de Marx qui, en raison des lacunes et des incohérences qu'elle renferme, est et a toujours été très au-dessous du rôle qu'on a voulu lui faire jouer[2]. » On trouve ici une des clefs d'entrée dans *La Condition ouvrière*. En effet, Marx a voulu montrer, avec sa doctrine, que le niveau de développement des techniques implique une certaine manière de travailler (la division du travail) qui implique à son tour des structures politiques particulières. Les hommes ne seraient donc pas aussi libres qu'on pourrait le croire : c'est le niveau technique qui définit le régime politique et non l'action des hommes qui décide de la manière dont on travaille. Ainsi, avec le passage de l'artisanat à l'industrie, les outils se sont perfectionnés et ont impliqué une nouvelle forme politique qui laisse la possibilité de la libre entreprise et de la libre concurrence, là où sous l'Ancien régime les prix et les métiers étaient contrôlés par les corporations. De cette manière, Marx explique la Révolution française, qui est une révolution bourgeoise, c'est-à-dire une révolution faite par la classe qui possède les outils de production afin de les libérer. Après cette période, la société passe d'une société d'ordres (noblesse, clergé, tiers état) à une société divisée en deux classes sociales, les bourgeois (qui récoltent les fruits du travail) et les prolétaires (qui n'ont que leur corps pour travailler). Mais le développement des techniques progressant, les prolétaires se trouvent de plus en plus réduit à leur seule force de travail. Arrivera le moment, selon Marx, où les structures politiques des régimes bourgeois entreront en contradiction avec le développement des techniques et où les prolétaires se réapproprieront les outils de production. La révolution selon Marx survient lorsque les structures de la société cessent de correspondre aux institutions politiques et font émerger de nouvelles institutions. Or, cette révolution n'est toujours pas advenue car l'oppression des travailleurs subsiste à l'époque où Simone Weil écrit et elle éprouve cette oppression dans sa propre chair quand elle fait l'expérience de la vie d'usine. Pourquoi la révolution n'a-t-elle pas eu lieu ?

Simone Weil reproche à Marx de n'avoir pas vu que toute société dont la production est caractérisée par le machinisme repose sur l'oppression. Marx a cru voir dans le capitalisme la raison de l'exploitation des ouvriers et donc de l'oppression en général.

1. *Ibid.*, p. 490.
2. Simone Weil, « Sur les contradictions du marxisme », in *Œuvres*, Paris, Gallimard, 1999, p. 357.

En effet, dans son analyse de la plus-value, Marx montre bien que les ouvriers sont exploités car il existe une différence entre la valeur ajoutée au produit et la valeur du travail nécessaire à cette transformation du produit, et la différence entre ces deux valeurs est captée par le bourgeois qui accumule ainsi du capital. Or, cette théorie passe à côté de la racine du problème selon Weil car la force que possède la bourgeoisie pour asservir ceux qui travaillent n'est pas seulement le fait de la forme capitaliste de la société mais du régime même de production moderne, à savoir la grande industrie. Marx pense que le développement des techniques libérera les travailleurs là où Simone Weil montre que ce développement des techniques est en réalité responsable de leur asservissement. Par conséquent, que la société soit capitaliste ou qu'elle soit devenue communiste grâce à une hypothétique révolution, cela ne changera rien au problème : les ouvriers seront toujours opprimés parce que c'est la manière même dont on produit qui est la cause de cette oppression. Or, celle-ci s'explique par le machinisme et la spécialisation (c'est-à-dire la soumission de ceux qui exécutent à ceux qui savent et coordonnent le travail). L'oppression des travailleurs n'apparaît pas dans les économies les plus développées par hasard, elle les accompagne toujours parce qu'elle dépend de la spécialisation : les économies développées retirent au travailleur la responsabilité de son ouvrage (il ne sait pas pourquoi il travaille et exécute des ordres). De plus, la course entre les nations a pour conséquence de rendre nécessaire une production toujours plus efficace et donc une industrie plus performante. Dans la mesure où un régime communiste se fonde aussi sur la grande industrie, la libération des travailleurs est tout autant un mythe que dans un régime capitaliste. Dans les deux cas, l'homme est asservi à la société tout entière et à ses impératifs : l'ouvrier n'est qu'un rouage passif en attente des ordres de ceux qui savent. La grande industrie montre ainsi l'aboutissement d'un renversement qui a commencé à l'époque moderne : « si la collectivité humaine s'est dans une large mesure affranchie du poids dont les forces démesurées de la nature accablent la faible humanité, elle a en revanche pris en quelque sorte la succession de la nature au point d'écraser l'individu d'une manière analogue[1]. »

Depuis Bacon et Descartes, la science moderne a mis en avant la dimension prométhéenne de l'homme, à savoir sa capacité à devenir, grâce à sa connaissance du monde, « comme maître et possesseur de la nature ». On pourrait penser que la grande industrie ne fait qu'accélérer cet idéal de maîtrise en faisant de l'ouvrier la nouvelle figure de l'humanité. Mais, comme elle implique en même temps que ceux qui travaillent ne maîtrisent pas l'ensemble de leur production et ne réalisent que des mouvements répétitifs et supervisés par d'autres hommes, l'idéal moderne se mue en asservissement généralisé. C'est pourquoi il faut dire à la fois que la notion de travail est « sans doute l'unique conquête spirituelle qu'ait faite la pensée humaine depuis le miracle grec[2] » et que ce travail s'est mué, en raison de la forme de la production, en esclavage absolu. Des premiers écrits aux *Réflexions*

1. Simone Weil, *Réflexions sur les causes de la liberté et de l'oppression sociale*, in *Œuvres*, *op. cit.*, p. 310.
2. *Ibid.*, p. 332.

sur les causes de la liberté et de l'oppression sociale, Simone Weil a donc posé le cadre de sa réflexion sur le travail. Mais il ne suffit pas de voir d'en haut ce que le travail signifie, il faut encore, pour que les idées se corrigent, descendre en bas, dans la caverne, pour faire l'épreuve de l'usine. Qu'arrive-t-il donc à l'âme de celui qui travaille à l'usine et se transforme en simple force de production ?

I. La vie à l'usine

Faire l'expérience du travail

Jusqu'en 1934 et l'expérience de l'usine, les textes de Simone Weil imaginent en quoi consiste le travail. Dans *La Condition ouvrière,* il ne s'agit précisément pas d'imaginer mais de se frotter à la réalité et de redresser les idées jusque-là développées.

Travailler, c'est d'abord obéir et se soumettre. Les usines sont souvent qualifiées de « bagnes » parce qu'il s'agit de systèmes oppressifs qui transforment les travailleurs en véritables esclaves. Dans sa lettre à Albertine Thévenon de la fin décembre 1935, Simone Weil explique qu'à l'usine elle est devenue une esclave. Deux facteurs expliquent cela : les ordres et la vitesse. La situation hiérarchique dans laquelle se trouve l'ouvrier pose problème. Il n'est qu'un exécutant et répond de tout à un supérieur. Il ne s'agit pas d'une simple inégalité hiérarchique mais d'une soumission totale de l'ouvrier qui n'est fondée sur rien d'objectif : il faut toujours se taire et obéir : « Adresser la parole à un chef [...] c'est toujours, même si c'est un brave type (même les braves types ont des moments d'humeur) s'exposer à se faire rabrouer ; et quand ça arrive, il faut encore se taire[1]. » Dans une lettre à Victor Bernard, Simone Weil développe la même idée en montrant que cette dépendance est ce qu'il y a de plus inhumain. Jamais le travailleur ne peut être lui-même, il doit toujours anticiper ce que pourrait penser le contremaître. Par conséquent, les ouvriers sont dans un état constant de crainte ou de peur : la confiance ne peut pas exister dans l'usine. Il faut ajouter qu'ils sont entièrement dépendants des mouvements d'humeur d'autres hommes. Le travail ne peut pas rendre libre car il consiste à abdiquer entièrement les conditions de sa propre existence à un autre qui a un pouvoir absolu. D'où l'incompatibilité entre la soumission et la possibilité d'être véritablement humain. Comme le dit Weil dans une lettre de mai 1936 à Victor Bernard : « Ce que je trouve incompatible avec la dignité humaine, c'est la crainte de déplaire engendrée chez les subordonnés par la croyance en un choix susceptible d'être arbitraire[2]. »

La crainte de déplaire est consubstantielle au travail d'usine, ce qui place l'ouvrier dans une situation de soumission au jugement d'un autre : l'usine est le règne de

1. Simone Weil, « Trois lettres à Albertine Thévenon », in *La Condition ouvrière, op. cit.,* p. 60.
2. Simone Weil, « Lettres à Victor Bernard », in *La Condition ouvrière, op. cit.,* p. 246.

l'arbitraire par excellence. Cette soumission à l'arbitraire n'est pas simplement imaginée comme une conséquence de l'organisation du pouvoir dans l'usine mais elle est vécue à la première personne. Dans sa lettre à Boris Souvarine du 12 avril 1935, Simone Weil rapporte l'expérience qu'elle a faite d'un contremaître particulièrement pénible. Le contremaître qui surveille les travailleurs a leur destin entre ses mains car s'il juge que le travail n'est pas suffisant, il peut, par une simple décision, renvoyer les ouvriers trop faibles pour maintenir la cadence. C'est l'attitude même du contremaître qui implique une soumission totale car il est le seul à fixer les règles et surtout le nombre de pièces qu'il faut fabriquer. Malgré le sentiment d'avoir travaillé dur pendant quatre heures, Simone Weil ne fabriquait pas suffisamment de pièces : le contremaître en réclamait huit cents alors qu'elle peinait à en faire quatre cents. Le contremaître est un véritable maître d'esclaves car d'un côté il impose un labeur pénible et d'un autre côté il demande qu'on le remercie pour avoir donné ce travail. Cette attitude est illustrée par sa réaction devant l'ouvrière Simone Weil qui ne parvient pas à tenir la cadence, il lui dit : « Si, à partir de maintenant vous en faites 800, *je consentirai peut-être* à vous garder[1]. » Cette phrase exprime bien le pouvoir ambivalent du contremaître, d'où l'analyse qui suit : « Vous comprenez, on nous fait une grâce en nous permettant de nous crever, et il faut dire merci[2]. » La hiérarchie de l'usine fait donc de ces petits chefs de véritables dieux aux yeux des ouvriers parce que ces derniers ne peuvent pas négocier (ce serait s'exposer à être renvoyé). Dans une lettre d'avril 1936 à Victor Bernard, Simone Weil propose donc de lutter contre cet arbitraire par l'instauration de critères objectifs. La discussion avec Bernard est intéressante car ce dernier est un patron qui ne peut pas savoir ce que cela fait d'être ouvrier dans une de ses usines. La philosophe veut donc changer depuis l'intérieur ce qui pose problème et l'instauration de critère objectifs pour le licenciement permettrait d'échapper à l'arbitraire des contremaîtres et donc de diminuer la soumission des ouvriers. Dans cette lettre, il est question d'ouvriers polonais qui peuvent sur simple décision du chef de service être renvoyés : « Combien ils doivent trembler devant lui et redouter de lui déplaire[3] ! » La crainte des subordonnés est ainsi d'autant plus grande que ces derniers sont soumis à l'arbitraire le plus total.

Le texte « La vie et la grève des ouvrières métallos » montre bien comment la journée est rythmée par les ordres et l'absurdité de l'arbitraire qui n'a d'autre utilité que de montrer aux ouvriers qui possède le pouvoir dans l'usine. Le texte se présente comme une collection de souvenirs qui mettent en évidence l'accumulation des soumissions qui conduisent les ouvriers à se mettre en grève à la première occasion. Parmi ces actes de soumission, il y a bien sûr la crainte d'être mal vu par le contremaître : il faut donc toujours se taire, réprimer tout mouvement de colère ou d'impatience, renoncer à réclamer justice. Mais la soumission est aussi symbolique : l'espace de travail n'est pas un espace neutre, il est l'espace du patron, représenté

1. Simone Weil, « Lettre à Boris Souvarine », in *La Condition ouvrière, op. cit.*, p. 74.
2. *Ibid.*, p. 74.
3. « Lettres à Victor Bernard », in *La Condition ouvrière, op. cit.*, p. 239.

pour l'ouvrier par le contremaître. On ne peut donc pas y pénétrer quand on veut, il faut y être autorisé. Même si l'on arrive en avance, même s'il pleut, on ne peut pas rentrer avant d'en avoir reçu l'autorisation, d'où ce paradoxe : « Un portillon est ouvert, mais officiellement « ce n'est pas ouvert[1] ». » Tous les ordres fonctionnent de la même manière, ils sont arbitraires et n'ont pas pour utilité d'augmenter la qualité du travail, car l'ouvrier pourrait lui-même se fixer des objectifs, mais ils sont donnés pour créer la subordination. Cet arbitraire produit la soumission et l'impossibilité même de se plaindre. L'usine devient un royaume du silence car parler serait s'exposer à un danger encore plus grand : « Plutôt souffrir tout cela en silence. C'est encore moins douloureux[2]. » Il est impossible de répondre et le chef a tout pouvoir, il humilie et sa position dans l'usine rend impossible la réaction humaine qui serait de répondre à cette humiliation. L'homme devient lui-même une chose : « On est à tout instant dans le cas de recevoir un ordre. On est une chose livrée à la volonté d'autrui. Comme ce n'est pas naturel à un homme de devenir une chose, et comme il n'y a pas de contrainte tangible, pas de fouet, pas de chaînes, il faut se plier soi-même à cette passivité[3]. » L'autre face de la soumission est la passivité, le renoncement au fait de penser par soi-même, l'abdication de sa propre dignité ou plutôt son échange contre quelques sous qui permettront de survivre. C'est en ce sens que l'ouvrier devient une chose : il renonce à sa dignité d'homme car il doit d'abord se nourrir. La même idée apparaît dans « Expérience de la vie d'usine » où Simone Weil montre que ce qui fait la différence entre l'ouvrier et le petit artisan est que ce dernier dispose de son temps pour fabriquer un produit alors que le premier a son temps hors de lui, c'est le contremaître qui dispose de son existence : « il faut obéir maintenant et sans réplique. Celui qui obéit ainsi ressent alors brutalement que son temps est sans cesse à la disposition d'autrui[4]. »

La question du temps est décisive pour saisir l'expérience de l'ouvrier. Non seulement le temps de l'ouvrier est possédé par un autre qui en dispose à sa guise, mais surtout il est impossible pour l'ouvrier d'avoir une quelconque emprise sur le temps. Il ne peut rien réaliser lui-même car il n'effectue qu'un geste particulier dans le cadre du travail à la chaîne et, plus grave encore, son travail est rythmé par une cadence infernale. Celle-ci se présente d'abord sous la forme de la monotonie et de la répétition. Dans la lettre de décembre 1935 à Albertine Thévenon, Simone Weil décrit la répétition du travail effectué dans l'usine d'Alsthom : il faut baisser le tablier du four, le relever, retirer avec un crochet les bobines passées au rouge, et ensuite il faut recommencer cet enchainement, indéfiniment. La répétition des mêmes mouvements – sans que cela constitue la fabrication proprement dite d'un objet – empêche tout sentiment d'achèvement et donc de satisfaction. L'ouvrier ne peut même pas avoir le sentiment du travail bien fait. Surtout, la répétition est partie intégrante du mécanisme de soumission. Le style rythmé du début de « La vie et

1. « La vie et la grève des ouvrières métallos », in *La Condition ouvrière, op. cit.*, p. 268.
2. *Ibid.*, p. 269.
3. *Ibid.*, p. 273.
4. Simone Weil, « Expérience de la vie d'usine », in *La Condition ouvrière, op. cit.*, p. 332.

la grève des ouvrières métallos » rend bien compte de la répétition : l'ouvrier est pris au piège dans un cercle sans fin de gestes qui ne cessent de recommencer sans qu'en eux-mêmes ils ne possèdent un sens. Dès que la pensée essaie de s'échapper, il faut immédiatement revenir au présent du travail pour ne pas se tromper et recommencer les mêmes mouvements. Seule la sonnerie vient momentanément délivrer l'ouvrier de cette répétition infinie. La cadence empêche la pensée de s'exercer et contribue à faire de l'ouvrier une bête de somme : la forme du travail de l'époque industrielle génère un esclavage d'un genre nouveau. L'angoisse de la vie d'usine tient alors au mélange de la monotonie engendrée par la cadence et au hasard de l'arbitraire qui peut frapper n'importe qui. C'est ce que montre Simone Weil dans « Expérience de la vie d'usine » : « Rien n'est pire que le mélange de la monotonie et du hasard ; ils s'aggravent l'un l'autre, du moins quand le hasard est angoissant. [...] La pensée doit constamment être prête à la fois à suivre le cours monotone des gestes indéfiniment répétés et à trouver en elle-même des ressources pour remédier à l'imprévu. Obligation contradictoire, impossible, épuisante[1]. » L'alliance de la monotonie et de l'imprévu rend l'usine à proprement parler inhabitable pour un homme. Elle n'est pas le lieu d'un travail épanouissant mais le lieu d'un travail déshumanisant. La répétition des gestes de l'ouvrier sur la chaîne de travail ne donne aucun sens à son travail car il n'y a rien qui est accompli dans la répétition : il ne s'agit que d'une itération, du recommencement d'un geste sans sens global, sans réalisation proprement dite.

La rationalisation et la guerre

L'ouvrier n'a pas le temps de s'approprier son travail parce qu'il doit indéfiniment répéter le même geste. On voit bien l'écart qui sépare l'artisan qui possède un savoir-faire lui assurant la responsabilité de sa fabrication et l'ouvrier qui est réduit à sa simple force de travail parce que la fabrication du produit est décomposée en gestes élémentaires. L'ouvrier n'est ainsi qu'une quantité de force et ne peut pas être l'auteur de son travail : l'usine est un bagne qui produit des esclaves qui ne sont que les rouages d'un système de production qui les dépasse. C'est pourquoi on ne peut pas se sentir chez soi à l'usine, on y devient une chose disponible pour les nécessités de la production. Dans sa lettre à Victor Bernard du 16 mars 1936, Simone Weil dégage deux facteurs qui expliquent l'oppression des ouvriers et qui n'ont pas de rapport avec le régime politique. Après avoir été proche des communistes, Simone Weil s'éloigne de l'idée de révolution parce que, selon elle, cette idée passe à côté de l'essentiel en ce qui concerne le travail. En effet, que le régime politique soit libéral ou communiste, cela ne modifie pas la manière dont on produit puisque deux facteurs priment toujours : « d'une part la subordination et la dépendance impliquées par les formes modernes de la technique et de l'organisation économique, d'autre part la guerre[2]. » Ces deux facteurs sont indépendants de la

1. *Ibid.*, p. 334.
2. Simone Weil, « Lettres à Victor Bernard », in *La Condition ouvrière, op. cit.*, p. 231.

forme politique : même dans un pays communiste, la production est rationalisée par les apports de la « rationalisation de la production » et l'industrie est d'abord une industrie de guerre parce que les nations sont dans une course à la puissance permanente. Ces deux facteurs expliquent la situation dans laquelle se trouve la production industrielle et l'asservissement des ouvriers. Ce n'est pas le travail en lui-même qui est dégradant pour l'homme mais les formes modernes du machinisme. Loin de libérer l'homme du travail, le recours aux machines, déjà analysé par Marx, a produit une révolution dans le travail qui conduit à faire des usines de véritables bagnes.

Les analyses du machinisme et de l'application de techniques scientifiques pour augmenter la rentabilité du travail se trouvent essentiellement dans le texte « La rationalisation ». Il s'agit pour Simone Weil de montrer comment la rationalité a pu produire l'inverse de ce qu'elle promettait à l'aune de la révolution scientifique moderne de Bacon qui voyait dans la science un moyen de maîtriser la nature. Le mot d'ordre de la science moderne, selon le mot de Bacon, est alors : « On ne commande à la nature qu'en lui obéissant. » La promesse de la révolution scientifique revient à faire de l'homme le maître de la nature à condition qu'il se plie à ses lois. Ainsi, découvrir la rationalité à l'œuvre dans l'univers est la condition de l'action humaine. Cet idéal de maîtrise par la discipline est au fondement du travail scientifique. Pourtant, cet idéal va être profondément modifié : l'homme ne sera libéré des contraintes de la nature qu'à condition de devenir l'esclave des autres hommes. Ce retournement est le cœur de la conférence « La rationalisation » qui fut prononcée devant un auditoire ouvrier. Si la science n'a été au début que l'étude des lois de la nature, elle a changé d'objet d'investigation en s'intéressant à la production industrielle notamment en mettant au point des machines destinées à améliorer le rendement et à mieux utiliser les forces naturelles. Or, la science n'a pas simplement servi à mieux utiliser les forces naturelles (comme par exemple l'invention de la machine à vapeur), elle a servi, depuis la fin du XIXe siècle, à mieux utiliser la force humaine de travail. La science a d'abord pris pour thème la matière inerte avant de s'attaquer à la matière vivante, à savoir les hommes eux-mêmes. Le problème est que cette utilisation « scientifique » de la main-d'œuvre, si elle accroît la rentabilité de la production, produit des esclaves et les théoriciens du travail n'ont pas vu qu'il s'agissait là du problème fondamental. S'il y a une *exploitation* des prolétaires par la classe bourgeoise qui tire des profits de l'extorsion de la plus-value du travail, il y a surtout, et plus profondément, une *oppression* des prolétaires par le mode de production lui-même. Même si les usines étaient collectivisées, cela ne changerait rien au problème de l'oppression car l'organisation du travail est supervisée par la rationalité, par les savants qui jouissent, par leur statut même, d'une supériorité qui leur assure de détenir la vérité. D'où le prestige du terme de « rationalisation » et son pouvoir : « Le mot de rationalisation a plus de prestige auprès du public parce qu'il semble indiquer que l'organisation actuelle du travail est celle qui satisfait toutes les exigences de la raison[1] », il y aurait ainsi une objectivité de l'organisation de l'usine que l'on ne pourrait pas remettre en question.

Derrière cette apparence scientifique de l'organisation du travail, on trouve la volonté d'un homme, Taylor, d'augmenter la cadence dans ses usines et de renvoyer les ouvriers les plus indociles. L'organisation scientifique du travail n'est pas d'abord scientifique : il ne s'agit pas de découvertes scientifiques mais plutôt de l'application de procédés pour utiliser au mieux les machines qui existent déjà. Le cas de Taylor est intéressant : venant d'une famille aisée, eut l'idée, originale pour son milieu, de devenir ouvrier. Très vite, il devint contremaître et comprit que le système qui existait alors dans l'usine n'incitait pas les ouvriers à travailler car plus la cadence augmentait, plus les tarifs diminuaient. Devenu directeur d'usine, Taylor voulut trouver des moyens d'augmenter toujours davantage cette cadence : « Il s'aperçut alors qu'il était gêné par deux obstacles : d'un côté il ignorait quel temps était indispensable pour réaliser chaque opération d'usinage et quels procédés étaient susceptibles de donner les meilleurs temps ; d'un autre côté, l'organisation de l'usine ne lui donnait pas le moyen de combattre efficacement la résistance passive des ouvriers. Il demanda alors à l'administrateur de l'entreprise l'autorisation d'installer un petit laboratoire pour faire des expériences sur les méthodes d'usinage[2]. » Taylor monta une sorte de laboratoire pour résoudre ces deux problèmes. On voit qu'il ne s'agit pas de « rationaliser » le travail mais bien plutôt de contrôler les ouvriers. Les découvertes de Taylor réorganisèrent complètement le travail de l'usine puisque le travail fut décomposé. On cherche ainsi le moyen le plus efficace de disposer de la force de travail, à savoir les ouvriers. Ces derniers ne sont plus les auteurs de leurs mouvements mais ceux-ci sont ordonnés par la direction de l'usine : « Son but était d'ôter aux travailleurs la possibilité de déterminer eux-mêmes les procédés et le rythme de leur travail, et de remettre entre les mains de la direction le choix des mouvements à exécuter au cours de la production[3]. » Le procédé est d'autant plus efficace qu'il se réfugie derrière la caution de la science et de la rationalité. Le pouvoir de la science sert à justifier la réorganisation de l'usine et surtout le changement de sens du travail. Si l'ouvrier ne peut plus maîtriser ses gestes, il est dépossédé de tout savoir-faire et ne devient, par conséquent, qu'un simple exécutant, une machine à manipuler d'autres machines. La taylorisation du travail consiste bien en un asservissement du travail sous couvert de rationalisation. C'est pourquoi Simone Weil écrit : « Les contremaîtres égyptiens avaient des fouets pour pousser les ouvriers à produire ; Taylor a remplacé le fouet par les bureaux et les laboratoires, sous le couvert de la science[4]. » Loin d'améliorer le travail, le machinisme et la rationalisation inaugurent un nouveau rapport au

1. Simone Weil, « La rationalisation », in *La Condition ouvrière*, *op. cit.*, p. 309.
2. *Ibid.*, p. 312.
3. *Ibid.*, p. 313.
4. *Ibid.*, p. 315.

travail en même temps qu'ils en interdisent toute critique. Et, grâce à un système de primes, la rationalisation du travail détruit toute possibilité de solidarité : il ne reste alors que des individus isolés.

La puissance de l'industrie et de son organisation tient donc à son caractère rationnel ou scientifique mais il faut également ajouter un second critère : la nécessité pour les nations de maintenir un niveau de production élevé pour l'industrie de guerre. La rivalité entre nations, c'est-à-dire la course aux armements, rend encore plus difficile la remise en question de l'organisation du travail, cela devient une question de fierté nationale. C'est surtout la rivalité entre puissances qui a fait triompher la rationalisation de l'industrie car chaque nation a besoin d'augmenter le plus possible ses capacités militaires – ce qui vaut autant pour les pays libéraux que pour les pays communistes. Ce n'est d'ailleurs pas la production de denrées de première nécessité qui a été augmentée par ce système mais bien l'industrie de guerre, que Simone Weil qualifie, dans « La rationalisation », d'industrie « doublement de luxe » – car non seulement les produits de cette industrie sont perfectionnés et très onéreux mais ils ne servent à rien d'autre qu'à détruire. Simone Weil montre, dans « La condition ouvrière », que la nécessité dans laquelle se trouve chaque nation d'augmenter la production militaire rend presque impossible de réformer le travail. Et cette production est d'autant plus paradoxale que si elle diminuait elle produirait des effets positifs – à la fois sur la possibilité de la guerre et sur les conditions d'existence des ouvriers. Au contraire, la diminution de la production de denrées alimentaires, comme le blé, entraînerait une spirale négative. Ce qui pose donc problème c'est tout à la fois la rationalisation et la culture de la guerre qui est consubstantielle à notre culture qui est une culture de puissance. Il faut ajouter que les hommes – et les ouvriers autant que les autres – ne sont pas seulement guidés par leur intérêt mais aussi par l'orgueil. Comme l'écrit Simone Weil : « Il est doux d'avoir des inférieurs ; il est pénible de voir des inférieurs acquérir des droits, même limités, qui établissent entre eux et leurs supérieurs, à certains égards, une certaine égalité[1]. » Ce texte a été écrit après les réformes du Front populaire (semaine de quarante heures, congés payés, conventions collectives) mais celles-ci n'auront de sens que si elles s'étendent à toutes les nations car tant que les ouvriers s'opposent dans le cadre de la lutte pour la puissance, les progrès sociaux ne peuvent qu'être momentanés. Cela implique également que le travail restera un esclavage tant qu'il existera des empires coloniaux où des hommes seront dans un état d'esclavage encore plus avancé que les esclaves présents dans les bagnes industriels des métropoles. Autrement dit, l'orgueil national et la guerre contribuent à l'organisation industrielle qui transforme les travailleurs en esclaves.

On voit donc bien que le travail est caractérisé par une oppression qui est bien plus générale que l'exploitation capitaliste, car cette oppression transcende la nature même du régime politique. On pourrait dire que l'oppression est la conséquence d'un certain rapport au savoir (dont la rationalisation est l'illustration) et de la division de la société. Ainsi, le travail n'est plus un facteur d'épanouissement mais

1. Simone Weil, « La condition ouvrière », in *La Condition ouvrière*, *op. cit.*, p. 395.

il détruit l'âme humaine. L'oppression et la difficulté de la remettre en question sont responsables de l'état dans lequel se trouvent les travailleurs. Mais le problème est que les ouvriers et les organisations syndicales sont pris dans ce mouvement d'oppression : on demande plus de production pour davantage répartir les profits mais on ne voit pas que ce qui pose problème c'est la manière dont on produit, l'idée même d'un plan de production par exemple. L'oppression n'est pas perçue comme telle, soit parce qu'elle est recouverte par l'exploitation capitaliste, soit parce que les ouvriers en viennent à penser comme les bourgeois. Simone Weil illustre ces deux écueils dans sa lettre à Nicolas Lazarévitch du 9-17 mars 1935. D'un côté, les syndicats ne sont pas capables de remettre en question la manière même de produire, comme c'est le cas de la CGT qui ne remet pas en cause la notion même de plan (la planification de la production, conséquence de la lutte des nations pour la puissance). D'un autre côté, au niveau individuel, les ouvriers ne peuvent pas penser librement non seulement parce qu'ils sont pris dans la propagande de la puissance mais aussi parce qu'ils ne voient le monde qu'à travers les yeux des patrons (dans sa lettre, Simone Weil mentionne le fait qu'à la cantine de l'usine dans laquelle elle travaille, les ouvriers ne peuvent que lire des journaux bourgeois). On a donc mis en lumière la structure oppressante du travail industriel. Après avoir décrit comment l'usine est organisée, il faut en comprendre les répercussions morales.

II. Les conséquences morales du travail servile

Échapper au quotidien

L'usine n'engendre pas seulement des esclaves en un sens physique, l'âme n'en ressort pas indemne non plus, d'autant plus que les solutions pour échapper au quotidien ou oublier la souffrance du travail semblent être des illusions. À deux reprises, dans sa correspondance avec Albertine Thévenon, Simone Weil mentionne la fraternité comme moyen de dépasser les souffrances du quotidien. Dans la mesure où l'usine est un lieu où une communauté de travailleurs se forme, on pourrait penser qu'il s'agit là d'un endroit où la solidarité existe, où se forment entre les individus des connexions qui pourraient être un terreau puissant pour la lutte sociale. Pourtant la vraie solidarité n'existe pas vraiment en raison de la structure même de l'usine qui met tous les ouvriers en concurrence les uns avec les autres. À l'exception d'un magasinier que mentionne à plusieurs reprises Simone Weil, celle-ci affirme : « de vraie fraternité, je n'en ai presque pas senti[1]. » La difficulté du travail rend les moindres gestes d'affection ou de solidarité exceptionnels et précieux. Le contact humain allège le poids de la souffrance mais on ne peut pas s'appuyer dessus tant il est rare, on lit dans une lettre à Albertine Thévenon : « Et

1. Simone Weil, « Trois lettres à Albertine Thévenon », in *La Condition ouvrière*, *op. cit.*, p. 54.

à travers tout ça un sourire, une parole de bonté, un instant de contact humain ont plus de valeur que les amitiés les plus dévouées parmi les privilégiés grands ou petits. Là seulement on sait ce que c'est que la fraternité humaine. Mais il y en a peu, très peu[1]. » La lutte collective et la solidarité ne sont ainsi que des exceptions, ce qui a pu conforter Simone Weil dans son scepticisme à l'égard de la possibilité d'une révolution des travailleurs. La fraternité est essentiellement une illusion parce que l'organisation de la production tend à isoler et à désintégrer les individus. Se lier d'amitié avec les autres travailleurs serait un premier pas vers la prise de conscience de l'exploitation capitaliste et de l'oppression industrielle. Néanmoins, ce mouvement n'est pas spontané et plutôt que de chercher à changer la réalité, il est plus simple de vouloir, même momentanément, la fuir. C'est pourquoi ceux qui travaillent se réfugient dans ce que Simone Weil nomme des « opiums », c'est-à-dire des moyens d'oublier le quotidien. On est donc bien loin de la situation qu'espérait Marx au siècle précédent. Toute révolution semble impossible car le fait même de penser semble être inaccessible. Comme l'écrit Simone Weil à Jacques Lafitte le 14 avril 1936 : « Dans les conditions de vie accablantes qui pèsent sur tous, les gens ne demandent pas la lucidité, ils demandent un opium quelconque, et cela, plus ou moins, dans tous les milieux sociaux[2]. » La proximité des travailleurs n'est pas synonyme de solidarité et encore moins de concertation ou de prise de conscience commune. La tentation, pour oublier le quotidien, est alors de dépenser le peu qu'on a dans des divertissements ou des satisfactions éphémères qui ne font qu'accroître la misère.

Dans « Condition première d'un travail non servile », Simone Weil distingue deux sortes d'opium : l'opium individuel et l'opium collectif. L'opium individuel ne fait que mettre entre parenthèses la misère car si on se livre à des plaisirs immédiats, si l'on dépense le peu que l'on gagne dans quelque chose qui nous permet d'oublier le quotidien, celui-ci se rappellera rapidement à nous. C'est pourquoi Simone Weil écrit dans « La vie et la grève des ouvrières métallos » : « Jamais on ne se détend. Ou, si on fait une folie – une folie à l'échelle de quelques francs – on subira la faim[3]. » Il y a un paradoxe ici : les folies semblent nécessaires parce que les ouvriers ont besoin d'un opium pour se soulager de leurs souffrances et en même temps cette exception va accroître la misère des jours suivants. Oublier le quotidien fait partie du quotidien lui-même, le travail implique des moments où l'on n'y pense plus mais ces moments rendent la situation encore plus problématique, c'est pourquoi ils agissent comme des drogues. Il n'y a donc pas de travail sans tentation de se soustraire au travail : « La débauche a exactement la fonction d'un stupéfiant, et l'usage des stupéfiants est toujours une tentation pour ceux qui souffrent[4]. » Mais il y a également la possibilité d'oublier le quotidien grâce à cet opium collectif que

1. *Ibid.*, p. 60-61.
2. Simone Weil, « Deux lettres à Jacques Lafitte », in *La Condition ouvrière, op. cit.*, p. 261.
3. Simone Weil, « La vie et la grève des ouvrières métallos », in *La Condition ouvrière, op. cit.*, p. 270-271.
4. Simone Weil, « Condition première d'un travail non servile », in *La Condition ouvrière, op. cit.*, p. 421.

serait la révolution. En effet, la révolution agit comme un stupéfiant collectif qui fait croire, alors même que l'on souffre du travail, qu'il serait possible de s'en libérer : « c'est l'ambition transportée dans le collectif, la folle ambition d'une ascension de tous les travailleurs hors de la condition de travailleurs[1]. » Or, le travail est une réalité indépassable et, comme on l'a vu, ce qui pose problème ce n'est pas tant le travail que l'organisation industrielle du travail qui transforme les hommes en machines. La révolution comme idéal libérateur est une illusion qui empêche de voir la nature de l'oppression de la production elle-même au profit de la seule lutte contre l'exploitation capitaliste. Or, les ouvriers soviétiques ne souffrent pas moins que les ouvriers des pays capitalistes parce qu'ils sont tout autant pris dans une course à la puissance qui implique que les industries produisent le plus possible et réduisent donc les hommes à de simples rouages. La révolution est donc un espoir tout à fait naturel pour l'ouvrier mais il serait illusoire de croire qu'elle puisse libérer du travail et même qu'une société libérée du travail soit désirable.

L'inhumanité et le déracinement

Les opiums ont ceci de commun qu'ils nous font échapper au quotidien sans jamais avoir de prise sur ce quotidien : le rêve est ce qu'il reste à ceux qui ne peuvent plus agir sur la réalité, et d'autant moins qu'ils perdent ce qui fait leur humanité. Simone Weil montre comment le travail industriel a conduit à déshumaniser les ouvriers. L'attention de la conscience ne peut se fixer sur aucun objet à fabriquer puisqu'il faut sans cesse répéter les mêmes gestes : d'un côté la conscience ne peut pas réaliser quelque chose dans la production puisque l'on n'effectue qu'un seul geste mais d'un autre côté il n'est pas non plus possible de penser librement puisque la conscience est toujours ramenée au geste qu'elle doit répéter. Simone Weil parle d'un travail inhumain dans la lettre à Albertine Thévenon du 15-31 janvier 1935 pour trois raisons : le travail n'est jamais un travail complet (l'ouvrier ne produit aucun objet), les ouvriers sont sommés d'obéir à des ordres qui viennent d'en haut et ne peuvent être discutés et enfin le travail lui-même est réduit à un simple geste répété. En d'autres termes, les ouvriers ne sont qu'une masse d'énergie, d'où leur assimilation à des bêtes de somme. Dans la lettre à Auguste Detœuf du 10-17 juin 1936, Simone Weil explique que le travail à l'usine est comme un coup qui transforme les hommes en esclaves, en machines à produire, c'est-à-dire en simple force disponible pour ceux qui la louent. Dans la répétition et la soumission à autrui se joue ainsi la perte de sa propre dignité parce que l'on n'est plus capable de penser, d'où cette confession : « le premier choc de cette vie d'ouvrière a fait de moi pendant un certain temps une espèce de bête de somme[2] » et ce n'est qu'au prix d'efforts quotidiens et parce qu'il ne s'agissait que d'une expérience que Simone Weil a pu retrouver sa dignité.

1. *Ibid.*, p. 421.
2. Simone Weil, « Lettres à Auguste De œuf », in *La Condition ouvrière*, *op. cit.*, p. 283.

À cause de la production industrielle, toute la vie de l'ouvrier se trouve soumise à une sorte de comptabilité absolue. Tout se mesure et se compare car on n'a qu'une seule obsession : combien on doit gagner pour pouvoir se nourrir. L'inhumanité du travail se traduit alors par une quantification de la vie, d'où l'obsession des ouvriers pour les « sous ». Dans « La vie et la grève des ouvrières métallos », on voit que toute activité de l'ouvrière, au travail mais aussi en dehors, est soumise à ce compte : il faut tout compter. Vivre ne va pas de soi, c'est au prix d'efforts insensés et réitérés chaque jour que l'on peut gagner de quoi se nourrir : « Qu'est-ce que j'ai gagné cette heure-ci ? Et l'heure suivante ? En sortant de l'usine, on compte encore sous par sous. On a un tel besoin de détente que toutes les boutiques attirent. Est-ce que je peux prendre un café ? Mais ça coûte dix sous. J'en ai déjà pris un hier[1]. » Ce calcul incessant fait comme écran entre l'homme et les choses, ne laissant à ces dernières que leur aspect quantifiable. Simone Weil critique ici la logique même de la manière dont on paie les ouvriers. Le travail aux pièces, qui implique une cadence élevée pour obtenir le salaire prévu, est le point de départ de cette comptabilité générale car tout geste a une conséquence : même si le salaire est plus élevé, cela ne change pas la nature du problème. C'est pourquoi Simone Weil critique durement, à la fin de « La vie et la grève des ouvrières métallos », toute augmentation des salaires qui ferait perdurer le travail aux pièces. Le système de production est la racine du problème. Si l'on peut légitimement comprendre qu'une augmentation du salaire permette une amélioration matérielle, il ne faudrait pas oublier qu'en même temps se produirait une aggravation des conditions morales du travail. Il faut distinguer ce qui est de l'ordre du salaire (la situation matérielle) et ce qui est de l'ordre de la morale (la situation spirituelle). Or, le travail aux pièces est en lui-même problématique pour l'âme du travailleur car il abaisse celle-ci au niveau de la matière et l'empêche de voir la vie autrement qu'au travers d'un calcul.

« La rationalisation » va plus loin dans l'idée de comptabilité générale en montrant que ce qui devient quantifiable c'est l'ouvrier lui-même puisqu'il devient, dans les bagnes de mécanique, une simple quantité de force, qui se traduit par une infériorité sociale. L'origine de la souffrance des travailleurs n'est pas simplement à chercher dans le niveau des salaires, la souffrance est avant tout morale : « L'ouvrier ne souffre pas seulement de l'insuffisance de la paie. Il souffre parce qu'il est relégué par la société actuelle à un rang inférieur, parce qu'il est réduit à une espèce de servitude. L'insuffisance des salaires n'est qu'une conséquence de cette infériorité et de cette servitude[2]. » De même que l'oppression était un problème d'organisation du travail avant d'être un problème de régime politique, la souffrance des travailleurs est d'abord morale avant d'être financière : si les ouvriers sont en bas de l'échelle sociale, ce n'est pas parce qu'ils sont mal payés mais parce qu'on ne les considère plus comme des hommes, ce qui justifie en retour des salaires faibles. Que reste-t-il donc aux ouvriers qui sont contraints d'obéir aux ordres et de se

1. Simone Weil, « La vie et la grève des ouvrières métallos », in *La Condition ouvrière, op. cit.*, p. 270.
2. Simone Weil, « La rationalisation », in *La Condition ouvrière, op. cit.*, p. 306.

soumettre à une organisation inhumaine ? Rien d'autre que leur propre force qui sert à produire, on se trouve dans un cercle vicieux qui aboutit à une chosification totale des travailleurs : « Il leur reste l'énergie qui permet de faire un mouvement, l'équivalent de la force électrique ; et on l'utilise exactement comme on utilise l'électricité[1]. » L'ouvrier devient une force anonyme, une quantité d'énergie et non plus une personne dotée de droits.

Cette quantification de la vie produit le déracinement des ouvriers. Ces derniers, réduits à n'être que des bêtes de somme, ne peuvent se sentir chez eux nulle part car ils ne sont que de l'énergie disponible. Simone Weil débute son article « Expérience de la vie d'usine » par ce constat : « Au cours des dernières années on a bien senti qu'en fait les ouvriers d'usine sont en quelque sorte déracinés, exilés sur la terre de leur propre pays[2]. » L'organisation du travail des ouvriers les déracine parce qu'il leur est impossible de s'approprier ce que pourtant ils font. Puisque l'ouvrier ne fait que répéter des gestes, il ne peut pas saisir la globalité de la production, puisqu'il n'est qu'une quantité d'énergie, il n'a pas de savoir-faire à promouvoir. Alors que le savoir-faire est ce qui permet à l'artisan d'avoir un rang social et d'être quelqu'un, le travail répétitif supprime la possibilité d'être quelqu'un et de se définir par ce que l'on produit. L'usine n'est donc pas un endroit où l'on peut s'approprier des outils que l'on apprendrait à manier, ce qui serait le résultat d'une discipline et d'un entraînement qui auraient pour conséquence la possession d'un savoir-faire. Non seulement l'ouvrier ne peut rien posséder mais il est, en tant que quantité d'énergie, lui-même possédé par les machines de l'usine dont il n'est qu'un rouage. Cette inversion du rapport entre l'homme et ce qu'il manie est symptomatique du passage de l'outil à la machine : « Un ouvrier, sauf quelques cas trop rares, ne peut rien s'approprier par la pensée dans l'usine. Les machines ne sont pas à lui ; il sert l'une ou l'autre selon qu'il en reçoit l'ordre. Il les sert, il ne s'en sert pas[3]. » L'impossibilité pour l'ouvrier de savoir ce qu'il fait, d'avoir autre chose qu'un rôle servile dans son travail, et sa chosification sont les raisons du déracinement. Si l'on ne compte pour rien, on n'est qu'un morceau de matière comme un autre : on ne peut se sentir chez soi que dans un lieu que l'on a soi-même aménagé, dont on est responsable et dont on maîtrise la fabrication des objets qui le composent. Ainsi, le déracinement est bien la conséquence du mode de production inhumain des bagnes industriels.

Le renoncement à la pensée et la docilité

La vie à l'usine transforme l'homme et il faut bien en mesurer toutes les conséquences. Si l'ouvrier n'est plus qu'une chose c'est qu'il a trouvé un moyen pour ne plus souffrir : ce n'est qu'à condition de renoncer de penser, d'assister à sa propre

1. *Ibid.*, p. 323.
2. Simone Weil, « La vie et la grève des ouvrières métallos », in *La Condition ouvrière*, *op. cit.*, p. 328.
3. *Ibid.*, p. 339.

chosification, que la souffrance est supportable. Dans sa lettre à Albertine Thévenon du 15-31 janvier 1935, Simone Weil explique que renoncer à penser est la tentation la plus difficile à repousser parce que ce renoncement offre un réconfort immédiat : lorsque l'on abdique sa pensée, on ne souffre plus, on accepte tout ce qui arrive sans s'interroger. Cette tentation n'est pas nécessairement consciente puisque l'on a vu que l'organisation même de l'usine était faite de telle sorte que l'on ne puisse pas penser : si l'usine produit de la souffrance, elle produit èn même temps la résolution de cette souffrance, à savoir le renoncement à la pensée. Le travail machinal a pour effet d'empêcher de penser car l'attention ne peut pas se porter sur un objet. Comme Simone Weil l'explique dans sa lettre à Simone Gibert du 9-17 mars 1935, penser c'est aller moins vite. Or, le travail à l'usine implique d'aller vite puisqu'il faut respecter les cadences. De plus, on n'a pas non plus l'énergie : le travail répétitif est si épuisant qu'il empêche, après le travail, toute velléité de faire autre chose que se reposer. C'est ce dont témoigne Simone Weil à Simone Gibert : « Quant aux heures de loisir, théoriquement on en a pas mal, avec la journée de 8 heures ; pratiquement elles sont absorbées par une fatigue qui va souvent jusqu'à l'abrutissement[1]. » L'état moral des ouvriers est précaire à plus d'un titre : non seulement leur pensée ne peut pas prendre possession de la matière pour fabriquer un objet mais toute pensée autonome en dehors du travail est presque impossible. L'usine produit des bêtes de somme dans l'atelier et également en dehors. Et c'est la grande différence avec les esclaves antiques, comme on peut le lire dans la lettre du 3 mars 1936 à Victor Bernard. L'esclave antique est au cœur de la fabrication d'objets, il possède un savoir-faire et domine le temps. Par conséquent, il peut aussi s'en extraire. C'est pourquoi il y eut des esclaves qui furent en même temps des philosophes, comme le stoïcien Épictète. Dans les pires situations, on possède toujours la liberté de penser : esclave, pauvre, exilé, privé de tout, on peut encore penser. Mais cette ressource manque aux ouvriers modernes. L'esclave antique peut avoir la satisfaction du travail bien fait et sait qu'il possède quelque chose que son maître n'a pas, le savoir-faire. L'ouvrier ne possède rien de cela. La ressource des esclaves stoïciens est inopérante pour les esclaves des bagnes de mécanique parce qu' « ils vivent d'un travail pour lequel, étant donné la succession machinale des mouvements et la rapidité de la cadence, il ne peut y avoir d'autre stimulant que la peur et l'appât des sous[2]. » Si l'esclave stoïcien pouvait échapper à la souffrance par la réflexion qui lui faisait accepter son sort comme une conséquence du destin, l'ouvrier n'a même pas ce luxe et, s'il veut cesser de souffrir, n'a d'autre choix que de ne plus penser. D'une certaine manière, la situation des ouvriers est plus grave encore que celle des esclaves de l'antiquité. Quand les machines remplacent les fouets, et que la science prend la place de la hiérarchie sociale, c'est l'intériorité même de l'homme qui est détruite et l'âme qui s'abaisse au risque de ne pas pouvoir se relever. Dans « Expérience de la vie d'usine », Simone Weil explique qu'à l'usine la pensée se rétracte, elle se replie pour éviter toute souffrance : on ne

1. Simone Weil, « Lettre à Simone Gibert », in *La Condition ouvrière, op. cit.*, p. 67.
2. Simone Weil, « Lettres à Victor Bernard », in *La Condition ouvrière, op. cit.*, p. 228.

peut plus se concentrer sur ce qui est au-delà du présent. La pensée se retrouve dominée par le temps : « Ce repliement sur le présent produit une sorte de stupeur. Le seul avenir supportable pour la pensée, et au-delà duquel elle n'a pas la force de s'étendre, c'est celui qui, lorsqu'on est en plein travail, sépare l'instant où on se trouve de l'achèvement de la pièce en cours, si l'on a la chance qu'elle soit un peu longue à achever[1]. » En renonçant à leur humanité, les ouvriers perdent en même temps leur capacité à penser qui est pourtant ce qui pourrait les sauver.

Lorsque la pensée se replie sur elle-même, elle ne peut considérer autre chose que le présent et se résout à une acceptation du réel. Penser, c'est certes aller moins vite mais c'est aussi se mettre en capacité de questionner ce que l'on prend pour évident. Or, l'habitude devient une nécessité à partir du moment où l'on ne peut plus l'interroger : à quoi bon se révolter si le réel ne peut pas être autrement ? Ainsi, ce rabaissement de la pensée aboutit à la docilité des ouvriers et à la disparition de tout esprit de révolte. À plusieurs reprises, dans sa correspondance avec Albertine Thévenon, Simone Weil fait le lien entre l'absence de pensée et l'impossibilité de s'indigner. Dans la lettre du 15-31 janvier 1935, on comprend que lorsque le sentiment de révolte disparaît, le seul qui subsiste est la tristesse. Or, la tristesse n'est pas un sentiment qui invite à l'action, bien au contraire, elle isole et accable. Dans la lettre de fin décembre 1935, Simone Weil explique même que le sentiment de docilité est celui auquel elle s'attendait le moins dans son expérience ouvrière. Lorsque la pensée se rétracte, elle transforme l'individu en un être absolument passif : « Et je ne crois pas qu'il en soit résulté en moi des mouvements de révolte. Non, mais au contraire la chose au monde que j'attendais le moins de moi-même – la docilité. Une docilité de bête de somme résignée. Il me semblait que j'étais née pour attendre, pour recevoir, pour exécuter des ordres[2]. » À d'autres endroits de *La Condition ouvrière*, Simone Weil parle d'inconscience comme solution à la souffrance : pour échapper au quotidien, l'ouvrier doit sombrer dans l'inconscience, c'est-à-dire dans une sorte de torpeur, de diminution presque mécanique de la sensibilité. La grandeur d'âme dont peut faire preuve l'esclave stoïcien n'est aucunement possible lorsque l'on est comme désensibilisé, lorsque la pensée ne peut plus s'exercer. Une fois que l'on est devenu une simple quantité d'énergie, c'est tout logiquement que la notion de droit devient étrangère : la machine n'a pas de droit, il n'y a pas de raison pour l'ouvrier en ait davantage. Dans sa lettre à Auguste Detœuf du 10-17 juin 1936, Simone Weil montre que vouloir faire preuve de grandeur d'âme et continuer à penser serait trop épuisant pour un ouvrier car chaque jour il faudrait lutter contre la déshumanisation de l'usine. Puisque la pensée est trop coûteuse pour affronter la douleur, le seul recours possible est de sombrer dans l'inconscience : « c'est une tentation à laquelle beaucoup succombent, sous une forme quelconque, et à laquelle j'ai souvent succombé. Conserver la lucidité, la conscience, la dignité qui conviennent à un être humain, c'est possible, mais c'est

1. Simone Weil, « Expérience de la vie d'usine », in *La Condition ouvrière, op. cit.*, p. 333.
2. Simone Weil, « Trois lettres à Albertine Thévenon », in *La Condition ouvrière, op. cit.*, p. 59.

se condamner à devoir surmonter quotidiennement le désespoir[1]. » On est alors prêt à tout pour quelques sous, même à renoncer à son humanité et à ses droits. Cet abaissement moral n'est pourtant pas lié au travail en tant que tel mais à l'organisation que ce dernier a pris à l'âge industriel, ce qui signifie qu'il est possible de penser un travail qui ne soit pas synonyme de servitude.

III. Réhumaniser le travail

Descendre dans la caverne

Le geste de Simone Weil, à savoir faire elle-même l'expérience de l'usine, engage une certaine manière d'envisager la philosophie puisqu'il s'agit de confronter les idées à la réalité, de mettre à l'épreuve les intuitions que l'on peut lire dans les *Réflexions sur les causes de la liberté et de l'oppression sociale.* La réflexion, qui est un travail puisqu'elle suppose la discipline et l'attention, n'est pas un travail abstrait mais, pour aboutir à la vérité, elle suppose un dispositif par lequel on peut tester les hypothèses qui sont faites et les raisonnements qui sont menés. En d'autres termes, la pensée du travail suppose elle-même un travail. Il faut descendre dans la caverne et y expérimenter toutes les souffrances pour les comprendre. Cette expérience de l'usine va également expliquer la désillusion à l'égard de la révolution défendue par les théoriciens communistes qui, eux, ne sont jamais descendus dans la caverne – ce qui explique pourquoi Simone Weil a souhaité collaborer avec certains patrons, comme Victor Bernard, pour améliorer les conditions des travailleurs. C'est d'en bas, depuis le travail effectué et éprouvé, qu'il faut organiser le changement et non pas depuis des idées abstraites qu'on viendrait plaquer sur le réel. Dès le début années trente, Simone Weil reprochait à Marx d'avoir d'abord élaboré une méthode et des conclusions avant d'étudier le réel. Elle fait le même reproche aux responsables politiques qui défendent l'idée d'une révolution à venir, poussée par l'exploitation capitaliste, sans voir que l'oppression de l'organisation du travail est la véritable responsable de la souffrance des travailleurs. Cette erreur d'appréciation conduit Simone Weil, dans sa lettre à Albertine Thévenon du 15-31 janvier 1935, à qualifier la politique de « sinistre rigolade ». La raison tient à la manière qu'ont les hommes politiques d'envisager le travail : ils ne le comprennent que de l'extérieur ou plutôt du dessus, dans une position de surplomb. Dans cette lettre, Simone Weil constate le fossé qui sépare d'un côté sa démarche qui vise à confronter l'imagination à la réalité (et qui a changé, dit-elle, toute sa perspective sur les choses) et d'un autre côté celle des responsables politiques qui regardent les conditions d'existence des ouvriers depuis l'extérieur de la caverne : « quand je pense que les grrrands [*sic*] chefs bolcheviks prétendaient créer une classe ouvrière

1. Simone Weil, « Lettres à Auguste Detœuf », in *La Condition ouvrière, op. cit.*, p. 285.

libre et qu'aucun d'eux – Trotsky sûrement pas, Lénine je ne crois pas non plus – n'avait sans doute mis le pied dans une usine et par suite n'avait la plus faible idée de conditions réelles qui déterminent la servitude ou la liberté pour les ouvriers – la politique m'apparaît comme une sinistre rigolade[1]. » Le manque de contact avec le réel est bien le problème des théoriciens du travail.

C'est essentiellement dans la correspondance de Simone Weil que l'on retrouve l'idée qu'il est nécessaire de penser depuis l'intérieur de la caverne. Les mois d'usine font partie du processus de compréhension du travail. Dans une autre lettre à Albertine Thévenon, on peut lire : « J'ai beaucoup souffert de ces mois d'esclavage, mais je ne voudrais pour rien au monde ne pas les avoir traversés. Ils m'ont permis de m'éprouver moi-même et de toucher du doigt tout ce que je n'avais pu qu'imaginer[2]. » Aller à l'usine, travailler avec les ouvriers c'est donc reconfigurer les idées et comprendre de l'intérieur le problème de l'oppression. Ainsi, la lettre à Simone Gibert du 9-17 mars 1935 parle d'un « contact avec la vie réelle » comme pour sous-entendre que l'imagination est trop abstraite sans cette mise à l'épreuve. C'est pourquoi Simone Weil avoue à Nicolas Lazarévitch (dans la lettre du 9-17 mars 1935) que cette expérience lui a permis de rectifier des idées fausses, de redresser son imagination. Réfléchir à la condition ouvrière est pourtant une gageure, tant les heures de travail sont harassantes et sont en contradiction, comme on l'a vu, avec la pensée elle-même. Descendre dans la caverne, explorer ce monde d'en bas, n'est pas sans danger puisque l'épuisement provoque un abaissement de l'âme. Mais Simone Weil a un avantage par rapport aux autres ouvriers : elle n'est qu'une professeure agrégée en « vadrouille ». Le bagne industriel n'est qu'une expérience et non une réalité indépassable. Il faut bien envisager ces mois de travail comme l'exploration d'hypothèses intellectuelles où ce qui intéresse la philosophe est ce qui peut toucher à l'universalité au travers de la position particulière qu'elle occupe dans l'usine. C'est la souffrance ouvrière, la condition ouvrière dans son ensemble qu'il s'agit d'éprouver, et c'est la raison pour laquelle ce désir de vérité l'emporte toujours chez elle sur la souffrance, laquelle n'est pas éprouvée comme personnelle. Lorsque Simone Weil souffre au travail, elle cherche avant tout à savoir ce qu'est la souffrance ouvrière. Elle l'écrit expressément à Boris Souvarine le 12 avril 1935 : « ces souffrances, je ne les ressens pas comme miennes, je les ressens en tant que souffrances des ouvriers, et que moi, personnellement, je les subisse ou non, cela m'apparaît comme un détail presque indifférent[3]. » La condition ouvrière devient le champ d'expérience de la philosophe qui y redresse ses idées. Ici, la particularité de la situation n'est pas en contradiction avec la recherche d'une vérité tendant à l'universel.

Si la vérité vient de la vie elle-même, il faut que soit possible une descente dans la caverne. Et ce mouvement est d'autant plus difficile que l'organisation scientifique du travail repose sur la distinction de deux niveaux, celui des travail-

1. Simone Weil, « Trois lettres à Albertine Thévenon », in *La Condition ouvrière, op. cit.*, p. 52-53.
2. *Ibid.*, p. 56.
3. Simone Weil, « Lettre à Boris Souvarine », in *La Condition ouvrière, op. cit.*, p. 75-76.

leurs qui exécutent et celui des patrons qui élaborent d'en haut la production. La correspondance avec Victor Bernard part d'un constat : la difficulté de se mettre à la place des autres. Il est difficile pour les ouvriers de comprendre les nécessités de production de l'usine, de même qu'il est difficile pour le patron, et pour toutes les personnes du haut de la hiérarchie, de se mettre à la place d'un simple ouvrier. Il s'agit là, selon Simone Weil, d'une des raisons du malheur humain. Elle explique en effet dans sa lettre du 31 janvier 1936 que, d'en haut, on ne peut pas se rendre compte de l'effet du travail sur les ouvriers et que, d'en bas, on ne peut pas agir sur l'organisation du travail. C'est pourquoi son expérience d'usine n'a pas seulement pour objectif de penser la condition ouvrière mais également de collaborer d'en bas avec ceux qui dirigent. Même si elle ne se fait guère d'illusion sur l'issue d'une telle collaboration, Simone Weil pense qu'il s'agit là du seul moyen d'améliorer les conditions des travailleurs et la nature même de leur travail. À plusieurs reprises, elle demande à Victor Bernard de se mettre à la place des ouvriers – l'autre point de vue –, comme par exemple lorsqu'elle évoque le problème de l'arbitraire dans les licenciements en avril 1936. Cette volonté de se mettre à la place de l'autre est surtout illustrée dans le texte « Un appel aux ouvriers de Rosières » adressé aux ouvriers de l'usine de Victor Bernard dans la revue *Entre nous* – et que ce dernier a refusé au motif qu'il pouvait favoriser l'esprit de classe. Néanmoins, ce texte est intéressant car il montre à quel point il serait important pour les ouvriers d'avoir un espace – littéraire – pour pouvoir se raconter. Simone Weil demande donc aux ouvriers de mettre en récit leurs souffrances pour que ceux d'en haut les comprennent : « Dites si le travail vous fait souffrir. Racontez ces souffrances, aussi bien les souffrances morales que les souffrances physiques. Dites s'il y a des moments où vous n'en pouvez plus ; si parfois la monotonie du travail vous écœure ; si vous souffrez d'être toujours préoccupés par la nécessité d'aller vite ; si vous souffrez d'être toujours sous les ordres des chefs[1]. » Il s'agit de livrer sa vérité depuis le fond de la caverne pour que les chefs la lisent – ils doivent recevoir cette vérité puisqu'ils ne peuvent pas se mettre à la place des ouvriers. À partir de ce récit, qui serait un mélange de témoignages anonymes, Simone Weil espère qu'il sera possible de changer les conditions de travail et de les organiser de telle sorte qu'elles soient les plus humaines compatibles avec le rendement dont a besoin l'usine – ce qui suppose, inversement, que les ouvriers puissent comprendre les nécessités auxquelles l'usine est soumise. Cet appel à contribution tente ainsi de mettre en pratique la collaboration que Simone Weil appelle de ses vœux pour changer réellement (contrairement à la révolution) la vie des ouvriers.

Changer le travail

Cette volonté de collaborer depuis le bas à la réorganisation ne doit pas être comprise comme une position de compromission à l'égard du patronat. Dans ses lettres à Victor Bernard, Simone Weil ne cesse de rappeler ses différences avec son

1. Simone Weil, « Un appel aux ouvriers de Rosières », in *La Condition ouvrière*, *op. cit.*, p. 207.

correspondant. La collaboration doit déboucher sur une réduction progressive de la distance entre le haut et le bas dans l'usine qui peut donc être lieu d'une autre organisation. Contrairement à ce que pourrait laisser penser les progrès du machinisme, Simone Weil ne croit pas qu'il soit souhaitable de se passer du travail, il s'agit là d'une réalité humaine indépassable. En revanche, il existe un travail qui abaisse l'âme et il en existe un autre qui peut être une source d'épanouissement. C'est au nom de ce second sens du travail que la philosophe propose de collaborer pour améliorer le sort des ouvriers. On a déjà aperçu l'idée générale : il faut que les patrons comprennent les problèmes du travail ouvrier et que les travailleurs prennent part au contrôle de l'usine. En d'autres termes, il faudrait tendre vers une diminution du fossé entre le savoir et le travail, entre l'ingénieur et l'ouvrier. Dans la mesure où l'oppression que subissent les travailleurs est la conséquence de la division entre ceux qui savent et ceux qui exécutent, supprimer cette oppression reviendra à dépasser cette division. Sans doute est-ce la raison pour laquelle Victor Bernard a trouvé qu' « Un appel aux ouvriers de Rosières » pouvait être dangereux : après avoir demandé aux ouvriers de raconter leurs souffrances, le texte se termine certes par le rappel de la nécessité que ceux d'en haut comprennent ces souffrances mais surtout par le souhait que les ouvriers puissent prendre le contrôle de l'usine, renversant alors la hiérarchie traditionnelle. Un des moyens pour résoudre l'oppression serait, selon Simone Weil, que les ouvriers apprennent les nécessités auxquelles l'usine est soumise pour comprendre par eux-mêmes et ne plus être de simples réceptacles d'ordres. On s'acheminerait alors vers une autre idée du travail mais qui, du point de vue des patrons, mettrait en cause la hiérarchie dans l'usine. À propos de ces ouvriers devenus instruits, et donc dont l'âme se redresserait, Simone Weil écrit : « Ils pourraient ainsi contrôler et apprécier la bonne volonté des chefs. Ils perdraient le sentiment d'être soumis à des ordres arbitraires, et les souffrances inévitables deviendraient peut-être moins amères à supporter[1]. » La condition pour un allègement des souffrances est un changement dans le travail lui-même qui ne doit plus être servile mais adossé à des connaissances et à un savoir-faire, lesquels doivent permettre aux ouvriers de penser par eux-mêmes en face des patrons et donc de contrôler ce qu'on leur dit. Dans sa lettre à Victor Bernard du 16 mars 1936, Simone Weil prend clairement ses distances à l'égard de la révolution au profit d'une transformation du régime actuel afin rééquilibrer les rapports de force à l'usine. C'est pourquoi elle oppose à l'esprit de révolte, dont Victor Bernard la suspectait, l' « esprit de collaboration ». Collaborer, c'est relever la tête et redresser son âme. En d'autres termes, si les ouvriers participent aux décisions de l'usine, ils regagnent l'humanité qu'on leur avait volée. Dans sa lettre à Jacques Lafitte de fin mars ou début avril 1936, Simone Weil est encore plus radicale : elle avance clairement l'idée d'un nouveau type de travailleur qui allie l'ouvrier et l'ingénieur en une seule personne. Elle imagine le passage des bagnes industriels oppresseurs à des ateliers où des ouvriers hautement qualifiés s'épanouiraient : « La distance entre ouvrier et ingénieur tendrait à s'effacer de manière que les deux fonctions

1. *Ibid.*, p. 211.

puissent peut-être être assumées par un seul homme[1]. » Le redressement de l'âme des ouvriers est la condition pour un travail non servile mais également pour une société qui ne se définisse pas par la recherche de la puissance. C'est depuis ceux qui travaillent que doit être élaborée la production et non depuis ceux d'en haut qui, par la guerre notamment et son industrie, ne peuvent qu'être entraînés dans une course sans fin pour conserver le pouvoir. Simone Weil parle précisément de « contrôle ouvrier » à la fin du texte « La vie et la grève des ouvrières métallos ». Par ce contrôle, les ouvriers ont une réelle responsabilité à l'usine et participent à l'entreprise. Le rapport au travail change alors complètement. Pour que cela ait lieu il faut non seulement une action des ouvriers mais aussi une organisation, un véritable travail de démocratisation des savoirs. Les ouvriers ne doivent donc pas attendre une révolution chimérique mais organiser dès maintenant, depuis la caverne, une réorientation du travail. D'où ces derniers mots de la conférence : « Allons-nous enfin assister à une amélioration effective et durable des conditions de travail industriel ? L'avenir le dira ; mais cet avenir, il ne faut pas l'attendre, il faut le faire[2]. »

S'il peut y avoir un travail non servile, on remarque aussi que l'usine peut être un lieu joyeux, et notamment grâce à des moments de solidarité et à la grève qui rétablit un équilibre dans les rapports de force et est, chez Simone Weil, un réflexe de la classe ouvrière dès qu'elle entrevoit la possibilité de redresser la tête. Certes, on a vu que les moments de fraternité étaient rares et qu'il s'agissait peut-être là de la plus grande déception de Simone Weil dans son expérience d'usine. Mais ces moments ne sont pas non plus inexistant. Dans sa lettre à Albertine Thévenon de fin décembre 1935, Simone Weil évoque le sourire, rempli d'une sympathie fraternelle, d'un soudeur qui permet de supporter la répétition infernale du travail. Il peut y avoir des moments de solidarité à l'usine : lorsque Simone Weil n'a plus la force de descendre le tablier du four, un des chaudronniers se précipite pour le faire à sa place. Même si ces moments sont exceptionnels, ils n'en demeurent pas moins réels. La collaboration pour changer la manière de travailler doit donc également amener à changer le rapport au lieu du travail, à l'usine. C'est la raison pour laquelle dans « Expérience de la vie d'usine », la philosophe explique que l'usine devrait être un lieu de joie. Pour cela, il faut modifier radicalement le travail : l'ouvrier doit s'approprier les machines. Alors seulement l'usine ne sera plus un instrument de l'oppression mais plutôt une condition de la libération du travail. D'où l'idéal formulé par Simone Weil : « L'usine devrait être un lieu de joie, un lieu où, même s'il est inévitable que le corps et l'âme souffrent, l'âme puisse aussi pourtant goûter des joies, se nourrir de joies. Il faudrait pour cela y changer, en un sens peu de choses, en un sens beaucoup[3]. » Il y a surtout une expérience plus fréquente de la joie dans l'usine : la grève. Par cette action les ouvriers se réapproprient le lieu où

1. Simone Weil, « Deux lettres à Jacques Lafitte », in *La Condition ouvrière, op. cit.*, p. 258.
2. Simone Weil, « La vie et la grève des ouvrières métallos », in *La Condition ouvrière, op. cit.*, p. 281.
3. Simone Weil, « Expérience de la vie d'usine », in *La Condition ouvrière, op. cit.*, p. 343.

ils ne sont la plupart du temps que des exilés : la grève a pour fonction de réenraciner les hommes dans le monde du travail, de donner un sens à leur existence, d'alléger les souffrances et d'élever leur âme maltraitée. À cet égard, le texte le plus important est « La vie et la grève des ouvrières métallos », publié le 10 juin 1936 dans *La Révolution prolétarienne* alors que de nombreuses grèves sont organisées en France à la suite de la victoire du Front populaire en mai 1936. Dès le début du texte, la grève est décrite comme un soulagement, une respiration nécessaire parce que les conditions sont réunies pour organiser une résistance ouvrière. La grève est une réaction presque mécanique qui survient dès lors que l'étau patronal se relâche – en l'occurence ce qui permet cette mobilisation et cette respiration, qui est vitale, est la victoire de la gauche aux élections. L'ouvrier qui a baissé la tête et s'est soumis toute sa vie la relèvera à la moindre opportunité et l'on ne peut guère lui demander d'attendre que des conditions meilleures soient votées à l'assemblée. Si la grève est un réflexe c'est avant tout parce que l'oppression du système industriel écrase et abaisse l'âme des travailleurs. Lorsque la grève éclate, enfin on n'a plus peur, on reprend confiance en soi et l'on retrouve une dignité : l'humanité renaît en l'ouvrier. Il ne faut donc pas chercher ailleurs que dans le relâchement de l'étreinte patronale les raisons de la grève. Celle-ci ne vise pas des mesures particulières mais le rétablissement d'une dignité : « dans ce mouvement il s'agit de bien autre chose que de telle ou telle revendication particulière, si importante soit-elle. [...] Il s'agit, après avoir toujours plié, tout subi, tout encaissé en silence pendant des mois et des années, d'oser enfin se redresser. Se tenir debout. Prendre la parole à son tour. Se sentir des hommes, pendant quelques jours[1]. » La grève est synonyme de joie, de joie pure même précise Simone Weil, car elle réhumanise l'ouvrier et l'usine.

Le travail non servile

Il est donc possible de réfléchir aux conditions d'un travail non servile, d'une nouvelle manière de travailler qui soit l'occasion d'un épanouissement et non d'un asservissement. Dans « Expérience de la vie d'usine », on a vu que Simone Weil opposait deux rapports au temps : d'un côté, le manœuvre qui doit répéter le même geste sans avoir conscience de ce qu'il produit est toujours dominé par le temps, d'un autre côté celui qui maîtrise le temps peut donner l'impression de la lenteur parce qu'il domine la fabrication. Un cycliste peut, dans la vitesse, donner l'impression qu'il accomplit chaque geste avec précision et lenteur. Cette différence du rapport au temps marque la distinction entre le beau et le misérable, entre le savoir-faire et le mécanisme, ou encore l'accomplissement spirituel et l'abaissement de l'âme. Simone Weil ne dit pas autre chose quand elle parle d'une « précipitation misérable » pour décrire le travail des manœuvres sur les machines (comparable au tic-tic d'une horloge). Il y aurait, à l'opposé de ce temps misérable, un autre rapport au temps qui permettrait à l'âme de penser à la matière travaillée sans se rabaisser :

1. Simone Weil, « La vie et la grève des ouvrières métallos », in *La Condition ouvrière*, *op. cit.*, p. 275.

« Toutes les suites de mouvements qui participent au beau et s'accomplissent sans dégrader enferment des instants d'arrêt, brefs comme l'éclair, qui constituent le secret du rythme et donnent au spectateur, à travers même l'extrême rapidité, l'impression de la lenteur[1]. » Comme le coureur à pied qui excelle semble glisser lentement devant ses concurrents, comme Dieu qui se repose en créant en même temps l'univers, le travailleur peut aspirer à une forme de beauté. Mais pour cela, il faut réformer son rapport au temps, ce qui n'est possible qu'à condition d'avoir modifié la manière même de produire. Ainsi, l'usine pourrait ne pas être un lieu d'exil mais plutôt ce lieu particulier dans lequel on devient quelqu'un (c'est-à-dire un être capable d'exceller et qui reçoit, de son geste même, un nom). Si le travail mécanique rend anonyme, le travail non servile permet d'apparaître devant les autres comme individu singulier.

Le travail, grâce à la discipline, est ce qui permet d'accéder à la beauté et au redressement de l'âme qui se conquiert elle-même dans le même mouvement. Il faut bien insister sur ce point : la critique du travail industriel n'est jamais, chez Simone Weil, une critique du travail en général. Dans plusieurs lettres, on peut lire que la discipline est la condition de l'excellence. Cela peut valoir pour la vie en général, comme lorsque Simone Weil écrit à Simone Gibert dans sa lettre du 9-17 mars 1935 : « Ce qui importe, c'est de ne pas rater sa vie. Or, pour ça, il faut se discipliner[2]. » Rien de grand ne peut se faire sans un effort qui implique des sacrifices. La discipline implique également une certaine monotonie. L'athlète de haut niveau ou le musicien doivent répéter des exercices pour exceller. D'ailleurs, Simone Weil prend l'exemple d'un concerto de Bach dans « Expérience de la vie d'usine » pour affirmer qu'« il n'est rien de grand sur cette terre, dans aucun domaine, sans une part de monotonie et d'ennui[3] ». Il faut de la monotonie et de la discipline pour produire véritablement quelque chose – un artefact ou une performance. Le travail est ainsi ce qui pousse l'homme à dépasser l'immédiat et à différer une satisfaction pour créer quelque chose. Il est évident que Simone Weil a à l'esprit le modèle de l'artisan qui, par son savoir-faire, s'assure une place dans la société – là où les ouvriers qui obéissant sans cesse à des ordres qu'ils ne comprennent pas ne comptent pour rien.

De plus, de même qu'il y a un travail et une discipline qui permettent de redresser la tête, de même tous les ordres ne sont pas négatifs. Il peut y avoir une subordination positive et toute hiérarchie n'est pas mauvaise. Mais, pour que la subordination puisse ne pas déboucher sur un esclavage, il faut que celui qui obéit soit traité avec respect par celui qui donne des ordres. Pour cela, l'ouvrier qui obéit doit pouvoir comprendre la raison de la consigne qu'on lui donne. Simone Weil écrit à Victor Bernard en avril 1936 : « J'ai au plus haut point le respect de la discipline dans le travail, et je méprise quiconque ne sait pas obéir. Je sais très bien aussi que toute

1. Simone Weil, « Expérience de la vie d'usine », in *La Condition ouvrière, op. cit.*, p. 337.
2. Simone Weil, « Lettre à Simone Gibert », in *La Condition humaine, op. cit.*, p. 71.
3. Simone Weil, « Expérience de la vie d'usine », in *La Condition humaine, op. cit.*, p. 347-348.

organisation implique des ordres donnés et reçus. Mais il y a ordres et ordres[1]. » Les ordres qu'elle a reçus en tant qu'ouvrière ont contribué à abaisser son âme. La subordination peut amener à la docilité et au déracinement. Pourtant, il peut y avoir une subordination qui élève, celle qui va de pair avec ce que Simone Weil nomme « discipline humaine » dans sa lettre à Auguste Detœuf du 10-17 juin 1936. Est humaine la discipline qui implique la bonne volonté, l'énergie et l'intelligence du subordonné. Pour que cette discipline soit humaine, il faut donc que celui qui obéit saisisse la raison pour laquelle il obéit et qu'il exerce son esprit. Ainsi, la discipline humaine ne fait pas de l'homme une simple force de travail. Bien au contraire, elle le considère comme un homme à part entière et contribue à l'élever. On songera à la subordination dans l'éducation pour comprendre ce processus : l'élève qui obéit n'abaisse pas son âme, mais il suit ce qu'on lui dit pour exercer son esprit et pour progresser vers l'autonomie de sa propre pensée.

La singularité de Simone Weil consiste bien à trouver une autre issue que la révolution au problème ouvrier. C'est le travail lui-même qu'il faut repenser pour qu'il puisse élever l'âme même si l'on ne pourra pas supprimer une certaine forme de servitude. Voilà l'ambition de la « Condition première d'un travail non servile », texte le plus tardif de la *Condition ouvrière* et le plus singulier car il est postérieur au tournant mystique de la pensée de Simone Weil. Ce n'est que par le travail que l'homme peut se procurer ce qu'il n'a pas, réaliser ce qu'il désire. Mais, pour cela, il faut qu'un délai apparaisse entre le désir et la chose désirée et le travail n'est rien d'autre que la médiation entre ces deux moments (il permet d'accomplir le mouvement du point où l'on est vers celui où l'on n'est pas encore). Ce processus est rendu impossible par la rationalisation du travail. Ainsi, la condition première d'un travail non servile est bien la réorganisation du travail lui-même. Si le travail retrouve son sens, si sa dimension servile est dirigée vers un but et une satisfaction, alors il ne serait plus synonyme d'abaissement. Dans le cadre de l'organisation scientifique du travail, on ne peut échapper à l'esclavage que momentanément par l'usage de stupéfiants, dont on a vu que la révolution était la forme la plus raffinée. Le travail non servile permet d'éviter ce problème du plaisir éphémère et trompeur et proposant une manière de travailler qui contient en elle-même la solution. Pour cela, il faut que le travail permette à l'attention de s'exercer et de réaliser ce que la conscience désire. Grâce à ce travail qui reprend possession de lui-même, il est possible de se réapproprier le temps puisque c'est la conscience qui se projette, à travers la matière qu'elle forme ou la terre qu'elle travaille, vers l'avenir. Non seulement, l'ouvrier (ou le paysan) ainsi redevenu maître de lui-même ne souffre plus mais son travail peut être l'occasion d'une véritable joie. Comme ce travail non servile permet à l'attention d'élever l'âme, Simone Weil le compare à une prière, geste par lequel on se concentre et oriente la pensée vers quelque chose qui nous dépasse – ce qui explique la comparaison faite dans ce texte entre le travail et la religion. Cela signifie donc que dans le travail, qui est la modification de la matière, on peut dépasser la matière elle-même, c'est-à-dire le monde immédiat pour s'élever

1. Simone Weil, « Lettres à Victor Bernard », in *La Condition humaine*, *op. cit.*, p. 242.

vers un idéal. Autrement dit, il y a dans le travail non servile quelque chose qui nous fait échapper au travail puisqu'il contient en lui la possibilité d'une satisfaction et de la beauté. Le travail non servile amène vers son propre dépassement, ce qui ne signifie rien d'autre que le travail permet la joie – sans contradiction.

L'expérience de la vie d'usine permet d'éprouver dans sa chair la notion de travail, de rendre sensibles des concepts parfois trop abstraits et surtout de faire émerger ce travail depuis ceux qui souffrent et non pas depuis le point de vue surplombant des savants. Par cette « vadrouille » chez les ouvriers, Simone Weil forge donc une notion de travail qui permet de penser les problèmes concrets de l'époque industrielle en même temps qu'elle esquisse la possibilité d'un travail libérateur (qui n'est pas une libération du travail).

Bibliographie non exhaustive

Textes de Simone Weil

WEIL, Simone, « De la perception ou l'aventure de Protée » in Œuvres complètes, tome I, Premiers écrits philosophiques, Paris Gallimard, 1988.

–, Œuvres, Paris, Gallimard, 1999. En particulier : « Du temps », « Sur les contradictions du marxisme », Réflexions sur les causes de la liberté et de l'oppression sociale et L'Enracinement.

Quelques ouvrages sur Simone Weil

PÉTREMENT, Simone, *La vie de Simone Weil*, Paris, Fayard, 1997.

CHENAVIER, Robert, *Simone Weil. Une philosophie du travail*, Robert Chenavier, Paris, Éditions du cerf, 2001.

JANIAUD, Joël, *Simone Weil, l'attention et l'action*, Joël Janiaud, Paris, PUF, 2002.

Virgile,
Géorgiques

Catherine Durvye

Simone Weil,
La Condition ouvrière

Mathieu Cochereau

Michel Vinaver,
Par-dessus bord

Simon Chemama

Par-dessus bord raconte l'histoire d'une entreprise française familiale de produits de grande consommation, qui, pour faire face aux assauts d'une multinationale américaine, est amenée à se restructurer totalement.

Vinaver, né en 1927, vient de disparaître en mai 2022. Il a écrit cette pièce de théâtre entre 1967 et 1969. La version originale est très longue (sa représentation sur scène dure environ six ou sept heures). La version au programme est la dernière (2002) et la plus courte des réductions qu'a opérées l'auteur. On reviendra sur cette question des différentes versions dans la troisième partie de notre étude.

Cette analyse de *Par-dessus bord* sera entièrement consacrée à la question du travail : liens de la pièce avec le monde réel du travail (I), problématique de la représentation dramatique du travail (II), et nous finirons par poser la question du travail de l'écrivain lui-même (III).

(Tous les numéros de page donnés après les citations de la version hyper-brève renvoient à la nouvelle édition d'Actes Sud, Babel, 2022. La mention *TC* suivie d'un numéro renvoie au *Théâtre complet* en 8 volumes, publié par Actes Sud et L'Arche. Les lettres, manuscrits et autres documents inédits sont pour la plupart conservés dans les archives de l'auteur à l'IMEC – Institut Mémoires de l'édition contemporaine.)

La vie et l'œuvre

Michel Grinberg côté bureau/Michel Vinaver côté plume ....

En 1946, Michel Grinberg est étudiant et rêve d'écrire (Vinaver est le nom de jeune fille de sa mère, qu'il choisit dès cette époque comme pseudonyme d'auteur) ; il rencontre Albert Camus et les deux hommes sympathisent. En 1949, il publie son premier roman, *Lataume*, chez le prestigieux éditeur Gallimard, bientôt suivi d'un deuxième. Mais en 1953 – coup de théâtre ! – il se fait embaucher dans l'entreprise Gillette stagiaire dans le service administratif. Comme Passemar. Ce personnage est bien entendu le double de l'auteur. Citons sa première réplique dans la version originale de *Par-dessus bord* :

> je suis l'auteur de cette pièce et je mène une existence un peu écartelée en tout cas pas commode dès le plus jeune âge se manifestait mon don d'écrire à neuf ans j'avais composé une pièce en un acte qui s'appelle *La Révolte des Légumes* il s'agissait du soulèvement du potager contre la tyrannie du jardinier le tournant ça a été quand j'ai mis cette petite annonce dans *Le Figaro* sans trop en espérer la bouteille à la mer jeune licencié ès lettres présentant bien et ils m'ont embauché chez Ravoire et Dehaze ils avaient besoin de quelqu'un d'urgence pour succéder à un garçon qui s'était suicidé sans raison apparente il occupait un poste de chef de section au service facturation je ne m'étais jamais jusqu'alors interrogé sur tout ce que ça représente une facture je vivais très loin de tout ça haut dans les

> nuages alors d'abord ça a été un peu la panique et puis et puis non mais ce qui est très important dans tout ça c'est d'entrer dans la vie réelle de mêler sa vie à la vie d'autres gens je n'étais plus en marge de la société je faisais partie de quelque chose qui me dépassait je prenais des décisions j'étais dans l'action et voilà le jeune licencié s'est marié il a eu des enfants

Puis, après avoir évoqué les débuts de sa prometteuse carrière littéraire, il continue ainsi :

> chez Ravoire et Dehaze ils ne connaissaient pas cet aspect de mon existence pour eux j'étais un cadre qui faisait à peu près correctement son boulot je dépendais je dépends toujours de Mme Alvarez (*Mme Alvarez apparaît. Passemar est maintenant installé à son bureau*) ancienne maîtresse de Monsieur Ravoire le fondateur de la maison elle est directeur administratif l'an prochain elle prend sa retraite et mon Dieu si les événements ne prennent pas une autre tournure du fait de l'entrée en scène des Américains j'ai l'impression que je ne suis pas mal placé pour la succession elle a plutôt l'air de me pousser en tout cas ils savent maintenant que j'ai une petite activité littéraire mais maintenant ça ne les inquiète pas ils ne se rendent pas compte de l'importance que ça a pour moi pour eux il est normal que chacun ait son hobby un passe-temps de quoi occuper le week-end pour moi la difficulté c'est de trouver le temps parce qu'il faut du temps mais surtout la disponibilité d'esprit le temps on le trouve mais c'est la disponibilité quand on est cadre si on veut remplir convenablement ses fonctions il faut user de son imagination c'est la même dans laquelle on puise en écrivant alors il n'y en a pas toujours assez oui mais ça vaut mieux que d'être un artiste en marge de la société qui parle d'un monde qu'il ne connaît pas on verra bien avec l'entrée en scène des Américains on verra ce que ça va donner je n'ai pas la certitude que j'irai jusqu'au bout avec cette pièce j'ai du mal à trouver un axe[1]

Presque tout ici est autobiographique. Dans la suite de la pièce, l'identification entre Passemar et son créateur se distendra. Alors que le *héros*, après un stage dans le service marketing, stagne dans ses fonctions de « chef du service administration des ventes », Michel Vinaver, lui, gravit rapidement tous les échelons de l'entreprise, jusqu'aux postes de direction, et ce dès les années 1960. En 1959-1960, l'entreprise lui a fait faire un stage de force de vente en Angleterre, puis lui a fait suivre une formation de management dans une école de Lausanne. Il est ainsi nommé directeur général pour la Belgique et le Luxembourg, puis pour l'Italie (postes centrés sur l'activité marketing), et enfin pour la France (où il est aussi responsable de l'aspect industriel). Il développe de nouveaux produits et imagine des plans d'acquisition (la société S.T. Dupont notamment, célèbre pour ses briquets, est rachetée par Gillette, et Vinaver est placé aux commandes). Il connaît donc les formules modernes du management, ainsi que de ce nouveau mode de promotion qu'est le *marketing*, révolution dans la pensée et le fonctionnement de l'économie capitaliste : le produit en lui-même, lors de l'achat, importe peut-être moins que son image et le désir qu'il suscite.

Vinaver s'est souvent exprimé sur cette appartenance à deux activités professionnelles si éloignées. Dans un entretien non publié, réalisé au Japon en 2009 à

1. *Par-dessus bord*, version intégrale (révisée), L'Arche éditeur, 2009, p. 18-19.

l'occasion de la création de *Tori no tobu takasa* (l'adaptation de *Par-dessus bord* réalisée par Oriza Hirata[1]), il compare sa situation à celle de Shintaro Tsuji, né en 1927 comme lui, fondateur du groupe Sanrio, exploitant notamment la licence Hello Kitty, mais aussi écrivain : « Nous avons évoqué des expériences communes de dissociation, mais j'étais surtout frappé par la différence essentielle entre sa position et la mienne, à savoir qu'il était l'héritier d'un patrimoine et que j'étais pour ma part un mercenaire, sans compétence particulière au départ ni aucune fortune. J'étais l'intermédiaire entre un personnel dépendant de moi et des patrons dont je dépendais, quand lui avait la souveraineté que lui donnait sa famille, sa position dans la hiérarchie du pays. De ce fait nous avions assez peu en commun. Il a pu pour sa part faire une œuvre poétique et de romancier, qui était comme une sorte d'accompagnement sans risque et sans conséquence sur sa carrière d'homme d'affaires. Je n'ai pas senti chez lui de tension entre ces deux activités. Il était à l'aise, il était même heureux de pouvoir, entre deux CA, aller à sa table de travail personnelle et écrire un chapitre de roman ou deux ou trois poèmes. Il y avait chez lui une harmonie que je n'ai jamais connu dans cette duplication d'existence. »

Paradoxalement, c'est peut-être grâce à cette embauche chez Gillette que notre auteur est aujourd'hui étudié comme dramaturge en classes préparatoires. En effet, d'une part, c'est à Annecy, où Gillette venait de déménager, que Vinaver plonge véritablement dans le théâtre. En 1954 et 1955, il participe au « stage d'art dramatique » estival organisé dans cette ville, animé par Gabriel Monnet (sur *Ubu roi* puis *Hamlet*). Ces stages avaient été créés dès 1946, sous l'égide du ministère de l'Éducation nationale, pour faire découvrir le monde du théâtre au plus de personnes possible (aux amateurs qui y participaient, comme aux spectateurs, souvent de régions rurales, qui assistaient aux représentations). Monnet sait que Vinaver écrit et il lui propose de composer lui-même la pièce du stage de l'année 1956 : ce sera *Les Coréens*, sa première œuvre dramatique. La pièce raconte le retour à la vie d'un soldat français dans un village à la frontière des deux Corées pendant la guerre. Elle se heurtera cependant à la censure de l'Éducation nationale, et sera finalement montée dans le circuit théâtral professionnel. Deux autres pièces suivront : *Les Huissiers* en 1958 et *Iphigénie Hôtel* en 1960.

D'autre part, être entré chez Gillette lui aura donné une connaissance unique du monde de l'entreprise (« ça vaut mieux que d'être un artiste en marge de la société qui parle d'un monde qu'il ne connaît pas », disait Passemar à la fin de cette longue réplique). D'autres artistes ont une double activité, mais il est très rare que les deux pans se rejoignent aussi nettement. Par exemple Charles Ives, compositeur du début du XXe siècle, avait créé une compagnie d'assurance-vie à Wall Street, mais cela n'a eu aucun lien avec sa musique. Aucun lien ? thématique bien sûr, il pourrait difficilement en être autrement en musique. Cependant il est possible d'affirmer, comme pour Vinaver, que la grande originalité de ses compositions a été rendue possible par le fait qu'Ives ne dépendait pas financièrement de son art.

1. La pièce, traduite en français et intitulée *La Hauteur à laquelle volent les oiseaux*, est publiée dans le même volume que l'intégrale, L'Arche, 2009.

Pour reprendre la typologie du sociologue H.S. Becker dans *Les Mondes de l'art*, Ives n'appartenait pas aux « professionnels intégrés » mais aux « francs-tireurs[1] ». Ceci a d'abord entraîné des conséquences néfastes pour son œuvre : il a mis une vingtaine d'années avant de trouver des musiciens qui voulaient bien la jouer. Si Vinaver a toujours intéressé de nombreux metteurs en scène (sans doute excités par les défis pratiques que posent ses pièces), la réaction du « monde de l'art » légitime par excellence qu'incarne Gallimard, à savoir son refus de publier *Par-dessus bord*, est en grande partie analogue à cette traversée du désert de Charles Ives. Il a fallu un certain temps pour que le monde *littéraire* (et les programmes de l'Éducation nationale) accorde à Vinaver la place qu'il mérite.

La précision dans la description du monde du travail en entreprise

Vinaver a donc mis dans la pièce tout ce qui faisait son quotidien au bureau dans les années 1960. Dans les mouvements I et II, on assiste à des scènes de vente du représentant chez la détaillante, ainsi qu'à différentes crises (opposition du service administratif et du service vente, d'un vieux et d'un nouveau mondes, démissions ou licenciements pour divergences de vues, refus du prêt bancaire). Le mouvement III constitue une pause, transition après l'infarctus du patron Fernand Dehaze, pendant laquelle Benoît prend le pouvoir. Les deux mouvements suivants donnent à voir la reconstruction de l'entreprise, avec des réunions qui ne sont plus improvisées mais organisées, des intervenants extérieurs et les intermèdes de Passemar qui se fondent à ce processus (intermèdes des enquêtrices, p. 116-118, et de la campagne promotionnelle, p. 199-201). Cela va de la genèse du nouveau produit (*brainstorm*, étude de marché, études psycho-sociologique puis marketing, opération promotionnelle) à son succès commercial et au rapprochement possible avec le géant américain. À tout cela il faut ajouter ces apparents moments de détente que sont les deux fêtes de l'entreprise (mouvements I et VI), moments essentiels pour l'auteur, montrant la vie grouillante de l'entreprise.

Vinaver n'hésite pas à remplir ses répliques de chiffres (« Nos frais généraux ont augmenté de cent quinze pour cent dans les deux derniers mois », p. 126 ; « deux cent soixante-quatorze idées de noms qui sont sorties du brainstorm », p. 182), ni à se servir du jargon technique des différentes professions. Lubin par exemple, dit dès la première scène : « il ne faut pas vous stocker plus que nécessaire je ne vous en propose que six grosses la septième grosse gratuite est pour vous » (p. 13). Ces « grosses », qui reviennent souvent, correspondent à une quantité de douze douzaines : Lépine va se retrouver avec 1 008 rouleaux de PQ, tout en profitant d'une ristourne (elle n'en paie que 864), ce qui revient sans doute au même que ce mystérieux « quatorze douze » de la réplique précédente (à chaque douzaine achetée,

1. H.S. Becker, *Les Mondes de l'art* [1982], Champs Flammarion, 2010, p. 243.

deux rouleaux offerts). Ou pour prendre un autre exemple, Saillant cherchant « à mobiliser les fonds nécessaires pour la mise en œuvre d'une politique d'expansion à la mesure de notre ambition » (p. 205).

Vinaver a aussi fait un travail d'enquête sur le secteur du papier toilette qu'il ne connaissait pas directement. Tout d'abord, pourquoi a-t-il choisi ce produit ? Il répondait à cette question lors d'un entretien (non publié) qui eut lieu après la représentation de *Par-dessus bord* monté par Jérôme Hankins en 1990 à l'ENS : « Il n'y a jamais *une raison pour laquelle* ; il y a des cristallisations sur des éléments convergents, et là ça s'est fait vers ce produit-là. Il y a une énormité, je ne vois pas où on aurait pu trouver une telle distance entre les discours (économique, psychanalytique…) et l'objet. Le produit est d'une certaine façon le personnage principal de la pièce, qui met en vibration tous les éléments qui sont brassés à l'intérieur de la pièce. »

Dans ses cahiers préparatoires de 1967 et 1968, Vinaver accumule tout un tas de matériaux, dont nous allons donner deux exemples. Le premier est une publicité pour les nouveaux mouchoirs Lotus, qui figurait sur une double page d'un *Paris Match* d'octobre 1966. Le texte, assez logorrhéique comme souvent à l'époque, développe un discours qui est une source certaine de l'œuvre à venir. Les titres des quatre premiers paragraphes sont les suivants : « un produit nouveau/un produit français/un produit de qualité supérieure/à un prix économique ». Ils ne sont pas sans rappeler le discours du PDG Dehaze, quand il cherche à convaincre le banquier Ausange de lui accorder un crédit : « Je lance un nouveau produit et plus conforme au goût français […] je fais jouer la corde nationaliste et je mets l'accent sur les cordons de la bourse moins cher et bien de chez nous » (p. 26). La suite de la publicité n'est pas moins frappante. Elle affirme que « tout le monde l'utilise », qu'il est fait « pour vous, pour moi, pour la femme du monde comme pour le garde barrière, le mannequin et le rémouleur, le professeur es lettres et la nièce de l'amiral ». Dans *Par-dessus bord* aussi on rencontre tous les catégories socio-professionnelles, le médecin, l'emballeur, le jazzman, le professeur… confinant même parfois à l'image d'Épinal. Ce texte publicitaire réalise déjà, de façon sommaire et un peu ridicule, l'esthétique du mélange et du contraste, avec mises en rapport d'univers différents, qui sera l'un des traits majeurs du théâtre de Michel Vinaver.

Le second exemple est un entretien avec Ferdinand Beghin publié dans la revue *L'Expansion* en avril 1968. Beghin est le magnat français du sucre mais aussi du papier, et l'entretien porte surtout sur ce secteur-là, car sa marque Lotus venait de lancer le premier papier toilette français en ouate de cellulose. Ferdinand Beghin partage à la fois quelques traits avec Fernand Dehaze, mais il a aussi déjà engagé son entreprise dans la voie qui sera celle de la restructuration tracée par Benoît. Il défend une vision plutôt traditionnelle de l'entreprise, en affirmant que la technique est ce qu'il y a de plus important, beaucoup plus que le *marketing*. Il avoue toutefois que son département ouate de cellulose est devenu autonome et a développé considérablement ses méthodes de commercialisation. Il sait qu'il y a dans ce domaine un marché à prendre : chaque Américain consomme 5,5 kg de ouate de cellulose par an, alors qu'en France la moyenne n'est qu'à 0,7 kg (c'est une information que le personnage de Battistini citait de façon exacte dans la version intégrale de la pièce). Le journaliste décrit l'autorité de F. Beghin comme celle d'un « monarque absolu » ; Beghin se considère d'ailleurs lui-même comme un chef de guerre : il répète plusieurs fois, comme Fernand, que son entreprise est préparée à une lutte contre les gens qui sont installés « dans les bois » (il fait référence notamment aux Suédois et aux Américains – et il était clairvoyant, car Lotus passera successivement aux mains d'un groupe américain en 2002 et suédois en 2011). Il estime que seules les entreprises d'une taille importante comme la sienne pourront résister à ces assauts de la mondialisation. Il finit sur une analyse financière perspicace : beaucoup de sociétés françaises ne font pas assez de bénéfices et doivent recourir au crédit – mais quand le remboursement est prévu à moyen terme, avant que l'investissement soit devenu rentable, c'est un handicap sérieux ; il faudrait des prêts sur au moins 15 ans et un taux inférieur à 5 % (ce sera aussi l'avis de Benoît, plus agressif que son frère Olivier). Un vieux roi qui tente de résister à l'invasion : cette situation initiale est bien celle de *Par-dessus bord*, qui met en scène la guerre économique entre les deux sociétés, redoublée par l'affrontement, mythologique, entre les Ases et les Vanes, peuples de Dieux scandinaves.

Du théâtre *documentaire*?

Michel Vinaver a donc créé un théâtre très *documenté*, dans *Par-dessus bord* comme dans d'autres pièces qui ont suivi dont l'action se déroule aussi dans une entreprise – notamment *La Demande d'emploi* (1973), *Les Travaux et les Jours* (1979), *À la renverse* (1980), *King* (1998). En revanche il a toujours contesté la qualification de « théâtre documentaire ». Dans un texte de 1957, il reliait même « documentaire » et « inactuel », distinguant « *l'art du présent*, le seul qui touche, le seul qui répond à la situation vécue, et *l'art du passé*, de valeur documentaire, émouvant pour ceux-là seuls qui aiment humer la trace de ce qui n'est plus[1] ». Le terme « documentaire », en français, pendant longtemps n'a certes pas eu bonne presse. Lorsque Gaston Gallimard annonce à Vinaver que sa maison d'édition ne publiera pas *Par-dessus bord*, il se justifie en disant que « l'accumulation des détails, la précision *documentaire* vous conduisent à une succession de scènes où le bavardage domine[2] ».

Mais depuis, le terme a acquis ses lettres de noblesse. En France, on connaît mieux le cinéma documentaire, qui lui aussi a été élevé au rang d'art – des prix en récompensent les films dans les grands festivals. Dans un film documentaire, on voit par exemple de vrais ouvriers en train de faire leur métier et d'en parler face caméra, comme par exemple dans *C'est quoi ce travail ?*, de L. Joulé et S. Jousse en 2015. Ce film peut nous intéresser, dans la mesure où il montre en parallèle

1. M. Vinaver, « *Antigone* à Serre-Ponçon », in *Écrits sur le théâtre* 1, L'Arche éditeur, 1998, p. 37.
2. G. Gallimard, lettre de mars 1970.

le travail à l'usine PSA de Saint-Ouen et les expérimentations de l'artiste sonore Nicolas Frize, un peu comme dans *Par-dessus bord*, où Passemar, ainsi que le couple Alex et Jiji, incarnent peut-être cet *autre* du travail, celui de l'activité artistique. On notera que Vinaver est beaucoup moins critique que la grande majorité des réalisateurs de films documentaires sur l'entreprise : et par exemple il y a pour lui, dans l'activité du cadre ou même de l'employé, un espace réel de créativité, qui n'est pas totalement antithétique de celle de l'artiste.

Le théâtre documentaire, lui, s'il consiste rarement en la présentation sur scène des véritables personnes dont parle la pièce, garde ce lien très fort avec le réel. Ce genre trouve son origine en Allemagne, d'une part dans le travail du metteur en scène Erwin Piscator dans les années 1920 (qui projette par exemple dans ses spectacles des extraits de films d'actualité, comme dans *Malgré tout* en 1925 avec des images de la Première Guerre mondiale et de la Révolution russe), et d'autre part, une quarantaine d'années plus tard, dans l'œuvre du dramaturge Peter Weiss chez qui « des procès-verbaux, des dossiers, des lettres, des tableaux statistiques [...] et toutes autres formes de témoignage du présent forment les bases du spectacle. Le théâtre documentaire se refuse à toute invention[1] ». Ceci correspondrait assez bien à la pièce de Vinaver intitulée *11 septembre 2001*, entièrement constituée de fragments d'articles de journaux ou d'extraits de publicités trouvés dans ces mêmes journaux. Dans *Par-dessus bord*, cette matière documentaire est moulinée, filtrée, fictionnalisée.

Une autre différence notable tient à l'enjeu, à l'effet qui est visé par les dramaturges. Au fondement du théâtre documentaire, il y a le projet de « contrer la toute-puissance des médias au service du capitalisme et de l'impérialisme » et de se battre « contre toutes les falsifications orchestrées par les différents pouvoirs – politique, judiciaire, médiatique[2] ». Il est possible que le théâtre de Vinaver ait *in fine* le même effet, et certains critiques l'affirment clairement (davantage, là encore, pour une pièce comme *11 septembre 2001*[3]), mais l'auteur, lui, dit explicitement ne pas viser cet objectif (quand on étudie la genèse et le paratexte de *11 septembre 2001*, on ne trouve aucune trace de cette hypothétique représentation ou critique des médias). Plus globalement, « Weiss et Piscator prétendent aller au-delà de Brecht. Ils ne se contentent pas d'un art critique qui joue le jeu de la (des) contradiction(s) et entend ouvrir un débat ; ils considèrent que le théâtre doit trancher, porter un jugement et, si nécessaire, 'condamner'[4] ». Vinaver, lui, entend rester de plain-pied avec ses personnages et leurs actions, et non les surplomber et encore moins les

1. P. Weiss, « Notes sur le théâtre documentaire », *Discours sur la guerre du Vietnam*, Seuil, 1968, p. 7.
2. J.-P. Sarrazac, « *Le Témoin et le Rhapsode ou le retour du Conteur* », in *Le Geste de témoigner*, revue *Études théâtrales*, n° 51, déc. 2011, p. 17.
3. Ainsi, selon Clare Finburgh, « Vinaver's *11 septembre 2001* does not represent 9/11 ; it represents the media representation of 9/11. He employs the realist detail of the mass media, but to subversive ends. » (C. Finburgh, « The Secret is in the Surface : Media Representation of 9/11 and Michel Vinaver's 11 September 2001 », in *Display and Disguise*, Peter Lang, 2011, p. 194.)
4. J.-P. Sarrazac, « *Le Témoin et le Rhapsode...* », art. cit., p. 16-17.

juger (ils sont « constatés » disait le grand critique et théoricien Roland Barthes[1], ce qui apparaissait aux yeux de toute une frange marxiste de la critique littéraire et théâtrale de l'époque, et encore aujourd'hui, comme une naïve illusion). Dans un entretien plus récent, Vinaver disait à propos d'*À la renverse* : « cette pièce n'avait pas une visée documentaire : elle n'était pas sur les cadres, sur le capitalisme dans l'entreprise, mais elle baignait là-dedans[2] ».

Quel discours sur le travail? ....

Théâtre du constat, théâtre qui ne *porte* pas *sur* le monde de l'entreprise et le travail… Aucun jugement n'est-il vraiment formulé dans *Par-dessus bord* ? Passemar ne nous aide pas, qui se demandait dès le début de la pièce, à propos de l'absorption de Ravoire et Dehaze par la United : « est-ce un bien ? est-ce un mal ? » (p. 33), mais n'y voit pas beaucoup plus clair à la fin : « tout va changer pour le meilleur ou pour le pire ? Qui le saurait ? » (p. 254). Il est amusant de voir comment Vinaver brouille les pistes et comment les spectateurs se contredisent dans le repérage de l'idéologie qui animerait la pièce.

Dans une lettre de décembre 1971, le critique Jacques Lemarchand, employé par Gallimard, écrivait à Vinaver : « je crois que *Par-dessus bord* intéressera les comités d'entreprise. Cela doit toucher ce public inquiet. » De même, le journaliste Matthieu Galey se demandait si le TNP, qui accueillait la création de la pièce en 1973, était devenu « une succursale de la CGC [confédération des cadres][3] ? ». Mais les cadres, inversement, ont du mal à se reconnaître dans les pièces de Vinaver : dans *La lettre confédérale de la CGC*, du 8 décembre 1980, Jean Menin écrit que *À la renverse* donne à ceux qui ne connaissent pas ce monde « une idée totalement fausse ». Guy Dumur, au « Masque et la Plume » de France Inter, réfléchissait à voix haute : « on ne sait pas très bien de quel côté est Vinaver, car s'il est progressiste on ne voit pas bien comment il peut défendre cette entreprise familiale, qui d'ailleurs est présentée au début de façon assez ridicule (avec cette maison bien française, entourée d'Alsaciennes et de Poilus…), et quand l'entreprise s'américanise au contraire ça devient gai, sympa… c'est le plus capable qui s'empare de l'affaire et tout le monde a l'air très heureux à la fin, et très prospère. On ne voit donc pas où est la dénonciation. »

Si la dénonciation ne saute pas aux yeux, c'est déjà parce que Vinaver éprouvait à ce moment-là une certaine sympathie pour le capitalisme. Dans l'entretien au Japon de 2009 déjà cité, il synthétisait ainsi sa position de l'époque : « Je crois qu'il y a dans *Par-dessus bord* une admiration pour le système, le système qui ne cesse

1. R. Barthes, « À propos des *Coréens* » [1957], in *Écrits sur le théâtre*, Seuil Points, 2002, p. 224.
2. « Le capitalisme et la représentation », entretien avec Luc Boltanski, Jacques-François Marchandise et Catherine Naugrette, in *Michel Vinaver/Côté texte, côté scène*, revue *Registres. Revue d'études théâtrales*, Hors série 1, Hiver 2008-2009, Presses Sorbonne Nouvelle, 2008, p. 54.
3. Article du 21 mars 1973 dans *Combat*.

de se renouveler par la dévoration de ceux qui le font marcher. C'est un système dont je me prends à penser parfois qu'il est plus proche de la nature que tout autre système, c'est-à-dire celui de la dévoration comme source de vie, tout ce cycle qui fait que la vie vient du meurtre et inversement. » Avant de nuancer ainsi : « La dureté est plus grande aujourd'hui qu'en 1970 où le capitalisme cannibale n'en était qu'à ses balbutiements. » À propos de cannibalisme, sa pièce de 1982, *L'Ordinaire*, marque déjà peut-être une évolution. Elle met en scène un crash d'avion dans les Andes, après lequel les rescapés, dans l'attente des secours, sont obligés de dévorer leurs morts. L'auteur s'inspire d'un fait divers qui s'est réellement produit en 1972, mais modifie le profil des passagers : ce ne sont plus les membres d'une équipe de rugby uruguayenne mais les dirigeants d'une multinationale américaine qui vient de négocier des contrats avec les dictatures d'Amérique du sud. Par là même, Vinaver nous dit assurément quelque chose de la cruauté du système capitaliste.

Autre chose : dans la description du monde du travail de *Par-dessus bord* que nous avons présentée ci-dessus, aucune représentation de la fabrication du produit, des ouvriers. Il y a bien le personnage de Grangier, responsable de l'usine, mais on le voit quand il est appelé dans les bureaux et non avec ses ouvriers dans son usine. Ceci a été reproché à Vinaver. Il répondait parfois en insistant sur les phénomènes de délocalisation de la production, ou de l'automatisation des tâches. Mais il a dû sentir aussi qu'une pièce comme *Par-dessus bord* risquait d'invisibiliser les ouvriers, et on a l'impression qu'il corrige le tir dans les pièces suivantes, notamment *À la renverse*, où des ouvriers sont représentés dans l'exercice de leur travail, notamment les remplisseuses de flacons de cette usine de crème solaire. Entre *Par-dessus bord* et *À la renverse*, on peut noter que Michel Grinberg a vécu un épisode violent, qui l'a mis au contact direct d'ouvriers : en mars-avril 1976, PDG de S.T. Dupont depuis son rachat par Gillette en 1970, il a affronté sur le site de Faverges une grève dure avec occupation d'usine et projet d'autogestion (comme chez Lip en 1973). La sociologue Irène Favier dit qu'en recueillant les témoignages de tous les acteurs de cette crise, « on est frappé par le tiraillement que le conflit suscite [chez Michel Vinaver], entre une détermination quasi-obstinée à ne pas céder aux revendications des salariés portées par les représentants syndicaux lors des négociations et le doute profond que le PDG a laissé transparaître tout au long du conflit[1] ».

Il semble pourtant qu'existe dans *Par-dessus bord* la possibilité d'une critique. Il n'y a pas de critique globale et évidente, comme le repère bien le sociologue Luc Boltanski : tout est sur un même « plan d'immanence », comme chez Houellebecq dit-il, où « il faut parler de la même façon du cul d'une fille, de sa boîte de Saupiquet, de sa passion ou de sa haine pour sa mère… tout ça est tissé en parfaite continuité » ; « il y a des critiques qui vont bien sûr se déployer, mais ce sont de petites critiques, elles vont s'oublier tout de suite[2] ». Mais il est possible, tout d'abord, que le produit choisi, le papier toilette, soit lié moins arbitrairement qu'il n'y paraisse

1. I. Favier, *L'usine théâtre du pouvoir : Direction et salariés à Faverges (mars-avril 1976)*, Tours, PUFR, 2015, p. 21.
2. L. Boltanski dans « Le capitalisme et la représentation », entretien cité, p. 58-59.

au capitalisme. Le capitalisme dévore, digère, expulse, se régénère, et cet objet atteste bien de ce processus vital. C'est l'objet jetable par excellence (plus nécessairement jetable que la lame de rasoir, dont King Gillette a eu l'idée de la rendre jetable, inventant quasiment ce paradigme économique majeur du XXe siècle). D'une certaine façon, la pièce nous dit que le papier toilette est à l'homme ce que la justification de la concurrence est au capitalisme : il rend propre. Dans un cas la matière ingérée et expulsée est la nourriture, dans l'autre c'est l'homme lui-même (on parle des *ressources humaines*).

Plus important encore, la critique se construit souterrainement dans la forme même de l'œuvre, et notamment dans le principe de juxtaposition : la critique passe par la mise en rapport inédite des idées et des mots entre eux. Ainsi, on remarque quelque chose d'assez saisissant dans l'entrelacs qui s'opère à différentes reprises entre certains dialogues sur la gestion de l'entreprise et d'autres sur la Shoah. À la fin du mouvement III, le souvenir des Aktions de Lvov est mêlé au dialogue Cohen-Olivier puis au discours du banquier Ausange au téléphone. En IV, le dialogue entre Margerie et Benoît et celui entre Lubin et Lépine où il est question d'Alex, cet « Israélite qui a fait les camps » (p. 124), sont croisés de façon très serrée. Ou encore, à la fin de V, le projet qu'a Alex de transformer son club en chambre à gaz est entrelacé avec les dialogues de Benoît :

> BENOÎT. — Si nous freinons les Américains reprennent leur souffle et
> ALEX. — Nous allons équiper cette cave en chambre à gaz c'est assez facile c'est une question de canalisations
> BENOÎT. — Pouvez-vous Ausange ou ne pouvez-vous pas ? (p. 226)

Si la pièce ne devient jamais un texte à thèse, à la différence peut-être du film *La Question humaine* (Nicolas Klotz, 2007), qui établit également des rapports entre système économique moderne et Shoah, c'est parce que cette critique se fait de façon oblique et non directe. Un chercheur a poussé très loin cette hypothèse d'une importance majeure de la Shoah dans *Par-dessus bord* et d'un lien critique avec le capitalisme, qui serait bien du ressort des spectateurs, de par leur travail d'association (il y a en effet *travail* aussi du côté de la réception d'une œuvre...), allant même jusqu'à lire dans le titre du mouvement V, « Le triomphe », « an unmistakable allusion to Leni Riefenstahl's 1933 pro-Nazi film, *The Triumph of the Will*[1] ». Notons que certains metteurs en scène ont perçu une démarche critique dans l'écriture simultanéiste, comme Jean-Pierre Dougnac : « Si dans deux ans Planchon ne l'a pas montée, dites-le-moi, ça m'intéresse. [...] La simultanéité, non seulement c'est possible, mais on peut aller plus loin encore. C'est le seul moyen de prendre le relais de Brecht, apporter une perception critique[2]... ».

1. M.D. Fox, « Anus Mundi : Jews, the Holocaust, and excremental assault in Michel Vinaver's *Overboard* (*Par-dessus bord*) », *Modern Drama*, vol. XLV, n° 1, 2002.
2. J.-P. Dougnac, lettre à M. Vinaver du 17 avril 1970.

Quels autres dramaturges s'y sont intéressés? ....

Avec le thème de la guerre, dans sa première pièce, *Les Coréens*, Vinaver n'avait pas créé quelque chose de radicalement neuf, mais en ce qui concerne le travail, il a été un dramaturge très novateur, qu'ensuite beaucoup d'autres ont suivi.

Avant lui, le théâtre ne s'était guère intéressé au travail, et encore moins au monde de l'entreprise. Chez Claudel par exemple, dans *L'Échange* (1894), on sait que le personnage américain Thomas Pollock Nageoire est un homme d'affaires, mais on ne le voit pas du tout au travail – il en parle seulement. Les personnages de Vinaver, eux, sont toujours montrés en train d'*agir*, dans le *particulier* du moment donné. Ce qu'on pouvait voir sur scène relevait parfois d'un travail privé, qui se fait hors des structures collectives. C'est souvent un travail d'artisan, dans une tradition théâtrale généralement comique. *Le Médecin malgré lui* de Molière commence par une scène où le fagotier ramasse du bois dans la forêt. Du côté de la tragédie, on pouvait assister à l'activité des hommes d'État, délibérant pour le bien de la Cité, ce qui est bien sûr une forme de travail, mais qui n'a que très peu de rapport avec l'exercice d'un métier dans une entreprise, par quelqu'un qui est *employé* à cela (et Vinaver indique souvent que c'est la question de *l'emploi*, peut-être plus encore que celle du travail, qui l'intéresse).

À l'exception du courant naturaliste, qui mériterait une étude plus précise, les rares exemples de pièces où l'on pouvait voir des personnes ensemble au travail étaient non-réalistes. Ainsi dans les *Dix Sketches* de Harold Pinter. « Crise à l'usine » (1961) représente Wills, cadre dans une entreprise, qui explique à son directeur, Fibbs, les raisons du mécontentement des ouvriers ; ceux-ci sont dégoûtés par les produits qu'ils fabriquent et que Wills énumère (tous plus surréalistes les uns que les autres : « les embouts coulissants tronconniques à rainure » par exemple) devant le PDG atterré. Ou encore « Offre d'emploi » (1961), dans laquelle un jeune homme passe un entretien d'embauche délirant, qui tourne à l'expérimentation psychologique et la torture. Des points de contact existent sans doute avec des pièces comme *Par-dessus bord* ou *La Demande d'emploi*, mais leur dimension satirique et parodique, ainsi que leur brièveté (quatre pages environ), les en éloignent. De même, on pourrait penser à certaines pièces de Salacrou, dramaturge qui d'ailleurs fut aussi pendant un temps chef d'entreprise, dans la publicité (il créa des campagnes pour des lotions anti-poux, et de nombreux autres produits paramédicaux comme « La Jouvence de l'Abbé Soury »). Dans *Poof* notamment, écrite au début des années 1930, Salacrou invente un personnage qui, par la publicité, peut faire et défaire les dieux eux-mêmes.

Dans les années 1960-1970, un certain théâtre militant a aussi représenté le monde du travail, souvent de façon très documentée, mais en en montrant principalement *l'envers*, les travers du système. Cela donne des pièces où les personnages précisément ne travaillent pas : elles représentent le destin de chômeurs, comme *Attention au travail* (création collective, dirigée par Gildas Bourdet et jouée entre autres au TNP en 1979, qui montre une région Nord sinistrée et de pauvres hères, meurtris par un système qui les a abandonnés au tournant des fermetures de mines et des délocalisations), ou bien d'ouvriers en grève, comme dans *La jeune lune tient la vieille lune toute une nuit entre ses bras*, du théâtre de l'Aquarium, pièce qui prend racine dans le contexte des occupations d'usine du milieu des années 1970). Il s'agit souvent d'un théâtre politique marxiste, qui parfois même « récusait le principe d'une représentation des ouvriers par des comédiens[1] », question que se posait déjà Piscator, metteur en scène de théâtre documentaire dont nous avons déjà parlé, mais qui aboutissait à une conclusion inverse[2].

Vinaver a donc été le premier dramaturge à représenter pleinement, dirions-nous, l'*endroit* du travail. « L'endroit », c'est-à-dire le lieu du travail, « à l'intérieur d'une structure sociale » ; « c'est le travail dans un organisme, une entreprise. Là, il y a la réalité d'une appartenance : on appartient à – et dès lors, on peut être chassé de[3] ». L'endroit, c'est aussi sa face première, qui était donc aussi sa face cachée : ce qui se passe, quotidiennement, dans les bureaux, les couloirs, les usines...

Depuis, de nombreux auteurs ont exploré et explorent encore ce champ, certains directement influencés par Vinaver. Le théâtre contemporain s'intéresse au réel qui l'entoure et ne peut continuer à faire l'impasse sur ce qui occupe la moitié de la vie des gens. On peut mentionner la belle pièce de Jean-Claude Grumberg, *L'Atelier* (1979). Dans les années 2000, sont écrits des textes sur le monde du travail dans une dramaturgie que l'on pourrait qualifier de « dramaturgie du questionnement », dans la lignée de Vinaver. Par exemple, François Bon affirme, à propos de *Daewoo* (2003), sa pièce qui raconte la vie d'ouvrières de l'usine lorraine fermée en 2002 : « Nous ne cherchons pas à apprendre quelque chose aux gens, nous ne délivrons pas de message. C'est plutôt le contraire. Nous cherchons à comprendre, chercher ce que nous avons, nous, à recevoir de cet événement[4] ». On pourrait aussi s'intéresser au travail de Joël Pommerat, auteur qui rencontre depuis une vingtaine d'années un très grand succès, dans *Les Marchands* (2006) ou *Ma chambre froide* (2011), et dont sa dramaturge Marion Boudier dit qu'il compose un théâtre « neutre ». Ou encore, à certaines pièces de l'auteur allemand Falk Richter, comme *Sous la glace* (2004).

1. Comme dans *Prolo, Politique qualité* ou *501 Blues*, deux des spectacles étudiés dans le numéro de la revue *Théâtre/Public* intitulé *L'usine en pièces, du travail ouvrier au travail théâtral*, n° 196, 2010.
2. Voir Piscator, *Le Théâtre politique*, L'Arche, 1972, p. 41.
3. M. Vinaver, « Théâtre et champ du travail, entretien avec Jacques-François Marchandise » [1997], in *Écrits sur le théâtre 2*, L'Arche, 1998, p. 219-220.
4. F. Bon, entretien dans *Alternatives théâtrales*, déc. 2009, p. 66.

Le monde du travail comme espace théâtral

L'accessoire principal de *Par-dessus bord*, si on devait légèrement moderniser la pièce, serait peut-être la machine à café, c'est-à-dire le carrefour des couloirs de bureau, le lieu où l'on se rencontre, l'agora. Et dans cette sphère du *travail*, entrent ainsi bien d'autres choses qui préoccupent les personnages. Lubin demande par exemple à Mme Alvarez si elle sait où est M. Cohen, puis prie Cohen de se renseigner sur le jeune Alex que sa fille Jiji veut tout à coup épouser. Benoît va avoir une relation avec Jenny, la consultante (après que sa femme Margerie l'a quitté pour son frère Olivier)... La pièce en cela représente la quotidienneté, et même en partie ce que Jean-Pierre Sarrazac appelle l'« infra-dramatique[1] », matière qui se distingue nettement de celle d'un théâtre plus traditionnel forgé sur le modèle de la grande Action (composée d'un début, d'un milieu et d'une fin, et digne d'intérêt aux yeux de tous). Dans les années 1960-1970, ce « théâtre du quotidien » est même devenu une sorte de mouvement théâtral, informel, auquel Vinaver a souvent été rattaché par des critiques, et dont plusieurs auteurs se sont aussi intéressés au travail (mais là encore davantage au travail privé, comme dans *Loin d'Hagondange* de Jean-Paul Wenzel, 1975, ou l'on voit un retraité tenter de maquiller son désœuvrement dans l'atelier de son jardin), représentant souvent des gens simples pour qui le travail occupe la plus grande part de la vie, parfois jusqu'à l'aliénation. La pièce de Vinaver, elle, oscille entre ce pôle quotidien et une remise en perspective historique puissante, au souffle épique.

La lutte pour la prise de pouvoir des mouvements II et III a ainsi des accents de rivalité shakespearienne, comme on en trouve dans des pièces comme *Richard III* ou *Le Roi Lear*, même si, dans cette version hyper-brève, tout se déroule très vite. L'affrontement entre les deux demi-frères commence avec un court dialogue dans lequel Benoît fait croire à Olivier qu'il faudrait que leur père lui « laisse le champ libre » (p. 55). Quelques pages plus loin, il conseille à son père de se « méfier » d'Olivier : il « perd un peu la tête il s'est mis dans l'idée que vous deviez céder la place » (p. 61-62). Fernand teste aussitôt Olivier, qui tombe dans le panneau. Le choc éprouvé face à ce qu'il pense être une trahison s'ajoute au refus de la banque d'accorder le prêt qu'il demandait, et Fernand fait son infarctus. Benoît passe ensuite à l'opération séduction vis-à-vis d'Ausange, le banquier, en lui rappelant son origine : sa mère était la secrétaire du père de Fernand et il a été conçu quelques mois avant que Fernand n'épouse sa femme, la mère d'Olivier. Et c'est lui, Benoît, qu'Ausange imposera alors au poste de PDG comme condition à l'obtention du prêt.

Du côté des employés ou des cadres, les licenciements sont comme des micro-tragédies. En 1967, quand Michel Vinaver commence *Par-dessus bord*, la France est encore dans les Trente glorieuses (l'expression apparaît, sous la plume de l'économiste Jean Fourastié en 1979). Le chômage est stable, à son plus bas niveau possible, c'est-à-dire aux environs de 2,5 % ; ce n'est qu'à partir de 1974 qu'il commence à monter, donnant à la question de l'emploi une coloration socio-

1. Voir J.-P. Sarrazac, *Poétique du drame moderne*, Seuil, 2012 , p. 77-86.

logiquement plus sombre (la pièce de Vinaver qui parle le mieux de ce chômage de masse, c'est *L'Émission de télévision*, en 1990, dans laquelle les journalistes d'un *talk-show* populaire sont à la recherche de chômeurs de longue durée pour leur prochaine émission). Dans *Par-dessus bord*, si Lubin est poussé dehors, car le nouveau poste qui lui est proposé consisterait en une déqualification, il sait bien que « s'il n'y a plus la maison Ravoire et Dehaze il y en aura une autre » (p. 219). Cependant, existentiellement c'est déjà une déchirure : il est profondément blessé, parce qu'il n'a jamais démérité et que cette entreprise « c'est toute [s]a vie ». De même, « cette pauvre Mme Bachevski c'est comme si la terre s'était ouverte sous ses pieds » dit Passemar (p. 205), annonçant une scène où elle est mise à la retraite anticipée sans ménagement par Benoît, Grangier et Saillant. Passemar note que « le taux de mortalité des gens à partir du moment où on les met à la retraite grimpe d'une façon vertigineuse » (p. 208), ce qui est la reformulation d'une citation du célèbre livre de Georges Friedmann, *Le Travail en miettes* (Gallimard, 1964, p. 295), que Vinaver avait recopiée en préparant la pièce. Quand elle réapparaît, lors de la fête du mouvement VI, Bachevski semble brisée, fêlée. Au milieu d'une réplique où elle remercie chaleureusement ceux-là mêmes qui l'ont éjectée, dans une sorte de déni de l'injustice cruelle dont elle a été victime, elle glisse toutefois cette phrase : « qu'on vous ouvre le ventre qu'on vous ôte les entrailles on vous recoud mais il y a un vide là-dedans » (p. 245). Lubin aussi venait de remercier l'entreprise, avant que Benoît ne le félicite d'« amorcer une nouvelle vie », sans qu'on sache bien de quoi il s'agit (on apprend juste que sa femme va recevoir des « électrochocs » – aboutissement d'une série d'allusions où l'on avait appris qu'elle faisait une « dépression » à cause de la conduite de sa fille Jiji, p. 124, puis qu'elle était « au bout du rouleau », p. 159, et qu'elle allait « devoir entrer en clinique le docteur veut essayer sur elle une cure de sommeil », p. 183).

Cette dialectique de l'appartenance et de l'expulsion, tragique aux yeux de Vinaver et absolument centrale dans son œuvre, vient peut-être de son histoire personnelle, liée au destin global du peuple juif. Sa famille par deux fois a été contrainte à s'exiler : avant sa naissance, quand ils ont dû quitter l'URSS en 1920, et alors qu'il avait 14 ans pour fuir la France vichyste en se réfugiant aux États-Unis. Mais cette question touche aussi à un phénomène majeur lié au travail : la reconnaissance qui doit découler de l'activité professionnelle. Ces licenciements constituent la pire des non-reconnaissances, et l'invitation à la fête finale et les petits cadeaux distribués en sont d'obscènes compensations. Le philosophe Axel Honneth s'interroge sur ce qui, dans le capitalisme contemporain, empêche les êtres humains d'accéder à la réalisation de soi : distribution inégalitaire des richesses produites, faible degré d'estime sociale[1]... Dans les pièces de Vinaver, nombreux sont les personnages à préciser quelles gratifications ils attendent de leur travail : un salaire décent bien sûr, mais aussi « de la satisfaction » pour le quatrième huissier (*Les Huissiers*, *TC1*, p. 245), de la « considération » pour Fage (*La Demande d'emploi*, *TC3*, p. 69), ou une attitude de franchise de la part des supérieurs hiérarchiques pour

1. Voir A. Honneth, *La Lutte pour la reconnaissance* [1992 pour l'original allemand], Cerf, 2000.

Piau, qui quitte l'entreprise, blessé que Bouteiller ait été finalement choisi pour la promotion qu'on lui avait promise (*À la renverse*). Autant de rites de passage avortés ou contre-nature. Le psychanalyste Charles Melman pense que l'un des problèmes du monde contemporain capitaliste vient de la suppression de tout « passage » définitif et dès lors de toute « reconnaissance » ; « le sujet capitaliste, aujourd'hui, court sans cesse après cette reconnaissance, exposé à tous les aléas du devenir propre à l'économie[1] ». Vinaver touche à des questions existentielles et anthropologiques majeures, quand il nous montre le dysfonctionnement de ces passages dans le monde contemporain : licenciement, chômage, mise au placard, refus d'une promotion annoncée. On peut aussi se référer au *Futur du travail*, de Juan Sebastian Carbonell (2022), qui décrit des mutations qui semblent déjà en œuvre dans *Par-dessus bord*.

Quand l'employé n'est pas licencié, et qu'il est au contraire célébré, cette célébration sonne faux. Dans la version intégrale, lors de la fête de l'entreprise, Dehaze consacrait une petite partie de son discours à la remise d'une « médaille d'or du travail » décernée à un certain Colas : « Colas vous êtes entré chez nous comme manutentionnaire bientôt vous étiez emballeur et vous êtes encore aujourd'hui un de nos meilleurs emballeurs depuis trente-cinq ans Colas vous n'avez eu qu'une seule absence encore était-ce à l'époque de l'épidémie de grippe espagnole c'est un exemple d'assiduité et de conscience professionnelle que je me plais à saluer en vous[2] ». Le ton paternaliste et l'absence de véritable évolution de carrière du pauvre Colas donnent à cet extrait une portée ironique forte.

L'entreprise n'est pas le lieu parfait (*locus amoenus*), mais un espace ambigu, où le salarié peut toujours être jeté par-dessus bord, exclu. Mais petit à petit, au fil des pièces, les salariés s'organisent pour se défendre. Alors que dans la pièce de 1960, *Iphigénie Hôtel*, les syndicats n'étaient qu'un lointain horizon (« Laure, c'est toi qui m'a dit qu'en France il y a des syndicats… », *TC2*, p. 147), ils se rapprochent peu à peu. Dans *Par-dessus bord*, les seuls employés qui se concertent pour défendre leurs intérêts sont les danseurs, face à Passemar – ils réussissent à négocier et les deux partis s'entendent (dans la version hyper-brève, il n'en reste plus que ce témoignage final : « je me suis mis d'accord avec ces trois danseurs ils acceptent la scène des camionneurs… », p. 254). Dans *Les Travaux et les Jours*, puis surtout dans *À la renverse*, on assiste à des mouvements plus structurés. Si l'entreprise n'est pas critiquée, c'est parce qu'elle reste un lieu commun, qui rassemble les hommes, où ils peuvent échanger, parler et s'organiser (c'est une société, où la politique peut s'exercer – Vinaver joue sur les deux sens du mot *société*, qui désigne à la fois la réunion d'individus dans une organisation animée d'intérêts communs et une entreprise industrielle ou commerciale). Les entreprises sont peut-être même les nouvelles cités grecques. Elles ont parfois une taille comparable (United Paper davantage que Ravoire et Dehaze), une organisation analogue, sont parcourues par de mêmes tensions et conflits…

1. Ch. Melman, *L'Homme sans gravité*, Denoël, 2002, p. 215.
2. *Par-dessus bord*, version intégrale, *op. cit.*, p. 31-32.

Quel intérêt dramatique ?

Qu'est-ce qui fait *œuvre d'art* dans *Par-dessus bord* ? En quoi n'est-ce pas la reproduction brute (ce qui est d'ailleurs peu concevable) d'une année dans une entreprise ? Et en quoi la pièce mérite-t-elle d'être au programme des classes préparatoires et non simplement d'être jouée devant des « comités d'entreprise » comme le pensait Lemarchand ?

○ L'intertexte

Le trivial et l'obscène ont déjà été les ferments d'immenses œuvres de la littérature française. On pense à *Gargantua* de Rabelais, l'histoire de ce bon géant, qui aide son père Grangousier à repousser l'attaque de Picrochole, avant d'offrir à frère Jean, qui l'a bien aidé, le domaine où il construira l'abbaye de Thélème. Les premiers chapitres du roman retracent son enfance et son éducation. Au chapitre XIII, il explique à son père comment il s'y est pris pour trouver le meilleur « torche-cul » (chapitre hilarant où Rabelais critique sans doute l'empirisme non méthodique). Le nom Grangier de *Par-dessus bord* est-il un raccourcissement de *Grangousier* ? Dans la version intégrale, il y a une réplique de Grangier qui dit : « empiriquement nous connaissons les vertus du papier journal c'est le meilleur torche-cul [...] il a des propriétés étonnantes aussi bien de résistance que d'absorption et même de douceur qu'aucun papier spécialisé n'a réussi à rassembler ne devrions-nous pas engager des recherches en partant de là ? Imaginez un papier ouate qui soit indéchirable et que nous pourrions appeler le papier armé ». Quelques pages plus tôt, on a même des renvois directs à l'œuvre de Rabelais, citée par Jaloux (personnage qui n'a plus que six petites répliques dans la version hyper-brève) : « les zèbres qui travaillent avec moi là-dessus j'ai commencé par leur lire le chapitre de *Gargantua* sur le sujet et croyez-moi Rabelais était un vrai publicitaire », et de citer quatre extraits de ce fameux chapitre XIII[1].

Une autre référence majeure, qui élargit la pièce bien au-delà d'une simple représentation du monde du travail, et en même temps qui sert à la mise en tension de ce monde du travail, est l'œuvre d'Aristophane. Dans notre version hyper-brève, il reste une mention de cet auteur à la fin du mouvement VI, à propos de la structure de la pièce que Passemar est en train de composer (p. 253). Dans ses cahiers préparatoires, Vinaver s'invitait lui-même à « relire Aristophane » pour s'inspirer en effet de la structure de ses pièces : « les *Acharniens* chant phalliques pompé-komos/Un mariage sacré succède souvent à la victoire du jeune roi sur l'ancien » ; et un peu plus tard, quand cette structure première eut reçu sa matière, l'action fut pensée de cette façon :

- Ouverture [en 5 temps, qui seront définitifs]
- 1er acte : Bleu Blanc Rouge
- 1er intermède : le mariage de Jiji
- 2e acte : mousse et bruyère

1. *Par-dessus bord*, version intégrale, p. 157, puis p. 146-147.

- 2e intermède : le sacrifice de Lubin
- 3e acte : la paix[1]

Ce détour par Aristophane fut une façon pour Vinaver de s'autoriser à écrire une pièce qui porte sur sa propre activité professionnelle. Il expliquait avoir voulu « s'enfermer dans une structure totalement contraignante, afin de pouvoir chahuter à l'intérieur avec la plus extrême licence[2] ». L'autre raison du choix de cet hypotexte, dit-il dans l'entretien au Japon en 2009, concerne « la grossièreté et la gaieté. Les écarts créés surtout par la scatologie. Un comique porteur de sens ; c'est à partir du rire (intérieur peut-être) que peuvent se faire les mises en rapport. La drôlerie du fonctionnement de ce système capitaliste, qui en fait ressortir l'aspect cruel. » L'éviction de Bachevski et celle de Lubin sont mises sur le même plan que la défécation à laquelle s'intéresse l'entreprise de papier toilette ; la force comique aristophanesque permet peut-être de pointer l'obscénité de ces licenciements.

Le caractère littéraire (la *littérarité*) de *Par-dessus bord* passe par tout ce jeu intertextuel, auquel on pourrait rattacher aussi les cours du professeur Onde sur les Ases et les Vanes : leur contenu est emprunté aux ouvrages du comparatiste des civilisations Georges Dumézil, dont Vinaver avait suivi l'enseignement au début des années 1950 à Paris.

○ Le travail sur la forme

L'intérêt dramatique et scénique passe aussi par un travail de recherche et d'expérimentation au plan de la forme. L'enjeu est repéré par Passemar lui-même, conscient que « la partie de la pièce relative à la naissance du nouveau produit [est] délicate à réaliser » (p. 132), ce qui correspond pour Vinaver aux mouvements IV et V. Dans la version intégrale (p. 97), Passemar précise : « cette partie pose un problème d'abord parce qu'elle risque de tomber dans une suite d'exposés didactiques que j'aurai beau dramatiser aussi habilement qu'il me sera possible… »

Quelques procédés employés par Vinaver, notamment dans le traitement de la temporalité, semblent répondre à ce problème. On trouve ainsi des analepses (ou flash-back). La plus nette est celle du mouvement IV : la scène de l'entretien de Passemar avec Benoît, qui lui propose une promotion à titre probatoire, suit celle du *brainstorm*, alors que dans l'ordre des événements elle la précédait. Cela est rendu possible par la présence de ce personnage présentateur ou narrateur qu'est Passemar, qui n'est pas sur le même plan que les autres et assure cette fonction qu'en narratologie on appelle *de régie* : « Si j'ai assisté et même modestement participé à cette séance de travail c'est la suite tout à fait inattendue pour moi de l'entretien que j'ai sollicité auprès de M. Benoît il m'a reçu avec une véritable cordialité il ne me déplaît pas ce garçon » (p. 147). On a déjà parlé du dramaturge Salacrou ; il est possible que ce soit lui qui ait le premier osé un flash-back au théâtre, dans une scène des *Frénétiques*, en tout cas c'est ce dont il se vantait – Anne Ubersfeld le rapporte

1. Cahier préparatoire #1, p. 49.
2. Vinaver, « Auto-interrogatoire », in *Écrits sur le théâtre 1*, *op. cit.*, p. 310.

et ajoute que « ceci n'est que la matérialisation et peut-être pas la plus intéressante de ce jeu avec le temps, ce jeu qui évite au théâtre de Salacrou de sombrer dans le théâtre de boulevard[1] ». Chez Vinaver aussi ces jeux avec le temps évitent de sombrer dans le documentaire sur le monde de l'entreprise.

L'autre perturbation apportée à la temporalité, bien plus importante encore dans *Par-dessus bord*, est la simultanéité. La simultanéité est la jonction en un même point de deux phénomènes distincts. Ce problème d'ordre logique pour le théâtre, qui est *a priori* un art de la successivité et non de la simultanéité, est clairement identifié depuis Aristote (*Poétique*, 1459 b) : « Tandis que dans la tragédie il n'est pas possible d'imiter plusieurs parties de l'action qui s'accomplissent en même temps mais seulement celle qui est sur la scène et que jouent les acteurs, dans l'épopée au contraire, grâce à ce qu'elle est un récit, on peut traiter plusieurs parties de l'action simultanée. » On ne considère évidemment pas les simples faits de simultanéité internes à l'action de la pièce, comme la simultanéité entre la mort du père et l'accélération de la chute de son entreprise, qui ne sont spécifiques ni à cette pièce, ni au théâtre en général. On laisse aussi de côté ces amusants dialogues croisés, anonymes, présentés sous forme de liste de répliques, qui ont lieu lors de fêtes annuelles de l'entreprise, car ces discussions se déroulent non seulement dans un même temps mais aussi dans un même lieu.

La simultanéité qui nous intéresse le plus consiste en la rencontre sur la même page, puis sur la scène, de deux événements qui n'ont pas vocation à coexister. Deux événements (ou deux dialogues) sont entrelacés, alors qu'ils proviennent de deux lieux différents. Ce procédé est très fréquent dans *Par-dessus bord*, notamment dans les mouvements centraux II à V. L'entrelacs des deux dialogues peut y être plus ou moins serré. Le maximum correspondant au cas où l'alternance se fait à chaque réplique, comme dans cet enchaînement de sept répliques, p. 60-61, où Grangier s'adresse à Olivier, et Margerie au téléphone à Dehaze (le fait que d'un côté Olivier reste abasourdi, et que de l'autre la conversation se fasse au téléphone, où un interlocuteur n'est pas visible, rend la mise en scène de cet entrelacs plus réaliste). Ce sont vraiment des coexistences dans le même espace, et non des successions. On voit comment cette composition du dialogue peut rendre intéressant, ou tout simplement faire entendre le discours qui concerne le « travail ». Les paroles de Grangier, si elles avaient été retranscrites en une seule réplique, auraient pu ennuyer :

> M. Olivier je vous donne ma démission. [*Là on pourrait imaginer qu'Olivier a posé une question, du type « Mais que se passe-t-il ? », et que Grangier ensuite y répond*] Une atmosphère systématique d'incompréhension… le service des ventes accepte des reprises en pagaille sans que mes services en soient même avertis. Et quand je gueule un petit peu parce que les camions s'amènent avec la marchandise en retour et que j'ai pas un centimètre carré où l'entreposer… C'est la boîte entière qui fout le camp ! il n'y a plus de boîte, M. Olivier. Il n'y a plus que des gens et les gens c'est jamais très joli quand il n'y a plus la boîte pour leur donner le sentiment qu'ils font quelque chose en commun.

1. A. Ubersfeld, « Le retour d'Ulysse, une dramaturgie du temps », in *Armand Salacrou ou Les Voies du Théâtre Contemporain*, éd. Corps puce, 1990, p. 19.

Dans le dialogue entrelacé au contraire, les contrastes, les ruptures de tons, les termes mis en rapport, tout cela crée du sens et de l'intérêt supplémentaires. La solennelle annonce de la démission est suivie par le trivial « Allo Daddy », la subordonnée qui constitue la deuxième réplique de Grangier (« Et quand je gueule un petit peu… ») est comme complétée par la proposition qui démarre au début de la réplique suivante de Margerie, et il y a une sorte de syllepse sur le terme « boîte » (répétée deux fois par Grangier à la fin pour désigner l'entreprise Ravoire et renvoyant aussi à la boîte-tabatière qui préoccupe Margerie dans ce passage). Dans notre version hyper-brève, notons que Vinaver précise le lieu dans lequel se trouvent les personnages au moment où ils apparaissent, comme « GRANGIER (*dans le bureau d'Olivier*) », alors que dans les versions antérieures, il se contentait, au début de chaque mouvement, de donner une liste des lieux concernés (par exemple pour ce mouvement II : « *Chez Lépine Frères, la chambre à coucher de Benoît et Margerie, le bureau du président, deux ou trois autres bureaux, l'atelier de M. Dehaze, le bureau d'Ausange, une chambre d'hôpital.* »)

On peut dire un mot de l'intérêt proprement scénique d'un tel procédé. Roger Planchon, qui crée *Par-dessus bord* en 1973, n'en a pas voulu et a recomposé la pièce pour rendre toutes les scènes successives. Les autres metteurs en scène en ont généralement tiré grand profit, en exploitant différentes solutions, de la plus réaliste à la plus conventionnelle : lorsque ce n'est pas à eux de parler, les locuteurs d'un des dialogues peuvent faire un mime muet, ils peuvent aussi, solution moins réaliste mais amusante, s'immobiliser ; ils peuvent enfin, plus onirique encore, circuler librement dans l'espace de l'autre dialogue. Le spectacle de Christian Schiaretti, au TNP en 2008, disponible en DVD, offre de bons exemples de ces trois types de solutions, aidé par une scénographie très dynamique, notamment dans les mouvements I et II où des piles de cartons (décor de l'entreprise Ravoire et Dehaze aussi bien que de Lépine Frères) étaient déplacées rapidement pour dissimuler et faire apparaître des personnages ou des objets.

Dernier procédé dramaturgique intéressant : l'imbrication complexe de deux niveaux de réalité, celui de l'entreprise et celui de Passemar qui crée une pièce, accompagné de ses danseurs. « Je suis l'auteur de cette pièce » dit-il dès sa première prise de parole. Désigne-t-il le petit intermède « des camionneurs » qui vient de se dérouler ou la scène Lubin-Lépine qui a ouvert le mouvement I ? Ce n'est pas à proprement parler du « théâtre dans le théâtre », mais plutôt ce qu'on peut appeler une métalepse, terme popularisé par le théoricien de la littérature Gérard Genette. Une sorte de mélange entre une métalepse *ascendante* (un des personnages sort de son cadre diégétique pour envahir celui du lecteur par exemple) et une métalepse *descendante* (l'auteur ou narrateur descend pour s'adresser directement au lecteur – ici Vinaver, qui mettrait le masque de Passemar). Ce qui complique l'analyse, c'est que les autres personnages ne sont jamais présentés comme des personnages par Passemar, et dans la plupart des scènes Passemar interagit avec eux dans le cadre de l'entreprise, sans allusion métathéâtrale. Le seul qui interfère avec le niveau de la pièce en chantier et de ses danseurs est le professeur Onde (c'était encore plus net dans la version intégrale).

Par-dessus bord est vraiment une pièce importante dans la carrière de Vinaver. Le « marketing mix », c'est ce qui marche pour Ravoire et Dehaze et que Passemar semble convaincu de la nécessité d'appliquer dans le théâtre : « il faut bien admettre que le seul théâtre qui fasse des recettes est un théâtre qui répond à la demande d'un public qui est le public de la société de consommation alors il faut lui offrir le produit qu'il désire c'est-à-dire le marketing mix qui fait tilt chez Ravoire et Dehaze c'est le mot qui est dans toutes les bouches depuis quelques semaines moi je veux bien… » (p. 118). Et Vinaver ? De même que Jack dans sa deuxième loi du marketing disait qu'il fallait « enculer le consommateur » (version intégrale p. 106), de même dans son cahier préparatoire Vinaver écrivait (mais pas forcément en son nom – il y *testait* des répliques chocs) qu'il fallait « enculer le public, il aime ça, il en redemandera, et enculer ça veut dire se fiche de sa gueule, le tromper sur la qualité… ». Nous trompe-t-il sur la qualité ? Ce dont on a l'impression, avec cinquante ans de recul, c'est surtout que sa pièce a visé le maximum d'originalité. C'est une pièce d'écrivain de théâtre qui se revendique de la grande tradition, de Sophocle à Tchekhov en passant par Shakespeare, mais il arrive à intégrer dans cette œuvre-fleuve toutes les recherches les plus modernes des années 1960. D'une part avec ce travail sur la forme que l'on vient d'expliquer, et d'autre part en plaçant à l'intérieur de la fable des flashs de théâtre postdramatique[1], ce théâtre qui remplace le déroulement traditionnel qui se déploie à travers des dialogues entre personnages, par de l'action pure, de la *performance*, un mélange des arts sur scène… (c'est ce que Passemar a envie de faire avec ses danseurs, et c'est aussi ce que Jiji expérimente avec Oldenburg, qui est un artiste réel, l'un des grands noms du *happening* américain).

Le chantier permanent

Par un renversement attendu dans une troisième partie, mais qui, en ce qui concerne l'œuvre de Vinaver, nous semble tout à fait justifié, nous allons passer de ces analyses sur l'écriture du travail à une réflexion sur le travail de l'écriture.

L'écriture comme travail manuel : coller et tisser

Vinaver utilise souvent des métaphores culinaires pour parler de son écriture. Sa pièce *Les Huissiers*, par exemple, « visait à rendre compte de l'actualité sans le moindre recul. Rendre compte ou plutôt saisir, comme il se dit en cuisine[2] » – ce qui est une citation directement applicable à *Par-dessus bord* (même si l'actualité y est moins politique qu'économique). Il dit aussi que ses textes doivent être

1. Ce concept a été popularisé par un chercheur allemand, Hans-Thies Lehmann, dans son livre éponyme de 1999.
2. Vinaver, manuscrit d'un texte de présentation de la pièce, inédit, 1960.

travaillés « jusqu'à ce que s'obtienne une pâte homogène, bonne à enfourner. Elle monte ou ne monte pas. À la sortie il faudrait qu'elle ait la légèreté d'un soufflé[1] ». L'homogénéité dont il parle dans cette dernière citation n'est pas à comprendre au sens littéral. Ses textes au contraire sont de petits bijoux d'hétérogénéité.

Hétérogénéité, oui, car le travail d'écriture de Vinaver consiste principalement en découpage et collage. C'est sans doute avec *11 septembre 2001* qu'il est allé le plus loin dans cette voie, se servant par exemple de différents éléments figurant sur une double page de l'*International Herald Tribune* du 10 septembre 2001 pour composer la première réplique du *chœur* :

> One More Night
> The Ultimate Check-out
> Enjoy a Complimentary Fourth Night
> At One of
> The Leading Hotels of the World
> Rising and Falling
> A Boom a Bust
> The Slump but a Rebound (*TC*8, p. 136)

Les cinq premiers vers correspondent à une publicité pour une chaîne d'hôtels, sans rapport sémantique ni logique avec les autres phrases, qui se trouvait dans un encart p. 2 du quotidien. Les trois vers suivants sont issus de titres d'articles du même numéro qui portaient principalement sur des sujets économiques[2]. Mais *Par-dessus bord* donne déjà un bon aperçu de cette activité matérielle concrète.

On a vu dans la première partie de cette étude l'usage que Vinaver a fait de publicités et d'articles de journaux relatifs au papier toilette. Ce collage est aussi celui des *langages* :

> Rien de réaliste dans le théâtre de Vinaver, et pourtant, tout est réel, parce que fondé sur l'écriture d'un langage qui découpe la vie non comme une « tranche de vie », mais par une combinatoire de tous les langages possibles : catalogue, monologue, apostrophe, formules de politesse, de bienvenue, de tous les jours, de l'économie, du bon sens le plus élémentaire, etc. [...] D'où cet effet de collage pictural qui fait penser au Pop Art et à Rauschenberg, en plus de la nature morte hollandaise[3].

C'est en effet un nouveau rapport à la matière langage. Ainsi les listes de répliques non attribuées des fêtes de l'entreprise (mouvements I et VI) sont-elles pour Vinaver un « magma » et il aime travailler cette matière première du langage, qu'on trouve partout mais qu'en général on ne prend pas la peine de remarquer. La suppression de la ponctuation est aussi un aspect important de cette poétique nouvelle. La

1. Vinaver, « De *King* aux *Huissiers* (Auto-interrogatoire II) » [1998], in *Écrits...* 2, p. 239.
2. Pour une analyse plus précise, voir S. Chemama, « Recopiage et imitation. Examen des sources de 11 septembre 2001 de Michel Vinaver », dossier « Mettre en scène l'événement, le cas de *11 septembre 2001* » de la revue *Agôn* 2011, https://journals.openedition.org/agon/1810.
3. J.-P. Naugrette, « Le théâtre de Vinaver : la matière du banal », *Critique*, n° 478, mars 1987, p. 210.

ponctuation fait « obstacle au jaillissement des rythmes, des *associations d'images* et d'idées, gên[ait] les assemblages, les recouvrements de sons et de sens[1]... ». Tout ceci peut faire penser par exemple aux poèmes-conversations d'Apollinaire, comme « Lundi rue Christine », dans les *Calligrammes* (1918) ; non-ponctués et générés par des conversations entendues, parfois dans des cafés, dont le poète se contente de sélectionner certaines phrases ou bribes de phrases et de les assembler. On pourrait se reporter aussi à la section « Composition surréaliste écrite, ou premier et dernier jet » du *Manifeste du surréalisme* d'André Breton. Vinaver se sent lui-même très proche de ces courants d'avant-garde du début du XXe siècle, « et surtout de Dada » précise-t-il, pour « l'avènement de la juxtaposition, du collage, du principe de dislocation[2] », comme dans le travail d'un artiste qui n'est pas écrivain mais plasticien, *colleur* professionnel, Kurt Schwitters.

> La grande réussite de Schwitters, probablement, fut d'avoir fait du *désordre* une force expressive en art. [...] L'artiste est là complètement *immergé* dans la pratique de son art. Il n'y a presque pas de recherche de style. Le style suggère toujours un ordre particulier, une méthode, une espèce d'objectif esthétique formulé, alors que la pratique de Schwitters essayait de solliciter le hasard et l'inattendu[3].

L'artiste allemand prélevait des fragments du monde réel (coupures de journaux, tickets de métro, bouts de chiffon...) puis les *redistribuait* sur une toile. Ne plus ponctuer, c'est coller les mots les uns à côté des autres, sans transition :

> Mutation survenue en cours d'écriture de *Par-dessus bord*, et qui s'est imposée, plutôt qu'elle n'a été délibérée. La matière textuelle avait besoin du « jeu » qu'apporte l'absence des articulations organisant habituellement la transcription du langage parlé. Il me fallait approcher d'un état brut de la parole, laisser faire son flux, ses rebonds, ses ruptures, ses précipitations, ses étalements. Le besoin était de l'affranchir de son armature logique, du poids d'une tradition culturelle s'appliquant à l'usage des mots, et de la rapprocher à la fois de la matérialité du langage réel, et de la façon dont un objet musical se constitue[4].

Cette parenté avec Dada consiste donc aussi en une large place laissée au hasard dans la composition de l'œuvre. Dans son cahier préparatoire (p. 126), il écrit même : « faire jouer le hasard dans la succession des répliques – essayer ». Il ne l'a pas fait de façon aussi radicale que Tristan Tzara, l'un des fondateurs du dadaïsme, qui prônait découpage et collage aveugles (« Pour faire un poème dadaïste/Prenez un journal/prenez des ciseaux... », découpez des bouts de phrases, mettez dans un sac, tirez au sort, « copiez consciencieusement » en respectant l'ordre, « vous voilà un écrivain infiniment original et d'une sensibilité charmante, encore qu'incom-

1. Vinaver, « En cours d'écriture de *Par-dessus bord* », déjà cité, p. 240 (nous soulignons).
2. Vinaver, « Dans l'évidence du poétique », entretien avec C. Naugrette, in *Michel Vinaver/Côté texte, côté scène », op. cit.*, p. 36.
3. R. Fuchs, *Conflits avec le modernisme, ou l'absence de Kurt Schwitters*, Paris, L'Échoppe, 1993, p. 23.
4. Vinaver, « Mémoire sur mes travaux », in *Écrits... 1, op. cit.*, p. 78.

prise du vulgaire[1] »). Pourrait-on d'ailleurs encore parler de « travail » à propos de ce type de pratique ? certes il y a le geste concret, matériel, du découpage et du collage, mais dans cette variante extrême de Tzara on tend bien plus du côté du *jeu* que du *travail*. Le travail, c'est une conception de la création littéraire qui s'oppose à celle de l'inspiration (du *daïmon* platonicien jusqu'au génie romantique), c'est une conception plus répandue notamment dans l'écriture moderne : le Parnasse par exemple est célèbre pour son mot d'ordre : « Sculpte, lime, cisèle » (Théophile Gautier). Vinaver est comme à mi-chemin entre le joueur dadaïste et l'écrivain-artisan qui produit d'infinis efforts pour réaliser l'ouvrage parfait.

Le collage dans *Par-dessus bord* est celui de l'entrelacs des dialogues simultanés dont nous avons déjà parlé dans la partie précédente. L'examen des brouillons montre aussi quelque chose d'intéressant : Vinaver commence parfois par rédiger des répliques ou des dialogues suivis, qu'il éclate ensuite en les heurtant à d'autres. On trouve par exemple, en blocs unis (et ponctués), les discours successifs du mouvement VI, qui seront ensuite décomposés et interrompus par les interventions non-attribuées d'autres personnages. Ainsi, celui d'Alex, dont il reste quatre répliques dans notre version hyper-brève (p. 238-239), qui fut écrit en un paragraphe dans le cahier préparatoire :

> Mon père est mort dedans, je vivrais dedans. L'entrée dans la Normalité hideuse : Dante n'est-il pas allé faire un tour aux enfers ? Comment résister à cette ignoble tentation ? Mais elle me sera peut-être funeste. Ce n'est pas impunément qu'on s'aventure dans cet au-delà où vous êtes tous, où je vous vois grouiller, croupir, grésiller, vous putréfier, ah si vous saviez ce que ça dégage, mais le sort en est jeté et j'ai Ariane, ma femme, Jiji ma sœur et ma femme, le fil à couper le beurre, la hache à travers la merde, peut-être n'en revient-on pas ? Jamais arrêté d'essayer de me suicider. Toujours trahi par ma constitution robuste. Avec le jazz ai été assez loin, oui on était partis aux limites de la démence et puis les damnés ont été récupérés. On croyait vous baiser on l'a été. Maintenant se jeter à corps perdu dans le papier chiotte – c'est un gouffre. Sera-t-il assez profond ? J'aime les gouffres, pas une chute libre c'est triste, mais en rebondissant de paroi en paroi, et l'écho de chacune des choses vous précède bang et bang et bang mol oreiller de merde bang adieu lumière viens Jiji ma Jiji le premier pas se fait ensemble tiens-moi bien c'est glissant.

Parmi les interventions non-attribuées d'autres personnages, dans cette même scène de fête du mouvement VI, certaines viennent d'un autre texte de son cahier préparatoire : un poème signé Yves Klein (l'artiste célèbre pour ses monochromes bleus des années 1954-1962), dont nous recopions ici la première moitié :

> Nous savons tu sais et je sais
> Il n'y a pas besoin d'en parler
> Tu comprends
> Plus grandes plus belles
> Ça m'aide à en faire d'autres
> Ça m'empêche de faire des choses

1. T. Tzara, « Pour faire un poème dadaïste », huitième point du *Manifeste sur l'amour faible et l'amour amer* [1920], in *Œuvres complètes*, t. 1, Flammarion, 1975, p. 382.

C'est en moi
C'est à moi
Tu n'y peux rien
Je l'ai et je le garde
Mais c'est là
Je ne sais pas comment t'expliquer
Une maison
Ce n'est pas comme si c'était
Ma force
Tu comprends c'est ce qui fait...

Il y a là un geste très intéressant de citation littérale dissimulée (du moins non marquée), et Vinaver choisit un poème qui est lui-même très particulier : pour retrouver une grammaticalité, en effet, il faut le lire en commençant par les vers du bas et en remontant. Klein, lié au mouvement lettriste au début des années 1950, impose au langage de violentes secousses, de même qu'Alex (qui s'appelle Klein lui aussi...) en impose à la musique dans ses compositions de free-jazz. Le tressage de ces deux textes sources est un exemple du travail auquel s'est prêté Vinaver dans la composition de *Par-dessus bord*.

La réécriture : remettre cent fois sur le métier

○ État des lieux

Dans la production de Michel Vinaver, *Par-dessus bord* marque une étape cruciale et, de 1970 à 2010, est restée l'une des grandes préoccupations de l'auteur. La pièce existe en quatre versions éditées différentes, auxquelles il faut ajouter d'autres révisions (notamment en prévision de traductions) ainsi que l'adaptation japonaise à laquelle il a participé.

Par-dessus bord, certes, n'est pas la seule pièce à avoir fait l'objet d'une telle attention. D'*À la renverse*, par exemple, il existe deux versions de longueur différente, mais aussi une version radio, et une adaptation destinée à un opéra, qui n'a pas encore été créé. Mais la diversité générique qu'offrent ces réécritures est plus compréhensible, paradoxalement moins intéressante que la grande homogénéité, l'identité modale pourrait dire Gérard Genette[1], des versions de *Par-dessus bord* : on comprend l'envie qu'a un auteur de rendre son œuvre accessible à d'autres supports que celui de la scène théâtrale. Ce qui motive un travail patient, récurrent, et *intramodal* sur la même pièce, nous semble beaucoup plus mystérieux...

1. On peut renvoyer à son ouvrage de référence sur les différentes formes de réécritures : *Palimpsestes* [1982], Points Seuil, 1992.

Bien sûr la question de la longueur du texte apparaît comme la première cause des réécritures, et comme le premier exemple de son souci pour la mise en scène. Dès la fin de la première rédaction, Michel Vinaver chronomètre : « temps : 5 h 50'[1] », et pense immédiatement aux réécritures :

> Ouvrir le chantier sur 3 versions : Émincissage//tronquage//télescopage
> Après travail hier sur les 25 premières pages, question : l'émincissage ne débouchera-t-il pas sur une version scénique excellente et donc excluant les autres ?
>
> PDB est un tapis. On ne peut pas lui enlever des fils sans le bousiller. Alors il faut gratter, enlever tous les excès de laine, de partout.
> Autre image : faire fondre. Je n'ai rien coupé, j'ai laissé fondre ce qui voulait bien fondre. Ce qui reste en est devenu plus tendu, plus croquant, dramatiquement plus vivable aussi[2].

Ces quelques phrases sont décisives. Le téléscopage est le fait de renforcer encore « les tamponnements » plutôt que « les liaisons harmonieuses ». On peut rapporter les deux autres termes employés par l'auteur au vocabulaire plus académique forgé par Genette. Le tronquage serait l'*excision*, c'est-à-dire la rature pure et simple. L'émincissage correspondrait à l'*autoconcision*, « l'une des formes les plus constantes du "travail du style"[3] ». Cette dernière pratique lui est naturellement apparu comme la meilleure solution : plutôt que de couper tout un développement ou un groupe de personnages, l'auteur a préféré tout réduire, en reprenant dans le détail toutes les phrases, les unes après les autres. La structure-tapis est maintenue ; le chantier permanent est lancé.

« Le principe : partir de la version immédiatement précédente et raccourcir[4] ». La « version brève » date de 1970. Ce premier chantier a été achevé très rapidement. L'édition ne date que de l'année 2004 (*TC*3), après une légère révision du texte en 2002 à l'occasion d'une lecture dans un festival. La « version super-brève » a été publiée en 1986 dans la première édition du *Théâtre complet*. Mais comme l'indique « l'agenda intime » de l'auteur, elle a été réalisée dès 1972. Cette année-là, les trois premières versions sont livrées à Planchon qui doit créer le spectacle : mais celui-ci aboutit lui-même à une version nouvelle, qui notamment supprime la simultanéité. Cette liberté prise avec le texte semble cohérente avec ce que l'auteur imaginait déjà au moment de la préparation de la pièce en 1968 : « Chaque metteur en scène prendra le relais plus en amont que d'habitude. Ce sera un *work in progress*, qui pourra comporter plusieurs éditions (additions, transformations)[5] » ; et là encore

1. Cahier préparatoire #2, note du 20 septembre 1970, p. 169.
2. *Ibid*, notes du 30 septembre et du 13 octobre, p. 170.
3. G. Genette, *Palimpsestes*, *op. cit.*, p. 335.
4. Vinaver, « Collection et réécriture », entretien avec S. Chemama, in *Michel Vinaver/Côté texte, côté scène », op. cit.*, p. 40.
5. Cahier préparatoire #2, retranscription dans « En cours d'écriture de *Par-dessus bord* », *Écrits sur le théâtre* 1, p. 235.

on en trouve un écho dans les répliques de Passemar : « Je ne m'opposerai pas à certaines coupures », dit-il à la fin (p. 253), quand il s'inquiète de ce que sa pièce est « un peu trop foisonnante ».

La « version hyper-brève » a été éditée en 2003, « élaborée en 2002 à l'occasion de la présente édition, sur la base d'une version scénique préparée par Jérôme Hankins et Stéphane Tyssens pour la production de la pièce par la troupe de l'École normale supérieure en mai 1990 » (*TC*2, p. 423). Les modifications n'ont donc pas été faites, comme le voulait le principe, à partir de la version super-brève, mais d'une version réalisée par un autre que lui. De plus, Michel Vinaver s'est aussi servi de la version intégrale, pour y repêcher quelques répliques précédemment éliminées lors du passage à la brève ou à la super-brève.

À propos de ces différentes versions, l'auteur déclare qu'elles sont « comme autant d'"états", sans hiérarchie à établir entre eux, d'une même œuvre[1] ». C'est une note importante. La réécriture vinavérienne diffère de ce que Jean Ricardou appelait récriture : « l'ensemble des manœuvres qui vouent un texte à se voir *supplanté* par un autre[2] ». Il n'est pas question non plus, pour le critique ou pour le metteur en scène, de se poser la question du choix de la version la plus légitime – toutes le sont à égalité.

On comprend en tout cas que cette version hyper-brève est un produit très transformé. C'est la seule qui comporte un nombre réduit de personnages : non seulement Vinaver ne restaure pas les trois personnages supprimés par Jérome Hankins (Étienne Ravoire le mari de la tante Yvonne, Panafieu le publicitaire et Me Rendu le notaire), mais il élimine aussi le révérend-père Motte et quelques figurants (garçon de café, secrétaire, ouvriers de Ravoire et Dehaze, infirmières d'hôpital). De l'intégrale à l'hyper-brève, le texte est passé de 62 000 à 23 000 mots environ, soit un effacement de près des deux tiers du volume global. L'une des conséquences formelles est que les tamponnements sont encore plus violents[3], comme dans la jonction par exemple entre la longue scène de *brainstorm* et la réplique qui suit, de façon abrupte : « C'est que vous comprenez ma femme est au bout du rouleau » (p. 159), où ce « rouleau » de l'expression populaire résonne bien entendu dans l'oreille du spectateur avec le produit dont Passemar et ses collègues sont en train de chercher le nom. Les scènes sont pour la plupart devenues très courtes, ce qui a peut-être tendance à les déréaliser, à les dépsychologiser – on est parfois bien plus proche d'une farce comme *Ubu roi*, d'Alfred Jarry, que des originaux shakespeariens dont nous avons brièvement parlé. Du coup les longues scènes suivies se remarquent : comme celle, intime, entre Margerie et Olivier au mouvement V.

1. Notice de *Par-dessus bord* version super-brève, *Théâtre complet*, vol. 1, L'Aire/Actes Sud, 1986, p. 579.
2. J. Ricardou, « Pour une théorie de la récriture », dans *Poétique*, n° 77, Seuil, fév. 1989, p. 3 (nous soulignons).
3. Pour des analyses sur le détail des modifications stylistiques et dramaturgiques entre les différentes versions, voir S. Chemama, « Les genèses de *Par-dessus bord* de Michel Vinaver », *Genèses théâtrales*, CNRS éditions, 2010.

○ Les raisons de ce chantier permanent

Proposer une pièce que les metteurs en scène aient la possibilité de représenter en un temps acceptable n'explique pas totalement pourquoi Vinaver a si souvent retravaillé *Par-dessus bord*.

Ce travail sans fin est peut-être l'équivalent du rocher que Sisyphe doit continuellement remonter au sommet de la colline. Dans notre édition de la correspondance de Vinaver avec Camus, nous avons fait l'hypothèse que le théâtre de Vinaver serait bien plus proche d'un théâtre de « l'absurde », dans l'acception que Camus donnait à ce terme dans *Le Mythe de Sisyphe*, que ne le sont Beckett ou Ionesco.

> Pourquoi l'écrivain écrit-il ? [...] Dans les jours que nous vivons, à moins de se leurrer, ou de s'enfermer dans un système clos, il ne peut pas même croire le savoir. S'il essaie de formuler une réponse à cette question, le contexte absurde dans lequel il vit enlève toute résonance aux mots de sa réponse. Il doit faire (sans raison, et en assumant le risque de n'avoir pas raison) confiance au fait qu'il écrit, et espérer que l'œuvre même sera la réponse[1].

Vinaver, comme Camus, « s'obstine », « maintient toujours cet absurde devant soi[2] » ; et le sens peut survenir *in fine* : « Le sens est un point d'arrivée, pas un point de départ. Il se constitue au fur et à mesure. On ne le connaît pas d'avance[3]. » La condition de l'homme pour Camus est de travailler sans relâche, non pas dans la logique chrétienne d'une humanité marquée par la Chute originelle et dans l'espoir d'un salut, mais comme résistance à l'absurdité du monde. « Le présent et la succession des présents devant une âme sans cesse consciente, c'est l'idéal de l'homme absurde[4] », mots qui résonnent chez Vinaver, ou chez un dramaturge contemporain comme Christophe Pellet. Celui-ci défend l'idée selon laquelle « contempler pourrait devenir un acte subversif[5] » dans la mesure où le contemplateur « s'ancre dans le réel pour percevoir le concret des choses et des êtres jusqu'à les rendre abstraits, dans une durée qui ne tient compte ni du passé ni du futur, mais du seul présent des choses effectives ». Dans ce monde du capitalisme de plus en plus virtuel, le contemplateur « s'attache à la matière : il rencontre la matière, devient lui-même matière ». En s'arrêtant sur la *matière*, la matérialité, l'individu objecte. Nous avons vu l'importance de la matière dans la pratique de Vinaver : de la cuisine à l'émincissage, tout un lexique de l'artisanat y est à l'œuvre :

> Il faut que la matière en arrive à un état de pulsation où ce qui se produit dans la parole passe. Il n'y a pas d'autre niveaux pour moi. L'enjeu est qu'advienne le rythme qui ouvre au sens. Le plus souvent quand je retravaille, c'est parce que

1. Lettre de Vinaver à Camus, du 9 mars 1950, in *S'engager ? correspondance (1946-1957)*, L'Arche, 2012, p. 47.
2. Camus, *Le Mythe de Sisyphe* [1942], Gallimard, idées, 1962, p. 75-76.
3. Vinaver, « Théâtre pour l'œil, théâtre pour l'oreille » [1983], in *Écrits... 2*, *op. cit.*, p. 18.
4. Camus, *Le Mythe de Sisyphe*, p. 88.
5. Ch. Pellet, *Pour une contemplation subversive*, L'Arche, 2012, p. 19-20. Citation suivante, p. 13.

ça ne passe pas, ou ça passe de façon inégale, il y a des grumeaux, quelque chose comme ça. Je retravaille comme on usine une pièce sur machine[1].

Vinaver se fait lui-même ouvrier. Dans une pièce comme *Par-dessus bord*, cette dimension prend un sens très fort, puisque la pièce est thématiquement focalisée sur l'objet manufacturé (le rouleau de papier toilette) et sur son opposition avec l'objet unique, l'objet de collection.

Une « conjointure » thématique (le mot est cher à l'auteur) a en effet sans doute déterminé ce travail sur *Par-dessus bord*. Il y a dans cette pièce, selon nous, tout un jeu sur les rapports entre la collection (les précieuses tabatières de Fernand Dehaze, les « fétiches nègres » de Jenny, p. 162, ou même ses perruques), la reproduction (l'objet manufacturé et jetable : les rouleaux de papier toilette, d'une société qui, ne l'oublions pas, s'appelle R*avoir*e) et la série (constituée de toutes les versions de la pièce). Nous y verrions volontiers une réflexion sur notre société de consommation, société de la reproductibilité infinie. La série d'éditions de *Par-dessus bord* crée une sorte de collection, et évite les répétitions. Le passage à limite, le rêve de Michel Vinaver peut-être, ne pourrait-il se formuler ainsi : que chaque exemplaire de la pièce soit une version unique ? L'auteur, qui fut à la fois dirigeant d'une grande compagnie de biens de consommation et lui-même collectionneur d'objets d'art premier, développe ce que nous pourrions appeler un théâtre de la multiplicité irréductible. De la multiplicité, car il fait fi de toutes les « unités » et donne plusieurs versions des pièces ; irréductible, car ses éléments dramatiques ne peuvent être simplement effacés (mais toujours amincis et émincés) et que chacune des versions semble nécessaire.

Le philosophe Walter Benjamin écrivait ceci :

> [Le collectionneur] fait son affaire de la transfiguration des objets. C'est à lui qu'incombe cette tâche sisyphéenne d'ôter aux choses, parce qu'il les possède, leur caractère de marchandise. Mais il ne peut leur conférer que la valeur qu'elles ont pour l'amateur au lieu de la valeur d'usage. Le collectionneur se plaît à susciter un monde non seulement lointain et défunt mais en même temps meilleur : un monde où l'homme est aussi peu pourvu à vrai dire de ce dont il a besoin que dans le monde réel, mais où les choses sont libérées de la corvée d'être utiles[2].

En voulant redonner une « valeur d'usage » aux tabatières, Benoît ne reconnaît pas le statut particulier de la collection et mène son couple à l'éclatement – de même Jenny voit immédiatement l'« opportunité marketing » sur le marché des perruques (p. 215) et cherche les moyens pour reproduire l'objet au plus bas coût.

> Le motif le plus caché de celui qui collectionne pourrait peut-être se circonscrire ainsi : il accepte d'engager le combat contre la dispersion. Le grand collectionneur,

1. Vinaver, « Théâtre et politique », conversation avec J. Gayot, *Revue UBU. Scènes d'Europe*, n° 42, mai 2008, p. 29.
2. W. Benjamin, « Exposé de 1935 », *Paris, capitale du XIXe siècle. Le livre des passages*, Paris, Cerf, 2000, p. 41.

tout à fait à l'origine, est touché par la confusion et l'éparpillement des choses dans le monde[1].

Michel Vinaver semble bien « touché par la confusion et l'éparpillement des choses dans le monde ». La réécriture témoignerait chez lui du choc moderne du *système des objets* et de l'idéalisation de la collection. Le travail de l'écrivain est de faire rejaillir du sens dans un monde absurde ; Vinaver y parvient en plongeant le lecteur-spectateur dans le monde de l'entreprise qu'il connaît parfaitement, en le rendant actif par un travail formel très original et par un art du questionnement, et en lui montrant l'exemple d'une merveilleuse rigueur dans l'obstination.

Indications bibliographiques

Œuvres de Michel Vinaver

Le théâtre complet de Michel Vinaver (à l'exception de *Bettencourt Boulevard. Une histoire de France*, L'Arche, 2014) a été réédité par L'Arche et Actes Sud, en 8 volumes, entre 2002 et 2005.

Écrits sur le théâtre, en 2 volumes [le premier paru en 1982], L'Arche, 1998.

Albert Camus, Michel Vinaver, *S'engager ? Correspondance (1946-1957) assortie d'autres documents*, éd. établie, présentée et annotée par Simon Chemama, L'Arche, 2012.

Textes de commentaire

Roland Barthes, « À propos des *Coréens* » [1957], in *Écrits sur le théâtre*, Points Seuil, 2002, p. 224-225.

Simon Chemama, *Vinaver, le théâtre de l'immanence*, Honoré Champion, 2016.

Simon Chemama, « Les genèses de *Par-dessus bord* de Michel Vinaver », in *Genèses théâtrales*, dir. A. Grésillon, M.-M. Mervant-Roux et D. Budor, CNRS éditions, 2010, p. 157-177.

Irène Favier, *L'usine théâtre du pouvoir : Direction et salariés à Faverges (mars-avril 1976)*, Presses universitaires François Rabelais, 2015.

Jean-Pierre Sarrazac, *Poétique du drame moderne. D'Ibsen à Koltès*, Seuil, 2012.

1. *Ibid.*, section H : « Le collectionneur », p. 229.

Littérature et langage

Textes sur le travail

Marie-Anne Charbonnier

Le travail en citations

Gilbert Pons

Texte 1

Homère, *Iliade*, chant XVIII, « Le bouclier d'Achille », vers 468-508 (traduction de P. Mazon)

À la demande de Thétis, la mère d'Achille, Héphaïstos, le dieu forgeron, fabrique pour le héros une nouvelle armure, car ses anciennes armes prêtées à Patrocle pour le combat qui lui a été fatal, ont été conservées par Hector. En 140 vers Homère décrit la fabrication du fabuleux bouclier d'Achille.

[Héphaïstos] commence par fabriquer un bouclier, grand et fort. Il l'ouvre adroitement de tous les côtés. Il met autour une bordure étincelante – une triple bordure au lumineux éclat. Il y attache un baudrier d'argent. Le bouclier comprend cinq couches. Héphaïstos y crée un décor multiple, fruit de ses savants pensers. Il y figure la terre, le ciel et la mer, le soleil infatigable et la lune en son plein, ainsi que tous les astres dont le ciel se couronne, les Pléiades, les Hyades, la Force d'Orion, l'Ourse – à laquelle on donne le nom de Chariot – qui tourne sur place, observant Orion, et qui, seule, ne se baigne jamais dans les eaux d'Océan. Il y figure aussi deux cités humaines – deux belles cités. Dans l'une, ce sont des noces, des festins. Des épousées, au sortir de leur chambre, sont menées par la ville à la clarté des torches, et, sur leurs pas, s'élève, innombrable, le chant d'hyménée. De jeunes danseurs tournent, et, au milieu d'eux flûtes et cithares font entendre leurs accents, et les femmes s'émerveillent, chacune debout, en avant de sa porte. Les hommes sont sur la grand Place. Un conflit s'est élevé et deux hommes disputent sur le prix du sang pour un autre homme tué. L'un prétend avoir tout payé, et il le déclare au peuple ; l'autre nie avoir rien reçu. Tous deux recourent à un juge pour avoir une décision. Les gens crient en faveur, soit de l'un, soit de l'autre, et, pour les soutenir, forment deux partis. Des hérauts contiennent la foule. Les Anciens sont assis sur des pierres polies, dans un cercle sacré. Ils ont dans les mains le bâton des hérauts sonores, et c'est bâton en main qu'ils se lèvent et prononcent, chacun à son tour. Au milieu d'eux, à terre, sont deux talents d'or ; ils iront à celui qui, parmi eux, dira l'arrêt le plus droit. Autour de l'autre ville campent deux armées, dont les guerriers brillent sous leurs armures. Les assaillants hésitent entre deux partis : la ruine de la ville entière, ou le partage de toutes les richesses que garde dans ses murs l'aimable cité. Mais les assiégés ne sont pas disposés, eux, à rien entendre, et ils s'arment secrètement pour un aguet. Leurs femmes, leurs jeunes enfants, debout sur le rempart, le défendent, avec l'aide des hommes que retient la vieillesse. Le reste est parti, ayant à sa tête Arès et Pallas Athéna, tous deux en or, revêtus de vêtements d'or, beaux et grands en armes. Comme dieux, ils ressortent nettement, les hommes étant un peu plus petits. Ils arrivent à l'endroit choisi pour l'aguet. C'est celui où le fleuve offre un abreuvoir à tous les troupeaux. Ils se postent, couverts de bronze éclatant. À quelque distance ils ont deux guetteurs en place, qui épient l'heure où ils verront moutons et bœufs aux cornes recourbées. Ceux-ci apparaissent ; deux bergers les suivent, jouant gaiement de la flûte, tant ils soupçonnent peu le piège. On les voit, on bondit, vite on coupe les voies aux troupeaux de bœufs, aux belles bandes de brebis blanches, on tue les bergers. Mais, chez les autres, les hommes postés en avant de l'assemblée entendent ce grand vacarme autour des bœufs. Ils montent, tous, aussitôt sur les chars aux attelages piaffants, partent en quête et vite atteignent l'ennemi. Ils se forment alors en ligne sur les rives du fleuve et se battent, en se lançant mutuellement leurs javelines de bronze. À la rencontre participent Lutte et Tumulte et la déesse exécrable qui préside au trépas sanglant; elle tient, soit un guerrier encore vivant malgré sa fraîche blessure, ou un autre encore non blessé, ou un autre déjà mort, qu'elle traîne par les pieds, dans la mêlée, et, sur ses épaules, elle porte un vêtement qui est rouge du sang des hommes. Tous prennent part à la rencontre et se battent comme des mortels vivants, et ils traînent les cadavres de leurs mutuelles victimes.

Il y met aussi une jachère meuble, un champ fertile, étendu et exigeant trois façons. De nombreux laboureurs y font aller et venir leurs bêtes, en les poussant dans un sens après l'autre. Lorsqu'ils font demi-tour, en arrivant au bout du champ, un homme s'approche et leur met dans les mains une coupe de doux vin; et ils vont ainsi, faisant demi-tour à chaque sillon : ils veulent à tout prix arriver au bout de la jachère profonde. Derrière eux, la terre noircit; elle est toute pareille à une terre labourée, bien qu'elle soit en or – une merveille d'art! Il y met encore un domaine royal. Des ouvriers moissonnent, la faucille tranchante en main. Des javelles tombent à terre les unes sur les autres, le long de l'andain. D'autres sont liées avec des attaches par les botteleurs. Trois botteleurs sont là, debout; derrière eux, des enfants ont la charge de ramasser les javelles; ils les portent dans leurs bras et, sans arrêt, en fournissent les botteleurs. Parmi eux est le roi, muet, portant le sceptre; il est là, sur l'andain, et son cœur est en joie. Les hérauts, à l'écart, sous un chêne, préparent le repas et s'occupent du gros bœuf qu'ils viennent de sacrifier. Les femmes, pour le repas des ouvriers, versent force farine blanche.

Il y met encore un vignoble lourdement chargé de grappes, beau et tout en or; de noirs raisins y pendent; il est d'un bout à l'autre étayé d'échalas d'argent. Tout autour, il trace un fossé en smalt et une clôture en étain. Un seul sentier y conduit; par là vont les porteurs, quand vient pour le vignoble le moment des vendanges. Des filles, des garçons, pleins de tendres pensées emportent les doux fruits dans des paniers tressés. Un enfant est au centre, qui délicieusement, touche d'un luth sonore, cependant que, de sa voix grêle, il chante une belle complainte. Les autres frappant le sol en cadence, l'accompagnent, en dansant et criant, de leurs pieds bondissants. Il y figure aussi tout un troupeau de vaches aux cornes hautes. Les vaches y sont faites et d'or et d'étain. Elles s'en vont, meuglantes, de leur étable à la pâture, le long d'un fleuve bruissant et de ses mobiles roseaux. Quatre bouviers en or s'alignent à côté d'elles; et neuf chiens aux pieds prompts les suivent. Mais deux lions effroyables, au premier rang des vaches, tiennent un taureau mugissant, qui meugle longuement, tandis qu'ils l'entraînent. Les chiens et les gars courent sur ses traces. Mais les lions déjà ont déchiré le cuir du grand taureau; ils lui hument les entrailles et le sang noir. Les bergers en vain les pourchassent et excitent leurs chiens rapides : ceux-ci n'ont garde de mordre les lions. Ils sont là, tout près, à aboyer contre eux, mais en les évitant. L'illustre Boiteux y fait aussi un pacage, dans un beau vallon, un grand pacage à brebis blanches, avec étables, baraques couvertes et parcs.

L'illustre Boiteux y modèle encore une place de danse toute pareille à celle que jadis, dans la vaste Cnossos, l'art de Dédale a bâtie pour Ariane aux belles tresses. Des jeunes gens et des jeunes filles, pour lesquelles un mari donnerait bien des bœufs, sont là qui dansent en se tenant la main au-dessus du poignet. Les jeunes filles portent de fins tissus; les jeunes gens ont revêtu des tuniques bien tissées, où luit doucement l'huile. Elles ont de belles couronnes; eux portent des épées en or, pendues à des baudriers en argent. Tantôt, avec une parfaite aisance, ils courent d'un pied exercé – tel un potier, assis, qui essaie la roue bien faite à sa main, pour voir si elle marche – tantôt ils courent en ligne les uns vers les autres. Une foule immense et ravie fait cercle autour du chœur charmant. Et deux acrobates, pour préluder à la fête, font la roue au milieu de tous.

Il y met enfin la force puissante du fleuve Océan, à l'extrême bord du bouclier solide. Une fois fabriqué le bouclier large et fort, il fabrique encore à Achille une cuirasse plus éclatante que la clarté du feu ; il fabrique un casque puissant bien adapté à ses tempes, un beau casque ouvragé, où il ajoute un cimier d'or ; il lui fabrique des jambières de souple étain. Et, quand l'illustre Boiteux a achevé toutes ces armes, il les prend et les dépose aux pieds de la mère d'Achille. Elle, comme un faucon, prend son élan du haut de l'Olympe neigeux et s'en va emportant l'armure éclatante que lui a fournie Héphaïstos.

Voilà incontestablement un prodigieux travail où se combinent les deux sens du mot « technê » – technique et art –, un travail qui dépasse largement le motif épique traditionnel de l'hoplopoia (l'équipement du guerrier) puisqu'il ne se réduit pas à la description d'un outil indispensable au combat. La plus célèbre ekphrasis (description détaillée d'une œuvre d'art) de la littérature antique est aussi un hymne au travail des métaux dont Héphaïstos, le dieu qui boîte, est le maître : quand Thétis arrive dans son atelier, elle le trouve suant, marqué par la souffrance de son labeur. Car Héphaïstos a beau être un dieu, son travail est pénible. Ainsi se trouve aussitôt exhibée l'une des composantes majeures du travail industriel : la souffrance qu'il coûte. Génie technique, le dieu forgeron est en même temps un artisan et un artiste, qui manipule des métaux divers, tous évoqués dans le texte qui montre ainsi une œuvre en train de se faire, comme si Héphaïstos était non un dieu mais un excellent ouvrier : le bouclier ne surgit pas « miraculeusement », il est le produit d'un travail. Ce bouclier donne une vision synthétique du monde, comme le montre le dernier cercle, constitué de l'océan : l'œuvre d'art, produit du travail, est un modèle réduit du monde. En même temps, ce prodige de créativité n'existe que dans les mots du poète, ce qui rappelle que la poésie aussi est un travail, alors que ce n'est pas d'abord aux angoisses de l'artiste et aux heures qu'il consacre à l'œuvre que l'on pense quand on lit le mot « travail ». La poésie rend présents tous les éléments de cette création du monde inscrite dans le cercle d'un bouclier : œuvre poétique, le bouclier d'Achille est un artefact qui célèbre la parole comme un pouvoir capable de recréer le monde, comme un « faire ».

Textes 2 : deux moralistes du XVIIe siècle évoquent le travail de la terre

La Fontaine, *Fables*, V, 9 « Le Laboureur et ses enfants », 1668

Appartenant au premier recueil des Fables (livres I à VI) dédié au Dauphin, la fable 9 du livre V est généralement connue pour ses deux premiers vers et pour ses trois derniers. Elle semble délivrer une morale très claire selon laquelle le travail est la valeur suprême, valeur ici entièrement positive, alors qu'un siècle plus tard Voltaire lui prête surtout une vertu négative, celle « d'éloigner de nous trois grands maux : l'ennui, le vice et le besoin » (Candide).

> Travaillez, prenez de la peine :
> C'est le fonds qui manque le moins.
> Un riche Laboureur, sentant sa mort prochaine,
> Fit venir ses enfants, leur parla sans témoins.
> Gardez-vous, leur dit-il, de vendre l'héritage
> Que nous ont laissé nos parents.
> Un trésor est caché dedans.
> Je ne sais pas l'endroit ; mais un peu de courage
> Vous le fera trouver, vous en viendrez à bout.
> Remuez votre champ dès qu'on aura fait l'Oût.
> Creusez, fouillez, bêchez ; ne laissez nulle place
> Où la main ne passe et repasse.
> Le père mort, les fils vous retournent le champ
> Deçà, delà, partout ; si bien qu'au bout de l'an
> Il en rapporta davantage.
> D'argent, point de caché. Mais le père fut sage
> De leur montrer avant sa mort
> Que le travail est un trésor.

D'entrée de jeu le riche laboureur apparaît comme un économiste expert : en expliquant à ses enfants que « c'est le fonds qui manque le moins » il leur rappelle que leur bien – ici les champs – doit être distingué des revenus qu'il produit, raison pour laquelle il ne faut pas « vendre l'héritage » mais le faire fructifier par le travail. Jouant sur le sens propre et le sens figuré du mot « trésor » – de « un trésor est caché dedans » à « le travail est un trésor », l'apologue oppose habilement une économie passive de l'accumulation à une économie active de la rentabilité, fondée sur le savoir-faire : le vieux laboureur, qui sait cultiver, indique à ses enfants comment s'y prendre – remuer la terre encore et encore- et c'est cette compétence effective qui les enrichira.

La Bruyère, *Les Caractères*, chapitre X, « De l'Homme » ....

Le chapitre X des Caractères s'attache à décrire l'étonnante diversité des hommes, qu'on les considère dans les différents âges de la vie (enfance et vieillesse, notamment), dans leur état social, dans leurs innombrables vices ou pseudo vertus. C'est dans ce cadre qu'apparaissent ces silhouettes de paysans au travail.

> L'on voit certains animaux farouches, des mâles et des femelles, répandus par la campagne, noirs, livides et tout brûlés du soleil, attachés à la terre qu'ils fouillent et qu'ils remuent avec une opiniâtreté invincible ; ils ont comme une voix articulée, et, quand ils se lèvent sur leurs pieds, ils montrent une face humaine, et en effet ils sont des hommes ; ils se retirent la nuit dans des tanières où ils vivent de pain noir, d'eau et de racines ; ils épargnent aux autres hommes la peine de semer, de labourer et de recueillir pour vivre, et méritent ainsi de ne pas manquer de ce pain qu'ils ont semé.

Ces créatures étranges sont bien loin du tableau optimiste dessiné par le riche laboureur. « Semer, labourer, recueillir » sont ici des travaux pénibles qui engendrent souffrance, misère et déshumanisation, comme l'indique le lexique animal de la 1re phrase. Le travail de la terre n'a ni noblesse ni beauté, il est seulement éprouvant. Pour autant il n'y a pas de revendication sociale ni politique ici : cette forme singulière d'humanité est seulement à ajouter à l'observation de la bigarrure du monde.

Texte 3

Rousseau, *La Nouvelle Héloïse*, 1761, 5e partie, lettre VII, de Saint Preux à Milord Édouard

Dans ce roman encyclopédique qu'est Julie ou la nouvelle Héloïse Rousseau parle de tout : d'amour, bien sûr, et d'amitié, de politique, d'organisation sociale, de rapports entre les « classes », d'art, de voyages… Héros du roman, Saint Preux décrit ici à son ami Milord Édouard la joie qu'il a éprouvée en participant aux vendanges dans le domaine de Clarens.

> Le travail de la campagne est agréable à considérer, et n'a rien d'assez pénible en lui-même pour émouvoir à compassion. L'objet de l'utilité publique et privée le rend intéressant ; et puis, c'est la première vocation de l'homme : il rappelle à l'esprit une idée agréable, et au cœur tous les charmes de l'âge d'or. L'imagination ne reste point froide à l'aspect du labourage et des moissons. La simplicité de la vie pastorale et champêtre a toujours quelque chose qui touche. Qu'on regarde les prés couverts de gens qui fanent et chantent, et des troupeaux épars dans l'éloignement : insensiblement on se sent attendrir sans savoir pourquoi. Ainsi quelquefois encore la voix de la nature amollit nos cœurs farouches ; et, quoiqu'on l'entende avec un regret inutile, elle est si douce qu'on ne l'entend jamais sans plaisir.
>
> J'avoue que la misère qui couvre les champs en certains pays où le publicain dévore les fruits de la terre, l'âpre avidité d'un fermier avare, l'inflexible rigueur d'un maître inhumain, ôtent beaucoup d'attrait à ces tableaux. Des chevaux étiques près d'expirer sous les coups, de malheureux paysans exténués de jeûnes, excédés de fatigue, et couverts de haillons, des hameaux de masures, offrent un triste spectacle à la vue : on a presque regret d'être homme quand on songe aux malheureux dont il faut manger le sang. Mais quel charme de voir de bons et sages régisseurs faire de la culture de leurs terres l'instrument de leurs bienfaits, leurs amusements, leurs plaisirs ; verser à pleines mains les dons de la Providence ; engraisser tout ce qui les entoure, hommes et bestiaux, des biens dont regorgent leurs granges, leurs caves, leurs greniers ; accumuler l'abondance et la joie autour d'eux, et faire du travail qui les enrichit une fête continuelle ! Comment se dérober à la douce illusion que ces objets font naître ? On oublie son siècle et ses contemporains ; on se transporte au temps des patriarches ; on veut mettre soi-même la main à l'œuvre, partager les travaux rustiques et le bonheur qu'on y voit attaché. […] *Saint Preux en vient alors à évoquer plus précisément les vendanges à Clarens : après avoir brossé un tableau poétique du spectacle des*

vendangeurs sous la lumière douce du début de l'automne et avoir indiqué comment les tâches étaient minutieusement partagées, il décrit une journée de vendanges :

Depuis huit jours que cet agréable travail nous occupe, on est à peine à la moitié de l'ouvrage. Outre les vins destinés pour la vente et pour les provisions ordinaires, lesquels n'ont d'autre façon que d'être recueillis avec soin, la bienfaisante fée en prépare d'autres plus fins pour nos buveurs; et j'aide aux opérations magiques dont je vous ai parlé, pour tirer d'un même vignoble des vins de tous les pays. Pour l'un, elle fait tordre la grappe quand elle est mûre et laisse flétrir au soleil sur la souche; pour l'autre, elle fait égrapper le raisin et trier les grains avant de les jeter dans la cuve; pour un autre, elle fait cueillir avant le lever du soleil du raisin rouge, et le porter doucement sur le pressoir couvert encore de sa fleur et de sa rosée pour en exprimer du vin blanc. Elle prépare un vin de liqueur en mêlant dans les tonneaux du moût réduit en sirop sur le feu, un vin sec, en l'empêchant de cuver, un vin d'absinthe pour l'estomac, un vin muscat avec des simples. Tous ces vins différents ont leur apprêt particulier; toutes ces préparations sont saines et naturelles; c'est ainsi qu'une économe industrie supplée à la diversité des terrains, et rassemble vingt climats en un seul.

Vous ne sauriez concevoir avec quel zèle, avec quelle gaieté tout cela se fait. On chante, on rit toute la journée, et le travail n'en va que mieux. Tout vit dans la plus grande familiarité; tout le monde est égal, et personne ne s'oublie. Les dames sont sans airs, les paysannes sont décentes, les hommes badins et non grossiers. C'est à qui trouvera les meilleures chansons, à qui fera les meilleurs contes, à qui dira les meilleurs traits. L'union même engendre les folâtres querelles; et l'on ne s'agace mutuellement que pour montrer combien on est sûr les uns des autres. On ne revient point ensuite faire chez soi les messieurs; on passe aux vignes toute la journée : Julie y a fait une loge où l'on va se chauffer quand on a froid, et dans laquelle on se réfugie en cas de pluie. On dîne avec les paysans et à leur heure, aussi bien qu'on travaille avec eux. On mange avec appétit leur soupe un peu grossière, mais bonne, saine, et chargée d'excellents légumes. On ne ricane point orgueilleusement de leur air gauche et de leurs compliments rustauds; pour les mettre à leur aise, on s'y prête sans affectation. Ces complaisances ne leur échappent pas, ils y sont sensibles; et voyant qu'on veut bien sortir pour eux de sa place, ils s'en tiennent d'autant plus volontiers dans la leur. À dîner, on amène les enfants et ils passent le reste de la journée à la vigne. [...] Le soir, on revient gaiement tous ensemble. On nourrit et loge les ouvriers tout le temps de la vendange; et même le dimanche, après le prêche du soir, on se rassemble avec eux et l'on danse jusqu'au souper. Les autres jours on ne se sépare point non plus en rentrant au logis, hors le baron qui ne soupe jamais et se couche de fort bonne heure, et Julie qui monte avec ses enfants chez lui jusqu'à ce qu'il s'aille coucher. À cela près, depuis le moment qu'on prend le métier de vendangeur jusqu'à celui qu'on le quitte, on ne mêle plus la vie citadine à la vie rustique. Ces saturnales sont bien plus agréables et plus sages que celles des Romains. Le renversement qu'ils affectaient était trop vain pour instruire le maître ni l'esclave; mais la douce égalité qui règne ici rétablit l'ordre de la nature, forme une instruction pour les uns, une consolation pour les autres, et un lien d'amitié pour tous.

Ce qui frappe naturellement dans ces quelques lignes c'est que le travail de la vigne (mais ce serait vrai du travail agricole en général chez Rousseau) est une fête : le 1er paragraphe ne fait pas mystère du mythe sous-jacent, celui de l'âge d'or, où la nature prodigue ses biens aux hommes qui la respectent. Sans méconnaître la misère ordinaire de la condition paysanne (2e §), Rousseau préfère se tourner vers les situations heureuses où les fruits du travail sont partagés équitablement entre tous. On ne méconnaîtra pas non plus l'intérêt du 3e § où, comme par magie, Julie « tire d'un même vignoble des vins de tous les pays » : les savoirs techniques enrichissent la nature sans la brutaliser. On notera enfin que le travail accompli dans la gaieté et dans l'égalité – il n'y a plus de place pour les distinctions de rang ou de fortune – « n'en va que mieux » et c'est même ce partage qui prélude à la fondation d'un nouveau contrat entre les hommes.

Textes 4, Balzac et Flaubert : trois images de servantes

Balzac, *Eugénie Grandet*, 1833 : « La grande Nanon » ....

Ainsi surnommée parce qu'elle mesure 1,83 m (soit une taille digne d'un grenadier de l'armée napoléonienne), Nanon est la bonne à tout faire de Grandet, l'un des « avares » les plus célèbres de la littérature française. Alors qu'elle était rejetée de tous, Grandet l'a accueillie afin de l'exploiter « féodalement ». Mais elle est heureuse de son sort et ne se plaint jamais.

> Nanon faisait tout : elle faisait la cuisine, elle faisait les buées, elle allait laver le linge à la Loire, le rapportait sur ses épaules ; elle se levait au jour, se couchait tard ; faisait à manger à tous les vendangeurs pendant les récoltes, surveillait les halleboteurs ; défendait, comme un chien fidèle, le bien de son maître ; enfin, pleine d'une confiance aveugle en lui, elle obéissait sans murmure à ses fantaisies les plus saugrenues. [...] Sa cuisine, dont les fenêtres grillées donnaient sur la cour, était toujours propre, nette, froide, véritable cuisine d'avare où rien ne devait se perdre. Quand Nanon avait lavé sa vaisselle, serré les restes du dîner, éteint son feu, elle quittait sa cuisine, séparée de la salle par un couloir, et venait filer du chanvre auprès de ses maîtres. Une seule chandelle suffisait à la famille pour la soirée. La servante couchait au fond de ce couloir, dans un bouge éclairé par un jour de souffrance. Sa robuste santé lui permettait d'habiter impunément cette espèce de trou, d'où elle pouvait entendre le moindre bruit par le silence profond qui régnait nuit et jour dans la maison. Elle devait, comme un dogue chargé de la police, ne dormir que d'une oreille et se reposer en veillant.

Le travail de la domestique devenue esclave a engendré le phénomène bien connu de l'aliénation. Nanon accepte tout, fait tout à elle toute seule, et cet asservissement aveugle la conduit non seulement à une identification totale avec Grandet (sa cuisine est une « cuisine d'avare ») mais encore à devenir un animal soumis (« chien fidèle », « dogue chargé de la police »). Entre soumission consentie et déshumanisation, Nanon est l'image atroce de ce que le travail peut faire aux hommes. (Note : « faire les buées » c'est faire la lessive ; les « halleboteurs » sont ceux qui après la vendange viennent « grappiller » les grappes qui n'ont pas été ramassées.)

Flaubert, *Madame Bovary*, 1857, livre II, chapitre VIII : Catherine Nicaise Elisabeth Leroux

Dans la fameuse scène des Comices agricoles sont remises des médailles aux citoyens méritants. Une vieille servante est appelée à son tour par le Conseiller chargé de la cérémonie :

> Catherine-Nicaise-Elisabeth Leroux, de Sasseto-la-Guerrière, pour cinquante-quatre ans de service dans la même ferme, une médaille d'argent – du prix de vingt-cinq francs !
> «Où est-elle, Catherine Leroux ? » répéta le Conseiller.
> Elle ne se présentait pas, et l'on entendait des voix qui chuchotaient :
> – Vas-y !
> – Non.
> – A gauche !
> – N'aie pas peur !
> – Ah ! qu'elle est bête !
> – Enfin y est-elle ? s'écria Tuvache.
> – Oui !... la voilà !
> – Qu'elle s'approche donc !
> Alors, on vit s'avancer sur l'estrade une petite vieille femme de maintien craintif, et qui paraissait se ratatiner dans ses pauvres vêtements. Elle avait aux pieds de grosses galoches de bois, et, le long des hanches, un grand tablier bleu. Son visage maigre, entouré d'un béguin sans bordure, était plus plissé de rides qu'une pomme de reinette flétrie, et des manches de sa camisole rouge dépassaient deux longues mains, à articulations noueuses. La poussière des granges, la potasse des lessives et le suint des laines les avaient si bien encroûtées, éraillées, durcies, qu'elles semblaient sales quoiqu'elles fussent rincées d'eau claire ; et, à force d'avoir servi, elles restaient entrouvertes, comme pour présenter d'elles-mêmes l'humble témoignage de tant de souffrances subies. Quelque chose d'une rigidité monacale relevait l'expression de sa figure. Rien de triste ou d'attendri n'amollissait ce regard pâle. Dans la fréquentation des animaux, elle avait pris leur mutisme et leur placidité. C'était la première fois qu'elle se voyait au milieu d'une compagnie si nombreuse ; et, intérieurement effarouchée par les drapeaux, par les tambours, par les messieurs en habit noir et par la croix d'honneur du Conseiller, elle demeurait tout immobile, ne sachant s'il fallait s'avancer ou s'enfuir, ni pourquoi la foule la poussait et pourquoi les examinateurs lui souriaient. Ainsi se tenait, devant ces bourgeois épanouis ce demi-siècle de servitude.
> – Approchez, vénérable Catherine-Nicaise-Elisabeth Leroux ! dit M. le Conseiller, qui avait pris des mains du président la liste des lauréats.
> Et tour à tour examinant la feuille de papier, puis la vieille femme, il répétait d'un ton paternel :
> – Approchez, approchez !
> – Etes-vous sourde ? dit Tuvache, en bondissant sur son fauteuil.
> Et il se mit à lui crier dans l'oreille :
> – Cinquante-quatre ans de service ! Une médaille d'argent ! Vingt-cinq francs ! C'est pour vous.
> Puis, quand elle eut sa médaille, elle la considéra. Alors un sourire de béatitude se répandit sur sa figure, et on l'entendit qui marmottait en s'en allant :
> – Je la donnerai au curé de chez nous, pour qu'il me dise des messes.

La description de la vieille servante – un demi-siècle de servitude – est la parfaite illustration de la métamorphose que la surcharge de travail accomplit chez les êtres :

d'entrée de jeu renvoyée à la condition animale (« Ah ! Qu'elle est bête ! ») la vieille femme se « végétalise », devenant pomme puis, réduite à ses mains – son instrument de travail – branche d'arbre. Elle descend ainsi l'échelle des règnes, de l'humain à l'animal, au végétal et tout près du minéral (« durcies »). Ce qui frappe encore ici c'est l'acceptation humble et muette (le mutisme des animaux) d'une condition épouvantable, et la disparition de toute émotion proprement humaine, « rien de triste ou d'attendri n'amollissait ce visage pâle ». La mention des « bourgeois épanouis » suggère, sans plus, ce qui s'appelle depuis 1848 (Manifeste du parti communiste de Marx et Engels) « la lutte des classes ».

Flaubert, *Trois Contes*, 1877, « Un Cœur simple » ....

Voici l'incipit d'Un Cœur simple, métonymie qui désigne évidemment Félicité dont le prénom semble choisi par antiphrase ironique féroce :

> Pendant un demi-siècle, les bourgeoises de Pont-l'Évêque envièrent à Mme Aubain sa servante Félicité.
> Pour cent francs par an, elle faisait la cuisine et le ménage, cousait, lavait, repassait, savait brider un cheval, engraisser les volailles, battre le beurre, et resta fidèle à sa maîtresse, – qui cependant n'était pas une personne agréable. [...]
> Elle se levait dès l'aube, pour ne pas manquer la messe, et travaillait jusqu'au soir sans interruption; puis le dîner étant fini, la vaisselle en ordre et la porte bien close, elle enfouissait la bûche sous les cendres et s'endormait devant l'âtre, son rosaire à la main. Personne, dans les marchandages, ne montrait plus d'entêtement. Quant à la propreté, le poli de ses casseroles faisait le désespoir des autres servantes. Économe, elle mangeait avec lenteur, et recueillait du doigt sur la table les miettes de son pain, – un pain de douze livres, cuit exprès pour elle, et qui durait vingt jours.
> En toute saison elle portait un mouchoir d'indienne fixé dans le dos par une épingle, un bonnet lui cachant les cheveux, des bas gris, un jupon rouge, et par-dessus sa camisole un tablier à bavette, comme les infirmières d'hôpital.
> Son visage était maigre et sa voix aiguë. À vingt-cinq ans, on lui en donnait quarante; dès la cinquantaine, elle ne marqua plus aucun âge; – et, toujours silencieuse, la taille droite et les gestes mesurés, semblait une femme en bois, fonctionnant d'une manière automatique.

On franchit encore une étape dans la métamorphose des êtres par l'excès de travail : Félicité n'est plus transformée en animal mais en automate « une femme en bois », ultime étape que le film de Chaplin, « Les Temps modernes » et que le texte de Céline (ci-dessous) franchissent. À la différence d'un animal qui vieillit comme tout vivant, l'automate n'a pas d'âge, réduit qu'il est à la répétition des tâches, toute individualité absorbée par l'espèce d'uniforme dont Félicité ne change jamais.

Texte 5

Hugo, *Les Contemplations*, 1856, « Melancholia »

Dans ce long poème qui s'attache à toutes sortes de souffrances (celle des animaux notamment, qui vaut bien celle des hommes), Hugo s'en prend, avec un lyrisme vibrant, à l'industrialisme – soit à la prépondérance, soi-disant facteur de progrès, de l'industrie dans l'économie – doctrine qui triomphait dans le XIXe *siècle industriel. Il décrit ici le travail des enfants.*

Où vont tous ces enfants dont pas un seul ne rit ?
Ces doux êtres pensifs que la fièvre maigrit ?
Ces filles de huit ans qu'on voit cheminer seules ?
Ils s'en vont travailler quinze heures sous des meules ;
Ils vont, de l'aube au soir, faire éternellement
Dans la même prison le même mouvement.
Accroupis sous les dents d'une machine sombre,
Monstre hideux qui mâche on ne sait quoi dans l'ombre,
Innocents dans un bagne, anges dans un enfer,
Ils travaillent. Tout est d'airain, tout est de fer.
Jamais on ne s'arrête et jamais on ne joue.
Aussi quelle pâleur ! La cendre est sur leur joue.
Il fait à peine jour, ils sont déjà bien las.
Ils ne comprennent rien à leur destin, hélas !
Ils semblent dire à Dieu : – Petits comme nous sommes,
Notre père, voyez ce que nous font les hommes ! –
Ô servitude infâme imposée à l'enfant !
Rachitisme ! Travail dont le souffle étouffant
Défait ce qu'a fait Dieu ; qui tue, œuvre insensée,
La beauté sur les fronts, dans les cœurs la pensée,
Et qui ferait – c'est là son fruit le plus certain ! –
D'Apollon un bossu, de Voltaire un crétin !
Travail mauvais qui prend l'âge tendre en sa serre,
Qui produit la richesse en créant la misère,
Qui se sert d'un enfant ainsi que d'un outil !
Progrès dont on demande : Où va-t-il ? Que veut-il ?
Qui brise la jeunesse en fleur ! Qui donne, en somme,
Une âme à la machine et la retire à l'homme !
Que ce travail, haï des mères, soit maudit !
Maudit comme le vice où l'on s'abâtardit,
Maudit comme l'opprobre et comme le blasphème !
Ô Dieu ! Qu'il soit maudit au nom du travail même,
Au nom du vrai travail, sain, fécond, généreux,
Qui fait le peuple libre et qui rend l'homme heureux !

Hugo ne fait pas le procès du travail, puisqu'il existe un « vrai travail, sain, fécond généreux », qui libère et rend heureux. Les trois adjectifs renvoient sans doute à l'agriculture, par opposition à l'industrie, marquée du sceau de Caïn (fondateur de la ville et maître des métaux) : aucun hasard dans le couple de rimes « fer/enfer », ni dans les images morbides et maudites : prison, bagne, cendre, rachitisme, monstruosité menaçante. Le travail des enfants c'est l'inversion de l'ordre de la nature et de l'ordre divin : dans le vers « Travail, dont le souffle étouffant défait ce qu'a fait Dieu », le travail apparaît explicitement comme un anti-Dieu, qui procède comme Dieu dont le souffle avait animé la matière, tandis que le sien tue. De même, dans le jeu des contraires saisissant « Apollon bossu », « Voltaire crétin », le désordre se substitue à l'ordre et, finalement, en donnant « une âme à la machine » tout en la retirant à l'homme, le démon Travail soumet l'esprit à la matière.

Texte 6

Zola, *L'Assommoir*, 1877

Le couple formé par Gervaise et Coupeau connaît d'abord des jours heureux, même si Coupeau, zingueur de son état et Gervaise, blanchisseuse, travaillent dur pour monter leur ménage. Tandis qu'il travaille joyeusement sur un toit, Coupeau tombe :

> Coupeau terminait alors la toiture d'une maison neuve, à trois étages. Ce jour-là, il devait justement poser les dernières feuilles de zinc. Comme le toit était presque plat, il y avait installé son établi, un large volet sur deux tréteaux. Un beau soleil de mai se couchait, dorant les cheminées. Et, tout là-haut, dans le ciel clair, l'ouvrier taillait tranquillement son zinc à coups de cisaille, penché sur l'établi, pareil à un tailleur coupant chez lui une paire de culottes. Contre le mur de la maison voisine, son aide, un gamin de dix-sept ans, fluet et blond, entretenait le feu du réchaud en manœuvrant un énorme soufflet, dont chaque haleine faisait envoler un pétillement d'étincelles.
> – Hé ! Zidore, mets les fers ! cria Coupeau.
> L'aide enfonça les fers à souder au milieu de la braise, d'un rose pâle dans le plein jour. Puis, il se remit à souffler. Coupeau tenait la dernière feuille de zinc. Elle restait à poser au bord du toit, près de la gouttière ; là, il y avait une brusque pente, et le trou béant de la rue se creusait. Le zingueur, comme chez lui, en chaussons de lisières, s'avança, traînant les pieds, sifflotant l'air d'*Ohé ! les p'tits agneaux !* Arrivé devant le trou, il se laissa couler, s'arc-bouta d'un genou contre la maçonnerie d'une cheminée, resta à moitié chemin du pavé. Une de ses jambes pendait. Quand il se renversait pour appeler cette couleuvre de Zidore, il se rattrapait à un coin de la maçonnerie, à cause du trottoir, là-bas, sous lui.
> – Sacré lambin, va !... Donne donc les fers ! Quand tu regarderas en l'air, bougre d'efflanqué ! les alouettes ne te tomberont pas toutes rôties !
> Mais Zidore ne se pressait pas. Il s'intéressait aux toits voisins, à une grosse fumée qui montait au fond de Paris, du côté de Grenelle ; ça pouvait bien être un incendie. Pourtant, il vint se mettre à plat ventre, la tête au-dessus du trou ; et il passa les fers à Coupeau. Alors, celui-ci commença à souder la feuille. Il s'accroupissait, s'allongeait, trouvant toujours son équilibre, assis d'une fesse, perché sur la pointe d'un pied, retenu par un doigt. Il avait un sacré aplomb, un toupet du tonnerre, familier, bravant le danger. Ça le connaissait. C'était la rue qui avait peur de lui. Comme il ne lâchait pas sa pipe, il se tournait de temps à autre, il crachait paisiblement dans la rue. [...] *Tandis qu'il travaille sur le toit*

Gervaise et Nana, la fille de Coupeau et de Gervaise, passent dans la rue, en bas et Gervaise regarde avec angoisse son mari au bord du toit :
Justement, Coupeau soudait le bord extrême de la feuille, près de la gouttière ; il se coulait le plus possible, ne pouvait atteindre le bout. Alors, il se risqua, avec ces mouvements ralentis des ouvriers, pleins d'aisance et de lourdeur. Un moment, il fut au-dessus du pavé, ne se tenant plus, tranquille, à son affaire ; et, d'en bas, sous le fer promené d'une main soigneuse, on voyait grésiller la petite flamme blanche de la soudure. Gervaise, muette, la gorge étranglée par l'angoisse, avait serré les mains, les élevait d'un geste machinal de supplication. Mais elle respira bruyamment, Coupeau venait de remonter sur le toit, sans se presser, prenant le temps de cracher une dernière fois dans la rue. [...] Là-haut, on entendait la voix forte du zingueur chantant : *Ah ! qu'il fait donc bon cueillir la fraise !* Maintenant, penché sur son établi, il coupait son zinc en artiste. D'un tour de compas, il avait tracé une ligne, et il détachait un large éventail, à l'aide d'une paire de cisailles cintrées ; puis, légèrement, au marteau, il ployait cet éventail en forme de champignon pointu. Zidore s'était remis à souffler la braise du réchaud. Le soleil se couchait derrière la maison, dans une grande clarté rose, lentement pâlie, tournant au lilas tendre. Et en plein ciel, à cette heure recueillie du jour, les silhouettes des deux ouvriers, grandies démesurément, se découpaient sur le fond limpide de l'air, avec la barre sombre de l'établi et l'étrange profil du soufflet.
Quand le chapiteau fut taillé, Coupeau jeta son appel :
– Zidore ! les fers !
Mais Zidore venait de disparaître. Le zingueur, en jurant, le chercha du regard, l'appela par la lucarne du grenier restée ouverte. Enfin, il le découvrit sur un toit voisin, à deux maisons de distance. Le galopin se promenait, explorait les environs, ses maigres cheveux blonds s'envolant au grand air, clignant les yeux en face de l'immensité de Paris.
– Dis donc, la flâne ! est-ce que tu te crois à la campagne ! dit Coupeau furieux. Tu es comme Monsieur Béranger, tu composes des vers, peut-être !... Veux-tu bien me donner les fers ! A-t-on jamais vu ! se balader sur les toits ! Amène-z-y ta connaissance tout de suite, pour lui chanter des mamours... Veux-tu me donner les fers, sacrée andouille !
Il souda, il cria à Gervaise :
– Voilà, c'est fini... Je descends.
Le tuyau auquel il devait adapter le chapiteau se trouvait au milieu du toit. Gervaise, tranquillisée, continuait à sourire en suivant ses mouvements. Nana, amusée tout d'un coup par la vue de son père, tapait dans ses petites mains. Elle s'était assise sur le trottoir, pour mieux voir là-haut. – Papa ! papa ! criait-elle de toute sa force ; papa ! regarde donc !
Le zingueur voulut se pencher, mais son pied glissa. Alors, brusquement, bêtement, comme un chat dont les pattes s'embrouillent, il roula, il descendit la pente légère de la toiture, sans pouvoir se rattraper.
– Nom de Dieu ! dit-il d'une voix étouffée.
Et il tomba. Son corps décrivit une courbe molle, tourna deux fois sur lui-même, vint s'écraser au milieu de la rue avec le coup sourd d'un paquet de linge jeté de haut.

Le sujet principal de l'œuvre zolienne c'est le travail : travail de l'argent, de la terre, du peintre, de la prostituée, autant que celui du mineur et de la vendeuse, entre autres. Mais ce travail est montré dans la précision documentée des gestes du métier : on voit l'habile Coupeau couvrir le toit de zinc, on suit les étapes de l'opération et on éprouve le plaisir de celui qui connaît son métier et le pratique avec légèreté et décontraction.

Naturellement, ce moment prépare la catastrophe qu'est, au XIXᵉ siècle, en l'absence de toute protection sociale, « l'accident du travail », thème qui devient peu à peu inséparable de toute évocation authentique de la vie ouvrière.

Texte 7

Céline, *Voyage au bout de la nuit*, 1932

Bardamu, le « héros » du roman de Céline expérimente au cours du récit pas mal de métiers : d'abord « carabin » (étudiant en médecine), soldat, employé d'une société d'import-export en Afrique, il échoue en Amérique où il se présente à l'usine Ford de Detroit qui embauche alors à tout va. Comme il précise au médecin qui l'examine avant l'embauche qu'il a « de l'instruction », celui-ci douche aussitôt ses prétentions : « Vous n'êtes pas venu ici pour penser, mais pour faire les gestes qu'on vous commandera d'exécuter. Nous n'avons pas besoin d'imaginatifs dans notre usine. C'est de chimpanzés dont nous avons besoin… »

Une fois rhabillés, nous fûmes répartis en files traînardes, par groupes hésitants en renfort vers ces endroits d'où nous arrivaient les fracas énormes de la mécanique. Tout tremblait dans l'immense édifice et soi-même des pieds aux oreilles possédé par le tremblement, il en venait des vitres et du plancher et de la ferraille, des secousses, vibré de haut en bas. On en devenait machine aussi soi-même à force et de toute sa viande encore tremblotante dans ce bruit de rage énorme qui vous prenait le dedans et le tour de la tête et plus bas vous agitant les tripes et remontait aux yeux par petits coups précipités, infinis, inlassables. À mesure qu'on avançait on les perdait les compagnons. On leur faisait un petit sourire à ceux-là en les quittant comme si tout ce qui se passait était bien gentil. On ne pouvait plus ni se parler ni s'entendre. Il en restait à chaque fois trois ou quatre autour d'une machine.

On résiste tout de même, on a du mal à se dégoûter de sa substance, on voudrait bien arrêter tout ça pour qu'on y réfléchisse, et entendre en soi son cœur battre facilement, mais ça ne se peut plus. Ça ne peut plus finir. Elle est en catastrophe cette infinie boîte aux aciers et nous on tourne dedans et avec les machines et avec la terre. Tous ensemble ! Et les mille roulettes et les pilons qui ne tombent jamais en même temps avec des bruits qui s'écrasent les uns contre les autres et certains si violents qu'ils déclenchent autour d'eux comme des espèces de silences qui vous font un peu de bien.

Le petit wagon tortillard garni de quincaille se tracasse pour passer entre les outils. Qu'on se range ! Qu'on bondisse pour qu'il puisse démarrer encore un coup le petit hystérique. Et hop ! il va frétiller plus loin ce fou clinquant parmi les courroies et volants, porter aux hommes leurs rations de contraintes.

Les ouvriers penchés soucieux de faire tout le plaisir possible aux machines vous écoeurent, à leur passer les boulons au calibre, et des boulons encore, au lieu d'en finir une fois pour toutes, avec cette odeur d'huile, cette buée qui brûle les tympans et le dedans des oreilles par la gorge. C'est pas la honte qui leur fait baisser la tête. On cède au bruit comme on cède à la guerre. On se laisse aller aux machines avec les trois idées qui restent à vaciller tout en haut derrière le

front de la tête. C'est fini. Partout ce qu'on regarde, tout ce que la main touche, c'est dur à présent. Et tout ce dont on arrive à se souvenir encore un peu est raidi aussi comme du fer et n'a plus de goût dans la pensée.
On est devenu salement vieux d'un seul coup.

On remarque que ni l'atelier proprement dit, ni la chaîne de montage ne sont « décrits » : c'est dans le corps que tout s'éprouve, corps qui n'est plus que tremblement et brûlure, happé par l'immense fracas de la « boîte aux aciers ». Les objets ont pris le pouvoir, comme le petit wagon et les machines auxquelles « on se laisse aller », et les rapports se sont singulièrement inversés, les hommes tentant de « faire tout le plaisir possible aux machines », ce qui consacre leur défaite : « On cède au bruit comme on cède à la guerre ». En même temps l'image d'une union sexuelle monstrueuse se dessine en filigrane : les traits qui qualifient le « petit wagon » sont féminins (il se tortille, il est hystérique, il frétille) et les hommes sont battus, toute relation humaine anéantie.

Texte 8

A. Ernaux, *La Place*, 1983

Le titre du récit, La Place, *désigne à la fois un lieu – l'emplacement de l'épicerie des parents d'A. Ernaux, qui se trouvait sur « la place » – et la place de l'écrivaine dans la société, puisqu'en devenant professeur elle a « changé de place » et d'une certaine façon trahi les siens. Le passage suivant évoque l'itinéraire de son père :*

Mon père travaillait la terre des autres. Il est resté gars de ferme jusqu'au régiment. Les heures de travail ne se comptaient pas. Les fermiers rognaient sur la nourriture. Un jour, la tranche de viande servie dans l'assiette d'un vieux vacher a ondulé doucement, dessous elle était pleine de vers. Le supportable venait d'être dépassé. Le vieux s'est levé, réclamant qu'ils ne soient plus traités comme des chiens. La viande a été changée. Ce n'est pas le CuirasséPotemkine. Des vaches du matin à celles du soir, le crachin d'octobre, les rasières de pomme qu'on bascule au pressoir, la fiente des poulaillers qu'on ramasse à larges pelles, avoir chaud et soif. Mais aussi la galette des rois, l'almanach Vermot, les châtaignes grillées, Mardi gras t'en va pas nous ferons des crêpes, le cidre bouché et les grenouilles pétées avec une paille. Ce serait facile de faire quelque chose dans ce genre. L'éternel retour des saisons, les joies simples et le silence des champs. Mon père travaillait la terre des autres, il n'en a pas vu la beauté, la splendeur de la Terre-Mère et autres mythes lui ont échappé. À la guerre de 14, il n'est plus demeuré dans les fermes que les jeunes comme mon père et les vieux. On les ménageait. Il suivait l'avance des armées sur une carte accrochée dans la cuisine, découvrait les journaux polissons et allait au cinéma à Y... Tout le monde lisait à haute voix le texte sous l'image, beaucoup n'avaient pas le temps d'arriver jusqu'au bout. Il disait les mots d'argot rapportés par son frère en permission. Les femmes du village surveillaient tous les mois la lessive de celles dont le mari était au front pour vérifier s'il ne manquait rien, aucune pièce de linge.

La guerre a secoué le temps. Au village, on jouait au yoyo et on buvait du vin dans les cafés au lieu de cidre. Dans les bals, les filles aimaient de moins en moins les gars de ferme, qui portaient toujours une odeur sur eux. Par le régiment, mon père est entré dans le monde. Paris, le métro, une ville de Lorraine, un uniforme qui les faisait tous égaux, des compagnons venus de partout, la caserne plus grande qu'un château. Il eut le droit d'échanger là ses dents rongées par le cidre contre un appareil. Il se faisait prendre en photo souvent. Au retour, il n'a plus voulu retourner dans la culture. Il a toujours appelé ainsi le travail de la terre, l'autre sens de culture, le spirituel, lui était inutile.

Naturellement, pas d'autre choix que l'usine. Au sortir de la guerre, Y... commençait à s'industrialiser. Mon père est entré dans une corderie qui embauchait garçons et filles dès l'âge de treize ans. C'était un travail propre, à l'abri des intempéries. Il y avait des toilettes et des vestiaires séparés pour chaque sexe, des horaires fixes. Après la sirène, le soir, il était libre et il ne sentait plus sur lui la laiterie. Sorti du premier cercle. À Rouen ou au Havre, on trouvait des emplois mieux payés, il lui aurait fallu quitter la famille, la mère crucifiée, affronter les malins de la ville. Il manquait de culot : huit ans de bêtes et de plaine. Il était sérieux, c'est-à-dire, pour un ouvrier, ni feignant, ni buveur, ni noceur. Le cinéma et le charleston, mais pas le bistrot. Bien vu des chefs, ni syndicat ni politique. Il s'était acheté un vélo, il mettait chaque semaine de l'argent de côté. Ma mère a dû apprécier tout cela quand elle l'a rencontré à la corderie, après avoir travaillé dans une fabrique de margarine. Il était grand, brun, des yeux bleus, se tenait très droit, il se « croyait » un peu. « Mon mari n'a jamais fait ouvrier ». Elle avait perdu son père. Ma grand-mère tissait à domicile, faisait des lessives et du repassage pour finir d'élever les derniers de ses six enfants. Ma mère achetait le dimanche, avec ses sœurs, un cornet de miettes de gâteaux chez le pâtissier. Ils n'ont pu se fréquenter tout de suite, ma grand-mère ne voulait pas qu'on lui prenne ses filles trop tôt, à chaque fois, c'était les trois quarts d'une paye qui s'en allait. Les sœurs de ma mère, employées de maison dans des familles bourgeoises, ont regardé ma mère de haut. Les filles d'usine étaient accusées de ne pas savoir faire leur lit, de courir. Au village, on lui a trouvé mauvais genre. Elle voulait copier la mode des journaux, s'était fait couper les cheveux parmi les premières, portait des robes courtes et se fardait les yeux, les ongles des mains. Elle riait fort. [...] C'était une ouvrière vive, répondeuse. Une de ses phrases favorites : « Je vaux bien ces gens-là. » Sur la photo du mariage, on lui voit les genoux. Elle fixe durement l'objectif sous le voile qui lui enserre le front jusqu'au-dessus des yeux. Elle ressemble à Sarah Bernhardt. Mon père se tient debout à côté d'elle, une petite moustache et « le col à manger de la tarte ». Ils ne sourient ni l'un ni l'autre.

La présentation de l'évolution du père vaut pour lui mais pour la plupart des jeunes gens qui avaient survécu à la guerre de 14. L'expérience de la guerre, si atroce qu'elle pût être, avait élargi leur horizon : ouvrier agricole à l'origine, puisque sans propriété, le père de la romancière devient naturellement ouvrier d'usine. La description alors se fait sociologique : les divers détails retenus dessinent un certain type d'ouvrier dans le premiers tiers du XXe siècle, de même que les éléments qui s'attachent à la mère l'opposent à ses sœurs, parce que le travail d'usine l'a libérée des pesanteurs de la vie provinciale. Tous deux, selon leur sexe, se sont urbanisés et sont entrés dans une forme de modernité qui n'est pas encore celle des « trente glorieuses » mais qui l'anticipe. Pas de place pour le pittoresque (le père n'a pas d'amour de la terre façon âge d'or), pas non plus pour les illusions du mariage d'amour (ils ne sourient pas sur leur photo de mariage) : le travail est le tissu de leur vie, il a construit leur destinée.

Texte 9

A. Nothomb, *Stupeur et tremblements*, 1999

Le titre du livre d'A. Nothomb reprend la formule du protocole impérial de l'ancien Japon, selon lequel on ne devait s'adresser à l'Empereur qu'avec « stupeur et tremblements ». Le texte qui suit est le début du récit :

> Monsieur Haneda était le supérieur de Monsieur Omochi, qui était le supérieur de Monsieur Saito, qui était le supérieur de Mademoiselle Mori, qui était ma supérieure. Et moi, je n'étais la supérieure de personne. On pourrait dire les choses autrement. J'étais aux ordres de Mademoiselle Mori, qui était aux ordres de Monsieur Saito, et ainsi de suite, avec cette précision que les ordres pouvaient, en aval, sauter les échelons hiérarchiques. Donc, dans la compagnie Yumimoto, j'étais aux ordres de tout le monde. Le 8 janvier 1990, l'ascenseur me cracha au dernier étage de l'immeuble Yumimoto. La fenêtre, au bout du hall, m'aspira comme l'eût fait le hublot brisé d'un avion. Loin, très loin, il y avait la ville – si loin que je doutais d'y avoir jamais mis les pieds. Je ne songeai même pas qu'il eût fallu me présenter à la réception. En vérité, il n'y avait dans ma tête aucune pensée, rien que la fascination pour le vide, par la baie vitrée. Une voix rauque finit par prononcer mon nom, derrière moi. Je me retournai. Un homme d'une cinquantaine d'années, petit, maigre et laid, me regardait avec mécontentement.
> – Pourquoi n'avez-vous pas averti la réceptionniste de votre arrivée ? me demanda-t-il.
> Je ne trouvai rien à répondre et ne répondis rien. J'inclinai la tête et les épaules, constatant qu'en une dizaine de minutes, sans avoir prononcé un seul mot, j'avais déjà produit une mauvaise impression, le jour de mon entrée dans la compagnie Yumimoto. L'homme me dit qu'il s'appelait Monsieur Saito. Il me conduisit à travers d'innombrables et immenses salles, dans lesquelles il me présenta à des hordes de gens, dont j'oubliais les noms au fur et à mesure qu'il les énonçait. Il m'introduisit ensuite dans le bureau où siégeait son supérieur, Monsieur Omochi, qui était énorme et effrayant, ce qui prouvait qu'il était le vice-président. Puis il me montra une porte et m'annonça d'un air solennel que, derrière elle, il y avait Monsieur Haneda, le président. Il allait de soi qu'il ne fallait pas songer à le rencontrer. Enfin, il me guida jusqu'à une salle gigantesque dans laquelle travaillaient une quarantaine de personnes. Il me désigna ma place, qui était juste en face de celle de ma supérieure directe, Mademoiselle Mori. Cette dernière était en réunion et me rejoindrait en début d'après-midi. Monsieur Saito me présenta brièvement à l'assemblée. Après quoi, il me demanda si j'aimais les défis. Il était clair que je n'avais pas le droit de répondre par la négative.
> – Oui, dis-je.
> Ce fut le premier mot que je prononçai dans la compagnie. Jusque-là, je m'étais contentée d'incliner la tête. Le « défi » que me proposa Monsieur Saito consistait à accepter l'invitation d'un certain Adam Johnson à jouer au golf avec lui,

le dimanche suivant. Il fallait que j'écrive une lettre en anglais à ce Monsieur pour le lui signifier.
Qui est Adam Johnson ? eus-je la sottise de demander. Mon supérieur soupira avec exaspération et ne répondit pas. Était-il aberrant d'ignorer qui était Monsieur Johnson, ou alors ma question était-elle indiscrète ? Je ne le sus jamais – et ne sus jamais qui était Adam Johnson. L'exercice me parut facile. Je m'assis et écrivis une lettre cordiale : Monsieur Saito se réjouissait à l'idée de jouer au golf le dimanche suivant avec Monsieur Johnson et lui envoyait ses amitiés. Je l'apportai à mon supérieur. Monsieur Saito lut mon travail, poussa un petit cri méprisant et le déchira :
– Recommencez. Je pensai que j'avais été trop aimable ou familière avec Adam Johnson et je rédigeai un texte froid et distant : Monsieur Saito prenait acte de la décision de Monsieur Johnson et conformément à ses volontés jouerait au golf avec lui. Mon supérieur lut mon travail, poussa un petit cri méprisant et le déchira :
– Recommencez. J'eus envie de demander où était mon erreur, mais il était clair que mon chef ne tolérait pas les questions, comme l'avait prouvé sa réaction à mon investigation au sujet du destinataire. Il fallait donc que je trouve par moi-même quel langage tenir au mystérieux Adam Johnson. Je passai les heures qui suivirent à rédiger des missives à ce joueur de golf. Monsieur Saito rythmait ma production en la déchirant, sans autre commentaire que ce cri qui devait être un refrain. Il me fallait à chaque fois inventer une formulation nouvelle. Il y avait à cet exercice un côté : « Belle marquise, vos beaux yeux me font mourir d'amour » qui ne manquait pas de sel. J'explorais des catégories grammaticales en mutation : « Et si Adam Johnson devenait le verbe, dimanche prochain le sujet, jouer au golf le complément d'objet et Monsieur Saito l'adverbe ? Dimanche prochain accepte avec joie de venir Adamjohnsoner un jouer au golf Monsieur Saitoment. Et pan dans l'œil d'Aristote ! » Je commençais à m'amuser quand mon supérieur m'interrompit. Il déchira la énième lettre sans même la lire et me dit que Mademoiselle Mori était arrivée. – Vous travaillerez avec elle cet après-midi. Entretemps, allez me chercher un café.

Le monde du travail c'est évidemment le monde de l'autorité, des hiérarchies impitoyables, mises en scène avec humour dans ce début de récit. L'univers de la grande entreprise, s'il n'est pas celui de l'abrutissement par le bruit, la chaleur, la dureté du monde industriel, n'est pas moins déshumanisant : la violence aussi y règne (comme le montrent les verbes du 1er § : « l'ascenseur me cracha », « la fenêtre m'aspira »), la répétition dépourvue de sens des tâches stupides à accomplir (la lettre à Adam Johnson), en bref l'absurdité totale d'un monde hostile et incompréhensible aux dimensions terrifiantes (salles immenses, innombrables, gigantesques, remplies de gens muets et comme pétrifiés), PDG substitut de l'empereur, dont le pouvoir est manifesté par l'obésité. La « réponse » par le détraquage de la syntaxe du français (dans la dernière mouture de la lettre à Johnson) témoigne d'un basculement dans le vide du sens : d'entrée de jeu la narratrice semble avoir pénétré dans un asile de fous.

Texte 10

Henri Salvador, « Le travail c'est la santé », 1965

Alors que la 3e semaine de congés payés avait été obtenue quelques années auparavant, au début de ce qui allait devenir la « société des loisirs », la chanson bouffonne de Salvador tombait à pic :

Le travail c'est la santé
Rien faire c'est la conserver
Les prisonniers du boulot
N'font pas de vieux os
Ces gens qui courent au grand galop
En auto, métro ou vélo
Vont-ils voir un film rigolo
Mais non, ils vont à leur boulot
Le travail c'est la santé
Rien faire c'est la conserver
Les prisonniers du boulot
N'font pas de vieux os
Ils bossent 11 mois pour les vacances
Et sont crevés quand elles commencent
Un mois plus tard, ils sont costauds
Mais faut reprendre le boulot

Course effrénée « pour « se payer tout le confort », attente du « mois de vacances », épuisement vain… Au moment du boom économique des années 1950-1970, la chanson frappait juste. Dans un registre familier et railleur elle faisait l'éloge de la paresse, rappelant que ce qu'on peut opposer aux défenseurs acharnés du travail à des fins de consommation c'est le far niente, quitte à vivre de façon modeste : exactement, en fait, ce que Rousseau ripostait à la frénésie du progrès des Lumières, en faisant lui aussi de la paresse un art de vivre.

Textes
sur le travail

Marie-Anne Charbonnier

Le travail en citations

Gilbert Pons

Rien au monde ne compense la perte de la joie au travail.
Simone Weil, *L'enracinement* (1943)

Il n'y a pas de travail inutile : Sisyphe se faisait les muscles.
Roger Caillois, *Le rocher de Sisyphe* (1946)

Introduction

Jardin d'Eden, Arcadie heureuse, Pays de Cocagne…, autant de lieux imaginaires de la paix et de l'abondance originelles attestant, malgré leurs différences, combien l'homme éprouve une répugnance tenace, quasi instinctive, à l'égard du travail, parce que celui-ci est à ses yeux synonyme de fatigue et de douleur physique[1], parce qu'en raison des efforts soutenus et des privations qu'il exige, il est un symptôme patent de l'ingratitude de la nature à son égard, pas seulement de la nature, d'ailleurs. Si travailler pour vivre est une nécessité, si c'est également un devoir, ce dont témoigne l'éducation dans ses diverses formes, c'est bien qu'on ne s'y résout ni spontanément, ni de gaieté de cœur. Les corvées, les formes fastidieuses, au besoin cruelles, voire inhumaines, qu'il a pu prendre dans l'histoire, ne représentent pourtant le travail ni dans toute son étendue ni dans ce qu'il peut avoir de primordial pour l'homme, d'ailleurs, l'évolution accélérée des techniques lui a permis d'améliorer substantiellement les conditions dans lesquelles il effectue ses tâches, au point que le fossé traditionnellement creusé entre labeur fatigant et rébarbatif d'une part, loisir ou activités ludiques et joyeuses de l'autre, s'est révélé peu à peu moins net et surtout moins profond qu'il n'y paraissait. Ainsi, l'opposition traditionnelle entre le travail et le jeu, c'est-à-dire entre la vie besogneuse, épuisante et prosaïque, donc sans intérêt véritable, d'un côté, et l'oisiveté ou le jeu, réputés dispensateurs de liberté et de bonheur, de l'autre, se révèle trop schématique et justifie à ce titre un questionnement attentif, c'est ce à quoi peut contribuer, entre autres choses, ce recueil de citations. On ne peut cependant négliger le fait que si l'extension du recours aux machines a été génératrice de progrès grâce à une forte amélioration du rendement et de la productivité, si ces appareillages, qu'ils soient mécaniques, électriques, électroniques ou informatiques, ont épargné aux hommes toutes sortes d'activités pénibles et routinières, si elle a ouvert également des perspectives insoupçonnées, les conditions concrètes dans lesquelles se passent les opérations qu'ils effectuent ont été aussi lourdes de conséquences négatives, tant corporelles que psychologiques et sociales pour ceux qui étaient chargés d'en assurer le fonctionnement et la maintenance, sans parler du chômage et du déclassement que leur présence de plus en plus générale dans les usines, les ateliers et les

1. Métaphores. Si le « travail du rêve » dont parle Freud est indolore pour le dormeur, et pour cause puisqu'il est tenu par le fondateur de la psychanalyse pour le « gardien du sommeil », il est bien connu, en revanche, que la parturiente vit les contractions précédant la délivrance, qu'on appelle aussi travail, dans la souffrance.

exploitations agricoles a provoqués – les dégâts de toutes sortes : environnementaux et sanitaires notamment, occasionnés par l'industrie agroalimentaire sont bien connus. Innombrables sont les textes, quel que soit du reste le champ auquel ils ressortissent : littéraire, historique, sociologique, politique, philosophique, qui pointent l'injustice et l'aliénation au cœur du travail industrialisé et machinal, qui le pointent également, à proportion de leur place grandissante aujourd'hui, dans le fonctionnement même des entreprises de services ; mais célèbrent aussi ce qu'il peut avoir de bienfaisant et de créatif, tant pour l'individu que pour le groupe auquel il appartient.

Les œuvres que les étudiants sont invités à examiner de près concernent respectivement les trois grands secteurs de la vie économique. Primaire : l'agriculture et l'élevage (Virgile). Secondaire : l'industrie (Simone Weil). Tertiaire : les services et plus généralement la vie en entreprise (Michel Vinaver). Que les documents proposés soient issus des ouvrages des trois auteurs au programme, à savoir un poète, une philosophe et un écrivain qui fut patron de Gillette, ou de recueils contenant des réflexions indépendantes les unes des autres, des aphorismes par exemple – à l'instar des *Pensées* de Pascal ou des sentences de Nietzsche –, qu'ils soient extraits d'œuvres de plus grandes dimensions, choisis pour leur singularité conceptuelle, mais aussi pour leur autonomie, pour leur aptitude à s'inscrire dans un contexte différent, leur utilisation efficace exige quelques précautions ; en effet, la construction d'un devoir n'est pas un travail de marqueterie, c'est-à-dire une simple accumulation d'éléments, en soi utiles, voire remarquables, mais pas nécessairement compatibles les uns avec les autres. Se pose *ipso facto* le problème de la sélection, comme celui du dosage.

À la différence de la narration ou du dialogue[1] – ne parlons pas de la poésie –, l'écriture philosophique relève d'une organisation de concepts ; ils sont évidemment solidaires les uns des autres et leur enchaînement obéit à des règles logiques, en tout cas argumentatives, qui, comme telles, peuvent être adoptées sans dommage, et pour cause, dans une dissertation. S'il n'est pas trop difficile d'extraire une ou deux phrases d'un texte de Marx, de Nietzsche, ou de Simone Weil, par exemple, pour les encastrer ailleurs, dès lors qu'on a pris les précautions voulues (elles seront détaillées plus loin) ; déraciner quelques phrases d'un poème ou d'une pièce de théâtre est plus délicat, en raison d'une solidarité organique tenant aux propriétés mêmes du genre. Seules les considérations « abstraites », ou ayant une portée générale, peuvent donc faire l'objet d'une citation efficiente, parce qu'elles peuvent entrer en résonance avec le contexte différent, ni narratif, ni dramatique – en l'occurrence la dissertation du candidat –, où elles vont être transplantées et ne présupposent pas la connaissance de l'intégralité du poème ou de la pièce, à tout le moins des événements et des situations qui les précèdent, pour être opératoires.

1. On rétorquera sans doute qu'il en est de philosophiques : Platon, Berkeley, Malebranche, Leibniz, Hume, Diderot, parmi bien d'autres, ont pratiqué le genre ; mais il s'agit généralement de conversations abstraites, les protagonistes étant le plus souvent réduits au statut de porteurs de concepts – Platon fait évidemment figure d'exception.

Afin d'aider l'étudiant dans son travail de repérage, mais sans lui imposer pour autant une problématique particulière à travers le choix et la répartition des fragments, on a classé ceux-ci en fonction de l'idée-force qui les soutient – reconnaissons néanmoins qu'il y en a parfois plusieurs dans le même extrait, surtout lorsqu'il est assez long, et que l'ordre dans lequel les passages ont été rangés pourrait donc être différent (à l'intérieur de chaque rubrique la disposition adoptée est chronologique). Une citation doit intervenir dans le texte qui la reçoit pour cristalliser, de manière plus précise, plus nerveuse, et plus dense, l'option qui la précède et qui, d'une certaine façon, l'appelait ; mais elle peut aussi annoncer un changement de cap dans la problématique, un « coup de théâtre » en quelque sorte. Bref, une citation bien employée, une citation a laquelle on a « frotté » sa pensée, peut soutenir un propos, elle peut aussi prolonger un argument, elle peut enfin orienter la pensée en marche vers d'autres paysages… Ajoutons que certains textes retenus étant trop longs pour être importés tels quels – ils se révéleraient envahissants et feraient passer leur usager pour un compilateur –, il faudra donc, à la différence du mauvais cuisinier dénoncé par Platon dans le *Phèdre* (265e), découper avec soin la partie propre à être greffée ailleurs, ce qui revient à suivre les articulations naturelles du discours.

Généralités

« … la main est un instrument d'instruments. » (Aristote, *De l'âme*, III, 8, 432 a, Vrin, 1969, p. 197.)

« L'*art* se distingue de la *nature*, comme le « faire » l'est de l'« agir » ou « causer » en général et le produit ou la conséquence de l'art se distingue en tant qu'*œuvre* du produit de la nature en tant qu'effet.

En droit on ne devrait appeler art que la production par la liberté, c'est-à-dire par un libre-arbitre, qui met la raison au fondement de ses actions. On se plaît à nommer une œuvre d'art le produit des abeilles (les gâteaux de cire régulièrement construits), mais ce n'est qu'en raison d'une analogie avec l'art ; en effet dès que l'on songe que les abeilles ne fondent leur travail sur aucune réflexion proprement rationnelle, on déclare aussitôt qu'il s'agit d'un produit de leur nature (de l'instinct), et c'est seulement à leur créateur qu'on l'attribue en tant qu'art. » (Emmanuel Kant, *Critique de la faculté de juger*, § 43, Vrin, 1982, p. 134-135.)

« L'habileté et l'application dans le travail ont un prix marchand. » (Emmanuel Kant, *Fondements de la métaphysique des mœurs* (1785), II, Delagrave, 1965, p. 160.)

« La médiation qui consiste à apprêter et à acquérir des moyens appropriés aux besoins *particularisés*, c'est-à-dire tout aussi p*articularisés*, est le *travail* qui, par les processus les plus divers, spécifie en vue de ces fins multiples le matériau immédiatement livré par la nature. Cette mise en forme donne alors au moyen sa valeur et sa finalité, de sorte que l'homme, dans sa consommation, se rapporte principalement à des productions *humaines* et que ce sont de tels efforts qu'il consomme. » (G.W.F. Hegel, *Principes de la philosophie du droit* (1820), § 196, PUF, 2002, p. 289-290.

« Le travail est de prime abord un acte qui se passe entre l'homme et la nature. L'homme y joue lui-même vis-à-vis de la nature le rôle d'une puissance naturelle. Les forces dont son corps est doué, bras et jambes, tête et mains, il les met en mouvement afin de s'assimiler des matières en leur donnant une forme utile à sa vie. En même temps qu'il agit par ce mouvement sur la nature extérieure et la modifie, il modifie sa propre nature et développe les facultés qui y sommeillent. Nous ne nous arrêterons pas à cet aspect primordial du travail où il n'a pas encore dépouillé son mode purement instinctif. Notre point de vue c'est le travail sous une forme qui appartient exclusivement à l'homme. Une araignée fait des opérations qui ressemblent à celles du tisserand et l'abeille confond par la structure de ses cellules de cire l'habileté de plus d'un architecte. Mais ce qui distingue dès l'abord le plus mauvais architecte de l'abeille la plus experte, c'est qu'il a construit la cellule dans sa tête avant de la construire dans la ruche. Le résultat auquel le travail aboutit préexiste idéalement dans l'imagination du travailleur. Ce n'est pas qu'il opère seulement un changement de formes dans les matières naturelles ; il y réalise du même coup son propre but dont il a conscience, qui détermine comme loi son mode d'action, et auquel il doit subordonner sa volonté. Et cette subordination n'est pas momentanée. L'œuvre exige pendant toute sa durée, outre l'effort des organes qui agissent, une attention soutenue, laquelle ne peut elle-même résulter que d'une tension constante de la volonté. Elle exige d'autant plus de vigilance que, par son objet et son mode d'exécution, le travail entraîne moins le travailleur, qu'il se fait moins sentir à lui comme le libre jeu de ses forces corporelles et intellectuelles ; en un mot qu'il est moins attrayant. » (Karl Marx, *Le Capital* (1867), I, 3, § 17, GF-Flammarion, 1969, p. 139-140.)

« Penser est peut-être simplement du même ordre que travailler à un coffre. C'est en tout cas un travail de la main. La main est une chose à part. La main, comme on se la représente habituellement, fait partie de notre organisme corporel. Mais l'être de la main ne se laisse jamais déterminer comme un organe corporel de préhension, ni éclairer à partir de là. Le singe, par exemple, possède des organes de préhension, mais il ne possède pas de main. La main est séparée de tous les organes de préhension – les pattes, les ongles et les griffes – infiniment, c'est-à-dire par l'abîme de son être. Seul un être qui parle, c'est-à-dire pense, peut avoir une main et accomplir dans un maniement le travail de la main. » (Martin Heidegger, *Qu'appelle-t-on penser ?* (1954), PUF, 1973, p. 89-90.)

« La main humaine est humaine par ce qui s'en détache et non par ce qu'elle est : un dispositif ostéo-musculaire assez simple, propre depuis les singes à assurer avec beaucoup d'économie mécanique des mouvements de préhension, de rotation et de translation qui resteront par la suite immuables. » (André Leroi-Gourhan, *Le geste et la parole II, La mémoire et les rythmes* (1965), Albin Michel, 1975, p. 41.)

« Qu'est-ce que le travail ? Sans aucun doute, il est lutte contre le bruit. Si nous laissons faire sans intervenir, les écuries s'encombrent de fumier, le renard vient manger les poules, et le phylloxéra traverse les mers pour assécher les feuilles des sarments. Le canal se charge de vase. Vous voyez bien, à basses eaux, ce port comblé de sable. Bientôt les vaisseaux ne passeront plus. Les choses se mélangent, n'agitez donc pas, ne tournez pas la cuiller, le sucre fond dans l'eau, inévitablement. Il y a parfois des mélanges qui nous arrangent, mais la plupart sont obstructions ou embarras. Travailler, c'est trier. » (Michel Serres, *Le parasite* (1980), Pluriel, 1997, p. 159.)

Travail de la terre

« ... il est impossible de concevoir l'idée de la propriété naissante d'ailleurs que de la main-d'œuvre ; car on ne voit pas ce que, pour s'approprier les choses qu'il n'a point faites, l'homme y peut mettre de plus que son travail. C'est le seul travail qui donnant droit au cultivateur sur le produit de la terre qu'il a labourée, lui en donne par conséquent sur le fond, au moins jusqu'à la récolte, et ainsi d'année en année, ce qui faisant une possession continue, se transforme aisément en propriété. » (Jean-Jacques Rousseau, *Discours sur l'origine et les fondements de l'inégalité parmi les hommes* (1755), II, Folio, 1995, p. 103.)

« L'homme absolument probe et moral est, dans la classe des paysans, une exception. Les curieux demanderont pourquoi ? De toutes les raisons qu'on peut donner de cet état de choses, voici la principale. Par la nature de leurs fonctions sociales, les paysans vivent d'une vie purement matérielle, qui se rapproche de l'état sauvage auquel les invite leur union constante avec la Nature. Le travail, quand il écrase le corps, ôte à la pensée son action purifiante, surtout chez des gens ignorants. » (Honoré de Balzac, *La Comédie humaine, Les Paysans* (1844), Éditions Rencontre, Genève, 1967, p. 78.)

« ... vers Chartres, au nord, la ligne plate de l'horizon gardait sa netteté de trait d'encre coupant un lavis, entre l'uniformité terreuse du vaste ciel et le déroulement sans bornes de la Beauce. Depuis le déjeuner, le nombre de semeurs semblait y avoir grandi. Maintenant, chaque parcelle de la petite culture avait le sien, ils se multipliaient, pullulaient comme de noires fourmis laborieuses, mises en l'air par quelque gros travail, s'acharnant sur une besogne démesurée, géante à côté de leur petitesse ; et l'on distinguait pourtant, même chez les plus lointains, le geste obstiné, toujours le même, cet entêtement d'insectes en lutte avec l'immensité du sol, victorieux à la fin de l'étendue et de la vie. » (Émile Zola, *La terre* (1887), L. de Poche, 2006, p. 31.)

« Ah ! oui, bon sang ! elle avait travaillé, elle aussi, plus qu'un homme bien sûr ! Levée avant les autres, faisant la soupe, balayant, récurant, les reins cassés par mille soins, les vaches, le cochon, le pétrin, toujours couchée la dernière ! Pour n'en être pas crevée, il fallait qu'elle fût solide. Et c'était sa seule récompense, d'avoir vécu : on n'amassait que des rides, bien heureux encore, lorsque, après avoir coupé les barils en quatre, s'être couché sans lumière et contenté de pain et d'eau, on gardait de quoi ne pas mourir de faim, dans ses vieux jours. » (Émile Zola, *La terre* (1887), L. de Poche, 2006, p. 93.)

« ... cette première année de possession fut pour une jouissance. À aucune époque, quand il s'était loué chez les autres, il n'avait fouillé la terre d'un labour si profond : elle était à lui, il voulait la pénétrer, la féconder jusqu'au ventre. Le soir, il rentrait épuisé, avec sa charrue dont le soc luisait comme de l'argent. En mars, il hersa ses blés, en avril, ses avoines, multipliant les soins, se donnant tout entier. Lorsque les pièces ne demandaient plus de travail, il y retournait pour les voir, en amoureux. Il en faisait le tour, se baissait et prenait de son geste accoutumé une poignée, une motte grasse qu'il aimait à écraser, à laisser couler entre ses doigts, heureux surtout s'il ne la sentait ni trop sèche ni trop humide, flairant bon le pain qui pousse. » (Émile Zola, *La terre* (1887), L. de Poche, 2006, p. 195-196.)

« ... la création de la campagne, c'est l'œuvre humaine accomplie dans la continuité de toutes les générations ; c'est l'œuvre humaine qui, développée sur le thème naturel des calmes saisons, réalise la conquête du sol, et l'adaptation de la terre aux besoins et aux volontés de l'homme. Labourage et pâturage ; les tâches les plus anciennes et les plus durables... Tâches quotidiennes comme le pain et la nourriture... Tâches régulières comme le battement des heures et des jours entre le Soleil et la Terre... C'est le vieil ouvrage qui n'a jamais cessé depuis les temps d'origine où l'homme a reçu communication de son destin de peines et de labeurs ; et c'est l'ouvrage qui durera autant que l'être sur terre.

Tout ce qui est de l'homme a la vie précaire et caduque. Seule, la campagne qu'il créa reste l'œuvre qui dure à jamais. » (Gaston Roupnel, *Histoire de la campagne française* (1932), Presses Pocket, 1984, p. 13-14.)

« Toute cette vieille campagne avec ses choses au repos, ses horizons voilés, et ses chemins à souvenirs, est tout entière un mystère aussi plein de nos origines que l'Histoire même.

Mais si les éléments qui constituent la campagne agricole nous paraissent plus la matière de la méditation que de la science, il faut reconnaître qu'une autre raison a pu détourner le zèle de l'historien. Et cette raison mérite considération, puisqu'elle pose la question préalable, c'est-à-dire le problème de l'historicité de cette campagne.

En effet, on n'est pas tenté de faire une investigation historique appliquée aux divers éléments qui composent la campagne agricole, parce qu'ils ne nous semblent pas ressortir d'une création rationnelle, d'un système, d'une intention. » (Gaston Roupnel, *Histoire de la campagne française* (1932), Presses Pocket, 1984, p. 15.)

« D'une façon générale, la campagne cultivée a conquis tout le territoire qu'elle a pu occuper. Elle n'a laissé que ce qui rebutait ou décevait son labeur. Si on essayait de faire rentrer en une schématique formule le caractère des deux domaines respectifs, territoire forestier et territoire agraire, on serait tenté de dire que le partage s'est déclaré selon le règlement dicté par le relief. Tout ce qui était relief sans accent ou traits trop accusés resta livré à la forêt. Ce qui était au contraire relief modéré et douce superficie de sol fut donné aux labours. » (Gaston Roupnel, *Histoire de la campagne française* (1932), Presses Pocket, 1984, p. 151.)

« ... si le champ correspond à la tâche quotidienne du laboureur ancien, celui-ci, tout comme l'actuel paysan, a un labeur qui n'est pas d'un jour, mais de toute l'année. » (Gaston Roupnel, *Histoire de la campagne française* (1932), Presses Pocket, 1984, p. 172.)

« La parcelle sera devenue une géante pièce de terre d'une grandeur adaptée à notre puissant machinisme, comme l'ancien champ mesurait à la journée de l'antique araire. Labouré au tracteur, moissonné à la moissonneuse, le champ nouveau exigera à peine la même durée de labeur et contiendra à peine le même effort humain que l'ancienne parcelle. Et ainsi cette vieille parcelle et la grande pièce neuve, bien que de grandeur différente, resteront des unités identiques puisqu'elles seront l'une et l'autre la commune mesure d'un même travail humain. Ce serait à dire que notre campagne serait devenue bien plus petite puisqu'elle serait mesurée par une unité plus grande. » (Gaston Roupnel, *Histoire de la campagne française* (1932), Presses Pocket, 1984, p. 191.)

« Le travail t'oblige d'épouser le monde. Celui qui laboure rencontre des pierres, se méfie des eaux du ciel ou les souhaite, et ainsi communique et s'élargit et s'illumine. Et chacun de ses pas devient retentissant. » (Antoine de Saint-Exupéry, *Œuvres, Citadelle* (1943), Bibliothèque de la Pléiade, 1974, p. 675.)

« Un des plus grands attraits du roman *Robinson Crusoé* c'est qu'il est le récit d'une vie *laborieuse,* d'une vie *industrieuse.* Dans la solitude active, l'homme veut creuser la terre, percer la pierre, tailler le bois. Il veut travailler la matière, transformer la matière. Alors l'homme n'est plus un simple philosophe *devant l'univers,* il est une force infatigable *contre* l'univers, *contre* la substance des choses. » (Gaston Bachelard, *La terre et les rêveries de la volonté* (1948), José Corti, 1973, p. 29.)

« Quand une matière toujours neuve en sa résistance l'empêche de devenir machinal, le travail de nos mains redonne à notre corps, à nos énergies, à nos expressions aux mots mêmes de notre langage, des forces originelles. Par le travail de la matière, notre caractère se ressoude à notre tempérament. » (Gaston Bachelard, *La terre et les rêveries de la volonté* (1948), José Corti, 1973, p. 29-30.)

Bienfaits du travail

« Il est un art commun à tous les Utopiens, hommes et femmes, et dont personne n'a le droit de s'exempter, c'est l'agriculture. Les enfants l'apprennent en théorie dans les écoles, en pratique dans les campagnes voisines de la ville, où ils sont conduits en promenades récréatives. Là, ils voient travailler, ils travaillent eux-mêmes, et cet exercice a de plus l'avantage de développer leurs forces physiques.

Outre l'agriculture, qui, je le répète, est un devoir imposé à tous, on enseigne à chacun une industrie particulière. Les uns tissent la laine ou le lin ; les autres sont maçons ou potiers ; d'autres travaillent le bois ou les métaux. Voilà les principaux métiers à mentionner. » (Thomas More, *L'utopie* (1516), II, Éditions sociales, 1970, p. 124.)

« La fonction principale et presque unique des syphograntes est de veiller à ce que personne ne se livre à l'oisiveté et à la paresse, et à ce que tout le monde exerce vaillamment son état. Il ne faut pas croire que les Utopiens s'attellent au travail comme des bêtes de somme depuis le grand matin jusque bien avant dans la nuit. Cette vie abrutissante pour l'esprit et pour le corps serait pire que la torture et l'esclavage. Et cependant tel est partout ailleurs le triste sort de l'ouvrier ! » (Thomas More, *L'utopie* (1516), II, Éditions sociales, 1970, p. 125.)

« On me dira peut-être : Six heures de travail par jour ne suffisent pas aux besoins de la consommation publique, et l'Utopie doit être un pays très misérable.

Il s'en faut bien qu'il en soit ainsi. Au contraire, les six heures de travail produisent abondamment toutes les nécessités et commodités de la vie, et en outre un superflu bien supérieur aux besoins de la consommation. » (Thomas More, *L'utopie* (1516), II, Éditions sociales, 1970, p. 126-127.)

« Le travail du corps délivre des peines de l'esprit, et c'est ce qui rend les pauvres heureux. » (La Rochefoucauld, *Maximes* (1664), « Maximes posthumes », § 36, GF-Flammarion, 1997, p. 105.)

« ... le travail éloigne de nous trois grands maux, l'ennui, le vice, et le besoin. » (Voltaire, *Romans, Candide* (1749), L. de Poche, 1963, p. 244.)

« Travaillons sans raisonner, dit Martin ; c'est le seul moyen de rendre la vie supportable. » (Voltaire, *Romans, Candide* (1749), L. de Poche, 1963, p. 244.)

« La tempérance et le travail sont les deux vrais médecins de l'homme : le travail aiguise son appétit, et la tempérance l'empêche d'en abuser. » (Jean-Jacques. Rousseau, *Émile* (1762), I, Garnier, 1982, p. 31.)

« … le travail, ne variant jamais dans sa valeur propre, est la seule mesure réelle et définitive qui puisse servir, dans tous les temps et dans tous les lieux, à apprécier et à comparer la valeur de toutes les marchandises. » (Adam Smith, *Recherches sur la nature et les causes de la richesse des nations* (1776), I, 5, GF-Flammarion, 1991, p. 102.)

« Pourquoi le travail est-il la meilleure façon de jouir de la vie ? Parce que c'est une occupation pénible (en soi désagréable et rendue divertissante par le succès) et que le repos ne peut être éprouvé comme plaisir, comme joie, que s'il met un terme à une longue incommodité ; autrement, il n'y aurait rien en lui de bien délectable. » (Emmanuel Kant, *Anthropologie du point de vue pragmatique* (1798), Vrin, 1970, p. 95.)

« On est toujours enclin à croire que le travail est aisé à celui qui a un talent. Il te faut peiner toujours, homme, si tu veux accomplir de grandes choses. » (Georg Christoph Lichtenberg, *Le miroir de l'âme* (1800-1806), D 47, José Corti, 1999, p. 195.)

« Il est de la plus haute importance que les enfants apprennent à travailler. L'homme est le seul animal qui doit travailler. Il lui faut d'abord beaucoup de préparation pour en venir à jouir de ce qui est supposé par sa conservation. La question de savoir si le Ciel n'aurait pas pris soin de nous avec plus de bienveillance, en nous offrant toutes les choses déjà préparées, de telle sorte que nous ne serions pas obligés de travailler, doit assurément recevoir une réponse négative ; l'homme, en effet, a besoin d'occupations et même de celles qui impliquent une certaine contrainte. Il est tout aussi faux de s'imaginer que si Adam et Ève étaient demeurés au Paradis, ils n'auraient rien fait d'autre que d'être assis ensemble, chanter des chants pastoraux, et contempler la beauté de la nature. L'ennui les eût torturés tous aussi bien que d'autres hommes dans une situation semblable. » (Emmanuel Kant, *Réflexions sur l'éducation* (1803), Vrin, 1966, p. 110-111.)

« – Mon Dieu ! de l'or à tout prix ! se disait Lucien, l'or est la seule puissance devant laquelle ce monde s'agenouille. Non ! lui cria sa conscience, mais la gloire, et la gloire c'est le travail ! Du travail ! » (Honoré de Balzac, *Illusions perdues* (1837-1843), Garnier, 1963, p. 197-198.)

« … quelle consolation que celle qui vient du travail ! Que je me trouve heureux de ne plus être forcé d'être heureux comme je l'entendais autrefois ! À quelle tyrannie sauvage cet affaiblissement du corps ne m'a-t-il pas arraché ? Ce qui me préoccupait le moins était ma peinture. » (Eugène Delacroix, *Journal*, 12 octobre 1852, Plon, 1982, p. 311.)

« Sans travail, le vaisseau de la vie humaine n'a point de lest. » (Stendhal, *Souvenirs d'égotisme* (1892), Folio, 1983, p. 37.)

« Une fois, elle [ma mère] m'a récompensé parce que j'avais répondu à un vieux mendiant qui venait demander aumône à la grille : « Allez donc travailler, fainéant ; vous ferez mieux. »

– C'est très bien, mon enfant, m'a-t-elle dit. Le travail est le seul remède à la misère et empêche bien des mauvaises actions ; quand on travaille, on ne pense pas à faire du mal à autrui. » (Georges Darien, *Le voleur* (1897), 10/18, 1971, 26.)

« Travailler pour la vie et non pas pour les palais, pour les églises, pour les cimetières et les musées. Travailler au milieu de tous, pour tous et avec tous. Il n'est rien d'éternel, tout est provisoire. La prise de conscience, l'expérience, le but, les mathématiques, les techniques, l'industrie et la construction, voilà qui est au-dessus de tout. » (Alexandre Rodtchenko, *Écrits complets sur l'art, l'architecture et la révolution*, « La ligne » (1921), Philippe Sers, 1988, p. 123.)

« Je ne connais qu'une vérité : le travail seul fait le bonheur. Je ne suis sûr que de celle-là, et je l'oublie tout le temps. » (Jules Renard, *Journal* (1925-27), 15 avril 1908, Robert Laffont-Bouquins, 1990, p. 923.)

« Le travail comme joie, inaccessible aux psychologues. » (Franz Kafka, *Préparatifs de noce à la campagne*, « Huitième cahier in-octavo », Gallimard, 2001, p. 190.)

« Le plus grand plaisir humain est sans doute dans un travail difficile et libre fait en coopération, comme les jeux le font assez voir. » (Alain, *Propos sur le bonheur* (1928), « Travaux » (6 novembre 1911), Folio, 1985, p. 118.)

« Le travail lui procura un plaisir intense. Après toutes ces semaines d'oisiveté à Londres, au cours desquelles il n'avait eu rien à faire, chaque fois qu'il désirait quelque chose, qu'à appuyer sur un commutateur ou à tourner une manivelle, ce lui fut un pur délice d'être occupé à faire quelque chose qui exigeait de l'adresse et de la patience. » (Aldous Huxley, *Le meilleur des mondes* (1932), Pocket, 2007, p. 272-273.)

« Travail est toute dépense d'actes qui tend à rendre les choses, les êtres, les circonstances profitables ou délectables à l'homme ; et l'homme lui-même, plus sûr et plus fier de soi. » (Paul Valéry, *Œuvres*, vol. 2, *Regards sur le monde actuel* (1945), « La France travaille » (1932), Bibliothèque de la Pléiade, 1988, p. 1101.)

« ... on a eu raison d'insister sur l'exigence éthique qui est au fond du rêve marxiste. Il faut dire, justement, avant d'examiner l'échec du marxisme, qu'elle fait la vraie grandeur de Marx. Il a mis le travail, sa déchéance injuste et sa dignité profonde, au centre de sa réflexion. Il s'est élevé contre la réduction du travail à une marchandise et du travailleur à un objet. Il a rappelé aux privilégiés que leurs privilèges n'étaient pas divins, ni la propriété un droit éternel. Il a donné une mauvaise conscience à ceux qui n'avaient pas le droit de la garder en paix et dénoncé, avec une profondeur sans égale, une classe dont le crime n'est pas tant d'avoir eu le pouvoir que de l'avoir utilisé aux fins d'une société médiocre et sans vraie noblesse. » (Albert Camus, *L'homme révolté* (1951), Gallimard, 1980, p. 250.)

Dépréciation du travail

« À l'homme il dit : « Parce que tu as écouté la voix de ta femme et que tu as mangé de l'arbre au sujet duquel je t'avais donné un ordre, en disant Tu n'en mangeras pas ! maudit soit le sol à cause de toi ! C'est dans la souffrance que tu te nourriras de lui tous les jours de ta vie. Il fera germer pour toi épine et ronce et tu mangeras l'herbe des champs. À la sueur de ton visage tu mangeras du pain jusqu'à ton retour au sol, puisque c'est de lui que tu as été pris, car tu es poussière et tu retourneras en poussière. » » (*La Bible, Ancien Testament*, vol. 1, *Genèse*, III, 17-19, Pléiade, 1992, p. 11.)

« Semblables aux machines à vapeur, les hommes enrégimentés par le travail se produisent tous sous la même forme et n'ont rien d'individuel. L'homme instrument est un zéro social, dont le plus grand nombre possible ne composera jamais une somme, s'il n'est précédé par quelques chiffres. » (Honoré de Balzac, *Traité de la vie élégante* (1830), Arléa, 1998, p. 12.)

« Quand il travaille de ses mains, un noble doit quitter son nom. » (Honoré de Balzac, *Illusions perdues* (1837-1843), Garnier, 1963, p. 96.

« Travailler ! n'est-ce pas la mort pour les âmes avides de jouissances ? » (Honoré de Balzac, *Illusions perdues* (1837-1843), Garnier, 1963, p. 369.)

« *L'ennui et le jeu.* – Le besoin nous contraint à un travail dont le produit sert à satisfaire le besoin ; la renaissance perpétuelle des besoins nous accoutume au travail. Mais dans l'intervalle où les besoins sont satisfaits et pour ainsi dire endormis, c'est l'ennui qui nous prend. Qu'est-ce que l'ennui ? L'habitude du travail elle-même, qui se fait maintenant sentir sous forme de besoin nouveau et surajouté : il sera d'autant plus fort que sera plus forte l'habitude de travailler, qu'aura peut-être été plus forte aussi la souffrance causée par les besoins. Pour échapper à l'ennui, l'homme ou bien travaille au-delà de ce qu'exigent ses besoins normaux, ou bien il invente le jeu, c'est-à-dire le travail qui n'est plus destiné à satisfaire aucun autre besoin que celui du travail pour lui-même. Celui que le jeu finit par blaser et qui n'a aucune raison de travailler du fait de besoins nouveaux, il arrive que le désir le saisisse d'un troisième état qui serait au jeu ce que planer est à danser, ce que danser est à marcher, un état de félicité tranquille dans le mouvement : c'est la vision que se font artistes et philosophes du bonheur. » (Friedrich Nietzsche, *Humain trop humain,* vol. 1 (1878), § 611, Folio, 1987, p. 320.)

« Dans la glorification du « travail », dans les infatigables discours sur la « bénédiction » du travail, je vois la même arrière-pensée que dans les louanges adressées aux actes impersonnels et utiles à tous : à savoir la peur de ce qui est individuel. Au fond, on sent aujourd'hui, à la vue du travail – on vise toujours sous ce nom le dur labeur du matin au soir – qu'un tel travail constitue la meilleure des polices, qu'il tient chacun en bride et s'entend à entraver puissamment le développement de la raison, des désirs, du goût de l'indépendance. Car il consume une extraordinaire quantité de force nerveuse et la soustrait à la réflexion, à la méditation, à la rêverie, aux soucis, à l'amour et à la haine, il présente constamment à la vue un but mesquin et assure des satisfactions faciles et régulières. Ainsi une société où on travaille dur en permanence aura davantage de sécurité : et l'on adore aujourd'hui la sécurité comme la divinité suprême. » (Friedrich Nietzsche, *Aurore* (1881), III, § 173, Gallimard, 1980, p. 181.)

« – Eh bien, sans la spéculation, on ne ferait pas d'affaires, ma chère amie... Pourquoi diable voulez-vous que je sorte mon argent, que je risque ma fortune, si vous ne me promettez pas une jouissance extraordinaire, un brusque bonheur qui m'ouvre le ciel ? ... Avec la rémunération légitime et médiocre du travail, le sage équilibre des transactions quotidiennes, c'est un désert d'une platitude extrême que l'existence, un marais où toutes les forces dorment et croupissent ; tandis que, violemment, faites flamber un rêve à l'horizon, promettez qu'avec un sou on en gagnera cent, offrez à tous ces endormis de se mettre à la chasse de l'impossible, des deux heures, au milieu des plus effroyables casse-cou ; et la course commence, les énergies sont décuplées, la bousculade est telle, que, tout en suant uniquement pour leur plaisir, les gens arrivent parfois à faire des enfants, je veux dire des choses vivantes, grandes et belles... Ah ! dame ! il y a beaucoup de saletés inutiles, mais certainement le monde finirait sans elles. » (Émile Zola, *L'Argent* (1891), L. de Poche, 2008, p. 184-185.)

Division du travail et machinisme

« Les plus grandes améliorations dans la puissance productive du travail, et la plus grande partie de l'habileté, de l'adresse et de l'intelligence avec laquelle il est dirigé ou appliqué, sont dues, à ce qu'il semble, à la *Division du travail.* » (Adam Smith, *Recherches sur la nature et les causes de la richesse des nations* (1776), vol. 1, I, 1, GF-Flammarion, 1991, p. 71.)

« Toutes les industries, tous les métiers et tous les arts ont gagné à la division du travail. La raison en est qu'alors ce n'est pas un seul qui fait tout, mais que chacun se borne à une certaine tâche qui, par son mode d'exécution, se distingue sensiblement des autres, afin de pouvoir s'en acquitter avec la plus grande perfection possible et avec plus d'aisance. Là où les travaux ne sont pas ainsi distingués et divisés, où chacun est un artiste à tout faire, les industries restent encore dans la plus grande barbarie. » (Emmanuel Kant, *Fondements de la métaphysique des mœurs* (1785), Préface, Delagrave, 1965, p. 76.)

« À mesure que le principe de la division du travail reçoit une application plus complète, l'ouvrier devient plus faible, plus borné et plus dépendant. L'art fait des progrès, l'artisan rétrograde. D'un autre côté, à mesure qu'il se découvre plus manifestement que les produits d'une industrie sont d'autant plus parfaits et d'autant moins chers que la manufacture est plus vaste et le capital plus grand, des hommes très riches et très éclairés se présentent pour exploiter des industries qui, jusque-là, avaient été livrées à des artisans ignorants ou malaisés. La grandeur des efforts nécessaires et l'immensité des résultats à obtenir les attirent.

Ainsi donc, dans le même temps que la science industrielle abaisse sans cesse la classe des ouvriers, elle élève celle des maîtres.

Tandis que l'ouvrier ramène de plus en plus son intelligence à l'étude d'un seul détail, le maître promène chaque jour ses regards sur un plus vaste ensemble, et son esprit s'étend en proportion que celui de l'autre se resserre. Bientôt il ne faudra plus au second que la force physique sans l'intelligence ; le premier a besoin de la science, et presque du génie pour réussir. L'un ressemble de plus en plus à l'administrateur d'un vaste empire, et l'autre à une brute. » (Alexis de Tocqueville, *De la Démocratie en Amérique* (1835-1840), GF-Flammarion, vol. 2, 1991, p. 200.)

« La division du travail à l'intérieur d'une nation entraîne d'abord la séparation du travail industriel et commercial, d'une part, et du travail agricole, d'autre part ; et, de ce fait, la séparation de la ville et de la *campagne* et l'opposition de leurs intérêts. Son développement ultérieur conduit à la séparation du travail commercial et du travail industriel. En même temps, du fait de la division du travail à l'intérieur des différentes branches, on voit se développer à leur tour différentes subdivisions parmi les individus coopérant à des travaux déterminés. » (Karl Marx & Friedrich Engels, *L'idéologie allemande* (1846), Éditions sociales, 1974, p. 44.)

« La division du travail ne devient effectivement division du travail qu'à partir du moment où s'opère une division du travail matériel et intellectuel. » (Karl Marx & Friedrich Engels, *L'idéologie allemande* (1846), Éditions sociales, 1974, p. 64.)

« Le monde des marchandises présuppose une division du travail développée, ou plutôt elle se manifeste de façon immédiate dans la diversité des valeurs d'usage qui s'affrontent comme marchandises particulières et qui recèlent une égale diversité de genres de travaux. La division du travail, en tant que totalité de tous les genres d'occupation productifs particuliers, est l'aspect d'ensemble du travail social envisagé sous l'angle matériel, considéré comme travail créateur de valeurs d'usage. » (Karl Marx, *Critique de l'économie politique* (1859), Éditions sociales, 1969, p. 29.)

« ... dans une même colonie, il existe deux castes nettement distinctes d'ouvrières stériles, très différentes les unes des autres ainsi que de leurs parents. Nous pouvons facilement comprendre que leur formation a dû être aussi avantageuse aux fourmis vivant en société que le principe de la division du travail peut être utile à l'homme civilisé. Les fourmis, toutefois, mettent en œuvre des instincts, des organes ou des outils héréditaires, tandis que l'homme se sert pour travailler de connaissances acquises et d'instruments fabriqués. » (Charles Darwin, *L'origine des espèces* (1859), GF-Flammarion, 2008, p. 305.)

« *Réaction contre la culture des machines.* La machine, produit elle-même de la plus haute capacité intellectuelle, ne met en mouvement, chez les personnes qui la desservent, que les forces inférieures et irréfléchies. Il est vrai que son action déchaîne une somme de forces énorme qui autrement demeurerait endormie ; mais elle n'incite pas à s'élever, à faire mieux, à devenir artiste. Elle rend *actif* et *uniforme*, mais ceci produit à la longue un effet contraire : un ennui désespéré s'empare de l'âme qui apprend à aspirer par la machine à une oisiveté mouvementée. » (Friedrich Nietzsche, *Le voyageur et son ombre* (1880), § 220, Denoël/Gonthier, 1979, p. 133.)

« *En quoi la machine humilie* – La machine est impersonnelle, elle enlève au travail sa fierté, ses qualités et ses défauts individuels qui sont le propre de tout travail qui n'est pas fait à la machine, – donc une parcelle d'humanité. Autrefois, tout achat chez des artisans était une *distinction* accordée à une *personne,* car on s'entourait des insignes de cette personne : de la sorte les objets usuels et les vêtements devenaient une sorte de symbolique d'estime réciproque et d'homogénéité personnelle, tandis qu'aujourd'hui nous semblons vivre seulement au milieu d'un esclavage anonyme et impersonnel. – Il ne faut pas acheter trop cher la facilitation du travail. » (Friedrich Nietzsche, *Le voyageur et son ombre* (1880), § 288, Denoël/Gonthier, 1979, p. 164.)

« Quoique la division du travail ne date pas d'hier, c'est seulement à la fin du siècle dernier que les sociétés ont commencé à prendre conscience de cette loi, que, jusque-là, elles subissaient presque à leur insu. Sans doute, dès l'antiquité, plusieurs penseurs en aperçurent l'importance ; mais Adam Smith est le premier qui ait essayé d'en faire la théorie. C'est d'ailleurs lui qui créa ce mot, que la science sociale prêta plus tard à la biologie.

Aujourd'hui, ce phénomène s'est généralisé à un tel point qu'il frappe les yeux de tous. Il n'y a plus d'illusion à se faire sur les tendances de notre industrie moderne ; elle se porte de plus en plus aux puissants mécanismes, aux grands groupements de forces et de capitaux, et par conséquent à l'extrême division du travail. Non seulement dans l'intérieur des fabriques les occupations sont séparées et spécialisées à l'infini, mais chaque manufacture est elle-même une spécialité qui en suppose d'autres. Adam Smith et Stuart Mill espéraient encore que du moins l'agriculture ferait exception à la règle, et ils y voyaient le dernier asile de la petite propriété. Quoiqu'en pareille matière il faille se garder de généraliser outre mesure, cependant il paraît difficile de contester aujourd'hui que les principales branches de l'industrie agricole sont de plus en plus entraînées dans le mouvement général. Enfin, le commerce lui-même s'ingénie à suivre et à refléter, avec toutes leurs nuances, l'infinie diversité des entreprises industrielles, et, tandis que cette évolution s'accomplit avec une spontanéité irréfléchie, les économistes qui en scrutent les causes et en apprécient les résultats, loin de la condamner et de la combattre, en proclament la nécessité. Ils y voient la loi supérieure des sociétés humaines et la condition du progrès. » (Émile Durkheim, *De la division du travail social* (1893), PUF, 2019, p. 1-2.)

« Rien ne paraît facile, au premier abord, comme de déterminer le rôle de la division du travail. Ses efforts ne sont-ils pas connus de tout le monde ? Parce qu'elle augmente à la fois la force productive et l'habileté du travailleur, elle est la condition nécessaire du développement intellectuel et matériel des sociétés ; elle est la source de la civilisation. D'autre part, comme on prête assez volontiers à la civilisation une valeur absolue, on ne songe même pas à chercher une autre fonction à la division du travail. » (Émile Durkheim, *De la division du travail social* (1893), PUF, 2019, p. 12)

« … les services économiques qu'elle [la division du travail] peut rendre sont peu de chose à côté de l'effet moral qu'elle produit, et sa véritable fonction est de créer entre deux ou plusieurs personnes un sentiment de solidarité. De quelque manière que ce résultat soit obtenu, c'est elle qui suscite ces sociétés d'amis, et elle les marque de son empreinte. » (Émile Durkheim, *De la division du travail social* (1893), PUF, 2019, p. 19.)

« … le plus remarquable effet de la division du travail n'est pas qu'elle augmente le rendement des fonctions divisées, mais qu'elle les rend solidaires. Son rôle dans tous ces cas n'est pas simplement d'embellir ou d'améliorer des sociétés existantes, mais de rendre possibles des sociétés qui, sans elles, n'existeraient pas. » (Émile Durkheim, *De la division du travail social* (1893), PUF, 2019, p. 240.)

« Les sociétés d'insectes ont sans doute un langage, et ce langage doit être adapté, comme celui de l'homme, aux nécessités de la vie en commun. Il fait qu'une action commune devient possible. Mais ces nécessités de l'action commune ne sont pas du tout les mêmes pour une fourmilière et pour une société humaine. Dans les sociétés d'insectes, il y a généralement polymorphisme, la division du travail est naturelle, et chaque individu est rivé par sa structure à l'action qu'il accomplit. En tout cas, ces sociétés reposent sur l'instinct, et par conséquent sur certaines actions ou fabrications qui sont plus ou moins liées à la forme des organes. Si donc, les fourmis par exemple, ont un langage, les signes qui composent ce langage doivent être en nombre bien déterminé, et chacun d'eux rester invariablement attaché, une fois l'espèce constituée, à un certain objet ou à une certaine opération. Le signe est adhérent à la chose signifiée. Au contraire, dans une société humaine, la fabrication et l'action sont de forme variable, et, de plus, chaque individu doit apprendre son rôle, n'y étant pas prédestiné par sa structure. » (Henri Bergson, *Œuvres, L'évolution créatrice* (1907), PUF, 1963, p. 628-629.)

« La machine gouverne. La vie humaine est rigoureusement enchaînée par elle, assujettie aux volontés terriblement exactes des mécanismes. Ces créatures des hommes sont exigeantes. Elles réagissent à présent sur leurs créateurs et les façonnent d'après elles. Il leur faut des humains bien dressés ; elles en effacent peu à peu les différences et les rendent propres à leur fonctionnement régulier, à l'uniformité de leurs régimes. Elles se font donc une humanité à leur usage, presque à leur image.

Il y a une sorte de pacte entre la machine et nous-mêmes, pacte comparable à ces terribles engagements que contracte le système nerveux avec les démons subtils de la classe des toxiques. Plus la machine nous semble utile, plus elle le devient ; plus elle le devient, plus nous devenons *incomplets*, incapables de nous en priver. La réciproque de l'utile existe. » (Paul Valéry, *Œuvres*, I, *Variété*, « Propos sur l'intelligence » (1925), Bibliothèque de la Pléiade, 1992, p. 1045-1046.)

« ... si on prend l'exemple d'une équipe de cent ouvriers et ouvrières travaillant à une chaîne de montage de réveils dans une grande entreprise d'horlogerie, ce n'est pas l'interdépendance des opérations imposées par la division du travail qui suscite dans ce groupe humain un sentiment de solidarité morale, un réseau de liens durables. Ce n'est pas leur statut technique qui suscite (du moins principalement) ce sentiment, mais leur statut social, la conscience quotidienne de leur commune condition devant l'employeur (patron ou ses représentants) et, en général, dans la société dont ils font partie. » (Georges Friedmann, *Le travail en miettes* (1956), Gallimard, 1964, p. 191.)

« C'est la division du travail plutôt qu'une mécanisation accrue qui a remplacé la spécialisation rigoureuse exigée autrefois dans l'artisanat. On ne fait appel à l'artisanat que pour concevoir et fabriquer des modèles ; l'œuvre passe ensuite à la production de masse, laquelle dépend aussi des outils et des machines. Mais, en outre, la production de masse serait tout à fait impossible sans le remplacement des artisans et de la spécialisation par les travailleurs et la division du travail. » (Hannah Arendt, *Condition de l'homme moderne* (1958), Pocket, 2003, p. 174-175.)

« Quand on décrit le comportement des abeilles et des fourmis, on parle de « division du travail », de tâches, de directions, d'ouvriers, de soldats, de gardiens, etc. La reine des abeilles a bien peu de choses en commun avec une souveraine humaine. Les métaphores ne sont pas une base solide pour rapprocher les vies de groupe chez l'homme et l'animal. » (Frederik Jacobus Johannes Buytendijk, *L'homme et l'animal* (1958), Gallimard, 1965, p. 108.)

« Ce n'est pas le nombre des participants qui fait l'« État », mais la structure interne de la communauté, la division du travail et la subordination de l'individu aux besoins et à la prospérité de l'ensemble.

À ce point de vue, les colonies d'abeilles pourraient servir d'exemple. Ces petits citoyens ignorent les actes égoïstes ; tout dans la ruche contribue au bien général. La seule réserve que nous pourrions formuler, malgré notre admiration pour elles, c'est que leur société ne s'inspire pas d'une idée consciente, mais obéit à la poussée obscure d'un instinct atavique et strictement déterminé. » (Karl von Frisch, *L'homme et le monde vivant* (1959), J'ai lu, 1974, p. 266.)

« La main à l'origine était une pince à tenir les cailloux, le triomphe de l'homme a été d'en faire la servante de plus en plus habile de ses pensées de fabricant. Du Paléolithique supérieur au XIXe siècle, elle a traversé un interminable apogée. Dans l'industrie, elle joue encore un rôle essentiel, par quelques artisans outilleurs qui fabriquent les pièces agissantes des machines devant lesquelles la foule ouvrière n'aura plus qu'une pince à cinq doigts pour distribuer la matière et appuyer sur le bouton. Encore s'agit-il là d'un stade de transition, car il n'est pas douteux que les phases non mécaniques de la fabrication des machines s'éliminent peu à peu.

Il serait de peu d'importance que diminue le rôle de cet organe de fortune qu'est la main si tout ne montrait pas que son activité est étroitement solidaire de l'équilibre des territoires cérébraux qui l'intéressent. « Ne rien savoir faire de ses dix doigts » n'est pas très inquiétant à l'échelle de l'espèce car il s'écoulera bien des millénaires avant que régresse un si vieux dispositif neuro-moteur, mais sur le plan individuel, il en est tout autrement ; ne pas avoir à penser avec ses dix doigts équivaut à manquer d'une partie de sa pensée normalement, philogénétiquement humaine. Il existe donc à l'échelle des individus sinon à celle de l'espèce, dès à présent, un problème de la régression de la main. (André Leroi-Gourhan, *Le Geste et la Parole* (1964-1965), vol. 2, Albin Michel, 1975, p. 61-62.)

« D'Adam Smith à Simone Weil, tous les observateurs ont décrit, « inséparable de la division du travail, ce rabougrissement du corps et de l'esprit » que Marx avait dénoncé [*Le Capital,* XIV], et dont il avait recherché les causes. Pour diverses qu'elles soient, toutes sont réductibles à quelque *séparation*.

Par rapport au travail artisanal, la division du travail industriel a d'abord supposé la séparation de l'ouvrier avec son milieu (sa province, son village, sa famille) ; il s'agit d'une désadaptation ou d'une transplantation écologiques.

Embauché en masse, presque anonymement, par un employé de la direction, l'ouvrier était séparé de son patron, qu'il n'avait le plus souvent jamais vu, et dont il ne connaissait que le nom : il ne s'agissait donc pas seulement d'une séparation banalement hiérarchique, ni d'une séparation banalement sociologique entre une classe dominante et une classe dominée, mais bien aussi d'une séparation quasi métaphysique comme entre ce qui est invisible, inconnu, et de quoi tout dépend, et ce qui est visible, connu, familier, et qui dépend de tout. » (Nicolas Grimaldi, *Le travail*, PUF, 1998, p. 184-185.)

« Appliqué à une seule tâche, sans doute indispensable mais cependant infime dans l'ensemble du processus de fabrication, l'ouvrier était séparé de l'objet produit. Il pouvait ne l'avoir jamais vu. D'ailleurs, s'il lui était arrivé de voir le produit fini, quelle part de lui-même y eut-il reconnu ? Qu'eut-il pu trouver en cet objet qui fût sa marque et dépendît de lui ? Entre le sujet et l'objet, il s'agissait donc d'une séparation ontologique. Bien loin de sceller la réconciliation de l'esprit et de la matière, le travail parcellaire humiliait l'esprit en l'assujettissant à la matière. L'objet imposait sa loi au sujet : c'est lui qui prescrivait ses gestes et lui fixait ses cadences. par une sorte de paradoxe, la machine avait l'initiative, et c'est l'ouvrier qui la servait. » (Nicolas Grimaldi, *Le travail*, PUF, 1998, p. 185.)

Travail aliénant

« Mon maître n'arrivait absolument pas à comprendre quels motifs pouvaient bien pousser cette race d'hommes de loi à se donner tant de tracas, de soucis et de peine pour fonder une ligue de l'injustice dont le seul but était de nuire aux animaux de leur espèce ; il ne voyait pas du tout, non plus, ce que j'entendais par les « honoraires » qu'ils percevaient. Cela me coûta beaucoup de travail, car il fallut lui expliquer l'usage de la monnaie, la matière dont elle était faite, la valeur des différents métaux. Quand un Yahoo, disais-je, a réuni une grande quantité de ces substances précieuses, il est capable d'acheter tout ce qu'il convoite : les plus beaux vêtements, les plus superbes demeures, de grandes étendues de terre, les mets et les boissons les plus chers, et il n'a qu'à choisir parmi les plus jolies femelles. Par conséquent, puisque l'argent est à lui seul capable de faire ce miracle, nos Yahoos pensent qu'ils n'en posséderont jamais assez, soit pour le dépenser, soit pour l'accumuler, selon que leur tempérament est porté à la prodigalité ou à l'avarice. Le riche profite du travail du pauvre et il y a mille pauvres pour un riche. La masse de notre peuple est forcée de vivre dans la misère, travaillant tous les jours pour un maigre salaire, et permettant à quelques-uns de regorger de tout. » (Jonathan Swift, *Œuvres, Voyages de Gulliver* (1721-1735), « Voyage chez les Houyhnhnms », Bibliothèque de la Pléiade, 1988, p. 259-260.)

« … plus l'ouvrier se dépense au travail, plus le monde étranger, objectif, qu'il crée en face de lui devient puissant, plus il s'appauvrit lui-même et plus son monde intérieur devient pauvre, moins il possède en propre. » (Karl Marx, *Manuscrits de 1844*, Premier Manuscrit, GF-Flammarion, 2005, p. 109.)

« En quoi consiste l'aliénation du travail ?

D'abord dans le fait que le travail est extérieur à l'ouvrier, c'est-à-dire qu'il n'appartient pas à son être ; que donc, dans son travail, l'ouvrier ne s'affirme pas mais se nie, ne se sent pas pas à l'aise, mais malheureux ; il n'y déploie pas une libre activité physique et intellectuelle, mais mortifie son corps et ruine son esprit. En conséquence, l'ouvrier ne se sent lui-même qu'en dehors du travail et dans le travail il se sent extérieur à lui-même. Il est à l'aise quand il ne travaille pas et, quand il travaille, il ne se sent pas à l'aise. Son travail n'est donc pas volontaire, mais contraint, c'est du travail forcé. Il n'est donc pas la satisfaction d'un besoin, mais seulement un moyen de satisfaire des besoins en dehors du travail. Le caractère du travail apparaît nettement dans le fait que, dès qu'il n'existe pas de contrainte physique ou autre, le travail est fui comme la peste. Le travail extérieur à l'homme, dans lequel il se dépouille, est un travail de sacrifice de soi, de mortification. Enfin le caractère extérieur à l'ouvrier du travail apparaît dans le fait qu'il n'est pas son bien propre, mais celui d'un autre, qu'il ne lui appartient pas, que dans le travail l'ouvrier ne s'appartient pas à lui-même, mais appartient à un autre. [...]

On en vient donc à ce résultat que l'homme (l'ouvrier) se sent agir librement seulement dans ses fonctions animales : manger, boire, procréer, ou encore, tout au plus, dans le choix de sa maison, de son habillement, etc. ; en revanche, il se sent animal dans ses fonctions proprement humaines. Ce qui est animal devient humain, et ce qui est humain devient animal. » (Karl Marx, *Manuscrits de 1844*, Premier Manuscrit, GF-Flammarion, 2005, p. 112-113.)

« Ni la femme ni le génie ne travaillent. La femme a été jusqu'à présent le plus haut luxe de l'humanité. À tous les instants où nous produisons le meilleur de nous-mêmes, nous ne travaillons pas. Le travail n'est qu'un moyen d'atteindre à ces instants. » (Friedrich Nietzsche, *Ainsi parlait Zarathoustra* (1885), *Notes et aphorismes*, § 92, L. de Poche, 1963, p. 403.)

« L'idée de charité le blessait, le jetait hors de lui : la charité, c'était l'aumône, l'inégalité consacrée par la bonté ; et il n'admettait que la justice ; les droits de chacun reconquis, posés en immuables principes de la nouvelle organisation sociale. Aussi, à la suite de Karl Marx, avec lequel il était en continuelle correspondance, épuisait-il ses jours à étudier cette organisation, modifiant, améliorant sans cesse sur le papier la société de demain, couvrant de chiffres d'immenses pages, basant sur la science l'échafaudage compliqué de l'universel bonheur. Il retirait le capital aux uns pour le répartir entre tous les autres, il remuait les milliards, déplaçait d'un trait de plume la fortune du monde ; et cela, dans cette chambre nue, sans une autre passion que son rêve, sans un besoin de jouissance à satisfaire, d'une frugalité telle, que son frère devait se fâcher pour qu'il bût du vin et mangeât de la viande. Il voulait que le travail de tout homme, mesuré selon ses forces, assurât le contentement de ses appétits : lui, se tuait à la besogne et vivait de rien. Un vrai sage, exalté dans l'étude, dégagé de la vie matérielle, très doux et très pur. » (Émile Zola, *L'Argent* (1891), L. de Poche, 2008, p. 68.)

« Le collectivisme, c'est la transformation des capitaux privés, vivant des luttes de la concurrence, en un capital social unitaire, exploité par le travail de tous... Imaginez une société où les instruments de la production sont la propriété de tous, où tout le monde travaille selon son intelligence et sa vigueur, et où les produits de cette coopération sociale sont distribués à chacun, au prorata de son effort. Rien n'est plus simple, n'est-ce pas ? une production commune dans les usines, les chantiers et les ateliers de la nation ; puis, un échange, un paiement en nature. S'il y a surcroît de production, on le met dans des entrepôts publics, d'où il est repris pour combler les déficits qui peuvent se produire. C'est une balance à faire... Et cela, comme d'un coup de hache, abat l'arbre pourri. Plus de concurrence, plus de capital privé, donc plus d'affaires d'aucune sorte, ni commerce, ni marchés, ni Bourses. L'idée de gain n'a plus aucun sens. Les sources de la spéculation, les rentes gagnées sans travail, sont taries. » (Émile Zola, *L'Argent* (1891), L. de Poche, 2008, p. 71.)

« La peur de l'ennui est la seule excuse du travail. » (Jules Renard, *Journal* (1925-27), 10 septembre 1892, Robert Laffont-Bouquins, 1990, p. 108.)

« La douce mélancolie du travail, le dimanche, quand les autres se promènent. » (Jules Renard, *Journal* (1925-27), 14 avril 1899, Robert Laffont-Bouquins, 1990, p. 411.)

« ... le travail, quand il n'est pas strictement destiné aux fins propres du travailleur, est un mode d'aliénation. » (Jean-Paul Sartre, *L'être et le néant* (1943), Gallimard, 1965, p. 495.)

« Je crains bien que la transformation moderne des moyens de produire n'ait, jusqu'ici, accru la part de l'automatisme. La notion de travail, grandeur aisément mesurable, valeur purement quantitative, s'est substituée à la notion d'ouvrage ou d'œuvre, à mesure que le rendement a été plus recherché, et que la machine a conquis plus d'emplois, au point de faire en quelque sorte reculer l'ouvrier devant elle. Mais le travail est un moyen de vivre, et rien de plus. » (Paul Valéry, *Œuvres*, vol. 2, *Regards sur le monde actuel* (1945), « Métier d'homme » (1937), Bibliothèque de la Pléiade, 1988, p. 1110.)

« C'est dans son travail que Winston trouvait le plus grand plaisir de sa vie. Ce travail n'était, le plus souvent, qu'une fastidieuse routine. Mais il comprenait aussi des parties si difficiles et si embrouillées, que l'on pouvait s'y perdre autant que dans la complexité d'un problème de mathématique. » (George Orwell, *1984* (1948), Folio, 2009, p. 63.)

« Il y a eu ce matin, dans tout l'Océania d'irrésistibles manifestations spontanées de travailleurs qui sont sortis des usines et des bureaux et ont défilé avec des bannières dans les rues. Ils criaient leur gratitude à Big Brother pour la vie nouvelle et heureuse que sa sage direction nous a procurée. » (George Orwell, *1984* (1948), Folio, 2009, p. 81.)

« Dans un monde dans lequel le nombre d'heures de travail serait court, où chacun aurait suffisamment de nourriture, vivrait dans une maison munie d'une salle de bains et d'un réfrigérateur, posséderait une automobile ou même un aéroplane, la plus évidente, et peut-être la plus importante forme d'inégalité aurait déjà disparu. Devenue générale, la richesse ne conférerait plus aucune distinction.

Il était possible, sans aucun doute, d'imaginer une société dans laquelle la richesse dans le sens de possessions personnelles et de luxe serait également distribuée, tandis que le savoir resterait entre les mains d'une petite caste privilégiée. Mais, dans la pratique, une telle société ne pourrait demeurer longtemps stable.

Si tous, en effet, jouissaient de la même façon de loisirs et de sécurité, la grande masse d'êtres humains qui est normalement abrutie par la pauvreté pourrait s'instruire et apprendre à réfléchir par elle-même, elle s'apercevrait alors tôt ou tard que la minorité privilégiée n'a aucune raison d'être, et la balaierait. En résumé, une société hiérarchisée n'était possible que sur la base de la pauvreté et de l'ignorance. » (George Orwell, *1984* (1948), Folio, 2009, p. 252-253.)

« L'acte essentiel de la guerre est la destruction, pas nécessairement de vies humaines, mais des produits du travail humain. La guerre est le moyen de briser, de verser dans la stratosphère, ou de faire sombrer dans les profondeurs de la mer, les matériaux qui, autrement, pourraient être employés à donner trop de confort aux masses et, partant, trop d'intelligence en fin de compte. Même quand les armes de guerre ne sont pas réellement détruites, leur manufacture est encore un moyen facile de dépenser la puissance de travail sans rien produire qui puisse être consommé. » (George Orwell, *1984* (1948), Folio, 2009, p. 254.)

« Travail. J'accepte la mort. Je refuse de vivre et d'être mort. Après ma mort tout ce travail doit vivre à ma place. Il faut lui faire une santé robuste. Des organes solides. C'est pourquoi le travail nous mange, nous dévore. Il veut notre disparition. Ingratitude filiale et même animale. Déjà notre travail s'émancipe à l'étranger et ne s'occupe plus de nous. Il échappe à notre contrôle. » (Jean Cocteau, *Le passé défini, I, journal,* 7 novembre 1951, Gallimard, 1983, p. 78.)

« On connaît le schéma marxiste. Marx, après Adam Smith et Ricardo, définit la valeur de toute marchandise par la quantité de travail qui la produit. La quantité de travail, vendue par le prolétaire au capitaliste, est elle-même une marchandise dont la valeur sera définie par la quantité de travail qui la produit, autrement dit par la valeur des biens de consommation nécessaire à sa subsistance. Le capitaliste, achetant cette marchandise, s'engage donc à la payer suffisamment pour que celui qui la vend, le travailleur, puisse se nourrir et se perpétuer. Mais il reçoit en même temps le droit de faire travailler ce dernier aussi longtemps qu'il le pourra. Il le peut très longtemps et plus qu'il n'est nécessaire pour payer sa subsistance. Dans une journée de douze heures, si la moitié suffit à produire une valeur équivalente à la valeur des produits de subsistance, les six autres heures sont des heures non payées, une plus-value, qui constitue le bénéfice propre du capitaliste. L'intérêt du capitaliste est donc d'allonger au maximum les heures de travail ou, quand il ne le peut plus, d'accroître au maximum le rendement de l'ouvrier. La première exigence est affaire de police et de cruauté. La seconde est affaire d'organisation du travail. Elle mène à la division du travail d'abord, et ensuite à l'utilisation de la machine, qui déshumanise l'ouvrier. » (Albert Camus, *L'homme révolté* (1951), Gallimard, 1980, p. 243.)

« Aux deux formes traditionnelles d'oppression qu'a connues l'humanité, par les armes et par l'argent, Simone Weil en ajoute une troisième, l'oppression par la fonction. « On peut supprimer l'opposition entre acheteur et vendeur du travail, écrivait-elle, sans supprimer l'opposition entre ceux qui disposent de la machine et ceux dont la machine dispose ». » (Albert Camus, *L'homme révolté* (1951), Gallimard, 1980, p. 257-258.)

« Il faut lire les textes de Simone Weil sur la condition de l'ouvrier d'usine pour savoir à quel degré d'épuisement moral et de désespoir silencieux peut mener la rationalisation du travail. Simone Weil a raison de dire que la condition ouvrière est deux fois inhumaine, privée d'argent, d'abord, et de dignité ensuite. Un travail auquel on peut s'intéresser, un travail créateur, même mal payé, ne dégrade pas la vie. Le socialisme industriel n'a rien fait d'essentiel pour la condition ouvrière parce qu'il n'a pas touché au principe même de la production et de l'organisation du travail, qu'il a exalté au contraire. Il a pu proposer au travailleur une justification historique de même valeur que celle qui consiste à promettre les joies célestes à celui qui meurt à la peine ; il ne lui a jamais rendu la joie du créateur. » (Albert Camus, *L'homme révolté* (1951), Gallimard, 1980, p. 259.)

« Non seulement le travail lui-même est un honneur et une gloire, et l'« émulation socialiste » un devoir, mais *tout* travail, sous le socialisme, a un caractère créateur, et tout rabaissement du travail manuel porte atteinte à l'éducation communiste. Das la société soviétique, l'« amour de son travail » est en soi un des principes suprêmes de la morale communiste, et le travail en soi est déclaré être l'un des facteurs les plus importants dans l'instauration des qualités morales. Eu égard à la valeur morale du travail dans une société socialiste, les différences entre travail individuel et travail mécanisé deviennent sans objet. » (Herbert Marcuse, *Le marxisme soviétique* (1958), Gallimard, 1963, p. 322.)

« … la morale soviétique ne reconnaît aucune différence éthique entre la valeur du travail aliéné et non aliéné : l'individu est supposé investir toute son énergie et toutes ses aspirations dans n'importe quelle fonction qu'il occupe ou que les autorités lui assignent. C'est cet effacement de la différence fondamentale entre travail aliéné et non aliéné qui permet au marxisme soviétique de créditer le système soviétique du plein développement de l'individu complet par opposition à l'individu mutilé de la société occidentale. » (Herbert Marcuse, *Le marxisme soviétique* (1958), Gallimard, 1963, p. 324.)

Travaux forcés

« Les travaux forcés n'étaient pas une occupation, mais un devoir. Après avoir fait le nombre d'heures fixé par la loi, les détenus rentraient dans la maison de force. Ils haïssaient leur corvée. Sans l'occupation personnelle à laquelle il s'applique de toute son âme, de tout son esprit, le forçat n'y résisterait pas. Comment, en effet, arrachés à la société et à une existence normale, des êtres fortement taillés pour vivre et désireux de vivre seraient-ils capables de se conduire normalement, naturellement, avec bonne volonté et bonne humeur ?

La fainéantise seule serait capable de développer en eux des instincts vicieux dont ils n'avaient pas conscience auparavant. Sans travail, sans lois, sans rien qui lui appartienne en propre, l'homme n'est plus lui-même, il s'avilit, il redevient une bête. C'est pourquoi, poussé par ses capacités naturelles et le sentiment confus de la conservation, chaque forçat avait un métier. » (Fédor Dostoïevski, *Souvenirs de la maison des morts* (1860-1862), Folio, 1977, p. 53.)

« L'argent et le tabac sauvaient les détenus du scorbut et d'autres maladies ; le travail les sauvait du crime : sans lui, ils se seraient entredévorés comme des araignées enfermées dans un bocal. » (Fédor Dostoïevski, *Souvenirs de la maison des morts* (1860-1862), Folio, 1977, p. 54.)

« Nous voulons être délivrés. Celui qui donne un coup de pioche veut connaître un sens à son coup de pioche. Et le coup de pioche du bagnard, qui humilie le bagnard, n'est point le même que le coup de pioche du prospecteur, qui grandit le prospecteur. Le bagne ne réside point là où des coups de pioche sont donnés. Il n'est pas d'horreur matérielle. Le bagne réside là où des coups de pioche sont donnés qui n'ont point de sens, qui ne relient pas celui qui les donne à la communauté des hommes. » (Antoine de Saint-Exupéry, *Œuvres, Terre des hommes* (1939), Bibliothèque de la Pléiade, 1974, p. 254.)

Ambivalence du travail

« Des quantités égales de travail doivent être, en tout temps et en tout lieu, d'une valeur égale pour le travailleur. Dans son état habituel de santé, de force et d'activité, et d'après le degré habituel de dextérité qu'il peut avoir, il faut toujours qu'il sacrifie la même portion de son repos, de sa liberté, de son bonheur. » (Adam Smith, *Recherches sur la nature et les causes de la richesse des nations* (1776), I, 5, GF-Flammarion, 1991, p. 102.)

« L'homme veut la concorde, mais la nature sait mieux que lui ce qui est bon pour son espèce : elle veut la discorde. Il veut vivre commodément et à son aise ; mais la nature veut qu'il soit obligé de sortir de son inertie et de sa satisfaction passive, de se jeter dans le travail et dans la peine pour trouver en retour les moyens de s'en libérer sagement. » (Emmanuel Kant, *Opuscules sur l'histoire*, « Idée d'une histoire universelle au point de vue cosmopolitique » (1784), GF-Flammarion, 1990, p. 75.)

« Les âmes vulgaires et incultes regardent encore comme perdu tout le temps que ne remplit pas le travail matériel. Dans les classes cultivées, on reconnaît déjà la valeur propre à l'exercice purement intellectuel. Mais, depuis la fin du Moyen Âge, l'homme a partout oublié le prix direct et supérieur de la culture morale proprement dite. » (Auguste Comte, *Catéchisme positiviste* (1852), GF-Flammarion, 1966, p. 176-177.)

« Chercher du travail en vue du salaire – voilà en quoi presque tous les hommes sont égaux dans les pays civilisés : pour eux tous, le travail n'est qu'un moyen, non pas le but en soi ; aussi bien sont-ils peu raffinés dans le choix du travail, qui ne compte plus à leurs yeux que par la promesse du gain, pourvu qu'il en assure un appréciable. Or il se trouve quelques rares personnes qui préfèrent périr plutôt que de se livrer sans joie au travail ; ce sont ces natures portées à choisir et difficiles à satisfaire qui ne se contentent pas d'un gain considérable, dès lors que le travail ne constitue pas lui-même le gain de tous les gains. À cette catégorie d'hommes appartiennent les artistes et les contemplatifs de toutes sortes, mais aussi ces oisifs qui passent leur vie à la chasse, en voyages ou dans les aventures amoureuses. Tous ceux-là veulent le travail et la nécessité pour autant qu'y soit associé le plaisir, et le travail le plus pénible s'il le faut. Au demeurant ils sont d'une paresse résolue, dût-elle entraîner l'appauvrissement, le déshonneur, et mettre en danger la santé et la vie. Ils ne craignent pas tant l'ennui que le travail sans plaisir ; ils ont même besoin de s'ennuyer beaucoup s'ils veulent réussir dans leur propre travail. Pour le penseur, comme pour tous les esprits sensibles, l'ennui est ce désagréable « calme des vents » de l'âme, qui précède l'heureuse navigation et les vents joyeux : il faut qu'il le supporte, qu'il en attende l'effet ; c'est là précisément ce que les natures plus faibles ne peuvent pas obtenir d'elles-mêmes ! Chasser l'ennui de soi par n'importe quel moyen est aussi vulgaire que le fait de travailler sans plaisir. » (Friedrich Nietzsche, *Le Gai Savoir* (1882), § 42, 10/18, 1973, p. 118-119.)

« Le travail est la meilleure et la pire des choses ; la meilleure, s'il est libre, la pire, s'il est serf. J'appelle libre au premier degré le travail réglé par le travailleur lui-même, d'après son savoir propre et selon l'expérience, comme d'un menuisier qui fait une porte. » (Alain, *Propos sur le bonheur* (1928), « Heureux agriculteurs » (28 août 1922), Folio, 1985, p. 115.)

« En l'absence de dons spéciaux de nature à orienter les intérêts vitaux dans une direction donnée, le simple travail professionnel, tel qu'il est accessible à chacun, peut jouer le rôle attribué dans Candide à la culture de notre jardin, culture que Voltaire nous conseille si sagement. Il ne m'est pas loisible dans une vue d'ensemble aussi succincte, de m'étendre suffisamment sur la grande valeur du travail au point de vue de l'économie de la libido. Aucune autre technique de conduite vitale n'attache l'individu plus solidement à la réalité, ou tout au moins à cette fraction de la réalité que constitue la société, et à laquelle une disposition à démontrer l'importance du travail vous incorpore fatalement. La possibilité de transférer les composantes narcissiques, agressives, voire érotiques de la libido dans le travail professionnel et les relations sociales qu'il implique, donne à ce dernier une valeur qui ne le cède en rien à celle que lui confère le fait d'être indispensable à l'individu pour maintenir et justifier son existence au sein de la société. S'il est librement choisi, tout métier devient source de joies particulières, en tant qu'il permet de tirer profit, sous leurs formes sublimées, de penchants affectifs et d'énergies instinctives évoluées ou renforcées déjà par le facteur constitutionnel. Et malgré tout cela, le travail ne jouit que d'une faible considération dès qu'il s'offre comme moyen de parvenir au bonheur. C'est une voie dans laquelle on est loin de se précipiter avec l'élan qui nous entraîne vers d'autres satisfactions. La grande majorité des hommes ne travaillent que sous la contrainte de la nécessité, et de cette aversion naturelle pour le travail naissent les problèmes sociaux les plus ardus. » (Sigmund Freud, *Malaise dans la civilisation* (1930), PUF, 1973, p. 25-26, note.

« Je suis contraint d'accepter l'idée du travail comme nécessité matérielle, à cet égard je suis on ne peut plus favorable à sa plus juste répartition. Que les sinistres obligations de la vie me l'imposent, soit, qu'on me demande d'y croire, de révérer le mien ou celui des autres, jamais. » (André Breton, *Nadja* (1928), Folio, 1985, p. 68-69.)

Oisiveté et loisir

« La principale cause de la misère publique, c'est le nombre excessif des nobles, frelons oisifs qui se nourrissent de la sueur et du travail d'autrui, et qui font cultiver leurs terres, en rasant leurs fermiers jusqu'au vif, pour augmenter leurs revenus ; ils ne connaissent pas d'autre économie. S'agit-il, au contraire, d'acheter un plaisir ? Ils sont prodigues jusqu'à la folie et la mendicité. Ce qui n'est pas moins funeste, c'est qu'ils traînent à leur suite des troupeaux de valets fainéants, sans état et incapables de gagner leur vie. » (Thomas More, *L'utopie* (1516), I, Éditions sociales, 1970, p. 78.)

« Vous voyez que, en Utopie, l'oisiveté et la paresse sont impossibles. On n'y voit ni tavernes, ni lieux de prostitution, ni occasions de débauche, ni repaires cachés, ni assemblées secrètes. Chacun, sans cesse exposé aux regards de tous, se trouve dans l'heureuse nécessité de travailler et de se reposer, suivant les lois et les coutumes du pays. L'abondance en toutes choses est le fruit de cette vie pure et active. Le bien-être se répand également sur tous les membres de cette admirable société ; la mendicité et la misère y sont des monstres inconnus. » (Thomas More, *L'utopie* (1516), II, Éditions sociales, 1970, p. 137.)

« Hors de la société, l'homme isolé, ne devant rien à personne, a droit de vivre comme il lui plaît ; mais dans la société, où il vit nécessairement aux dépens des autres, il leur doit en travail le prix de son entretien ; cela est sans exception. Travailler est donc un devoir indispensable à l'homme social. Riche ou pauvre, puissant ou faible, tout citoyen oisif est un fripon. » (Jean-Jacques. Rousseau, *Émile* (1762), III, Garnier, 1982, p. 226.)

« On a l'habitude de dire que l'oisiveté est la mère de tous les maux. On recommande le travail pour empêcher le mal. Mais aussi bien la cause redoutée que le moyen recommandé vous convaincront facilement que toute cette réflexion est d'origine plébéienne. L'oisiveté en tant qu'oisiveté, n'est nullement la mère de tous les maux, au contraire c'est une vie vraiment divine lorsqu'elle ne s'accompagne pas d'ennui. » (Sören Kierkegaard, *Ou bien... ou bien..., L'assolement* (1843), Gallimard, 2005, p. 226.)

« Le proverbe latin qui dit : *otium est pulvinar diaboli*[1] est tout à fait juste ; mais le diable n'aura pas le temps de poser sa tête sur ce traversin si on ne s'ennuie pas. » (Sören Kierkegaard, *Ou bien... ou bien..., L'assolement* (1843), Gallimard, 2005, p. 226.)

« *En faveur des oisifs.* – Signe que le prix de la vie contemplative a baissé, les savants rivalisent si bien aujourd'hui avec les hommes d'action dans une sorte de jouissance active qu'ils semblent estimer plus haut cette manière-là de jouir que celle qui leur convient proprement et tient davantage, en fait, de la jouissance. Les savants ont honte de l'*otium*. C'est pourtant une noble chose que loisir et musardise. » (Friedrich Nietzsche, *Humain trop humain,* vol. 1 (1878), § 284, Folio, 1987, p. 215.)

« L'oisiveté pèse aux races laborieuses. C'est par un coup de maître que l'instinct anglais a fait du dimanche une journée si sainte et si ennuyeuse, que l'Anglais en vient à désirer à son insu le retour des jours de semaine et de travail ; le dimanche devient une sorte de jeûne ingénieusement inventé et institué, comme il y en avait souvent dans l'antiquité (bien que, chez les peuples méridionaux le jeûne n'ait pu consisté, évidemment, à se priver de travailler.) » (Friedrich Nietzsche, *Par-delà le bien et le mal* (1886), § 189, 10/18, 1973, p. 144-145.)

« Oisiveté *n.* Ferme modèle où le diable expérimente les graines de nouveaux péchés et aide à l'épanouissement des vices naturels. » (Ambrose Bierce, *Le Dictionnaire du Diable* (1911), Rivages, 1996, p. 197.)

« L'idée que les pauvres puissent avoir des loisirs a toujours choqué les riches. » (Bertrand Russell, *Éloge de l'oisiveté* (1932), Éditions Allia, 2002, p. 20.)

1. « L'oisiveté est l'oreiller du diable ».

« Le bon usage du loisir, il faut le reconnaître, est le produit de la civilisation et de l'éducation. Un homme qui a fait de longues journées de travail toute sa vie s'ennuiera s'il est soudain livré à l'oisiveté. Mais sans une somme considérable de loisir à sa disposition, un homme n'a pas accès à la plupart des meilleures choses de la vie. Il n'y a plus aucune raison pour que la majeure partie de la population subisse cette privation ; seul un ascétisme irréfléchi, qui s'exerce généralement par procuration, entretient notre obsession du travail excessif à présent que le besoin ne s'en fait plus sentir. » (Bertrand Russell, *Éloge de l'oisiveté* (1932), Éditions Allia, 2002, p. 23.)

« Sans la classe oisive, l'humanité ne serait jamais sortie de la barbarie. » (Bertrand Russell, *Éloge de l'oisiveté* (1932), Éditions Allia, 2002, p. 34.)

« Il existe une technique du congé, mais nul ne nous l'a enseignée ; nous avons appris de nos parents à mesurer ce que l'oisiveté nous fait perdre, non ce qu'elle nous fait gagner. Aujourd'hui, il nous faut réapprendre le relâchement. C'est un métier comme un autre ; c'est aussi une vocation. » (Paul Morand, *Éloge du repos* (1937), Arléa, 1996, p. 12.)

« L'oisiveté rend les heures lentes et les années rapides. » (Cesare Pavese, *Le métier de vivre* (1952), 10 décembre 1938, Folio, 1997, p. 174.)

« Ce dont les travailleurs ont été privés dans le travail, initiative, responsabilité, achèvement, ils cherchent à le reconquérir dans le loisir. » (Georges Friedmann, *Le travail en miettes* (1956), Gallimard, 1964, p. 191.)

« L'insatisfaction dans le travail, qu'elle soit consciente ou non consciente, exerce une action permanente et multiple sur la vie hors travail, puisqu'elle se traduit par des phénomènes d'évasion vers des activités latérales. Or, toute évasion, au regard des psychologues, est un comportement plus ou moins névrotique, accompagné, sous diverses formes, de refoulement, de séparation d'avec une partie du réel, de frustration et parfois même de tendances agressives. Lorsque l'individu éprouve le besoin de fuir son travail professionnel vers autre chose, c'est que le travail ne peut jouer chez lui le rôle capital qu'il doit assumer dans la décharge de ses tendances profondes et l'équilibre de sa personnalité. » (Georges Friedmann, *Le travail en miettes* (1956), Gallimard, 1964, p. 204.)

« ... pris dans ce cycle impérieux [production-consommation], le citoyen moyen, le *common man* des sociétés modernes, même assisté de l'automation au cours et hors de son travail, risque d'être un nouveau Sisyphe condamné à rouler ans répit un fardeau toujours retombant qui écrase en lui les valeurs de la pensée, de la culture, et le livre, durant son temps libéré (peau de chagrin rongée par les besoins proliférants), à l'action anarchique des *mass media* déchaînés. » (Georges Friedmann, *Sept études sur l'homme et la technique*, « Le loisir et la civilisation technicienne » (1960), Denoël/Gonthier, 1966, p. 135.)

Paresse & inaction

« Pour forcer les paresseux et les mutins, on emploie les coups préférablement à la chaîne. Ceux qui remplissent bien leur devoir ne subissent aucun mauvais traitement. Le soir, on fait l'appel nominal des condamnés et on les enferme dans des cabanons où ils passent la nuit. Du reste, la seule peine qu'ils aient à souffrir, c'est la continuité du travail ; car on leur fournit toutes les nécessités de la vie ; comme ils travaillent pour la société, c'est la société qui les entretient. » (Thomas More, *L'utopie* (1516), I, Éditions sociales, 1970, p. 87-88.)

« Souviens-toi que le temps, c'est de l'argent. Celui qui, pouvant gagner dix shillings par jour en travaillant, se promène ou reste dans sa chambre à paresser la moitié du temps, bien que ses plaisirs, que sa paresse, ne lui coûtent que six pence, celui-là ne doit pas se borner à compter cette seule dépense. Il a dépensé en outre, jeté plutôt, cinq autres shillings. » (Benjamin Franklin, *Necessary Hints to Those That Would Be Rich* (1736), cité par Max Weber, *L'éthique protestante et l'esprit du capitalisme* (1905), Plon, 1976, p. 46.)

« Si on la poursuit dans le dessein de vivre plus tard joyeux et sans souci, la richesse n'est que tentation de la paresse et scabreuse jouissance de la vie. Au contraire, dans la mesure où elle couronne l'accomplissement du devoir professionnel, elle devient non seulement moralement permise, mais encore effectivement ordonnée. [...] Désirer être pauvre – cette argumentation était fréquente – ce qui est condamnable en tant que sanctification par les œuvres, et dommageable à la gloire de Dieu. En particulier, la mendicité, de la part d'un individu en état de travailler, outre qu'elle est paresse condamnable, est également, selon la parole de l'apôtre, violation du devoir d'amour envers le prochain. » (Max Weber, *L'éthique protestante et l'esprit du capitalisme* (1905), Plon, 1976, p. 218-219.)

« Il est inconcevable à quel point l'homme est naturellement paresseux. On dirait qu'il ne vit que pour dormir, végéter, rester immobile ; à peine peut-il se résoudre à se donner les mouvements nécessaires pour s'empêcher de mourir de faim. Rien ne maintient tant les sauvages dans l'amour de leur état que cette délicieuse indolence. Les passions qui rendent l'homme inquiet, prévoyant, actif, ne naissent que dans la société. Ne rien faire est la première et la plus forte passion de l'homme, après celle de se conserver. Si l'on y regardait bien, l'on verrait que, même parmi nous, c'est pour parvenir au repos que chacun travaille, c'est encore la paresse qui nous rend laborieux. » (Jean-Jacques Rousseau, *Essai sur l'origine des langues* (1781), Ducros, 1968, p. 109, note.)

« La paresse et la lâcheté sont les causes qui expliquent qu'un si grand nombre d'hommes, après que la nature les a affranchis depuis longtemps d'une direction étrangère, restent cependant volontiers, leur vie durant, mineurs, et qu'il soit si facile à d'autres de se poser en tuteurs des premiers. Il est si aisé d'être mineur ! Si j'ai un livre, qui me tient lieu d'entendement, un directeur, qui me tient lieu de conscience, un médecin, qui décide pour moi de mon régime, etc., je n'ai vraiment pas besoin de me donner de peine moi-même. Je n'ai pas besoin de penser pourvu que je puisse payer ; d'autres se chargeront bien de ce travail ennuyeux. » (Emmanuel Kant, *La philosophie de l'histoire*, « Réponse à la question : "Qu'est-ce que les Lumières ?" » (1784), Aubier, 1947, p. 83.)

« La plus grande jouissance sensible, qui ne se mêle d'aucun dégoût, consiste, quand on est en pleine santé, à se reposer *après le travail*. Le penchant à prendre du repos sans avoir travaillé, quand on est en bonne santé, s'appelle *paresse*. On peut cependant ne pas vouloir reprendre ses *occupations* pendant un bon moment et se livrer à la douceur du farniente, où l'on rassemble ses forces, sans être un paresseux ; on peut alors (même si on joue) avoir des *occupations* agréables et utiles en même temps ; un changement dans la nature du travail est à bien des égards un repos ; en revanche il faut une assez grande détermination pour revenir à un travail pénible qu'on a laissé inachevé. » (Emmanuel Kant, *Anthropologie du point de vue pragmatique* (1798), § 86, Vrin, 1970, p. 127.)

« Parmi les trois vices : *paresse, lâcheté, fausseté*, le premier semble mériter le plus de mépris. Mais on peut être souvent injuste quand on porte un jugement de paresse. Car cette répugnance au travail ininterrompu, la nature l'a sagement placée, pour plus d'un homme, dans un instinct qui lui est salutaire tout autant qu'aux autres : on ne supporterait pas sans épuisement une dépense de force trop longue ou trop souvent répétée ; on a besoin de récréations. » (Emmanuel Kant, *Anthropologie du point de vue pragmatique* (1798), § 86, Vrin, 1970, p. 127.)

« … très nombreux sont ceux que la paresse conduit à préférer suivre la trace d'autrui plutôt que de fatiguer leurs propres facultés mentales. De tels gens ne sauraient jamais être que des copies d'autrui, et si tous étaient de cette sorte, aucun changement ne se serait jamais produit dans le monde. D'où la nécessité et l'importance de ne pas confiner la jeunesse, comme on le fait d'habitude, dans la simple imitation. » (Emmanuel Kant, *Logique* (1800), Vrin, 1997, p. 86.)

« La position allongée n'était pour Ilia Ilitch ni nécessaire, comme pour un malade ou pour un homme qui veut dormir, ni accidentelle, comme pour une personne fatiguée, ni voluptueuse comme chez le fainéant ; c'était son état normal. » (Ivan Gontcharov, *Oblomov* (1859), L'âge d'homme, 1988, p. 14.)

« Son caractère timide et apathique l'avait empêché de manifester complètement sa paresse devant les autres, à l'école, où l'on ne faisait pas d'exceptions pour les fils à papa. Se pliant à la nécessité, il se tenait droit en classe, écoutait ce que disaient les professeurs – on ne pouvait rien faire d'autre – puis, en rechignant et transpirant à grosses gouttes, faisait ses devoirs.

Il considérait tout cela comme un châtiment envoyé par le ciel pour nos péchés. » (Ivan Gontcharov, *Oblomov* (1859), L'âge d'homme, 1988, p. 65.)

« Les paresseux qui ne veulent pas travailler se pressent autour de ceux qui donnent, tels les joueurs qui dans l'espoir de gagner s'assemblent autour du tapis vert. Or les misérables sous qu'on leur jette ne parviennent pas à alléger la centième partie de leurs maux. » (Fedor Dostoïevski, *Les démons* (1873), Bibliothèque de la Pléiade, 1955, p. 360.)

« Le voyageur qui avait vu beaucoup de pays et de peuples et plusieurs continents et à qui l'on demandait quelle qualité il avait partout retrouvée chez les hommes, répondit : ils ont une propension à la paresse. » (Friedrich Nietzsche, *Considérations inactuelles III, Schopenhauer éducateur* (1874), Folio, 1992, p. 17.)

« Si le grand penseur méprise les hommes, c'est leur paresse qu'il méprise, car c'est elle qui leur donne l'allure indifférente des marchandises fabriquées en série, indignes de commerce et d'enseignement. » (Friedrich Nietzsche, *Considérations inactuelles III, Schopenhauer éducateur* (1874), Folio, 1992, p. 18.)

« Il faut tout dire : le travail donne une satisfaction un peu béate. Il y a dans la paresse un état d'inquiétude qui n'est pas vulgaire, et auquel l'esprit doit peut-être ses plus fines trouvailles. » (Jules Renard, *Journal* (1925-27), 15 août 1898, Robert Laffont-Bouquins, 1990, p. 398.)

« Paresse : habitude prise de se reposer avant la fatigue. » (Jules Renard, *Journal* (1925-27), 22 mai 1906, Robert Laffont-Bouquins, 1990, p. 831.)

« Paresse *n*. Suspension d'activité totalement injustifiée chez un inférieur. » (Ambrose Bierce, *Le Dictionnaire du Diable* (1911), Rivages, 1996, p. 205.)

« J'ai toujours ressenti une impression étrange en entendant ou en lisant des propos réprobateurs sur la paresse avérée de tel ou tel, membre du gouvernement ou simple parent. « La paresse est la mère de tous les vices » – c'est ainsi qu'on a stigmatisé, que l'humanité entière, toutes nations confondues, a stigmatisé cette activité particulière de l'homme. Cette accusation portée contre la paresse m'a toujours semblé injuste. Pourquoi le travail est-il à ce point exalté, porté sur le trône de la gloire et des louanges, quand la paresse est clouée au pilori, pourquoi les paresseux dans leur ensemble sont-ils couverts d'opprobre, marqués du sceau de l'infamie, du sceau de la mère-paresse, quand le moindre travail est voué à la gloire, aux honneurs, aux récompenses ? J'ai toujours pensé que ce devrait être exactement le contraire : le travail doit être maudit, comme l'enseignent les légendes sur le paradis, tandis que la paresse doit être le but essentiel de l'homme. » (Kazimir Malevitch, *La paresse comme vérité effective de l'homme* (1921), Éditions Allia, 2004, p. 11-12.)

« Afin d'échapper à la mort, l'homme invente des systèmes de vie où tous travailleraient et où il n'y aurait pas un seul paresseux. Voilà pourquoi le système du socialisme, menant au communisme, flétrit tous les systèmes qui ont existé avant lui, pour que l'humanité tout entière suive un seul chemin laborieux et qu'il ne reste plus un seul inactif. » (Kazimir Malevitch, *La paresse comme vérité effective de l'homme* (1921), Éditions Allia, 2004, p. 13-14.)

« 1939-1940 – Se reposer sur ses lauriers est aussi dangereux que se reposer quand on marche dans la neige. Tu t'endors, et tu meurs pendant ton sommeil. » (Ludwig Wittgenstein, *Remarques mêlées* (1978), GF Flammarion, 2004, p. 96.)

« Le temps gagné sur le travail, s'il n'est point simple loisir, détente des muscles après l'effort ou sommeil de l'esprit après l'invention, n'est que temps mort. Et tu fais de la vie deux parts inacceptables : un travail qui n'est qu'une corvée à quoi on refuse le don de soi-même, un loisir qui n'est qu'une absence. » (Antoine de Saint-Exupéry, *Œuvres, Citadelle* (1943), Bibliothèque de la Pléiade, 1974, p. 673.)

Métier

« … ce que j'avance est prouvé, en Utopie, par des faits. Là, dans toute l'étendue d'une ville et son territoire, à peine y a-t-il cinq cents individus, y compris les hommes et les femmes ayant l'âge et la force de travailler, qui en soient exemptés par la loi. De ce nombre sont les syphograntes ; et cependant ces magistrats travaillent comme les autres citoyens pour les stimuler par leur exemple. Ce privilège s'étend aussi aux jeunes gens que le peuple destine aux sciences et aux lettres sur la recommandation des prêtres et d'après les suffrages secrets des syphograntes. Si l'un de ces élus trompe l'espérance publique, il est renvoyé dans la classe des ouvriers. Si, au contraire, et ce cas est fréquent, un ouvrier parvient à acquérir une instruction suffisante en consacrant ses heures de loisir à ses études intellectuelles, il est exempté du travail mécanique et on l'élève à la classe des lettrés. » (Thomas More, *L'utopie* (1516), II, Éditions sociales, 1970, p. 127-128.)

« La chose la plus importante à toute la vie est le choix du métier : le hasard en dispose. La coutume fait les maçons, soldats, couvreurs. C'est un excellent couvreur, dit-on, et en parlant des soldats : ils sont bien fous, dit-on, et les autres au contraire : il n'y a rien de grand que la guerre, le reste des hommes sont des coquins. À force d'ouïr louer en l'enfance ces métiers et mépriser tous les autres on choisit. Car naturellement on aime la vertu et on hait la folie ; ces mots mêmes décideront ; on ne pèche qu'en l'application. Tant est grande la force de la coutume que de ceux que la nature n'a fait qu'hommes on fait toutes les conditions des hommes. Car des pays sont tout de maçons, d'autres tout de soldats, etc. Sans doute que la nature n'est pas si uniforme ; c'est la coutume qui fait donc cela, car elle contraint la nature, et quelquefois la nature la surmonte et retient l'homme dans son instinct malgré toute coutume bonne ou mauvaise. » (Blaise Pascal, *Pensées*, 97-634, GF Flammarion, 1976, p. 78.

« Un métier à mon fils ! mon fils artisan ! Monsieur, y pensez-vous ? J'y pense mieux que vous, Madame, qui voulez le réduire à ne pouvoir jamais être qu'un lord, un marquis, un prince, et peut-être un jour moins que rien : moi, je lui veux donner un rang qu'il ne puisse perdre, un rang qui l'honore dans tous les temps ; je veux l'élever à l'état d'homme ; et, quoi que vous en puissiez dire, il aura moins d'égaux à ce titre qu'à tous ceux qu'il tiendra de vous.

La lettre tue, et l'esprit vivifie. Il s'agit moins d'apprendre un métier pour savoir un métier, que pour vaincre les préjugés qui le méprisent. Vous ne serez jamais réduit à travailler pour vivre. Eh ! tant pis, tant pis pour vous ! Mais n'importe ; ne travaillez point par nécessité, travaillez par gloire. Abaissez-vous à l'état d'artisan, pour être au-dessus du vôtre. Pour vous soumettre la fortune et les choses, commencez par vous en rendre indépendant. Pour régner par l'opinion, commencez par régner sur elle. » (Jean-Jacques. Rousseau, *Émile* (1762), III, Garnier, 1982, p. 226-227.)

« ... combien de métiers se réduisent à un automatisme, et lui sacrifient peu à peu ce qu'il y a dans l'homme le plus précieux !... Alors, à cet accroissement de valeur dont je parlais tout à l'heure, s'oppose une diminution de la personne. Le nom même de métier y fait songer. Il signifie dans l'origine service de détail : métier, c'est ministère (*ministerium*, dans lequel minus s'entrevoit). Il est intéressant de noter que le langage a utilisé ce mot dans des locutions dont l'une en relève le sens : métier de roi ; l'autre le réduit à désigner une machine : métier à tisser. » (Paul Valéry, *Œuvres*, vol. 2, *Regards sur le monde actuel* (1945), « Métier d'homme » (1937), Bibliothèque de la Pléiade, 1988, p. 1110.)

L'argent & la monnaie

« Les membres de la famille mettaient toutes les choses en commun, alors que ceux qui s'étaient séparés en avaient certes beaucoup de la même manière, mais aussi d'autres qui, nécessairement, selon les besoins firent l'objet d'échanges, comme cela se pratique aussi dans beaucoup de peuplades barbares, selon la formule du troc. Car alors on échange des choses utiles les unes contre les autres et rien de plus, par exemple on donne et on reçoit du vin contre du blé, et ainsi pour chaque chose de cette sorte. Et cet échange-là n'est ni contraire à la nature ni une espèce de chrématistique[1] ; il existait, en effet, pour compléter l'autarcie naturelle. C'est pourtant de lui qu'est logiquement venue la chrématistique.

1. Ce terme désigne la science ou la gestion des richesses.

Car quand on n'eut plus recours à l'étranger pour importer ce dont on manquait et exporter ce qu'on avait en surplus, nécessairement s'introduisit l'usage de la monnaie. Il n'est pas aisé, en effet, de transporter toutes les denrées naturellement indispensables ; c'est pourquoi pour les troquer on convint de quelque chose que l'on pût aussi bien donner que recevoir, et qui, tout en étant elle-même au nombre des choses utiles, ait la faculté de changer facilement de mains pour les besoins de la vie, par exemple le fer, l'argent et toute autre matière semblable, dont la valeur fut d'abord définie par les dimensions et le poids, puis finalement par l'apposition d'une empreinte, pour éviter d'avoir sans cesse à les mesurer ; l'empreinte, en effet, fut apposée comme signe de la quantité du métal. » (Aristote, *Les politiques*, I, 9, 1257 a 22-42, GF-Flammarion, 1993, p. 116-117.)

« Souviens-toi que l'argent est, par nature, générateur et prolifique. L'argent engendre l'argent, ses rejetons peuvent en engendrer davantage, et ainsi de suite. Cinq shillings qui travaillent en font six, puis se transforment en sept shillings trois pence, etc., jusqu'à devenir cent livres sterling. Plus il y a de shillings, plus grand est le produit chaque fois, si bien que le profit croît de plus en plus vite. Celui qui tue une truie, en anéantit la descendance jusqu'à la millième génération. Celui qui assassine (sic) une pièce de cinq shillings, détruit tout ce qu'elle aurait pu produire : des monceaux de livres sterling. » (Benjamin Franklin, *Necessary Hints to Those That Would Be Rich* (1736), cité par Max Weber, *L'éthique protestante et l'esprit du capitalisme* (1905), Plon, 1976, p. 47.)

« La monnaie est un signe qui représente la valeur de toutes les marchandises. On prend quelque métal pour que le signe soit durable, qu'il se consomme peu par l'usage, et que, sans se détruire, il soit capable de beaucoup de divisions. On choisit un métal précieux, pour que le signe puisse aisément se transporter. Un métal est très propre à être une mesure commune, parce qu'on peut aisément le réduire au même titre. Chaque État y met son empreinte, afin que la forme réponde du titre et du poids, et que l'on connaisse l'un et l'autre par la seule inspection. » (Montesquieu, *De l'esprit des lois* (1748), vol. 2, XXII, 1, GF-Flammarion, 1979, p. 73.)

« La monnaie a cela de commun avec toutes les espèces de mesures, qu'elle est une sorte de langage qui diffère, chez les différents peuples, en tout ce qui est arbitraire et de convention, mais qui se rapproche et s'identifie, à quelques égards, par ses rapports, à un terme ou étalon commun. » (Anne Robert Jacques Turgot, *Formation et distribution des richesses,* « Valeurs et monnaies (1769), GF-Flammarion, 1997, p. 275.)

« … des raisons irrésistibles semblent, dans tous les pays, avoir déterminé les hommes à adopter les métaux pour cet usage, par préférence à toute autre denrée. Les métaux non seulement ont l'avantage de pouvoir se garder avec aussi peu de déchet que quelque autre denrée que ce soit, aucune n'étant moins périssable qu'eux, mais encore ils peuvent se diviser sans perte en autant de parties qu'on veut, et ces parties, à l'aide de la fusion, peuvent être de nouveau réunies en masse ; qualité que ne possède aucune autre denrée aussi durable qu'eux, et qui, plus que toute autre qualité, en fait les instruments les plus propres au commerce et à la circulation. » (Adam Smith, *Recherches sur la nature et les causes de la richesse des nations* (1776), vol. 1, I, 4, GF-Flammarion, 1991, p. 92.)

« La *monnaie* est la marchandise universelle, celle, par conséquent, qui, en tant que valeur abstraite, ne peut être utilisée elle-même pour satisfaire ainsi un quelconque besoin particulier. L'usage de la monnaie n'est qu'indirect. Il n'existe pas, en elle-même et pour elle-même, une certaine matière qui serait la monnaie, mais c'est par convention qu'on lui fait jouer ce rôle. » (Georg Wilhelm Friedrich Hegel, *Propédeutique philosophique* (1808-1811), Gonthier Médiations, 1964, p. 41.)

« De toutes les mesures pratiques et usuelles de la valeur, la monnaie est incontestablement la plus commode ; elle devient rigoureuse quand le rapport qui la lie au travail est commun et fixe. Comme tous les autres produits, cependant, elle est soumise à des variations ; mais ces variations sont en général si lentes, si insensibles, qu'il est permis, du moins pour de courtes périodes, de considérer sa valeur comme à peu près fixe. » (Thomas-Robert Malthus, *Principes d'économie politique* (1820), Calmann-Lévy, 1969, p. 89.)

« Les propriétés physiques nécessaires de la marchandise particulière, dans laquelle va se cristalliser le mode d'existence monétaire de toutes les marchandises, sont, pour autant qu'elles résultent directement de la nature de la valeur d'échange, la divisibilité à volonté, l'homogénéité des parties et l'identité de tous les exemplaires de cette marchandise. En tant que matérialisation du temps de travail général, elle doit être une matière homogène et susceptible de représenter des différences purement quantitatives. L'autre propriété que doit nécessairement posséder cette marchandise est la suivante : sa valeur d'usage doit être durable, car elle ne doit pas cesser de subsister au cours du procès d'échange. Les métaux précieux possèdent ces propriétés à un degré remarquable. Comme la monnaie n'est pas le produit de la réflexion ou de la convention, mais se constitue instinctivement dans le procès d'échange, des marchandises très diverses, plus ou moins impropres, ont tour à tour fait fonction de monnaie. » (Karl Marx, *Contribution à la critique de l'économie politique* (1859), Éditions sociales, 1969, p. 27.)

« ... les qualités naturelles spécifiques des métaux précieux, c'est-à-dire leurs qualités de valeurs d'usage, correspondent à leurs fonctions économiques et les mettent en mesure, mieux que toute autre marchandise, d'être le substrat de la fonction monétaire. » (Karl Marx, *Contribution à la critique de l'économie politique* (1859), Éditions sociales, 1969, p. 204.)

« Voyons, voyons ! continuait-il gaiement, n'ayez pas l'air de cracher sur l'argent c'est idiot d'abord, et ensuite il n'y a que les impuissants qui dédaignent une force.

Ce serait illogique de vous tuer au travail pour enrichir les autres, sans vous tailler votre légitime part. Autrement, couchez-vous et dormez ! » (Émile Zola, *L'Argent* (1891), L. de Poche, 2008, p. 317.)

« L'argent ! s'écria Saccard, supprimer l'argent ! la bonne folie !

– Nous supprimerons l'argent monnayé… Songez donc que la monnaie métallique n'a aucune place, aucune raison d'être, dans l'État collectiviste. À titre de rémunération, nous le remplaçons par nos bons de travail ; et, si vous le considérez comme mesure de la valeur, nous en avons une autre qui nous en tient parfaitement lieu, celle que nous obtenons en établissant la moyenne des journées de besogne, dans nos chantiers… Il faut le détruire, cet argent qui masque et favorise l'exploitation du travailleur, qui permet de le voler, en réduisant son salaire à la plus petite somme dont il a besoin, pour ne pas mourir de faim. N'est-ce pas épouvantable, cette possession de l'argent qui accumule les fortunes privées, barre le chemin à la féconde circulation, fait des royautés scandaleuses, maîtresses souveraines du marché financier et de la production sociale ? Toutes nos crises, toute notre anarchie vient de là… Il faut tuer, tuer l'argent ! »

Mais Saccard se fâchait. Plus d'argent, plus d'or, plus de ces astres luisants, qui avaient éclairé sa vie ! Toujours la richesse s'était matérialisée pour lui dans cet éblouissement de la monnaie neuve, pleuvant comme une averse de printemps, au travers du soleil, tombant en grêle sur la terre qu'elle couvrait, des tas d'argent, des tas d'or, qu'on remuait à la pelle, pour le plaisir de leur éclat et de leur musique. Et l'on supprimait cette gaieté, cette raison de se battre et de vivre ! » (Émile Zola, *L'Argent* (1891), L. de Poche, 2008, p. 365-366.)

« … le voleur, c'est l'Atlas qui porte le monde moderne sur ses épaules. Appelez-le comme vous voudrez : banquier véreux, chevalier d'industrie, accapareur, concussionnaire, cambrioleur, faussaire ou escroc, c'est lui qui maintient le globe en équilibre ; c'est lui qui s'oppose à ce que la terre devienne définitivement un grand bagne dont les forçats seraient les serfs du travail et dont les garde-chiourmes seraient les usuriers. Le voleur seul sait vivre ; les autres végètent. Il marche, les autres prennent des positions. Il agit, les autres fonctionnent. » (Georges Darien, *Le voleur* (1897), 10/18, 1971, p. 94.)

« Les économistes assurent tous que la misère actuelle vient de la surproduction ; que le manque de travail, qui enlève à tant de gens la possibilité de vivre, est causé par la surabondance des produits. Et l'on se plaint du voleur ! Mais chaque fois qu'il vole ou qu'il détruit quelque chose, un bijou, un chapeau, un objet d'art ou une culotte, c'est du travail qu'il donne à ses semblables. Il rétablit l'équilibre des choses, faussé par le capitaliste, dans la mesure de ses moyens. Production excédant la consommation ! Surproduction ! Mais le voleur ne se contente point de consommer ; il gaspille. Et on lui jette la pierre !… Quelle inconséquence !

– Et quant aux billets de banque qu'il retire des secrétaires où ils moisissent, quant à l'argent enfoui qu'il déterre, je me demande comment on peut lui reprocher de remettre ces espèces dans la circulation, pour le bénéfice général. » (Georges Darien, *Le voleur* (1897), 10/18, 1971, p. 185.)

« Dire que la monnaie est un gage, c'est dire qu'elle n'est rien de plus qu'un jeton reçu de consentement commun – pure fiction par conséquent ; mais c'est dire aussi qu'elle vaut exactement ce contre quoi on me l'a donnée, puisqu'à son tour elle pourra être échangée contre cette même quantité de marchandise ou son équivalent. La monnaie peut toujours ramener entre les mains de son propriétaire ce qui vient d'être échangé contre elle, tout comme, dans la représentation, un signe doit pouvoir ramener à la pensée ce qu'il représente. La monnaie, c'est une solide mémoire, une représentation qui se dédouble, un échange différé. » (Michel Foucault, *Les mots et les choses* (1966), Gallimard, 1969, p. 194.)

Grève

« Et, brusquement, ce lundi même, à quatre heures du matin, la grève venait d'éclater. Lorsque, le 1er décembre, la Compagnie avait appliqué son nouveau système de salaire, les mineurs étaient restés calmes. À la fin de la quinzaine, le jour de la paie, pas un n'avait fait la moindre réclamation. Tout le personnel, depuis le directeur jusqu'au dernier des surveillants, croyait le tarif accepté ; et la surprise était grande, depuis le matin, devant cette déclaration de guerre, d'une tactique et d'un ensemble qui semblaient indiquer une direction énergique. » (Émile Zola, *Germinal* (1885), IV, GF Flammarion, 1968, p. 209.)

« La Compagnie, disait-on, abusait de son triomphe. Après deux mois et demi de grève, vaincus par la faim, lorsqu'ils étaient retournés aux fosses, ils avaient dû accepter le tarif de boisage, cette baisse de salaire déguisée, exécrable à présent, ensanglantée du sang des camarades. On leur volait une heure de travail, on les faisait mentir à leur serment de ne pas se soumettre, et ce parjure imposé leur restait en travers de la gorge, comme une poche de fiel. » (Émile Zola, *Germinal* (1885), VII, GF Flammarion, 1968, p. 493.)

« … je crains énormément les grèves.

– Crainte chimérique, affirme l'honnête industriel ; les grèves n'ont jamais fait de tort aux capitalistes ; au contraire. Voulez-vous que je vous dise le fin mot ? Les trois quarts et demi des grèves, c'est nous qui les provoquons. En Angleterre, en France, en Amérique, partout. Le, capitaliste, le manufacturier encombré par la surproduction se refait par la grève. Il est curieux que vous ne vous en soyez pas douté. Tout le monde le sait, et personne n'y trouve à redire. Savez-vous pourquoi ? C'est parce qu'on se rend bien compte, malgré les criailleries des détracteurs du système actuel, que le monde n'est pas si mal fait, pour une fois : si les uns jouissent de toutes les faveurs de la fortune, les autres conservent, par le fait même de leur indigence, le pouvoir de les apprécier. » (Georges Darien, *Le voleur* (1897), 10/18, 1971, p. 112-113.)

« L'accueil chaleureux et unanime fait à *La Grève* par la presse et le caractère même de ces appréciations autorisent à considérer *La Grève* non seulement comme une victoire révolutionnaire en soi, mais aussi comme *une victoire idéologique dans le domaine* de la forme. Ceci est particulièrement significatif actuellement, alors que l'on est prêt à persécuter aussi fanatiquement le travail dans le domaine de la forme en le stigmatisant du sceau de « formalisme », et en lui préférant… le totalement informe. Avec *La Grève* au contraire, nous avons le premier exemple d'art révolutionnaire où la forme se montre plus révolutionnaire que le contenu. » (Sergueï Eisenstein, *Au-delà des étoiles,* « Sur la question d'une approche matérialiste de la forme » (1925), 10/18, 1974, p. 145.)

« Dans la période qui a précédé la guerre, trois orientations sollicitaient et tiraillaient perpétuellement tous les ouvriers. D'abord la lutte pour les gros sous ; puis les restes, de plus en plus faibles, mais toujours un peu vivants, du vieil esprit syndicaliste de jadis, idéaliste et plus ou moins libertaire ; enfin les partis politiques. Fréquemment, au cours d'une grève, les ouvriers qui souffraient et luttaient auraient été bien incapables de se rendre compte s'il s'agissait de salaires, ou d'une poussée du vieil esprit syndical, ou d'une opération politique menée par un parti ; et personne non plus ne pouvait s'en rendre compte du dehors. » (Simone Weil, *L'enracinement* (1943), Gallimard, 1962, p. 43.)

La vie en entreprise

« … il y avait peu de place pour les songeries dangereuses, au milieu de son existence de travail. Dans le magasin, sous l'écrasement des treize heures de besogne, on ne pensait guère à des tendresses, entre vendeurs et vendeuses. Si la bataille continuelle de l'argent n'avait effacé les sexes, il aurait suffi, pour tuer le désir, de la bousculade de chaque minute, qui occupait la tête et rompait les membres. À peine pouvait-on citer quelques rares liaisons d'amour, parmi les hostilités et les camaraderies d'homme à femme, les coudoiements sans fin de rayon à rayon. Tous n'étaient plus que des rouages, se trouvaient emportés par le branle de la machine, abdiquant leur personnalité, additionnant simplement leurs forces, dans ce total banal et puissant de phalanstère. Au-dehors seulement, reprenait la vie individuelle, avec la brusque flambée des passions qui se réveillaient. » (Émile Zola, *Au Bonheur des Dames* (1883), Folio, 2001, p. 173.)

« Cette vie de chien battu rendait mauvaises les meilleures ; et le triste défilé commençait : toutes mangées par le métier avant quarante ans, disparaissant, tombant à l'inconnu, beaucoup mortes à la peine, phtisiques ou anémiques, de fatigue et de mauvais air, quelques-unes roulées au trottoir, les plus heureuses mariées, enterrées au fond d'une petite boutique de province. Était-ce humain, était-ce juste, cette consommation effroyable de chair que les grands magasins faisaient chaque année ? Et elle plaidait la cause des rouages de la machine, non par des raisons sentimentales, mais par des arguments tirés de l'intérêt même des patrons. Quand on veut une machine solide, on emploie du bon fer ; si le fer casse ou si on le casse, il y a un arrêt de travail, des frais répétés de mise en train, toute une déperdition de force. Parfois, elle s'animait, elle voyait l'immense bazar idéal, le phalanstère du négoce, où chacun aurait sa part exacte des bénéfices, selon ses mérites, avec la certitude du lendemain, assurée à l'aide d'un contrat. » (Émile Zola, *Au Bonheur des Dames* (1883), Folio, 2001, p. 411-412.)

« William Foss [directeur des *Magasins*] n'entendait rien à la publicité. Il en avait fait le secteur fantôme de la maison, se débarrassait innocemment des gens quand il ne voulait plus voir leurs têtes, s'il jugeait qu'une campagne d'affiches avait coûté trop d'argent à l'entreprise.

Il se montrait souverain dans la manipulation de ses employés. Un beau jour, il vous nommait chef de service, évitant de vous préciser qu'il avait promis le même poste à deux ou trois de vos collègues et cela dans la même journée. Passé quelques heures, il assistait aux dégâts : tout le monde se croyait directeur. Si les gens devinaient le subterfuge, s'ils désiraient le voir, le rencontrer, lui réclamer des explications, Foss entrait dans une réunion imaginaire et ne les recevait pas. Une démission en entraînait une autre. Fier de lui, Foss faisait alors le tour complet des *Magasins*. Il s'attardait à chaque rayon : les vendeuses l'adoraient. » (Jean-Marc Roberts, *Affaires étrangères*, Éditions du Seuil, 1979, p. 30-31.)

« Pour moi, les *Magasins* tournent mal. Le chiffre d'affaires n'est pas mauvais, je sais bien, mais nous jouons petits bras ici. Je me donne un an pour redresser la barre, le niveau. Il faut devenir les meilleurs, les premiers. Sinon, à quoi bon ? Nous avons tout pour réussir. Notre emplacement inestimable avenue de l'Opéra, ce parking ultra-moderne, nos kilomètres de rayons, sur six étages, s'il vous plaît, la rigueur de notre gestion… Et je n'oublie pas nos vendeurs. Ils sont épatants, figurez-vous ! Nous les avons testés. C'est Lingre qui s'est occupé de ça. Il s'est fait passer pour un client auprès d'eux, leur a posé une foule de questions, souvent difficiles, embarrassantes. Les résultats sont plus que satisfaisants. » (Jean-Marc Roberts, *Affaires étrangères*, Éditions du Seuil, 1979, p. 87.)

« Âgé comme moi de trente ans, Henry La Brette est mon supérieur hiérarchique direct ; nos relations en général sont empreintes d'une sourde hostilité. Ainsi il m'a d'emblée indiqué, comme s'il se faisait une joie personnelle de me contrarier, que ce contrat nécessiterait plusieurs déplacements : à Rouen, à La Roche-sur-Yon, je ne sais où encore. Ces déplacements ont toujours représenté pour moi un cauchemar ; Henry La Brette le sait. J'aurais pu rétorquer : « Eh bien, je démissionne » ; mais je ne l'ai pas fait.

Bien avant que le mot ne soit à la mode, ma société a développé une authentique *culture d'entreprise* (création d'un logo, distribution de sweat-shirts aux salariés, séminaires de motivation en Turquie). C'est une entreprise performante, jouissant d'une réputation enviable dans sa partie ; à tous points de vue, une *bonne boîte*. Je ne peux pas démissionner sur un coup de tête, on le comprend. » (Michel Houellebecq, *Extension du domaine de la lutte* (1994), J'ai lu, 1999, p. 17.)

« J'apprends – et c'est une surprise – que mon travail, lors du contrat précédent, n'a pas donné entière satisfaction. On me l'avait tu jusqu'à présent, mais j'avais déplu. Ce contrat avec le ministère de l'Agriculture est, en quelque sorte, une deuxième chance qu'on m'offre. Mon chef de service prend un air tendu, assez feuilleton américain, pour me dire : « Nous sommes au service du client, vous savez. Dans nos métiers, hélas, il est rare qu'on nous offre une seconde chance… » » (Michel Houellebecq, *Extension du domaine de la lutte* (1994), J'ai lu, 1999, p. 24.)

« Je n'aime pas ce monde. Décidément je ne l'aime pas. La société dans laquelle je vis me dégoûte ; la publicité m'écœure ; l'informatique me fait vomir. Tout mon travail d'informaticien consiste à multiplier les références, les recoupements, les critères de décision rationnelle. Ça n'a aucun sens. Pour parler franchement, c'est même plutôt négatif ; un encombrement inutile pour les neurones. Ce monde a besoin de tout, sauf d'informations supplémentaires. » (Michel Houellebecq, *Extension du domaine de la lutte* (1994), J'ai lu, 1999, p. 82-83.)

« Le libéralisme économique, c'est l'extension du domaine de la lutte, son extension à tous les âges de la vie et à toutes les classes de la société. » (Michel Houellebecq, *Extension du domaine de la lutte* (1994), J'ai lu, 1999, p. 100.)

« La concurrence était rude entre employés, seuls ceux qui avaient les yeux tournés le plus résolument vers l'avenir meilleur, le leur en particulier, avaient quelque chance de réussir ! Le plus simple en apparence était de persuader les dirigeants qu'on était un authentique battant, mis ce n'était pas si facile, car même les renonçants, les procrastinateurs et les Oblomov se présentaient effrontément comme tels ! Il fallait bien, pour séparer le bon grain de l'ivraie, écouter les uns et les autres, subir les réunions qu'ils sollicitaient sous les prétextes les plus divers, lire les rapports et écouter les exposés dans lesquels chacun démontrait que sa stratégie ou sa tactique était la plus viable qui se puisse concevoir. » (Sylvain Jouty, *Les marchés sont fatigués*, Stock, 1997, p. 79.)

« On ne pouvait tout de même pas demander aux honnêtes citoyens de faire des efforts intellectuels. On lisait pour se distraire et se délasser. Des polars, des livres de cul, les mémoires de la princesse, à la novellisation du dernier film de la télé, mais c'était toujours moins bien, c'est pourquoi Albert préférait l'original. Entre le travail et le sport, Joseph ne croyait-il pas que les honnêtes citoyens faisaient déjà assez d'efforts ? À travers sport et travail, on se réalisait parfaitement soi-même, Joseph l'ignorait-il ? Rien ne servait d'y ajouter la culture : se réalisait-on à travers la culture ? Nullement. On perdait ses repères, on ne savait plus quoi penser, on ne comprenait plus rien au monde ni à soi-même. Le sport mettait en forme, le travail accomplissait, la culture conduisait au suicide. Du reste, la vraie culture, la seule, était sportive ou d'entreprise, ce qui d'ailleurs revenait au même. » (Sylvain Jouty, *Les marchés sont fatigués*, Stock, 1997, p. 157-158.)

« ... chercher du travail ; mais comment faisait-on pour chercher du travail ? Joseph n'avait aucune expérience en ce domaine. Il soupçonnait que c'était là quelque chose d'ardu, demandant d'indéniables qualités de patience, d'astuce et d'acharnement, ainsi que de solides connaissances dans diverses matières où Joseph se savait à peu près ignare. Ne devait-il pas s'inscrire quelque part ? N'était-ce pas illégal d'être chômeur clandestin, chômeur au noir ? Il savait qu'un diplôme était nécessaire pour prétendre au titre d'employable, sans lequel il n'était pas question de toucher la moindre indemnité ; peut-être aurait-il dû s'en préoccuper plus tôt, suivre des cours, passer des examens d'aptitude, depuis le temps que les experts répétaient à l'envi que, vu la bénéfique plasticité du marché de l'emploi, le chômage était une épreuve à laquelle tous ou chacun, un jour ou l'autre, devaient s'attendre à être confrontés, et qui leur permettrait de rebondir, démontrant ainsi qu'ils ne manquaient ni de ressort, ni de ressources, et étaient dignes, par conséquent, de retrouver une place honorable dans la société. » (Sylvain Jouty, *Les marchés sont fatigués*, Stock, 1997, p. 167-168.)

« Les salariés étaient frappés par une sorte d'inquiétude. C'était un peu comme quand vous apprenez qu'une personne a un cancer, vous vous dites que ça pourrait vous arriver, à vous aussi. Le suicide de Lenormand apparaissait comme révélateur d'une sourde dégradation de leur vie au travail. Jour après jour, tous s'accommodaient de petites blessures et de menus renoncements. Mais ils se sentaient corrodés en profondeur par une insidieuse acidité. Ils se rendaient compte que quelques imprévus et un peu de fatigue supplémentaire suffiraient à les faire déraper et à faire d'eux aussi des Lenormand en puissance. » (Pierre Lamalattie, *Précipitation en milieu acide*, L'Éditeur, 2013, p. 222-223.)

Citations de Virgile

○ Les Géorgiques

« Tes blés une fois coupés, tu laisseras la campagne se reposer pendant un an et, oisive, se durcir à l'abandon ; ou bien, l'année suivante, tu sèmeras, au changement de saison, l'épeautre doré là où tu auras précédemment récolté un abondant légume à la cosse tremblante, les menus grains de la vesce ou les tiges frêles et la forêt bruissante du triste lupin. Car une récolte de lin brûle la campagne, une récolte d'avoine la brûle, et les pavots la brûlent imprégnés du sommeil Léthéen. Mais pourtant, grâce à l'alternance, le travail fourni par la terre est facile ; seulement n'aie point honte de saturer d'un gras fumier le sol aride, ni de jeter une cendre immonde par les champs épuisés. C'est ainsi qu'en changeant de productions les guérets se reposent, et que la terre qui n'est point labourée ne laisse pas d'être généreuse. » (Virgile, *Les Géorgiques* (28 av. J.-C.), I, GF Flammarion, 2006, p. 99.)

« Et cependant, en dépit de tout ce mal que les hommes et les boeufs se sont donné pour retourner la terre, ils ont encore à craindre l'oie vorace, les grues du Strymon, l'endive aux fibres amères et les méfaits de l'ombre. Le Père des dieux lui-même a voulu rendre la culture des champs difficile, et c'est lui qui le premier a fait un art de remuer la terre, en aiguisant par les soucis les coeurs des mortels et en ne souffrant pas que son empire s'engourdît dans une triste indolence. » (Virgile, *Les Géorgiques* (28 av. J.-C.), I, GF Flammarion, 2006, p. 100-101.)

« Beaucoup de travaux nous sont rendus plus faciles par la fraîcheur de la nuit ou lorsque l'Étoile du matin, au lever du soleil, humecte les terres de rosée. La nuit, les chaumes légers sont plus faciles à faucher, les prairies desséchées se fauchent mieux ; la nuit, l'humidité qui assouplit les plantes ne fait jamais défaut. Tel veille aussi le soir aux feux d'une lumière d'hiver, et, un fer pointu à la main, taille des torches en forme d'épis ; cependant, charmant par ses chansons l'ennui d'un long labeur, sa compagne fait courir un peigne crissant sur les toiles, ou cuire la douce liqueur du moût aux flammes de Vulcain, et écume avec des feuilles l'onde du chaudron qui bout. » (Virgile, *Les Géorgiques* (28 av. J.-C.), I, GF Flammarion, 2006, p. 105-106.)

« Au travail donc, ô cultivateurs ! apprenez les procédés de cultures propres à chaque espèce ; adoucissez, en les cultivant, les fruits sauvages ; que vos terres ne restent pas en friche. Il y a plaisir à planter Bacchus sur l'Ismare et à vêtir d'oliviers le grand Taburne. » (Virgile, *Les Géorgiques* (28 av. J.-C.), II, GF Flammarion, 2006, p. 116.)

« Il y a encore, parmi les soins dus aux vignes, un autre travail, et qui n'est jamais épuisé : il faut en effet trois ou quatre fois l'an fendre tout le sol, et en briser éternellement les mottes avec le revers des bidents ; il faut soulager tout le vignoble de son feuillage. Le travail des laboureurs revient toujours en un cercle, et l'année en se déroulant le ramène avec elle sur ses traces. » (Virgile, *Les Géorgiques* (28 av. J.-C.), II, GF Flammarion, 2006, p. 127.)

« Le laboureur fend la terre de son areau incurvé : c'est de là que découle le labeur de l'année ; c'est par là qu'il sustente sa patrie et ses petits enfants, ses troupeaux de boeufs et ses jeunes taureaux qui l'ont bien mérité. Pour lui, point de relâche, qu'il n'ait vu l'année regorger de fruits, ou accroître son bétail, ou multiplier le chaume cher à Cérès, et son sillon se charger d'une récolte sous laquelle s'affaissent ses greniers. Vient l'hiver : les pressoirs broient la baie de Sicyone ; les cochons rentrent engraissés de glandée ; les forêts donnent leurs arbouses, et l'automne laisse tomber ses fruits variés, et là-haut, sur les rochers exposés au soleil, mûrit la douce vendange. » (Virgile, *Les Géorgiques* (28 av. J.-C.), II, GF Flammarion, 2006, p. 131.)

« Mais le temps fuit, et il fuit sans retour, tandis que séduits par notre sujet nous le parcourons dans tous ses détails. C'est assez parler des grands troupeaux ; reste la seconde partie de ma tâche : traiter des troupeaux porte-laine et des chèvres au long poil. C'est un travail ; mais espérez-en de la gloire, courageux cultivateurs. » (Virgile, *Les Géorgiques* (28 av. J.-C.), III, GF Flammarion, 2006, p. 143-144.)

« D'abord il faut chercher pour les abeilles un séjour et une habitation où les vents n'aient aucun accès (car les vents les empêchent de porter leur butin chez elles), où ni les brebis ni les chevreaux pétulants ne bondissent sur les fleurs, où la génisse, errant dans la plaine, ne vienne point secouer la rosée et fouler les herbes naissantes. Loin aussi de leurs ruches onctueuses, les lézards bigarrés au dos écailleux, les guêpiers et autres oiseaux, Procné surtout qui porte sur sa poitrine l'empreinte de ses mains sanglantes. Car ces oiseaux ravagent tout aux environs et happent au vol les abeilles elles-mêmes, douce pâture pour leurs nids barbares.

Mais qu'il y ait là de limpides fontaines, des étangs verts de mousse, et un petit ruisseau fuyant parmi le gazon ; qu'un palmier ou un grand olivier sauvage donne de l'ombre à leur vestibule. Ainsi, lorsqu'au printemps, leur saison favorite, les nouveaux rois guideront pour la première fois les essaims, et que cette jeunesse s'ébattra hors des rayons, la rive voisine les invitera à s'abriter contre la chaleur, et l'arbre rencontré les retiendra sous son feuillage hospitalier. Au milieu de l'eau, soit qu'immobile elle dorme, soit qu'elle coule, jette en travers des troncs de saules et de grosses pierres, comme autant de ponts où elles puissent se poser et déployer leurs ailes au soleil d'été, si d'aventure, travailleuses attardées, elles ont été mouillées ou précipitées dans Neptune, par l'Eurus. » (Virgile, *Les Géorgiques* (28 av. J.-C.), IV, GF Flammarion, 2006, p. 155-156.)

« Mais quand les essaims volent sans but, jouent dans le ciel, dédaignent leurs rayons et délaissent leurs ruches froides, tu interdiras à leurs esprits inconstants ce jeu si vain. Tu n'auras point grand'peine à l'interdire : enlève leurs ailes aux rois ; les rois restant tranquilles, personne n'osera prendre son essor ni arracher du camp les enseignes. Que des jardins embaumés de fleurs safranées les invitent à s'arrêter, et qu'armé de sa faux de bois de saule, Priape Hellespontiaque les garde et les protège des voleurs et des oiseaux. Qu'il rapporte lui-même des hautes montagnes le thym et les lauriers-tins, pour les planter sur une large étendue autour des ruches, celui qui prend à cœur de tels soins ; que lui-même use sa main à ce dur labeur ; qu'il fixe lui-même les plants fertiles dans le sol, et les arrose d'ondées amicales. » (Virgile, *Les Géorgiques* (28 av. J.-C.), IV, GF Flammarion, 2006, p. 158.)

« Seules, elles élèvent leur progéniture en commun, possèdent des demeures indivises dans leur cité, et passent leur vie sous de puissantes lois ; seules, elles connaissent une patrie et des pénates fixes ; et, prévoyant la venue de l'hiver, elles s'adonnent l'été au travail et mettent en commun les trésors amassés. Les unes, en effet, veillent à la subsistance, et, fidèles au pacte conclu, se démènent dans les champs ; les autres, restées dans les enceintes de leurs demeures, emploient la larme du narcisse et la gomme gluante de l'écorce pour jeter les premières assises des rayons, puis elles y suspendent leurs cires compactes ; d'autres font sortir les adultes, espoir de la nation ; d'autres épaississent le miel le plus pur et gonflent les alvéoles d'un limpide nectar. Il en est à qui le sort a dévolu de monter la garde aux portes de la ruche ; et, tour à tour, elles observent les eaux et les nuées du ciel, ou bien reçoivent les fardeaux des arrivantes, ou bien encore, se formant en colonne, repoussent loin de leurs brèches la paresseuse troupe des frelons. C'est un effervescent travail, et le miel embaumé exhale l'odeur du thym. » (Virgile, *Les Géorgiques* (28 av. J.-C.), IV, GF Flammarion, 2006, p. 159-160.)

« Toutes se reposent de leurs travaux en même temps, toutes reprennent leur travail en même temps. Le matin, elles se ruent hors des portes ; aucune ne reste en arrière ; puis quand le soir les invite à quitter enfin les plaines où elles butinent, alors elles regagnent leurs logis, alors elles réparent leurs forces. Un bruit se fait entendre ; elles bourdonnent autour des bords et du seuil ; puis, quand elles ont pris place dans leurs chambres, le silence se fait pour toute la nuit, et un sommeil bien gagné s'empare de leurs membres las. » (Virgile, *Les Géorgiques* (28 av. J.-C.), IV, GF Flammarion, 2006, p. 160-161.)

Citations de Simone Weil

○ La Condition ouvrière (1937)

« En ce qui concerne les choses exprimables, j'ai pas mal appris sur l'organisation d'une entreprise. C'est inhumain : travail parcellaire – à la tâche – organisation purement bureaucratique des rapports entre les divers éléments de l'entreprise, les différentes opérations du travail. L'attention, privée d'objets dignes d'elle, est par contre contrainte à se concentrer seconde par seconde sur un problème mesquin, toujours le même, avec des variantes : faire 50 pièces en 5 minutes au lieu de 6, ou quoi que ce soit de cet ordre. Grâce au ciel, il y a des tours de main à acquérir, ce qui donne de temps à autre de l'intérêt à cette recherche de la vitesse. Mais ce que je me demande, c'est comment tout cela peut devenir humain : car si le travail parcellaire n'était pas à la tâche, l'ennui qui s'en dégage annihilerait l'attention, occasionnerait une lenteur considérable et des tas de loupés. » (Simone Weil, *La Condition ouvrière* (1937), Folio, 2002, p. 52.)

« Pour moi, cette vie est assez dure, à parler franchement. D'autant que les maux de tête n'ont pas eu la complaisance de me quitter pour faciliter l'expérience – et travailler à des machines avec des maux de tête, c'est pénible. C'est seulement le samedi après-midi et le dimanche que je respire, me retrouve moi-même, réacquiers la faculté de rouler dans mon esprit des morceaux d'idées. D'une manière générale, la tentation la plus difficile à repousser, dans une pareille vie, c'est celle de renoncer tout à fait à penser : on sent si bien que c'est l'unique moyen de ne plus souffrir ! D'abord de ne plus souffrir moralement. Car la situation même efface automatiquement les sentiments de révolte : faire son travail avec irritation, ce serait le faire mal, et se condamner à crever de faim ; et on n'a personne à qui s'attaquer en dehors du travail lui-même. Les chefs, on ne peut pas se permettre d'être insolent avec eux, et d'ailleurs bien souvent ils n'y donnent même pas lieu. Ainsi il ne reste pas d'autre sentiment possible à l'égard de son propre sort que la tristesse. » (Simone Weil, *La Condition ouvrière* (1937), Folio, 2002, p. 53.)

« Quant aux heures de loisir, théoriquement on en a pas mal, avec la journée de 8 heures ; pratiquement elles sont absorbées par une fatigue qui va souvent jusqu'à l'abrutissement. Ajoutez, pour compléter le tableau, qu'on vit à l'usine dans une subordination perpétuelle et humiliante, toujours aux ordres des chefs. Bien entendu, tout cela fait plus ou moins souffrir, selon le caractère, la force physique, etc. ; il faudrait des nuances ; mais enfin, en gros, c'est ça. » (Simone Weil, *La Condition ouvrière* (1937), Folio, 2002, p. 66-67.)

« Effroi qui me saisit en constatant la dépendance où je me trouve à l'égard des circonstances extérieures : il suffirait qu'elles me contraignent un jour à un travail sans repos hebdomadaire – ce qui, après tout, est toujours possible – et je deviendrais une bête de somme, docile et résignée (au moins pour moi). Seul le sentiment de la fraternité, l'indignation devant les injustices infligées à autrui subsistent intacts, mais jusqu'à quel point tout ceci résisterait-il à la longue ? » (*La Condition ouvrière* (1937), Folio, 2002, p. 103-104)

« L'ignorance totale de ce à quoi on travaille est excessivement démoralisante. On n'a pas le sentiment qu'un produit résulte des efforts qu'on fournit. On ne se sent nullement au nombre des producteurs. On n'a pas le sentiment, non plus, du rapport entre le travail et le salaire. L'activité semble arbitrairement imposée et arbitrairement rétribuée. On a l'impression d'être un peu comme des gosses à qui la mère, pour les faire tenir tranquilles, donne des perles à enfiler en leur promettant des bonbons. » (Simone Weil, *La Condition ouvrière* (1937), Folio, 2002, p. 203-204.)

« Je ne pense pas en ce moment à l'intérêt matériel – peut-être les conséquences de cette grève seront-elles en fin de compte néfastes pour l'intérêt matériel des uns et des autres, on ne sait pas – mais à l'intérêt moral, au salut de l'âme. Je pense qu'il est bon pour les opprimés d'avoir pu pendant quelques jours affirmer leur existence, relever la tête, imposer leur volonté, obtenir des avantages dus à autre chose qu'à une générosité condescendante. Et je pense qu'il est également bon pour les chefs – pour le salut de leur âme – d'avoir dû à leur tour, une fois dans leur vie, plier devant la force et subir une humiliation. J'en suis heureuse pour eux. » (Simone Weil, *La Condition ouvrière* (1937), Folio, 2002, p. 250.)

« Dès qu'on a senti la pression s'affaiblir, immédiatement les souffrances, les humiliations, les rancœurs, les amertumes silencieusement amassées pendant des années ont constitué une force suffisante pour desserrer l'étreinte. C'est toute l'histoire de la grève. Il n'y a rien d'autre.

Des bourgeois intelligents ont cru que la grève avait été provoquée par les communistes pour gêner le nouveau gouvernement. J'ai entendu moi-même un ouvrier intelligent dire qu'au début la grève avait sans doute été provoquée par les patrons pour gêner ce même gouvernement. Cette rencontre est drôle. Mais aucune provocation n'était nécessaire. On pliait sous le joug. Dès que le joug s'est desserré, on a relevé la tête. Un point c'est tout. » (Simone Weil, *La Condition ouvrière* (1937), Folio, 2002, p. 275)

« C'est que dans ce mouvement il s'agit de bien autre chose que de telle ou telle revendication particulière, si importante soit-elle. Si le gouvernement avait pu obtenir pleine et entière satisfaction par de simples pourparlers, on aurait été bien moins content. Il s'agit, après avoir toujours plié, tout subi, tout encaissé en silence pendant des mois et des années, d'oser enfin se redresser. Se tenir debout. Prendre la parole à son tour. Se sentir des hommes, pendant quelques jours. Indépendamment des revendications, cette grève est en elle-même une joie. Une joie pure. Une joie sans mélange. » (Simone Weil, *La Condition ouvrière* (1937), Folio, 2002, p. 275.)

« ... la méthode de mesure des temps, c'est le chronométrage. Il est inutile d'insister là-dessus. Enfin, intervient la division du travail entre les chefs techniques. Avant Taylor, un contremaître faisait tout ; il s'occupait de tout. Actuellement, dans les usines, il y a plusieurs chefs pour un même atelier : il y a le contrôleur, il y a le contremaître, etc. » (Simone Weil, *La Condition ouvrière* (1937), Folio, 2002, p. 314.)

« … les paysans ont pensé que les ouvriers étaient des paresseux parce qu'ils ne voulaient travailler que quarante heures par semaine ; parce qu'on a l'habitude de mesurer le travail par la quantité d'heures et que cela se chiffre, tandis que le reste [l'intensité] ne se chiffre pas. (Simone Weil, *La Condition ouvrière* (1937), Folio, 2002, p. 318.)

« Quiconque a éprouvé cet épuisement et ne l'a pas oublié peut le lire dans les yeux de presque tous les ouvriers qui défilent le soir hors d'une usine. Combien on aimerait pouvoir déposer son âme, en entrant, avec sa carte de pointage, et la reprendre intacte à la sortie ! Mais le contraire se produit. On l'emporte avec soi dans l'usine, où elle souffre ; le soir, cet épuisement l'a comme anéantie, et les heures de loisir sont vaines. » (Simone Weil, *La Condition ouvrière* (1937), Folio, 2002, p. 334-335.)

« On parle sans cesse, actuellement, de la production. Pour consommer, il faut d'abord produire, et pour produire il faut travailler. Voilà ce que, depuis juin 1936, on entend répéter partout, du *Temps* jusqu'aux organes de la CGT, et ce qu'on n'entend, bien entendu, contester nulle part, sinon par ceux que font rêver les formes modernes du mythe du mouvement perpétuel. C'est là, en effet, un obstacle au développement général du bien-être et des loisirs et qui tient à la nature des choses. Mais par lui-même il n'est pas aussi grand qu'on l'imagine d'ordinaire. Car seul est nécessaire à produire ce qu'il est nécessaire de consommer ; ajoutons-y encore l'utile et l'agréable, à condition qu'il s'agisse de véritable utilité et de plaisirs purs. À vrai dire, la justice ne trouve pas son compte dans le spectacle de milliers d'hommes peinant pour procurer à quelques privilégiés des jouissances délicates ; mais que dire des travaux qui accablent une multitude de malheureux sans même procurer aux privilégiés grands et petits de vraie satisfaction ? Et combien ces travaux ne tiennent-ils pas de place dans notre production totale, si l'on osait faire le compte ? » (Simone Weil, *La Condition ouvrière* (1937), Folio, 2002, p. 391.)

« Il y a dans le travail des mains et en général dans le travail d'exécution, qui est le travail proprement dit, un élément irréductible de servitude que même une parfaite équité sociale n'effacerait pas. C'est le fait qu'il est gouverné par la nécessité, non par la finalité. On l'exécute à cause d'un besoin, non en vue d'un bien ; « parce qu'on a besoin de gagner sa vie », comme disent ceux qui y passent leur existence. On fournit un effort au terme duquel, à tous égards, on n'aura pas autre chose que ce qu'on a. Sans cet effort, on perdrait ce qu'on a. » (Simone Weil, *La Condition ouvrière* (1937), Folio, 2002, p. 418-419.)

« Ceux qui ont des loisirs ont besoin, pour parvenir à l'attention intuitive, d'exercer jusqu'à la limite de leur capacité les facultés de l'intelligence discursive ; autrement elles font obstacle. Surtout pour ceux que leur fonction sociale oblige à faire jouer ces facultés, il n'est pas sans doute d'autre chemin. Mais l'obstacle est faible et l'exercice peut se réduire à peu de chose pour ceux chez qui la fatigue d’un long travail quotidien paralyse presque entièrement ces facultés. Pour eux le travail même qui produit cette paralysie, pourvu qu’il soit transformé en poésie, est le chemin qui mène à l’attention intuitive. » (Simone Weil, *La Condition ouvrière* (1937), Folio, 2002, p. 430-431.)

« Dans notre société la différence d’instruction produit, plus que la différence de richesse, l’illusion de l’inégalité sociale. Marx, qui est presque toujours très fort quand il décrit simplement le mal, a légitimement flétri comme une dégradation la séparation du travail manuel et du travail intellectuel. Mais il ne savait pas qu’en tout domaine les contraires ont leur unité dans un plan transcendant par rapport à l’un et à l’autre. Le point d’unité du travail intellectuel et du travail manuel, c’est la contemplation, qui n’est pas un travail. Dans aucune société celui qui manie une machine ne peut exercer la même espèce d’attention que celui qui résout un problème. Mais l’un et l’autre peuvent, également s’ils le désirent et s’ils ont une méthode, en exerçant chacun l’espèce d’attention qui constitue son lot propre dans la société, favoriser l’apparition et le développement d’une autre attention située au-dessus de toute obligation sociale, et qui constitue un lien direct avec Dieu. » (Simone Weil, *La Condition ouvrière* (1937), Folio, 2002, p. 431.)

« Job loue la mort de ce que l’esclave n’y entend plus la voix de son maître. Toutes les fois que la voix qui commande se fait entendre alors qu’un arrangement praticable pourrait y substituer le silence, c’est un mal.

Mais le pire attentat, celui qui mériterait peut-être d’être assimilé au crime contre l’Esprit, qui est sans pardon, s’il n’était probablement commis par des inconscients, c’est l’attentat contre l’attention des travailleurs. Il tue dans l’âme la faculté qui y constitue la racine même de toute vocation surnaturelle. La basse espèce d’attention exigée par le travail taylorisé n’est compatible avec aucune autre, parce qu’elle vide l’âme de tout ce qui n’est pas le souci de la vitesse. Ce genre de travail ne peut pas être transfiguré, il faut le supprimer. » (Simone Weil, *La Condition ouvrière* (1937), Folio, 2002, p. 433.)

« Il n’est peut-être pas exagéré de dire que la *Condition ouvrière* (1951) de Simone Weil est le seul livre, dans l’énorme littérature du travail, qui traite le problème sans préjugé ni sentimentalisme. L’auteur qui, en tête de son journal d’usine avait mis en exergue ce vers d’Homère : « le bien malgré soi, sous la pression d’une dure nécessité », conclut que l’espoir en une libération éventuelle du travail et de la nécessité est le seul élément utopique du marxisme tout en étant en fait le moteur de tous les mouvements révolutionnaires ouvriers d’inspiration marxiste. C’est « l’opium du peuple » que Marx avait attribué à la religion. » (Hannah Arendt, *Condition de l’homme moderne* (1958), Pocket, 2003, p. 181, note.)

○ La pesanteur et la grâce (1940-1942)

« Le secret de la condition humaine, c'est qu'il n'y a pas d'équilibre entre l'homme et les forces de la nature environnantes qui le dépassent infiniment dans l'inaction ; il n'y a équilibre que dans l'Action par laquelle l'homme recrée sa propre vie dans le travail.

La grandeur de l'homme est toujours de recréer sa vie. Recréer ce qui lui est donné. Forger cela même qu'il subit. Par le travail, il produit sa propre existence naturelle. » (Simone Weil, *La pesanteur et la grâce* (1940-42), Pocket-Agora, 2007, p. 271.)

« Travail manuel. Pourquoi n'y a-t-il jamais eu un mystique ouvrier ou paysan qui ait écrit sur l'usage du dégoût du travail ? Ce dégoût qui est si souvent là, toujours menaçant, l'âme le fuit et cherche à se le dissimuler par réaction végétative. Il y a danger de mort à se l'avouer. Telle est la source du mensonge propre aux milieux populaires. » (Simone Weil, *La pesanteur et la grâce* (1940-42), Pocket-Agora, 2007, p. 272.)

« La grande douleur du travail manuel, c'est qu'on est contraint de faire effort de si longues heures, simplement pour exister.

L'esclave est celui à qui il n'est proposé aucun bien comme but de ses fatigues, sinon la simple existence. » (Simone Weil, *La pesanteur et la grâce* (1940-42), Pocket-Agora, 2007, p. 273.)

○ L'enracinement (1943)

« Dans la période qui a précédé la guerre, trois orientations sollicitaient et tiraillaient perpétuellement tous les ouvriers. D'abord la lutte pour les gros sous ; puis les restes, de plus en plus faibles, mais toujours un peu vivants, du vieil esprit syndicaliste de jadis, idéaliste et plus ou moins libertaire ; enfin les partis politiques. Fréquemment, au cours d'une grève, les ouvriers qui souffraient et luttaient auraient été bien incapables de se rendre compte s'il s'agissait de salaires, ou d'une poussée du vieil esprit syndical, ou d'une opération politique menée par un parti ; et personne non plus ne pouvait s'en rendre compte du dehors. » (Simone Weil, *L'enracinement* (1943), Gallimard, 1962, p. 43.)

« Des syndicats ne peuvent pas vivre si les ouvriers y sont obsédés par les sous au même degré que dans l'usine, au cours du travail aux pièces. D'abord parce qu'il en résulte l'espèce de mort morale toujours causée par l'obsession de l'argent. Puis parce que, dans les conditions sociales présentes, le syndicat, étant alors un facteur perpétuellement agissant dans la vie économique du pays, finit inévitablement par être transformé en organisation professionnelle unique, obligatoire, mise au pas dans la vie officielle. Il est alors passé à l'état de cadavre. » (Simone Weil, *L'enracinement* (1943), Gallimard, 1962, p. 44.)

« Il est une condition sociale entièrement et perpétuellement suspendue à l'argent, c'est le salariat, surtout depuis que le salaire aux pièces oblige chaque ouvrier à avoir l'attention toujours fixée sur le compte des sous. C'est dans cette condition sociale que la maladie du déracinement est la plus aiguë. Bernanos a écrit que nos ouvriers ne sont quand même pas des immigrés comme ceux de M. Ford. La principale difficulté sociale de notre époque vient du fait qu'en un sens ils le sont. Quoique demeurés sur place géographiquement, ils ont été moralement déracinés, exilés et admis de nouveau, comme par tolérance, à titre de chair à travail. Le chômage est, bien entendu, un déracinement à la deuxième puissance. Ils ne sont chez eux ni dans les usines, ni dans leurs logements, ni dans les partis et syndicats soi-disant faits pour eux, ni dans les lieux de plaisir, ni dans la culture intellectuelle s'ils essayent de l'assimiler. » (Simone Weil, *L'enracinement* (1943), Gallimard, 1962, p. 63.)

« L'enfant à l'école, bon ou mauvais élève, était un être dont l'existence était reconnue, qu'on cherchait à développer, chez qui on faisait appel aux meilleurs sentiments. Du jour au lendemain il devient un supplément à la machine, un peu moins qu'une chose, et on ne se soucie nullement qu'il obéisse sous l'impulsion des mobiles les plus bas, pourvu qu'il obéisse. La plupart des ouvriers ont subi au moins à ce moment de leur vie cette impression de ne plus exister, accompagnée d'une sorte de vertige intérieur, que les intellectuels ou les bourgeois, même dans les plus grandes souffrances, ont très rarement l'occasion de connaître. Ce premier choc, reçu si tôt, imprime souvent une marque ineffaçable. Il peut rendre l'amour du travail définitivement impossible. » (Simone Weil, *L'enracinement* (1943), Gallimard, 1962, p. 75.)

« Il faut changer le régime de l'attention au cours des heures de travail, la nature des stimulants qui poussent à vaincre la paresse ou l'épuisement – stimulants qui aujourd'hui ne sont que la peur et les sous –, la nature de l'obéissance, la quantité trop faible d'initiative, d'habileté et de réflexion demandée aux ouvriers, l'impossibilité où ils sont de prendre part par la pensée et le sentiment à l'ensemble du travail de l'entreprise, l'ignorance parfois complète de la valeur, de l'utilité sociale, de la destination des choses qu'ils fabriquent, la séparation complète de la vie du travail et de la vie familiale. On pourrait allonger la liste. » (Simone Weil, *L'enracinement* (1943), Gallimard, 1962, p. 75.)

« Il y a deux obstacles qui rendent difficile l'accès du peuple à la culture. L'un est le manque de temps et de forces. Le peuple a peu de loisir à consacrer à un effort intellectuel ; et la fatigue met une limite à l'intensité de l'effort. » (Simone Weil, *L'enracinement* (1943), Gallimard, 1962, p. 90.)

« Les obstacles matériels – manque de loisir, fatigue, manque de talent naturel, maladie, douleur physique – gênent pour l'acquisition des éléments inférieurs ou moyens de la culture, non pour celle des biens les plus précieux qu'elle enferme.

Le second obstacle à la culture ouvrière est qu'à la condition ouvrière, comme à toute autre, correspond une disposition particulière de la sensibilité. Par suite, il y a quelque chose d'étranger dans ce qui a été élaboré par d'autres et pour d'autres.

Le remède à cela, c'est un effort de traduction. Non pas de vulgarisation, mais de traduction, ce qui est bien différent. » (Simone Weil, *L'enracinement* (1943), Gallimard, 1962, p. 91.)

« Il est facile de définir la place que doit occuper le travail physique dans une vie sociale bien ordonnée. Il doit en être le centre spirituel. » (Simone Weil, *L'enracinement* (1943), Gallimard, 1962, p. 380.)

Citations de Michel Vinaver

○ Par-dessus bord (version hyperbrève)

« Merci Olivier mesdames mesdemoiselles messieurs merci d'être venus si nombreux comme à l'accoutumée à notre petite et sympathique réunion que je me permettrai d'appeler une réunion de famille tant il est vrai que ceux qui travaillent quarante heures par semaine ensemble forment une authentique communauté j'en veux pour preuve votre présence qui n'était pas obligatoire et votre bonne humeur qui l'était encore moins. » (Michel Vinaver, *Théâtre complet 2, Par-dessus bord (version hyperbrève),* Actes sud, 2003, p. 262.)

« Tout petit l'enfant passe par une phase pendant laquelle la libido se concentre dans la zone anale le caca est vécu par l'enfant comme étant son propre enfant ou sa création qu'il utilisera pour obtenir un plaisir narcissique en jouant avec ou l'amour d'autrui en l'offrant comme cadeau ou pour affirmer son indépendance vis-à-vis d'autrui en le brandissant comme sa propriété ou pour agresser autrui en s'en servant comme d'une arme il apparaît de la sorte que les plus importantes catégories du comportement social le jeu le don la propriété l'usage des armes trouvent leur origine dans la phase anale et ne cessent d'ailleurs jamais d'être reliées à cette phase par le jeu des sublimations ainsi de la catégorie de la propriété l'argent est la matière fécale vécue sous une forme qui n'a pas besoin d'être refoulée parce qu'elle a été désodorisée déshydratée rendue brillante. » (Michel Vinaver, *Théâtre complet 2, Par-dessus bord (version hyperbrève),* Actes sud, 2003, p. 356-357.)

« Deux familles de personnes paraissent à première vue se distinguer ceux pour qui l'acte d'évacuer ses excréments est une servitude nous les appellerons les opprimés et ceux pour qui il constitue une libération nous les appellerons les libérés j'ai ici une interview où les événements de Mai 68 sont vécus comme une défécation à laquelle il a été pris collectivement plaisir. » (Michel Vinaver, *Théâtre complet 2, Par-dessus bord (version hyperbrève),* Actes sud, 2003, p. 358.)

Art et symboles

Le travail

Frédérique Bournet

Le film *Amadeus* de Milos Forman (1984), adapté de la pièce de Peter Shaffer, elle-même inspirée de *Mozart et Salieri* de Pouchkine (1830) se veut la confession de l'ancien compositeur officiel de l'empereur Joseph II au père Vogler après sa tentative de suicide en novembre 1823. En effet, Antonio Salieri (1750-1825), incarné par l'acteur F. Murray Abraham, vient de tenter de mettre fin à ses jours en se tranchant la gorge, et s'accuse d'être rien moins que l'assassin du compositeur Wolfgang Amadeux Mozart (1756-1791). Celui qui est toujours désigné dans le film par son emploi, son travail de compositeur de la cour et professeur de musique de l'empereur, se présente sous les traits d'un compositeur laborieux, ayant tout sacrifié pour le travail, et notamment l'amour. Or, ce point semble être historiquement faux, puisque Salieri aurait fait un mariage d'amour avec Therese Helferstorfer en 1775, dont il eut huit enfants. C'est donc sciemment que Peter Shaffer et Milos Forman ont fait de ce compositeur à succès dans la Vienne du XVIIIe siècle qui certes défendait les positions qu'il avait acquises l'archétype du musicien sans génie, qui jalouse à mort le prodige. Ainsi, dans le film, alors que Mozart, le génie, dont on souligne que les partitions ne comportent aucune rature, qui improvise des mélodies immortelles (par exemple, le « Non piu andrai, farfallone » des *Noces de Figaro* en « corrigeant » un petit morceau composé par Salieri), en un mot qui semble écrire avec une extrême facilité la musique qu'il entend dans son esprit, Salieri lui est toujours représenté en train de raturer ses partitions, les corrigeant sans cesse en s'aidant du piano. Il est patent que le terme « travailler » n'a pas le même sens pour les deux protagonistes.

L'étymologie du mot « travail »

L'étymologie du mot « travail » est sinon incertaine, du moins discutée. D'aucuns la font remonter au *tripalium*, structure en bois à trois pieux destinée à immobiliser un cheval ou un bœuf puis instrument de torture réservé à la punition des esclaves, sans que les détails fournis par les sources historiques soient très développés (cf. *Clemency and cruelty in the Roman world*, Melissa barder Dowling, 2006). Dans un article intitulé « FRANÇAIS *TRAVAILLER, TRAVAIL* » et paru dans la revue *Romania* (1927, 209-210, p. 206-213), G.-G. Nicholson considère que c'est une « étymologie à rejeter ». En effet, outre des problématiques linguistiques qui font que *tripalium* n'a pas pu se transformer en *travail*, il existe aussi des problèmes de sens : comment un même mot pourrait désigner un instrument de torture et une machine pour ferrer les animaux, sans aucune intention de les blesser ni de les faire souffrir ? Enfin, le mot *trepalium* attesté en 582 au Concile d'Auxerre, désigne non pas un instrument mais un lieu. Nicholson propose alors l'étymologie « trabajulare », *bajulare* ayant pour sens « exagitare, vexare, molestare », et les sens les plus fréquents de *vexare* étant ceux de travailler.

En latin, travail se dit d'une part *labor, oris,* de genre masculin, que Gaffiot traduit par « peine que l'on se donne pour faire quelque chose, fatigue » ; le terme a donné en français « laboratoire », le lieu où s'effectuent des travaux de recherche, scientifiques et « laborieux », adjectif plutôt péjoratif signifiant « qui coûte beaucoup de peine, de travail ». Il existe d'autre part le terme *opus, operis*, de genre neutre, que l'on trouve chez Cicéron pour désigner tous types de travaux : le travail en général, le travail des animaux, le travail des champs, les travaux publics, et même les travaux artistiques.

En grec, comme le fait remarquer Jean-Pierre Vernant dans « Travail et nature en Grèce ancienne », in *Mythe et pensée chez les grecs* (1965), « il n'y a pas de terme correspondant à celui de « travail ». Un mot comme *ponos* s'applique à toutes les activités qui exigent un effort pénible, pas seulement aux tâches productrices de valeurs socialement utiles. Dans le mythe d'Héraclès, le héros doit choisir entre une vie de plaisir et de mollesse et une vie vouée au *ponos*. Héraclès n'est pas un travailleur. Le verbe *ergazesthai* paraît spécialiser son emploi dans deux secteurs de la vie économique : l'activité agricole, les travaux des champs, ta ERGA et à l'autre pôle, l'activité financière l'intérêt du capital. Mais il s'applique aussi avec une nuance définie à l'activité conçue sous sa forme la plus générale l'ergon, c'est pour chaque chose ou chaque être le produit de sa vertu propre. »

Le travail comme punition

Les douze travaux d'Héraclès

§ 12. Après son expédition contre les Minyens, Junon, jalouse de lui, le rendit furieux, et dans un accès de cette maladie, il jeta au feu les enfants qu'il avait eus, de Mégare, et deux de ceux d'Iphicles. S'étant condamné à l'exil pour cette action, il fut purifié par Thestius. Il alla à Delphes consulter l'oracle, pour savoir quel lieu il habiterait ; et ce fut là qu'il reçut, pour la première fois, de la Pythie, le nom d'Hercule, car il appelait Alcides auparavant. Elle lui dit d'habiter Tirynthe, d'y servir pendant douze ans Eurysthée d'exécuter les douze travaux qu'il lui ordonnerait et qu'après les avoir terminés ; il obtiendrait l'immortalité.

CHAPITRE V.

§ 1. Hercule, d'après cet oracle, alla demeurer à Tirynthe, pour y recevoir les ordres d'Eurysthée ; le premier qu'il lui donna fut de lui apporter la peau du lion de Némée. Cet animal qui était né de Typhon était invulnérable. Hercule allant l'attaquer, s'arrêta à Cléones où un nommé Molorchus, qui vivait du travail de ses mains, lui donna l'hospitalité. Son hôte voulant, faire un sacrifice, il lui dit d'attendre trente jours, et qu'alors, s'il était revenu victorieux du lion, il sacrifierait à Jupiter-Sauveur, et que s'il y mourait, il lui sacrifierait à lui, comme à un héros. Arrivé à Némée, et ayant trouvé le lion, il essaya d'abord de le percer, à coups de flèches. Voyant qu'il était invulnérable, il le poursuivit avec sa massue. Le lion s'étant réfugié dans un antre qui avait deux ouvertures, Hercule en boucha une et ayant poursuivi le monstre par l'autre, il le saisit par le cou et l'étrangla. Il le mit ensuite sur ses épaules, et le porta à Mycènes. Il trouva Molorchus prêt à lui rendre les honneurs dus aux morts, le dernier jour étant expiré. Il offrit lui-même un sacrifice à Jupiter-Sauveur, et porta le lion à Mycènes. Eurysthée voyant son courage, lui défendit d'entrer à l'avenir dans la ville, et lui ordonna de montrer seulement devant les portes le résultat de ses travaux. On ajoute même qu'effrayé, il fit faire une cuve d'airain pour se cacher sous terre, et qu'il lui fit donner ses ordres pour les autres travaux par le héraut Coprée, fils de Pélops de l'Elide. Ce Coprée ayant tué Iphitus, s'était enfui à Mycènes, il y avait été purifié par Eurysthée et il s'y était établi.

§ 2. Le second des travaux qu'il lui ordonna, fut de tuer l'Hydre de Lerne. Cette Hydre, nourrie dans les marais de Lerne, sortait dans les champs ; ravageait le pays et détruisoit les troupeaux. Elle était d'une grandeur démesurée ; elle avait neuf têtes, dont huit étaient mortelles, et la neuvième immortelle. Hercule monté sur son char, qu'Iolas conduisait, arriva à Leme, où il arrêta ses chevaux. Ayant trouvé l'Hydre sur une petite élévation, près des sources de la fontaine Amymone où étoit son repaire, il la força à en sortir en lui lançant des traits enflammés. Il la saisit alors et l'arrêta : mais, s'étant entortillée autour d'un de ses pieds, elle l'entravait lui-même. Il frappait ses têtes à coups de massue, et cela ne servait de rien, car pour une qu'il abattait, il en renaissait deux : de plus, un cancre monstrueux prêtait secours à l'Hydre en le mordant au pied, il commença donc par tuer le cancre ; il appela ensuite à son aide Iolas, qui ayant mis le feu à une partie de la forêt voisine, brûlait avec des tisons enflammés les têtes à mesure qu'elles repoussaient, et les empêchait de renaître. Étant ainsi parvenu à détruire ces têtes renaissantes, il enterra celle qui était immortelle sur le chemin de Lerne à Eléonte, et mit une très grosse pierre dessus. Ayant ensuite ouvert son corps, il trempa la pointe de ses flèches dans son fiel. Eurysthée ne voulut point que cette action fut comptée dans les douze travaux, parce que, pour détruire l'Hydre, il avait eu besoin da secours d'Iolas.

§ 3. Il lui ordonna, pour le troisième de ses travaux, de lui apporter la biche Cerynite vivante. Cette biche, consacrée à Diane, avait des cornes d'or, et se tenait à Œnoé. Hercule ne voulant ni la tuer, ni la blesser, la poursuivit un an entier. La biche, harassée par cette poursuite, s'enfuit sur le mont nommé Artémisium, et delà vers le fleuve Ladon. Elle se préparait à le traverser à la nage ; Hercule l'en empêcha à coups de flèches, la prit et l'ayant mise sur ses épaules, l'emporta à travers l'Arcadie. Diane, accompagnée d'Apollon, s'étant rencontrée sur son chemin, voulut lui ôter la biche, elle le blâma même de ce qu'il s'était exposé à tuer un animal qui lui était consacré. Hercule s'excusa sur la nécessité, et dit que la faute en devait retomber sur Eurysthée. Ayant ainsi apaisé la colère de Diane, il reprit la biche et la porta vivante à Mycènes.

§ 4. Eurysthée lui ordonna ensuite de lui apporter le sanglier d'Erymanthe vivant.

§ 5. Le cinquième des travaux que lui ordonna Eurysthée, fut de nettoyer dans un jour les étables d'Augias. Cet Augias étoit roi d'Elide, quelques-uns disent qu'il était fils du Soleil ; suivant d'autres, il étoit fils de Neptune ; enfin, d'autres lui donnent Phorbas pour père ; il avait de nombreux troupeaux de bœufs. Hercule s'étant présenté à lui, sans faire aucune mention des ordres d'Eurysthée, lui proposa d'enlever tout le fumier de ses étables dans un jour, s'il voulait lui donner la dixième partie de ses bestiaux. Augias ne croyant pas la chose possible, consentit à sa demande. [...] Eurysthée ne voulut pas, compter le curement des étables d'Augias, parmi les douze travaux, sous prétexte qu'il l'avait fait pour un salaire.

§ . 6 Il lui ordonna, pour le sixième, de chasser les oiseaux Stymphalides. Il y avoit à Stymphale, ville de l'Arcadie, un marais appelé Stymphalis, couvert d'arbres et de broussailles épaisses ; des oiseaux énormes s'y retiroient, craignant que les loups n'enlevassent leur proie. Hercule ne sachant comment les en chasser, Minerve lui donna des cymbales d'airain, qu'elle avoit eues de Vulcain. Il les fit sonner sur une montagne voisine du marais pour effrayer ces oiseaux, qui ne pouvant supporter ce bruit, s'envolèrent saisis de crainte, et Hercule les tua à coups de flèches.

§ 7. Pour le : septième de ses travaux, Eurysthée lui ordonna de lui amener le taureau de Crète. Acusilas dit que ce taureau étoit celui qui avoit amené Europe à Jupiter.

§ 8. Pour le huitième de ses travaux, il lui ordonna de lui amener les juments de Diomède de Thrace.

§ 9. Le neuvième des travaux qu'il lui ordonna, fut de lui apporter le baudrier d'Hippolyte, reine des Amazones, qui habitaient les bords du Thermodon, et formaient un peuple vaillant et belliqueux :

§ 10. Le dixième des travaux qu'on lui ordonna fut d'amener d'Erythie, les bœufs de Géryon.

§ 11. Tous ces travaux furent terminés dans huit ans et un mois ; mais Eurysthée ne voulant lui compter, ni celui des étables d'Augias, ni celui de l'Hydre, lui ordonna pour le onzième de lui apporter les pommes d'or du jardin des Hespérides.

§ 12. Eurysthée lui ordonna pour le douzième de ses travaux, d'amener Cerbère des enfers.

Pseudo-Apollodore, *Bibliothèque* (c. IIe siècle ap. J.-C.)

La fin de l'Âge d'or et l'apparition du travail

L'âge d'or commença. Alors les hommes gardaient volontairement la justice et suivaient la vertu sans effort. Ils ne connaissaient ni la crainte, ni les supplices ; des lois menaçantes n'étaient point gravées sur des tables d'airain ; on ne voyait pas des coupables tremblants redouter les regards de leurs juges, et la sûreté commune être l'ouvrage des magistrats.

Les pins abattus sur les montagnes n'étaient pas encore descendus sur l'océan pour visiter des plages inconnues. Les mortels ne connaissaient d'autres rivages que ceux qui les avaient vus naître. Les cités n'étaient défendues ni par des fossés profonds ni par des remparts. On ignorait et la trompette guerrière et l'airain courbé du clairon. On ne portait ni casque, ni épée ; et ce n'étaient pas les soldats et les armes qui assuraient le repos des nations.

[101] **La terre, sans être sollicitée par le fer, ouvrait son sein, et, fertile sans culture, produisait tout d'elle-même. L'homme, satisfait des aliments que la nature lui offrait sans effort, cueillait les fruits de l'arbousier et du cornouiller, la fraise des montagnes, la mûre sauvage qui croît sur la ronce épineuse, et le gland qui tombait de l'arbre de Jupiter. C'était alors le règne d'un printemps éternel. Les doux zéphyrs, de leurs tièdes haleines, animaient les fleurs écloses sans semence. La terre, sans le secours de la charrue, produisait d'elle-même d'abondantes moissons. Dans les campagnes s'épanchaient des fontaines de lait, des fleuves de nectar ; et de l'écorce des chênes le miel distillait en bienfaisante rosée.**

Lorsque Jupiter eut précipité Saturne dans le sombre Tartare, l'empire du monde lui appartint, et alors commença l'âge d'argent, âge inférieur à celui qui l'avait précédé, mais préférable à l'âge d'airain qui le suivit. Jupiter abrégea la durée de l'antique printemps ; il en forma quatre saisons qui partagèrent l'année : l'été, l'automne inégale, l'hiver, et le printemps actuellement si court. Alors, pour la première fois, des chaleurs dévorantes embrasèrent les airs ; les vents formèrent la glace de l'onde condensée. On chercha des abris. Les maisons ne furent d'abord que des antres, des arbrisseaux touffus et des cabanes de feuillages. **Alors il fallut confier à de longs sillons les semences de Cérès ; alors les jeunes taureaux gémirent fatigués sous le joug.**

[125] Aux deux premiers âges succéda l'âge d'airain. Les hommes, devenus féroces, ne respiraient que la guerre ; mais ils ne furent point encore tout à fait corrompus. L'âge de fer fut le dernier. Tous les crimes se répandirent avec lui sur la terre. La pudeur, la vérité, la bonne foi disparurent. À leur place dominèrent l'artifice, la trahison, la violence, et la coupable soif de posséder. Le nautonier confia ses voiles à des vents qu'il ne connaissait pas encore ; et les arbres, qui avaient vieilli sur les montagnes, en descendirent pour flotter sur des mers ignorées. La terre, auparavant commune aux hommes, ainsi que l'air et la lumière, fut partagée, et le laboureur défiant traça de longues limites autour du champ qu'il cultivait. **Les hommes ne se bornèrent point à demander à la terre ses moissons et ses fruits, ils osèrent pénétrer dans son sein ; et les trésors qu'elle recelait, dans des antres voisins du Tartare, vinrent aggraver tous leurs maux**. Déjà sont dans leurs mains le fer, instrument du crime, et l'or, plus pernicieux encore. La Discorde combat avec l'un et l'autre. Sa main ensanglantée agite et fait retentir les armes homicides. Partout on vit de rapine. L'hospitalité n'offre plus un asile sacré. Le beau-père redoute son gendre. L'union est rare entre les frères. L'époux menace les jours de sa compagne ; et celle-ci, les jours de son mari. Des marâtres cruelles

mêlent et préparent d'horribles poisons : le fils hâte les derniers jours de son père. La piété languit, méprisée ; et Astrée [= la Justice] quitte enfin cette terre souillée de sang, et que les dieux ont déjà abandonnée.

Ovide (43 av. J.-C.-17/18 ap. J.-C.), *Métamorphoses*, livre I

Le travail et la prison

○ La colonie de Mettray

La maison d'éducation de Mettray est régie selon un règlement immuable : et cela s'explique de bien des façons utiles aux jeunes garçons accueillis en ce lieu nouveau, qui offre à notre nation les principes d'un traitement humain des orphelins livrés à la rue et ses dangers.

Chacun sera d'accord, chacun opinera au fait que tout bagne est une erreur, un lieu de souffrances, une horreur sociale. Banissons le bagne ! Dirions-nous avec les autres. Et pour sûr, il est de tous les correctifs le pire. Il est le mal qui corrige faussement l'inégalité économique et les injustices de naissance. Il est l'écho d'une société où les richesses accaparées par quelques-uns affament les autres. Il est le fruit maudit du gouffre social, de la misère du chômage, des conditions atroces du peuple oublié. Plus d'injustices. et plus de bagnes ! Sans réforme profonde, toujours le bagne sera rempli de malheureux.

Mais il faut parer au plus pressé, aussi, et redresser ce qui est tordu pour le faire pousser plus droit. Il y a aussi urgence, hélas.

Qu'on me laisse ici dessiner les principes sublimes qui feront mieux comprendre à chacun, et en premier lieu à nos jeunes hôtes ici réunis, les ambitions jamais égalées qu'on se propose d'atteindre.

Jusqu'ici le bagne d'enfants (mot horrible) n'était régi que par des principes de répression, de punition, et d'entraves dignes des enfers les plus horrifiants. C'était partir d'une mauvaise philosophie. Certes, et cela est juste, la maison nouvelle que nous offrons, présente des prisons des caractéristiques parfois semblables, car le bagne punit utilement, brise la volonté mauvaise, réduit à néant l'envie du mal et du péché.

Mais à cette volonté première doit succéder et même coexister le désir pédagogique d'éradiquer plus profondément : le fouet est nécessaire mais ne suffit pas. **Remettre dans les cadres par le travail**, redonner le sens de l'argent et des valeurs, rétablir la dignité des actes et du rapport à l'autre, cela est la condition que la punition soit réellement comprise. Punir pour comprendre et se racheter, et non mimer faussement la repentance. Sans explications, sans volonté de rendre au criminel son être, l'enfant reste une bête sauvage, et réitère le crime.

Le bagne dans l'oisiveté est la condition même d'une récidive due à l'ennui, au malaise de l'inutilité sociale, au sentiment d'exclusion. Monde à part, le bagne doit mimer la société du dehors sous peine de rendre, une fois la peine finie, à la société, des créatures désorientées et inadaptées. Ainsi, la prison est une erreur, ou le bagne ou tout enfermement, s'ils coupent définitivement l'enfant du monde vrai de la vie : **travail**, régularité, socialisation, éducation, doivent être, tant que faire se peut, semblables aux activités des autres enfants libres, pour permettre la souple transition d'un univers à l'autre. Punir comme dans l'autre monde, où l'on punit aussi ! Et punir en faisant saisir le sens de la peine. Rendre libres comme au dehors ! Mais en étant en des lieux fermés. Le bagne ne punit pas seulement, il prépare au retour.

Frédéric-Auguste DEMETZ, *Discours d'inauguration de la colonie pénitentiaire de Mettray*, 1839.

Fondée en 1839, et fermée en 1939 la colonie de Mettray, en Indre-et-Loire, prétendait rééduquer par le travail de la terre les jeunes enfants. La journée y est rythmée par les prières et le travail, effectué en silence. Les enfants et adolescents, regroupés par pavillon et constamment surveillés, portent la tête rasée et l'uniforme. Le travail est pénible. L'instruction est limitée au strict minimum, « pour ne point donner aux élèves des connaissances qui, relativement à l'état actuel de l'instruction du peuple, seraient peu en rapport avec la condition qu'ils doivent occuper en sortant de la Colonie », selon l'article 55 du règlement. Dans *La colonie agricole et pénitentiaire de Mettray pendant le séjour de Jean Genet de septembre 1926 à mars 1929*, Georges-François Pottier s'intéresse au séjour de trente mois de l'écrivain, alors âgé de 16 ans et placé par jugement du tribunal de Meaux du 25 août 1926 à Mettray, où il travaillera comme cultivateur. Il compare les informations retrouvées dans le fonds des archives avec ce que Genet écrit dans le *Miracle de la Rose*. Dans ce roman, publié en 1946, et autobiographique, Genet raconte son séjour dans la colonie pénitentiaire de Mettray, évoquant ses premières amours mais dénonçant l'univers du bagne d'enfants. Pottier a retrouvé dans les listes d'employés le nom de certains membres du personnel qu'évoque Genet, comme Monsieur Bienveau, « le grand maître du quartier » : « Pour l'été, il avait inventé de se faire apporter une bassine pleine d'eau fraîche et il nous regardait mourir au soleil quand lui-même prenait des bains de pieds qui nuaient trois heures ». On voit que la réalité du bagne est bien différente du projet que vantait Demetz dans son discours d'inauguration. Ce dernier dénonce en effet la prison ou le bagne comme un monde de souffrance, un lieu infernal car elle est le fruit de l'inégalité économique et de la misère sociale. Pour lui, la prison, ou la colonie, doit viser au redressement, elle doit punir et éliminer le péché et le malheur mais surtout elle doit être pédagogique : elle doit redonner du sens et des cadres sous peine de récidive, c'est un lieu de travail ; par un effet de miroir, elle est un lieu régulé comme le dehors, mais comme lui aussi elle prépare à la liberté et au respect de la règle, c'est un univers qui crée une transition : elle prépare au retour. Si pendant 35 ans, jusqu'à sa disparition en 1873, Demetz a su maintenir l'idéal philanthropique qu'il dépeint dans son discours d'inauguration, à partir de 1884 règne dans l'établissement une disciplinaire militaire, tandis que l'enseignement s'éloigne de l'agriculture pour s'orienter vers l'industrie, au moment de la deuxième révolution industrielle. Michel Foucault, dans *Surveiller et punir*, définit Mettray comme « le modèle où se concentrent toutes les technologies coercitives du comportement. [...] Les chefs et les sous-chefs à Mettray ont à fabriquer des corps à la fois dociles et capables. » Les colons subissent un « dressage qui s'accompagne d'une observation permanente. »

La réinsertion par le travail

« *Le travail participe sans ambiguïté à la mission de réinsertion confiée à l'Administration pénitentiaire* » (Rapport AP, 1996, 178). Ce constat confirme la place importante accordée au travail dans tout projet de réinsertion, mais sans spécifier les buts concrets à atteindre. À ce sujet, il existe deux écoles de pensée. La première, majoritaire, cible essentiellement une augmentation de l'employabilité des détenus dans l'espoir qu'un emploi régulier puisse diminuer le risque de récidive. C'est en ce sens que les nouvelles Règles pénitentiaires du Conseil de l'Europe statuent que [le] « travail doit permettre, dans la mesure du possible, d'entretenir ou d'augmenter la capacité du détenu à gagner sa vie après sa sortie de prison » (Règle 26, al. 3). La deuxième école attribue à la réinsertion par le travail une fonction plus large d'intégration sociale car, selon elle, le travail est le garant de la cohésion sociale des sociétés modernes, voire son « Grand Intégrateur » (Barel, 1990). C'est le travail qui facilite l'apprentissage de la vie sociale et la constitution des identités ; il est la clef de contribution-rétribution sur quoi repose le lien social ; il donne à chacun la chance d'avoir une utilité sociale, et il est un lieu de rencontre et de coopération hors de la sphère privée (Méda, 1995, 167). Cette conception du travail n'est pas incontestée – Méda elle-même est la première à s'en distancer– mais elle résume bien les espoirs misés sur lui, même en prison. Elle n'est pas non plus indifférente au problème de la récidive, mais elle met d'abord l'accent sur la personne détenue et les conditions nécessaires afin qu'elle puisse trouver sa place dans la société.

Marc BAADER, « Le travail pénitentiaire »,
article tiré de l'anthologie *Champ pénal*, 2007.

Le but de la prison est normalement la réinsertion. Deux écoles s'affrontent sur l'interprétation de cette réinsertion. La première insiste sur la formation des détenus à l'employabilité, la seconde, plus large, réfléchit à l'employabilité comme un des éléments du problème de la réinsertion, car le travail a des fonctions plus fondamentales : il est le grand intégrateur, il constitue une identité sociale, crée une utilité sociale et est lieu de rencontre et d'échange.

Le travail et le trésor enfoui

La parabole des talents (Évangile selon Matthieu, 25, 14-30)

En ce temps-là, Jésus disait à ses disciples cette parabole : « Un homme qui partait en voyage appela ses serviteurs et leur confia ses biens. À l'un il remit une somme de cinq talents, à un autre deux talents, au troisième un seul talent, à chacun selon ses capacités. Puis il partit.

Aussitôt, celui qui avait reçu les cinq talents s'en alla pour les faire valoir et en gagna cinq autres. De même, celui qui avait reçu deux talents en gagna deux autres. Mais celui qui n'en avait reçu qu'un alla creuser la terre et cacha l'argent de son maître.

Longtemps après, le maître de ces serviteurs revint et il leur demanda des comptes. Celui qui avait reçu cinq talents s'approcha, présenta cinq autres talents et dit : « Seigneur, tu m'as confié cinq talents ; voilà, j'en ai gagné cinq autres. Son maître lui déclara : « Très bien, serviteur bon et fidèle, tu as été fidèle pour peu de choses, je t'en confierai beaucoup ; entre dans la joie de ton seigneur. » Celui qui avait reçu deux talents s'approcha aussi et dit : « Seigneur, tu m'as confié deux talents ; voilà, j'en ai gagné deux autres. » Son maître lui déclara : « Très bien, serviteur bon et fidèle, tu as été fidèle pour peu de choses, je t'en confierai beaucoup ; entre dans la joie de ton seigneur. »

Celui qui avait reçu un seul talent s'approcha aussi et dit : « Seigneur, je savais que tu es un homme dur : tu moissonnes là où tu n'as pas semé, tu ramasses là où tu n'as pas répandu le grain. J'ai eu peur, et je suis allé cacher ton talent dans la terre. Le voici. Tu as ce qui t'appartient. » Son maître lui répliqua : « Serviteur mauvais et paresseux, tu savais que je moissonne là où je n'ai pas semé, que je ramasse le grain là où je ne l'ai pas répandu. Alors, il fallait placer mon argent à la banque ; et, à mon retour, je l'aurais retrouvé avec les intérêts. Enlevez-lui donc son talent et donnez-le à celui qui en a dix. À celui qui a, on donnera encore, et il sera dans l'abondance ; mais celui qui n'a rien se verra enlever même ce qu'il a. Quant à ce serviteur bon à rien, jetez-le dans les ténèbres extérieures ; là, il y aura des pleurs et des grincements de dents ! »

C'est sans doute une des paraboles les plus connues de Jésus. Le terme de « talent », qui désigne à l'origine un poids d'argent et une monnaie, est passé dans le langage courant pour signifier une aptitude particulière pour faire quelque chose, un don remarquable. Cependant, ce n'est pas la plus limpide, à en juger d'après la diversité des interprétations, certains voyant dans la figure du maître le Christ ou Dieu le Père, et d'autres un tyran méprisable car il admoneste son serviteur qui a refusé d'investir et de spéculer. Trois serviteurs se voient confier de l'argent par leur maître en déplacement, en quantité différente, « à chacun selon ses capacités ». Les deux premiers serviteurs « doublent la mise », le dernier se contente d'enfouir dans le sol l'unique talent qu'on lui a confié. Ainsi, le maître donne plus de responsabilité au plus travailleur de ses serviteurs, mais il ne confie plus rien à celui qui a mal utilisé la richesse. En outre, le serviteur paresseux n'exprime que de la crainte et de l'agressivité en s'adressant au maître. Il n'y a aucune humilité dans se propos. La parabole incite le chrétien à être actif, entreprenant, à ne pas enfouir les sacrements reçus de Dieu mais à les utiliser pour le bien de ses frères. Cette parabole, étant donné qu'elle touche à l'argent, a un lien avec le protestantisme, comme le rapporte Pierre Bezbakh dans un article paru le 3 avril 2006 dans le journal *Le Monde* et intitulé « Jean Calvin et le prêt à intérêt ». L'auteur cite l'ouvrage du sociologue et économiste Max Weber (1864-1920), publié en 1902, *L'Éthique protestante et l'esprit du capitalisme,* et explique que « la pensée calviniste aurait été en particulier porteuse d'un infléchissement significatif des comportements économiques propres aux milieux protestants. » En effet, Jean Calvin (1509-1564) est l'auteur d'une *Lettre sur l'usure* en 1545. Alors que l'Église exhorte à prêter sans rien attendre en retour, pour faire la charité autour de soi, Calvin distingue l'usure du « versement d'un intérêt dans le cas d'un prêt productif servant à financer la création d'un surcroît de richesse. » Et l'auteur de l'article de conclure que « la nouvelle religion contribua à déculpabiliser ceux qui se lançaient dans de nouvelles pratiques mercantiles et financières mal vues jusque-là, et que des dépenses religieuses et artistiques furent consacrées, dans les pays protestants, à des investissements visant à accroître le profit individuel. »

La parabole des mines, que l'on trouve chez Luc (19, 11-27) ressemble beaucoup à celle des talents, si l'on excepte la fin, qui est plus brutale :

Ils écoutaient ces choses, et Jésus ajouta une parabole, parce qu'il était près de
Jérusalem, et qu'on croyait qu'à l'instant le royaume de Dieu allait paraître. 12 Il
dit donc : « Un homme de haute naissance s'en alla dans un pays lointain, pour se
faire investir de l'autorité royale, et revenir ensuite. 13 Il appela dix de ses serviteurs,
leur donna dix mines, et leur dit : “Faites-les valoir jusqu'à ce que je revienne.”
14 Mais ses concitoyens le haïssaient, et ils envoyèrent une ambassade après lui,
pour dire : “Nous ne voulons pas que cet homme règne sur nous. 15 Lorsqu'il fut
de retour, après avoir été investi de l'autorité royale, il fit appeler auprès de lui les
serviteurs auxquels il avait donné l'argent, afin de connaître comment chacun l'avait
fait valoir. 16 Le premier vint, et dit : “Seigneur, ta mine a rapporté dix mines.”
17 Il lui dit : “C'est bien, bon serviteur ; parce que tu as été fidèle en peu de chose,
reçois le gouvernement de dix villes.” 18 Le second vint, et dit : “Seigneur, ta mine
a produit cinq mines.” 19 Il lui dit : “Toi aussi, sois établi sur cinq villes.” 20 Un
autre vint, et dit : “Seigneur, voici ta mine, que j'ai gardée dans un linge ; 21 car
j'avais peur de toi, parce que tu es un homme sévère ; tu prends ce que tu n'as pas
déposé, et tu moissonnes ce que tu n'as pas semé.” 22 Il lui dit : “Je te juge sur tes
paroles, méchant serviteur ; tu savais que je suis un homme sévère, prenant ce
que je n'ai pas déposé, et moissonnant ce que je n'ai pas semé ; 23 pourquoi donc
n'as-tu pas mis mon argent dans une banque, afin qu'à mon retour je le retirasse
avec un intérêt ?” 24 Puis il dit à ceux qui étaient là : “Ôtez-lui la mine, et donnez-la
à celui qui a les dix mines.” 25 Ils lui dirent : “Seigneur, il a dix mines.” 26 Je vous
le dis, on donnera à celui qui a, mais à celui qui n'a pas on ôtera même ce qu'il a.
27 Au reste, amenez ici mes ennemis, qui n'ont pas voulu que je régnasse sur eux,
et tuez-les en ma présence. »

L'enfouissement est considéré de manière très négative dans la tradition chrétienne, et chez les fabulistes Ésope et La Fontaine, il va participer à développer le motif du travail comme un trésor. Il est question dans les deux cas de chercher un trésor enfoui qui n'existe pas, le seul trésor c'est le travail, l'énergie qu'on a mise à retourner la terre en y cherchant ce qui ne s'y trouve pas.

Travaillez, prenez de la peine :
C'est le fonds qui manque le moins.
Un riche Laboureur, sentant sa mort prochaine,
Fit venir ses enfants, leur parla sans témoins.
Gardez-vous, leur dit-il, de vendre l'héritage
Que nous ont laissé nos parents.
Un trésor est caché dedans.
Je ne sais pas l'endroit ; mais un peu de courage
Vous le fera trouver, vous en viendrez à bout.
Remuez votre champ dès qu'on aura fait l'Aout.
Creusez, fouillez, bêchez ; ne laissez nulle place
Où la main ne passe et repasse.
Le père mort, les fils vous retournent le champ
Deçà, delà, partout ; si bien qu'au bout de l'an
Il en rapporta davantage.
D'argent, point de caché. Mais le père fut sage
De leur montrer avant sa mort
Que le travail est un trésor.

La Fontaine, « Le laboureur et ses enfants », *Fables,* V, 9

Un laboureur, sur le point de terminer sa vie, voulut que ses enfants acquissent de l'expérience en agriculture. Il les fit venir et leur dit : « Mes enfants, je vais quitter ce monde ; mais vous, cherchez ce que j'ai caché dans ma vigne, et vous trouverez tout. » Les enfants s'imaginant qu'il y avait enfoui un trésor en quelque coin, bêchèrent profondément tout le sol de la vigne après la mort du père. De trésor, ils n'en trouvèrent point ; mais la vigne bien remuée donna son fruit au centuple.
Cette fable montre que le travail est pour les hommes un trésor.

Ésope, *Fables*, 83 « Le Laboureur et ses enfants »
(traduit du grec par Émile Chambry)

Le citoyen travailleur dans la *République* de Platon, (livre II, 369c-374e)

Au livre II, les protagonistes du dialogue envisagent une cité avec des travailleurs, des salariés mais pas d'esclaves. » la multiplicité des besoins a réuni dans une même habitation plusieurs hommes pour s'entraider, et nous avons donné à cette association le nom d'État. »

> « Jetons par la pensée les fondements d'un État. **Ces fondements seront nécessairement nos besoins** : [369d] or, le premier et le plus grand de tous, n'est-ce pas la nourriture d'où dépend la conservation de notre être et de notre vie ?/Oui./Le second besoin est celui du logement ; le troisième celui du vêtement et de tout ce qui s'y rapporte./Il est vrai./Mais comment l'État fournira-t-il à tous ces besoins ? ne faudra-t-il pas pour cela que l'un soit laboureur, un autre architecte, un autre tisserand ? Ajouterons-nous encore un cordonnier ou quelque autre artisan semblable ?/Il le faut bien. [369e] Mais quoi ! **Faut-il que chacun fasse le métier qui lui est propre pour tous les autres ?** que le laboureur, par exemple, prépare à manger pour quatre et y mette par conséquent quatre fois plus de temps et de peine, ou vaudrait-il mieux que, sans s'embarrasser des autres, et travaillant pour lui seul, [370a] il employât la quatrième partie du temps à préparer sa nourriture, et les trois autres parties à se bâtir une maison, à se faire des habits et des souliers ?/Peut-être, Socrate, le premier procédé serait-il plus commode./Je n'en serais pas surpris, car au moment où tu parles, je fais réflexion que **chacun de nous [370b] n'apporte pas en naissant les mêmes dispositions ; que les uns sont propres à faire une chose, les autres à faire une autre.** Les choses en iraient-elles mieux si un seul faisait plusieurs métiers, ou si chacun se bornait au sien ?/Si chacun se bornait au sien./Il est encore évident, ce me semble, qu'une chose est manquée lorsqu'elle n'est pas faite en son temps./Oui./Car l'ouvrage n'attend pas la commodité de l'ouvrier ; mais c'est à l'ouvrier à s'occuper [370c] de l'ouvrage quand il le faut. **D'où il suit qu'il se fait plus de choses, qu'elles se font mieux et plus aisément, lorsque chacun fait celle à laquelle il est propre, dans le temps marqué, et sans s'occuper de toutes les autres. [...] Si nous voulons, en effet, que tout aille bien, [370d] le laboureur ne doit pas faire lui-même sa charrue, sa bêche, ni les autres instruments aratoires. Il en est de même de l'architecte auquel il faut beaucoup d'outils, du tisserand et du cordonnier.** Voilà donc les charpentiers, les forgerons et les autres ouvriers semblables qui vont entrer dans le petit État et l'agrandir. Ce ne sera pas l'agrandir beaucoup que d'y ajouter des bergers et des pâtres de toute espèce, afin que [370e] le laboureur ait des bœufs pour le labourage, l'architecte, des bêtes de somme pour le transport de ses matériaux, le tisserand et le cordonnier, des peaux et des laines. Notre État aura besoin, par conséquent, d'un plus grand nombre de laboureurs et d'autres ouvriers./Évidemment./**Il nous faudra de plus des gens qui se chargent de l'importation et de l'exportation des divers objets ; et c'est là ce qu'on appelle des commerçants : n'est-ce pas ?/Oui./Nous aurons donc besoin de commerçants ? Certainement./Et si le commerce se fait par mer, il nous faudra [371b] encore un grand nombre de personnes habiles à faire ce genre de commerce.**/Oui, un grand nombre./Mais dans l'intérieur même de la cité, comment les citoyens

se feront-ils part les uns aux autres des fruits de leur travail ? Car c'est dans ce but qu'on s'est associé et qu'on a formé un État./Il est évident que ce sera par vente et par achat./De là la nécessité d'un marché et d'une monnaie, signe de la valeur des objets échangés./Sans doute./[371c] Mais si le laboureur, ou quelque autre artisan, ayant porté au marché ce qu'il a à vendre, n'a pas pris justement le temps où les autres ont besoin de sa marchandise, restera-t-il oisif au marché, laissant son travail interrompu ?/Point du tout. Il y a des gens qui ont vu l'inconvénient qui en résulterait, et qui ont offert leurs services pour le prévenir. Dans les États sagement réglés, ce sont ordinairement des personnes d'un corps débile, et incapables de faire aucun autre ouvrage. Leur profession est de rester [371d] au marché, d'acheter aux uns ce qu'ils ont à vendre et de revendre aux autres ce qu'ils ont besoin d'acheter./En conséquence notre État ne peut se passer de **marchands. N'est-ce pas le nom que l'on donne à ceux qui se tiennent sur la place publique pour acheter et revendre, réservant le nom de commerçants pour ceux qui voyagent d'un État à l'autre ?**/Oui./[371e] Il y a encore, ce me semble, d'autres gens à employer, gens peu dignes par leur esprit de faire partie d'un État, mais dont le corps robuste est à l'épreuve de la fatigue. **Ils trafiquent des forces de leur corps, et appellent salaire l'argent que leur procure ce trafic**, d'où leur vient, je crois, le nom de mercenaires : n'est-ce pas ?/ Oui./Les mercenaires entrent donc aussi dans la composition d'un État ?/À ce qu'il me semble./Hé bien, Adimante, notre État est-il déjà assez grand pour que rien n'y manque ?/Peut-être./Mais où la justice et l'injustice s'y rencontrent-elles ? Où crois-tu qu'elles prennent naissance dans tout cela ? [372a] Je ne le vois pas, Socrate, à moins que ce ne soit dans les rapports des citoyens les uns envers les autres, en faisant tout ce que nous venons de dire./Peut-être as-tu rencontré juste ; mais il faut voir encore, sans nous rebuter. Et d'abord considérons quelle sera la manière de vivre de ces hommes dont nous venons de déterminer tous les besoins. Ils se procureront de la nourriture, du vin, des vêtements, des chaussures ; ils se bâtiront des maisons : pendant l'été, ils travailleront ordinairement peu vêtus et nu-pieds ; pendant [372b] l'hiver, bien vêtus et bien chaussés. Leur nourriture sera de farine d'orge et de froment dont ils feront des pains et de beaux gâteaux, que l'on servira sur du chaume ou des feuilles bien nettes ; ils mangeront, eux et leurs enfants, couchés sur des feuilles d'if et de myrte ; ils boiront du vin, chanteront les louanges des dieux, couronnés de fleurs, **vivant ensemble joyeusement, et ne faisant pas plus [372c] d'enfants qu'ils n'en peuvent nourrir**, dans la crainte de la pauvreté ou de la guerre./Ici Glaucon m'interrompant : il paraît, me dit-il, qu'ils n'auront rien à manger avec leur pain./ Tu as raison, lui dis-je ; j'avais oublié qu'ils auront encore du sel, des olives, du fromage, des oignons et les autres légumes que produit la terre et qu'on peut cuire. Je ne veux pas même les priver de dessert. Ils auront des figues, des pois, des fèves, et feront griller [372d] sous la cendre les baies du myrte et les faînes du hêtre qu'ils mangeront en buvant modérément. C'est ainsi que, tranquilles et pleins de santé, ils parviendront jusqu'à la vieillesse et laisseront à leurs enfants l'héritage de cette vie heureuse./**Si tu formais un État de pourceaux, les engraisserais-tu autrement ?** s'écria-t-il./Que faut-il donc faire, mon cher Glaucon ?/ Ce qu'on fait d'ordinaire. Si tu veux qu'ils soient à leur aise, fais-les manger à table, coucher sur des lits, [372e] et sers-leur les mets et les desserts qui sont en usage aujourd'hui./Fort bien ; j'entends. Ce ne serait plus simplement l'origine d'un État que nous chercherions, mais celle d'un État plein de délices. Peut-être ne serait-ce pas un mal : nous pourrions bien découvrir aussi de cette manière par où la justice et l'injustice s'introduisent dans les États. Toujours est-il que le véritable État, celui dont la constitution est saine, est tel que je viens de le décrire. Maintenant si vous voulez que nous en considérions **un autre gonflé d'humeurs**, rien ne nous en empêche. [373a] Il y a apparence que plusieurs ne seront pas contents de ces dispositions ni de notre régime de vie : à ceux-là il faudra encore des lits, des tables, des meubles de toute espèce, des ragoûts, des parfums, des odeurs, des courtisanes, des friandises et de tout cela avec profusion. **On ne mettra plus simplement au rang des choses nécessaires celles dont nous parlions tout à l'heure, une demeure, des vêtements, une chaussure : on va désormais employer la peinture avec ses mille couleurs : il faut avoir de l'or, de l'ivoire et de toutes les matières précieuses : n'est-ce pas ?/** [373b] Oui./Dans ce cas, agrandissons l'État. En effet, l'**État sain que nous avions fondé ne peut plus suffire ; il faut le grossir d'une multitude de gens que le luxe seul introduit dans les États, comme les chasseurs de toute espèce, et ceux dont le métier consiste à imiter, par des figures, des couleurs et des sons ; de plus les poètes, avec leur cortège ordinaire, les rhapsodes, les acteurs, les danseurs, les entrepreneurs et ouvriers en tout genre, entre autres [373c] ceux qui travaillent pour les ornements de femme, et encore une foule de personnes employées à leur service.** N'aurons-nous pas besoin de gouverneurs et de gouvernantes, de nourrices, de coiffeuses, de barbiers, de traiteurs, de cuisiniers et même de porchers ? Tout cela ne se trouvait pas dans l'État tel que nous l'avions fait d'abord, car il n'en avait pas besoin ; mais maintenant on ne pourra s'en passer, non plus que de toutes les espèces d'animaux dont il prendra fantaisie à chacun de manger./Comment s'en passer en effet ? [373d] Mais en menant ce train de vie, les médecins nous seront bien plus nécessaires qu'auparavant./Beaucoup plus./Et le pays qui suffisait auparavant à l'entretien de ses habitants ne sera-t-il pas désormais trop petit ?/Cela est vrai./Si donc nous voulons avoir assez de pâturages et de terres à labourer, il nous faudra empiéter sur nos voisins, et nos voisins en feront autant par rapport à nous, si, **franchissant les bornes du nécessaire, ils se livrent comme nous à une insatiable cupidité.**/[373e] Cela est à peu près inévitable./Après nous ferons la guerre, Glaucon ? ou quel autre parti prendre ?/Nous ferons la guerre./Ne parlons point encore des biens ni des maux que la guerre apporte avec elle ; disons seulement que nous avons découvert l'origine de ce fléau si funeste aux États et aux particuliers./Fort bien./Il faut donc encore agrandir l'État [374a] pour y donner place à une armée nombreuse qui puisse aller à la rencontre de l'ennemi et défendre l'État avec tout ce qu'il possède et tout ce que nous venons d'énumérer./Les citoyens ne pourront-ils pas faire cela eux-mêmes ?/Non, si en procédant à la formation de l'État nous avons établi un principe vrai. Or, s'il t'en souvient, nous avons établi qu'il est impossible qu'un seul homme fasse bien plusieurs métiers à la fois. Tu as raison./[374b] N'est-ce pas un métier, à ton avis, que la guerre ?/Certainement. Crois-tu que l'État ait plus besoin d'un bon cordonnier que d'un bon guerrier ?/Nullement./**Nous n'avons pas voulu que le cordonnier fût en même temps laboureur, tisserand ou architecte, mais seulement cordonnier, afin qu'il en fît mieux son métier. Nous avons de même appliqué chacun au métier auquel il est propre et dont il doit s'occuper exclusivement [374c] pendant toute sa vie, pour l'exercer avec succès.** Penses-tu qu'il ne soit pas aussi de la plus grande importance de bien exercer le métier de la guerre ? ou ce métier est-il si facile qu'un laboureur, un cordonnier ou quelque autre artisan puisse être en même temps guerrier, tandis que pour être excellent joueur de dés ou d'osselets, on doit s'y appliquer sérieusement dès l'enfance ? [374d] Quoi ! il suffira de prendre un bouclier, ou quelque autre arme, pour devenir tout à coup un bon soldat ; tandis qu'en vain prendrait-on en main les instruments de quelque autre art que ce soit, jamais on ne deviendrait par là ni artisan ni athlète, à moins d'avoir une connaissance exacte des principes de chaque art et d'en avoir fait un long apprentissage !/Si cela était, les instruments seraient alors d'un bien grand prix./Ainsi **plus le métier de ces gardiens de l'État est important, [374e] plus ils doivent y apporter de loisir, d'étude et de soins./**

Je le crois./Ne faut-il pas aussi pour ce métier des dispositions naturelles ?/Sans doute./C'est donc à nous de choisir, si nous le pouvons, **ceux qui par leur naturel sont les plus propres à la garde de l'État.** »

Dans ce passage de la *République*, on remonte à l'origine de la cité, et Platon imagine une sorte d'âge d'or (« vivant joyeusement ») que Glaucon qualifie en 372d d' « État de pourceaux », qui va finir par tomber dans la corruption à cause de la prolifération des besoins. L'individu seul ne peut pas subvenir à ses besoins, il a besoin des autres pour survivre, et l'état va notre de la rencontre et de l'association de quelques-un une vue de s'entraider. Puisque les fondements d'un État « sont nécessairement les besoins », alors le citoyen se définit comme un travailleur. Et il va y avoir une nécessaire division du travail. En effet, le nombre croissant des besoins fait que chacun doit se spécialiser dans l'exercice d'un métier : « il se fait plus de choses, [...] elles se font mieux et plus aisément, lorsque chacun fait celle à laquelle il est propre, dans le temps marqué, et sans s'occuper de toutes les autres ». À chaque besoin correspond un travail, et à chaque travail correspond une compétence. Cela repose sur l'idée formulée en 370d que chacun se spécialise selon les dispositions que la nature lui a données. Plus la cité se développe, plus les besoins et donc les métiers se multiplient. Par exemple, pour fabriquer les outils dont les laboureurs, les maçons, les tisserands et les cordonniers auront besoin, il faut des forgerons et des ouvriers. Puis des bergers et des pasteurs qui fournissent le laboureur en bœufs, le maçon en bête de somme, le tisserand en laine, le cordonnier en cuir. Pour les échanges commerciaux à l'intérieur de la cité et avec d'autres cités, il faut des commerçants et des marchands. Le texte fait référence au commerce maritime. Platon fait sans doute allusion au développement du port d'Athènes, le Pirée, et à l'*hybris* (= la démesure) de l'empire athénien : jusqu'en 404 av. J.-C., la « ligue de Délos » permet à Athènes d'exercer son hégémonie sur la Mer Égée et une grande partie de la Méditerranée orientale (notamment le Dodécanèse et la Propontide de Thrace). Pour Platon, l'expansion commerciale, parce qu'elle ne connaît pas de terme, finit par engendrer sa propre destruction. Dans le *Critias*, le récit de la chute de l'Atlantide peut être lu comme la destruction de l'empire maritime athénien. Et dans les *Lois*, son ultime ouvrage, le philosophe taxe de dangereux et de nocif tout ce qui vient de la mer, allant jusqu'à calculer la distance idéale du rivage pour fonder une cité en la préservant des influences maritimes néfastes. L'apparition du marché et la nécessité de l'utilisation de la monnaie fait proliférer les intermédiaires et les métiers intermédiaires jusqu'à ce que la cité perde son équilibre et sa mesure. Sans arrêt Socrate souligne l'accroissement de la population, qu'il compare au petit groupe de quatre ou cinq initial. La cité des origines, celle où les citoyens règlent leurs ressources sur le nombre de leurs enfants et vivent joyeusement tels des pourceaux qui se satisfont de leur sort, s'est transformée en un état boursouflé, où se multiplient les métiers superfétatoires de l'apparence : les comédiens mais aussi les fabricants de toilettes pour femmes. Dans cette cité, le paraître l'emporte sur l'être : c'est la décadence. Socrate dit ensuite avoir découvert l'origine de la guerre : ce désir d'expansion qui montre que la guerre n'est que la continuation du commerce par d'autres moyens. La prolifération des richesses aboutit à la destruction des richesses, et la croissance folle de l'État ne trouve de bornes que grâce à la guerre. Les experts en art militaire, qui doivent suivre un long enseignement, ne sont pas appelés soldats ou guerriers, termes qui peuvent supposer une forme sinon d'agressivité du moins d'offensive : ce sont des « gardiens », qui défendent les limites de la patrie, et mettent à frein à l'expansion commerciale.

La théorie de l'esclavage naturel

En Grèce, à Athènes, pour être citoyen, et donc jouir de tous les droits politiques et judiciaires, il faut être le fils de deux parents athéniens. Le citoyen est un propriétaire foncier, qui dirige sa maison (en grec *oikia*, d'où le terme d'*Économique*, pour reprendre Xénophon) ou sa famille (comme à Rome, le *Pater familias*), comprenant les esclaves, serviteurs, laboureurs, artisans. L'utilisation du travail des esclaves dans les activités agricoles, apicoles et d'élevage relève de la chrématistique naturelle car elle permet à la famille d'obtenir les produits de la terre. Alors que l'esclavage a été définitivement aboli en France depuis 1848, la théorie de l'esclavage naturel en Grèce et à Rome peut paraître difficilement compréhensible. Hannah Arendt (1906-1975), dans *Condition de l'homme moderne,* paru en 1961, revient sur la justification de l'esclavage dans l'Antiquité. « L'institution de l'esclavage dans l'Antiquité, au début du moins, ne fut ni un moyen de se procurer de la main-d'œuvre bon marché ni un instrument d'exploitation en vue de faire des bénéfices ; ce fut plutôt une tentative pour éliminer des conditions de la vie le travail. » Ainsi, à la différence d'une exploitation humaine comme on a pu la connaître dans la « traite des nègres », l'esclavage antique s'explique par la nature servile des occupations qui pourvoyaient aux besoins essentiels et vitaux. Dans la *Politique,* Aristote lui-même critique le goût du profit en condamnant la chrématistique commerciale ; ce terme désigne la pratique d'accumulation de moyens d'acquisition de richesses pour elles-mêmes, le désir insensé de posséder toujours plus, et notamment l'argent, pour lui-même, sans jamais considérer les moyens (l'usure, par exemple). Le but est de faire le maximum de profit et d'accumuler de la monnaie. Aristote condamne donc le prêt à intérêt, avec les taux usuraires l'argent devant produire toujours plus d'argent, car il n'admet pas que l'argent doive « faire des petits », le terme *tokos* désignant en grec à la fois l'intérêt et l'enfant. Le philosophe condamne également le « louage » du travail, que ce soit pour des activités de travaux manuels ou pour des travaux de peine. Le travail de la terre ou l'artisanat n'est pas dévalorisé dans l'Antiquité, contrairement aux préjugés des historiens modernes. Ainsi, dans l'*Odyssée,* au chant XXIII, la chaste et prudente Pénélope met à l'épreuve son époux Ulysse, l'homme aux mille tours. Pour s'assurer qu'il s'agit bien de son mari absent depuis vingt ans d'Ithaque, elle va demander à sa servante de dresser hors de la chambre le lit conjugal. Ces propos bouleversent Ulysse, qui, racontant l'histoire de sa couche, se glorifie d'être menuisier : « Il existe des secrets merveilleux dans cette couche habilement travaillée : c'est moi seul qui l'ai construite, et nul autre n'y a mis la main. – Dans l'enceinte de la cour s'élevait jadis un superbe et vigoureux olivier à l'épais feuillage, dont le tronc était aussi gros qu'une colonne. Autour de cet olivier je bâtis la chambre nuptiale avec des pierres étroitement unies ; je la couvris d'un toit et je la fermai par des portes qui se joignaient exactement. Je coupai ensuite le sommet de l'olivier, et, après avoir scié le tronc à partir de sa racine, je le polis tout autour avec l'airain, je l'alignai au cordeau, je le trouai de tous côtés avec une tarière, et j'en formai le pied de ma couche, que je façonnai avec le plus grand soin, et que j'enrichis d'or, d'argent et d'ivoire ; puis je tendis en dessous des courroies de cuirs teintes en rouge. Voilà les secrets merveilleux dont je t'ai parlé. Maintenant j'ignore si ma couche est encore à l'endroit où je l'ai laissée, ou si quelqu'un l'a transportée ailleurs en coupant l'olivier à sa racine. » De la même façon, lorsque, comme le rapporte le résumé des *Chants cypriens*, épopée perdue attribuée à Stasinos de Chypre qui précédait chronologiquement l'*Iliade*, Ulysse refusait de partir à Troie combattre avec Agamemnon et Ménélas, les Atrides, il simule la folie en allant sur le rivage, en attelant un âne et un bœuf à sa charrue, et en labourant le sable dans lequel il sème du sel. Palamède parvint à le confondre en plaçant le tout jeune Télémaque devant le soc de la charrue, et Ulysse cessa son manège, se refusant de blesser son propre fils. On voit bien dans cet épisode que ce qui choque, ce n'est pas tant que le roi d'Ithaque manie la charrue comme un paysan, c'est seulement la bizarrerie de l'attelage, du labourage du sable et des semailles de sel. Qu'est-ce qui donc distingue l'homme de l'esclave ? Tout d'abord, il faut savoir que si l'esclave a pour les Anciens une nature non humaine, si certains semblent par nature faits pour être commandés, notamment ceux dont l'activité consiste à se servir de leur corps, Aristote, qui libéra ses esclaves sur son lit de mort, ne dit pas que l'esclave est incapable d'être humain. On pouvait d'ailleurs tomber dans l'esclavage, pour dette (cf. Tite-Live, *Ab Urbe condita*, livre II), ou parce qu'on était capturé par des pirates, par exemple, comme on pouvait aussi en sortir, par la manumission notamment. L'esclave est celui qui reste complètement soumis à la nécessité ; il est un *animal laborans*, c'est-à-dire, comme l'explique Hannah Arendt, la plus haute espèce « parmi les espèces animales qui peuplent la terre », et comme ce que les hommes partagent avec les animaux n'est pas considéré comme humain, l'esclave n'a pas le statut d'homme parce qu'il est trop proche des animaux domestiques « L'aide physique en vue d'accomplir les tâches nécessaires, on la demande aux deux, esclaves et animaux domestiques », explique Aristote dans le livre I dans *La Politique*. L'esclave est en quelque sorte une machine animée, dont on ne peut se passer pour accomplir toutes les besognes indignes de l'homme libre. « Le jour où les navettes voleront toutes seules et que les plectres joueront d'eux-mêmes, il n'y aura plus besoin d'esclaves. » Ironique ou prémonitoire, cette phrase résume bien l'esclavage antique : l'esclave est un outil nécessaire au fonctionnement de la cité, parce qu'il n'existe pas, ou pas encore, de machines pour effectuer son travail. Quant à savoir si les machines auront réellement libéré l'homme du travail…

Un cas remarquable d'esclavage en Grèce : les Hilotes à Sparte

Le nom des Hilotes signifierait « ceux qui ont été pris » (en grec *phéro, eilon* = prendre). D'après l'historien grec Thucydide d'Athènes (460-400/395 av. J.-C.), auteur de *La Guerre du Péloponnèse,* les Hilotes seraient des Messéniens réduits en esclavage. D'après le géographe Strabon (63 av. J.-C.-23 ap. J.-C.), les Hilotes viendraient de la région d'Hélos, au sud de Sparte. Au livre VIII de sa *Géographie,* il explique qu' « ils furent condamnés à l'esclavage à certaines conditions : leur possesseur ne serait autorisé ni à les affranchir, ni à les vendre hors des frontières ». Les Hilotes sont donc attachés aux terres qu'ils cultivent. Ce sont des esclaves publics attachés au lot de terre (*cléros*) attribué à chaque citoyen spartiate. Comme ils assurent le travail rural, les citoyens spartiates peuvent former une armée toujours mobilisée. De jeunes Hilotes appelés *mothônès* servent le fils du maître pendant son éducation et l'accompagnent à la guerre. Ils sont ensuite affranchis mais demeurent des spartiates de statut inférieur. Les Hilotes constituent un soutien aux armées spartiates, comme le rapportent les historiens grecs. Cependant, ils sont méprisés par les Spartiates qui organisent chaque année des cryptes, pendant lesquelles il est légal d'assassiner les Hilotes : « Les magistrats, explique Plutarque dans la *Vie de Lycurgue,* envoyaient de temps en temps courir dans la campagne les jeunes gens à qui ils connaissaient le plus d'adresse est de prudence, et ne leur donnaient que des poignards avec les vivres nécessaires. Ces jeunes gens, se dispersant chacun de son côté, se tenaient pendant le jour tranquillement dans des endroits couverts, et n'en sortaient qu'à la nuit pour se répandre dans les grands chemins, et égorger tous les Hilotes qu'ils rencontraient. Souvent même en plein jour, ils tuaient dans les champs les plus forts et les plus robustes de ces esclaves. » Malgré de nombreuses révoltes dues à la disproportion entre le nombre des Spartiates et celui de leurs esclaves (dix à quinze fois plus nombreux) c'est la domination romaine au IIe siècle qui verra la disparition de l'Hilotie.

Le travail : « le vice du Nouveau Monde » selon Nietzsche

Né dans le royaume de Prusse le 15 octobre 1844 et mort le 25 août 1900 dans un asile d'aliénés à Weimar, le philosophe et philologue allemand Friedrich Nietzsche, même s'il n'a pas beaucoup de considération pour l'économie, s'est intéressé au thème du travail en temps qu'activité économique et sociale ; en effet, étant donné qu'il est né au milieu du XIXe siècle, il est le témoin et des modifications apportées par la deuxième « Révolution industrielle ». Le capitalisme naissant fait disparaître le modèle de l'artisan sous celui de l'ouvrier, car les industries ferroviaire, chimique électrique ou automobile ont besoin de rassembler en un même lieu un nombre important de travailleurs. Le passage du travail individuel au travail collectif de masse peut en effet trouver des échos dans l'œuvre de Nietzsche puisque par exemple dans le poème philosophique *Ainsi parlait Zarathoustra* (1883-1885), que le philosophe qualifiait de « cinquième Évangile », Zarathoustra sermonne ses contemporains : « Vous tous qui aimez le travail acharné, [...] votre assiduité n'est que malédiction et volonté de vous oublier vous-mêmes », et qu'on note si ce n'est une opposition du moins une tension entre le singulier et le pluriel. On trouve déjà les prémisses de Zarathoustra dans un livre que Nietzsche fait paraître en 1882, le *Gai savoir*, 15 ans après la première publication du livre I du *Capital* de Marx. À l'image de Marx qui dénonce un « régime de la fabrique », Nietzsche va élaborer une critique du travail moderne. Car pour Nietzsche, que d'aucuns ont pu qualifier de « moderne déchiré », l'ennemi c'est la modernité, et la modernité sous toutes ses formes. Comme l'écrit l'économiste libéral Louis Baudin, dans la brochure *La place de Nietzsche dans les doctrines économiques*, « tout ce qui est à la mode le rebute, qu'il s'agisse des notions de liberté ou de progrès, du pacifisme ou du nationalisme ». Alexandre Chirat, qui cite cette brochure dans son article « Nietzsche et le travail : ce « vice » de notre époque », paru dans la *Revue de Philosophie économique* (2017/2, vol. 18, p. 59-101), considère que le regard critique que porte Nietzsche sur le travail s'inscrit dans un rejet d'ensemble de la modernité, caractérisée par une forme de décadence et de « médiocrisation » de l'Homme. La thèse d'Alexandre Chirat est la suivante : « *les critiques portées par Nietzsche sur le travail sont des critiques portant sur les conditions de travail, les formes prises par le travail et la place occupée par le travail en tant que valeur à l'heure de la modernité* ». Et dans cette perspective, on peut rapprocher la théorie critique de Nietzsche de celle de Marx, si l'on considère qu'il s'agit d'une « critique portant sur le travail dans les conditions du capitalisme ». Et Chirat explique que la critique de Nietzsche est double, car elle porte sur « l'importance prise par le travail dans la vie sociale et sur les transformations sociales qu'elle engendre ». Cependant, Nietzsche fournit aussi une critique « aristocratique » du travail, comme le dit le philosophe italien Domenico Losurdo, qui l'éloigne des penseurs marxistes. L'article d'Alexandre Chirat analyse donc à la fois la critique « social-historique » et la critique « aristocratique » du travail moderne, pour montrer que la conciliation de ces deux critiques explique le rejet nietzschéen du socialisme et du libéralisme, en tant qu'ils constituent les deux grandes idéologies économico-politiques de la modernité.

S'il semble développer une forme de mépris pour qui s'avilit au travail, Nietzsche souligne que le travail ne constitue pour ses contemporains qu'un moyen de recevoir un salaire afin de subvenir à leurs besoins : « Chercher du travail pour avoir un salaire, en cela, presque tous les hommes des pays civilisés sont aujourd'hui semblables ; le travail est pour eux un moyen, et non le but lui-même ; c'est pourquoi ils ne font guère preuve de subtilité dans le choix de leur travail, pourvu qu'il rapporte bien. » C'est typique du régime salarial de la fin du XIXe siècle que Frédéric Lordon appelle « l'aiguillon de la FAIM ». Ainsi, ce qui draine les ouvriers vers les manufactures, c'est la nécessité d'assurer leur subsistance, le type de travail important peu. Dans cette époque moderne qui est « la plus ardente au travail », Nietzsche remarque que certains individus finissent par gagner largement plus qu'il n'en faut pour satisfaire les besoins naturels et nécessaires, et s'interroge sur ce qui les pousse à continuer à aller au travail. Si l'on peut penser que dans la société capitaliste c'est le besoin d'acquérir sans cesse des biens qui pousse les individus à chercher à obtenir des revenus toujours plus importants, l'analyse de Nietzsche est différente. En effet, il renverse les perspectives et explique que le besoin qui passe pour la cause de l'apparition n'est plutôt qu'un effet de la chose apparue. C'est-à-dire que nous ne travaillons pas pour consommer, mais nous consommons parce que nous travaillons. Ainsi, si l'on excepte les besoins essentiels, ce ne serait pas le besoin qui pousse au travail mais « tout au contraire le travail qui crée des besoins. » Ce point de vue permet d'expliquer la naissance au XIXe siècle de la publicité et du marketing, comme on le voit par exemple dans l'*Histoire de la grandeur et de la décadence de César Birotteau* (1837) de Balzac, « scène de la vie parisienne » sous la Restauration, c'est-à-dire dans le contexte du capitalisme naissant. En effet, le parfumeur Birotteau, en véritable précurseur des techniques de marketing modernes, comme son employé Popinot, va utiliser des méthodes commerciales nouvelles – dont la « réclame » et l'exploitation des motivations inconscientes des clients – pour vanter l'efficacité de son « Eau carminative » et de sa « Double pâte des sultanes » et en multiplier les ventes. Par ailleurs, l'analyse de Nietzsche remet en question la souveraineté du consommateur. En effet, canoniquement, le consommateur exprime une demande à laquelle s'efforcent de répondre les producteurs. Mais là, le propos, qui développe l'idée d'une inversion de la filière et de la création artificielle de nouveaux besoins, est proche de celui de Marx dans les *Manuscrits de 1844* : « tout homme s'applique à créer pour l'autre un besoin nouveau pour le contraindre à un nouveau sacrifice, le placer dans une nouvelle dépendance et le pousser à un nouveau mode de jouissance, et, par suite, de ruine économique. » Nietzsche poursuite en critiquant la passion pour l'argent, pour la possession de l'argent pour lui-même : « la plus ardente au travail de toutes les époques – notre époque – ne sait rien faire de son immense ardeur au travail et de son argent, sinon encore plus d'argent et encore plus d'ardeur au travail. » Ainsi, Nietzsche formule une critique de la société de consommation, qui va alerter quant au fait que le travail devient une « valeur cardinale dans la société moderne » (Chirat). Il va assimiler le travail à une forme de « divertissement » au sens de Pascal (1623-1662 moraliste), en ce qu'il permet de lutter contre l'ennui et de se soustraire à la souffrance. Mais Nietzsche estime que l'on méconnaît « son danger » et « sa suprême nocivité ». Si la recherche de l'argent pour lui-même est futile, le travail en tant qu' « activité machinale » appauvrit le corps et l'esprit des travailleurs, qui, concentrés uniquement sur leur travail et partant préparés à l'incroyance, « se contentent en quelque sorte d'enregistrer leur présence au monde avec une espèce de stupéfaction hébétée ». Alexandre Chirat, s'appuyant sur le lien que fait Nietzsche entre l'ardeur au travail et le protestantisme, propose de résumer la position du philosophe en paraphrasant Marx sur la religion : le travail serait « le soupir de la créature accablée par le malheur, l'âme d'un monde sans cœur, de même qu'elle est l'esprit d'un monde sans esprit. C'est l'opium du peuple. »

Nietzsche constate que l'inversion contemporaine des valeurs et la condamnation du temps libre (« Time is Money ») cher aux Anciens aboutit au dilemme : travailler ou penser ? L'obsession de la crainte de gaspiller son temps fait naître une nouvelle forme d'*hybris* (orgueil démesuré), dans laquelle l'humanité violente la nature par l'utilisation de la machine et la perte de la contemplation. Alors que Sénèque appelait dans le *De Brevitate Vitae* à revendiquer un temps à soi, Nietzsche constate que l'homme de son époque est soumis aux horloges. Là encore, on pourrait citer Balzac et *La peau de chagrin* pour souligner combien la vie de l'homme moderne est devenu un bien qui se consomme et se consume. Cette dimension du temps perdu à force de vouloir être trop gagné amène à constater un déclin culturel de l'humanité.

L'autre versant de la critique du travail de Nietzsche est celle dite « aristocratique ». Nietzsche distingue l'artiste ou l'artisan du travailleur. L'artiste est un « homme rare » qui n'agit pas selon la logique des horloges qui régit la plupart de l'humanité ; il ne craint pas l'ennui mais seulement le travail « dépourvu de plaisir ». Si le travailleur se préoccupe uniquement de son salaire, l'artisan ou l'artiste a des visées plus hautes et plus nobles. On pourrait citer le mouvement parnassien de l'Art pour l'Art, qui affirme la différence entre « travailler » et « créer », ou Gogol, qui, dans *le Portrait*, met en scène la déchéance de Tchartkov, un peintre qui se met à produire des portraits « en série » vendus très chers aux membres de la haute société pétersbourgeoise : « son esprit avait cessé d'inventer et de méditer. » « L'art est long » dit l'aphorisme d'Hippocrate : outre son caractère unique, l'œuvre d'art nécessite du temps pour se faire, à l'opposé des créations « en série » ou « à la chaîne » qui repose sur une optimisation du temps et une répétition-réduction des gestes pour produire plus et plus vite. Pour Nietzsche, l'artiste, à moins qu'il ne se mette au service d'un mécène et ne produise que des œuvres de commande, constitue un idéal de liberté dans la société moderne. À l'inverse du travailleur, il n'est pas contraint de travailler en un temps limité, ni de produire telle œuvre et non pas telle autre. Cette critique repose sur la distinction entre le « beau » et l' « utile », telle qu'on la retrouve par exemple dans la préface de *Mademoiselle de Maupin* de Théophile Gautier : « et c'est encore plus beau lorsque c'est inutile ». Nietzsche, après avoir dénoncé la futilité de l'ardeur au travail, va mettre en garde ceux qui perdent leur liberté en travaillant : « n'oublie pas qu'aussi longtemps qu'on te loue tu n'es pas encore sur ton propre chemin mais sur celui d'un autre ». Le choix du pronom personnel objet « te » montre combien la société du travail dépossède l'homme de lui-même. Le fait d'accepter un métier quel qu'il soit en vue d'obtenir une rémunération entraîne selon Nietzsche l'apparition d'une masse d'individus qui « se confondent avec leur rôle », oubliant que le choix de leur métier relève du hasard et de l'arbitraire ; ce faisant, la société du travail sépare les hommes qui s'avilissent des grands hommes.

Reprenant l'opposition antique entre *otium* et *negotium,* entre le temps libre et les affaires, le commerce, Nietzsche condamne l'ardeur au travail parce qu'elle détruit la liberté, en ce qu'elle aliène l'esprit et se révèle chronophage. « On n'a plus de temps ni de force pour les cérémonies, pour les détours dans l'obligeance, pour l'esprit dans la conversation et pour tout *otium* en général », analyse le philosophe des *Considérations Inactuelles*. La disparition de l'*otium*, au sens de loisir cultivé, au profit d'une valorisation du « faire » constitue pour Nietzsche une des causes du déclin culturel et de la « crétinisation » que connaît l'Europe. Il divise la société entre la caste des « travailleurs » et celle des « oisifs », c'est-à-dire entre « la caste du travail forcé » et la « caste du travail libre ». Nietzsche critique les travailleurs comme les bourgeois, qu'il oppose aux hommes capables de loisirs dignes. Si le travail au XIXe siècle transforme les individus en machine, les parvenus qui veulent faire étalage de leur récent goût pour l'art et la culture sont futiles et ridicules. Ce que Nietzsche affirme, c'est que la valeur essentielle n'est pas le travail ou l'utilité, mais la culture. Mais ce point de vue est problématique car si tous les hommes ont une activité contemplative, comment vont se faire les travaux de subsistance ? Certains, comme Domenico Losurdo, ont tenté de démontrer que Nietzsche justifiait par cette partition entre travailleurs et oisifs l'esclavage. Cependant, Alexandre Chirat rappelle que Nietzsche, quand il emploie le terme d'esclavage, pense davantage au modèle antique qu'à la traite négrière. En outre, pour lui, « la salariat est une forme d'esclavage, en ce sens où le salarié œuvre pour quelqu'un d'autre. » Nietzsche rappelle en effet que « chacun doit bien se dire que les esclaves ont à tous égards une existence plus sûre et plus heureuse que l'ouvrier moderne, que le travail servile est peu de chose par rapport au travail de l'ouvrier. » Nietzsche dénonce la vanité qui consiste à préférer une égalité *de jure* à la sécurité matérielle, en endurant une situation pire dans les faits. Cette idée que la salariat est une forme d'esclavage se retrouve aussi chez Marx, qui dans le *Capital* met en parallèle le maître et l'esclave et le capitaliste et le salarié : « L'esclavage, parce qu'il est une catégorie économique a toujours été dans les institutions des peuples. Les peuples modernes n'ont su que déguiser l'esclavage dans leur propre pays, ils l'ont imposé sans déguisement au nouveau monde. »

Pour Nietzsche, selon Alexandre Chirat, il est « inepte » de vouloir « faire disparaître l'exploitation » car « elle n'appartient pas en propre à une société pervertie ou imparfaite et primitive : elle appartient en propre à l'essence du vivant, [...] elle est une conséquence [...] de la volonté de vie ». Ainsi, dans l'utopie nietzschéenne, « dans un meilleur ordre de société, les lours travaux et les corvées de la vie seront attribués à qui en souffrira le moins, partant au plus stupide, et ainsi de suite par degrés jusqu'à celui qui est le plus accessible aux espèces les plus raffinés de la souffrance et qui, par conséquent, même dans l'allègement le plus grand de la vie, souffre encore. » Nietzsche n'a pas de solution aux problèmes des hiérarchies sociales, mais s'inquiète du nivellement par le bas qui pourrait se produire sous couvert d'égalité. Il reproche en effet à la démocratie de conduire à une société d'esclaves, car la démocratisation élève des « tyrans » en même temps qu'elle engendre « des comportements moutonniers et un surgrégarisme ». Comme l'explique Karl Jaspers : « La machine est fatale. Elle change le monde dans lequel nous vivons. Les objets, avec lesquels nous avons affaire, nous deviennent comme tels indifférents. Car la « machine est impersonnelle, elle enlève à la pièce de travail son orgueil, sa bonté et sa défectuosité individuelle, dans son filet d'humanité. »

Autrefois les objets du ménage et les vêtements devenaient une sorte de symbolique d'estime réciproque et d'homogénéité personnelle, tandis qu'aujourd'hui nous sembles vivre seulement au milieu d'un esclavage anonyme et impersonnel ».

Nietzsche reproche donc à la société moderne de survaloriser le travail, qui est une activité contrainte, et affirme l'existence de *happy few*, d'un petit nombre d'hommes capables de résister à l'ardeur au travail. On pourrait penser à la figure de Julien Sorel, tel qu'il apparaît pour la première fois dans le roman de Stendhal, *Le Rouge et le Noir* (1830) :

> En approchant de son usine, le père Sorel appela Julien de sa voix de stentor; personne ne répondit. Il ne vit que ses fils aînés, espèce de géants qui, armés de lourdes haches, équarrissaient les troncs de sapin, qu'ils allaient porter à la scie. Tout occupés à suivre exactement la marque noire tracée sur la pièce de bois, chaque coup de leur hache en séparait des copeaux énormes. Ils n'entendirent pas la voix de leur père. Celui-ci se dirigea vers le hangar; en y entrant, il chercha vainement Julien à la place qu'il aurait dû occuper, à côté de la scie. Il l'aperçut à cinq ou six pieds de haut, à cheval sur l'une des pièces de la toiture. Au lieu de surveiller attentivement l'action de tout le mécanisme, Julien lisait. Rien n'était plus antipathique au vieux Sorel; il eût peut-être pardonné à Julien sa taille mince, peu propre aux travaux de force, et si différente de celle de ses aînés; mais cette manie de lecture lui était odieuse : il ne savait pas lire lui-même.
> Ce fut en vain qu'il appela Julien deux ou trois fois. L'attention que le jeune homme donnait à son livre, bien plus que le bruit de la scie, l'empêcha d'entendre la terrible voix de son père. Enfin, malgré son âge, celui-ci sauta lestement sur l'arbre soumis à l'action de la scie, et de là sur la poutre transversale qui soutenait le toit. Un coup violent fit voler dans le ruisseau le livre que tenait Julien; un second coup aussi violent, donné sur la tête, en forme de calotte, lui fit perdre l'équilibre. Il allait tomber à douze ou quinze pieds plus bas, au milieu des leviers de la machine en action, qui l'eussent brisé, mais son père le retint de la main gauche comme il tombait.
> « Eh bien, paresseux! tu liras donc toujours tes maudits livres, pendant que tu es de garde à la scie? Lis-les le soir, quand tu vas perdre ton temps chez le curé, à la bonne heure. »
> Julien, quoique étourdi par la force du coup, et tout sanglant, se rapprocha de son poste officiel, à côté de la scie. Il avait les larmes aux yeux, moins à cause de la douleur physique, que pour la perte de son livre qu'il adorait.
> « Descends, animal, que je te parle. » Le bruit de la machine empêcha encore Julien d'entendre cet ordre. Son père qui était descendu, ne voulant pas se donner la peine de remonter sur le mécanisme, alla chercher une longue perche pour abattre les noix, et l'en frappa sur l'épaule. À peine Julien fut-il à terre, que le vieux Sorel, le chassant rudement devant lui, le poussa vers la maison. Dieu sait ce qu'il va me faire! se disait le jeune homme. En passant, il regarda tristement le ruisseau où était tombé son livre; c'était celui de tous qu'il affectionnait le plus, *le Mémorial de Sainte-Hélène*.

Stendhal, *le Rouge et le Noir*, Première partie,
chapitre IV « Un père et un fils »

Une ville miroir de la Révolution industrielle : Manchester en 1835

Dans son carnet de notes personnelles, Tocqueville (1805-1859), fortement impressionné en juillet 1835 par l'aspect extérieur de Manchester, métropole britannique du coton, relève les grands traits de la cité laborieuse :

« Manchester, le 2 juillet 1835
La grande ville manufacturière des tissus, fils, cotons... comme Birmingham l'est des ouvrages de fer, de cuivre et d'acier. Circonstance favorable : à dix lieues [50 kilomètres] du plus grand port de l'Angleterre [Liverpool sur la côte ouest face à l'Irlande], lequel est le port de l'Europe le mieux placé pour recevoir sûrement et en peu de temps les matières premières d'Amérique. À côté, les plus grandes mines de charbon de terre pour faire marcher à bas prix ses machines. À 25 lieues [125 kilomètres], l'endroit du monde où on fabrique le mieux ces machines [Birmingham]. Trois canaux et un chemin de fer pour transporter rapidement dans toute l'Angleterre et sur tous les points du globe ses produits.
À la tête des manufactures, la science, l'industrie, l'amour du gain, le capital anglais. Parmi les ouvriers, des hommes qui arrivent d'un pays [l'Irlande] où les besoins de l'homme se réduisent presque à ceux du sauvage, et qui travaillent à très bas prix ; qui, le pouvant, forcent les ouvriers anglais qui veulent établir une concurrence, à faire à peu près comme eux. [...] Comment s'étonner que Manchester qui a déjà 300 000 âmes s'accroisse sans cesse avec une rapidité prodigieuse ? [...]
Trente ou quarante manufactures s'élèvent au sommet des collines [...]. Autour d'elles ont été semées comme au gré des volontés les chétives demeures du pauvre. Entre elles s'entendent des terrains incultes, qui n'ont plus les charmes de la nature champêtre [...]. Ce sont les landes de l'industrie [...] Quelques-unes de ces rues sont pavées, mais le plus grand nombre présente un terrain inégal et fangeux, dans lequel s'enfonce le pied du passant ou le char du voyageur. Des tas d'ordures, des débris d'édifices, des flaques d'eau dormantes et croupies se montrent çà et là le long de la demeure des habitants ou sur la surface bosselée et trouée des places publiques. [...] Parmi ce labyrinthe infect, du milieu de cette vaste et sombre carrière de briques, s'élancent, de temps en temps, de beaux édifices de pierre dont les colonnes corinthiennes surprennent les regards de l'étranger. On dirait une ville du Moyen-âge, au milieu de laquelle se déploient les merveilles du XIXe siècle.
Sur un terrain plus bas que le niveau du fleuve et dominé de toutes parts par d'immenses ateliers, s'étend un terrain marécageux [...] Là aboutissent de petites rues tortueuses et étroites, que bordent des maisons d'un seul étage, dont les ais mal joints et les carreaux brisés annoncent de loin comme le dernier asile que puisse occuper l'homme entre la misère et la mort [...] Au-dessous de leurs misérables demeures, se trouve une rangée de caves à laquelle conduit un corridor demi-souterrain. Dans chacun de ces lieux humides et repoussants sont entassés pêle-mêle douze ou quinze créatures humaines.
Tout autour de cet asile de la misère, l'un des ruisseaux traîne lentement ses eaux fétides et bourbeuses, que les travaux de l'industrie ont teintées de mille couleurs. Elles ne sont point renfermées dans des quais ; les maisons se sont élevées au hasard sur ses bords. Souvent du haut de ses rives escarpées, on l'aperçoit qui semble s'ouvrir péniblement un chemin au milieu des débris du sol, de demeures ébauchées ou de ruines récentes. [...] Levez la tête, et tout autour de cette place, vous verrez s'élever les immenses palais de l'industrie. Vous entendrez le bruit

des fourneaux, les sifflements de la vapeur. Ces vastes demeures empêchent l'air et la lumière de pénétrer dans les demeures humaines qu'elles dominent ; elles les enveloppent d'un perpétuel brouillard ; ici est l'esclave, là est le maître ; là, les richesses de quelques-uns ; ici, la misère du plus grand nombre ; là, les forces organisées d'une multitude produisent, au profit d'un seul, ce que la société n'avait pas encore su donner [...]. Une épaisse et noire fumée couvre la cité. Le soleil paraît au travers comme un disque sans rayons. C'est au milieu de ce jour incomplet que s'agitent sans cesse 300 000 créatures humaines.
C'est au milieu de ce cloaque infect que le plus grand fleuve de l'industrie humaine prend sa source et va féconder l'univers. De cet égout immonde, l'or pur s'écoule. C'est là que l'esprit humain se perfectionne et s'abrutit ; que la civilisation produit ses merveilles et que l'homme civilisé redevient presque sauvage... »

Alexis de Tocqueville, « Œuvres complètes :
Voyages en Angleterre, Irlande, Suisse et Algérie »

Le passage d'un travail irrégulier dans le temps à un travail régulier, organisé et discipliné : le Fordisme

Les Usines Ford dans *Voyage au bout de la nuit*

C'était vrai, ce qu'il m'expliquait qu'**on prenait n'importe qui chez Ford**. Il avait pas menti. Je me méfiais quand même parce que les miteux ça délire facilement. Il y a un moment de la misère où l'esprit n'est plus déjà tout le temps avec le corps. Il s'y trouve vraiment trop mal. C'est déjà presque une âme qui vous parle. C'est pas responsable une âme.
À poil qu'on nous a mis pour commencer, bien entendu. La visite ça se passait dans une sorte de **laboratoire**. Nous défilions lentement. « Vous êtes bien mal foutu », qu'a constaté l'infirmier en me regardant d'abord, mais ça fait rien.
Et moi qui avais eu peur qu'ils me refusent au boulot à cause des fièvres d'Afrique, rien qu'en s'en apercevant si par hasard ils me tâtaient les foies ! Mais au contraire ils semblaient l'air bien content de trouver des moches et des infirmes dans notre arrivage.
– Pour ce que vous ferez ici, ça n'a pas d'importance comment vous êtes foutu ! m'a rassuré le médecin examinateur, tout de suite.
– Tant mieux que j'ai répondu moi, mais vous savez, Monsieur, j'ai de l'instruction et même j'ai entrepris autrefois des études médicales...
Du coup, il m'a regardé avec un sale œil. J'ai senti que je venais de gaffer une fois de plus, et à mon détriment.
– Ça ne vous servira à rien ici vos études, mon garçon ! **Vous n'êtes pas venu ici pour penser, mais pour faire les gestes qu'on vous commandera d'exécuter...** Nous n'avons pas besoin d'imaginatifs dans notre usine. **C'est de chimpanzés dont nous avons besoin...** Un conseil encore. Ne me parlez plus jamais de votre intelligence ! **On pensera pour vous** mon ami ! Tenez-vous le pour dit.
Il avait raison de me prévenir. Valait mieux que je sache à quoi m'en tenir sur les habitudes de la maison. Des bêtises, j'en avais assez à mon actif tel quel pour dix ans au moins. Je tenais à passer désormais pour un petit peinard. Une fois

rhabillés, nous fûmes répartis en files traînardes, par groupes hésitants en renfort vers ces endroits d'où nous arrivaient les **fracas énormes de la mécanique.** Tout tremblait dans l'immense édifice et soi-même des pieds aux oreilles possédé par le tremblement, il en venait des vitres et du plancher et de la ferraille, des secousses, vibré de haut en bas. **On en devenait machine aussi soi-même à force** et de toute sa **viande** encore tremblotante dans ce bruit de rage énorme qui vous prenait le dedans et le tour de la tête et plus bas vous agitant les tripes et remontait aux yeux par petits coups précipités, infinis, inlassables. À mesure qu'on avançait on les perdait les compagnons. On leur faisait un petit sourire à ceux-là en les quittant comme si tout ce qui se passait était bien gentil. **On ne pouvait plus ni se parler ni s'entendre.** Il en restait à chaque fois trois ou quatre autour d'une machine. On résiste tout de même, on a du mal à se dégoutter de sa substance, on voudrait bien arrêter tout ça pour qu'on y réfléchisse, et entendre en soi son cœur battre facilement, mais ça ne se peut plus. Ça ne peut plus finir. Elle est en catastrophe cette infinie boîte aux aciers et nous on tourne dedans et avec les machines et avec la terre. Tous ensemble ! Et les mille roulettes et les pilons qui ne tombent jamais en même temps avec des bruits qui s'écrasent les uns contre les autres et certains si violents qu'ils déclenchent autour d'eux comme des espèces de silences qui vous font un peu de bien. **Le petit wagon tortillard garni de quincaille se tracasse** pour passer entre les outils. Qu'on se range ! Qu'on bondisse pour qu'il puisse démarrer encore un coup le petit hystérique ! Et hop ! **il va frétiller plus loin ce fou clinquant parmi les courroies et volants, porter aux hommes leur ration de contraintes.**

Les ouvriers penchés soucieux de faire tout le plaisir possible aux machines vous écœurent, à leur passer les boulons au calibre, et des boulons encore, au lieu d'en finir une fois pour toutes, avec cette odeur d'huile, cette buée qui **brûle les tympans et le dedans des oreilles par la gorge.** C'est pas la honte qui leur fait baisser la tête. **On cède au bruit comme on cède à la guerre. On se laisse aller aux machines avec les trois idées qui restent à vaciller tout en haut derrière le front de la tête.** C'est fini. Partout ce qu'on regarde, tout ce que la main touche, c'est dur à présent. Et tout ce dont on arrive à se souvenir encore un peu est raidi aussi comme du fer et n'a plus de goût dans la pensée. **On est devenu salement vieux d'un seul coup. Il faut abolir la vie du dehors, en faire aussi d'elle de l'acier, quelque chose d'utile.** On l'aimait pas assez telle qu'elle était, c'est pour ça.

Faut en faire un objet donc, du solide, **c'est la Règle.**

J'essayais de lui parler au contremaître à l'oreille, il a grogné comme un cochon en réponse et par les gestes seulement il m'a montré, bien patient, **la très simple manœuvre que je devais accomplir désormais pour toujours.** Mes minutes, mes heures, mon reste de temps comme ceux d'ici s'en iraient à passer des petites chevilles à l'**aveugle d'à côté qui calibrait, lui, depuis des années les chevilles, les mêmes.** Moi j'ai fais ça tout de suite très mal. On ne me blâma point, seulement après trois jours de ce **labeur** initial, je fus transféré, **raté déjà**, au trimballage du petit chariot rempli de rondelles, celui qui cabotait d'une machine à l'autre. Là, j'en laissais trois, ici douze, là-bas quinze seulement. **Personne ne me parlait.** On existait plus que par une sorte d'hésitation **entre l'hébétude et le délire.** Rien n'importait que **la continuité fracassante des mille et mille instruments qui commandaient les hommes.**

Quand à six heures tout s'arrête **on emporte le bruit dans sa tête.** J'en avais encore moi pour la nuit entière de bruit et d'odeur à l'huile aussi **comme si on m'avait mis un nez nouveau, un cerveau nouveau pour toujours.**

Louis-Ferdinand Céline, *Voyage au bout de la nuit,* 1932

Dans ce passage très célèbre du roman de Céline, on est plongés dans le lieu du travail à la chaîne par excellence. On a deux occurrences du mot travail sous la forme de sa racine latin *Labor*, qui insiste sur le travail éprouvant et pénible : « laboratoire » et « labeur ». On voit que l'usine Ford ne recrute pas les ouvriers selon des compétences particulières, comme dans une société qui chercherait à embaucher la bonne personne à la bonne place, chacun occupant un métier selon ses dispositions naturelles, comme chez Platon. Chez Ford, on recrute tout le monde (cf. le début de notre extrait) , parce que tout le monde n'a pas besoin d'être habile ou intelligent, étant donné que le travail consiste à répéter les mêmes gestes à l'infini, comme l'aveugle qui calibre les mêmes chevilles depuis des années. Bien au contraire, avoir fait des études de médecine, être intelligent, comme le narrateur, constitue un handicap : c'est un « raté », il est très mauvais dans l'exercice de diverses tâches répétitives, et on finit par lui confier le rôle de « trimballer » un petit chariot rempli de rondelles. En somme, on recrute tout le monde parce que tout le monde est déshumanisé, chosifié (« viande », « objet »), transformé en machine ou en animal (« chimpanzés », « cochon »). La comparaison de la dernière phrase (« comme si on m'avait mis un nez nouveau, un cerveau nouveau ») évoque le sentiment de Bardamu au bout de « trois jours » (durée qui contraste avec le « pour toujours » final) : il évoque une forme de lobotomie ou de greffe, comme si on avait tenté de faire de lui un homme « nouveau ». Cet ouvrier moderne n'a plus rien à voir avec l'artisan d'autrefois. Les ouvriers cessent de penser ou ne pensent qu'avec difficulté, car « on pensera pour vous », qui reprend le « vous n'êtes pas venu ici pour penser » initial. Cette réplique est d'ailleurs la reprise mot pour mot de ce que disait Taylor aux travailleurs : « Vous n'êtes pas ici pour penser ». N'ayant plus à penser, les ouvriers perdent comme l'usage de la parole, même le contremaître n'arrive pas à produire un son articulé, le propre de l'homme selon Aristote : le seul son que l'on entend est le fracas assourdissant et perpétuel des machines. Le texte dit qu'ils sont « soucieux de faire plaisir aux machines », tandis que le wagon – un objet – est personnifié. Le travailleur devient esclave de la machine. En vertu de l'adage « le temps, c'est de l'argent » (*Time is Money*), la « vie du dehors », celle du loisir, celle qui n'est pas consacrée au travail, doit devenir « utile », se transformer en acier. Il n'y a plus rien d'humain dans l'ouvrier de Ford. La preuve en est les étranges propos que tient le médecin du travail (« l'infirmier qui en joue le rôle ») au début de notre passage : il se réjouit de voir des individus qui ont des problèmes de santé : « ils semblaient l'air bien content de trouver des moches et des infirmes. »

Dans ce passage, Céline dénonce donc les principes qui ont fait la prospérité des États-Unis entre 1920 et 1929, notamment l'Organisation Scientifique du Travail, qui comprend la distinction entre conception et exécution, et la suppression de tout geste dit inutile dans les mouvements humains, qui tend à transformer l'homme en machine. Si la prospérité appelle la prospérité (le tuyau de l'emploi chez Ford a été donné à Bardamu par un « miséreux »), la description qui est donnée des employés de la firme Ford semble bien misérable. Loin d'être devenus des consommateurs, ils en sont réduits à obéir aveuglément (« c'est la Règle ») jusqu'à sacrifier leur vie et leur santé. Cette obsession de la rentabilité à outrance fait en effet des travailleurs de la production de masse des esclaves, de la « viande » (« chair à pâté, chair à canon » eût dit Leiris dans *L'Âge d'homme*), et la comparaison avec la guerre (« On cède au bruit comme on cède à la guerre ») nous rappelle que le commerce n'en est que la continuation sous d'autres formes et par d'autres moyens.

Charlie Chaplin, *Les Temps Modernes*

Cette comédie dramatique de Charlie Chaplin est sortie en 1936. C'est le dernier film du personnage Charlot, toujours interprété par Chaplin, qui s'efforce de survivre dans le monde industrialisé pour lequel il est inadapté. Il constitue une satire virulente du nouveau monde du travail, régi par le travail à la chaîne, ainsi qu'un réquisitoire contre le chômage et un plaidoyer pour les travailleurs ayant des conditions de vie misérables. Quelques scènes du film se déroulent en usine : au début du film, Charlot est employé sur une chaîne de production. On voit le personnage, un outil dans chaque main, forcé de resserrer des écrous qui défilent sur un tapis devant lui à un rythme de plus en plus fou. Une guêpe (un insecte dans le monde anti-naturel de l'usine) lui fait perdre le rythme et plus rien ne fonctionne comme prévu, la machine se détraque et finit par avaler Charlot. Charlot est alors changé de poste : on le transforme en cobaye pour tester une machine censée faire économiser aux travailleurs le temps du déjeuner. Automatiquement nourris, ils n'auraient plus à interrompre leur travail. Charlot semble faire un *burn-out,* et pris de folie se met à répéter le geste mécanique de vissage avec une clé anglaise ; il est donc envoyé à l'hôpital. Après une période de chômage et de prison, il postule pour être embauché dans une usine qui vient d'ouvrir mais il se révèle toujours aussi inadapté. Par sa maladresse, son contremaître se retrouve prisonnier d'une machine. Ainsi, dans ce dernier épisode des aventures de Charlot, Chaplin dénonce les ravages de la mécanisation et alerte sur le danger des « Temps Modernes », qui broient les masses laborieuses exploitées dans les rouages d'une industrie qui ne songe qu'au profit.

Roger Vailland, le malheur de l'ouvrier à l'époque tayloriste

Le roman *325 000 francs* (1955) de Roger Vailland, journaliste et romancier communiste, s'inscrit dans la lignée de la littérature « populiste » ou « prolétarienne », dont la figure iconique est bien entendu l'ouvrier au XIXe et au XXe siècles, même si d'autres personnages n'en sont pas exclus évidemment. Il prend place dans le panorama des grands romans à thèses, qui dénoncent la misère et l'exploitation du monde ouvrier comme *Germinal* (1885) ou encore *La Jungle* (1906) d'Upton Sinclair, sur les abattoirs de Chicago.

Situé dans la ville d'Oyonnax dans le Jura, le roman a pour protagoniste Bernard Busard, un jeune homme fou de cyclisme, amoureux de Marie-Jeanne. Mais cette dernière n'a que faire des rêves de gloire sportive de Bernard. Elle désire qu'il s'élève socialement, en achetant la gérance d'un commerce. À cet effet, elle a économisé des années pour mettre de côté 325 000 francs. La réalisation de ce rêve petit-bourgeois est le prix qu'elle met à lui accorder sa main. Bernard va alors tenter une entreprise hors du commun et se mettre à la presse, alors qu'il s'était juré de ne pas y toucher : décrocher 325 000 francs à son tour, une somme conséquente, en six mois. Avec un ami paysan, ils décident de travailler à la chaîne pour fabriquer des jouets, des petits carrosses en plastique rouge, en se relayant jour et nuit pour que jamais la cadence ne s'arrête. L'épuisement venant, Bernard est victime d'un accident et devient manchot. Il termine pourtant cet harassant travail, et obtient la somme désirée.

Les dernières pages du roman le montrent tenant un petit café sur le bord d'une nationale, marié à Marie-Jeanne. Aigri, il sert des boissons, pendant que Marie-Jeanne tient la caisse. Le couple va mal, un adultère se soupçonne, l'amertume domine, ainsi qu'une forme d'insatisfaction partagée entre époux.

Quelles visions du travail émanent de ce roman ?

La dénonciation du taylorisme épuisant, poussé jusqu'à l'hyperbole, puisque Bernard et son ami ne connaissent plus ni trêve, ni pause hebdomadaire, jusqu'à la mise en danger de leur santé, est sans doute la critique la plus évidente, et convenue, qu'on peut y trouver. Enchaînés à leur poste, dans la fabrication dérisoire et répétitive de jouets pour enfants, les deux acolytes retrouvent au milieu du XXe siècle les conditions les plus atroces et inhumaines du siècle précédent.

Mais Vaillant va plus loin : ce qu'il veut montrer, c'est que l'aliénation au travail comporte des facettes multiples. C'est d'abord Bernard qui s'enchaîne lui-même à la presse et rompt sa promesse d'échapper au monde ouvrier. Le travail n'est pas seulement un esclavage : il crée une mentalité d'esclave, qui se poursuivra même dans l'acquisition du bar, puisque, devenu patron, Bernard continuera à servir les clients, tout en s'abandonnant à la rancœur d'avoir été mutilé. Le travail détruit aussi le corps, la santé, la complexion physique du jeune homme, qui rêvait de cyclisme et de vitesse : le voici prisonnier d'un corps amoindri, coincé au bord d'une route, à regarder passer les voitures, lui qui rêvait de pédaler.

Pour aller plus loin, le travail se trouve dépourvu, dans sa version d'usine, de toute dimension héroïque : la tâche titanesque qu'exécutent les deux jeunes gens est faussement épique. Fabriquant des objets laids, sans un geste artisanal ou esthétique, les deux hommes se fixent pour but la quantité plutôt que la qualité. Ils sont bientôt les jouets eux-mêmes d'une société de consommation qui privilégie la laideur et le sériel. Sans oublier qu'il s'agit de carrosses en plastique rouge, comme un dérisoire renvoi au conte de fées ou à une vie merveilleuse et enchantée. On se rappellera à ce propos les remarques de Barthes dans l'article Jouet de *Mythologies* (1957) qui compare le jouet industrie en plastique ou en silicone, fabriqué à la chaîne au jouet en bois, création unique et investie affectivement :

« L'embourgeoisement du jouet ne se reconnaît pas seulement à ses formes, toutes fonctionnelles, mais aussi à sa substance. Les jouets courants sont d'une matière ingrate, produits d'une chimie, non d'une nature. Beaucoup sont maintenant moulés dans des pâtes compliquées ; la matière plastique y a une apparence à la fois grossière et hygiénique, elle éteint le plaisir, la douceur, l'humanité du toucher. Un signe consternant, c'est la disparition progressive du bois, matière pourtant idéale par sa fermeté et sa tendreur, la chaleur naturelle de son contact ; le bois ôte, de toute forme qu'il soutient, la blessure des angles trop vifs, le froid chimique du métal ; lorsque l'enfant le manie et le cogne, il ne vibre ni ne grince, il a un son sourd et net à la fois ; c'est une substance familière et poétique, qui laisse l'enfant dans une continuité de contact avec l'arbre, la table, le plancher. Le bois ne blesse, ni ne se détraque ; il ne se casse pas, il s'use, peut durer longtemps, vivre avec l'enfant, modifier peu à peu les rapports de l'objet et de la main ; s'il meurt, c'est en diminuant, non en se gonflant, comme ces jouets mécaniques qui disparaissent sous la hernie d'un ressort détraqué. Le bois fait des objets essentiels, des objets de toujours. Or il n'y a presque plus de ces jouets en bois, de ces bergeries vosgiennes, possibles, il est vrai, dans un temps d'artisanat. Le jouet est désormais chimique, de substance et de couleur : son matériau même introduit à une cénesthésie de l'usage, non du plaisir. Ces jouets meurent d'ailleurs très vite, et une fois morts, ils n'ont pour l'enfant aucune vie posthume ». Le jouet est le symbole d'un geste désincarné du travailleur, d'un labeur entièrement tourné vers la vente de masse. Standardisation de l'acte, standardisation du produit.

Le critique Gilbert Gadoffre dans *le Monde* (16 novembre 1955) remarque : « Busard cependant n'est pas un robot, un rouage de chair ajouté à la machine de fer : il est porté et soutenu dans son effort par un sentiment, par une ambition ; et c'est bien. Qu'il réussisse, il quittera l'usine, il cessera d'être un ouvrier, il sera son maître, un petit patron à son tour, et il épousera Marie-Jeanne. Ce faisant, il aura trahi ». En effet, Bernard Busard reste le valet d'un idéal bourgeois et abandonne son but de vie qui était la vitesse et la liberté. Pour Vaillant, si on ne change pas par la révolution ses conditions de vie, on n'est jamais qu'éternellement esclave d'une condition au fond semblable.

L'amour est-il un meilleur but ? Pas même. On ne doit pas abdiquer ses idéaux de vie au nom d'un idéal usurpé, clairement soumis à la logique de l'argent : Marie-Jeanne monnaye sa main au prix de la main coupée de Busard, elle se refuse à lui tant qu'il n'a pas l'équivalent de ses propres économies. Mis bout à bout, les jouets constitueront « un immense tapis rouge géranium pour aller chercher Marie-Jeanne »... Une telle relation ne respire pas le romantisme.

Le travail modèle donc aussi l'univers du travailleur : Oyonnax, petite ville rurale du Jura est désormais une ville industrielle, avec des fabriques qui donnent du travail aux habitants, et une odeur d'huile chaude qui imprègne toute chose et tout être. Il est presque impossible d'échapper à ce destin social, comme le montre la tragédie de Bernard, marqué à vie dans sa chair, ou encore le jeune paysan qui l'épaule, venu lui aussi des montagnes, et qui s'asservit à la presse.

Ainsi, le travail n'est envisagé ici que sous l'angle de l'ennui existentiel, de la redite, de la souffrance, voire de la privation. L'argent, comme le disait Marx, est ce faux but, et cette fausse plus-value engloutie dans un nouveau travail, pas plus heureux que le précédent.

Pour aller plus loin…

Indications bibliographiques

- Zola, *Germinal, L'Assommoir.*
- Upton Sinclair, *La Jungle.*
- Jack London, *Le Peuple d'en bas.*
- Paul Lafargue, *Le Droit à la paresse.*
- Virgile, *Énéide,* VI, la sculpture de la porte des Enfers par Dédale.
- Nicolas Boileau, *L'Art poétique.*
- Une émission radiophonique : https://www.radiofrance.fr/franceculture/podcasts/les-chemins-de-la-philosophie/peut-on-echapper-au-travail-3-4-paul-valery-la-fabrique-de-l-art-2151950.

Exercices appliqués

Dissertation

Anne Griffet-Bonnet
et Romain Berry

Méthodologie du résumé

Maria Leone

Dissertation n° 1

par Anne Griffet-Bonnet

Sujet

Au chapitre 30 de son conte philosophique intitulé *Candide* (1759), Voltaire fait dire à Martin : « Travaillons sans raisonner, c'est le seul moyen de rendre la vie supportable ». Dans quelle mesure cette injonction vous semble-t-elle correspondre aux analyses menées dans les œuvres inscrites cette année à votre programme ?

Éditions utilisées

La Condition ouvrière, Simone Weil, Folio essais n° 409, 1951, pages 51 à 76, 205 à 351, 389 à 397, 418 à 434.

Les Géorgiques, Virgile, G.F. n° 128, traduction de Maurice Rat.

Par-dessus bord (version hyper-brève), Michel Vinaver, *Théâtre complet II*, Actes Sud, 1969.

Dissertation pas à pas

○ Contextualisation

Les propos de Martin prennent place lors d'une conversation sur le travail entre Candide, Martin et Pangloss. Tous les trois viennent de rencontrer successivement un derviche (qui a donné le conseil de « [s]e taire » au philosophe Pangloss, lequel voulait « philosopher », « raisonner ») et un vieillard, cultivant sa terre avec ses enfants à l'écart de la civilisation, adepte du travail qui, selon lui, « éloigne de nous trois grands maux : l'ennui, le vice et le besoin ». Les trois hommes s'en retournent vers leur métairie et tentent de tirer leçon de ces deux rencontres. Alors que Pangloss n'a rien compris et continue à parler sans arrêt (il énumère des rois assassinés pour prouver que les grandeurs sont dangereuses, puis cite la *Bible* pour prouver que l'essence de l'homme est le travail), il est coupé dans sa logorrhée par Candide qui affirme qu' « il faut cultiver notre jardin » (cette maxime bien connue sera finalement répétée et viendra clore le conte), et par Martin (personnage représentant le pessimisme dans le conte, à l'inverse de Pangloss, lequel prône le plus pur optimisme) qui le somme d'arrêter de vouloir tout intellectualiser, en prononçant la phrase qui constitue notre sujet. Il s'agit donc pour notre personnage de faire en sorte que Pangloss arrête de leur asséner continuellement ses analyses : le travail étant nécessaire, il faut le faire sans se poser de questions et sans justifier continuellement cette nécessité.

○ Analyse du sujet et problématisation

Point de méthode : la première étape de votre travail consiste en une étude très précise de la citation portée à votre réflexion, à la manière d'un commentaire ultra-détaillé, ciblant le fond et la forme du sujet. Ce moment est primordial dans la mesure où l'absence d'analyse vous mènerait à ne saisir que très superficiellement les propos tenus : la subtilité serait donc d'emblée absente de la réflexion à venir (cela peut même être pire, si vous ne comprenez pas bien ce qui est dit). Tout ce que vous ferez ensuite dépend par conséquent de ce que vous parviendrez à saisir de la citation, et faute de n'avoir pas saisi grand-chose ou d'avoir bâclé cette étape, vous ne pourrez réussir à bâtir une dissertation satisfaisante, en dépit de tous les efforts que vous aurez faits au cours de l'année. Soyez donc extrêmement vigilants, et prenez le temps (un quart d'heure environ, voire vingt minutes, formulation de la problématique incluse) d'analyser le sujet. Il faut d'abord dégager le sens global de la citation, avant d'entrer dans des précisions qui permettront de prouver que vous en avez subtilement saisi le détail. Lorsque cela vous est possible, essayez de contextualiser le propos, comme nous venons de le faire, pour mieux en saisir les présupposés, en gardant à l'esprit toutefois que votre jury ne saurait exiger de votre part, lorsque le sujet n'est pas tiré d'un texte que vous auriez par ailleurs à résumer (ce qui est le cas à Centrale par exemple, où vous devez comprendre le contexte dans lequel la citation s'inscrit), une connaissance des théories de l'auteur dont on vous proposera de discuter le propos. Cette étape de votre travail nécessite que vous trouviez des synonymes qui vous permettront ensuite de produire des arguments valides, sans revenir toujours aux mêmes termes (ici par exemple le risque serait d'employer sans cesse les mots « raisonner », et « supportable »). Lorsque vous travaillez chez vous (ce qui n'est pas possible en temps limité sans dictionnaire, mais il faut profiter de toutes les opportunités d'élargir vos connaissances lors des travaux faits « à la maison »), vous devez impérativement faire une recherche lexicale sur les mots-clés de votre sujet. En devoir surveillé, vous dresserez une liste des termes qui vous sembleront adéquats pour reformuler les idées présentes dans la citation. Il faut également veiller ici à établir un lien entre le sujet et le thème annuel, en particulier (ce qui n'est pas le cas ici, puisque le verbe « travailler » est directement employé) si le terme « travail » ne figure pas dans la citation proposée. Pour finir, songez que cette analyse au brouillon vous avance dans la rédaction de votre introduction, qui accorde une large part à la compréhension exacte de la citation. Vous pouvez donc d'emblée formuler des phrases soignées qui s'intégreront telles quelles à votre future introduction, ou ne demanderont qu'une infime reformulation, ce qui constituera un gain de temps non négligeable.

Passons à présent à l'analyse de notre citation :

- Martin formule ici une injonction, à l'impératif de la première personne du pluriel, qui inclut tous ceux qui participent à la discussion, et plus largement, tous les hommes. Cet impératif nous engage à accomplir notre travail, en excluant toute réflexion sur cette tâche.

- Deux termes sont plus particulièrement à définir ici :
  - Le verbe « raisonner », qui veut dire penser, analyser les choses, en discuter, éventuellement les remettre en cause. La préposition « sans » exclut cette posture lorsque nous travaillons. Il s'agit d'accomplir notre labeur en n'examinant pas notre condition de travailleur, en ne réfléchissant pas à notre travail.
  - L'adjectif « supportable », qui signifie acceptable, soutenable, tolérable, montre que l'objectif de Martin (qui, rappelons-le, est pessimiste) est un objectif médiocre. Il s'agit simplement d'être capable de continuer à vivre, de rendre notre existence endurable, admissible.
- Le groupe nominal « seul moyen » indique que toute intellectualisation du travail rendrait l'existence invivable. Martin n'est pas nuancé dans ses propos et ne vise même pas le bonheur : il s'agit simplement de parvenir à tolérer notre condition. Cela peut d'emblée nous donner des pistes pour le II ou le III de notre devoir.
- Ces définitions nous permettent de reformuler la thèse du personnage : Martin soutient que si nous nous posons des questions sur notre condition de travailleur, si nous réfléchissons à nos conditions de travail, voire à la nécessité même de travailler, nous risquons de ne plus accepter une telle existence. En d'autres termes, il développe l'idée selon laquelle, pour être capable d'admettre une vie de labeur, une vie consacrée au travail, il faut l'accomplir sans y penser. La conscience trop vive de notre condition de travailleur rendrait cet état de fait difficile à accepter.

Le questionnement pourrait par conséquent prendre les formes suivantes, qui incluent la paraphrase éclairante de la citation que nous venons d'évoquer :

- Faut-il se consacrer au travail sans y réfléchir, sans remettre en cause cet état de fait, pour parvenir à tolérer notre existence ?
- Le travailleur, pour accepter une vie de labeur, doit-il nécessairement l'accomplir sans se poser de questions, sans y penser ?
- Exclure la pensée du travail, son intellectualisation, permet-il de supporter une existence qui y est consacrée ?

○ Recherche d'une démarche générale

Point de méthode : la lecture des rapports de jurys de concours indique de plus en plus clairement une préférence pour un éclaircissement, dans la première grande partie de la dissertation, des propos tenus dans la citation, avant de les nuancer voire de s'y opposer par la suite. Ce fonctionnement est dans l'absolu plus simple et souvent plus logique (comment contredire ce que l'on n'a pas expliqué ?). Il est même imposé dans certains concours comme Centrale et suggéré aux Mines-Ponts[1].

1. Cependant, il n'est pas une nécessité aux concours des écoles vétérinaires par exemple, où vous pouvez en effet inverser cette posture (pour certains sujets, cela sera même habile) et

Essayez donc à ce stade, de formuler trois grandes lignes directrices sur lesquelles vous vous appuierez pour fonder votre plan, en commençant par l'illustration de la thèse exprimée par le personnage du conte de Voltaire. Il se peut que, lorsque vous aurez relu les œuvres et listé les exemples convenables, vous soyez amenés à revoir ces formulations, voire que vous n'ayez à ce stade aucune idée notamment pour le troisième axe. Le travail que nous effectuons ici est donc amendable à tous les stades de la recherche au brouillon. Une fois corrigé, il vous avancera considérablement dans la rédaction de l'annonce du plan en fin d'introduction.

On pourra ici commencer par expliquer que, comme le dit le personnage du conte de Voltaire, nous ne devons pas nous poser de questions sur le travail que nous menons. **Pour accepter une vie de labeur, il faut l'accomplir sans y réfléchir.** La conscience trop vive de notre condition de travailleur rendrait cet état de fait difficile à tolérer.

Dans un deuxième temps, il faudra sans doute soutenir que l'homme étant un être pensant, il lui est impossible de ne pas penser son travail, d'occulter toute réflexion sur ce qui constitue une activité essentielle de son existence. **On ne peut tout simplement pas ne pas raisonner sur son travail.**

Pour dépasser cette aporie, on devra se demander si l'absence de réflexion liée à notre tâche est si profitable que l'affirme Martin. N'est-il pas au contraire nécessaire de penser notre travail pour s'épanouir en l'accomplissant ? On pourrait alors peut-être, plus que rendre notre vie supportable, trouver une forme de bonheur dans le travail. **Examiner notre condition de travailleur est nécessaire, et peut nous permettre de viser plus haut que de rendre simplement notre vie acceptable.**

○ Recherche des exemples correspondant au sujet dans nos œuvres

Point de méthode : vient le moment de parcourir les œuvres inscrites au programme

- soit matériellement s'il s'agit d'un travail à la maison. Je vous suggère alors fermement de relire, fût-ce en les survolant, chacune des œuvres pour chaque sujet à traiter : vous tenez là l'assurance de connaître parfaitement les textes, dans le détail, en fin d'année, et donc de trouver les illustrations correspondant à votre devoir le jour J,
- soit mentalement, si vous travaillez en temps limité, en faisant fonctionner votre mémoire, à partir des cours auxquels vous aurez assisté, des devoirs que vous aurez déjà traités, des corrections qui vous ont été fournies par votre professeur, et des fiches que vous aurez constituées.

La première solution, que nous choisissons ici, aboutira nécessairement à un relevé très long, que vous seriez incapable de produire en temps limité. Il est cependant très utile, voire indispensable, de procéder ainsi de façon exhaustive deux ou trois

---

commencer par exprimer l'opinion générale si elle va à l'encontre de ce que dit votre auteur. Méfiance néanmoins : il est souvent plus simple pour vous de commencer par illustrer les propos exposés dans la citation. Ne cherchez pas l'originalité à tout prix !

fois dans l'année, sachant bien que le résultat auquel nous parviendrons au terme de ce travail ne correspond pas à ce que vous pourrez produire au concours en trois ou quatre heures.

Il n'est pas nécessaire à ce stade de procéder par ordre. De toute façon, vous reclasserez ensuite tout ce que vous aurez trouvé, en opérant les parallèles entre les œuvres. En temps limité, vous pouvez très bien trouver un exemple dans une œuvre, puis dans un deuxième temps chercher dans les deux autres ce qui entrerait en concordance avec cette illustration, avant de dégager de ce triple parallèle l'argument qui viendra chapeauter la sous-partie. Vous pouvez procéder sous forme de tableau : d'un côté ce qui concorde avec la thèse soutenue, de l'autre ce qui semble s'y opposer. Lorsque vous disposez de temps et de vos œuvres, relisez-les en entier, en repérant ce qui relève précisément de votre sujet, ce qui vous permettra en sus de faire une fiche synthétique sur les thèmes abordés, ici l'intellectualisation du travail, la réflexion du travailleur sur les tâches qu'il effectue.

Nous relevons ci-dessous les éléments intéressants pour notre sujet, trouvés au fil de notre relecture, et indiquons où nous pourrions éventuellement les placer dans notre dissertation, à première vue (première, deuxième ou troisième parties, désignées par I, II ou III).

- **Si nous parcourons les extraits de l'œuvre de Simone Weil portés à notre étude**, (il est souvent utile de commencer par l'œuvre philosophique inscrite au programme pour trouver des idées générales), **voici, relevés au fil du texte, les exemples**[1] **qui nous paraissent adéquats** (chacun est associé à une rapide analyse menant à l'argument correspondant et suivi de la mention de la partie où nous pourrions éventuellement l'utiliser) :

1. Raisonner suppose de verbaliser les choses, or, notre philosophe explique que lorsqu'on travaille dur, non seulement on fait beaucoup d'efforts fatigants, ce qui empêche tout effort supplémentaire (par exemple, elle ne pourrait pas écrire à Albertine Thévenon si elle n'était pas en congé maladie) : « Chaque effort en plus de ceux qui me sont imposés me coûte » (p. 51), mais encore on trouve mal comment exprimer ce qu'on vit vraiment : « c'est la multitude des choses à dire – et l'impossibilité d'exprimer l'essentiel » (« Trois lettres à Albertine Thévenon », bas p. 51). (I)

2. Le travail demandé aux ouvriers à l'usine est parcellaire, et, volontairement, ceux qui le conçoivent n'y corrèlent aucune réflexion sur la tâche à mener : on oblige les ouvriers à focaliser leur attention « sur un problème mesquin », médiocre (« Trois lettres à Albertine Thévenon », p. 52). (I)

3. La tentation du travailleur est alors de « renoncer tout à fait à penser », car penser amènerait à se révolter, ce qui engagerait ensuite à « faire son travail avec irritation », donc à le faire « mal ». « L'unique moyen de ne plus souffrir [...] moralement. [...] physiquement aussi » est de « renoncer tout à fait à penser », c'est une tentation « difficile à repousser » (« Trois lettres à Albertine Thévenon »,

1. Numérotés pour pouvoir ensuite élaborer le plan détaillé plus facilement.

p. 53). Elle-même « pense rarement » à l'expérience inédite qu'elle mène : alors qu'elle est agrégée de philosophie, elle travaille en tant qu'ouvrière non spécialisée dans une usine de fabrication de bobines pour le métro. (I)

4. Néanmoins, Simone Weil accomplit ce travail comme on accomplit une « expérience » au sens scientifique, elle veut en tirer des conclusions (« Trois lettres à Albertine Thévenon », p. 54). Elle inclut son présent dans une direction qu'elle donne à sa vie, veut « l'orienter d'un bout à l'autre par la volonté et le travail dans un sens déterminé ». La réflexion qu'elle mène sur un travail qui n'est initialement pas le sien donne un sens à sa vie. (II ou III)

5. Réfléchir sur son travail permet de s'« éprouver soi-même », d'opérer une forme de métamorphose de l'être : « J'en suis sortie bien différente de ce que j'étais quand j'y suis entrée – physiquement épuisée, mais moralement endurcie » (« Trois lettres à Albertine Thévenon », bas p. 56). (II ou III)

6. Certains travaux nécessitent une réflexion, des qualités intellectuelles : le travail de chaudronnier est décrit comme un « travail très qualifié où il faut savoir calculer, lire des dessins très compliqués, appliquer des notions de géométrie descriptive » (« Trois lettres à Albertine Thévenon », p. 58). (II)

7. Deux facteurs de la contrainte font que l'ouvrier ne pense pas. D'abord la vitesse : il faut travailler de façon mécanique, sans réfléchir pour parvenir à aller vite, refouler au fond de soi tout ce qui est de l'ordre de la pensée, du ressenti, « tuer son âme pour huit heures par jour, sa pensée, ses sentiments, tout » (p. 60). Puis la nécessité de se soumettre aux ordres : il faut se taire et obéir. « Cette situation fait que la pensée se recroqueville, se rétracte, comme la chair se rétracte devant un bistouri ». C'est alors la mort de toute conscience. « On ne *peut pas* être "conscient" » (« Trois lettres à Albertine Thévenon », bas p. 60). (I)

8. Réfléchir sur un travail qu'on mène permet de le comprendre, d'en saisir la nécessité plus vaste. « J'y ai <u>compris</u> bien des choses qu'auparavant, je ne faisais qu'entrevoir, j'y ai <u>rectifié les idées fausses</u>, j'y ai <u>fait bien des observations</u>, les unes décourageantes, les autres, réconfortantes. Mais je ne fais encore qu'entrevoir ce dont <u>j'ai tout particulièrement à cœur de me faire une idée un peu plus nette, l'organisation de l'entreprise</u> » (« Lettre à Nicolas Lazarévitch » p. 63). (II)

9. Dans sa lettre à Simone Gibert, Simone Weil note la différence entre le travail masculin et le travail féminin : à la femme, on assigne des tâches mécaniques, où seule la vitesse compte, et où la pensée est bannie, car « penser, c'est aller moins vite ». (I) Si elle-même arrive mal à réaliser les normes de vitesse, c'est entre autres, justement en raison d' « une manie de penser dont [elle] n'arrive pas à [s]e débarrasser » (« Lettre à Simone Gibert », p. 67). (II)

10. Notre philosophe se dit mue par le « désir de connaître et de comprendre » ce que vivent les ouvriers (« Lettre à Boris Souvarine », p. 76). (II)

11. Dans son « appel aux ouvriers de Rosières », Simone Weil demande aux ouvriers de réfléchir à leurs conditions de travail, tout en sachant bien qu'il leur sera difficile de le faire car justement, leur envie est de ne plus y penser une fois

qu'ils sortent de l'usine : « Je sais bien : quand on a fait ses huit heures, on en a marre. On en a jusque-là pour employer des expressions qui ont le mérite de bien dire ce qu'elles veulent dire. On ne demande qu'une chose, c'est de ne plus penser à l'usine jusqu'au lendemain matin. C'est un état d'esprit tout à fait naturel auquel il est bon de se laisser aller » (« Appel aux ouvriers de Rosières », p. 205-206). (I)

12. Mais son appel s'adresse justement à ceux qui veulent penser leur travail, ce qui peut aider à formuler un ressenti, donc opérer une forme de catharsis. Elle leur propose ce sujet de réflexion : « ce que c'est pour vous que votre travail ». Cela leur permettra de sortir de l'impression lourde d'être « une simple machine à produire », sortir de ce cercle production-rémunération sans ressenti (« Appel aux ouvriers de Rosières », p. 207). (III)

13. Parmi les questions posées aux ouvriers de Rosières, certaines concernent la réflexion sur le travail et pendant le travail : « Si quelquefois, vous pouvez passer des heures à travailler machinalement, presque sans vous en apercevoir, en pensant à autre chose, en vous perdant dans des rêveries agréables. Si vous êtes parfois contents de n'avoir qu'à exécuter les tâches qu'on vous donne sans avoir besoin de vous casser la tête » (« Appel aux ouvriers de Rosières », p. 207). (I)

14. Il serait bon aussi de faire réfléchir les chefs aux conditions de travail des ouvriers. Les chefs mettent beaucoup d'ingéniosité à la fabrication des produits. Ils pourraient mettre leur « ingéniosité dans l'organisation de conditions de travail plus humaines » s'ils sont de bonne volonté (« Appel aux ouvriers de Rosières », p. 209). Réfléchir sur son travail, penser le travail, c'est possiblement instaurer un dialogue entre les différentes catégories hiérarchiques dans une entreprise. Dans ce dialogue instauré, les ouvriers pourraient aussi comprendre mieux les préoccupations des chefs et les nécessités qui pèsent sur eux pour que l'usine fonctionne bien, ce qui permettrait de ne pas avoir l'impression d'être brimés dans les ordres toujours plus stricts qui leur sont donnés. Par ce partage de témoignages, Simone Weil ouvre ainsi la perspective et l'espoir d'une évolution possible dans l'entreprise par des pas faits de chaque côté. Ouvriers et chefs iraient l'un vers l'autre. C'est un idéal dont on peut s'approcher avec de la bonne volonté (« Appel aux ouvriers de Rosières », p. 209-211). (II)

15. Dans la « lettre à Victor Bernard » du 3 mars 1936, Simone Weil reprend cette idée qu'on vit mieux la subordination au travail lorsqu'on en comprend la nécessité : il faut expliquer le « mécanisme des nécessités ». Ainsi l'ouvrier se sent compris, et on peut améliorer les choses. Ce processus peut même constituer un « stimulant intellectuel » pour les ouvriers. Pour toucher ces hommes humiliés, il faut faire appel au « sentiment même qu'ils ont de cet asservissement », ce qui permettra qu'ils aient envie de s'instruire (ce qui est le cas de personnes qui veulent monter en grade, ou de personnes révoltées). Il faut partir du constat que si les ouvriers sont ignorants, cela nuit à une « organisation plus humaine », et on parviendra à susciter l'envie de s'instruire, par le biais d'« articles de vulgarisation ». C'est ce à quoi elle est en train de réfléchir (« Lettre à Victor Bernard » du 3 mars 1936, p. 224-225). (II ou III)

16. Dans la « lettre à Victor Bernard » du 16 mars 1936, Simone Weil dénonce le fait que les ouvriers qui discutent pendant le travail s'exposent à une amende (« Lettre à Victor Bernard » du 16 mars 1936, p. 235). (II)

17. Selon Simone Weil, la division du travail qui fait que l'ouvrier ne peut pas concevoir son travail comme abouti, interdit l'« élévation de la pensée (la faculté de comprendre et de former des idées générales) » chez l'ouvrier. Or, « ce qui abaisse l'intelligence dégrade tout l'homme » (« Lettre à Victor Bernard » du mardi 30 mars 1936, p. 237). Il faut permettre à l'ouvrier de comprendre la globalité de son travail, ce qui passe par la suppression de la division des tâches, afin qu'il puisse s'épanouir. (III)

18. Simone Weil déplore qu'on nie l'intelligence et la conscience professionnelle du subordonné, de sorte que l'intelligence soit toujours du côté du chef alors que l'ouvrier est dans une « soumission passive » : « de sorte que le subordonné joue presque le rôle d'une chose maniée par l'intelligence d'autrui ». Il faut exiger aussi de l'intelligence et de la volonté, de la conscience de la part du subordonné : on reconnaît sa « valeur humaine » et un rapport de confiance mutuelle s'instaure entre chef et ouvrier (« Lettre à Victor Bernard » du mardi 30 mars 1936, p. 241). (II ou III)

19. C'est « dans l'intérêt de la population ouvrière » que notre philosophe veut s'« instruire », « compléter » ses connaissances sommaires « sur l'organisation industrielle » (« Lettre à Victor Bernard » d'avril 1936, p. 243). Réfléchir sur le travail permet d'améliorer les conditions de travail. (II ou III)

20. À la fin de la lettre datée de fin mai-début juin 1936, Simone Weil mentionne le désir d'une ouvrière d'avoir accès à « des articles sur l'organisation de l'usine », preuve que tout travailleur veut en savoir plus sur l'organisation de son travail (« Lettre à Victor Bernard » de fin mai-début juin 1936, p. 247). (II)

21. Dans la lettre à Jacques Lafitte datant de fin mars ou début avril 1936, Simone Weil déplore le fait que le travail à la chaîne dépouille l'ouvrier de sa capacité de réflexion, devenue totalement inutile dans l'exécution infinie de séries conçues par l'ingénieur. Ce sont des suites extrêmement simples qui supposent un travail mécanique devenant rapidement inconscient et automatique : « à vrai dire, dans le travail en série, il y a des suites (ex. : placer la pièce – serrer un étau – mouvoir un levier – retirer la pièce...), mais la monotonie, et plus encore la cadence effroyablement rapide du travail, font que cette suite, toujours extrêmement simple, devient rapidement inconsciente, cristallisée à son tour dans un automatisme physiologique » (« Deux lettres à Jacques Lafitte », fin mars ou début avril 1936, p. 258). (I)

22. La nécessité de réfléchir sur le travail dans son ensemble s'impose à notre philosophe, qui voudrait pénétrer « dans la vie des champs » (p. 254), ou examiner « le travail administratif » (p. 260). (II)

23. Notre philosophe déplore de trouver si peu de gens disposés à « penser » le travail. Elle se sent seule dans sa réflexion, et se réjouit à ce titre de pouvoir dialoguer avec Jacques Lafitte. « Pour moi, je n'ai d'autre espérance que de rencontrer çà

et là, de temps à autre un être humain seul comme moi-même, qui de son côté, s'obstine à réfléchir, à qui je puisse apporter et auprès de qui je puisse trouver un peu de compréhension » (« Deux lettres à Jacques Lafitte », mardi 14 avril 1936, p. 262). Cette rareté de ceux qui pensent le travail nous mène à placer cette idée dans la première grande partie. (I)

24. La fatigue fait qu'on sort de l'usine « l'esprit vide de pensée » (« La vie et la grève des ouvrières métallos », p. 267). (I)

25. Il faut faire taire l'âme lorsqu'on travaille car si elle prend conscience de ce qu'on lui inflige, elle souffre (c'est exactement ce que soutient Martin) : aucune action ne relève de l'initiative personnelle à l'usine. Tout est réponse à un ordre donné. Il s'agit de répéter des mouvements, jusqu'à ce qu'on nous ordonne autre chose. On devient « une chose livrée à la volonté d'autrui ». Or, cette réification n'est pas naturelle. Car on a une âme, dont on ne peut pas se séparer dans le travail. Et il faut « la faire taire ». Parfois elle disparaît (de fatigue), parfois hélas, elle nous fait souffrir car on se rend compte de ce à quoi on se plie (« La vie et la grève des ouvrières métallos », p. 273). (I)

26. Même au moment où il fait grève, l'ouvrier ne réfléchit guère. Il laisse les syndicats négocier à sa place, car il n'a pas la force de penser : « On ne peut pas penser à ça tout le temps. Il y a des limites aux forces humaines. On se contente de jouir pleinement, sans arrière-pensée, du sentiment qu'enfin on compte pour quelque chose, qu'on va moins souffrir, qu'on aura des congés payés ». « On se laisse, pour une fois, bercer par ces douces pensées », à opposer à une vraie réflexion (« La vie et la grève des ouvrières métallos », p. 278). (I)

27. Dans la lettre à Auguste Detœuf écrite du 10 au 17 juin 1936, Simone Weil complète l'idée 25 en affirmant que pour ne pas trop souffrir, l'ouvrier n'a qu'une solution : « sombrer dans l'inconscience » : « Conserver la lucidité, la conscience, la dignité qui conviennent à un être humain, c'est possible, mais c'est se condamner à devoir surmonter quotidiennement le désespoir » (« Lettres à Auguste Detœuf », 10-17 juin 1936, p. 285). (I)

28. Selon Simone Weil, après la grève, les ouvriers n'ont pas le choix, il faut qu'ils prennent des responsabilités au sein des usines, car ils ne peuvent pas imposer leur force sans assumer ces responsabilités. Il faut selon elle mettre à disposition des moyens en créant des cercles d'études, en organisant des conférences, des visites de l'usine accompagnées d'explications techniques, pour que les ouvriers comprennent mieux, et favoriser une vulgarisation du fonctionnement de l'usine afin que tous puissent réfléchir en ayant toutes les cartes en main. L'amélioration des conditions de travail des ouvriers au sein des usines ne peut en effet se faire sans leur collaboration intellectuelle, d'où l'obligation de raisonner pour prendre conscience de la nécessité des ordres auxquels ils sont soumis. Il s'agit de « permettre aux ouvriers, et plus particulièrement aux délégués ouvriers, de comprendre ce qu'est l'organisation et la gestion d'une entreprise industrielle ». « Les subordonnés ne doivent pas se sentir livrés corps et âme à une domination arbitraire et à cet effet, ils doivent [...] pouvoir se rendre compte dans quelle mesure les ordres corres-

pondent à une nécessité » (« Lettres à Auguste Detœuf », vendredi 19 juin 1936, p. 289-290). Lorsqu'il répond à la lettre de Simone Weil, Auguste Detœuf note la nécessité aussi de « comprendre des patrons ». Les ouvriers doivent réfléchir pour essayer de saisir la position des deux hommes que Simone Weil a croisés dans le train. Cela demande qu'ils puissent réfléchir sans que la sérénité de leur réflexion soit ruinée par des données pittoresques parlant à l'imaginaire, des clichés comme l'image du patron bedonnant (p. 295-296). Il faut donner à réfléchir sur le travail, oui, mais sans manipuler et en restant sur des faits objectifs. (II ou III)

29. Dans sa « Conférence sur la rationalisation », Simone Weil explique que ce terme recouvre surtout un « perfectionnement de la production » envisagé du point de vue des bourgeois, qui s'intéressent à la production avant de s'intéresser à l'homme. Les ouvriers n'ont pas vraiment le temps de se pencher sur cette question du « régime le plus désirable », en raison de leurs « préoccupations immédiates, urgentes, quotidiennes » : ils n'ont pas le temps de réfléchir à ces grands problèmes. Une hiérarchie s'établit alors entre ceux qui peuvent réfléchir et ceux qui ne le peuvent pas, dont les intérêts seront donc occultés. (II)

30. Le travailleur n'a pas envie d'analyser, d'élaborer des théories sur ce qu'il subit au quotidien, car il a besoin de divertissement au sens propre, de « s'évader » (bas p. 304). Et pourtant c'est « une question urgente et douloureuse ». (I)

31. Les ouvriers vont plus facilement demander une hausse de salaire qu'analyser la cause et les mécanismes de la souffrance qu'ils subissent au travail. C'est mal hiérarchiser les choses, et on devrait y penser plus qu'aux chiffres, et aux profits. (I)

32. Simone Weil affirme la nécessité d'une réflexion sur un « compromis », un « moyen terme » entre les revendications des capitalistes et celles des anarchistes. Les produits qui sortent de l'usine doivent n'être ni trop coûteux, ni défectueux. Et les hommes qui entrent à l'usine ne doivent pas en sortir « diminués physiquement ni moralement ». Voilà le problème qui reste à résoudre, « trouver une méthode d'organisation du travail qui soit acceptable à la fois pour la production, pour le travail et pour la consommation ». C'est un problème qui est loin d'être résolu dans la mesure où il n'a même pas été posé, ce qui signifie que, si les ouvriers s'approprient les usines, ils ne pourront même pas mettre en place une autre organisation du travail que celle qui a lieu actuellement car ils n'ont pas résolu, ni même abordé le problème principal. (II ou III)

33. Taylor a fait durant trente-cinq ans des recherches sur une nouvelle organisation du travail, demandant à mettre en place « un petit laboratoire pour faire des expériences sur les méthodes d'usinage ». Ce travail lui permit d'augmenter considérablement le rendement à l'aide de savants calculs, pour trouver des éléments d'amélioration technique permettant de mieux faire continuellement. « Son grand souci était d'éviter toute perte de temps dans le travail ». Cependant, notre philosophe dénonce ce pseudo-progrès dans la mesure où les ouvriers n'avaient plus le choix des mouvements à accomplir. Ils devaient s'en remettre à ce qu'on leur indiquait, au rythme qui leur était imposé. « Son but était d'ôter aux travailleurs la possibilité de déterminer eux-mêmes les procédés et le rythme de leur travail, et

de remettre entre les mains de la direction le choix des mouvements à exécuter au cours de la production. Tel était l'esprit de ses recherches » (p. 313). Plus tard, le système de Ford ne fait que perfectionner cette méthode, pour aboutir « à ôter à l'ouvrier le choix de sa méthode et l'intelligence de son travail » (p. 316). Cela a un effet moral terrible sur les ouvriers, réduits à « l'état de molécules » (p. 321). (II)

34. Il faut connaître le mal dont on souffre pour pouvoir le soigner, d'où la nécessité de le cerner en y réfléchissant : « Comment abolir un mal sans avoir aperçu clairement en quoi il consiste ? » (p. 329). (III)

35. L'ouvrier à qui on ne laisse pas l'opportunité d'organiser son travail, dépourvu de la capacité à déterminer « d'avance l'emploi de ses heures et de ses journées », est dans l'impossibilité d' « embrasser par la pensée l'avenir prochain », et par conséquent, il se sent « comme un objet inerte que chacun peut à tout moment changer de place (p. 332). (II)

36. Le soir quand on quitte l'usine, comme le matin quand on y arrive, « il est dur de penser à la journée qu'il faudra parcourir » (p. 333). Pire encore le dimanche soir à l'orée de la semaine : « L'avenir est quelque chose de trop morne, de trop accablant, sous quoi la pensée plie » (p. 333). « Combien on aimerait pourvoir déposer son âme, en entrant, avec sa carte de pointage, et la reprendre intacte à la sortie ! ». Mais c'est le contraire : « On l'emporte avec soi dans l'usine, où elle souffre ; le soir, cet épuisement l'a comme anéantie, et les heures de loisir sont vaines » (p. 335). (I)

37. Le travail à la chaîne ôte à l'ouvrier tout « mobile élevé » (p. 338) pour le remplacer par des objectifs médiocres : « la crainte des réprimandes et du renvoi, le désir avide d'accumuler des sous, et, dans une certaine mesure, le goût des records de vitesse. Tout concourt pour rappeler ces mobiles à la pensée et les transformer en obsessions » (p. 338). Voilà à quoi se résume la réflexion des ouvriers dans ces conditions. (II)

38. Les ouvriers ont du mal à identifier et à formuler leur malheur, à analyser les circonstances de leur malheur. Or, « pour les changer, il faut d'abord les connaître. Rien n'est plus difficile à connaître que le malheur ; il est toujours un mystère ». Il faut donc réfléchir aux difficultés rencontrées dans le travail pour espérer en venir à bout, les formuler pour résoudre le problème (p. 341). (III)

39. Il faut que l'ouvrier trouve du sens à son travail, pour que l'usine puisse devenir « un lieu de joie » (p. 343-344), ce qui suppose simplement qu'il sache « clairement, chaque jour, chaque instant, quelle part ce qu'il est en train de faire a dans la fabrication de l'usine », qu'il puisse se représenter « quelles seront la place et la fonction de ce morceau de laiton dans une rame de métro » (p. 345). « Il serait bon aussi que chaque ouvrier voie de temps à autre, achevée, la chose à la fabrication de laquelle il a eu une part, si minime soit-elle et qu'on lui fasse saisir quelle part exactement il y a prise ». L'appréhension d'un travail complet est donc très importante pour que le travailleur ait l'impression de participer à une tâche, attribuant alors un sens à son travail (p. 345). (II ou III)

40. Même Simone Weil considère que certains ouvriers sont « mentalement arriérés » au point de se borner à répéter « une combinaison de cinq ou six gestes simples toujours identique à elle-même ». Mais ce n'est pas la majorité, et si ce type de tâches dépourvues de réflexion demeure, « il y aura toujours au cœur de la vie sociale un prolétariat avili et haineux ». Il faut donc autoriser tous les travailleurs à réfléchir dans le cadre du travail afin de ne pas créer une hiérarchie délétère qui nuirait au travail lui-même (p. 346). (III)

41. Enfermer l'homme dans la répétition d'une seule tâche alors que la machine aurait à effectuer une combinaison de mouvements qui la rendrait presque intelligente, c'est renverser la tendance naturelle qui considère que l'homme est plus intelligent que la machine. « Un tel renversement est contre-nature, c'est un crime » : « Un manœuvre spécialisé n'a en partage que la répétition automatique des mouvements, pendant que la machine qu'il sert enferme, imprimée et cristallisée dans le métal, toute la part de combinaison et d'intelligence que comporte la fabrication en cours ». C'est pour notre philosophe une aberration. Pour bien faire, tout ouvrier devrait assumer « une partie de l'effort de réflexion et de combinaison » (p. 347). Le travailleur ne doit pas être réduit au rang de machine. (II)

42. La projection dans le futur de l'accomplissement de la tâche doit permettre aussi un sentiment d'accomplissement de l'ouvrier : « Il faut que l'avenir s'ouvre devant l'ouvrier par une certaine possibilité de prévision, afin qu'il ait le sentiment d'avancer dans le temps, d'aller à chaque effort vers un certain achèvement ». Actuellement, au contraire, chaque effort que fait l'ouvrier le mène uniquement vers la fin de sa journée et la sortie, et finalement, comme chaque jour reproduit la même chose, vers la mort. Il faut « ouvrir un avenir aux ouvriers dans la représentation du travail futur » (p. 349). Penser le travail doit permettre à l'ouvrier d'envisager sa tâche en intégrant la perception de l'avenir. (III)

43. Simone Weil souhaite que l'école soit plus active pour « former des hommes capables de comprendre l'ensemble du travail auquel ils ont part » (p. 350). La compréhension du travail est donc un enjeu sociétal essentiel pour notre philosophe. (II)

44. Il faut éviter le « sentiment d'infériorité intellectuelle » des ouvriers, et pour cela il faut parvenir à la « plénitude de l'attention, qui est la plénitude de la prière », l'attention étant « la seule faculté de l'âme qui donne accès à Dieu » (p. 429-430). (II ou III)

45. Il faut concevoir « la meilleure condition du travail », selon laquelle « toute la société doit être constituée d'abord de telle manière que le travail ne tire pas vers en bas ceux qui l'exécutent. Il ne suffit pas de vouloir leur éviter des souffrances, il faudrait vouloir leur joie » (p. 434). (III)

Voici ensuite les exemples pertinents relevés au fil de notre lecture des *Géorgiques*. **Voici ensuite les exemples pertinents relevés au fil de notre lecture des *Géorgiques* :**

LIVRE PREMIER : Le labourage (PAGES 97 à 112)

1. D'emblée, Virgile dresse un constat de ce qu'il faut faire en termes d'agriculture. « Sous quel Astre [...] il convient de retourner la terre [...], quels soins il faut donner [...], quelle sollicitude apporter [...] » (p. 97). Il a réfléchi à la manière dont le travail doit être mené pour être efficace. (II)

2. Il s'appuie sur les saisons pour lancer son appel au travail : « Je veux dès lors voir le taureau commencer de gémir sous le poids de ma charrue, et le soc resplendir dans le sillon qu'il creuse », grâce à une forme de proverbe fondé sur une négation restrictive qui impose une nécessité pour obtenir une réussite parfaite : « La récolte ne comblera les vœux de l'avide laboureur que si elle a senti deux fois le soleil et deux fois les frimas : alors d'immenses moissons feront crouler ses greniers ». « Avant de fondre avec le fer une campagne inconnue, qu'on ait soin d'étudier au préalable les vents, la nature variable du climat, les traditions de culture et les caractères des lieux, et ce que donne ou refuse chaque contrée » (p. 98). Il faut respecter les lois de la nature, qui ne sont pas discutables : « Telles sont les lois et les conditions éternelles que la nature a, dès le début, imposées à des lieux déterminés ». (I)

3. Idée de simplifier le travail (donc d'améliorer la situation du paysan) par la réflexion sur la manière de l'effectuer au mieux : indications sur la façon de laisser grandir le blé. Il faut cultiver l'alternance c'est-à-dire laisser la terre oisive puis semer l'année suivante : « Grâce à l'alternance, le travail fourni par la terre est facile » (p. 99). (II)

4. Le raisonnement dans le travail répond à un désir divin de mener l'homme à se surpasser, consécutif à la punition de Prométhée par Jupiter. Il refusait que « son empire s'engourdît dans une triste indolence » (p. 101). Avant, « la terre produisait tout d'elle-même, librement, sans contrainte ». L'objectif de Jupiter était de pousser les hommes à chercher les meilleurs outils pour chaque tâche : « Son but était, en exerçant le besoin, de créer peu à peu les différents arts, de faire chercher dans les sillons l'herbe du blé ». L'homme crée les outils pour travailler la terre : « Alors on connaît le durcissement du fer et la lame de la scie aiguë (car les premiers hommes fendaient le bois avec des coins) ; alors vinrent les différents arts. Tous les obstacles furent vaincus par un travail acharné et par le besoin pressant en de dures circonstances » (p. 101). Sans réflexion, et sans accomplir les bons gestes au bon moment, « tu en seras réduit à contempler le gros tas d'autrui et à secouer, pour soulager ta peine, le chêne dans les forêts » (p. 102). La peine du travailleur s'estompe lorsqu'il réfléchit à des outils adéquats. Plaisir de connaître des techniques par l'emploi d'une litote qui suggère que le lecteur a envie d'en savoir plus : « Je puis te rappeler une foule de préceptes des anciens, si tu n'y répugnes pas et ne dédaignes pas de connaître de menus détails » (p. 102). (II)

5. Lien de causes-conséquences entre la simple observation de la nature et le meilleur résultat : « Observe aussi l'amandier [...] il y aura à battre une grande récolte ; mais si [...], l'aire ne broiera que [...] » (p. 103). Vocabulaire de l'observation de la nature : « Nous devons observer » (p. 103). « De là vient que nous pouvons, même par un ciel douteux, connaître d'avance les saisons, distinguer le temps de la moisson et le temps des semailles ; quand il convient de fendre avec les rames le marbre perfide des flots, ou de lancer des flottes armées, ou de déraciner à propos le pin dans les forêts. Ce n'est pas en vain non plus que nous observons le coucher et le lever des astres et les diverses saisons qui se partagent également l'année » (p. 104-105). Le travailleur de la terre observe et effectue, applique. (I)

6. Simplification du travail par la connaissance du moment propice auquel accomplir une tâche : « Beaucoup de travaux nous sont rendus plus faciles par la fraîcheur de la nuit ou par la rosée dont, au lever du soleil, l'Aurore humecte les terres. La nuit, les éteules légères sont plus faciles à faucher, les prairies desséchées se fauchent mieux » (p. 105-106). (II)

7. La réflexion de l'homme lorsqu'il travaille correspond à l'élucidation des indices que les dieux ont laissés pour aider les travailleurs : « Et pour que nous puissions connaître à des signes certains les chaleurs, et les pluies, et les vents précurseurs du froid, le Père lui-même a déterminé ce qu'annonceraient les phases de la lune, quel signe marquerait la chute des autans, quels indices souvent répétés engageraient les cultivateurs à tenir leurs troupeaux plus près des étables » (p. 107). En interprétant bien les signes divins laissés dans la nature, aucun paysan ne peut se laisser surprendre par la pluie « à l'improviste ». Et « à des signes non moins certains », on peut « prévoir et reconnaître le retour du soleil » (p. 109). Collaboration entre les dieux et les paysans. (II)

8. Nul besoin de réfléchir beaucoup pour savoir s'il va pleuvoir ou non : « le soleil s'accompagne d'infaillibles pronostics, qu'il les offre le matin ou à l'heure où se lèvent les astres ». (I)

9. Réfléchir au travail, activité saine liée à la vie, c'est éviter de se livrer à des guerres qui la menacent. Virgile livre un plaidoyer très réfléchi pour la paix et pour le rétablissement de valeurs satisfaisantes. La terre doit servir à la culture, pas à la guerre : « Ici-bas en effet le juste et l'injuste sont renversés, tant il y a de guerres par le monde, tant le crime revêt d'aspects divers. La charrue ne reçoit plus l'honneur dont elle est digne ; les guérets sont en friche, privés des laboureurs entraînés dans les champs ; et les faulx recourbées servent à forger une épée rigide » (p. 112). (II ou III)

LIVRE DEUXIÈME : Les arbres et la vigne (PAGES 115 à 131)

10. Virgile s'adresse à Bacchus au début du livre deux de son ouvrage. « Tout est plein de ses bienfaits » dans la nature. Certains arbres « poussent d'eux-mêmes » sans intervention humaine. On comprend ici que ce sont les dieux et la nature qui organisent la production. L'homme ne fait que répondre à une initiative divine. (I)

11. Cependant, Virgile demande à l'homme une réflexion sur les types d'arbres et de culture. « Au travail donc, ô cultivateurs ! Apprenez les procédés de cultures propres à chaque espèce ; adoucissez en les cultivant, les fruits sauvages » (p. 116). La réflexion sur l'objet de la culture, objet fourni par la nature et par les dieux, permet donc d'améliorer ce qu'ils ont initialement créé. Il veut susciter chez les cultivateurs un désir intellectuel. (II)

12. Virgile lui-même note qu'il fournit un lourd travail de documentation et d'explication dans son œuvre. Il demande d'ailleurs de l'assistance : « Et toi viens à mon aide et parcours avec moi la carrière commencée ô ma gloire, ô toi à qui je dois la plus grande part de ma renommée, Mécène [...] Viens à mon aide et longe le bord de la côte ; les terres sont à la portée de nos mains » (p. 116). La réflexion est nécessaire pour mener à bien son travail d'écriture. La typologie des arbres qu'il commence ensuite prouve une longue étude de ces derniers, qu'il distingue pour expliquer quel traitement est approprié à chacun : « Il n'est pas qu'une manière de greffe en fente ou en écusson » (p. 117), « toute terre ne peut porter toute espèce de plantes [...] chaque arbre a sa patrie » (p. 118). S'il note qu'il « est impossible d'énumérer toutes les espèces de vins et les noms qu'ils portent », et que « cette énumération d'ailleurs importe peu » (cela reviendrait à compter « combien de grains de sable le Zéphyr soulève dans la plaine de Libye »), il se livre néanmoins à de nombreuses listes, ce qu'on peut apparenter à une volonté d'exhaustivité montrant un travail extraordinaire sur les différentes espèces et les différentes sortes d'éléments naturels, travail salué par la critique. À cela s'ajoute une recherche stylistique très poussée, que Virgile envisage parfois, comme à la p. 144 (nous y reviendrons lors de l'étude du livre III). Virgile demande à celui qui travaille la terre de s'interroger, comme il le fait, sur la manière de cultiver. Son travail doit servir de base à la réflexion du travailleur. (II ou III)

13. Les paysans sont invités par le poète à connaître aussi les propriétés des arbres qu'ils cultivent dans la mesure où ils peuvent leur sauver la vie : le pommier de Médie a de nombreuses vertus, et les Mèdes « donnent [sa fleur] comme remède aux vieillards asthmatiques » (p. 119). (II)

14. Virgile s'adresse au paysan, en le tutoyant, et lui donne des directives (sous forme d'injonctions), pose des questions fictives que le paysan lui adresserait, ce qui permet de répondre : il guide une réflexion poussée sur le travail à accomplir. « C'est maintenant le lieu de parler des qualités des terrains, de dire quelle est la force, la couleur propre à chacun d'eux et quelle influence a leur nature sur les productions. [...] Si tu as plutôt le goût [...], gagne les défilés boisés [...]. En nulle autre plaine tu ne verras plus de [...] » (p. 120-121). « Tu reconnaîtras, en le cultivant, qu'il est accommodant au petit bétail », « Maintenant, je dirai en quelle façon tu pourras reconnaître chaque terrain. Veux-tu savoir si [...] ou si [...]. Tu choisiras d'abord [...]. Attends-toi à [...]. Sa saveur te servira d'indice infaillible [...] » (p. 122). « Ces observations faites, souviens-toi longtemps », « Vaut-il mieux planter la vigne sur des collines ou dans une plaine ? C'est ce que tu dois d'abord examiner ? [...] », « Si tu établis ton champ [...]. Si, au contraire, tu choisis

[...] » (p. 123). « Peut-être veux-tu savoir [...] ? », « Que tes vignobles ne soient pas [...], ne plante pas [...], ne tire pas [...], ne blesse pas [...], ne greffe pas [...] » (p. 124). Le poète explique pourquoi il donne tel ou tel conseil (« car », p. 126), établit une chronologie des actions à mener (« Une fois les boutures plantées, il reste à [...] ; puis à disposer [...]. Et tant que ce premier âge grandit en ses nouveaux feuillages, il faut [...] et alors même que [...], il ne faut point », p. 126). Le paysan doit apprendre de ses remarques, et y adapter sa pratique en en ayant intégré la nécessité. Il n'obéit pas mécaniquement, il saisit la nécessité des actions à mettre en place à tel ou tel moment, à tel ou tel endroit. (II)

15. Virgile fait l'éloge d'une vie simple et humble, mais suffisante. Il engage les cultivateurs à profiter sans se questionner sur ce qu'ils pourraient avoir, de leur bonheur de travailler au contact de la nature et de pouvoir se nourrir de leur labeur. « Ô trop fortunés, s'ils connaissent leurs biens, les cultivateurs ? Eux qui, loin des discordes armées, voient la très juste terre leur verser de son sol une nourriture facile ». Si les cultivateurs réfléchissent à ce que leur travail leur rapporte, ils prennent conscience qu'ils vivent assez pauvrement : « ils n'ont pas une haute demeure dont les superbes portes vomissent tous les matins un énorme flot de clients venus pour les saluer », « ils ne sont pas ébahis par des battants incrustés d'une belle écaille, ni par des étoffes où l'or se joue ». Les cultivateurs ne vivent peut-être pas dans l'opulence mais ils sont riches du contact avec la nature, procuré par leur activité même : « les loisirs en de vastes domaines, les grottes, les lacs d'eau vive, du moins les frais Tempé, les mugissements des bœufs et les doux sommes sous l'arbre ne leur sont pas étrangers ». Trop réfléchir au faible rendement de leur travail les empêcherait de saisir qu'ils ont une vie calme et que leurs besoins sont comblés. Ce n'est pas extraordinaire, mais cela permet de survivre paisiblement (p. 129). (I)

LIVRE TROISIÈME : Les troupeaux (PAGES 135 à 152)

16. Le poète valorise son travail : il a su moderniser les sujets poétiques et sera récompensé par la renommée. Il en éprouve d'avance une certaine fierté. « Les autres sujets de poèmes qui auraient charmé les esprits oisifs sont maintenant trop connus. [...] Il me faut tenter une route où je puisse moi aussi m'élancer loin de la terre et voir mon nom vainqueur voler de bouche en bouche. C'est moi qui le premier, si ma vie est assez longue, ferai descendre les Muses du sommet Aonien pour les conduire avec moi dans ma patrie » (p. 135). (III)

17. Obéir simplement aux ordres, même si cela implique un travail acharné, permet d'atteindre le meilleur : les ordres donnés par Mécène ne sont pas faciles à exécuter, mais ils permettent au poète de se surpasser : « sans toi mon esprit n'entreprend rien de haut » (p. 136). (I)

18. Les hommes recherchent la gloire, ce qui les pousse à être inventifs dans leur travail. Virgile prend l'exemple d'un roi d'Athènes, Erichthon, qui le premier, « osa inventer les chars et y atteler quatre chevaux, et, se tenir, rapide vainqueur, sur des roues » (p. 138). (III)

19. Le travail a quelque chose d'instinctif et de mécanique. Virgile l'explique en prenant l'exemple des taureaux qui se battent pour une femelle. Le vaincu s'exile et va spontanément « exercer ses forces », « en luttant contre un tronc d'arbre ». « Quand il a rassemblé sa vigueur et rétabli ses forces, il entre en guerre et fonce tête baissée sur son ennemi ». C'est une force naturelle, un « feu puissant » (p. 143), liés au désir sexuel et à l'amour, qui rend tous les animaux féroces, mauvais, acharnés, et comparés ici par Virgile à la vague qui vient se briser contre les rochers, soulevant le sable en profondeur (p. 142). L'absence de réflexion liée à cet effort est visible lorsque Virgile prend pour exemple un jeune homme d'Abydos, Léandre, qui traversait toutes les nuits l'Hellespont à la nage pour aller rejoindre sa maîtresse Héro. Il se noya un soir de tempête : rien n'a pu « le faire renoncer à son entreprise » (p. 143). (I)

20. Virgile valorise son propre travail stylistique et il en est fier : « « Je ne me dissimule pas en mon for intérieur combien il est difficile de vaincre mon sujet par le style et de donner du lustre à des minces objets. Mais un doux amour m'entraîne le long des pentes désertes du Parnasse ; il me plaît d'aller par ces cimes, où nulle roue avant moi n'a jamais laissé de traces sur la douce déclivité de Castalie. C'est maintenant, vénérable Palès, maintenant qu'il faut chanter d'une voix forte ». Conscience et recherche de la nouveauté : c'est un travail que personne avant lui n'a fait et cela le rend heureux (p. 144). (III)

21. Virgile précise bien que l'élevage des chèvres se fait de manière assez instinctive. Nul besoin de beaucoup réfléchir pour cela. « Leur besoin est moindre de l'assistance de l'homme ». Il suffit de leur offrir un abri en hiver, de la fraîcheur en été, de suivre le rythme des saisons en somme (p. 145). (I)

22. Il faut acquérir des connaissances médicales pour savoir reconnaître et soigner les maladies qui s'attaquent aux moutons et aux brebis. La réflexion mène à l'action qui est très salutaire pour sauver les bêtes. Le berger doit agir et lutter contre le mal : « à demeurer caché le mal se développe et vit, tant que le berger se refuse à livrer la plaie aux mains du médecin et, sans agir, se borne à demander aux dieux des présages meilleurs ». Quand une brebis est enfiévrée, il faut piquer une veine sous le pied de l'animal et en faire jaillir le sang. Si une brebis perd l'appétit ou bien cherche l'ombre ou tombe en paissant, rien d'autre à faire que l'abattre : « réprime le mal avec le fer, avant que l'affreuse contagion ne se glisse parmi le troupeau sans défense ». Les épidémies sont très fréquentes chez les bêtes, « les maladies n'attaquent pas quelques individus isolés, mais enlèvent tout à coup des parcs d'été tout entiers, l'espoir du troupeau et le troupeau en même temps, et toute la race depuis son origine » (p. 149). L'éleveur qui réfléchit ne fait appel à personne d'autre de plus qualifié que lui pour soigner ses bêtes. (II)

23. Virgile formule la peine du laboureur « tout triste », qui voit son taureau s'affaisser, poussant « de suprêmes gémissements ». Il compatit à la douleur de l'autre bœuf, « affligé de la mort de son frère ». Il souligne leur vie de dur labeur, duquel ils ne sont pas récompensés : « Que leur servent leur labeur et leurs bienfaits ?

que leur sert d'avoir retourné avec le soc de lourdes terres ? » (p. 151). Sa réflexion sur la pénibilité du travail peut paraître un soutien et une reconnaissance pour tous ces hommes et ces bêtes qui se donnent et disparaissent dans l'indifférence.

LIVRE QUATRIEME : Les abeilles (PAGES 155 à 172)

24. Pour les abeilles aussi, le rythme des saisons permet d'effectuer le travail de façon assez mécanique. Il suffit de se fier à ses sens pour ressentir le chaud et le froid : « sous l'influence du froid, l'hiver condense le miel, et la chaleur le liquéfie et le fond », « Quand le soleil d'or a mis l'hiver en fuite, quand le ciel s'est rouvert à l'été lumineux, aussitôt les abeilles parcourent les fourrés et les bois, butinent les fleurs vermeilles, et effleurent, légères, la surface des cours d'eau » (p. 156). Les abeilles font preuve d'une certaine autonomie, liée à leur perception instinctive des changements de saison. « Aussitôt donc qu'elles ont trouvé un beau jour de printemps et les plaines de l'air libres de nuages, elles s'élancent [...] ». L'anaphore de « d'elles-mêmes » témoigne aussi de leur autonomie (p. 157). (I)

25. Le vieillard de Coryce qui a planté sur un petit terrain, dans un sol peu favorable au bétail ou à la vigne, des légumes espacés qui lui donnent à manger, ressemble beaucoup au vieillard de la fin du conte de Voltaire dont notre citation est tirée. Il a adapté sa pratique à ce que le sol de son terrain pouvait produire. Ainsi, alors que ce terrain a été « abandonné » par les autres, lui s'en satisfait grâce à son travail, n'en demandant pas plus : « Avec ces richesses, il s'égalait, dans son âme, aux rois », chargeant « sa table de mets qu'il n'avait point achetés », vivant en communion avec la nature qui lui fournit de quoi subvenir modestement à ses besoins. (I)

26. Les abeilles sont un modèle de travail réfléchi et réparti, qui permet d'amasser des « trésors ». « Prévoyant la venue de l'hiver, elles s'adonnent l'été au travail et mettent en commun les trésors amassés. Les unes, en effet, veillent à la subsistance, et, fidèles au pacte conclu, se démènent dans les champs ; les autres [...]. D'autres font sortir les adultes, espoir de la nation, d'autres épaississent le miel le plus pur et gonflent les alvéoles d'un limpide nectar. Il en est à qui le sort a dévolu de [...]. C'est un effervescent travail ». Ce travail acharné et réfléchi est source de bonheur et de gloire : « Elles aiment les fleurs et sont glorieuses de produire leur miel » (p. 160). Leur succès est lié à leur prudence et à leur ingéniosité : « Elles ne s'éloignent pas trop de leurs demeures quand la pluie menace [...] ; souvent, elles emportent de petits cailloux, qui leur permettent de se maintenir en équilibre dans le vide des nuées » (p. 161). « On a dit que les abeilles avaient une parcelle de la divine intelligence » (p. 162). (II ou III)

27. Lorsque Virgile raconte « la mémorable découverte du maître d'Arcadie », Aristée, et veut « expliquer comment le sang corrompu de jeunes taureaux immolés a souvent produit des abeilles », il demande aux Muses « quel dieu nous a révélé cet art », et l'on apprend que c'est un devin de Neptune, Protée, qui a expliqué « la cause de la maladie » au berger et lui a donné « une fin favorable », « car il sait tout » (p. 167). Protée a expliqué à Aristée qu'il devait payer pour ce qui est

arrivé à Orphée (lequel a perdu Eurydice en le fuyant), et Cyrène a expliqué à son fils Aristée comment implorer les Nymphes en sacrifiant des taureaux. Aristée a exécuté « les prescriptions de sa mère » (p. 172), et d'autres hommes, à sa suite, ont fait de même. Les techniques adoptées dans le travail sont donc le résultat d'une collaboration entre les hommes et les dieux qui les instruisent. Ensuite, il faut appliquer ce qui fonctionne pour l'un et qui fonctionnera probablement pour les autres. (II)

Enfin, nous relevons les exemples susceptibles de convenir dans la pièce de théâtre de Michel Vinaver inscrite à notre programme : *Par-dessus bord* (version hyper-brève) :

Premier mouvement. CARTES SUR TABLE

1. Dès le premier mouvement, Lubin applique des techniques de vente apprises par cœur, sans aucune réflexion liée notamment aux réponses données par Madame Lépine, qui lui oppose un refus ferme quant à une nouvelle commande. En témoignent certains échanges laissant entendre qu'il passe outre les propos plus que réticents de sa cliente : « Je n'ai besoin de rien/Une offre incroyable que ma société a étudiée spécialement pour vous » (p. 247), « Je ne suis pas acheteuse aujourd'hui »/« Je savais bien que ça vous intéresserait » (p. 248). Côté mécanique de l'argumentaire. Il a appris à débiter des argumentaires tout faits, fondés sur la compréhension feinte de l'autre (« Notez que vous n'avez pas tort », « Je comprends votre point de vue ») pour tenter de le berner. Le chant des trois camionneurs dans l'intermède qui suit ce dialogue initial calque ce mécanisme dépourvu de réflexion : « – Eh oui oh mais oui – mais si/Eh oui/– Oh mais/– Oui mais si » (p. 250). (I)

2. Passemar raconte dans la rapide présentation qu'il fait de lui-même, qu'il a remplacé chez Ravoire et Dehaze « un chef de section au service facturation qui s'était suicidé sans raison apparente » : à force de ne pas s'interroger sur des conditions de travail désastreuses, on finit par se supprimer sans rien expliquer, sans rien s'expliquer, alors que la formulation des choses aurait peut-être pu les améliorer. (III)

3. Écrivain et « jeune licencié ès lettres », doué pour l'écriture, Passemar a accepté un travail administratif chez Ravoire et Dehaze car « il fallait vivre » : le travail apparaît comme une nécessité pour subvenir à ses besoins, donc on l'accepte sans réfléchir, même s'il n'est pas vraiment en lien avec nos capacités initiales. (I)

4. Passemar, qui a accepté un travail ne concordant pas avec ses capacités initiales, va réfléchir au sens de ce nouvel emploi : « Je ne m'étais jusqu'alors jamais interrogé sur tout ce que ça représente une facture » (p. 251) : tout nouveau travail suppose une remise en cause, une réflexion sur ce qu'on va devoir faire. L'employé le fait spontanément. (II)

5. L'employé réfléchit spontanément aussi à son avenir dans l'entreprise : Passemar sait que Madame Alvarez va prendre sa retraite et il a l'impression qu'il n'est « pas

mal placé pour la succession », si toutefois l'entrée en scène des Américains ne change pas les choses. Il réfléchit donc à sa montée dans la hiérarchie, en prenant en compte tous les paramètres. (II)

6. Passemar se fait « gronder » comme un enfant par Dutôt, lorsque l'entreprise est « en rupture de stock de Super-Douceur ». Il a pourtant été réactif, mais cela n'a pas eu le résultat escompté : « J'ai aussitôt fait une note de service à Monsieur Olivier avec copie à Monsieur Dutôt./Je m'en torche de vos notes de service. Moi, il me faut la camelote » (p. 251-252). On ne demande pas aux employés de réfléchir à des moyens pour pallier les dysfonctionnements, on leur demande un résultat. (I)

7. Madame Alvarez manifeste du mépris pour ceux qui ne réfléchissent pas, n'anticipent pas : « Et vous n'avez pas réagi ? » (p. 252), « Évidemment ce n'est pas la peine de s'attendre chez les gens de l'usine à la moindre initiative » (p. 253) : le travail nécessite un minimum de réflexion, et son absence crée une hiérarchie. (III)

8. Les remarques agressives de Madame Alvarez et de Dutôt vont dans le même sens : l'ouvrier doit avancer dans le travail sans réfléchir intempestivement : « ça résiste et ça fait son travail », « un service qui suit le mouvement », « qui se laisse oublier » (p. 254). Il s'agit de faire les choses sans prendre véritablement de recul, sans même chercher des améliorations dans une forme de passivité pour ne pas faire de vague, ne pas se faire remarquer. (I)

9. Devant la baisse régulière des ventes, Dehaze explique au banquier Ausange qu'il a « le choix » entre « réduire ses dépenses », ou emprunter pour « investir en promotion ou en publicité ». Il a conçu un nouveau produit, avec un « emballage bleu-blanc-rouge », « plus conforme au goût français » (p. 257-258). Cela suppose que le PDG mène une réflexion devant la difficulté. (II)

10. La conversation restituée de façon décousue lors de la fête annuelle de Ravoire et Dehaze laisse entendre que les employés discutent de la manière dont ils peuvent être exploités : « Qu'ils cherchent à nous exploiter c'est normal c'est leur rôle qu'est-ce que tu ferais si t'avais le pognon ». Il y a donc une réflexion sur le fonctionnement de l'entreprise, les rapports dominant-dominé, le rôle que chacun y joue. (II) La phrase : « Faut essayer de pas trop y penser » (p. 260) laisse sous-entendre que l'homme a justement tendance à trop y réfléchir, ce qui ne lui fait pas forcément du bien. (I)

11. Passemar s'interroge à la fin de la fête annuelle sur sa place dans une entreprise moyenne qui risque d'être rachetée par une puissante société américaine : « Mon propos est simplement ceci l'absorption de la moyenne entreprise où je suis moi-même un cadre moyen par une puissante société américaine est-ce un bien ? Est-ce un mal ? Je ne sais pas j'aimerais y voir plus clair » (p. 263). Il se souvient du cours de Monsieur Onde au Collège de France sur les Ases et les Vanes, ce qu'il relie à la situation de son entreprise. « Trois cent cinquante employés vingt millions de chiffre d'affaires une entreprise ancrée dans de solides traditions et qui n'a pas su à temps prendre le tournant ». L'employé s'interroge donc sur la place qu'il occupe dans une entreprise qui va mal, et sur ses intérêts. (II)

Deuxième mouvement. BLEU-BLANC-ROUGE

12. Même mécanique qu'au début du premier mouvement, preuve qu'il s'agit d'un argumentaire appliqué sans aucune réflexion, ce que confirme la réponse de Madame Lépine au discours commercial de Lubin : « Quelque chose de sensationnel aujourd'hui pour vous Madame Lépine/Comme chaque fois » (p. 266). Même refus, et même insistance inappropriée que dans notre point n° 1. Il faudra placer ces deux idées ensemble. « Vous allez voir/Je vais rien voir du tout/Vous allez tomber à la renverse ». Madame Lépine a beau être extrêmement claire (« J'en veux pas, j'en veux pas »), Lubin continue à vouloir lui vendre son produit. Cela prouve bien qu'il ne fait qu'appliquer une mécanique complètement détachée de la réalité (p. 267). (I)

13. Techniques identiques adoptées par Lubin et par Dutôt, l'un devant Madame Lépine qui a fini par passer commande, l'autre au téléphone avec ses principaux grossistes : faire croire qu'il n'y a presque plus de stock pour engager le client à commander : « Comme nos stocks sont assez bas je voulais vous demander s'il faut vous en réserver quelques cartons parce que vous savez ça marche très fort oui c'est un très grand succès » (p. 271). (I)

14. Nécessité d'étudier ce qui fonctionne avec tel ou tel client : on le voit avec l'antiquaire nommé Toppfer qui a vendu une tabatière prétendument « destinée à la Pompadour » à Dehaze (lequel se laisse prendre par ses contextualisations historiques, virant presque finalement à l'absurde : « On sait même le nom du petit chien il s'appelait Mimi ») : « Toppfer est un antiquaire qui aime les objets avec passion il écume les bibliothèques pour suivre leur trace » (p. 274). Plus loin, p. 286, Dehaze essaiera de démasquer Toppfer (« Mais alors Toppfer votre histoire ? »), qui, tout en nuançant historiquement ce qu'il avait prétendu, continue à vouloir vendre (p. 287). (II)

15. Olivier reproche à Dutôt et à son équipe de représentants de n'avoir pas « fait leur travail ». Dutôt se défend en critiquant le « produit » qui n'en est pas un selon lui ; retour aux fondamentaux du commerce et au verbiage commercial : « le produit n'est pas seulement le produit », « c'est à quoi il fait rêver ». S'ensuit une remise en cause du nom du produit, mal choisi sans doute, et des compétences d'Olivier, de l'improvisation qui a présidé au lancement du produit : « un produit ça ne se bricole pas », « ça se crée » (différence entre « bricoler » qui connote l'amateurisme tandis que « créer » renvoie à l'art, à la réflexion) : il faut donc réfléchir et raisonner avant de lancer un produit, c'est cela « s'occuper de [son] boulot » (p. 275). (II)

16. Olivier explique que le travail du chef nécessite un savoir, « savoir faire évoluer ses hommes », et une remise en question : « s'interroger » sur son potentiel. Il reproche à Dutôt de ne pas en savoir assez : « il n'y a pas un an que vous êtes entré chez nous Dutôt et vous avez encore certaines choses à apprendre l'emploi des hommes par exemple » (p. 276). On voit ici s'opposer deux visions du travail en entreprise : les jeunes loups, rompus aux techniques commerciales « à l'américaine », qui ne parlent que du produit et appliquent mécaniquement des

tactiques, s'opposent à Olivier qui est du côté de l'humain, et parle des hommes, qu'il connaît par leur nom par exemple. Des deux côtés, on revendique un savoir, une réflexion (sur le produit, et sur le management). (II)

17. Les deux frères Dehaze discutent sur une remise en question nécessaire dans l'entreprise : « Il faut commencer à regarder les choses en face Olivier/Bien sûr on a fait quelques erreurs » (p. 277). (II)

18. Les Américains ont rôdé une stratégie pour battre l'entreprise, pratiquant « des remises exorbitantes à tous les stades de la distribution » (p. 280). (II)

19. Celui qui refuse d'obéir mécaniquement au chef (ici Dehaze demande à Dutôt de renvoyer la marchandise), ayant réfléchi à l'avenir de l'entreprise (Dutôt veut laisser le client renvoyer les produits, sinon, on ajoutera aux « bêtises » qui ont déjà été faites, et on perdra « notre plus gros client »), est renvoyé. Il faut donc appliquer les ordres sans discuter et sans réfléchir (p. 281). (I)

20. Le travail relève d'une routine liée à la nécessité. En témoigne sa place au milieu des besoins dans la structure ternaire : « Manger travailler dormir » (haut de la p. 288). (I)

21. Les décisions prises au travail n'ont rien à voir avec une quelconque conscience : Cohen, qui réfléchit à ce que Monsieur Fernand (qui est dans le coma depuis neuf jours après son malaise cardiaque) aurait décidé à la place de Benoît, se fait rabrouer par ce dernier : « Mettez vos scrupules dans votre poche », « Pour l'instant taisez-vous et faites ce que je vous dis » (p. 289). (I)

<u>Troisième mouvement</u>. LA PRISE DU POUVOIR

22. Passemar raconte sa première visite chez M. Onde. Discours métaphorique de ce dernier sur l'existence du chercheur, de l'intellectuel à la recherche du sens dans l'obscurité avec une confiance dans la connaissance : « ce sentiment de cheminement dans le noir avec peut-être une lueur falote intermittente [...] tout système mythologique signifie quelque chose aide la société qui le pratique à s'accepter à être fière de son passé confiante dans son présent et son avenir ». La connaissance aide donc le travailleur, lui permet de conquérir une fierté par la conscience de soi, de son évolution. (III)

23. La tante Yvonne et l'oncle d'Olivier ne se posent aucune question avant d'apporter leur voix à ce dernier pour devenir PDG à la place de son père : « Ce qu'il faut faire il faut le faire » (p. 297). (I)

24. Benoît félicite Alex pour la bonne ambiance qui règne dans sa boîte : « C'est plein d'idées » (p. 313). Alex a précisé : « On fait ce qu'on peut », preuve qu'il faut réfléchir pour mieux faire et réussir dans le travail. (II)

<u>Quatrième mouvement</u>. MOUSSE ET BRUYÈRE

25. Toujours la même mécanique commerciale qu'au début des premier et deuxième mouvements : « Une offre sensationnelle Madame Lépine nous avons pensé à vous ». (I)

26. Jenny et Jack posent des questions à Benoît pour diagnostiquer le mal qui ronge son entreprise, instaurant une maïeutique fondée sur des évidences, preuve qu'ils considèrent qu'il faut tout remettre à plat pour avancer : « Il faut partir de zéro complètement » (p. 315), « Il faudra remuer des tonnes d'idées reçues d'inhibitions toute cette carcasse stérile » (p. 319). « L'action Ben ça se déroule comme une pelote de laine à partir du moment où il y a une vision » (p. 318). Il s'agit, après la méthode socratique, d'appliquer le doute cartésien pour tout remettre en cause, faire *tabula rasa* des préjugés. S'interroger sur sa méthode de travail, et remettre cette méthode en question est donc primordial pour sauver l'entreprise. (II ou III)

27. Les trois danseurs, masqués et vêtus en enquêtrices, vont poser à des consommateurs, « pour une société de sondages », des questions très précises sur l'utilisation du produit vendu. Le vendeur veut amener le consommateur à exprimer ses habitudes et ses besoins, preuve qu'il s'interroge sur l'utilisation faite du produit pour l'améliorer. Ici, le comique vient du sérieux de la formulation de questions qui touchent pourtant au scatologique : « Avez-vous été à la selle pendant ces dernières vingt-quatre heures ? » (p. 320). (II ou III)

28. Passemar, le dramaturge, s'interroge sur son travail, en envisageant de supprimer ces intermèdes qui « grèvent inutilement le coût de la production » (p. 320). Il s'interroge (« J'oscille entre ») sur deux formes de théâtre : « le théâtre où tout est permis » et « le théâtre qui se situe dans la grande tradition ». Il exprime la nécessité de répondre à la demande d'un public pour pouvoir faire « recette », et compare la production théâtrale à la production de papier toilette chez Ravoire et Dehaze : il faut offrir au public « ce qu'il désire ». Mais cela va se faire « au détriment des cadres de l'ancienne génération ». Il faut donc réfléchir aux enjeux économiques et aux enjeux humains concomitamment pour réussir. (II ou III)

29. Lubin continue son harcèlement mécanique de la cliente qui lui oppose un nouveau refus. Il poursuit avec des tactiques rodées, comme le faux intérêt porté au fils de Madame Lépine, qui se mêle avec les modalités de la vente souhaitée : « disons deux grosses traites à vue deux pour cent comme d'habitude et le petit Raymond a fait sa communion ? » (p. 324). (I)

30. Lubin exprime sa souffrance d'échouer dans ses commandes, ainsi que la douleur de s'interroger et de se culpabiliser sur cet échec. Tenter de l'expliquer le rend triste, comme le laisse entendre Martin dans notre citation initiale : « C'est surtout qu'on se laboure le crâne pour comprendre est-ce que c'est ma faute bon Dieu est ce que tu déclines Lubin » (p. 329). (I)

31. Benoît convoque les cadres pour faire le point. Cependant, cette mise au point pourrait se révéler délétère, car le bilan est très négatif. Ainsi, il faut concomitamment initier un mouvement de rebond. « Vous dire où nous en sommes où nous allons ? En ce moment, nous raclons le fond et nous allons le racler encore un peu plus durement pendant quelque temps et puis nous allons bondir oui nous allons cesser de rester assis pour adopter une attitude bondissante la seule possible devant le défi qui nous est fait » (p. 330). S'interroger, se remettre en question permet de réagir. (II)

32. Jenny et Jack entreprennent une nouvelle séance de brainstorming à partir de la question « qu'est-ce que le cul ? », qui entraîne des réponses d'abord polies des employés, qualifiés de « guindés » et de « conventionnels » (p. 333), puis des réponses décalées et hilarantes : « Une bouche à l'envers/Une fente dans le corps » (p. 334). La conversation s'achève sur un *ersatz* de séance de psychanalyse au cours de laquelle Jenny rappelle à Battistini le plaisir qu'il a pris à « tripot[er] [sa] merde » lorsqu'il avait entre un et deux ans. Le chef de service étude de marché trouve cette conversation absurde, arguant que « d'autres intérêts prennent ensuite le dessus » en l'être humain. Il conclut sur l'inutilité d'un tel questionnement : « Mais enfin c'est d'une stupidité qui commence à me sortir par les trous de nez » (p. 337). Il sort en claquant la porte, tandis que Jack et Jenny interrogent les participants sur la gêne qu'ils éprouvent, alors même que Benoît trouve leur méthode consternante : « Je ne vois pas trop où cela mène » (p. 338). (I) Les deux consultants en arrivent à la conclusion que « chier est un plaisir/Et pour beaucoup de raisons un plaisir interdit ». Ils partent de là pour construire leur futur produit : « Un immense réservoir érotique existe au fond de chacun il suffit d'ouvrir la vanne » (p. 340). On peut en conclure que toute interrogation, même si elle semble stupide initialement peut mener à une amélioration du travail et du produit conçu. (II ou III)

33. Le questionnement sur le travail et sur l'évolution de l'employé au sein de l'entreprise est tout à fait naturel, comme l'indique Passemar à Benoît lors du rendez-vous qui suit la séance de brainstorming : « Comme partout où il y a un grand changement les uns et les autres s'interrogent et moi-même avec les modifications de structures/Que va-t-il en être de Passemar dans tout ça ? Exactement Monsieur » (p. 342). (II)

34. À la suite d'une nouvelle séance de brainstorming où les employés ont dû énumérer des noms possibles pour le nouveau produit, Jack et Jenny expliquent à Benoît « la puissance de cette méthode » : « Parce qu'un brainstorm/Ne peut pas rater » (p. 352). S'interroger est une bonne méthode. (II)

Cinquième mouvement. LE TRIOMPHE

35. Jaloux, le concepteur-rédacteur de l'agence de publicité, explique que son métier est de s'interroger sur les problèmes pour y apporter une solution : « Nous nous sommes dit voilà le consommateur doit avoir un problème nous lui apportons la solution » (p. 372). (II)

36. Dans une approche créative, on peut même inverser cette tendance selon Jaloux. « L'approche créative consiste à créer le problème en affirmant à notre consommateur qu'il est malheureux et en lui expliquant pourquoi ». Réfléchir dans le domaine commercial, c'est donc créer des problèmes que l'on s'attachera ensuite à résoudre après les avoir créés. (I ?)

37. Le slogan proposé par Jaloux va être analysé mot à mot. On trouve ici une satire de l'emphase ridicule de l'analyse et de la vacuité de la sémiologie de bas étage. « Rien de plus positif de plus affirmatif que ce "il y a"/Il y a/Maintenant chez

nous aussi il y a Mousse et Bruyère/Maintenant chez nous aussi il y a Mousse et Bruyère » (p. 375-376). L'analyse du produit et de son effet sur le consommateur paraît grotesque. (I ?)

38. S'interroger ensemble, c'est progresser et prévoir l'avenir. Ainsi Benoît affirme qu'il veut « que nous jetions un torrent d'idées sur le tapis projetons-nous à dix ans à vingt ans oui Grangier » (p. 380). (III)

Sixième mouvement. LE FESTIN DE MARIAGE

39. Même s'il « fallait au produit un maître d'œuvre » (il s'agit de Peyre), « Mousse et Bruyère est notre enfant à tous », affirme Benoît lors du discours final (p. 409). Le produit phare est le fruit d'une réflexion commune, ce que Dutôt a anticipé : « Un général ne peut rien faire sans ses troupes alors merci à tous ». Peyre, le chef de produit vante le résultat de cette réflexion commune : « Une expérience exaltante il y a quelques mois vous souvenez-vous ? Il a fallu le concevoir le nourrir le protéger maintenant il court rien ne pourra l'arrêter » (p. 411). (III)

40. À la fin de la pièce, Passemar relit et commente son CV. Il réfléchit à la manière de se présenter pour obtenir le travail qui correspond à ses capacités, preuve que celui qui travaille espère un emploi à la hauteur de ses qualités et se questionne sur la manière d'y parvenir (p. 417). Il ne s'agit pas d'être embauché rapidement, mais de trouver un emploi adéquat. (II)

41. Monsieur Onde clôt la pièce sur la paix surprenante qui se met en place entre les Ases et les Vanes, peut-être symbolique de l'harmonie qui peut régner dans l'entreprise : « les Ases et les Vanes font la paix une paix surprenante aussi harmonieuse que la guerre a été implacable là où aucun compromis ne paraissait possible d'un seul coup c'est l'entente et même davantage » (p. 418). (III)

○ Élaboration d'un plan détaillé

Point de méthode : il s'agit, à ce stade, de regrouper les exemples qui vont dans la même direction pour formuler des arguments les chapeautant, que nous répartirons dans les trois parties déjà envisagées. Nous parvenons ainsi à un plan très détaillé. Étant donné que notre travail de relevé a été exhaustif, chaque paragraphe peut comporter plus d'un exemple tiré de chaque œuvre, ce qui ne sera que rarement possible en temps limité. Cependant, je vous présente le travail complet, avec tous les exemples classés, afin que vous disposiez en sus d'une fiche détaillé sur le sujet de la réflexion du travailleur sur son propre travail dans nos œuvres. Précision utile : chaque paragraphe d'une dissertation de ce type aux concours doit s'appuyer sur les trois œuvres confrontées (s'il peut arriver qu'un paragraphe n'en comporte que deux, cela doit rester exceptionnel, et vos correcteurs sont extrêmement attentifs à la confrontation des œuvres, qui est la règle fondamentale de votre exercice. Les copies qui donneront seulement un exemple tiré d'une des trois œuvres par paragraphe seront mal notées. Il est évidemment exclu d'éliminer un de vos trois auteurs d'une de vos grandes parties, *a fortiori* de la dissertation).

Ici, le plan pourrait prendre la forme suivante, si nous reformulons des idées assez précises pour correspondre à ce que nous avons trouvé dans chacune des œuvres (chaque exemple sera identifié par les initiales de l'auteur, suivies du numéro que nous lui avons assigné lors de nos recherches, ce qui évite de réécrire tous les exemples).

I. **Certes, comme le dit le personnage du conte de Voltaire, nous ne devons pas nous poser trop de questions sur le travail que nous menons. Pour accepter une vie de labeur, il faut l'accomplir sans y réfléchir. La conscience trop vive de notre condition de travailleur rendrait cet état de fait difficile à tolérer.**

1. **Une réflexion inutilement chronophage car vaine**. Le travail répond à un certain nombre de contraintes auxquelles on ne peut déroger. Le travailleur doit aller vite, subit une certaine fatigue. Se livrer à une réflexion sur tout cela, et en plus de cela, ajoute à son épuisement… pour rien, puisque travailler selon les règles indiquées est nécessaire.

   V 2, V 8, V 10, V 21, V 24, SW 1, SW 7, SW 11, SW 24, SW 26, SW 30, SW 31, MV 3, MV 6, MV 8, MV 19, MV 20, MV 21, MV 23, MV 32 (début), MV 36, MV 37.

2. **Une réflexion douloureuse**. S'interroger sur son travail mène à une lucidité qui, lorsque l'on réalise ce à quoi l'on doit se soumettre, peut contribuer à rendre notre vie de labeur difficilement supportable. On a ainsi tendance à demeurer dans un aveuglement volontaire pour pouvoir continuer notre ouvrage sans trop de conscience de ce à quoi il nous oblige, pour rapporter parfois si peu.

   V 15, V 25, SW 3, SW 25, SW 27, SW 36, MV 10, MV 30.

3. **Une réflexion spontanément supprimée : simplicité du travail mécanique, exécuté sans y penser**. Il est alors plus simple pour le travailleur de se livrer à un travail mécanique, dépourvu de réflexion.

   V 5, V 17, SW 2, SW 13, SW 21, SW 23, MV 1, MV 12, MV 13, MV 25, MV 29.

II. **Cependant, l'homme étant un être pensant, il lui est impossible de ne pas réfléchir à son travail, d'occulter toute réflexion sur ce qui constitue une activité essentielle de son existence. On ne peut tout simplement pas ne pas raisonner sur son travail.**

1. **Esprit analytique et désir de comprendre**. L'homme qui travaille n'est pas à mettre sur le même plan que la machine, configurée pour produire ce qu'on lui demande : il ne veut pas être réifié, et pense instinctivement son travail.

   V 11, SW 8, SW 10, SW 19, SW 20, SW 22, SW 35, SW 41, MV 4, MV 5, MV 11, MV 33.

2. **Savoir pour améliorer**. Penser son travail, c'est pouvoir améliorer l'ensemble de ce qui lui est lié (compétences, performances, conditions d'exécution des tâches, place occupée dans l'entreprise).

   V 1, V 3, V 6, V 13, V 22, SW 32, SW 33, SW 34, MV 9, MV 14, MV 15, MV 17, MV 18, MV 24, MV 26, MV 27, MV 28, MV 31, MV 35, MV 40.

3. **Intégrer les nécessités inhérentes au travail, pour mieux les accepter, les expliquer pour permettre d'en comprendre les exigences**. Favoriser le questionnement sur le travail permet d'intégrer la maîtrise de ses mécanismes. Il s'agit de saisir les nécessités qui président au travail pour se les approprier et mieux les accepter.

   V 14, SW 15, SW 28, SW 43, SW 44, MV 16, MV 32 (fin).

III. **Enfin, l'absence de réflexion liée à notre tâche est-elle si profitable que l'affirme Martin. N'est-il pas au contraire nécessaire de penser notre travail pour s'y épanouir ? On pourrait alors peut-être, plus que rendre notre vie supportable, trouver une forme de bonheur dans le travail. Examiner notre condition de travailleur est donc nécessaire, et peut nous permettre d'obtenir davantage que de rendre simplement notre vie acceptable : s'y épanouir en y trouvant un sens.**

1. **Une réflexion cathartique**. Réfléchir sur son travail permet de formuler l'éventuelle souffrance qui y est liée et de s'en libérer.

   V 23, SW 5, SW 12, SW 34, SW 38, MV 2.

2. **Une nécessité de reconnaître une capacité de penser à tous pour éviter la création de hiérarchies délétères**. Se résoudre à renoncer à penser pour ne pas souffrir des conclusions auxquelles on aboutirait, c'est souscrire à une division du travail entre les manuels, condamnés à exécuter sans comprendre, et les intellectuels, ceux qui peuvent voire doivent réfléchir. Cela signifierait que seule la seconde catégorie a des capacités cérébrales, est capable de percevoir une tâche dans son ensemble. La première catégorie se sentirait diminuée et le travail d'ensemble s'en ressentirait par le manque d'implication de celui qu'on condamne à ne pas penser, le réduisant à n'être rien.

   V 7, V 27, SW 6, SW 9, SW 14, SW 16, SW 18, SW 28, SW 29, SW 37, SW 40, MV 7, MV 16, MV 34, MV 38, MV 39, MV 41.

3. **Une réflexion menant à l'épanouissement**. Permettre à chacun de réfléchir sur son activité professionnelle, lui donner un sens, c'est favoriser la fierté et le bonheur de tous au sein des groupes de travail, ce qui va bien au-delà du projet médiocre de Martin.

   V 4, V 12, V 16, V 18, V 20, V 26, SW 4, SW 17, SW 39, SW 42, SW 45, MV 22.

○ Rédaction de la dissertation

Point de méthode : l'essentiel de notre effort doit à présent porter sur la rédaction d'une introduction et d'une conclusion, ainsi que sur la formulation des exemples, parfaitement liés les uns aux autres, sans lourdeur. Pour simplifier votre travail, nous replaçons parfois dans le corps de la dissertation les titres des ouvrages concernés ainsi que les pages des œuvres, mais tout cela devra être supprimé au concours (un titre de temps à autre pourra être nécessaire lorsque l'ambiguïté demeure, mais bien souvent, le nom des personnages suffit à reconnaître l'œuvre concernée).

Rappelons que

- l'introduction comporte : une amorce (qui doit évidemment être fermement liée avec la citation portée à votre étude, faute de quoi vous attirez l'attention sur votre mauvaise compréhension de cette dernière, ou sur votre propre incohérence. Il n'est pas nécessaire que cette amorce soit une autre citation. Cela peut être une situation trouvée dans un ouvrage littéraire ou dans un film, une situation politique, ou, en particulier au concours Centrale, une contextualisation du sujet à partir du texte que vous venez de résumer), la citation, une analyse précise de la citation, la problématique retenue (si possible formulée deux fois de manière différente pour que votre correcteur soit assuré que vous avez bien saisi le sujet), les titres des œuvres au programme et leurs auteurs (sans aucune erreur) et l'annonce des grands axes de votre plan ;
- la conclusion comporte : un bilan de votre développement (thèses suivies des arguments reformulés rapidement), une réponse à la problématique, une ouverture.

Après chaque grande partie, une conclusion partielle vous permettra de mener la transition vers la grande partie suivante. Cette conclusion partielle sera composée d'une reformulation de la thèse et des mini-conclusions que vous aurez eu à cœur de rédiger à la fin de chacun de vos paragraphes.

Voici ce que peut donner cette rédaction à partir du sujet que nous avons travaillé. Nous avons parfois choisi d'enlever certains exemples placés dans le plan, ce afin de ne pas surcharger la dissertation, déjà très longue lorsque l'on procède ainsi de façon exhaustive, et d'équilibrer au mieux les paragraphes[1].

Dans son ouvrage *Le Travail, économie et physique 1780-1830* publié en 1993, François Vatin restitue une idée émise par Jean-Baptiste Say (1767-1832), selon laquelle « le "travail" des machines est bien analogue à celui des hommes, dans la mesure où l'on peut penser la substitution de l'un à l'autre ». L'homme serait donc, d'après cet économiste, comparable à une simple machine qui effectuerait les tâches sans se poser de questions. À la fin de son conte philosophique intitulé *Candide* (1759), Voltaire fait tenir à Martin des propos allant dans le même sens.

1. À titre indicatif, par exemple, dans le I 1, nous avons enlevé les points 32 (début), 36 et 37 de l'œuvre de Michel Vinaver, un peu décalés par rapport à notre propos, et dans le I 3, le point 29 de cette même œuvre, qui était redondant.

Représentant le pessimisme, ce personnage somme l'optimiste Pangloss d'arrêter de vouloir tout discuter, et engage ses camarades à se mettre simplement au travail sans y réfléchir : « Travaillons sans raisonner, c'est le seul moyen de rendre la vie supportable ». Le travail étant nécessaire, il faut le faire sans intellectualiser continuellement cette nécessité. Martin soutient que si nous nous posons des questions sur notre condition de travailleur, si nous réfléchissons à notre labeur, voire à la nécessité même de travailler, nous risquons de ne plus accepter une telle existence. Il formule ici une injonction, à l'impératif de la première personne du pluriel, qui inclut tous ceux qui participent à la discussion, et plus largement, tous les hommes. Cet impératif nous engage à accomplir notre travail, en excluant toute réflexion sur cette tâche. Le verbe « raisonner », c'est-à-dire penser, analyser les choses, en discuter, éventuellement les remettre en cause, est précédé par la préposition « sans », qui exclut cette posture lorsque nous travaillons. Il s'agit d'accomplir notre labeur en n'examinant pas notre condition de travailleur, en ne réfléchissant pas à notre travail. L'adjectif « supportable », qui signifie acceptable, soutenable, tolérable indique que l'objectif de Martin (lequel, rappelons-le, voit souvent le mauvais côté des choses) est un objectif médiocre. Il s'agit simplement d'être capable de continuer à vivre, de rendre notre existence endurable, admissible. Le groupe nominal « seul moyen » confirme que toute intellectualisation du travail rendrait l'existence invivable. Martin n'est pas nuancé dans ses propos et ne vise même pas le bonheur : il s'agit simplement de parvenir à tolérer notre condition. Le personnage développe l'idée selon laquelle, pour être capable d'admettre une vie de labeur, une vie consacrée au travail, il faut l'accomplir sans y penser. La conscience trop vive de notre condition de travailleur rendrait cette condition difficile à accepter. À l'issue de cette analyse, nous sommes amenés à nous demander s'il faut se consacrer au travail sans y réfléchir, sans remettre en cause cet état de fait, pour parvenir à tolérer notre existence. En d'autres termes, le travailleur, pour accepter une vie de labeur, doit-il nécessairement l'accomplir sans se poser de questions, sans y penser. Exclure la pensée même du travail, son intellectualisation, permet-il de soutenir une existence qui y est consacrée ? À la lumière des *Géorgiques* de Virgile, d'extraits d'écrits de Simone Weil rassemblés sous le titre *La Condition ouvrière*, et de la version hyper-brève de la pièce de Michel Vinaver intitulée *Par-dessus bord*, nous verrons tout d'abord en quoi cette position du personnage du conte de Voltaire se défend, le travailleur devant accomplir son travail sans trop y réfléchir, faute de quoi il pourrait être désespéré de sa propre condition. Cependant, nos œuvres elles-mêmes sont la preuve que l'homme réfléchit à son travail, sans cesse. Enfin, nous soutiendrons que cette réflexion est même souhaitable, tant elle permet d'améliorer le sort du travailleur, qui peut alors aller beaucoup plus loin que le modeste objectif défini par Martin.

Certes, comme le dit le personnage du conte de Voltaire, nous ne devons pas nous poser trop de questions sur le travail que nous menons. Pour accepter une vie de labeur, il faut l'accomplir sans y réfléchir : la conscience trop vive de notre condition de travailleur rendrait cet état de fait difficile à tolérer.

Tout d'abord, le travail répond à un certain nombre de contraintes auxquelles on ne peut déroger. Le travailleur doit aller vite, subit une certaine fatigue. Se livrer à une réflexion sur tout cela, et en plus de cela, ajoute à son épuisement… pour rien, puisque travailler selon des règles fixées est nécessaire. Dans son « appel aux ouvriers de Rosières », Simone Weil demande aux ouvriers de réfléchir à leurs conditions de travail, tout en sachant bien qu'il leur sera difficile de le faire car justement, leur envie est de ne plus y penser une fois qu'ils sortent de l'usine : « Je sais bien : quand on a fait ses huit heures, on en a marre. On en a jusque-là pour employer des expressions qui ont le mérite de bien dire ce qu'elles veulent dire. On ne demande qu'une chose, c'est de ne plus penser à l'usine jusqu'au lendemain matin. C'est un état d'esprit tout à fait naturel auquel il est bon de se laisser aller » (*La Condition ouvrière*, p. 205-206). En effet, raisonner suppose de verbaliser les choses, or, notre philosophe explique que lorsqu'on travaille dur, non seulement on fait beaucoup d'efforts fatigants, ce qui empêche tout effort supplémentaire : « Chaque effort en plus de ceux qui me sont imposés me coûte », mais encore on trouve mal comment exprimer ce qu'on vit vraiment : « C'est la multitude des choses à dire – et l'impossibilité d'exprimer l'essentiel » (« Trois lettres à Albertine Thévenon », bas p. 51). La fatigue fait qu'on sort de l'usine « l'esprit vide de pensée » (« La vie et la grève des ouvrières métallos », p. 267). Deux facteurs de la contrainte font que l'ouvrier ne pense pas. D'abord la vitesse : il faut travailler de façon mécanique, sans réfléchir pour parvenir à aller vite, refouler au fond de soi tout ce qui est de l'ordre de la pensée, du ressenti, « tuer son âme pour huit heures par jour, sa pensée, ses sentiments, tout » (*La Condition ouvrière*, p. 60). Puis la nécessité de se soumettre aux ordres : il faut se taire et obéir. « Cette situation fait que la pensée se recroqueville, se rétracte, comme la chair se rétracte devant un bistouri ». C'est alors la mort de toute conscience. « On ne peut pas être "conscient" » (« Trois lettres à Albertine Thévenon », p. 60). Même au moment où il fait grève, l'ouvrier ne réfléchit guère. Il laisse les syndicats négocier à sa place, car il n'a pas la force de penser : « On ne peut pas penser à ça tout le temps. Il y a des limites aux forces humaines. On se contente de jouir pleinement, sans arrière-pensée, du sentiment qu'enfin on compte pour quelque chose, qu'on va moins souffrir, qu'on aura des congés payés ». « On se laisse, pour une fois, bercer par ces douces pensées », à opposer à une vraie réflexion (« La vie et la grève des ouvrières métallos », p. 278). Le travailleur n'a pas envie d'analyser, d'élaborer des théories sur ce qu'il subit au quotidien, car il a besoin de divertissement au sens propre, de « s'évader » (*La Condition ouvrière*, p. 304). Virgile exprime quant à lui l'idée que l'agriculture implique l'application de règles strictes et indiscutables. Il emploie une négation restrictive qui impose une nécessité pour obtenir une réussite parfaite : « La récolte ne comblera les vœux de l'avide laboureur que si elle a senti deux fois le soleil et deux fois les frimas : alors d'immenses moissons feront crouler ses greniers » (*Les Géorgiques*, p. 98). Nul besoin de réfléchir beaucoup pour savoir s'il va pleuvoir ou non : « Le soleil s'accompagne d'infaillibles pronostics, qu'il les offre le matin ou à l'heure où se lèvent les astres » (*Les Géorgiques*, p. 110). L'homme ne fait que répondre à une initiative divine. Virgile s'adresse à Bacchus au début du livre deux de son ouvrage. « Tout est plein de ses bienfaits » dans la nature. Certains arbres « poussent d'eux-mêmes » sans intervention humaine. On comprend ici que ce sont les dieux et la nature qui organisent la production, l'ouvrier ne faisant que s'adapter sans réfléchir. Au livre trois, le poète précise bien que l'élevage des chèvres se fait de manière assez instinctive. « Leur besoin est moindre de l'assistance de l'homme ». Il suffit de leur offrir un abri en hiver, de la fraîcheur en été, de suivre le rythme des saisons en somme (*Les Géorgiques*, p. 145). Pour les abeilles aussi, le rythme des saisons permet d'effectuer le travail de façon assez mécanique. Il suffit de se fier aux sens pour ressentir le chaud et le froid : « sous l'influence du froid, l'hiver condense le miel, et la chaleur le liquéfie et le fond » (*Les Géorgiques*, p. 156). Les abeilles font preuve d'une certaine autonomie, liée à leur perception instinctive des changements de saison. « Aussitôt donc qu'elles ont trouvé un beau jour de printemps et les plaines de l'air libres de nuages, elles s'élancent [...] » (*Les Géorgiques*, p. 157). Dans la pièce de Michel Vinaver, Passemar, écrivain et « jeune licencié ès lettres », doué pour l'écriture, accepte un travail administratif chez Ravoire et Dehaze car « il fallait vivre » : le travail apparaît comme une nécessité pour subvenir à ses besoins, donc on l'accepte sans réfléchir, même s'il n'est pas vraiment en lien avec ses capacités et ses goûts. Le travail relève d'une routine liée à la nécessité. En témoigne sa place au milieu des besoins dans la structure ternaire : « Manger travailler dormir » (*Par-dessus bord*, p. 288). Ce même Passemar se fait « gronder » comme un enfant par Dutôt, lorsque l'entreprise est « en rupture de stock de Super-Douceur ». Il a pourtant été réactif, mais cela n'a pas eu le résultat escompté : « J'ai aussitôt fait une note de service à Monsieur Olivier avec copie à Monsieur Dutôt./Je m'en torche de vos notes de service. Moi, il me faut la camelote » (*Par-dessus bord*, p. 251-252). Ainsi, on ne demande pas aux employés de réfléchir à des moyens pour pallier les dysfonctionnements, on leur demande un résultat. Les remarques agressives de Madame Alvarez et de Dutôt vont dans le même sens : l'ouvrier doit avancer dans le travail sans réfléchir intempestivement : « ça résiste et ça fait son travail », « un service qui suit le mouvement », « qui se laisse oublier » (*Par-dessus bord*, p. 254). Il s'agit de faire les choses sans prendre véritablement de recul, sans même chercher des améliorations dans une forme de passivité pour ne pas faire de vague, ne pas se faire remarquer. Celui qui refuse d'obéir mécaniquement au chef (à la fin du deuxième mouvement, Dehaze demande à Dutôt de renvoyer la marchandise), ayant réfléchi à l'avenir de l'entreprise (Dutôt veut laisser le client renvoyer les produits, sinon, on ajoutera aux « bêtises » qui ont déjà été faites, et on perdra « notre plus gros client »), est renvoyé. Il faut donc appliquer les ordres sans discuter et sans réfléchir (*Par-dessus bord*, p. 281). Les décisions prises au travail n'ont rien à voir non plus avec une quelconque conscience : Cohen, qui réfléchit à ce que Monsieur Fernand (qui est dans le coma depuis neuf jours après son malaise cardiaque) aurait décidé à la place de Benoît, se fait rabrouer par ce dernier : « Mettez vos scrupules dans votre poche », « Pour l'instant taisez-vous et faites ce que je vous dis » (*Par-dessus bord*, p. 289). La tante Yvonne et l'oncle d'Olivier ne se posent aucune question non plus avant d'apporter leur voix à ce dernier pour devenir PDG à la place de son père : « Ce qu'il faut faire il faut le faire » (*Par-dessus bord*, p. 297). Ainsi, il semble que le travailleur soit peu amené à réfléchir sur son travail : c'est fatigant et inutile.

Cela est d'autant plus vrai que s'interroger sur son travail mène à une lucidité qui, lorsque l'on réalise ce à quoi l'on doit se soumettre, peut contribuer à rendre notre vie de labeur difficilement supportable. On a ainsi tendance à demeurer dans un aveuglement volontaire pour pouvoir continuer notre ouvrage sans trop de conscience de ce à quoi il nous oblige, pour rapporter parfois si peu. Virgile fait l'éloge d'une vie simple et humble, mais qui suffit. Il engage les cultivateurs à profiter sans se questionner sur ce qu'ils pourraient avoir, de leur bonheur de travailler au contact de la nature et de pouvoir se nourrir de leur labeur. « Ô trop fortunés, s'ils connaissent leurs biens, les cultivateurs ? Eux qui, loin des discordes armées, voient la très juste terre leur verser de son sol une nourriture facile ». Si les cultivateurs réfléchissent à ce que leur travail leur rapporte, ils prennent conscience qu'ils vivent assez pauvrement : « ils n'ont pas une haute demeure dont les superbes portes vomissent tous les matins un énorme flot de clients venus pour les saluer », « ils ne sont pas ébahis par des battants incrustés d'une belle écaille, ni par des étoffes où l'or se joue ». Les cultivateurs ne vivent peut-être pas dans l'opulence mais ils sont riches du contact avec la nature, procuré par leur activité même : « les loisirs en de vastes domaines, les grottes, les lacs d'eau vive, du moins les frais Tempé, les mugissements des bœufs et les doux sommes sous l'arbre ne leur sont pas étrangers ». Trop réfléchir au faible rendement de leur travail les empêcherait de saisir qu'ils ont une vie calme et que leurs besoins sont comblés. Ce n'est pas extraordinaire, mais cela permet de survivre paisiblement (*Les Géorgiques*, p. 129). Le vieillard de Coryce qui a planté sur un petit terrain, dans un sol peu favorable au bétail ou à la vigne, des légumes espacés qui lui donnent à manger, ressemble beaucoup au vieillard de la fin du conte de Voltaire dont notre citation est tirée. Il a adapté sa pratique à ce que le sol de son terrain pouvait produire. Ainsi, alors que ce terrain a été « abandonné » par les autres, lui s'en satisfait grâce à son travail, n'en demandant pas plus : « Avec ces richesses, il s'égalait, dans son âme, aux rois », chargeant « sa table de mets qu'il n'avait point achetés », vivant en communion avec la nature qui lui fournit de quoi subvenir modestement à ses besoins (*Les Géorgiques*, p. 159). Simone Weil soutient aussi dans plusieurs écrits la thèse selon laquelle le travailleur doit cesser de penser pour ne pas souffrir davantage. Il faut aspirer à « l'absence de pensée indispensable aux esclaves de la machine moderne » (« Lettre à Nicolas Lazarévitch », p. 63). Penser serait être amené à se révolter, ce qui mènerait ensuite à « faire son travail avec irritation », donc à le faire « mal ». « L'unique moyen de ne plus souffrir [...] moralement. [...] physiquement aussi » est de « renoncer tout à fait à penser », c'est une tentation « difficile à repousser » (« Trois lettres à Albertine Thévenon », p. 53). Si l'âme prend conscience de ce qu'on lui inflige, elle souffre : aucune action ne relève de l'initiative personnelle à l'usine. Tout est réponse à un ordre donné. Il s'agit de répéter des mouvements, jusqu'à ce qu'on nous ordonne autre chose. On devient « une chose livrée à la volonté d'autrui ». Or, cette réification n'est pas naturelle. Car on a une âme, dont on ne peut pas se séparer dans le travail. Et il faut « la faire taire ». Parfois elle disparaît (de fatigue), parfois hélas, elle nous fait souffrir car on se rend compte de ce à quoi on se plie (« La vie et la grève des ouvrières métallos », p. 273). Dans la lettre à Auguste Detœuf écrite du 10 au 17 juin 1936, Simone Weil confirme que pour ne pas trop souffrir, l'ouvrier n'a qu'une solution : « sombrer dans l'inconscience » : « Conserver la lucidité, la conscience, la dignité qui conviennent à un être humain, c'est possible, mais c'est se condamner à devoir surmonter quotidiennement le désespoir » (*La Condition ouvrière*, p. 285). Le soir quand on quitte l'usine, comme le matin quand on y arrive, « il est dur de penser à la journée qu'il faudra parcourir » (*La Condition ouvrière*, p. 333). Pire encore le dimanche soir à l'orée de la semaine : « L'avenir est quelque chose de trop morne, de trop accablant, sous quoi la pensée plie » (*La Condition ouvrière*, p. 333). « Combien on aimerait pourvoir déposer son âme, en entrant, avec sa carte de pointage, et la reprendre intacte à la sortie ! ». Mais c'est le contraire : « On l'emporte avec soi dans l'usine, où elle souffre ; le soir, cet épuisement l'a comme anéantie » (*La Condition ouvrière*, p. 335). Chez Michel Vinaver, la conversation restituée de façon décousue lors de la fête annuelle de Ravoire et Dehaze laisse entendre que les employés discutent de la manière dont ils peuvent être exploités : « Qu'ils cherchent à nous exploiter c'est normal c'est leur rôle qu'est-ce que tu ferais si t'avais le pognon ». Il y a donc une réflexion sur le fonctionnement de l'entreprise, les rapports dominant-dominé, le rôle que chacun y joue, mais l'injonction qui suit : « Faut essayer de pas trop y penser » (*Par-dessus bord*, p. 260) laisse sous-entendre que l'employé a justement tendance à trop y réfléchir, ce qui ne lui fait pas forcément du bien. Dans le quatrième mouvement de la pièce, Lubin exprime sa souffrance d'échouer dans ses commandes, ainsi que la douleur de s'interroger et de se culpabiliser sur cet échec. Tenter de l'expliquer le rend triste : « C'est surtout qu'on se laboure le crâne pour comprendre est-ce que c'est ma faute bon Dieu est ce que tu déclines Lubin » (*Par-dessus bord*, p. 329). Le travailleur qui s'interroge sur son travail et sur sa manière de l'accomplir est donc en proie à une grande souffrance potentielle : mieux vaut s'abstenir de cette réflexion, comme le suggère Martin.

Il est alors plus simple pour le travailleur de se livrer à un travail mécanique, dépourvu de réflexion. Dès le premier mouvement de la pièce de Michel Vinaver, Lubin applique des techniques de vente apprises par cœur, sans aucune réflexion liée notamment aux réponses données par Madame Lépine, qui lui oppose pourtant un refus ferme quant à une nouvelle commande. En témoignent certains échanges laissant entendre qu'il passe outre les propos plus que réticents de sa cliente : « Je n'ai besoin de rien/Une offre incroyable que ma société a étudiée spécialement pour vous » (*Par-dessus bord*, p. 247), « Je ne suis pas acheteuse aujourd'hui »/« Je savais bien que ça vous intéresserait » (p. 248). Il a appris à débiter des argumentaires tout faits, fondés sur la compréhension feinte de l'autre (« Notez que vous n'avez pas tort », « Je comprends votre point de vue ») pour tenter de le berner. Le chant des trois camionneurs dans l'intermède qui suit ce dialogue initial calque ce mécanisme dépourvu de réflexion : « – Eh oui oh mais oui – mais si/Eh oui/– Oh mais/– Oui mais si » (*Par-dessus bord*, p. 250). Le deuxième mouvement s'ouvre sur la même mécanique, preuve qu'il s'agit d'un argumentaire appliqué sans aucune réflexion, ce que confirme la réponse de Madame Lépine au discours commercial de Lubin : « Quelque chose de sensationnel aujourd'hui pour vous Madame Lépine./Comme chaque fois » (*Par-dessus bord*, p. 266). Même refus, et même insistance inappropriée : « Vous allez voir/Je vais rien voir du tout/Vous allez tomber à la renverse ». Madame Lépine a beau être extrêmement claire (« J'en veux pas, j'en veux pas »), Lubin continue à vouloir lui vendre son produit. Cela prouve bien qu'il ne fait qu'appliquer une mécanique complètement détachée de la réalité (*Par-dessus bord*, p. 267). La même mécanique commerciale est appliquée au début du quatrième mouvement : « Une offre sensationnelle Madame Lépine nous avons pensé à vous ». Notons que ces techniques insistantes, décalées et manipulatoires sont également adoptées par Dutôt, au téléphone avec ses principaux grossistes. Il fait croire à chacun qu'il n'y a presque plus de stock pour engager le client à commander : « Comme nos stocks sont assez bas je voulais vous demander s'il faut vous en réserver quelques cartons parce que vous savez ça marche très fort oui c'est un très grand succès » (*Par-dessus bord*, p. 271). Chez Virgile, le travailleur de la terre observe et applique une routine comme le montrent les liens de causes-conséquences entre la simple observation de la nature et le meilleur résultat : « Observe aussi l'amandier », « Nous devons observer » (*Les Géorgiques*, p. 103). « De là vient que nous pouvons, même par un ciel douteux, connaître d'avance les saisons, distinguer le temps de la moisson et le temps des semailles ; quand il convient de fendre avec les rames le marbre perfide des flots, ou de lancer des flottes armées, ou de déraciner à propos le pin dans les forêts. Ce n'est pas en vain non plus que nous observons le coucher et le lever des astres et les diverses saisons qui se partagent également l'année » (*Les Géorgiques*, p. 104-105). Pour le poète aussi, obéir simplement aux ordres, même si cela implique un travail acharné, permet d'atteindre le meilleur. Les ordres donnés par Mécène ne sont pas faciles à exécuter, mais ils permettent au poète de se surpasser : « sans toi mon esprit n'entreprend rien de haut » (*Les Géorgiques*, p. 136). À l'usine aussi, ceux qui conçoivent le travail parcellaire donné aux ouvriers n'y corrèlent aucune réflexion sur la tâche à mener. On les oblige à focaliser leur attention « sur un problème mesquin », médiocre (« Trois lettres à Albertine Thévenon », p. 52). Dans la lettre à Jacques Lafitte datant de fin mars ou début avril 1936, Simone Weil déplore le fait que le travail à la chaîne dépouille l'ouvrier de sa capacité de réflexion, devenue totalement inutile dans l'exécution infinie de séries conçues par l'ingénieur. Ce sont des suites extrêmement simples qui supposent un travail mécanique devenant rapidement inconscient et automatique : « à vrai dire, dans le travail en série, il y a des suites (ex. : placer la pièce – serrer un étau – mouvoir un levier – retirer la pièce…), mais la monotonie, et plus encore la cadence effroyablement rapide du travail, font que cette suite, toujours extrêmement simple, devient rapidement inconsciente, cristallisée à son tour dans un automatisme physiologique » (*La Condition ouvrière*, p. 258). Notre philosophe déplore d'ailleurs de trouver si peu de gens disposés à « penser » le travail. Elle se sent seule dans sa réflexion, et se réjouit à ce titre de pouvoir dialoguer avec Jacques Lafitte. « Pour moi, je n'ai d'autre espérance que de rencontrer çà et là, de temps à autre un être humain seul comme moi-même, qui de son côté, s'obstine à réfléchir, à qui je puisse apporter et auprès de qui je puisse trouver un peu de compréhension » (« Deux lettres à Jacques Lafitte », mardi 14 avril 1936, p. 262). Parmi les questions posées aux ouvriers de Rosières, certaines concernent la réflexion sur le travail et pendant le travail, dont elle sous-entend que les ouvriers pourraient vouloir s'abstenir : « Si quelquefois, vous pouvez passer des heures à travailler machinalement, presque sans vous en apercevoir, en pensant à autre chose, en vous perdant dans des rêveries agréables. Si vous êtes parfois contents de n'avoir qu'à exécuter les tâches qu'on vous donne sans avoir besoin de vous casser la tête » (« Appel aux ouvriers de Rosières », p. 207). Les travailleurs présents dans nos œuvres se livrent effectivement à un travail mécanique, plus simple à gérer pour eux.

Par conséquent, il semble que notre citation fasse état d'une observation assez récurrente dans nos œuvres : le travailleur agit sans réfléchir sur son labeur. Le travail étant une nécessité fatigante, qui répond à des contraintes inéluctables, rien ne sert de les remettre en cause. Cela pourrait aboutir à une prise de conscience déprimante de notre asservissement. Mieux vaut se livrer à une activité mécanique, en laissant son cerveau au repos.

Cependant, l'homme étant un être pensant, il lui est impossible de ne pas réfléchir à son travail, d'occulter toute réflexion sur ce qui constitue une activité essentielle de son existence. On ne peut tout simplement pas ne pas raisonner sur son travail.

Tout d'abord, l'homme qui travaille n'est pas à mettre sur le même plan que la machine, configurée pour produire ce qu'on lui demande : il n'entend pas être réifié, et pense instinctivement son travail. Virgile demande à son lecteur une réflexion sur les types d'arbres et de culture. « Au travail donc, ô cultivateurs ! Apprenez les procédés de cultures propres à chaque espèce ; adoucissez en les cultivant, les fruits sauvages » (*Les Géorgiques*, p. 116). Il veut susciter en eux un désir intellectuel, par le biais d'une réflexion sur l'objet de la culture, fourni initialement par la nature et par les dieux. Simone Weil est de son côté mue par le « désir de connaître et de comprendre » ce que vivent les ouvriers (« Lettre à Boris Souvarine », p. 76). Elle veut spontanément progresser dans la connaissance : « J'y ai compris bien des choses qu'auparavant, je ne faisais qu'entrevoir, j'y ai rectifié les idées fausses, j'y ai fait bien des observations, les unes décourageantes, les autres, réconfortantes. Mais je ne fais encore qu'entrevoir ce dont j'ai tout particulièrement à cœur de me faire une idée un peu plus nette, l'organisation de l'entreprise » (« Lettre à Nicolas Lazarévitch », p. 63). Elle souhaite s'« instruire », « compléter » ses connaissances sommaires « sur l'organisation industrielle » (« Lettre à Victor Bernard » d'avril 1936, p. 243), voire davantage : la nécessité de réfléchir sur le travail dans son ensemble s'impose à notre philosophe, qui voudrait pénétrer « dans la vie des champs » (*La Condition ouvrière*, p. 254), ou examiner « le travail administratif » (p. 260). Elle mentionne aussi le désir d'une ouvrière d'avoir accès à « des articles sur l'organisation de l'usine », preuve que tout travailleur veut en savoir plus sur l'organisation de son travail (« Lettre à Victor Bernard » de fin mai-début juin 1936, p. 247). Cette réflexion évite qu'il se sente « comme un objet inerte que chacun peut à tout moment changer de place » (p. 332). En effet, le travailleur ne veut pas être réduit au rang de machine. Or, enfermer l'homme dans la répétition d'une seule tâche alors que la machine aurait à effectuer une combinaison de mouvements qui la rendrait presque intelligente, c'est renverser la tendance naturelle qui considère l'homme comme plus intelligent que la machine. « Un tel renversement est contre-nature, c'est un crime » : « Un manœuvre spécialisé n'a en partage que la répétition automatique des mouvements, pendant que la machine qu'il sert enferme, imprimée et cristallisée dans le métal, toute la part de combinaison et d'intelligence que comporte la fabrication en cours ». C'est pour notre philosophe une aberration. Pour bien faire, tout ouvrier devrait assumer « une partie de l'effort de réflexion et de combinaison » (*La Condition ouvrière*, p. 347). Dans la pièce de théâtre portée à notre étude, Passemar, qui a accepté un travail ne concordant pas avec ses capacités initiales, va réfléchir au sens de ce nouvel emploi : « Je ne m'étais jusqu'alors jamais interrogé sur tout ce que ça représente une facture » (*Par-dessus bord*, p. 251) : tout nouveau travail suppose par conséquent une remise en cause, une réflexion sur ce qu'on va devoir faire et l'employé le fait spontanément, de même qu'il réfléchit spontanément à son avenir dans l'entreprise : Passemar sait que Madame Alvarez va prendre sa retraite et il a l'impression qu'il n'est « pas mal placé pour la succession », si toutefois l'entrée en scène des Américains ne change pas les choses. Il pense donc à sa montée dans la hiérarchie, en prenant en compte tous les paramètres. À la fin de la fête annuelle, il s'interroge sur sa place dans une entreprise moyenne qui risque d'être rachetée par une puissante société américaine : « Mon propos est simplement ceci l'absorption de la moyenne entreprise où je suis moi-même un cadre moyen par une puissante société américaine est-ce un bien ? Est-ce un mal ? Je ne sais pas j'aimerais y voir plus clair » (*Par-dessus bord*, p. 263). Il se souvient du cours de Monsieur Onde au Collège de France sur les Ases et les Vanes, ce qu'il relie à la situation de son entreprise. « Trois cent cinquante employés vingt millions de chiffre d'affaires une entreprise ancrée dans de solides traditions et qui n'a pas su à temps prendre le tournant ». L'employé se pose donc des questions sur la place qu'il occupe dans une entreprise qui va mal, et sur ses intérêts. C'est aussi Passemar qui indique à Benoît, lors du rendez-vous qui suit la séance de brainstorming, qu'un questionnement sur le travail et sur l'évolution de l'employé au sein de l'entreprise est tout à fait naturel : « Comme partout où il y a un grand changement les uns et les autres s'interrogent et moi-même avec les modifications de structures/Que va-t-il en être de Passemar dans tout ça ? Exactement Monsieur » (*Par-dessus bord*, p. 342). Celui qui travaille s'interroge donc spontanément sur son travail.

Ensuite, penser son travail, c'est pouvoir améliorer l'ensemble de ce qui lui est lié (compétences, performances, conditions d'exécution des tâches, place plus adéquate, tâche plus adaptée). Chez Michel Vinaver, tous veulent par leur réflexion améliorer le produit et sa présentation, mais aussi trouver une place qui leur correspond mieux. Devant la baisse régulière des ventes, Dehaze explique au banquier Ausange qu'il a « le choix » entre « réduire ses dépenses », ou emprunter pour « investir en promotion ou en publicité ». Il a conçu un nouveau produit, avec un « emballage bleu-blanc-rouge », « plus conforme au goût français » (*Par-dessus bord*, p. 257-258). Cela suppose que le PDG se remette en question devant la difficulté. Plus loin, les deux frères Dehaze s'accordent sur cette réflexion nécessaire dans l'entreprise : « Il faut commencer à regarder les choses en face Olivier/Bien sûr on a fait quelques erreurs » (*Par-dessus bord*, p. 277). Dans le deuxième mouvement, Olivier reproche à Dutôt et à son équipe de représentants de n'avoir pas « fait leur travail ». Dutôt se défend en critiquant le « produit » qui n'en est pas un selon lui. S'ensuit une remise en cause du nom du produit, mal choisi sans doute, et des compétences d'Olivier, de l'improvisation qui a présidé au lancement du produit : « un produit ça ne se bricole pas », « ça se crée » (on voit ici différence entre « bricoler » qui connote l'amateurisme, tandis que « créer » renvoie à un produit réfléchi) : il faut donc raisonner avant de lancer un produit, c'est cela « s'occuper de [son] boulot » (*Par-dessus bord*, p. 275). Au quatrième mouvement, Jenny et Jack posent des questions à Benoît pour diagnostiquer le mal qui ronge son entreprise, instaurant une maïeutique fondée sur des évidences, preuve qu'ils considèrent qu'il faut tout remettre à plat pour avancer : « Il faut partir de zéro complètement » (*Par-dessus bord*, p. 315), « Il faudra remuer des tonnes d'idées reçues d'inhibitions toute cette carcasse stérile » (p. 319). « L'action Ben ça se déroule comme une pelote de laine à partir du moment où il y a une vision » (p. 318). Il s'agit, après la méthode socratique, d'appliquer le doute cartésien pour tout remettre en cause, faire *tabula rasa* des préjugés, et aller de l'avant. S'interroger sur sa méthode de travail, et remettre cette méthode en question est donc primordial pour sauver l'entreprise. Les trois danseurs, masqués et vêtus en enquêtrices, vont ensuite poser à des consommateurs, « pour une société de sondages », des questions très précises sur l'utilisation du produit vendu, dans une scène comique mêlant le sérieux de la formulation à des questions qui touchent au scatologique. Le vendeur veut amener le consommateur à exprimer ses habitudes et ses besoins, preuve qu'il s'interroge sur l'utilisation faite du produit pour l'améliorer (*Par-dessus bord*, p. 320). Cette recherche de solutions parallèle au questionnement est nécessaire pour ne pas sombrer dans le découragement que nous avons envisagé plus haut. Jaloux, le concepteur-rédacteur de l'agence de publicité, explique que son métier est de s'interroger sur les problèmes pour y apporter une solution : « Nous nous sommes dit voilà le consommateur doit avoir un problème nous lui apportons la solution » (*Par-dessus bord*, p. 372). Lorsque Benoît convoque les cadres pour faire le point, il a ainsi conscience que cette mise au point pourrait se révéler délétère, car le bilan est très négatif. Partant, il faut en même temps initier un mouvement de rebond. « Vous dire où nous en sommes où nous allons ? En ce moment, nous raclons le fond et nous allons le racler encore un peu plus durement pendant quelque temps et puis nous allons bondir oui nous allons cesser de rester assis pour adopter une attitude bondissante la seule possible devant le défi qui nous est fait » (*Par-dessus bord*, p. 330). D'ailleurs, Passemar, en tant que dramaturge, se questionne aussi sur son travail, en envisageant de supprimer ces intermèdes qui « grèvent inutilement le coût de la production » (*Par-dessus bord*, p. 320). Il s'interroge (« J'oscille entre ») sur deux formes de théâtre : « le théâtre où tout est permis » et « le théâtre qui se situe dans la grande tradition » ; il exprime la nécessité de répondre à la demande d'un public pour pouvoir faire « recette », et compare la production théâtrale à la production de papier toilette chez Ravoire et Dehaze : il faut offrir au public « ce qu'il désire ». Mais cela va se faire « au détriment des cadres de l'ancienne génération ». Il faut donc réfléchir aux enjeux économiques et aux enjeux humains concomitamment pour réussir. À la fin de la pièce, Passemar relit et commente son CV. Il réfléchit à la manière de se présenter pour obtenir le travail qui correspond à ses capacités, preuve que celui qui travaille espère un emploi à la hauteur de ses qualités et se questionne sur la manière d'y parvenir (*Par-dessus bord,* p. 417). Il ne s'agit pas d'être embauché rapidement, mais de trouver un emploi adéquat. Dans *Les Géorgiques,* Virgile dresse un constat de ce qu'il faut faire pour que la terre soit productive : « Sous quel Astre [...] il convient de retourner la terre [...], quels soins il faut donner [...], quelle sollicitude apporter [...] » (*Les Géorgiques,* p. 97). Il a réfléchi à la manière dont le travail doit être mené pour être efficace. Il émet l'idée de simplifier le travail (donc d'améliorer la situation du paysan) par la réflexion sur la manière de l'effectuer au mieux, donnant des indications sur la façon de laisser grandir le blé en cultivant l'alternance c'est-à-dire en laissant la terre oisive et en ne semant que l'année suivante : « Grâce à l'alternance, le travail fourni par la terre est facile » (*Les Géorgiques,* p. 99). Il suggère donc une simplification du travail par la connaissance du moment propice auquel accomplir une tâche : « Beaucoup de travaux nous sont rendus plus faciles par la fraîcheur de la nuit ou par la rosée dont, au lever du soleil, l'Aurore humecte les terres. La nuit, les éteules légères sont plus faciles à faucher, les prairies desséchées se fauchent mieux » (*Les Géorgiques,* p. 105-106). Il faut aussi acquérir des connaissances médicales pour savoir reconnaître et soigner les maladies qui s'attaquent aux moutons et aux brebis. La réflexion mène à l'action qui est très salutaire pour sauver les bêtes. Le berger doit agir et lutter contre le mal : « à demeurer caché le mal se développe et vit, tant que le berger se refuse à livrer la plaie aux mains du médecin et, sans agir, se borne à demander aux dieux des présages meilleurs ». Quand une brebis est enfiévrée, il convient de piquer une veine sous le pied de l'animal et d'en faire jaillir le sang. Si une brebis perd l'appétit, cherche l'ombre ou tombe en paissant, rien d'autre à faire que la supprimer : « Réprime le mal avec le fer, avant que l'affreuse contagion ne se glisse parmi le troupeau sans défense » (*Les Géorgiques,* p. 149). L'éleveur qui réfléchit sauve ses bêtes. Les paysans sont invités par le poète à connaître aussi les propriétés des arbres qu'ils cultivent dans la mesure où ils peuvent leur sauver la vie : le pommier de Médie a de nombreuses vertus, et les Mèdes « donnent [sa fleur] comme remède aux vieillards asthmatiques » (*Les Géorgiques,* p. 119). Leur réflexion est vitale. Enfin, Simone Weil déplore que la pensée du travail n'ait jusqu'alors bénéficié qu'aux patrons qui ont amélioré leur produit, en faisant fi des conditions de travail des ouvriers, constamment sous pression. Il est temps d'inclure une réflexion sur l'amélioration des conditions de travail aussi. Taylor a fait durant trente-cinq ans des recherches sur une nouvelle organisation du travail, demandant à mettre en place « un petit laboratoire pour faire des expériences sur les méthodes d'usinage ». Ce travail lui permit d'augmenter considérablement le rendement à l'aide de savants calculs, pour trouver des éléments d'amélioration technique permettant de mieux faire continuellement. « Son grand souci était d'éviter toute perte de temps dans le travail ». Cependant, notre philosophe dénonce ce pseudo-progrès dans la mesure où les ouvriers n'avaient plus le choix des mouvements à accomplir. Ils devaient s'en remettre à ce qu'on leur indiquait, au rythme qui leur était imposé. « Son but était d'ôter aux travailleurs la possibilité de déterminer eux-mêmes les procédés et le rythme de leur travail, et de remettre entre les mains de la direction le choix des mouvements à exécuter au cours de la production. Tel était l'esprit de ses recherches » (*La Condition ouvrière*, p. 313). Plus tard, le système de Ford ne fait que perfectionner cette méthode, pour aboutir « à ôter à l'ouvrier le choix de sa méthode et l'intelligence de son travail » (*La Condition ouvrière*, p. 316). Notre philosophe en conclut la nécessité d'une réflexion sur un « compromis », un « moyen terme » entre les revendications des capitalistes et celles des anarchistes. Les hommes qui entrent à l'usine ne doivent pas en sortir « diminués physiquement ni moralement ». Voilà le problème qui reste à résoudre, « trouver une méthode d'organisation du travail qui soit acceptable à la fois pour la production, pour le travail et pour la consommation ». C'est un problème qui est loin d'être résolu dans la mesure où il n'a même pas été posé, ce qui signifie que si les ouvriers s'approprient les usines, ils ne pourront même pas mettre en place une autre organisation du travail que celle qui a lieu actuellement car ils n'ont pas résolu, ni même abordé le problème principal. S'interroger, se remettre en question permet de réagir et de mieux faire. Il faut donc *a minima* amorcer les réflexions qui s'imposent.

Enfin, favoriser le questionnement sur le travail, donner des explications, permet d'intégrer la maîtrise de ses mécanismes et de saisir les nécessités qui président au travail pour se les approprier et mieux les accepter. On sera ainsi moins soumis à la frustration professionnelle, ceux qui agissent comprenant davantage les règles imposées par ceux qui décident. Virgile s'adresse au paysan, en le tutoyant comme un intime, et s'il lui donne des directives, à l'impératif, au futur ou en posant des questions fictives que le paysan lui adresserait, ce qui lui permet de répondre, il a à cœur de lui faire comprendre profondément pourquoi il convient de respecter ces obligations. Il guide une réflexion poussée sur le travail à accomplir, en faisant en sorte que le paysan intègre les règles. « C'est maintenant le lieu de parler des qualités des terrains, de dire quelle est la force, la couleur propre à chacun d'eux et quelle influence a leur nature sur les productions. [...] Si tu as plutôt le goût [...], gagne les défilés boisés [...]. En nulle autre plaine tu ne verras plus de [...] » (*Les Géorgiques*, p. 120-121). « Tu reconnaîtras, en le cultivant, qu'il est accommodant au petit bétail », « Maintenant, je dirai en quelle façon tu pourras reconnaître chaque terrain. Veux-tu savoir si [...] ou si [...]. Tu choisiras d'abord [...]. Attends-toi à [...]. Sa saveur te servira d'indice infaillible [...] (*Les Géorgiques*, p. 122) ». « Ces observations faites, souviens-toi longtemps », « Vaut-il mieux planter la vigne sur des collines ou dans une plaine ? C'est ce que tu dois d'abord examiner [...] », « Si tu établis ton champ [...]. Si, au contraire, tu choisis [...] » (p. 123). « Peut-être veux-tu savoir [...] ? », « Que tes vignobles ne soient pas [...], ne plante pas [...], ne tire pas [...], ne blesse pas [...], ne greffe pas [...] » (p. 124). Le poète justifie tout, explique pourquoi il donne tel ou tel conseil (« car », p. 126), établit une chronologie des actions à mener : « Une fois les boutures plantées, il reste à [...] ; puis à disposer [...]. Et tant que ce premier âge grandit en ses nouveaux feuillages, il faut [...] et alors même que [...], il ne faut point » (*Les Géorgiques*, p. 126). Le paysan doit apprendre des remarques du poète, et y adapter sa pratique en en ayant intégré la nécessité. Il n'obéit pas mécaniquement, il saisit la nécessité des actions à mettre en place à tel ou tel moment, à tel ou tel endroit, ce qui lui permet de diriger intelligemment son travail. Dans sa « lettre à Victor Bernard » du 3 mars 1936, Simone Weil reprend cette idée qu'on vit mieux la subordination au travail lorsqu'on en comprend la nécessité : il faut expliquer le « mécanisme des nécessités ». Ainsi l'ouvrier se sent compris, et on peut améliorer les choses. Ce processus peut même constituer un « stimulant intellectuel » pour les ouvriers. Pour toucher ces hommes humiliés, il faut faire appel au « sentiment même qu'ils ont de cet asservissement », ce qui permettra qu'ils aient envie de s'instruire (ce qui est le cas de personnes qui veulent monter en grade, ou de personnes révoltées). Il faut partir du constat que si les ouvriers sont ignorants, cela nuit à une « organisation plus humaine », et on parviendra à susciter l'envie de s'instruire, par le biais d' « articles de vulgarisation ». C'est ce à quoi elle est en train de réfléchir (« Lettre à Victor Bernard » du 3 mars 1936, p. 224-225). Selon notre philosophe, après la grève, les ouvriers n'auront pas le choix, il faudra qu'ils prennent des responsabilités au sein des usines, car ils ne peuvent pas imposer leur force sans assumer ces tâches. Il est donc obligatoire de leur expliquer le fonctionnement de l'entreprise, de mettre à leur disposition des moyens en créant des cercles d'études, en organisant des conférences, des visites de l'usine accompagnées d'explications techniques, pour qu'ils comprennent mieux. Cette vulgarisation du fonctionnement de l'usine permettra que tous puissent réfléchir en ayant toutes les cartes en main. L'amélioration des conditions de travail des ouvriers au sein des ateliers ne peut en effet se faire sans leur collaboration intellectuelle, d'où une obligation de pouvoir raisonner pour prendre conscience de la nécessité des ordres auxquels ils sont soumis. Il s'agit de « permettre aux ouvriers, et plus particulièrement aux délégués ouvriers, de comprendre ce qu'est l'organisation et la gestion d'une entreprise industrielle ». « Les subordonnés ne doivent pas se sentir livrés corps et âme à une domination arbitraire et à cet effet, ils doivent [...] pouvoir se rendre compte dans quelle mesure les ordres correspondent à une nécessité » (« Lettres à Auguste Detœuf », vendredi 19 juin 1936, p. 289-290). Pour éviter cette impression d'exclusion de la compréhension des enjeux du travail, liée au « sentiment d'infériorité intellectuelle » des ouvriers (*La Condition ouvrière*, p. 429), l'école doit se montrer plus active afin de « former des hommes capables de comprendre l'ensemble du travail auquel ils ont part » (*La Condition ouvrière*, p. 350). Dans la pièce de Michel Vinaver, Olivier reproche à Dutôt de ne pas en savoir assez : « Il n'y a pas un an que vous êtes entré chez nous Dutôt et vous avez encore certaines choses à apprendre l'emploi des hommes par exemple » (*Par-dessus bord*, p. 276). On voit ici s'opposer deux visions du travail en entreprise : les jeunes loups, rompus aux techniques commerciales « à l'américaine », qui ne parlent que du produit et appliquent mécaniquement des tactiques, s'opposent à Olivier qui est du côté de l'humain, et parle des hommes, qu'il connaît par leur nom par exemple. Des deux côtés, on revendique un savoir, une réflexion (sur le produit, et sur le management), mais selon Olivier, la gestion des ressources humaines nécessite un apprentissage qui demande du temps. Pour Jenny et Jack, il faut revenir à l'utilité première du produit vendu par Ravoire et Dehaze, même si cela peut paraître trivial. Ils entreprennent dans le quatrième mouvement une séance de brainstorming à partir de la question « qu'est-ce que le cul ? », qui entraîne des réponses d'abord polies des employés, qualifiés de « guindés » et de « conventionnels » (*Par-dessus bord*, p. 333). La conversation s'achève sur un *ersatz* de séance de psychanalyse qui suscite l'incrédulité des participants : le chef de service étude de marché trouve cette conversation absurde, et conclut sur l'inutilité d'un tel questionnement : « Mais enfin c'est d'une stupidité qui commence à me sortir par les trous de nez » (*Par-dessus bord*, p. 337). Benoît trouve leur méthode consternante : « Je ne vois pas trop où cela mène » (p. 338). Les deux consultants en arrivent cependant à la conclusion qu'il fallait s'interroger sur l'utilité basique du produit, qui n'est pas un produit comme les autres, puisqu'il répond à « un plaisir interdit ». Ils partent de ce constat pour construire leur futur produit : « Un immense réservoir érotique existe au fond de chacun il suffit d'ouvrir la vanne » (*Par-dessus bord*, p. 340). On peut en conclure que toute interrogation, même si elle semble stupide initialement, peut mener à une amélioration du travail et du produit conçu, à partir du moment où ceux qui y participent comprennent que cela répond à une nécessité, aussi triviale soit-elle. Raisonner en travaillant, c'est comprendre et assimiler les nécessités de ce à quoi on est soumis, les faire siennes pour moins les subir, et participer davantage à son travail.

Les travailleurs intellectualisent donc spontanément et doivent intellectualiser leur rapport au travail, pour améliorer les composantes de ce dernier, et en intégrer les règles adaptées. Ils ne peuvent ni ne doivent « travaill[er] sans raisonner », comme le suggérait Martin.

Enfin, l'absence de réflexion liée à notre tâche est-elle si profitable que l'affirme Martin. N'est-il pas au contraire nécessaire de penser notre travail pour s'y épanouir ? On pourrait alors peut-être, plus que rendre notre vie supportable, trouver une forme de bonheur dans le travail. Examiner notre condition de travailleur est donc nécessaire, et peut nous permettre d'obtenir davantage que de rendre simplement notre vie acceptable : s'y épanouir en y trouvant un sens.

Premièrement, réfléchir sur son travail engage à une catharsis permettant de formuler l'éventuelle souffrance qui y est liée et de s'en libérer. Dans le premier mouvement de la pièce de Michel Vinaver, Passemar raconte lors de la rapide présentation qu'il fait de lui-même, qu'il a remplacé chez Ravoire et Dehaze « un chef de section au service facturation qui s'était suicidé sans raison apparente » : à force de ne pas s'interroger sur des conditions de travail désastreuses, on finit par se supprimer sans rien expliquer, sans rien s'expliquer, alors que la formulation des choses aurait peut-être pu les améliorer. L'appel de Simone Weil aux ouvriers de Rosières, appel à réfléchir à leurs conditions de travail, s'adresse justement à ceux qui veulent penser leur travail, ce qui peut aider d'après notre philosophe à formuler un sentiment, donc à opérer cette forme de catharsis dont nous parlons. Elle leur propose ce sujet de réflexion : « ce que c'est pour vous que votre travail ». Cela leur permettra de sortir de l'impression lourde d'être « une simple machine à produire », de s'extraire de ce cercle production-rémunération sans ressenti et, en lui rendant service et en accédant à sa demande, de se faire du bien à soi-même et de faire du bien aux autres, ceux qui ressentent les mêmes choses mais ne parviennent pas à les formuler clairement. Cela créerait une forme d'empathie entre les ouvriers souffrants : « Vous vous comprendrez mieux les uns les autres, la camaraderie ne pourra qu'y gagner et ce sera déjà un grand bien » (« Appel aux ouvriers de Rosières », p. 207 et 209). Il faut, selon elle, connaître le mal dont on souffre pour pouvoir le soigner, d'où la nécessité de cerner la souffrance éprouvée au travail en y réfléchissant : « Comment abolir un mal sans avoir aperçu clairement en quoi il consiste ? » (*La Condition ouvrière*, p. 329). Les ouvriers ont du mal à identifier et à formuler leur malheur, à analyser les circonstances de leur douleur. Or, « pour les changer, il faut d'abord les connaître. Rien n'est plus difficile à connaître que le malheur ; il est toujours un mystère ». Il faut donc réfléchir aux difficultés rencontrées dans le travail pour espérer en venir à bout, les formuler pour résoudre le problème (*La Condition ouvrière*, p. 341). Réfléchir sur son travail permet alors de s'« éprouver soi-même », d'opérer une forme de métamorphose de l'être : « J'en suis sortie bien différente de ce que j'étais quand j'y suis entrée – physiquement épuisée, mais moralement endurcie » (« Trois lettres à Albertine Thévenon », p. 56). Quant à Virgile, il formule la peine du laboureur « tout triste », qui voit son taureau s'affaisser, poussant « de suprêmes gémissements ». Il compatit à la douleur de l'autre bœuf, « affligé de la mort de son frère ». Il souligne leur vie de dur labeur, duquel ils ne sont pas récompensés : « Que leur servent leur labeur et leurs bienfaits ? que leur sert d'avoir retourné avec le soc de lourdes terres ? » (*Les Géorgiques*, p. 151). Sa réflexion sur la pénibilité du travail peut paraître un soutien et une reconnaissance pour tous ces hommes et ces bêtes qui se donnent et disparaissent dans l'indifférence. Par conséquent, s'interroger sur son travail et la souffrance qu'il suscite permet de formuler sa douleur et de s'en décharger.

Deuxièmement, une nécessité s'impose, celle de reconnaître une capacité de penser à tous pour éviter la création de hiérarchies délétères. Se résoudre à renoncer à penser pour ne pas souffrir des conclusions auxquelles on aboutirait, c'est souscrire à une division du travail entre les manuels, condamnés à exécuter sans comprendre, et les intellectuels, ceux qui peuvent voire doivent réfléchir. Cela signifierait que seule la seconde catégorie a des capacités cérébrales, est capable de percevoir une tâche dans son ensemble. La première catégorie se sentirait diminuée et le travail d'ensemble s'en ressentirait par le manque d'implication de celui qu'on condamne à ne pas penser, le réduisant à n'être rien. Pour Virgile, la réflexion de l'homme lorsqu'il travaille correspond à l'élucidation des indices que les dieux ont laissés pour aider les travailleurs : « Et pour que nous puissions connaître à des signes certains les chaleurs, et les pluies, et les vents précurseurs du froid, le Père lui-même a déterminé ce qu'annonceraient les phases de la lune, quel signe marquerait la chute des autans, quels indices souvent répétés engageraient les cultivateurs à tenir leurs troupeaux plus près des étables » (*Les Géorgiques,* p. 107). En interprétant bien les signes divins laissés dans la nature, aucun paysan ne peut se laisser surprendre par la pluie « à l'improviste ». Et « à des signes non moins certains », on peut « prévoir et reconnaître le retour du soleil » (*Les Géorgiques,* p. 109). Il faut donc une collaboration entre les dieux et les paysans, fondée sur une connivence, un déchiffrage des signes. Lorsque Virgile, à la fin de notre œuvre, raconte « la mémorable découverte du maître d'Arcadie », Aristée, et veut « expliquer comment le sang corrompu de jeunes taureaux immolés a souvent produit des abeilles », il demande aux Muses « quel dieu nous a révélé cet art », et l'on apprend que c'est un devin de Neptune, Protée, qui a dévoilé au berger « la cause de la maladie » et lui a donné « une fin favorable », « car il sait tout » (*Les Géorgiques,* p. 167). Protée a expliqué à Aristée qu'il devait payer pour ce qui est arrivé à Orphée (lequel a perdu Eurydice en le fuyant), et Cyrène a expliqué à son fils Aristée comment implorer les Nymphes en sacrifiant des taureaux. Aristée a exécuté « les prescriptions de sa mère » (*Les Géorgiques,* p. 172), et d'autres hommes, à sa suite, ont fait de même. Les techniques adoptées dans le travail sont donc le résultat d'une collaboration entre les hommes et les dieux qui les instruisent. Simone Weil affirme quant à elle que certains travaux sont connus pour nécessiter une réflexion, des qualités intellectuelles : le travail de chaudronnier est décrit comme un « travail très qualifié où il faut savoir calculer, lire des dessins très compliqués, appliquer des notions de géométrie descriptive » (« Trois lettres à Albertine Thévenon », p. 58). Cette réflexion doit selon elle être élargie à tous, pour éviter les cassures sociales. Si elle établit elle-même une forme de hiérarchie lorsqu'elle émet l'idée que certains ouvriers sont « mentalement arriérés » au point de se borner à répéter « une combinaison de cinq ou six gestes simples toujours identique à elle-même », elle ajoute cependant ce n'est pas la majorité, et que si ce type de tâches dépourvues de réflexion demeure, « il y aura toujours au cœur de la vie sociale un prolétariat avili et haineux ». Il faut donc autoriser tous les travailleurs à réfléchir dans le cadre du travail afin de ne pas créer une hiérarchie délétère qui nuirait au travail lui-même (*La Condition ouvrière,* p. 346). Or, cette hiérarchie existe malheureusement, et s'applique notamment entre les hommes et les femmes : dans sa lettre à Simone Gibert, Simone Weil note la différence entre le travail masculin et le travail féminin : à la femme, on assigne des tâches mécaniques, où seule la vitesse compte, et où la pensée est bannie, car « penser, c'est aller moins vite ». Si elle-même arrive mal à réaliser les normes de vitesse, c'est entre autres, justement en raison d'« une manie de penser dont [elle] n'arrive pas à [s]e débarrasser » (« Lettre à Simone Gibert », p. 67). Le travail à la chaîne ôte à l'ouvrier tout « mobile élevé » (p. 338) pour le remplacer par des objectifs médiocres : « la crainte des réprimandes et du renvoi, le désir avide d'accumuler des sous, et, dans une certaine mesure, le goût des records de vitesse. Tout concourt pour rappeler ces mobiles à la pensée et les transformer en obsessions » (*La Condition ouvrière*, p. 338). Voilà à quoi se résume la réflexion des ouvriers dans ces conditions. Plus globalement, Simone Weil déplore qu'on nie l'intelligence et la conscience professionnelle du subordonné, ce qui fait que l'intelligence est toujours du côté du chef alors que l'ouvrier est dans une « soumission passive », « de sorte que le subordonné joue presque le rôle d'une chose maniée par l'intelligence d'autrui ». Il faut au contraire exiger aussi de l'intelligence et de la volonté, de la conscience, de la part du subordonné : on reconnaîtrait par là sa « valeur humaine » et un rapport de confiance mutuelle s'instaurerait entre chef et ouvrier (« Lettre à Victor Bernard » du mardi 30 mars 1936, p. 241). Dans sa « Conférence sur la rationalisation », Simone Weil explique que ce terme recouvre surtout un « perfectionnement de la production » envisagé du point de vue des bourgeois, qui s'intéressent à la production avant de s'intéresser à l'homme. Les ouvriers n'ont pas vraiment le temps de se pencher sur cette question du « régime le plus désirable », en raison de leurs « préoccupations immédiates, urgentes, quotidiennes » : ils n'ont pas le temps de réfléchir à ces grands problèmes. Une hiérarchie s'établit alors entre ceux qui peuvent réfléchir et ceux qui ne le peuvent pas, dont les intérêts seront donc occultés. Un pas doit alors être fait par tous pour qu'une implication commune dans l'entreprise s'ensuive : lorsqu'il répond aux lettres de Simone Weil, Auguste Detœuf insiste sur la nécessité de « comprendre [l]es patrons ». Les ouvriers doivent réfléchir aussi pour essayer de saisir la position des deux hommes que Simone Weil a croisés dans le train (*La Condition ouvrière*, p. 295)[1]. L'« appel aux ouvriers de Rosières » rappelle en effet qu'il est évidemment bon de faire réfléchir les chefs aux conditions de travail des ouvriers, mais que la réflexion doit aller dans les deux sens. Les chefs mettent beaucoup d'ingéniosité à la fabrication des produits. Ils pourraient aussi mettre leur « ingéniosité dans l'organisation de conditions de travail plus humaines » s'ils sont de bonne volonté et si les ouvriers s'expriment (*La Condition ouvrière*, p. 209). Dans cette optique, penser le travail serait possiblement instaurer un dialogue au cours duquel les ouvriers pourraient mieux comprendre les préoccupations des chefs pour que l'usine fonctionne bien, ce qui leur permettrait de ne pas avoir l'impression d'être brimés dans les ordres toujours plus stricts qui leur sont donnés. Par le partage de témoignages qu'elle propose, Simone Weil ouvre ainsi la perspective d'une évolution possible dans l'entreprise à partir de pas faits de chaque côté. Ouvriers et chefs iraient l'un vers l'autre. C'est un idéal dont on peut s'approcher avec de la bonne volonté (« Appel aux ouvriers de Rosières », p. 209-211). Chez Ravoire et Dehaze, on considère aussi initialement que certains sont plus aptes à réfléchir que d'autres, rabaissés. Madame Alvarez manifeste du mépris pour ceux qui ne réfléchissent pas, n'anticipent pas : « Et vous n'avez pas réagi ? » (*Par-dessus bord*, p. 252), « Évidemment ce n'est pas la peine de s'attendre chez les gens de l'usine à la moindre initiative » (*Par-dessus bord*, p. 253). Dans le deuxième mouvement, Olivier explique

1. Cela suppose qu'ils puissent réfléchir sans que la sérénité de leur réflexion soit ruinée par des données pittoresques parlant à l'imaginaire, des clichés réducteurs comme l'image proposée par Simone Weil du patron bedonnant (p. 295-296). Il faut donner à BIEN réfléchir sur le travail sans manipuler et en restant sur des faits objectifs.

que le travail du chef nécessite un savoir, « savoir faire évoluer ses hommes », et une remise en question : « s'interroger » sur son potentiel, ce qui est visiblement l'apanage du dirigeant. Dans le quatrième mouvement, Jack et Jenny, conseillers en marketing, vont faire évoluer les mentalités sur ce point, en associant tous les employés à la réflexion sur le nom du nouveau produit. Ils expliquent à Benoît « la puissance de cette méthode » : « Parce qu'un brainstorm/Ne peut pas rater » (*Par-dessus bord*, p. 352). S'interroger ensemble, c'est progresser et prévoir l'avenir. Ainsi Benoît affirme qu'il veut « que nous jetions un torrent d'idées sur le tapis projetons-nous à dix ans à vingt ans oui Grangier » (*Par-dessus bord*, p. 380). La pièce s'achève sur un « festin de mariage », symbolisant sans doute les accords trouvés entre les différents partis qui se sont opposés au fil de l'œuvre. Chacun a compris les obligations de l'autre et les dirigeants finissent par remercier les employés qui se sentent inclus dans la réussite commune. Même s'il « fallait au produit un maître d'œuvre » (il s'agit de Peyre), « Mousse et Bruyère est notre enfant à tous », affirme Benoît lors du discours final (*Par-dessus bord*, p. 409). Le produit phare est le fruit d'une réflexion commune, ce que Dutôt a anticipé : « Un général ne peut rien faire sans ses troupes alors merci à tous ». Peyre, le chef de produit, vante le résultat de cette collaboration : « Une expérience exaltante il y a quelques mois vous souvenez-vous ? Il a fallu le concevoir le nourrir le protéger maintenant il court rien ne pourra l'arrêter » (*Par-dessus bord*, p. 411). Monsieur Onde clôt la pièce sur la paix surprenante qui se met en place entre les Ases et les Vanes, peut-être symbolique de l'harmonie qui peut régner dans l'entreprise dans ces conditions : « les Ases et les Vanes font la paix une paix surprenante aussi harmonieuse que la guerre a été implacable là où aucun compromis ne paraissait possible d'un seul coup c'est l'entente et même davantage » (*Par-dessus bord*, p. 418). C'est cette nécessité du dialogue qui explique sans doute que Simone Weill déplore le fait que les ouvriers qui discutent pendant le travail s'exposent à une amende (« Lettre à Victor Bernard » du 16 mars 1936, p. 235). Il faut au contraire favoriser une réflexion conjointe dans le travail. Ainsi, tous les travailleurs doivent être supposés en capacité de penser leur travail, ce qui permet de favoriser les rapports interindividuels dans les groupes et de faire progresser l'ensemble de la production.

Par conséquent, permettre à chacun de réfléchir sur son activité professionnelle, lui donner un sens, c'est favoriser la fierté et le bonheur de tous au sein des groupes de travail, ce qui va bien au-delà du projet médiocre de Martin. Pour Virgile, le raisonnement dans le travail répond à un désir divin de mener l'homme à se surpasser, consécutif à la punition de Prométhée par Jupiter. Il refusait que « son empire s'engourdît dans une triste indolence ». Avant, « la terre produisait tout d'elle-même, librement, sans contrainte ». L'objectif de Jupiter était de pousser les hommes à chercher les meilleurs outils pour chaque tâche : « Son but était, en exerçant le besoin, de créer peu à peu les différents arts ». L'homme créa ainsi les outils pour travailler la terre : « Alors on connaît le durcissement du fer et la lame de la scie aiguë (car les premiers hommes fendaient le bois avec des coins) ; alors vinrent les différents arts. Tous les obstacles furent vaincus par un travail acharné et par le besoin pressant en de dures circonstances » (*Les Géorgiques*, p. 101). Sans réflexion, et sans accomplir les bons gestes au bon moment, « tu en seras réduit à contempler le gros tas d'autrui et à secouer, pour soulager ta peine, le chêne dans les forêts ». La peine du travailleur s'estompe donc lorsqu'il réfléchit à des outils adéquats. Et même, il éprouve une forme de plaisir à connaître des techniques, ce que le poète exprime par l'emploi d'une litote qui suggère que le lecteur a envie d'en savoir plus : « Je puis te rappeler une foule de préceptes des anciens, si tu n'y répugnes pas et ne dédaignes pas de connaître de menus détails » (*Les Géorgiques,* p. 102). Le poète lui-même valorise son propre travail : il a su moderniser les sujets poétiques et sera récompensé par la renommée. Il en éprouve d'avance une certaine fierté. « Les autres sujets de poèmes qui auraient charmé les esprits oisifs sont maintenant trop connus. [...] Il me faut tenter une route où je puisse moi aussi m'élancer loin de la terre et voir mon nom vainqueur voler de bouche en bouche. C'est moi qui le premier, si ma vie est assez longue, ferai descendre les Muses du sommet Aonien pour les conduire avec moi dans ma patrie » (*Les Géorgiques,* p. 135). Il note qu'il fournit un lourd travail de documentation et d'explication dans son œuvre, demandant d'ailleurs de l'assistance : « Et toi viens à mon aide et parcours avec moi la carrière commencée ô ma gloire, ô toi à qui je dois la plus grand part de ma renommée, Mécène » (*Les Géorgiques,* p. 116). La réflexion est nécessaire pour mener à bien son travail d'écriture. La typologie des arbres qu'il commence ensuite prouve une longue étude de ces derniers, qu'il distingue, pour expliquer quel traitement est approprié à chacun : « Il n'est pas qu'une manière de greffe en fente ou en écusson » (*Les Géorgiques,* p. 117), « toute terre ne peut porter toute espèce de plantes [...] chaque arbre a sa patrie » (p. 118). S'il note qu'il « est impossible d'énumérer toutes les espèces de vins et les noms qu'ils portent », et que « cette énumération d'ailleurs importe peu » (cela reviendrait à compter « combien de grains de sable le Zéphyr soulève dans la plaine de Libye »), il se livre néanmoins à de nombreuses listes, ce qu'on peut apparenter à une volonté d'exhaustivité montrant un travail extraordinaire sur les différentes espèces et les différentes sortes d'éléments naturels. Fier du fond de son œuvre, Virgile l'est aussi de sa forme. Il glorifie son propre travail stylistique : « Je ne me dissimule pas en mon for intérieur combien il est difficile de vaincre mon sujet par le style et de donner du lustre à des minces objets. Mais un doux amour m'entraîne le long des pentes désertes du Parnasse ; il me plaît d'aller par ces cimes, où nulle roue avant moi n'a jamais laissé de traces sur la douce déclivité de Castalie. C'est maintenant, vénérable Palès, maintenant qu'il faut chanter d'une voix forte ». Conscience et recherche de la nouveauté : c'est un travail que personne avant lui n'a fait et cela le rend heureux (*Les Géorgiques,* p. 144). On peut donc être réjoui d'un travail réfléchi et inventif, qui nous mène à la gloire. Virgile prend l'exemple d'un roi d'Athènes, Erichthon, qui le premier, « osa inventer les chars et y atteler quatre chevaux, et, se tenir, rapide vainqueur, sur des roues » (*Les Géorgiques,* p. 138). Les abeilles dont « on a dit qu'[elles] avaient une parcelle de la divine intelligence » (*Les Géorgiques,* p. 162), sont aussi un modèle de travail réfléchi et réparti, qui permet d'amasser des « trésors ». Leur succès est lié à leur prudence et à leur ingéniosité : « Elles ne s'éloignent pas trop de leurs demeures quand la pluie menace [...] ; souvent, elles emportent de petits cailloux, qui leur permettent de se maintenir en équilibre dans le vide des nuées » (*Les Géorgiques,* p. 161). « Prévoyant la venue de l'hiver, elles s'adonnent l'été au travail et mettent en commun les trésors amassés. Les unes, en effet, veillent à la subsistance, et, fidèles au pacte conclu, se démènent dans les champs ; les autres [...]. D'autres font sortir les adultes, espoir de la nation, d'autres épaississent le miel le plus pur et gonflent les alvéoles d'un limpide nectar. Il en est à qui le sort a dévolu de [...]. C'est un effervescent travail ». Ce travail acharné et réfléchi est source de bonheur et de gloire : « Elles aiment les fleurs et sont glorieuses de produire leur miel » (*Les Géorgiques,* p. 160). Simone Weil confirme que l'usine doit devenir « un lieu de joie » (*La Condition ouvrière,* p. 344), ce qui suppose simplement que l'ouvrier sache « clairement, chaque jour, chaque instant, quelle part ce qu'il est en train de faire a dans la fabrication de l'usine », qu'il puisse se représenter « quelles seront la place et la fonction de ce morceau de laiton dans une rame de métro ». « Il serait bon aussi que chaque ouvrier voie de temps à autre, achevée, la chose à la fabrication de laquelle il a eu une part, si minime soit-elle et qu'on lui fasse saisir quelle part exactement il y a prise ». L'appréhension d'un travail complet est donc très importante pour que le travailleur ait l'impression de participer à une tâche, attribuant alors un sens à son travail (*La Condition ouvrière,* p. 345). La projection dans le futur de l'accomplissement de la tâche doit permettre aussi un sentiment d'accomplissement de l'ouvrier : « Il faut que l'avenir s'ouvre devant l'ouvrier par une certaine possibilité de prévision, afin qu'il ait le sentiment d'avancer dans le temps, d'aller à chaque effort vers un certain achèvement ». Elle-même inclut son présent dans une direction qu'elle donne à sa vie, qu'elle veut « orienter d'un bout à l'autre par la volonté et le travail dans un sens déterminé » (*La Condition ouvrière,* p. 56). La réflexion qu'elle mène sur un travail qui n'est initialement pas le sien donne un sens à sa vie. Actuellement au contraire, quand il est à l'usine, chaque effort que fait l'ouvrier le mène uniquement vers la fin de sa journée et la sortie, et finalement, comme chaque jour il reproduit la même chose, vers la mort. Il faut « ouvrir un avenir aux ouvriers dans la représentation du travail futur » (*La Condition ouvrière,* p. 349). Penser le travail doit permettre à l'ouvrier d'envisager sa tâche positivement en intégrant la perception de l'avenir. Selon Simone Weil, la division du travail qui fait que l'ouvrier ne peut pas concevoir son travail comme abouti, interdit l' « élévation de la pensée (la faculté de comprendre et de former des idées générales) » chez l'ouvrier. Or, « ce qui abaisse l'intelligence dégrade tout l'homme » (« Lettre à Victor Bernard » du mardi 30 mars 1936, p. 237). Il faut donc permettre à l'ouvrier de comprendre la globalité de son travail, ce qui passe par la suppression de la division des tâches, afin qu'il puisse s'épanouir. Cela mènera finalement à tenter de concevoir « la meilleure condition du travail », selon laquelle « toute la société doit être constituée d'abord de telle manière que le travail ne tire pas vers en bas ceux qui l'exécutent. Il ne suffit pas de vouloir leur éviter des souffrances, il faudrait vouloir leur joie » (*La Condition ouvrière,* p. 434). Chez Michel Vinaver, Passemar raconte sa première visite chez M. Onde, et retranscrit son discours métaphorique sur l'existence du chercheur, de l'intellectuel à la recherche du sens dans l'obscurité, avec une confiance dans la connaissance. Un parallèle peut être fait avec l'entreprise qui peut être source de lumière, et élan vers le futur : « Ce sentiment de cheminement dans le noir avec peut-être une lueur falote intermittente [...] tout système mythologique signifie quelque chose aide la société qui le pratique à s'accepter à être fière de son passé confiante dans son présent et son avenir ». La connaissance contribue donc au bonheur du travailleur, lui permettant de conquérir une fierté par la conscience de soi, de ce à quoi il contribue, et de son évolution.

Intellectualiser le travail, c'est donc aller beaucoup plus loin que le piètre objectif fixé par notre citation initiale qui était de rendre l'existence « supportable ». En réfléchissant son travail, le travailleur évacue sa souffrance, et peut réussir à s'intégrer à une entreprise collective, qu'il maîtrise, et à la conception de laquelle il participe, parvenant ainsi à donner un sens à une existence qui devient heureuse.

Pour conclure, nous avons pu dans un premier temps expliquer la position du personnage qui s'exprime dans *Candide*, la meilleure solution pour celui qui croule sous le labeur étant de ne pas se poser de questions : ce questionnement se révèle vain et générateur de souffrances, ce qui mène *de facto* le travailleur à adopter des mécanismes auxquels il ne déroge pas. Cependant, il ne peut s'empêcher de penser son travail : ce processus est instinctif, et répond au désir humain de s'améliorer, tout en permettant d'intégrer des nécessités qui pèsent moins à partir du moment où on les comprend. Enfin, la posture de Martin est bel et bien celle d'un homme pessimiste, ayant pour seule ambition de tolérer sa vie, alors qu'un questionnement bien mené sur le travail peut mener beaucoup plus haut : cela permet de modérer la souffrance au travail par l'expression de ses maux, tout en évitant d'instaurer une cassure entre intellectuels et manuels dans les groupes professionnels, et même de donner un sens à son existence par un travail apportant fierté et bonheur. Loin de souscrire à l'injonction formulée par notre citation, nous conclurons qu'il FAUT raisonner en travaillant, ce qui permet de rendre la vie heureuse. Nous parviendrons alors au but qu'André Gide assigne au travail dans son *Journal 1889-1939* : « La première condition du bonheur est que l'homme puisse trouver joie au travail ».

Dissertation n° 2

par Romain Berry

Sujet

Arthur Rimbaud, au début de dans son poème en prose « L'Éclair », extrait d'*Une Saison en enfer* (1873), écrit : « Le travail humain ! c'est l'explosion qui éclaire mon abîme de temps en temps. » Dans quelle mesure cette citation éclaire-t-elle la lecture des trois œuvres au programme ?

Éditions utilisées

- *La Condition ouvrière,* Simone Weil, Folio essais n° 409, 1951, pages 51 à 76, 205 à 351, 389 à 397, 418 à 434.
- *Les Géorgiques,* Virgile, G.F. n° 128, traduction de Maurice Rat.
- *Par-dessus bord* (version hyper-brève), Michel Vinaver, *Théâtre complet II,* Actes Sud, 1969.

Dissertation rédigée

Le poète belge Émile Verhaeren décrit, dans son poème « La Recherche », extrait des *Villes tentaculaires,* paru en 1895, « la maison de la science au loin dardée » (vers 15) dans laquelle des besogneux sont contraints de travailler durement, « l'erreur plombant les fronts ; les bagnes/De la croyance où le savoir marchait au pas » (vers 21 et 22). Plongés dans les ténèbres et dans la lassitude tragique de leur existence, leurs « corps martyrisés » (vers 27), leurs « plaies/Criant la vérité, avec leur bouche en sang » (vers 28) font d'eux des monstres déformés par leur tâche, qui, pourtant, continuent à travailler « avec avidité,/Méthodiquement » (vers 39 et 40). Alors que tous cherchent, désireux « [de] lutte et de conquête autour de la matière » (vers 14), un seul trouve la vérité, et c'est comme une explosion. *Fiat lux* ! Les ténèbres se défont et « [la] blanche et nue et vierge découverte » (vers 59) inonde l'usine de sa lumière. Peut-être cet homme est-il parvenu à éclairer son destin car il était le plus « humble et attentif » (vers 54) ? Quoi qu'il en soit, le travail est ici loué dans la mesure où il éclaire l'homme et récompense des « efforts savants et ingénus » (vers 68). Arthur Rimbaud, au même siècle, quelques années avant, commence son poème en prose « L'Éclair », extrait d'*Une Saison en enfer* (1873) en montrant que le travail, malgré la dureté du labeur, est aussi en mesure d'illuminer les hommes. Ainsi, écrit-il : « **Le travail humain ! c'est l'explosion qui éclaire mon abîme de temps en temps.** » La citation repose sur une relative sincérité puisque le premier groupe « Le travail humain » est développé par une phrase simple qui prend la forme d'une définition, que confirme d'ailleurs l'anaphore grammaticale « c'est ». En utilisant une exclamation pour commencer son poème, le poète suggère un soulèvement intérieur dont la charge émotionnelle est à préciser. S'agit-il d'un soupir méditatif qui signifie que toute tentative de définition est une gageure tant l'idée de « travail humain » est complexe à circonscrire ou bien s'agit d'une marque d'enthousiasme qui, sur le mode lyrique, connote une sacralisation de la part du poète ? Cette ambivalence est intéressante car elle est filée dans la suite de la citation. En effet, l'antithèse entre le verbe « éclaire » et le nom « abîme » montre que la puissance lumineuse du travail donne un sens et une valeur à la vie humaine. Si on prend le parti de dire que la vie est un enfer, autrement dit, une immensité effrayante, dans laquelle l'homme en pleine déréliction ne parvient pas à se repérer, Rimbaud nous propose *a priori* une vision méliorative du travail qui soutient l'homme et l'aide à se repérer dans la mesure où il leur offre un cadre sécuritaire, presque rassurant. Si le mot « abîme » renvoie à la métaphore de l'enfer par laquelle Rimbaud peint son désarroi intérieur, il faut donc comprendre que la pensée du travail vient par moments « [éclairer] » sa nuit, c'est-à-dire qu'elle apporte une lueur d'espoir dans le marasme moral qui est celui du poète. Remarquons aussi que le caractère fugitif de cet espoir est indiqué de façon redondante par la locution adverbiale « de temps en temps », et par le terme « explosion » qui surenchérit sur le mot du titre (« L'Éclair ») pour suggérer l'idée d'une impulsion brutale mais momentanée. L'espoir qui réjouit (par moments) l'esprit du poète, c'est celui de contribuer à l'accroissement des connaissances, et par là même au bonheur de l'humanité. Il fait sien le credo moderne du « Progrès », comme il le dit dans la suite du poème, avec ce que cette idéologie peut avoir d'optimiste, exprimé à la strophe suivante par l'exclamation « "Rien n'est vanité ; à la science, et en avant !" » crie l'Ecclésiaste moderne ». À l'opposé de ce poncif métaphysique de *L'Ecclésiaste*, l'idéal scientifique moderne donne du sens à la vie humaine : tout effort vers le bien ou la vérité, toute connaissance nouvelle, toute avancée des sciences ou des techniques est un pas de plus dans la direction du progrès. Et c'est bien le travail humain qui le permet. Cependant, plus loin dans le poème, Rimbaud écrit : « Je connais le travail ; et la science est trop lente. ». Ici il considère que la science exige un effort trop important en proportion des satisfactions limitées qu'elle apporte. Elle impose une trop longue patience et ouvre une perspective de bonheur trop éloignée pour le poète en quête d'une ivresse des sens, d'une jouissance de l'instant. Sans doute même l'idée va-t-elle plus loin et faut-il comprendre, métaphysiquement, que la science est incapable d'apporter à l'homme l'éclair, la lumière de la vérité qu'il désire. Dès lors et à rebours, ne peut-on pas réanalyser le terme d'« explosion » central dans la citation et comprendre que, bien qu'il apporte subitement la lumière, le travail est aussi une « explosion » intérieure, qui détruit l'ouvrier autant sur le plan physique que sur le plan psychologique, ce qui créerait un puissant paradoxe dans les propos de Rimbaud qui rejoindrait la tension constante du poème entre l'effort de l'homme vers le bien et la vérité – quête rendue possible par « [le] travail humain » – et l'absence de récompense d'un tel effort après la mort. Le travail serait alors synonyme de déflagration pour celui qui s'y adonne avec générosité et naïveté. Ainsi, alors que Rimbaud loue le travail comme une « explosion » qui « éclaire » furtivement l'homme en le sortant de torpeur pour le mener sur le chemin de la vérité, n'est-il la cause d'une implosion de l'homme qui le jette au fond de « [l'] abîme » sans aucune échappatoire ? C'est pourquoi, il est intéressant d'envisager, dans un premier temps, le travail comme porteur de sens et vecteur de progrès. Il « éclaire » l'homme par sa visée didactique et sort ainsi l'homme de son « abîme » profond, ne serait-ce que « de temps en temps ». Toutefois, en rester là est réducteur car ce serait faire fi des ténèbres dans lesquelles le travailleur est plongé. En effet, plus que d'éclairer l'homme, plus que de lui permettre de jauger le chemin à parcourir pour voir la lumière au bout du tunnel, le travail l'aliène et contribue à creuser son « abîme », pour reprendre le terme utilisé par Rimbaud. Ainsi l'« explosion » de vérité que conçoit notre poète est à réenvisager dans une perspective moins laudative car si *explosion* il y a, elle est intérieure – nous pourrions parler d'*implosion* – pour celui qui travaille avec acharnement et qui vit dans la douleur d'avoir eu accès à la plénitude du travail un bref instant, le temps d'une *illumination* en somme. Pour répondre à ces problématiques, nous nous appuierons sur *La Condition ouvrière* de Simone Weil, recueil de textes hybrides (lettres, brouillons d'articles de presse, extraits de conférences) dans lequel la jeune professeure de philosophie qu'elle était à l'époque raconte son expérience de travail dans différentes usines afin de ressentir au plus près ce que subit la classe ouvrière, sur le traité d'agriculture des *Géorgiques* du poète latin Virgile, écrit en 37 avant Jésus-Christ, sous la volonté pressante de Mécène – lui-même poussé par Octave – de faire la propagande d'un retour à la terre en décrivant une nouvelle Arcadie, ainsi que sur la pièce de théâtre *Par-dessus bord* (version hyper-brève) de Michel Vinaver, écrite en 1969, dans laquelle le dramaturge et ancien PDG de Gillette passe au vitriol les relations entre les employés et les stratégies commerciales de l'entreprise Ravoire et Dehaze qui vend du papier toilette.

Certes, le travail « éclaire », même subrepticement, l'homme dans la mesure où il contribue à apporter « de temps en temps » de nouvelles connaissances qui réjouissent le travailleur et le sortent de son profond désarroi.

Le travail humain est, selon Rimbaud, porteur d'espoir, il est digne de louanges, comme l'atteste l'exclamation liminaire. C'est pourquoi le poète lui accorde une grande confiance, jusqu'à lui donner la force d'une « explosion », à le considérer comme un catalyseur qui change radicalement le cours de l'existence des hommes. Cet enthousiasme est celui loué par Virgile quand il appelle au travail et qu'il dit éprouver une grande satisfaction à voir l'agriculteur œuvrer. Il appelle les hommes à enchaîner les travaux agricoles : « Au travail donc, ô cultivateurs ! apprenez les procédés de cultures propres à chaque espèce ; adoucissez, en les cultivant, les fruits sauvages ; que vos terres ne restent pas en friche » (page 116). Plus encore, pour lui, « [il] y a un plaisir à planter Bacchus sur l'Ismare et à vêtir d'oliviers le grand Taburne » (page 116), signe que le travail est lié à l'enthousiasme et qu'il n'a rien d'asservissant. Au contraire, le poète le considère comme une source de satisfaction : l'agriculteur sera fier, grâce à son labeur, de défier les lois mortifères de la nature et d'en contrecarrer le tragique. En effet, si « c'est une loi du destin que tout périclite et aille rétrogradant » (page 103), le poète loue, à rebours, la main nécessaire du laboureur qui va s'occuper de la nature et lui redonner vie ; il ne sera donc pas « celui qui, à force de rames, pousse sa barque contre le courant, si par hasard ses bras se relâchent, l'esquif saisi par le courant l'entraîne à la dérive » (page 103). Au contraire même, le travail est loué dans sa fonction thérapeutique. Il répare ce que le temps abîme fatalement et dégrade, d'où l'éloge qu'en fait le poète en chantant les exploits des bergers, la beauté des jardins qui fleurissent deux fois par an, et, plus généralement encore, les légumes, les plantes et les fleurs. Cet enthousiasme est d'ailleurs inlassable, incessant, à tel point qu'une fois ce chant fini, Virgile en prévoit un autre qui pourrait exalter les forces vitales de la nature. Il en va de même dans *La Condition ouvrière*, quand Simone Weil écrit à son ancienne étudiante, Simone Gibert, lors de sa mise à pied à cause d'une immense fatigue et de maux de tête permanents alors qu'elle travaillait chez Alsthom. Elle profite de cette période de relatif calme pour dresser quelques conclusions, en reconnaissant notamment que l'expérience de la manutention en usine a radicalement changé sa vie. Elle explique d'ailleurs à son ancienne élève combien elle se sent entrer dans un monde de vérités, elle qui, en tant que philosophe, ne vivait qu'au milieu des concepts et des abstractions. Elle a l'impression de se « trouver parmi des hommes réels, bons ou mauvais, mais d'une bonté ou d'une méchanceté véritable » (page 68), signe que cette immersion au milieu des ouvriers a contribué à dessiller son regard sur la classe ouvrière et à éprouver, sur un temps donné, ce qu'éprouvent les travailleurs. Cet éloge de la vitalité du travail qui, bien que paradoxalement il se nourrisse d'une forme d'aliénation chez Weil, se retrouve aussi dans la pièce de Michel Vinaver. Les deux conseillers en *marketing* que sont Jenny Frankfurter et Jack Donohue proposent un *brainstorming* afin de lancer une nouvelle campagne publicitaire pour dynamiser les ventes de papier toilette. Tous deux incitent les employés de chez Ravoire et Dehaze à être créatifs, c'est une occasion pour eux de louer la fulgurance de leurs pensées. À la simple question « qu'est-ce que c'est le cul ? » (quatrième mouvement) répond une scène loufoque et drôle, saturée de doubles sens scatologiques et de grossièretés. Les employés n'osent pas répondre ou alors de façon polie en accumulant les périphrases (« le derrière », « le postérieur de l'individu »), ce que leur reproche Jenny et Jack qui attendent des réponses plus fantaisistes, surréalistes ou poétiques. Ils les poussent – et Vinaver s'en moque bien évidemment – à trouver des métaphores héroïcomiques (« [une] voie d'évacuation », « un trou », « une grotte », « une bouche à l'envers », « une fente dans le corps », « une fissure », « une chose molle et ombreuse ») en réinvestissant avec comique les sèmes de l'ombre et de l'enfermement. Même Passemar participe et propose, non sans un excès de poésie, que les fesses sont « [une] vallée dans l'ombre entre deux collines ensoleillées », de laquelle on extrait « une houille molle » voire possiblement « de l'or noir ». Ainsi, le travail est-il porteur d'espoir dans la mesure où il suppose de menues « [explosions] », qui résultent d'une pensée en pleine élaboration, d'une interrogation à la volée pour faire accoucher les employés d'une pensée nouvelle qui dépoussière les clichés sur le papier WC ici ou bien, plus généralement, sur tout autre produit. En le poussant à être encore plus créatif, le travail change donc la vie d'un homme à l'image du PDG Benoît Dehaze qui appelle Cohen sur l'estrade, au sixième mouvement de la pièce, en disant qu'il « devrait être une inspiration pour tous », tant son dévouement est louable après vingt-deux années passées en tant chef de la comptabilité et après trente-six dans la maison. Le travail donne sens à la vie des hommes puisqu'il « éclaire » une voie à suivre et dissipe du même coup ses ténèbres.

Dans un quotidien marqué par la morosité et l'ennui, le travail « éclaire » en ce qu'il apporte de nouvelles connaissances et qu'il participe à élever l'ouvrier, à lui donner des lumières qui lui permettront de mieux appréhender le monde. En somme, il l'aide à sortir du gouffre dans lequel il est prisonnier. C'est une des thèses de Simone Weil qui déclare que le travail éclaire parce qu'il délivre des vérités tous les jours à tous les employés. Elle précise que même les machines contiennent « des vérités surnaturelles » (page 427) qui doivent éclairer le bon travailleur qui se donne de la peine pour les voir. D'ailleurs, la fin de l'œuvre se résume à un appel à la rédemption dans la beauté, puisque le travail aiguise notre attention, nous pousse à voir la vérité dans toute chose, dans toute tâche, aussi ingrate soit-elle. Certes, avant l'usine, l'école exerce déjà l'attention, mais « elle peut préparer l'apparition dans l'âme d'une autre attention, celle qui est la plus haute, l'attention intuitive » (page 430), celle qui fait pressentir le beau à l'homme : « L'attention intuitive dans sa pureté est l'unique source de l'art parfaitement beau, des découvertes scientifiques vraiment lumineuses et neuves, de la philosophie qui va vraiment vers la sagesse, de l'amour du prochain vraiment secourable ; et c'est elle qui, tournée directement vers Dieu, constitue la vraie prière. » (page 430) Ainsi faut-il exclure l'arbitraire humain du travail, refuser de se laisser subordonner car « [toutes] les fois que la voix qui commande se fait entendre alors qu'un arrangement praticable pourrait y substituer le silence, c'est un mal. » (page 433). Le pire attentat est celui contre l'attention des travailleurs, celui qui consiste à laisser l'homme dans le noir, à faire en sorte que le travail ne soit plus un support éclairant de la vérité du monde. Ce travail-ci « tue dans l'âme la faculté qui y constitue la racine même de toute vocation surnaturelle. » (page 433), à l'image du taylorisme, travail à la chaîne qui « ne peut pas être transfiguré » (page 433) et qui « vide l'âme de tout ce qui n'est pas le souci de la vitesse » (page 433). D'ailleurs, la philosophe finit, elle aussi, par reprendre l'image du gouffre en concluant que « toute la société doit être constituée d'abord de telle manière que le travail ne tire pas vers en bas ceux qui l'exécutent » (page 434). Elle pense même que les ouvriers doivent se cultiver et connaître les nécessités auxquelles la vie d'usine est soumise. Ainsi, « ils perdraient le sentiment d'être soumis à des ordres arbitraires, et les souffrances inévitables deviendraient peut-être moins amères à supporter » (page 211), « car pour faire passer les hommes d'une subordination totale à un degré quelconque de coopération, il faut bien, il me semble, commencer par leur faire relever la tête. » (page 232). Weil suggère donc que le travail doit conduire l'homme vers la connaissance et le sortir de l'ignorance. C'est, d'ailleurs, en ces termes qu'elle décrit son travail d'écriture quand, à la fin de sa lettre à Boris Souvarine, elle dit qu'elle est mue par le « désir de connaître et de comprendre » (page 76) ce que vivent les ouvriers. Ce tropisme vers la lumière est celui de Monsieur Onde dans *Par-dessus bord* puisque le professeur du Collège de France avoue suivre la lumière pour éclairer sa vie et apporter ses connaissances érudites en mythologie scandinave à ses étudiants, à tel point que Passemar aussi se sent baigné de lumière à l'écoute des leçons d'Onde : « Quand je vous écoute toutes sortes de choses se relient cela irradie » (troisième mouvement). L'universitaire avait remarqué que, durant sa jeunesse, il était un étudiant brillant, il lui « [faisait] mal aux yeux » (troisième mouvement) tant il était lumineux, si bien qu'Onde osa l'aborder à la fin du cours. Parce qu'il est un homme par le soleil et dont le travail intellectuel mène à la connaissance, son travail d'universitaire consiste à chercher du sens et à le donner en partage au reste de l'humanité. C'est pour cette raison qu'il est convaincu que « tout système mythologique signifie quelque chose aide la société qui le pratique à s'accepter à être fière de son passé confiante dans son présent et son avenir » (page 296). Cette apologie du progrès est aussi au centre des *Géorgiques*, dans lesquelles, paradoxalement, le poète fait du retour à la terre un vecteur de connaissance. En effet, en s'adonnant à un travail humble qui nécessite comme seule disposition d'observer la nature et des astres, le travailleur lit les signes que lui envoient les dieux, il apprend à faire face aux imprévus et aux situations incroyables. Ainsi, quand les vents se lèvent, l'eau frappe les rivages, le héron se lève et quitte les marais. Quand le vent menace, les étoiles glissent et laissent des traînées de flammes blanchissantes car « [jamais] pluie n'a surpris les gens à l'improviste : en la voyant surgir dans le fond des vallées, les grues ont fui dans les airs ; ou la génisse, les yeux levés vers le ciel a humé les brises de ses larges naseaux ; ou l'hirondelle, avec des cris aigus, a voltigé autour des lacs ; et les grenouilles, dans leur vase, ont chanté leur antique complainte » (page 108), signe que l'agriculteur attentif saura interpréter pour organiser ses cultures quand les conditions seront les plus favorables. Plus encore, le laboureur découvrira de nouveaux besoins au fur et à mesure de ses travaux, ce qui le poussera à perfectionner son utilisation des outils, à devenir presque un alchimiste : « son but était, en exerçant le besoin, de créer peu à peu les différents arts, de faire chercher dans les sillons l'herbe du blé et jaillir du sein du caillou le feu qu'il recèle » (page 101). Arrivent en somme les outils pour travailler la terre que ce soit « le durcissement du fer » (page 101) ou bien « la lame de la scie aiguë (car les premiers hommes fendaient le bois avec des coins) » (page 101). « Tous les obstacles furent vaincus par un travail acharné et par le besoin pressant en de dures circonstances » (page 101), conclut le poète, signe que le travail a poussé l'homme à être ingénieux, à dissiper son ignorance, à l'éclairer, en somme.

Mais, comme le souligne Rimbaud dans la citation, cette lueur d'espoir est fugitive. Elle survient sans que le travailleur s'y attende, elle nécessite donc patience, prudence et persévérance s'il veut la saisir. Simone Weil décrit les rares moments de bonheur, de réjouissance ou de connaissance sur le mode de l'éphémère, elle parle d'un « éclair de l'intelligence » (page 68), trop rare au milieu des machines qui grondent mais qui, malgré tout, l'attirent et l'intéressent. Vinaver, quant à lui, oppose le travail long et fastidieux de l'intellectuel aux pensées effusives des jeunes cadres d'entreprise qui se perdent lors des *brainstormings*. C'est pourquoi la vérité d'un savoir pur ne peut être le fruit que d'une activité sérieuse qui nécessite de l'attention et une forme de disposition de l'être prêt à l'accueillir. Dans cette optique, Monsieur Onde se décrit d'ailleurs comme « une taupe creusant ses galeries sans presque jamais faire surface » (troisième mouvement), à l'affût d'« une lueur falote intermittente » (troisième mouvement), peut-être même perdu « [dans] l'immensité de [son] champ de recherche » (troisième mouvement). C'est pourquoi il accepte ce « cheminement dans le noir » (troisième mouvement) avec toujours le même optimisme, à la recherche d'une étincelle qui « ne s'est jamais laissé entièrement souffler » (troisième mouvement). Son travail demande donc une vigilance permanente afin qu'il ne rate pas les brefs instants durant lesquels la vérité du monde pourrait se donner à lui. Virgile, lui aussi, fait la promotion de l'agriculteur persévérant en l'opposant au travailleur impatient qui « rompt en sens inverse des mottes qu'il a soulevées en creusant le sillon, qui tourmente la terre sans répit et commande aux guérets » (page 100). Quand le travailleur ne cède pas et se montre toujours soucieux de son travail, « [tous] les obstacles [sont] vaincus » (page 101), signe que le courage et l'attente du moment propice seront à coup sûr couronnés de succès : « Ce n'est pas en vain non plus que nous observons le coucher et le lever des astres et les diverses saisons qui se partagent également l'année » (page 104). Le poète met en garde le paysan : si l'on commence trop tôt, « avant le coucher de Maia » (page 104), la récolte donnera des épis vides. Il ajoute même que, pour obtenir une bonne récolte, « [c']est au printemps qu'a lieu la semaille des fèves » (page 103), « quand la Balance aura rendu égales les heures du jour et celles du sommeil » (page 103), au contraire du froment ou de l'épeautre, pour lesquels il faut attendre « la disparition des Atlantides Aurorales » (page 104).

Rimbaud loue le travail humain comme un vecteur essentiel de connaissance qui lève le voile d'ignorance qui recouvrait les individus Il insiste même sur la puissance du travail en lui donnant une valeur profondément humaine en incitant le travailleur à être vigilant, à modérer ses désirs afin de capter cette étincelle de vérité qui éclairera sa vie.

Toutefois, plus que de mener vers la lumière de la connaissance et du bien, le travail vient très souvent obscurcir l'existence humaine et creuser l'« abîme » du travailleur. Lié à l'obsession, il n'est pas une « explosion » qui « éclaire » l'homme mais une succession de détonations monotones qui avilissent sa conscience et l'endorment.

En éclairant uniquement « de temps en temps » la vie de l'homme, le travail ne parvient pas à dissiper les torpeurs de l'ouvrier. Au contraire même, il lui rappelle la vanité de sa tâche voire son insignifiance sur terre. Même s'il évoque la bravoure du paysan zélé, Virgile met aussi en évidence son impuissance puisqu'il n'est et ne sera toujours qu'un jouet dans les mains des dieux qui, eux seuls, fixent son destin ou se jouent de ses travaux. Au début des *Géorgiques*, il s'adresse aux déesses de la fertilité que sont Cérès, les Faunes, les jeunes Dryades ainsi que les dieux Neptune et Pan, puis Minerve « créatrice de l'olivier », puis Silvain. Il conclut sur leur pouvoir : « vous tous, dieux et déesses, qui veillez avec soin sur nos guérets, qui nourrissez les plantes nouvelles nées sans aucune semence et qui du haut du ciel faites tomber sur les semailles une pluie abondante » (page 98). Plus loin, il évoque aussi la soumission des agriculteurs aux dieux qui font ce qu'ils veulent d'eux, à l'instar de Cérès qui surveille ceux qui travaillent bien et ceux qui sont paresseux ou bien de Jupiter qui déchaîne parfois des orages, ce qui provoque des frissons de terre. Alors « une consternation effroyable a abattu les cœurs des mortels » (page 107). Puisqu'il est soumis aux volontés des dieux, le poète invite le travailleur à rester modéré dans ses besoins ; il ne sert à rien de souhaiter le superflu s'il apporte contraintes et soumission à une instance supérieure. C'est aussi le constat que fait Simone Weil, dans *La Condition ouvrière*, quand elle dit que le travail est vain s'il est synonyme de consommation et de production. Elle explique que pour consommer, il faut produire et que pour produire, il faut travailler, d'où l'enfermement dans un cercle vicieux qui annihile la liberté de l'homme et contribue à son avilissement. Elle ajoute que « seul est nécessaire à produire ce qu'il est nécessaire de consommer » (page 391), reconnaissant que le travail, compte tenu de sa difficulté et des souffrances qu'il inflige, n'en vaut pas la chandelle. La production obtenue n'offre pas souvent de satisfaction même aux « privilégiés grands et petits » (page 391). Ainsi, la philosophe rejoint Virgile quand elle appelle à l'humilité et à la modestie des besoins, même si « [la] discrimination entre ces deux espèces de nécessité, la véritable et la fausse, n'est pas toujours aisée, mais il existe pour elle un critérium sûr » (page 392). Vinaver procède un peu différemment en évoquant non pas la vanité du travail qui pèse peu face à la volonté des cadres dirigeants mais la vanité du travailleur, souvent réifié ou déconsidéré dans une entreprise qui brise les velléités personnelles et broie la liberté de ses employés. Ce constat d'insignifiance est souligné par Passemar lors de la fête de l'entreprise. Ivre et donc désinhibé, il fait état de sa médiocrité et aussi de celle de l'entreprise, lui qui s'était déjà décrit comme un « cadre moyen » (premier mouvement) dans la scène qui précédait. Il révèle avec finesse aussi la caducité de la loi du plus fort et le caractère impitoyable de la concurrence dans l'entreprise si bien qu'il faille passer *par-dessus bord* ceux qui embarrassent, ralentissent la production ou ne répondent pas aux attentes du PDG. C'est pourquoi Passemar, bien qu'alcoolisé, « [aimerait] y voir plus clair » (premier mouvement) dans les stratégies choisies, comme si son travail dans la firme Ravoire et Dehaze ne lui apportait aucune lumière mais contribuait à lui renvoyer une forme d'insignifiance. Il n'est qu'un pion aux mains des puissants. Le travail, loin de dissiper les turpitudes de l'homme, les augmentent et fragilisent celui qui, paradoxalement, se débat contre des instances qui l'avilissent et qui est incapable d'agir : « Évidemment ce n'est pas la peine de s'attendre chez les gens de l'usine à la moindre initiative » (page 253).

Ainsi le travail creuse-t-il l'« abîme » et ne le dissipe pas, comme l'énonce Rimbaud. Il crée, au contraire, de nouvelles servitudes qui alourdissent chaque jour la vie de l'homme. En effet, la vie dans l'entreprise de Fernand Dehaze se résume à une accumulation de servitudes : il faut être flexible, avoir l'esprit de coopération, communiquer aisément, tout faux pas est puni par un *dieu caché* qui épie et ne pardonne aucune faute, à l'instar de Madame Alvarez qui reproche insidieusement à Passemar la rupture de stock de Super-Douceur. Il en va de même pour Fernand qui évoque au banquier Ausange toutes les servitudes auxquelles il doit faire face quand il évoque le possible rachat de l'entreprise par « des Américains plus gros [qu'eux] vingt ou trente fois plus gros [qui] ont débarqué et ceux-là plus ils sont gros plus ils ont faim » (premier mouvement). Ce motif de la menace, associé à celui de la dévoration, est aussi présent dans les paroles de Passemar qui évoquait « l'absorption de la moyenne entreprise » (premier mouvement) dans laquelle il travaille par celle de Ralph Young. Ainsi, en travaillant, l'homme est davantage rabaissé, condamné à subir d'autres servitudes, comme si le travail emprisonnait *tout le temps* plus qu'il éclaire « de temps en temps ». Le fil magique qu'Odin utile pour attraper le loup Fenrir dans la leçon de Monsieur Onde au Collège de France est peut-être une métaphore qui désigne le travail comme un instrument de servitude : il rend les hommes captifs et annihile leur liberté. C'est aussi ce que Weil souhaite noter et dénoncer par son témoignage. Car de la servitude aux contraintes du travail (vitesse, horaire, répétition) va dépendre celle aux chefs qui ont le souci de l'humiliation. Dans sa lettre à Simone Gibert, Weil déclare qu'« on vit à l'usine dans une subordination perpétuelle et humiliante toujours aux ordres des chefs » (page 67). Elle donne aussi le cas des ouvriers qui craignent de déplaire aux chefs, conséquence morale de la subordination qui est totalement inacceptable pour Weil. Devoir non seulement obéir mais aussi devoir constamment veiller à ne pas déplaire est insupportable pour l'ouvrier qui se sent oppressé de tout bord. Plus généralement, la philosophe insiste sur cette omniprésente dictature de la peur : peur d'arriver en retard, de ne pas travailler assez vite, de manquer de pièces par manque d'attention, « peur des engueulades » (page 272), qui humilient constamment vu que l'ouvrier ne peut pas se permettre de répondre. Weil conclut en disant qu'« on se fait rembarrer » (page 272) pour tout, même si, par exemple, la machine est mal réglée, chose qui est totalement indépendante de la volonté des ouvrières métallos. La peur rythme aussi la vie du paysan chez Virgile. Incapable de lutter contre la colère divine qui s'abat sur lui, il s'adonne à des rites et à des sacrifices de peur de déplaire aux dieux, d'où le fait qu'il faille, pour satisfaire Bacchus, immoler un bouc sur un autel ou bien, si l'on est Théside, proposer des prix pour les talents, ou bien si l'on est Ausonien, se masquer, rire à gorge déployée et chanter allégrement en suspendant « au haut d'un pin des figurines d'argile » (page 127). Le rituel est décrit plus longuement quand le poète écrit : « nous dirons l'honneur qui est dû à Bacchus en chantant les cantiques de nos pères, et nous lui porterons des plats et des gâteaux sacrés : conduit par la corne, le bouc sacré se tiendra près de l'autel, et nous rôtirons ses grasses entrailles sur des broches de coudrier. » (page 127). Ainsi le travail est-il décrit comme une geôle qui enferme l'homme, il accroît son « abîme » et ne lui donne aucune chance de progresser ou de gravir l'échelle qui le sortirait du gouffre.

Pire encore, le seul fait qu'il permette une existence momentanément lumineuse, alors qu'il contraint, illusionne le travailleur, qui attend patiemment ces moments de réjouissance. Ainsi crée-t-il lui une autre forme de servitude, plus grave encore que celle engendrée par la machine, qui serait l'attente. Chez Vinaver, tous les employés de Dehaze et Ravoire vivent justement dans l'attente d'un nouveau produit qui pourrait concurrencer le *Softies* américain, d'où l'optimisme fondamental de Benoît quand il propose une nouvelle ligne de travail à la société. Il parle de « l'aventure à laquelle [il] destine l'entreprise » (quatrième mouvement). Il continue en promettant de « faire éclater les limites mêmes du marché » (quatrième mouvement) et de supprimer « la hache [qui] s'abattra dans tous les secteurs » (quatrième mouvement), alors qu'il finira par céder l'entreprise aux Américains dans le sixième mouvement. C'est bien un signe d'illusion qui, à défaut d'éclairer le travailleur, le contraint à toujours espérer et à avoir confiance dans les propos rassurants du chef. Simone Weil va dans le même sens en évoquant cette attente illusionniste qui touche tous les travailleurs. Même si le progrès social prend la forme d'un État révolutionnaire, elle demeure consciente que le sort des travailleurs demeurera précaire, plus vulnérable encore. C'est pourquoi elle craint que beaucoup soient trompés par « des espérances enivrantes » (page 391) et note que certains haïssent les réformes parce qu'utopiques et pensent que ce sont « des fatalités illusoires » (page 390). De la même façon chez Virgile, le laboureur appliqué qui s'adonne à un travail acharné attend une récompense. Il ne pourra donc être que déçu si elle ne vient pas, à l'instar d'Aristée dont toutes les abeilles sont mortes ou du paysan qui a beaucoup travaillé mais qui découvre, profondément désillusionné, que ses bœufs sont malades. Alors, « [le] laboureur s'en va, tout triste, dételer l'autre bœuf affligé de la mort de son frère et laisse sa charrue enfoncée au milieu du sillon » (page 151) comme un signe de résignation et de déception face à un travail qu'il ne peut tout simplement plus continuer. Dans ce cas précis, il est impensable d'imaginer que le travail apporte la joie ou la réjouissance à l'homme qui, en plus d'alourdir son quotidien par des tâches qui lui coûtent, n'est jamais récompensé. Le travail génère une attente qui sera bien souvent décevante.

Rimbaud, bien qu'il fasse l'apologie du progrès dans son poème « L'Éclair » oublie que le progrès quel qu'il soit s'accompagne de recherches laborieuses, d'expériences infructueuses, de manutention pathétique, autrement dit de différentes tâches qui n'illuminent pas la vie de l'homme mais contribuent à l'obscurcir et à lui faire renoncer à ce qu'il a de plus cher : sa liberté.

Ainsi, plus qu'une « explosion » de vérité qui saute aux yeux de l'homme, le travail cause l'implosion de celui qui s'y soumet diligemment. S'il apporte le bien et sert la vérité le temps d'une *illumination*, il reste malgré tout la cause de déflagrations intérieures qui, elles, perdureront.

Sous l'effet de la pression que le travail exerce constamment, ce sont toutes les relations humaines qui explosent. Il n'« éclaire » pas l'homme, il en fait ressortir les bas instincts et affiche au grand jour ce qui était jusque-là caché ou secret. Quand l'homme travaille, il n'est plus tout à fait lui-même et se retrouve aux prises avec d'autres hommes dans un contexte parfois anxiogène qui dévoile des traits de personnalité qui finissent parfois par le trahir et le marginaliser. Dans *Les Géorgiques*, le poète nous dit qu'avant la punition divine, « les récoltes étaient mises en commun, et la terre produisait tout d'elle-même, librement, sans contrainte » (page 101), sous-entendant que c'est différent maintenant et que le travail est lié à une forme d'individualisme qui a remplacé ce communisme harmonieux et bienheureux. Le laboureur qui n'a pas travaillé correctement est condamné à envier son voisin, d'où, à la page 102, la longue énumération de ce que doit faire le bon laboureur s'il veut de bonnes récoltes et ne pas être « réduit à contempler le gros tas d'autrui et à secouer, pour soulager [sa] peine, le chêne dans les forêts » (page 102). Dans le monde de l'entreprise décrit par Vinaver, le travail corrompt les relations entre les hommes et les réduit à des relations mercantiles, comme nous le voyons avec les assauts répétés de Lubin vers Mme Lépine au début de chaque mouvement. Ses paroles toujours hyperboliques et sa rhétorique fleurie trahissent ses véritables intentions : il est prêt à tout pour vendre son produit, y compris à manipuler son acheteuse, qui, pourtant ne se laisse pas prendre au piège. Sa stratégie est bien huilée : il feint de s'intéresser à sa famille, flatte la vanité maternelle, joue sur la connivence en créant une relation de pseudo-amitié, autant de stratagèmes possibles qui devraient faire céder son interlocutrice. Si les enjeux mercantiles de Ravoire et Dehaze sont une des causes de l'« explosion » des rapports humains chez Vinaver, Simone Weil pense, quant à elle, que l'aliénation de l'ouvrier exclut l'empathie et la fraternité. Elle écrit non sans une certaine tristesse : « On est gentil, très gentil. Mais de vraie fraternité, je n'en ai presque pas senti » (page 54), comme si l'aliénation de l'ouvrier le condamnait au repli sur soi, incapable de nouer des relations avec qui que ce soit. Weil va plus loin encore et note aussi la « jalousie parmi les ouvrières » (page 54) en concluant qu'elle n'a jamais eu de « vrais copains » (page 54) à l'usine. Un peu plus loin dans l'œuvre, elle regrette que la bonté soit si rare car vu les conditions difficiles dans lesquelles elle a travaillé, elle aurait été d'autant plus appréciée. C'est pourquoi elle écrit que « [la] bonté surtout, dans une usine, est quelque chose de réel quand elle existe ; car le moindre acte de bienveillance, depuis un simple sourire jusqu'à un service rendu, exige qu'on triomphe de la fatigue, de l'obsession du salaire, de tout ce qui accable et incite à se replier sur soi. » (page 68). Enfin, la philosophe condamne fermement la taylorisation qui, selon elle, accentue les vices humains tant elle disqualifie les ouvriers. Vu qu'ils sont réduits à « l'état de molécules » (page 321), l'atomisation du travail dans les usines entraîne l'isolement de chacun et détruit la solidarité entre les ouvriers. Elle implique donc de la concurrence entre les hommes avec l'obtention d'un salaire supérieur, de primes, liées à des calculs incessants. Quoi qu'il en soit, le travail, puisqu'il touche à l'intégrité de l'homme et à sa capacité à se donner à une tâche, est lié à une forme d'orgueil ou de forfanterie qui détruit toutes les relations humaines.

Plus encore, si « explosion » il y a, comme le souligne Rimbaud, elle est physique, et n'a rien à voir avec une prétendue connaissance qui pourrait sauver celui qui s'éreinte quotidiennement. Les articulations lâchent, les membres surchauffent et ne répondent pas. En somme, le travail énerve et dénerve ; il épuise tellement le travailleur qu'il ne maîtrise plus son corps. Dans *Les Géorgiques*, l'épisode de la maladie des troupeaux à la fin du livre III cause un épuisement physique considérable de tous les travailleurs. Les taureaux meurent, les travailleurs sont résignés à effectuer le travail des bœufs, d'où une forme d'animalisation qui contraint l'homme à forcer toujours plus sur son corps et à lui-même faire le travail des animaux. En effet, « les habitants du pays fendent à grand-peine la terre avec les herses, enfouissent les semences avec leurs ongles mêmes, et gravissent les montagnes en traînant, le cou tendu, de gémissants chariots. » (page 151) Le corps se déforme, le paysan devient difforme. La souffrance est parfois telle que, à l'inverse de chez Virgile, les corps ne répondent plus. Ils sont vidés de leur substance. C'est ce que Weil narre dans son récit de la vie et de la grève des ouvrières métallos. Elle évoque l'« explosion » des corps qui font tellement souffrir les ouvrières qu'elles ne les sentent plus. Quand les ouvrières sortent de l'usine, le corps est « vidé de toute énergie vitale » (page 266) de la même façon que, dans les souvenirs en vrac de la philosophe, elle se souvient aisément des mains gercées et coupées qui font souffrir, des mains qu'elles lavent quotidiennement dans l'eau glacée, de ces mains qu'il faut frotter dans la sciure. Il s'agit de « souffrir tout cela en silence » (page 269), de se déposséder de son corps qui, même en dehors des heures de travail, est tenté de « sombrer [...] dans une demi-somnolence » (page 54). Cette résistance coûte que coûte est présente dans la pièce de Vinaver non sans une certaine mise à distance ironique, surtout quand Madame Alvarez utilise une comparaison surprenante pour jauger de l'efficacité d'un bon papier toilette. Elle déclare qu'« un bon papier c'est comme un bon service des ventes ça résiste et ça fait son travail » (page 255), signe que le corps des vendeurs et des cadres en *marketing* de l'entreprise Ravoire et Dehaze est mis à rude épreuve. Mais, plus généralement, les signes d'explosion dus à la pression intériorisée qu'exercent les cadres de l'entreprise sur leurs subalternes, à l'anxiété des dirigeants ou bien à la colère sourde entre collègues, sont très nombreux dans la pièce. C'est le cas de Passemar, qui, dès l'intermède chanté du premier mouvement, raconte que, lorsqu'il est arrivé dans l'entreprise, il a remplacé un « chef de section au service facturation qui s'était suicidé sans raison apparente ». Dramaturge précoce, il écrit à neuf ans une pièce de théâtre en un acte qui se nomme « *La Révolte des légumes* », ce qui lui vaudrait presque la qualification de visionnaire si l'on prend en compte que le terme de « légumes » pourrait désigner métaphoriquement les employés de Fernand Dehaze, condamnés à une place rigoureusement assignée dans la hiérarchie de l'entreprise. Passemar le souligne d'ailleurs par le polyptote : « je dépendais et je dépends toujours » de Madame Alvarez, sa cheffe. Ainsi la tension est telle que souvent le corps rompt, telle une mécanique qui s'enraye. C'est le cas avec Fernand Dehaze qui « neuf jours après son infarctus [...] n'a pas repris connaissance », de Cohen qui, au sixième mouvement, « Le Festin de mariage » semble souffrir grandement d'une jambe vu la difficulté qu'il éprouve à monter sur l'estrade quand Benoît l'appelle, ou bien de quelqu'un – mais on ne sait pas qui, puisque cette information est noyée dans le flot des conversations croisées lors de la fête annuelle de l'entreprise au sixième mouvement – qui a fait une « hémiplégie deux mois après » (sixième mouvement) le début de sa retraite. En somme, le corps est oppressé, les employés sont tellement habitués à aller au plus loin de ce qu'ils peuvent donner qu'ils ne ménagent pas leurs efforts et y laissent une partie de leur santé. Si « explosion » il y a pour reprendre les mots de Rimbaud, elle est physique et conduit à la mort.

Si corps peut être soigné et les plaies, cautérisées, il en va autrement de la *psyché*. En effet, à force de trimer, le travailleur perd souvent toute estime de soi et toute confiance en lui ; il n'est plus en mesure d'espérer ou d'attendre quoi que ce soit, et encore moins de capter les brèves illuminations de réjouissance qui pourraient rendre son calvaire supportable. Il s'effondre alors intérieurement, il implose. Cette déflagration intérieure est à de nombreuses reprises évoquée par Simone Weil qui pense que le travail est si lourd que le travailleur ne sait plus qui il est et pourquoi il travaille. La philosophe note qu'elle n'a pas la possibilité de prendre du temps pour elle et d'avoir le courage d'écrire à son amie tant les tâches effectuées quotidiennement à l'usine, lors de son expérience de familiarisation avec la classe ouvrière, sont lourdes et pesantes. Weil remarque aussi qu'Albertine Thévenon ne lui a pas répondu bien qu'elles soient « sœurs » (page 55) et que la solidité de leur relation soit incontestable. Elle analyse ce silence en montrant que, dans le travail, il y a quelque chose d'inhumain qui donne l'impression à l'ouvrier qu'il se vend au point d'y perdre toute estime de soi, d'où la métaphore des prostituées employée par Weil : « je suis comme toi, tu le sais ; moi aussi je me sens la sœur de la fille qui fait le trottoir – de tous les êtres méprisés, humiliés, maniés comme du rebut. » (page 55). L'abîme est tellement creusé que l'homme ne peut plus remonter la pente, il s'effondre alors et fait le grand saut dans le vide. Chez Vinaver, c'est le cas de Fernand, déjà cité, mais aussi de Lubin ou de Madame Bachevski. En effet, alors que Benoît convoque cette dernière pour lui « offrir le loisir et le repos [qu'elle a] bien gagnés » (cinquième mouvement), celle-ci tente de protester car elle se sent au sommet de sa forme, « en plein boom » (cinquième mouvement). Mais Benoît la menace du *burn-out* tout en continuant à la flatter, elle qui appartient à ces « tempéraments bouillants et dynamiques comme vous » (cinquième mouvement). Passemar commente la scène en disant que Madame Bachevski est « abasourdie » (cinquième mouvement) car « liquidée » (cinquième mouvement) avant Madame Alvarez qui est âgée de trois ans de plus. Ensuite, c'est au tour de Passemar d'être convoqué. Bien qu'il ait « apporté quelques idées » (cinquième mouvement) et avoue ne pas s'être « [vraiment] jeté à l'eau » (cinquième mouvement), il a quand même peur d'être jeté *par-dessus bord*. Il s'en veut d'avoir prononcé lui-même son propre réquisitoire et peut-être même participé à légitimer son licenciement. Il reconnaît alors, dans quelques phrases de déploration, qu'il a perdu toute estime de lui ; il ne se voit pas poursuivre « dans le même trou vingt-trois ans » (cinquième mouvement). L'utilisation du mot « trou » peut aussi désigner cet immense gouffre intérieur rongé par le travail qui déshumanise, dépersonnalise et transforme les employés en individus interchangeables. Tel est, pourtant, le rêve de Jenny, qui, amoureuse de Benoît, imagine déjà le concept *marketing* de leur prochaine aventure commerciale relative à la vente de perruques : « [donner] à chaque femme le moyen et le besoin de se multiplier à l'infini » (cinquième mouvement). Il en va de même chez Virgile avec le *lamento* d'Aristée qui n'a plus confiance dans les dieux et qui ne croit plus en son activité d'apiculteur. Il accuse sa mère, Cyrène, puis les autres Nymphes, de lui mener la vie dure et de le rendre profondément malheureux. Il provoque sa mère en disant : « "Va, continue, et, de ta propre main, arrache mes fertiles vergers, porte dans mes étables un feu ennemi, et détruis mes moissons ; brûle mes semailles, et brandis contre mes vignes ta forte hache à deux tranchants, si tu as de ma gloire conçu tant de déplaisir." » (page 165). En s'emportant de la sorte, le berger Aristée se montre au grand jour dévasté, incapable de faire face à l'épreuve qu'il subit, d'où le fait qu'il n'ait pas d'autre choix que de s'en remettre à une instance supérieure pour l'aider. Le travail, comme c'est le cas pour Madame Bachevski ou pour Weil lors de son expérience dans une usine de Saint-Étienne, ronge l'homme et lui ôte toute estime de soi, au point d'être réifié et considéré comme une valeur marchande.

Ainsi, alors que Rimbaud donne une valeur positive au terme d'« explosion » qui apporterait soudainement la lumière, il serait pertinent d'envisager les choses différemment et de voir que le travail est tellement violent qu'il induit une implosion, celle de l'homme qui se déshumanise.

Au terme de notre étude, nous pouvons mettre en valeur l'ambivalence du travail. Si, pour Rimbaud qui croit avec ferveur aux bienfaits du progrès, le travail est digne d'être louangé, c'est parce qu'il « éclaire » momentanément la vie de celui qui ne ménage pas ses efforts et qui, au prix de certains sacrifices, donne de lui-même et de sa vie pour la production de biens à destination d'autrui. Même si la connaissance, la vérité, l'activité ou bien la socialisation qu'induit le travail ne sont pas omniprésentes, il n'en demeure pas moins qu'elles sortent l'homme de ses torpeurs et lui font oublier l'« abîme » dans lequel il est. En rester là est, cependant, profondément réducteur car ce serait faire fi de l'alinéation constante du travailleur, qui, bien qu'ayant « de temps en temps » accès à la lumière, reste dans le gouffre. D'ailleurs, le seul fait que Rimbaud envisage le travail comme un éclair sans évoquer la manière dont l'homme pourrait sortir du gouffre montre bien combien il est aisé d'illusionner le travailleur, figé dans l'espérance, contraint d'attendre une étincelle de vérité, une once de réjouissance dans une journée marquée par la monotonie et la morosité. C'est pourquoi, si « explosion » il y a, elle ne touche pas *au sens* que le travailleur donne à sa vie mais *à ses sens*, à son corps, à la façon dont il appréhende le monde qui l'entoure. Tiraillés de tous côtés, pris dans un étau, sans cesse sollicités, le corps et l'esprit du travailleur sont mis à rude épreuve si bien qu'un jour la mécanique rompt. Alors, l'homme se vide et ne devient qu'une pâle copie de lui-même. Il implose, en somme. Nous pourrions, dès lors, comparer la vision du travail qu'a Rimbaud à celle de Francis Ponge, poète de la moitié du XXe siècle, qui écrivit *Le Parti pris des choses* en 1962. En effet, si Rimbaud conçoit le travail – et, en particulier, celui du poète – comme une fulgurance – le terme « explosion » dans la citation le confirme –, Ponge décrit le sien comme lent et minutieux, similaire à la façon de décortiquer le poisson dans « Plat de poissons frits » ou d'ouvrir laborieusement une huître dans « L'Huître ». C'est uniquement à ce moment-là, une fois la difficulté passée que viennent la délectation, le plaisir de l'*objet* devenu prétexte de jeu (*objeu*) puis source de joie (*objoie*). Ainsi le moment poétique a-t-il quelque chose de magique, vécu certes comme un surgissement avec ce qu'il a d'enivrant et de jubilatoire aussi, mais aussi comme quelque chose de pérenne, car le poète se doit d'être pêcheur d'impressions, de sensations, pour nous les restituer dans la simultanéité de la vie. Francis Ponge ouvre l'appétit herméneutique du lecteur, en lui offrant un texte ouvert, comme le poisson, une fois les deux filets détachés. Il refuse la poésie comme fermeture, comme hermétisme. « À notre portée » comme il l'écrit dans « Plat de poissons frits », le texte se donne à lire, aussi simple qu'une comptine pour enfant. L'artiste n'est pas un « phare » au sens baudelairien, mais un « petit phare ». Il habite un espace du « petit », de l'humble, du familier, mais qui, cependant, éclaire constamment et réjouit sans mauvaise surprise.

Dissertation n° 3

par Anne Griffet-Bonnet

Sujet

Dans ses *Réflexions sur l'éducation* (1776), Emmanuel Kant soutient : « L'homme a besoin d'occupations et même de celles qui impliquent une certaine contrainte. Il est tout aussi faux de s'imaginer que si Adam et Ève étaient demeurés au paradis, ils n'auraient rien fait d'autre que d'être assis ensemble, chanter des chants pastoraux et contempler la beauté de la nature. L'ennui les eût torturés tout aussi bien que d'autres hommes dans une situation semblable. L'homme doit être occupé de telle manière qu'il soit rempli par le but qu'il a devant les yeux, si bien qu'il ne se sente plus lui-même et que le meilleur repos soit pour lui celui qui suit le travail ». Dans quelle mesure cette analyse vous semble-t-elle correspondre aux idées émises dans les œuvres inscrites cette année à votre programme?

Éditions utilisées

La Condition ouvrière, Simone Weil, Folio essais n° 409, 1951, pages 51 à 76, 205 à 351, 389 à 397, 418 à 434.

Les Géorgiques, Virgile, G.F. n° 128, traduction de Maurice Rat.

Par-dessus bord (version hyper-brève), Michel Vinaver, *Théâtre complet II*, Actes Sud, 1969.

○ Analyse du sujet

- Kant soutient ici que l'homme est vite soumis à l'ennui s'il ne travaille pas. Il faut qu'il soit « occupé » (terme repris par le substantif « occupations »), c'est-à-dire accaparé, absorbé par une activité, affairé. C'est une absolue nécessité comme l'indiquent l'expression « avoir besoin » et le verbe « devoir ». Il importe peu que cette activité constitue une obligation, une forme d'asservissement. Tout est mieux que ne rien faire.
- Le philosophe se fonde sur la « Genèse », plus précisément sur le passage qui suit la narration du péché originel. Dieu punit ce péché en chassant Adam du jardin d'Eden et en l'obligeant à cultiver une terre stérile. Il le condamne ainsi à travailler durement, alors que la culture du jardin d'Eden était présentée comme dénuée d'effort. Mais Kant remet en cause le fait qu'Adam et Ève auraient été plus heureux sans cette punition divine, c'est-à-dire si Adam n'avait pas été contraint à ce pénible labeur. Il renverse le paradigme qui présente le travail comme une peine et un châtiment : le travail devient un bienfait. Il emploie pour cela une structure hypothétique, fondée sur l'emploi de conditionnels (« n'auraient rien fait », « les eût torturés ») afin d'évoquer le vide douloureux d'une existence sans travail, fondé sur une négation restrictive

(« rien fait d'autre que ») et sur le développement d'une structure ternaire évoquant une forme de passivité : « être assis », « chanter », « contempler ». L'aspect paisible du tableau présenté ici, d'un couple tranquillement assis, qui chante et jouit de la beauté de la création divine, n'aurait paradoxalement rien d'enviable : dans ces circonstances, Adam et Ève, comme tout homme dans la même configuration (Kant élargit en effet leur expérience à « d'autres hommes dans une situation semblable ») se seraient ennuyés.

- En associant le verbe « torturer » à l'ennui, sentiment de lassitude, de découragement provoqué par l'inaction, Kant prend à nouveau le contrepied de la *doxa*, puisque étymologiquement, le *tripalium* désignait une structure en bois permettant l'immobilisation de ceux qu'on voulait châtier. C'est le sentiment de vide de son existence en l'absence de travail qui provoquerait ici de grandes souffrances, serait pour l'homme un véritable supplice. Le travail viendrait « remplir » ce douloureux vide, en faisant en sorte que le temps sur terre soit entièrement occupé, dans la poursuite d'un objectif concret : « le but qu'il a devant les yeux ». Par le travail, l'homme pourrait aussi « ne plus se sentir lui-même », c'est-à-dire s'oublier, sans doute ne plus songer à sa condition.
- Notre citation s'achève sur l'idée que, pour jouir d'un véritable moment de détente, il faut que celui-ci survienne après un temps d'activité intense. En d'autres termes, celui qui n'a pas travaillé ne peut apprécier d'être inactif. Deux types de repos seraient alors à distinguer : un repos bien mérité, après le travail, et un repos confinant à l'oisiveté, dévalorisé.

○ Éléments de problématisation

- L'homme inactif est-il soumis à un ennui tel qu'il doit à tout prix s'occuper par le travail, même si celui-ci lui est imposé ?
- Ne pas être pris par le travail nous condamne-t-il à une douloureuse inertie et ne peut-on jouir de ne rien faire que si ce temps de pause apparaît après un temps d'activité intense ?
- Le travail est-il un bienfait qui nous permet de remplir le vide de notre existence en poursuivant un objectif ?

○ Plan proposé

I. <u>Justification de la thèse de Kant</u> <u>: l'homme inactif s'ennuie, ce qui le pousse à travailler. Seul le repos survenant après le labeur est profitable.</u>

1. L'inactivité est pesante.
2. Il faut donc travailler pour être occupé…
3. …et s'accorder après le travail un repos bien mérité.

II. **Opposition à la thèse de Kant** : nos œuvres présentent l'image d'un travail lui-même vecteur d'ennui et de tellement de fatigue que le repos qui le suit n'est pas profitable. Certains préfèrent alors ne rien faire.

1. Le repos qui suit un travail épuisant n'est pas récupérateur.
2. Le travail, loin de pallier l'ennui, le produit.
3. On peut souhaiter ne rien faire.

III. **Dépassement de la thèse de Kant** : il faut revoir la hiérarchie instituée entre l'ennui et le travail contraint. Un travail sur lequel pèseraient moins de contraintes devrait permettre d'accéder à la beauté qui nous entoure.

1. L'ennui n'est pas une vraie torture.
2. La torture provient de contraintes déshumanisantes dans le travail. Sans contrainte, l'homme s'accomplit par le travail.
3. C'est aussi en faisant peser moins de contraintes sur le travail qu'on parvient à accéder concomitamment au Beau.

Dissertation rédigée

À la fin de son conte philosophique intitulé *Candide ou l'optimisme* (1759), Voltaire fait dire au bon vieillard rencontré par Candide, Pangloss et Martin : « Le travail éloigne de nous trois grands maux : l'ennui, le vice et le besoin ». C'est au premier de ces trois écueils que s'intéresse plus particulièrement Emmanuel Kant quelques années plus tard, lorsqu'il affirme dans ses *Réflexions sur l'éducation* (1776) : « L'homme a besoin d'occupations et même de celles qui impliquent une certaine contrainte. Il est tout aussi faux de s'imaginer que si Adam et Ève étaient demeurés au paradis, ils n'auraient rien fait d'autre que d'être assis ensemble, chanter des chants pastoraux et contempler la beauté de la nature. L'ennui les eût torturés tout aussi bien que d'autres hommes dans une situation semblable. L'homme doit être occupé de telle manière qu'il soit rempli par le but qu'il a devant les yeux, si bien qu'il ne se sente plus lui-même et que le meilleur repos soit pour lui celui qui suit le travail ». Kant soutient ici que l'homme est vite soumis à l'ennui s'il ne travaille pas. Il faut qu'il soit « occupé » (terme repris par le substantif « occupations »), c'est-à-dire accaparé, absorbé par une activité, affairé. C'est une absolue nécessité comme l'indiquent l'expression « avoir besoin » et le verbe « devoir ». Il importe peu que cette activité constitue une obligation, une forme d'asservissement. Tout est mieux que ne rien faire. Le philosophe se fonde sur la « Genèse », plus précisément sur le passage qui suit la narration du péché originel. Dieu punit ce péché en chassant Adam du jardin d'Eden et en l'obligeant à cultiver une terre stérile. Il le condamne ainsi à travailler durement, alors que la culture du jardin d'Eden était présentée comme dénuée d'effort. Mais Kant remet en cause le fait qu'Adam et Ève auraient été plus heureux sans cette punition divine, c'est-à-dire si Adam n'avait pas été contraint à ce pénible labeur. Il renverse le paradigme qui présente le travail comme une peine et un châtiment : il en fait un bienfait. Il emploie pour cela une structure hypothétique, fondée sur l'emploi de conditionnels (« n'auraient rien fait », « les eût torturés ») afin d'évoquer le vide douloureux d'une existence sans travail, fondé sur une négation restrictive (« rien fait d'autre que ») et sur le développement d'une structure ternaire évoquant une forme de passivité : « être assis », « chanter », « contempler ». L'aspect paisible du tableau présenté ici, d'un couple tranquillement assis, qui chante et jouit de la beauté de la création divine, n'aurait paradoxalement rien d'enviable : dans ces circonstances, Adam et Ève, comme tout homme dans la même configuration (Kant élargit en effet leur expérience à « d'autres hommes dans une situation semblable ») se seraient ennuyés. En associant le verbe « torturer » à l'ennui, sentiment de lassitude, de découragement provoqué par l'inaction, Kant prend à nouveau le contrepied de la *doxa* : si l'on s'en réfère à l'étymologie, le *tripalium* désigne une structure en bois permettant l'immobilisation de ceux qu'on voulait châtier. C'est au contraire le sentiment de vide de son existence en l'absence de travail qui provoquerait ici de grandes souffrances, serait pour l'homme un véritable supplice. Le travail viendrait « remplir » ce douloureux vide, en faisant en sorte que le temps sur terre soit entièrement occupé dans la poursuite d'un objectif concret : « le but qu'il a devant les yeux ». Par le travail, l'homme pourrait aussi « ne plus se sentir lui-même », c'est-à-dire s'oublier, sans doute ne plus songer à sa condition. Notre citation s'achève sur l'idée que, pour jouir d'un véritable moment de détente, il faut que celui-ci survienne après un temps d'activité intense. En d'autres termes, celui qui n'a pas travaillé ne peut apprécier d'être inactif. Deux types de repos seraient alors à distinguer : un repos bien mérité, après le travail, et un repos confinant à l'oisiveté, dévalorisé. À la lumière des *Géorgiques* de Virgile, d'extraits d'écrits de Simone Weil rassemblés sous le titre *La Condition ouvrière*, et de la version hyper-brève de la pièce de Michel Vinaver intitulée *Par-dessus bord*, nous verrons tout d'abord que comme l'affirme Emmanuel Kant, le travail, même imposé, est nécessaire pour éviter l'ennui : on n'est heureux de ne rien faire que si ce repos intervient à l'issue d'une période active. Cependant, le travail apparaît souvent dans nos œuvres comme un asservissement épuisant, voire comme un vecteur de monotonie auquel tout un chacun voudrait échapper. Enfin, limiter l'intérêt du travail à contrer l'ennui, en éludant le vrai problème posé par le travail : la contrainte, n'est-ce pas lui assigner un but minimal, qui ne prendrait pas en compte toute l'enrichissement personnel qu'il propose ?

Certes, comme l'affirme Emmanuel Kant, le travail, même contraignant, permet de contrer efficacement l'ennui en poursuivant un objectif. On ne profite vraiment d'un temps d'inactivité que s'il est une récompense après un dur labeur.

Tout d'abord, l'inactivité pèse à l'homme qui s'occupe pour ne pas s'ennuyer. L'ennui est une « torture » telle que tout est préférable à ne rien faire. Il faut poursuivre un but pour combler le vide de l'existence. Dès le début de la pièce de Vinaver, Madame Lépine se lamente de l'absence d'activité, par l'emploi d'un euphémisme : « C'est calme mais alors c'est calme » (*Par-dessus bord*, p. 248). Lubin précise de son côté que sa femme va se trouver « un peu seule à la maison » car sa fille se marie. Il est donc heureux de gagner un transistor à la tombola de l'entreprise, car cela va occuper le temps libre de son épouse (*Par-dessus bord*, p. 262). À la fin du quatrième mouvement, il confirme qu'elle est en dépression[1]. Même ce qui pourrait dans nos œuvres constituer un hobby ou un temps de pause est souvent « rempli » par une occupation : Passemar est à la fois chef du service administration des ventes chez Ravoire et Dehaze, et « l'auteur de cette pièce ». Il multiplie les tâches, et ce depuis le plus jeune âge : à neuf ans, il avait composé une pièce en un acte. Il se rend en outre par pur intérêt au Collège de France pour suivre le cours de Monsieur Onde. Ce dernier explique qu'il a devant lui en général des personnes venant écouter sa leçon pour tuer l'ennui, « deux ou trois dames âgées qui l'hiver viennent ici quérir un peu de chaleur » (*Par-dessus bord*, p. 265). Jenny, qui se plaint pourtant de n'avoir pas une minute à elle[2], ne serait-ce que pour aller chez le coiffeur ou se marier, voit dans « sa collection de perruques [...] une opportunité marketing véritablement fantastique » (*Par-dessus bord*, p. 391). « Avec les perruques on peut aller très loin ». Si Olivier a finalement décidé de quitter Ravoire et Dehaze, c'est « pour pouvoir consacrer toute son énergie/À une nouvelle entreprise qu'il projette de créer par-delà les mers » (*Par-dessus bord*, p. 407). Madame Bachevski, partie en retraite, se vante de n'avoir « jamais été aussi occupée ». « Elle a bien voulu interrompre aujourd'hui ses activités » pour participer au festin de mariage. Elle confirme : « Je ne sais plus où donner de la tête mon jardinet où poussent de beaux haricots ma tapisserie » (*Par-dessus bord*, p. 411). Notre philosophe, de son côté, a pris une année de congé de l'Éducation Nationale pour convenance personnelle, mais c'était dans un objectif bien précis : être embauchée à l'usine pour pouvoir expérimenter le travail ouvrier. Elle officie comme « découpeuse » chez Alsthom, grâce à un ami de Boris Souvarine qui administre l'usine de fabrication électrique (*La Condition ouvrière*, p. 62). « Avant d'entrer dans cette usine, [elle a] terminé un long papier » pour le journal *La Critique*, preuve supplémentaire que le congé qu'elle a sollicité n'est absolument pas destiné au repos. Elle se décrit comme « un "professeur agrégé" en vadrouille dans la classe ouvrière" » (*La Condition ouvrière*, p. 54). Chez Virgile non plus, le cultivateur ne reste pas à ne rien faire, même lorsqu'il pleut : il anticipe. « Si d'aventure une pluie froide retient le cultivateur chez lui, il peut faire à loisir bien des ouvrages qu'il lui faudrait plus tard hâter par un ciel serein » (*Les Géorgiques*, p. 105). Lorsqu'il pourrait sortir doucement de l'hiver, le paysan honore les dieux et offre « un sacrifice annuel à Cérès ». Il faut que tous la chantent en chœur, l'appellent par leurs cris (*Les Géorgiques*, p. 107). En somme, le travailleur de la terre est rarement sans occupation, le travail n'étant « jamais

1. Elle « va devoir entrer en clinique le docteur veut essayer sur elle une cure de sommeil » : paradoxalement, le repos va lui être imposé comme activité pour oublier le vide de son existence (p. 368).
2. Si elle refuse d'épouser Benoît, c'est par manque de temps : « parce que je n'ai pas le temps je n'arrive même plus à trouver une heure tous les quinze jours pour aller chez le coiffeur quand j'ai envie » (p. 390). Elle est débordée et ne peut ajouter quelque occupation que ce soit à son emploi du temps très chargé : « Pourquoi ne veux-tu pas m'épouser ?/Si j'avais deux ou trois vies ça pourrait se discuter » (p. 391).

épuisé » (*Les Géorgiques,* p. 127). « Point de relâche » (*Les Géorgiques,* p. 131). Le vieillard de Coryce, possédant quelques arpents d'un terrain abandonné, qui n'est favorable ni au bétail ni à la vigne, ne rentre « au logis » que « tard dans la nuit ». Il est « le premier à cueillir la rose au printemps et les fruits en automne ; et, quand le triste hiver fendait encore les pierres de gel, [...] lui commençait déjà à tondre la chevelure de la souple hyacinthe, raillant l'été trop lent et les zéphyrs en retard ». Il est aussi « le premier à voir abonder ses abeilles fécondes et ces essaims nombreux » (*Les Géorgiques,* p. 159). En outre, celui qui ne travaille pas la terre en vient à développer d'autres activités. Virgile déplore par exemple les visées belliqueuses de certains : « D'autres avec des rames, tourmentent les flots aveugles, se ruent contre le fer et pénètrent dans les cours et les palais des rois. L'un conspire la destruction d'une ville et de malheureux pénates » (*Les Géorgiques,* p. 130). L'homme ne sait pas rester inactif : il s'ennuierait, ce qui le mène à remplir son existence de maintes activités.

Le travail est par conséquent une bonne opportunité pour éviter ces écueils que constitue l'inactivité, génératrice d'indolence et d'ennui. Simone Weil rejoint Jacques Lafitte dans l'idée qu'il « ne faut pas tendre à réduire indéfiniment la part de travail dans la vie humaine au profit d'un loisir qui ne satisferait aucune des hautes aspirations de l'homme ». Elle condamne fermement ceux qui ont pour « idéal deux heures de travail abrutissant, et vingt-deux heures vides d'obligations » (*La Condition ouvrière,* p. 257). Elle se désole d'ailleurs que son ancienne élève Simone Gibert ait abandonné la préparation à l'École Normale : « Ce qui importe, c'est de ne pas rater sa vie. Or, pour ça, il faut se discipliner ». « Je voudrais aussi vous voir vous intéresser à votre travail de classe où vous pouvez apprendre beaucoup plus que vous ne croyez. D'abord à travailler : tant qu'on est incapable de travail suivi, on n'est bon à rien dans aucun domaine ». « Car la réalité de la vie, ce n'est pas la sensation, c'est l'activité – j'entends l'activité et dans la pensée et dans l'action. Ceux qui vivent de sensations ne sont, matériellement et moralement, que des parasites par rapport aux hommes travailleurs et créateurs qui seuls sont des hommes ». Bonheur supplémentaire : ce sont finalement ces travailleurs qui, sans les chercher, reçoivent les sensations les plus vives et les profondes ! (« Lettre à Simone Gibert », p. 69 à 71). Jacques Laffite, « ingénieur, polytechnicien », ayant « beaucoup de rapidité et de brillant dans l'intelligence », est cependant discrédité par notre philosophe, car « il est paresseux et toutes sortes de plaisirs occupent tous ses loisirs ». Elle craint « qu'il n'y ait rien à en espérer » (*La Condition ouvrière,* p. 254). Dans le quatrième mouvement de *Par-dessus bord,* Benoît exprime cette nécessité de ne pas demeurer passif, et de se mettre au travail : « Nous allons cesser de rester assis pour adopter une attitude bondissante » (p. 330). Dans *Les Géorgiques,* le Père des dieux, Jupiter, a volontairement rendu « la culture des champs difficile » dans le but de contrer une forme de nonchalance et de mollesse présente en l'être humain : « C'est lui-même qui le premier a fait un art de remuer la terre, en aiguisant par les soucis les cœurs des mortels et en ne souffrant pas que son empire s'engourdît dans une triste indolence » (*Les Géorgiques,* p. 100-101). Il a inventé des obstacles à la production libre et « sans contrainte » qui prévalait jusqu'alors, créé les virus, commandé à la mer de se soulever… L'homme a alors cessé de se laisser aller et a inventé les outils : « Tous les obstacles furent vaincus par un travail acharné » (*Les Géorgiques,* p. 101). À la suite de Jupiter, Virgile ne cesse d'appeler les travailleurs de la terre à la besogne : « Au travail donc, ô cultivateurs » (*Les Géorgiques,* p. 116). Il préconise d'interdire les amusements des abeilles lorsque celles-ci se mettent à voler, dépourvues d'objectif. Pour ce faire, il suffit d'enlever « leurs ailes aux rois ». « Quand les essaims volent sans but, jouent dans le ciel, dédaignent leurs rayons et délaissent leur ruche froide, tu interdiras à leurs esprits inconstants ce jeu si vain » (*Les Géorgiques,* p. 158). Il faut donc trouver dans le travail, même contraint, un palliatif à l'ennui, à l'amusement et à l'absence d'occupation.

Enfin, le temps de pause que constitue le repos est appréciable et mérité dans la mesure où il survient après ce moment de travail. Virgile loue le « repos assuré » de la vie calme du cultivateur, ses « doux sommes sous l'arbre » après le labeur (*Les Géorgiques,* p. 129), « ses jours de fête […] allongé sur l'herbe » (*Les Géorgiques,* p. 131). La Balance rend « égales les heures du jour et celles du sommeil » (*Les Géorgiques,* p. 103). « L'hiver, le cultivateur se repose. Pendant les froids, les laboureurs jouissent d'ordinaire du fruit de leurs travaux, en donnant tour à tour de gais festins entre eux. L'hiver aux bons génies les régale et chasse leurs soucis : ainsi quand les carènes chargées ont enfin touché le port, les matelots joyeux mettent sur les poupes des couronnes » (*Les Géorgiques,* p. 106). C'est une alternance naturelle d'après notre poète, qui applique cette idée à la terre. Il soutient dès le livre premier de l'œuvre la thèse selon laquelle une terre labourée une année doit rester en jachère l'année suivante : « Tu laisseras la campagne se reposer pendant un an et, oisive, se durcir à l'abandon. […] Grâce à l'alternance, le travail fourni par la terre est facile. […] C'est ainsi qu'en changeant de productions les guérets se reposent, et que la terre qui n'est point labourée ne laisse point d'être généreuse » (*Les Géorgiques,* p. 99). Le printemps accorde aussi un moment aux bêtes pour souffler entre l'hiver et l'été, et cela est présenté comme indispensable après le labeur : « Les tendres êtres ne pourraient supporter leur peine, si un répit aussi grand ne s'étendait entre le froid et la chaleur » (*Les Géorgiques,* p. 125). Les abeilles observent enfin un temps de repos obligatoire après l'effort : « Toutes se reposent de leurs travaux en même temps, toutes reprennent leur travail en même temps. Le matin, elles se ruent hors des portes ; aucune ne reste en arrière ; puis quand le soir les invite à quitter enfin les plaines où elles butinent, alors elles regagnent leur logis, alors elles réparent leurs forces. Un bruit se fait entendre ; elles bourdonnent autour des bords et du seuil ; puis, quand elles ont pris place dans leurs chambres, le silence se fait pour toute la nuit et un sommeil bien gagné s'empare de leurs membres las » (*Les Géorgiques,* p. 161). Dernier exemple : quand vient le soir, Protée, le devin de Neptune, « se repose au sortir des ondes » et se met à dormir « de tout son long » (*Les Géorgiques,* p. 167), « allonge[ant] ses membres fatigués » (*Les Géorgiques,* p. 168). L'inactivité qui suit les dures journées de travail apparaît également comme une véritable nécessité pour Simone Weil, qui affirme se réapproprier sa véritable identité, son essence propre, uniquement le week-end : « Je respire, me retrouve moi-même, réacquiers la faculté de rouler dans mon esprit des morceaux d'idées » (*La Condition ouvrière*, p. 53). Lorsqu'elle dresse le bilan de son travail « en usine », elle admet qu'il s'est révélé difficile, d'où la nécessité de marquer un arrêt : « J'ai dû me reposer » (*La Condition ouvrière*, p. 63). « Dans les conditions de vie accablante qui pèsent sur tous », les gens demandent « un opium quelconque » (*La Condition ouvrière*, p. 261), il faut pouvoir « s'évader » (*La Condition ouvrière*, p. 304). Quand elle lance « un appel aux ouvriers de Rosières », elle reprend cette idée que le soir, ils « décompressent » et que ce temps de pause est tout à fait bienfaisant après tant de labeur (ce pourquoi ils n'auront peut-être pas envie de se remettre à penser au travail pour répondre à son appel) : « Je sais bien : quand on a fait ses huit heures, on en a marre. [...] C'est un état d'esprit tout à fait naturel auquel il est bon de se laisser aller. Quand on est dans cet état d'esprit, on n'a rien de mieux à faire qu'à se détendre, causer avec des copains, lire des choses distrayantes, prendre l'apéro, faire une partie de cartes, jouer avec ses gosses » (*La Condition ouvrière*, p. 205-206). Après avoir œuvré « pendant neuf heures par jour [...], littéralement sans une minute de répit », les ouvrières sont heureuses de discuter ensuite dans les vestiaires, de « babiller » avec une certaine légèreté (*La Condition ouvrière*, p. 74). En somme, puisqu'« il est impossible de souffrir sans aspirer au soulagement », « le repos et le loisir » doivent venir compenser l'effort (*La Condition ouvrière*, p. 432). Il faut instituer des temps de pause joyeux pour les ouvriers, organiser des fêtes, des voyages pour les jeunes afin qu'ils satisfassent leur faim de voir et d'apprendre. Ces sources de joie seraient des contrepoints à la souffrance du travailleur : « Les fêtes sont aussi indispensables à cette existence que les bornes kilométriques au réconfort du marcheur » (*La Condition ouvrière*, p. 434). Au cas où on ne s'arrête pas à temps, « tout d'un coup on craque/Surtout les tempéraments bouillants et dynamiques [...] qui [se] dépens[ent] sans compter » (*Par-dessus Bord*, p. 384). Le PDG de Ravoire et Dehaze se détend ainsi au sortir de son travail en peignant. Un modèle nu apparaît dans le premier mouvement : « Monsieur Fernand fait de la peinture le soir en rentrant chez lui » (*Par-dessus bord*, p. 255). Les salariés de Ravoire et Dehaze sont très heureux aussi de s'amuser à la petite fête annuelle destinée à « ceux qui travaillent quarante heures par semaine ensemble ». Dehaze précise que son discours ne durera pas longtemps : « Ce soir la musique et la gaieté doivent primer » (*Par-dessus bord*, p. 262). Dans le deuxième mouvement, c'est Benoît qui conseille à son père de prendre un repos bien mérité car il le trouve fatigué : « Papa vous avez les traits tirés vous devriez décrocher quelques jours prendre un long week-end à la campagne » (*Par-dessus bord*, p. 284). Même le commandant du camp de concentration aimait prendre du repos en écoutant la mère d'Alex, grande interprète de Mozart. « Deux fois par semaine il la faisait venir du bordel pour la soirée il restait sans bouger dans un fauteuil de cuir rouge à fumer son très long cigare pendant qu'elle jouait des sonates toutes les sonates » (*Par-dessus bord*, p. 298). Enfin, la maquette présentée par Jaloux au quatrième mouvement décrit ce moment privilégié du repos pour « la famille française typique et idéale » : « toute la famille réunie dans le petit jardin sauvage qui est comme une oasis dans l'appartement ». « Le jeune cadre ou ingénieur » se retrouve « avec son épouse et ses deux enfants » dans un moment de calme,

« chez [eux] », « [dans] le lieu sacré le foyer l'intimité » (*Par-dessus bord*, p. 375). Voilà l'image du bonheur parfait pour tout un chacun (le cadre idéal pour mettre en valeur le produit). Cela est confirmé lors des bribes de conversation perçues lors du « festin de mariage » : « le vrai confort le soir devant la télé » (*Par-dessus bord*, p. 402). Notons bien que la pièce ne valorise que le repos ponctuel, ce qui va dans le sens de notre citation. La retraite apparaît notamment comme un grand désœuvrement définitif qu'il est difficile d'envisager, s'apparentant presque à une petite mort. Lorsque Dehaze explique à Olivier (pour le piéger) qu'il songe à « décrocher pour de bon », son fils est étonné : « C'est une décision difficile courageuse » (*Par-dessus bord*, p. 284). Par cette ruse (orchestrée sans savoir qu'il est lui-même berné par Benoît), le père anticipe d'ailleurs inconsciemment et symboliquement sur son décès, qui survient quelques jours plus tard. Quand Benoît annonce à Madame Bachevski qu'elle est remerciée après tant d'années de bons et loyaux services, il tente de valoriser cette démarche en la justifiant par la récompense que constituerait une pause à la suite de ce long et dur labeur, mais cela ne fonctionne pas, et la directrice des achats exprime son désir de continuer à travailler, car elle a le sentiment d'être encore très dynamique : « Combien d'années dans la maison ? Trente-neuf ans ? C'est magnifique nous en avons discuté avec Grangier et nous avons décidé de vous offrir le loisir et le repos que vous avez bien gagnés sans qu'il vous soit nécessaire d'attendre encore quatre ans/Mais Monsieur Benoît je me sens en plein boum » (*Par-dessus bord*, p. 383). Elle a l'impression d'avoir « été liquidée ». Passemar commente non sans humour : « On dit que le taux de mortalité des gens à partir du moment où on les met à la retraite grimpe d'une façon vertigineuse » (p. 385). Lors du « festin de mariage », il est question d'une personne qui « a fait une hémiplégie deux mois après alors qu'elle était en parfaite santé/Deux mois après sa mise à la retraite » (*Par-dessus bord*, p. 401-402). Il faut donc bien que le repos soit ponctuel, c'est-à-dire qu'il provienne après un temps d'activité soutenue et avant une reprise du travail, pour qu'il soit un temps de récupération bienvenu et valorisé.

Il semble donc que Kant ait raison de soutenir que le travail est nécessaire à l'homme pour pallier une inactivité qui lui pèserait. Il ne jouit de son repos que s'il a travaillé auparavant.

Cependant, le travail apparaît souvent dans nos œuvres comme une contrainte épuisante, un asservissement suscitant lui-même un grave ennui, nuisant même au repos qui lui succède. Beaucoup expriment le désir d'y échapper, au profit d'une vie calme et contemplative.

En premier lieu, le travail est si pénible que le travailleur est totalement amorphe lorsqu'il en sort, ne profitant pas de son congé. Simone Weil pointe d'emblée cet aspect épuisant du travail qui l'empêcherait d'écrire si elle n'était pas en arrêt maladie : « Chaque effort en plus de ceux qui me sont imposés me coûte ». S'activer en usine occasionne des pathologies qui ruinent le repos. Dans ses « trois lettres à Albertine Thévenon », la jeune femme multiplie les mentions au corps souffrant, qui impose un repos obligatoire, n'ayant rien de joyeux : « Je profite des loisirs forcés que m'impose une légère maladie (début d'otite – ça n'est rien) pour causer un peu avec toi » (*La Condition ouvrière*, p. 51). Elle évoque des « maux de tête » persistants amplifiés par le travail sur les machines, et une grande tentation de la « demi-somnolence en dehors des heures de travail » (*La Condition ouvrière*, p. 53). Un peu plus loin, avant une ligne de points [...] suggérant sans doute son épuisement, elle envisage le moment où elle ne tiendra « plus le coup » et devra partir se « reposer » (*La Condition ouvrière*, p. 54). Mais ce temps de pause est perçu par avance comme d'un vide terrifiant car elle sera trop fatiguée pour en faire quelque chose d'intéressant : « Je ne sais que trop (à cause de mes maux de tête), ce que c'est que de savourer ainsi la mort tout vivant, de voir des années s'étendre devant soi, d'avoir mille fois de quoi les remplir et de penser que la faiblesse physique forcera à les laisser vides » (*La Condition ouvrière*, p. 56). Les loisirs sont donc obérés par la fatigue. Elle devrait, en travaillant huit heures par jour, avoir le temps de faire autre chose, mais non ! « Quant aux heures de loisir, théoriquement, on en a pas mal, avec la journée de huit heures ; pratiquement elles sont absorbées par une fatigue qui va jusqu'à l'abrutissement » (*La Condition ouvrière*, p. 67). Elle conclut sur l'épuisement que constitue le simple fait de rédiger une lettre dans ce contexte : « écrire me coûte un effort excessivement pénible « (*La Condition ouvrière*, p. 72) et affirme même être « tellement à plat » qu'elle en devient « impropre aux plaisirs de la conversation » (*La Condition ouvrière*, p. 255). Le travailleur est donc pris par une fatigue épuisante, qui empêche toute jouissance du repos qui le suit : « Tout le monde, dans toutes les situations, sait ce que c'est que d'être fatigué, mais pour cette fatigue-là, il faudrait un nom à part. Des hommes vigoureux, dans la force de l'âge, s'endorment de fatigue sur la banquette du métro. Pas après un coup dur, après une journée de travail normale. Une journée comme il y en aura encore une le lendemain, le surlendemain, toujours. En descendant dans la rame de métro, au sortir de l'usine, une angoisse occupe toute la pensée : est-ce que je trouverai une place assise ? Ce serait trop dur de devoir rester debout. Mais bien souvent, il faut rester debout. Attention qu'alors l'excès de fatigue n'empêche pas de dormir ! Le lendemain, il faudrait forcer encore un peu plus » (*La Condition ouvrière*, p. 271). Dans une de ses lettres à Auguste Detœuf, la philosophe répète que la cadence imposée au travail « ôte toute espèce d'intérêt aux heures passées hors de l'usine par l'excès de la fatigue » (*La Condition ouvrière*, p. 284). On emporte son âme « avec soi dans l'usine, où elle souffre ; le soir, cet épuisement l'a comme anéantie, et les heures de loisir sont vaines » (*La Condition ouvrière*, p. 335). Dans *Les Géorgiques*, lorsque les chèvres « rentrent au bercail, y ramènent leurs petits », elles « ont peine à franchir le seuil avec leur pis gonflé ». Elles ont tellement travaillé de façon autonome qu'elles sont épuisées, et Virgile recommande de mettre « d'autant plus de soins à les protéger du gel et des vents neigeux que leur besoin est moindre de l'assistance de l'homme ». Il faut accompagner les troupeaux dans le repos, les mener boire « aux puits et aux étangs profonds », chercher « une vallée ombreuse », les faire « paître encore au coucher du soleil, quand la fraîcheur du soir tempère l'air » (*Les Géorgiques*, p. 144-145). La maladie n'épargne pas les brebis qui se retirent alors « trop souvent sous un doux ombrage » et tombent « en paissant au milieu de la plaine » (*Les Géorgiques,* p. 149). Elles ne profiteront pas du repos et devront être abattues. « Fumant sous la dure charrue, le taureau s'affaisse et vomit à plein gosier un sang mêlé d'écume » (*Les Géorgiques,* p. 151). Les jeunes abeilles rentrent également « fatiguées à la nuit close » et peuvent aller « jusqu'à rendre l'âme sous leur fardeau » (*Les Géorgiques,* p. 160). Pour finir, dans la pièce inscrite à notre étude, Lubin explique à Madame Lépine que le travail épuisant et vain auquel il se livre ne l'autorise pas à profiter de moments paisibles chez lui, et inversement : les difficultés qu'il rencontre en rentrant ne lui permettent pas de se remettre sur pied après une dure journée de travail. « Quand arrive le soir » (*Par-dessus bord,* p. 351), il n'a donc aucun répit : « Si les affaires marchaient comme on voulait ça aiderait à être philosophe quand les choses se détraquent dans votre foyer/Si tout allait bien à la maison ça permettrait de garder le moral quand on ne prend pas la moitié des commandes qu'on prenait l'année précédente » (*Par-dessus bord,* p. 328-329). L'activité professionnelle épuise donc celui qui y est soumis, à tel point que le temps de pause qui lui succède n'est d'aucune efficacité.

Pire encore, le travail, loin d'en être le remède, peut engendrer l'ennui. Simone Weil souligne « l'ennui qui [se] dégage » du travail parcellaire (*La Condition ouvrière,* p. 52), menant à ne plus envisager que le « train-train vulgaire et quotidien de la vie » (*La Condition ouvrière,* p. 53). Le travail mécanique lié aux séries (placer des pièces sur une machine, manier le levier, enlever la pièce, compter, recompter) consiste à répéter les mêmes gestes, et se révèle d'une grande « monotonie », ce qui engage à la rêverie. Mais rêver ralentit : il faut donc « forcer encore » (expression qui constitue un *leitmotiv*), dans une tâche très solitaire, sans aucune communication, même par le regard, chacun se concentrant sur son objectif. « Personne ne sourit, personne ne dit un mot ». Le tout est très répétitif : « Voici ma machine. Voici mes pièces. Il faut recommencer. Aller vite… Je me sens défaillir de fatigue et d'écœurement. Quelle heure est-il ? Encore deux heures avant la sortie. Comment est-ce que je vais pouvoir tenir ? » (*La Condition ouvrière,* p. 266). Même la pause déjeuner est chronométrée et pénible : « ce repas n'est pas une détente » (*La Condition ouvrière,* p. 266). Il ne faut qu'« obéir, avec la complète passivité requise », pour « répéter les gestes du travail à la cadence imposée » (*La Condition ouvrière,* p. 285). Taylor a en effet élaboré une méthode fondée sur la « décomposition de chaque travail en mouvements élémentaires qui se reproduisent dans des travaux très différents » (*La Condition ouvrière,* p. 314). Cette monotonie est toujours une souffrance pour le salarié. « Si on arrive à s'y accoutumer, c'est au prix d'une diminution morale » (*La Condition ouvrière,* p. 322). « Le dégoût envahit l'âme, au cours d'une longue période de travail monotone » (*La Condition ouvrière,* p. 331). Ne pas envisager qu'un nouvel ordre (« seul facteur de variété ») va modifier notre tâche, « c'est se condamner à imaginer une répétition ininterrompue de pièces toujours identiques, des régions mornes et désertiques que la pensée ne peut pas parcourir ». Le dimanche soir, penser que cela va être ainsi durant toute la semaine qui suit devient « quelque chose de trop morne, de trop accablant » (*La Condition ouvrière,* p. 333). C'est alors pendant le travail que, dans un état semi-comateux en raison de la répétition des gestes, on aurait tendance à s'assoupir sous l'effet de l'ennui : « Cet enchaînement ininterrompu tend à plonger dans une espèce de sommeil, mais il faut le supporter sans dormir » (*La Condition ouvrière*, p. 338). Le début de la pièce de Michel Vinaver tend à confirmer ce côté mécanique et répétitif du travail commercial de Lubin. Alors qu'il débite un argumentaire rebattu, Madame Lépine note que sa façon de présenter les choses ne trompe plus personne ; il s'agit d'une habitude cachée sous un voile d'exceptionnel : « Quelque chose aujourd'hui à vous présenter de sensationnel/Tout est toujours sensationnel » (*Par-dessus bord*, p. 247). Le début du deuxième mouvement appuie ce triste constat : « Quelque chose de sensationnel aujourd'hui pour vous Madame Lépine/Comme chaque fois » (p. 266). Lorsqu'il démissionne, au cinquième mouvement de la pièce, Passemar affirme qu'il se voit « mal durer encore combien ? Vingt-trois ans » « dans le même trou » (*Par-dessus bord*, p. 387). Lubin démissionne pour la même raison : « Je leur ai dit vous me voyez remplir des fiches entrées et des fiches sorties du matin au soir ? » (*Par-dessus bord*, p. 393). Conséquence : « Lubin a décidé de nous quitter pour amorcer une nouvelle vie » (*Par-dessus bord*, p. 404). Dans *Les Géorgiques*, Virgile propose également l'image d'un travail très répétitif d'une année sur l'autre. « Le travail des laboureurs revient toujours en un cercle, et l'année en se déroulant le ramène avec elle sur ses traces » (*Les Géorgiques*, p. 127). La compagne du paysan doit charmer « par ses chansons l'ennui d'un long labeur » (*Les Géorgiques*, p. 106). Par conséquent, le travail peut, loin d'éloigner de l'ennui celui qui l'accomplit, le plonger dans la répétitivité et la monotonie.

Finalement, contrairement à ce que soutient Emmanuel Kant, il peut y avoir une joie simple à ne rien faire. Dans le troisième mouvement de *Par-dessus bord*, Jiji confirme à son futur époux qu'elle aime l'inactivité : « Comme ça t'aimes rien faire/Oui faire en général j'aime pas trop/Dormir ?/Non être sur le ventre sucer une paille ou bien me balancer » (*Par-dessus bord*, p. 295). Virgile évoque, quant à lui, la vie de « barbares » qui « mènent une vie tranquille et oisive dans des cavernes creusées profondément sous terre ». « Là, ils passent la nuit à jouer et s'enivrent, joyeux, d'une liqueur fermentée d'orge et de sorbes acides qui imite le jus de la vigne » (*Les Géorgiques*, p. 146). Simone Weil « aime » chez son amie Albertine Thévenon sa capacité à se « perdre tout entière dans un moment de joie élémentaire – causée par une perspective de maisons, une atmosphère humaine, une chanson, un coin de paysage, un bout de film, bref un morceau de vie bien chaude » (*La Condition ouvrière*, p. 55). Elle recommande à son élève Simone Gibert des « vagabondages joyeux à travers les montagnes » (*La Condition ouvrière*, p. 71), et conclut sa lettre de mars 1935 par cette injonction : « Jouissez du printemps, humez l'air et le soleil (s'il y en a), lisez de belles choses (*La Condition ouvrière*, p. 72). La grève d'ailleurs représente, pour notre philosophe, une parenthèse enchantée. Le simple fait d'entrer dans l'usine gardée par un ouvrier qui sourit, de retrouver les camarades dans un lieu où l'on a tant peiné, de circuler librement, parler, manger, alors que les machines sont à l'arrêt, de pouvoir y chanter, y rire, fait qu'on redresse la tête. Les machines muettes sont remplacées par des manifestations de la vraie « joie de vivre » (le mot « joie » revient en anaphore p. 275-276), « au rythme de la vie humaine – le rythme qui correspond à la respiration, aux battements du cœur, aux mouvements naturels de l'organisme humain – et non à la cadence imposée par le chronométreur » (*La Condition ouvrière*, p. 276). L'inactivité totale n'est donc pas totalement discréditée par nos trois auteurs.

Ainsi, le travail n'apparaît pas systématiquement comme le remède absolu contre l'ennui : il nuit à une détente réparatrice, suscite un sentiment de répétitivité et de monotonie, à tel point qu'on peut lui préférer l'inaction.

Dès lors, travailler pour éviter le désœuvrement n'est-il pas un objectif médiocre, qui manque d'ambition ? On ne peut réduire le travail à une échappatoire à l'ennui, consubstantiel à l'existence humaine. Nos auteurs font du travail l'expression de la vie même, une vie dans laquelle le travailleur puisse « se sentir » et se trouver, à la condition que ne pèsent pas trop de contraintes sur celui qui l'exerce.

Premièrement, la véritable « torture » dans le travail ne provient pas de l'ennui, la routine n'étant à exclure d'aucune activité humaine. Pour Simone Weil, il y a quelque chose de routinier dans nombre d'activités même sublimes, le travail ne faisant pas exception, et ce n'est pas pour cela que ces activités sont nuisibles[1] : « Certes, le travail n'est pas le jeu ; il est à la fois inévitable et convenable qu'il y ait dans le travail de la monotonie et de l'ennui, et d'ailleurs, il n'est rien de grand sur cette terre, dans aucun domaine, sans une part de monotonie et d'ennui ». Elle prend l'exemple d'une messe en chant grégorien, d'un concerto de Bach, qui, si admirables soient-ils, comportent une part de monotonie. « Nous devons réellement traverser le temps avec peine, minute après minute, cette peine est notre partage, et la monotonie du travail en est seulement une forme ». Mais il faut parvenir, par la pensée, et par notre maîtrise du temps, à sublimer cette monotonie, en percevant ce qui est à la fois toujours identique et jamais tout à fait le même. C'est l'exemple que nous donne le travail de la terre, dont doit s'inspirer le travail à l'usine : « La succession absolument uniforme en même temps que variée et continuellement surprenante des jours, des mois, des saisons et des années convient exactement à notre peine et à notre grandeur. Tout ce qui parmi les choses humaines est à quelques degrés beau et bon reproduit à quelques degrés ce mélange d'uniformité et de variétés ; tout ce qui en diffère est mauvais et dégradant. Le travail du paysan obéit par nécessité à ce rythme du monde ; le travail de l'ouvrier, par sa nature même, en est dans une large mesure indépendant, mais il pourrait l'imiter. C'est le contraire qui se produit dans les usines. L'uniformité et la variété s'y mélangent aussi, mais ce mélange est l'opposé de celui que procurent le soleil et les astres ; le soleil et les astres remplissent d'avance le temps de cadres faits d'une variété limitée et ordonnée en retours réguliers, cadres destinés à loger une variété infinie d'événements absolument imprévisibles et partiellement privés d'ordre ; au contraire l'avenir de celui qui travaille dans une usine est vide à cause de l'impossibilité de prévoir, et plus mort que du passé à cause de l'identité des instants qui se succèdent comme les tic-tac d'une horloge. Une uniformité qui imite les mouvements des

1. Je vous recommande de lire les p. 411 à 414, éclairantes sur ce sujet, même si elles ne sont pas inscrites à votre programme.

horloges et non pas ceux des constellations, une variété qui exclut toute règle et par suite toute prévision, cela fait un temps inhabitable à l'homme, irrespirable » (*La Condition ouvrière,* p. 348). Ce n'est donc pas la monotonie en tant que telle qui est nuisible, mais une certaine conception du travail, notamment du travail en usine, « où l'on se trouve nécessairement dans la même situation au dernier jour d'une période d'un mois, d'un an, de vingt ans d'efforts qu'au premier jour. [...] Dans cet espace, on tourne en rond » (*La Condition ouvrière,* p. 420). Si l'on trouve une finalité dans son travail, on sortira de ce cercle vicieux, en comblant le « vide » d'une telle existence (*La Condition ouvrière,* p. 423). On pourra alors arriver à une forme de fierté du travail accompli, de « joie de manger un pain qu'on a gagné » (*La Condition ouvrière,* p. 59). Virgile envisage le retour des saisons comme une évidence. Le travailleur de la terre s'y adapte volontiers, guidé par le soleil : « Le Soleil d'or, par les douze astres du monde, régit l'univers divisé en tranches déterminées. Cinq zones embrasent le ciel. [...] De là vient que nous pouvons, même par un ciel douteux, connaître d'avance les saisons, distinguer le temps de la moisson et le temps des semailles ; quand il convient de fendre avec les rames le marbre perfide des flots ou de lancer des flottes armées, ou de déraciner à propos le pin dans les forêts. Ce n'est pas en vain non plus que nous observons le coucher et le lever des astres et les diverses saisons qui se partagent également l'année » (*Les Géorgiques,* p. 104-105). La routine dans le travail est acceptable voire souhaitable pour qu'il soit efficace. Chez Michel Vinaver, Margerie et Benoît, que l'on voit deux fois au lit dans le deuxième mouvement, signe que cela ne leur est sans doute pas désagréable, résument ainsi la vie par cette alternance : « Manger travailler dormir/Faire l'amour/Deux fois par semaine » (*Par-dessus bord,* p. 288). Ainsi, notre citation, lorsqu'elle fait de l'ennui l'ennemi à combattre, se trompe peut-être de cible.

De plus, alors que Kant semble accepter, pour pallier l'ennui d'une existence contemplative, « une certaine contrainte » dans le travail, la vraie nuisance du labeur semble justement provenir de ce qui est imposé au travailleur et de la façon dont cela lui est imposé. Si on supprime les contraintes déshumanisantes, le travail ne sera plus une manière de s'oublier, comme le soutient aussi l'auteur de notre citation, mais plutôt une manière d'être pleinement soi-même, de se réaliser, ou d'accéder à une plus haute conscience de soi. Simone Weil envisage le travail non contraint comme cette possibilité de s'accomplir, en « un endroit où on se heurte durement, douloureusement, mais quand même joyeusement à la vraie vie. Pas cet endroit morne où on ne fait qu'obéir, briser sous la contrainte tout ce qu'on a d'humain, se courber, se laisser abaisser au-dessous de la machine » (*La Condition ouvrière,* p. 57). Notre philosophe se dit prête à se soumettre à toute discipline, pourvu qu'elle soit « humaine » (*La Condition ouvrière,* p. 283). Elle soutient que le travail peut « él[ever] le cœur » (*La Condition ouvrière,* p. 335). Néanmoins, elle déplore que « les joies du travail » puissent se trouver « reléguées au rang des impressions informulées, fugitives, disparues aussitôt que nées » si les chefs sont « les organes d'une subordination impersonnelle, brutale et froide comme le fer » (*La Condition ouvrière,* p. 335). « Il faut changer la nature des stimulants du travail, diminuer ou abolir les causes de dégoût, transformer le rapport de chaque ouvrier avec le fonctionnement de l'ensemble de l'usine, le rapport de l'ouvrier avec la machine, et la manière dont le temps s'écoule dans le travail » (*La Condition ouvrière*, p. 344). Elle établit aussi un lien de cause-conséquence entre le dégoût que l'on éprouve d'être déshumanisé et réduit en esclavage, réifié, au travail et la « vie privée » altérée de l'ouvrier. Lorsqu'il est en repos, ce dernier, frustré, comble le « vide » qui l'étreint par des « jouissances rapides et brutales », ce que notre philosophe corrèle à une forme de « corruption ». La « famille ne sera pas véritablement respectée » (*La Condition ouvrière*, p. 351). Modifier les modalités d'exercice du travail en en supprimant l'astreinte permet par conséquent de faire beaucoup plus qu'éloigner celui qui s'y livre de l'ennui : il s'agit d'instaurer un cercle vertueux dans ses loisirs, remplissant positivement l'existence du travailleur. Il faut, dans nos trois œuvres, que le travail soit le fruit d'une adhésion pleine et entière de l'être pour qu'il devienne « une expérience exaltante » (*Par-dessus bord*, p. 410), qui n'a rien à voir avec l'objectif à rebours fixé par Kant, ce que confirme Michel Vinaver à travers les mots de Benoît : « Ça me passionnerait de me jeter dans cette aventure-là » (*Par-dessus bord*, p. 302), « Ce qui compte c'est que grâce à vous nous avons pu montrer que l'action et la réussite dans ce pays sont possibles » (*Par-dessus bord*, p. 397). Virgile quant à lui ne cesse de chanter le bonheur de travailler, tant pour le paysan qui « a plaisir à planter Bacchus sur l'Ismare et à vêtir d'oliviers le grand Taburne » (*Les Géorgiques*, p. 117), que pour lui-même : « Un doux amour m'entraîne le long des pentes désertes du Parnasse ; il me plaît d'aller par ces cimes » (*Les Géorgiques*, p. 144). Le travail poursuit donc la visée positive d'épanouir l'homme lorsqu'il échappe à des contraintes désespérantes.

Enfin, alors que Kant oppose le travail à la contemplation passive de la beauté de la nature, nos œuvres le présentent comme accès à la beauté de la création. Virgile qualifie les cultivateurs de « trop fortunés » dans leur contact incessant à la splendeur de la nature : « Une vie qui ne sait point les tromper, riche en ressources variées, du moins les loisirs en de vastes domaines, les grottes, les lacs d'eau vive, du moins les frais Tempé, les mugissements des bœufs » (*Les Géorgiques*, p. 129). Pour notre poète, travailler la terre c'est élucider les indices que les dieux ont laissés pour aider les travailleurs : « Et pour que nous puissions connaître à des signes certains les chaleurs, et les pluies, et les vents précurseurs du froid, le Père lui-même a déterminé ce qu'annonceraient les phases de la lune, quel signe marquerait la chute des autans, quels indices souvent répétés engageraient les cultivateurs à tenir leurs troupeaux plus près des étables » (*Les Géorgiques*, p. 107). Le travail est donc étroite connivence entre les dieux et les paysans, fondée sur l'observation et le déchiffrage du monde. Dans *La Condition ouvrière*, il s'agit de faire du travail un moyen de dominer la matière, et c'est là un point d'accord entre Simone Weil et Jacques Lafitte : « Les machines doivent, au lieu de séparer l'homme de la nature, lui fournir un moyen d'entrer en contact avec elle et accéder quotidiennement au sentiment du beau dans toute sa plénitude » (*La Condition ouvrière*, p. 257). « Une seule chose rend supportable la monotonie, c'est une lumière d'éternité, c'est la beauté. Il y a un seul cas où la nature humaine supporte que le désir de l'âme se porte non pas vers ce qui pourrait être ou ce qui sera, mais vers ce qui existe. Ce cas, c'est la beauté » (*La Condition ouvrière*, p. 425). Le travail permet même l'accès à une transcendance comparable à celle qu'éprouvent Adam et Ève devant le spectacle de la création divine. Simone Weil s'en réfère à nouveau au « travail du paysan », lequel doit aménager la terre par ses efforts, et s'en trouve pénétré. Elle prend l'exemple du principe de la chlorophylle qui capte la lumière du soleil pour la transformer en nourriture, « l'énergie solaire devient chose solide et entre en nous comme pain, comme vin, comme huile, comme fruits. Tout le travail du paysan consiste à soigner et à servir cette vertu végétale qui est une parfaite image du Christ ». Et même dans le travail de l'ouvrier, les « lois de la mécanique » contiennent « des vérités surnaturelles » (*La Condition ouvrière*, p. 427). Dans la pièce de Michel Vinaver, c'est Jack qui exprime l'idée proche que « l'homme a besoin d'objets dans lesquels il projette ses désirs et ses peurs dans le temps il allait les trouver dans la nature la lune le serpent un rocher/Il y a eu Jéhovah les anges/Aujourd'hui la dynamique du développement économique vient apporter la relève » (*Par-dessus bord*, p. 353). Partant, on ne doit pas opposer le labeur intense à la contemplation de la création : le travail est une ouverture directe sur la beauté du monde.

Ainsi, la citation sur laquelle nous avons travaillé offre plusieurs matières à retournement : l'ennui, consubstantiel à l'existence, n'est pas à fuir à tout prix, tandis que la contrainte doit être réduite pour que le travailleur puisse s'approprier son activité dans la plénitude, ce qui lui permet d'accéder à une forme de beauté en même temps qu'il agit. On est donc loin de la contemplation passive que fuiraient Adam et Ève dans le tableau proposé par notre auteur.

Pour conclure, nous avons vu dans un premier temps que, comme le souligne Emmanuel Kant, le travail occupe l'homme qui s'ennuie lorsqu'il est passif, et qui apprécie le repos venant récompenser une forte activité : il n'est jamais aussi heureux de se reposer que lorsqu'il a bien travaillé. Malgré tout, nos œuvres nous ont montré que le travail pouvait mettre à mal toute tentative de repos, autant que susciter l'ennui auquel il était censé remédier. Certains assument leur préférence pour l'inactivité et le loisir. Dans un troisième temps, nous avons remis en question la hiérarchie instaurée par Kant : alors qu'il accepte la contrainte pour pallier l'ennui, nos œuvres discréditent les modalités asservissantes du travail, et semblent moins sévères avec la routine. Finalement, faire du travail un moyen de combler un vide en s'oubliant est assez réducteur dans la mesure où il offre l'accès à l'accomplissement et à la beauté du monde par l'activité. Et si, ainsi conçu, le travail permet d'être pleinement soi-même, toute l'existence du travailleur pourra s'en trouver modifiée, comme l'affirme André Gide, qui ajoute une note positive à la thèse soutenue par Emmanuel Kant : « Il n'y a vraie joie dans le repos, le loisir, que si le travail joyeux le précède » (*Journal* 1889-1939).

Dissertation n° 4

par Romain Berry

Sujet

Charles Baudelaire écrivit dans le feuillet 18 de *Mon Cœur mis à nu*, dont la publication eut lieu en 1887 : « Il faut travailler, sinon par goût, au moins par désespoir, puisque, tout bien vérifié, travailler est moins ennuyeux que s'amuser. » (Folio classique n° 6092, page 88). Dans quelle mesure cette citation permet-elle d'éclairer la lecture des trois œuvres au programme?

Éditions utilisées

La Condition ouvrière, Simone Weil, Folio essais n° 409, 1951, pages 51 à 76, 205 à 351, 389 à 397, 418 à 434.
Les Géorgiques, Virgile, G.F. n° 128, traduction de Maurice Rat.
Par-dessus bord (version hyper-brève), Michel Vinaver, Théâtre complet II, Actes Sud, 1969.

Dissertation rédigée

Dans le deuxième chapitre, « L'Ennui », de son ouvrage *L'Aventure, l'ennui, le sérieux* (1963), le philosophe français, d'origine russe, Vladimir Jankélévitch écrit que « [l']ennuyé ressemble au passionné qui a envie de faire une folie et qui invente mille bonnes raisons pour manquer de raison. L'ennui isole l'ennuyé, uniformise autour de lui les choses, favorise l'inertie ». Ainsi le philosophe proscrit-il l'ennui car, en créant le vide autour de lui, il rend l'homme faible et le pousse, dans une forme de conformisme bourgeois, à ne prendre aucun risque. En l'opposant à l'aventureux, éternellement tendu vers un « "*futurum proximum*" », perçu comme un « homme dégagé » qui « s'engage à fond », Jankélévitch affirme que l'homme qui s'ennuie se leurre dans une passivité mortifère. C'est pourquoi il est important de trouver des voies d'engagement qui « [déblaient] en plein réel des oasis de ferveur et d'intensité », qui « [exaltent] le délicieux décousu de l'existence ». Le travail est en une. Même s'il coûte beaucoup à celui qui s'y adonne, il demeure un moyen d'étoffer sa vie et d'en nier la vacuité. C'est pourquoi le poète Charles Baudelaire écrivit dans le feuillet 18 de *Mon Cœur mis à nu*, dont la publication eut lieu en 1887 : « **Il faut travailler, sinon par goût, au moins par désespoir, puisque, tout bien vérifié, travailler est moins ennuyeux que s'amuser.** » (Folio classique n° 6092, page 88). La citation proposée est construite sur une phrase complexe, avec, comme premier segment, une thèse explicitée par la formule impersonnelle à valeur injonctive et, comme second segment, la subordonnée causale qui développe le premier membre. Tout d'abord, Baudelaire part du constat qu'« [il] faut travailler » et, de façon péremptoire, pose le travail comme une obligation, dont la finalité n'est pas encore précisée. En généralisant son propos par le tour concessif « sinon par goût, au moins par désespoir », il suggère que peu importent les raisons pour lesquelles l'homme s'adonne à une tâche quotidienne du moment qu'il travaille en échange d'un salaire. Cependant, Baudelaire n'est pas dupe des souffrances physiques et morales qu'engendrerait la pire des besognes car il reconnaît que l'homme œuvre parfois par « désespoir », autrement dit, en ayant conscience qu'il n'a pas d'autres alternatives pour subvenir à ses besoins et à ceux de sa famille. Baudelaire n'exclut pas non plus le fait que l'homme puisse éprouver de l'enthousiasme à travailler mais reconnaît, par le balancement « sinon… au moins », que ce n'est pas toujours le cas. Finalement, qu'elles soient choisies ou forcées, intellectuelles ou matérielles, physiques ou spirituelles, les raisons pour lesquelles l'homme travaille sont diverses. Toutefois, Baudelaire restreint ensuite ce propos : en commençant la subordonnée par « puisque », il affirme que « travailler est moins ennuyeux que s'amuser ». Si la proposition causale est simplement formulée, il n'en demeure pas moins que son sens mérite d'être explicité. En effet, en utilisant un comparatif d'infériorité, l'auteur des *Fleurs du mal* suggère que le travail suppose une activité, une mise en mouvement, physique ou intellectuelle, un élan qui proscrit l'inertie. En s'adonnant à une tâche, même ingrate, l'homme ne verse pas dans la mélancolie de l'ennui et ne se perd pas dans des plaisirs vains et illusoires. En diachronie, l'adjectif « ennuyeux », construit par suffixation sur le terme « ennui », viendrait d'un hypothétique étymon en bas latin, *inodium*, qui serait lui-même un dérivé d'*odium*, « la haine ». Était alors « ennuyeux » ce qui provoquait un fort dégoût, une tristesse immense qui, en envahissant complètement l'homme, ne lui laisse aucune échappatoire possible. Toutefois, si l'ennui est subi quand l'homme travaille, puisque, en répétant la même tâche, il sait pertinemment qu'il s'enferre dans la monotonie d'une existence morose, cette lassitude est plus involontaire quand elle touche à l'amusement. En effet, le verbe « s'amuser » rentrerait en antithèse avec l'adjectif « ennuyeux », qui suppose un immobilisme que le divertissement, au contraire, s'ingénie à contrecarrer. Alors, il serait intéressant de résoudre cette tension en montrant que le simple fait de s'occuper l'esprit par le divertissement serait révélateur d'une forme de vacuité de l'homme, comme s'il choisissait l'amusement pour oublier sa condition de mortel, sa « misère » pour reprendre un terme cher à Pascal. En effet, en sous-entendant que le travail vaut mieux que l'amusement et qu'il n'est comparativement pas plus « ennuyeux », Baudelaire reprend la thèse pascalienne du divertissement. Dans *Pensées* (1670), Pascal écrivait : « De là vient que le jeu et la conversation des femmes, la guerre, les grands emplois sont si recherchés. Ce n'est pas qu'il y ait en effet du bonheur, ni qu'on s'imagine que la vraie béatitude soit d'avoir l'argent qu'on peut gagner au jeu ou dans le lièvre qu'on court, on n'en voudrait pas s'il était offert. Ce n'est pas cet usage mol et paisible et qui nous laisse penser à notre malheureuse condition qu'on ne recherche ni les dangers de la guerre ni la peine des emplois, mais c'est le tracas qui nous détourne d'y penser et nous divertit » (fragment « Divertissement », G.F. n° 266, page 96). Ainsi, toute tentative d'amusement serait une vanité pour faire oublier à l'homme qu'il est seul, perdu dans le néant d'un monde sans Dieu. Ainsi, l'homme qui travaille est-il moins « haïssable » que ne l'est celui qui s'étourdit en futiles amusements car, à y regarder de plus près, l'homme serait moins aliéné quand il travaille que lorsqu'il est sous « [le] soleil de la paresse, qui resplendit sans cesse au-dedans de lui », comme l'écrit Baudelaire en parlant du dandy Samuel Crammer dans *Le Fanfarlo* (1847). Le poète ne fait-il pas preuve d'une mise à distance *a posteriori* quand il écrit, dans ce feuillet 18, que, « tout bien vérifié », s'adonner à une rude tâche est moins avilissant que s'étourdir au milieu de mondanités ? N'est-ce pas un dandy vieillissant, bien différent de celui qui écrivit, au chapitre IX du *Peintre de la vie moderne*, que « [l']homme riche, oisif, et qui, même blasé, n'a pas d'autre occupation que de courir à la piste du bonheur », qui se *met à nu* entre 1864 et 1866 au crépuscule de sa vie quand il écrit qu'il « faut travailler » ? C'est pourquoi ce hiatus, riche de sens, implique de résoudre le paradoxe suivant : alors que travailler implique la création d'une routine dans laquelle l'homme s'enferme « sinon par goût, au moins par désespoir » pour des finalités qui lui sont propres, pourquoi alors, comme le fait Baudelaire, peut-on envisager le travail non pas comme source d'une mélancolie profonde qui viendrait ensevelir l'homme mais potentiellement comme une source de joie ? Il serait alors intéressant d'envisager, dans un premier temps, le travail comme « moins ennuyeux » que les plaisirs frivoles qui conduisent l'homme à s'amuser. Bien sûr, l'homme peut se lasser de son activité, même se sentir avili par une tâche quotidienne qu'il n'apprécie plus, mais il n'en demeure pas moins que le travail offre un chemin qui guide l'homme et le conduit vers la voie de la sagesse. Toutefois, et même trop fréquemment, travailler rime avec répéter. En exécutant toujours les mêmes gestes ou bien en côtoyant toujours les mêmes gens, l'ouvrier s'enferre dans un quotidien qui finit par le rendre las. En proie alors à une profonde tristesse, il perçoit son travail uniquement comme un fardeau. Alors, ne pourrait-on pas résoudre l'opposition du sujet en suggérant le travail comme plaisir, comme amusement ? Baudelaire semble exclure les deux notions en les considérant comme antithétiques, mais il serait peut-être plus intéressant d'envisager le travail comme un divertissement qui ferait oublier à l'homme sa condition de misérable mortel. Il serait alors plus pertinent d'envisager la dialectique entre travail et amusement sans le médium de l'ennui. Pour répondre à ces problématiques, nous nous appuierons sur *La Condition ouvrière* de Simone Weil, recueil de textes hybrides (lettres, brouillons d'articles de presse, extraits de conférences) dans lequel la jeune professeure de philosophie qu'elle était à l'époque raconte son expérience de travail dans différentes usines afin de ressentir au plus près ce que subit la classe ouvrière, sur le traité d'agriculture des *Géorgiques* du poète latin Virgile, écrit en 37 avant Jésus-Christ, sous la volonté pressante de Mécène – lui-même poussé par Octave – de faire la promotion d'un retour à la terre en décrivant une nouvelle Arcadie, ainsi que sur la pièce de théâtre *Par-dessus bord* (version hyper-brève) de Michel Vinaver, écrite en 1969, dans laquelle le dramaturge et ancien PDG de Gillette passe au vitriol les relations entre les employés et les stratégies commerciales de l'entreprise Ravoire et Dehaze qui vend du papier toilette.

Certes, le travail est « moins ennuyeux » que le divertissement car, bien que l'homme puisse se lasser de son activité, il ne s'étourdira pas. Le travail offre une voie, un chemin que l'homme pourra suivre pour y trouver le salut.

Tout d'abord, « [il] faut travailler ». C'est rarement un choix, souvent une nécessité, car le travail est un effort en vue de la production d'un service ou d'un bien que l'homme accepte en échange d'un salaire. Si certains ont la chance d'éprouver un certain « goût », comme le dit Baudelaire, quand ils se rendent quotidiennement sur leur lieu de travail, d'autres y vont de façon forcée, plutôt « par désespoir ». Dans les quatre livres des *Géorgiques*, Virgile appelle l'homme au travail en lui demandant de ne jamais se laisser aller à la paresse ou au divertissement. Au contraire, il doit se concentrer sur ce qu'il a à faire et ne pas se laisser tenter par l'oisiveté, ce qui sera un support de louanges pour le poète. C'est pourquoi il proclame : « je veux dès lors voir le taureau commencer de gémir sous le poids de ma charrue, et le soc resplendir dans le sillon qu'il creuse » (page 98). Cette admiration devant autant d'efforts est prolongée par des impératifs qui n'ont rien d'injonctif, mais qui témoignent d'un enthousiasme lyrique. Ainsi s'exclame-t-il : « Au travail donc, ô cultivateurs ! apprenez les procédés de cultures propres à chaque espèce ; adoucissez, en les cultivant, les fruits sauvages ; que vos terres ne restent pas en friche » (page 116), comme pour montrer que l'homme doit travailler sans sourciller et que, s'il le fait « par goût », sans sentir la contrainte, il n'en sera que plus heureux. Cette vision fondamentalement optimiste rejoint la position de Simone Weil qui part du constat que travailler est obligatoire et que l'homme ne pourra jamais y échapper. Elle critique, à ce propos, un brillant ingénieur dont elle tait le nom, qui passe son temps en « loisirs » (page 254). Pour elle, ce n'est qu'un « paresseux et toutes sortes de plaisirs occupent tous ses loisirs. Je crains qu'il n'y ait rien à en espérer » (page 254). Il faut donc que les hommes aient envie de travailler et de quitter tous les matins leur foyer. C'est pourquoi, « [il] faut changer la nature des stimulants du travail, diminuer ou abolir les causes de dégoût, transformer le rapport de chaque ouvrier avec le fonctionnement de l'ensemble de l'usine, le rapport de l'ouvrier avec la machine, et la manière dont le temps s'écoule dans le travail » (page 344). Elle précise que, certes, le chômage est à bannir, mais aussi le travail qui excite les désirs sans satisfaire les besoins. L'argent et la peur du renvoi sont les stimulants premiers de l'ouvrier, ce qui l'empêche de construire un lien stable et serein avec l'usine. Il faut donc trouver d'autres stimulants pour que le travailleur ait chaque jour envie de s'adonner avec ferveur à sa tâche. La philosophe propose quelques solutions, à commencer par la visite guidée de l'usine : des groupes d'ouvriers parcourraient l'usine, payés normalement avec en prime des explications techniques sur le devenir de leurs produits manufacturés. Elle va même plus loin encore, en émettant l'idée que l'ouvrier pourrait faire venir sa famille à l'usine car chacun « serait heureux et fier de montrer l'endroit où il travaille à sa femme et ses enfants » (page 345). Finalement, elle insiste sur le fait que l'argent ne fasse pas tout. Pour motiver l'ouvrier, il faudrait idéalement « déchirer le voile que met l'argent entre le travailleur et le travail. » (page 346 en haut), l'inciter à être fier de ce qu'il crée car cela répond à « des besoins sociaux » (page 345). Ainsi, Weil, comme Baudelaire, ne remet pas en question l'obligation du travail, mais cherche des expédients, afin de le rendre plus supportable et de faire en sorte que l'ouvrier contraint à travailler le fasse davantage « par goût ». De la même façon, le personnage de Passemar, dans la pièce de Michel Vinaver, raconte qu'il est entré chez Ravoire et Dehaze par nécessité financière car « il fallait vivre » (premier mouvement). D'ailleurs, dans ses quelques phrases d'autobiographie, il laisse entendre qu'avec une carrière correcte mais sans relief, il n'est qu'« un cadre qui faisait à peu près correctement son boulot » (premier mouvement). Il se sent peu valorisé, peu fier de lui-même et manque d'assurance. Lors de la fête annuelle de l'entreprise, alors qu'il est un peu ivre, il fait état de la médiocrité de sa situation en définissant Ravoire et Dehaze comme une « moyenne entreprise où [il est lui-même] un cadre moyen » (premier mouvement). Dans la suite de la pièce, au cinquième mouvement, Benoît le juge trop flegmatique et le met à l'épreuve. Passemar, ne sachant pas se mettre en valeur, tient des propos insolites, qui dénotent un manque de confiance et d'estime de soi, suggérant ainsi le peu d'appétence qu'il a pour son travail, même s'il l'a toujours fait du mieux qu'il a pu. Passemar, comme l'ouvrier chez Weil ou le brave paysan chez Virgile, serait l'exemple de ces hommes qui doivent travailler mais qui, trop souvent, le font « par désespoir », dans une forme de lassitude que chacun de nos auteurs s'emploie à circonscrire.

Alors, s'adonner à une tâche, aussi ingrate soit-elle, ne serait pas si « ennuyeux » à y regarder de plus près. Le travail suppose un mouvement, un élan, une mise en activité du corps et de l'esprit, bénéfiques à l'homme. En effet, à la différence de l'amusement durant lequel l'homme se laisse aller, le travail suppose une régénération de soi tout à fait louable. C'est pourquoi Baudelaire écrit dans le feuillet 88 de *Mon cœur mis à nu* : « à chaque minute nous sommes écrasés par l'idée et la sensation du Temps. Et il n'y a que deux moyens pour échapper à ce cauchemar, – pour l'oublier : le Plaisir et le Travail. Le Plaisir nous use. Le Travail nous fortifie. Choisissons. » (Folio classique n° 6092, page 126). Le paysan des *Géorgiques* ne connaît pas l'inertie tant il a toujours quelque chose à faire. Alors qu'on serait tenté de croire que le laboureur pourra se reposer en hiver – « Mets-toi nu pour labourer, mets-toi nu pour semer : l'hiver, le cultivateur se repose » (page 106) –, et qu'il pourra enfin jouir des fruits de son travail lors des moments de fête, ce n'est pourtant pas le cas. En effet, le paysan a de quoi faire en hiver : il doit cueillir les glands, les baies du laurier, tendre des pièges aux grues, aux cerfs, poursuivre les lièvres, abattre les daims… D'ailleurs, sa tâche est tellement dense qu'il n'a même pas le temps de réfléchir à ses décisions ou de tergiverser. Son activité se fait bien souvent dans l'urgence. C'est le cas quand, à la fin du livre III, il doit abattre les animaux malades. Si une brebis perd l'appétit ou bien cherche l'ombre ou tombe en paissant ou est la dernière, le paysan n'a rien d'autre à faire que de l'abattre rapidement afin de « [réprimer] le mal avec le fer, avant que l'affreuse contagion ne se glisse parmi le troupeau sans défense » (page 149). Quand « les maladies n'attaquent pas quelques individus isolés, mais enlèvent tout à coup des parcs d'été tout entiers, l'espoir du troupeau et le troupeau en même temps, et toute la race depuis son origine » (page 149), le berger doit prendre une décision rapidement :

soit il laisse les animaux malades, « leurs viscères ne [pouvant] être ni purifiés par les ondes ni vaincus par la flamme » (page 152), soit il décide d'abattre ses bêtes en sachant qu'il n'a pas d'autres choix car quiconque les touche voit « aussitôt des pustules ardentes et une sueur immonde couvrir ses membres infects, et ne tarde plus longtemps à périr dévoré par les atteintes du feu maudit » (page 152). Ainsi, travailler oblige à rester sur le qui-vive et ne se définit pas par l'ennui. De même, Vinaver décrit le travail comme une sortie de la léthargie pour l'homme qui, consciencieux et appliqué, est désireux de donner le meilleur de lui-même et de faire avancer l'entreprise. Telle est la position de Benoît et de Dutôt chez Ravoire et Dehaze. Ils incarnent ces jeunes loups, rompus aux techniques commerciales « à l'américaine » (deuxième mouvement) – d'ailleurs Benoît a un « sourire américain » (deuxième mouvement) – et formés au *marketing* moderne. Ils ne parlent que du produit, de sa conception, de son nom, et ne s'attardent pas sur le bien-être des employés et les relations qu'ils entretiennent au sein de la firme. Face à eux, il y a Fernand et Olivier, qui symbolisent l'entreprise à la française, paternaliste, qui définissent Ravoire et Dehaze comme « une famille » (deuxième mouvement), qui sont entièrement dévoués à l'esprit d'entreprise, qui, appartenant à un Moyen-Âge dépassé et archaïque, sont des « [seigneurs] d'un autre temps » (deuxième mouvement), qui « se tueraient pour la maison » (deuxième mouvement). Si Olivier est décrit comme un/une moule par Margerie, Benoît est, au contraire, porté vers l'avenir, sans cesse en quête d'idées nouvelles, résolument dynamique. Quand il évoque le lancement du nouveau produit comme une « aventure à laquelle [il] destine l'entreprise » (quatrième mouvement) ou bien quand il propose « une attitude bondissante » (quatrième mouvement) et son « apport de sang neuf » (quatrième mouvement), nous voyons combien le travail de PDG n'a rien d'ennuyeux. Au contraire même, il y a quelque chose qui relève du défi, de la prise de risque, qui doit permettre à l'employé de continuellement se dépasser en donnant le meilleur de lui-même. C'est pourquoi, pour sauver son entreprise, Benoît « exige une attitude absolument nouvelle partir de zéro vivre une aventure avec tout ce que cela comporte de rigueur de don de soi » (troisième mouvement). Il est convaincu qu'avec son produit « il y a plus de place qu'il n'en faut » (troisième mouvement), mais ne néglige pas pour autant la place que chacun prend dans ce qui sera une réussite collective. D'ailleurs, quand il clame que « [lui] ça [le] passionnerait de [se] jeter dans cette aventure-là » (troisième mouvement) ou bien qu'« [il se croit] capable de réussir » (troisième mouvement), il se dépeint comme un chef d'entreprise courageux et providentiel à l'*éthos* messianique, refusant l'inertie, avide de conquérir le marché du papier toilette. Cet éloge de l'activité est aussi défendu par Simone Weil dans *La Condition ouvrière*, notamment dans sa lettre à Simone Gibert. Cette jeune fille a pour « principal objectif de connaître toutes les sensations possibles » (page 68), ce qui ne la mènera pas à grand-chose. Car, pour Weil, « la réalité de la vie, ce n'est pas la sensation, c'est l'activité » (page 69), car « [ceux] qui vivent de sensations ne sont, matériellement et moralement, que des parasites par rapport aux hommes travailleurs et créateurs qui seuls sont des hommes » (page 69), d'où le fait qu'il faille être sans cesse dans l'activité et ne pas rechercher les sensations. Ceux qui travaillent « en reçoivent néanmoins de bien plus vives, plus profondes, moins artificielles et plus vraies que ceux qui les recherchent » (page 69). Ainsi la philosophe défend-elle, elle aussi, le travail comme source d'action, comme ce qui permet à l'homme de sortir de la sensation et de rester actif coûte que coûte. Le travail régénère l'homme en lui insufflant un élan régénérateur qui va le redynamiser.

Car le divertissement n'est qu'une vanité pour faire oublier à l'homme à quel point il est misérable. En recherchant les plaisirs ou « les sensations » pour reprendre le lexique de Weil, il s'égare, il erre, rongé par l'ennui. Le travail offre donc une alternative plus intéressante : en fixant son attention sur des tâches qui, très souvent, demeurent variées, l'homme pourrait peut-être y trouver la lumière, celle de Dieu. Telle est la thèse de Simone Weil qui critique acerbement les « gens qui n'ont vécu que de sensations et pour les sensations » (page 69), car ce sont « en réalité les dupes de la vie, et, comme ils le sentent confusément, ils tombent toujours dans une tristesse profonde où il ne leur reste d'autre ressource que de s'étourdir en se mentant misérablement à eux-mêmes » (page 69). Elle précise son propos en donnant l'exemple de l'amour qui est « quelque chose de grave où l'on risque souvent d'engager à jamais et sa propre vie et celle d'un autre être humain » (page 69), « quelque chose d'odieux » (page 69) à bannir de la vie quotidienne. Il n'est qu'une vanité face à laquelle Weil nous met d'ailleurs en garde quand elle dit que « rechercher l'amour pour voir ce que c'est, pour mettre un peu d'animation dans une vie trop morne, etc., [lui] paraît [dangereux] et surtout puéril » (page 70). C'est une idée que l'on retrouve dans l'œuvre de Virgile qui dépeint, lui aussi, l'amour comme une vanité, beaucoup plus haïssable que le travail. Certes, l'amour nous aliène lui aussi mais, pire encore, il entraîne parfois la mort. Virgile prend alors pour exemple un jeune homme d'Abydos, Léandre, qui traversait toutes les nuits l'Hellespont à la nage pour aller rejoindre sa maîtresse Héro. Il se noya un soir de tempête : rien n'a pu « le faire renoncer à son entreprise » (page 143). Plus généralement encore, la philosophe défend un mode de vie humble, fondé sur des besoins modestes qui rejettent le superflu. C'est pourquoi, à la fin de l'œuvre, elle s'indigne en disant que « [toute] la publicité, toute la propagande, si variée dans ses formes, qui cherche à exciter le désir du superflu dans les campagnes et parmi les ouvriers doit être regardée comme un crime » (page 432). Car seul le travail permet à l'homme de se tourner vers ce qui existe et non vers ce qui sera, vers ce qui est au moment présent sans l'égarer, en somme. En effet, « [tout] ce qui est beau est objet de désir, mais on ne désire pas que cela soit autre, on ne désire rien y changer, on désire cela même qui est. » (page 423). Elle continue son argumentation en évoquant le statut de la poésie, souvent considérée comme un luxe, mais pourtant nécessaire car « [le] peuple a besoin de poésie comme de pain. Non pas la poésie enfermée dans les mots ; celle-là, par elle-même, ne peut lui être d'aucun usage. Il a besoin que la substance quotidienne de sa vie soit elle-même poésie. » (page 424). Ainsi suffit-il au travailleur de lever la tête et de voir Dieu, créateur de cette poésie sur terre. C'est un acte compliqué, surtout quand le corps est courbé depuis des années. C'est pourquoi il faut des intermédiaires pour accéder aux mystères divins, « pour soutenir l'orientation vers Dieu. » (page 424) car « [les] seuls objets sensibles où ils puissent porter leur attention, c'est la matière, les instruments, les gestes de leur travail. Si ces objets mêmes ne se transforment pas en miroirs de la lumière, il est impossible que pendant le travail l'attention soit orientée vers la source de toute lumière » (page 425). Ainsi le travail doit-il nous mener vers Dieu et vers la joie car « [il] ne suffit pas de vouloir leur éviter des souffrances, il faudrait vouloir leur joie. Non pas des plaisirs qui se paient, mais des joies gratuites qui ne portent pas atteinte à l'esprit de pauvreté » (page 434). Loin de nous égarer, le travail nous mène sur le chemin lumineux du divin, il offre un contrepoint qui n'a rien d'ennuyeux, rien d'haïssable. Michel Vinaver est, lui aussi, critique à l'égard de toute forme d'amusement qui amollirait l'homme et finirait par le déshumaniser. Dans le récit que fait Jiji de Lucas à la piscine Molitor, Lucas coule avec sa chaise dans la piscine, puis enlève ses vêtements, avant que la chaise « [devienne] une chose libre flottant » (troisième mouvement). Lucas, lui aussi, « devient une chose libre un flotteur » (troisième mouvement). Jiji attache des ballons rouges à son corps, pendant que d'autres lui rasent les cheveux et désignent les ballons comme « les résidus de toutes les actions » (troisième mouvement), simple métaphore, en somme, de cet état d'oisiveté qui finira par être mortifère quand les autres feront éclater les ballons et que Jiji manquera de se noyer. Plus encore, la passion de Margerie pour les tabatières est, bien sûr, dénoncée comme une vanité, car c'est un symbole de la duplicité et de l'intérêt de l'Américaine pour Benoît, PDG de Ravoire et Dehaze. Quand ce dernier décide de faire estimer la collection afin de financer son nouveau projet dans l'entreprise, Margerie, scandalisée, s'insurge. Benoît, peu inquiet, analyse sa réaction comme un « [petit] caprice qui [lui] passera » (quatrième mouvement), autrement dit comme un plaisir frivole. Injustement perçu comme « ennuyeux », comme le rappelle Baudelaire, le travail est source de bonheur, à l'instar des propos de Cohen, qui avoue être « plus heureux maintenant [que] le travail est plus intéressant » (cinquième mouvement). Ainsi, pour Vinaver comme pour Weil, le travail est tendu vers un élan mystique qui apporte la plénitude et la sérénité à l'homme. Si le divertissement finit par ennuyer, égare, voire génère des dissensions, l'activité humaine, au contraire, relie ce qui a été délié. Tel est le cas des danseurs de Passemar qui s'insurgent contre la dimension scatologique de la pièce mais qui « raffolent de ces épisodes de la guerre entres les Ases et les Vanes » (quatrième mouvement). Ils y voient une métaphore de leur propre travail d'acteur. En effet, de même que le confit entre les Ases et les Vanes finira par un échange d'otages en guise de paix durable, les danseurs considèrent que l'« occupation délibérée du plateau » (quatrième mouvement) se soldera par un élan mystique vers un état supérieur qui réunirait les êtres entre eux et avec eux-mêmes, car « au désastre succédera un renouveau » (cinquième mouvement), un sentiment de plénitude que de vains amusements ne peuvent pas garantir. Virgile nous met, lui aussi, en garde contre la tentation de l'amusement qui serait illusoirement moins ennuyeux que le travail. Il prend l'exemple des abeilles dans le livre IV. Il incite l'apiculteur à suivre des yeux l'essaim, quand les abeilles sortent au printemps, parce qu'elles ont tendance à se disperser.

Le poète enjoint à l'homme de répandre de la mélisse et de la cérinthe, de faire retentir l'airain et les cymbales de Cybèle. Alors, « [d']elles-mêmes, les abeilles se poseront aux emplacements ainsi préparés ; d'elles-mêmes, elles s'enfermeront, suivant leur habitude, dans leur nouveau berceau » (page 157). D'ailleurs, Virgile n'évoque que très rarement l'ennui que procure le travail. Bien au contraire, il décrit la variété des travaux du paysan qui doit œuvrer et avoir des connaissances spécifiques dans des domaines très différents. En ce qui concerne la botanique, le poète donne l'exemple d'arbres qui nécessitent tous un soin particulier, à l'instar des oliviers qui aiment les tronçons ou des coudriers qui naissent de surgeons. D'ailleurs, à la variété des travaux agricoles répond la pluralité des savoir-faire car « [il] n'est pas qu'une manière de greffer en fente ou en écusson. Car, à l'endroit où des bourgeons sortent du milieu de l'écorce et en crèvent les tuniques légères, on fait dans le nœud même une entaille étroite » (page 117). Plus généralement encore, ce sont dans les commentaires métadiscursifs du poète que le lecteur peut vraiment se rendre compte de l'immense richesse du travail poétique, quand il renonce à finir son œuvre et laisse un autre l'achever (« Mais je passe sur ces développements, gêné par une carrière trop étroite, et laisse à d'autres sur ce point le soin de traiter le sujet. » (page 159)) ou bien quand il envisage de composer un autre recueil à la fin de sa vie. Ayant ainsi loué le travail dans *Les Géorgiques*, il envisage possiblement de chanter la beauté des jardins qui fleurissent deux fois par an, ainsi que celle des légumes, des plantes et des fleurs. Le repos n'est donc pas envisagé et reste une vanité pour celui qui a constamment à faire. Il est même dangereux. En effet, quand le berger Protée se repose sur un rocher, Aristée parvient à le saisir ; il lui laisse à peine le temps d'étendre ses membres qu'il s'élance sur lui, le saisit, lui passe les menottes. Protée se transforme en feu, bête, eau, et finit par redevenir lui-même, prisonnier d'Aristée. Alors, si le divertissement apporte un ennui sur la durée, le travail peut, quant à lui, se diversifier et devenir le support d'une forme de joie qui ravit l'homme et qui serait moins dangereuse que le repos.

En somme, il ne fait aucun doute, comme le souligne Baudelaire, que l'homme doive travailler pour ne pas tomber dans la paresse et l'inertie, deux travers qui seront beaucoup plus « ennuyeux » que peut l'être la répétition de mêmes gestes et de mêmes tâches. Mieux encore, le travail éclaire la vie de l'homme et lui apporte quotidiennement de nouvelles sources de satisfaction qui le raviront.

Toutefois, par la routine qu'il engendre, le travail est aussi source d'ennui. Il devient même haïssable, car mortifère, dans la mesure où il ensevelit l'homme, l'*enferme* et l'*enferre*.

A priori, rien n'est plus « ennuyeux » que la tâche que l'homme devra effectuer toute sa vie. Condamné à répéter les mêmes gestes, à côtoyer les mêmes gens durant sa carrière, il ne pourra pas échapper à la lassitude. S'il décide de changer d'activité, son bonheur sera de courte durée, car il sera très vite confronté à une autre routine qui se superposera à la première et qui le désillusionnera cruellement. Virgile évoque la routine irrémédiable dans lequel s'enferme malgré lui le paysan, car « [le] travail des laboureurs revient toujours en un cercle, et l'année, en se déroulant le ramène avec elle sur ses traces » (page 127). De la même façon dans *Par-dessus bord*, Passemar est très sceptique sur les annonces rassurantes de la United Paper, persuadé qu'« avec la fusion rien ne va changer on dit ça mais on sait que tôt ou tard tout va changer pour le meilleur ou pour le pire » (sixième mouvement). À ce propos, on peut comprendre la dernière phrase de la pièce (« De sorte que la fin rejoint le commencement » (sixième mouvement)) comme le constat désenchanté d'une boucle sans fin dans laquelle sont pris les employés de l'entreprise. Cette idée d'enfermement était déjà mise en valeur par la métaphore de la boîte qui parcourt la pièce. En effet, Grangier, débordé par le retour des marchandises, soumet à Olivier sa démission. Il ne supporte plus l'« atmosphère systématique d'incompréhension » (deuxième mouvement), le manque de communication et les problèmes de stockage. Grangier en dresse un bilan sans concession en disant que « c'est la boîte entière qui fout le camp, il n'y a plus de boîte il n'y a plus que les gens et les gens c'est jamais très joli quand il n'y a plus de boîte pour leur donner le sentiment qu'ils font quelque chose en commun » (deuxième mouvement). Le mot « boîte » est prononcé trois fois en seulement quelques répliques, signe que l'ouvrier, miniaturisé, est enfermé dans un huis clos qui contraint ses membres quand il y est et qui l'obsède quand il est chez lui. Simone Weil, quant à elle, va plus loin encore en expliquant que le pire pour l'homme est la sensation de ne pas avancer, de tourner en rond, surtout quand il s'est démené pour son activité. En proclamant que « [la] ressemblance est l'impossibilité de désirer une chose autre que celle qu'on possède, d'orienter l'effort vers l'acquisition d'un bien. On fait effort seulement pour vivre » (page 420), elle suggère tout le tragique de la condition humaine, avilie et réduite dans un cercle réificateur, elle note plus qu'elle explique, par une syntaxe hachée et un style coupé, le travail mécanique (placer des pièces sur une machine, manier le levier, enlever la pièce, compter, recompter) qu'on lui impose. On serait tenté de croire qu'une telle monotonie invite à la rêverie, mais ce n'est pas le cas. Rêver ralentit le rythme de travail, puisque chacun se concentre sur sa tâche, il n'y a pas de communication, pas de regard et de chaleur entre les ouvrières de l'usine : « Personne ne sourit, personne ne dit un mot » (page 266). Ainsi la monotonie est-elle la première cause de servitude, si bien que tous les travailleurs en viennent à être dégoûtés (« le dégoût envahit l'âme, au cours d'une longue période de travail monotone » (page 331)). En même temps, Weil n'est pas idéaliste et ne croit pas aux vertus du travail nouveau qui n'est, finalement, guère valorisé car vecteur de servitude future : « Le travail nouveau est imposé tout d'un coup, sans préparation, sous la forme d'un ordre auquel il faut obéir immédiatement et sans réplique » (page 332). Quand l'ouvrier se lasse de sa tâche, il est normal qu'il désire faire autre chose sans forcément qu'on l'y autorise : l'homme désire ce qu'il n'a pas. C'est pourquoi « [le] désir est une orientation, un commencement de mouvement vers quelque chose » (page 419). Si le mouvement du désir est circulaire et se nourrit éternellement de ce que l'ouvrier pourrait avoir, l'homme est comme un écureuil qui tourne en rond, ce qui « produit vite l'écœurement » (page 419). Elle conclut en affirmant, comme une sentence, que « [l']écœurement, la lassitude, le dégoût, c'est la grande tentation de ceux qui travaillent, surtout s'ils sont dans des conditions inhumaines, et même autrement » (page 419) et qu' « il est à la fois inévitable et convenable qu'il y ait dans le travail de la monotonie et de l'ennui, et d'ailleurs il n'est rien de grand sur cette terre, dans aucun domaine, sans une part de monotonie et d'ennui » (pages 347-348). Le travail porte en germe cet ennui, tout à fait symptomatique de la condition de l'homme sur terre qui peine à trouver de la joie pure autour de lui. D'ailleurs, Weil reconnaît avec fatalité que la monotonie touche l'homme dans tous les domaines, « dans un concerto de Bach » (page 348) ou bien « dans une messe en chant grégorien » (page 348).

En disant que « tout bien vérifié », le travail est « moins ennuyeux » que le divertissement, Baudelaire ne nie pas et ne minimise pas l'ennui de celui qui s'adonne avec ferveur à une tâche ingrate. Mais il en oublie, en revanche, la puissance mortifère. La monotonie du travail est telle qu'elle provoque l'engourdissement du corps et la sclérose de la pensée. Parfois même, la routine est tellement bien installée que la tâche de l'ouvrier, tellement déshumanisé, n'est même plus prise en compte par ses supérieurs ; il se contente alors de peiner dans une immense solitude. Le travail renoue alors avec le *tripalium* latin qui désignait l'instrument de torture. Dans l'œuvre de Virgile, c'est assez patent quand les paysans, animalisés, sont contraints à remplacer les bêtes atteintes par une sombre épidémie. En effet, devant la mort des troupeaux, ce sont bien eux qui font le travail des animaux et qui « fendent à grande peine la terre avec les herses, enfouissent les semences avec leurs ongles mêmes, et gravissent les montagnes en traînant, le cou tendu, de gémissants chariots » (page 151). Chez Vinaver aussi, le corps, autrefois oppressé, est tellement engourdi par des efforts qui l'ont malmené qu'il devient inanimé, à l'instar de celui de Fernand Dehaze, qui, neuf jours après son infarctus, « n'a pas repris connaissance » (deuxième mouvement). Cette anesthésie est celle aussi qui touche l'ouvrier quand il sort de l'usine. Car, comme le décrit Simone Weil dans *La Condition ouvrière*, il a « le corps vidé de toute énergie vitale, l'esprit vide de pensée, le cœur submergé de dégoût, de rage muette, et par-dessus tout cela, d'un sentiment d'impuissance et de soumission » (page 265). Il est incapable de se projeter plus loin que la fin de la journée. Cependant, le travail s'effectue aussi avec beaucoup de violence, quand il est forcé et prend la forme d'un esclavage. En effet, dans *Par-dessus bord*, le jeu de mots sur le terme « action » au troisième mouvement de la pièce est révélateur de cette frontière très mince entre dynamisme et aliénation physique. Dans une conversation entre Alex et Jiji sur ce qu'est l'action, Alex remotive le terme en utilisant l'orthographe allemande, « Aktion », utilisée par les nazis pour suggérer, d'une part, l'ignominie des tâches à effectuer dans le milieu concentrationnaire, d'autre part, la barbarie des actes des SS qui « fouillent les maisons où sont déclarés les Juifs » (troisième mouvement). Il poursuit en énumérant méthodiquement les tortures infligées par les nazis : « les vieux sont emmenés faire de la gymnastique sur un terrain de hockey et là on les divise en deux groupes ceux qui étaient devant sont relâchés libres ils rentrent chez eux ceux qui étaient derrière passent la nuit sur le terrain de hockey entre les mains des ss qui les font courir sous une pluie de coups de matraque et qui piétinent à mort ceux qui tombent ça c'était la première aktion dans la ville de Lvov » (troisième mouvement). Il décrit ainsi toutes les « aktions » liées au travail de purification nazie. Ainsi le travail anéantit les corps et dévoile la face sombre de l'homme prêt à tout pour atteindre ses objectifs, y compris à faire en sorte qu'une « hache [s'abatte] dans tous les secteurs » (quatrième mouvement). D'ailleurs, c'est en des termes meurtriers que Lubin annonce son départ à Madame Lépine. Poussé à partir, il avoue que « ça [lui] porte quand même un coup » (cinquième mouvement) et qu'il ne comprend pas « comment on mène à l'abattoir ses anciens représentants parce que le bâtard s'est entouré d'une bande de fumiers qui tueraient leur propre mère si ça pouvait servir leur carrière » (cinquième mouvement). Simone Weil note aussi les méfaits de cette violence dans la deuxième lettre à Albertine Thévenon. Selon elle, la pire souffrance provient de ce qui brise « la vitalité et par conséquent la capacité de travail » (page 56), d'où l'impression qu'a l'ouvrier d'être un « mort tout vivant » : il voit tant de choses à faire, tant d'années à vivre, mais il sait d'ores et déjà qu'elles resteront vides car il sera trop fatigué pour les remplir. Ainsi le travail est-il décrit comme un esclavage, comme une grande souffrance. Alors, quand Baudelaire sous-entend que travailler a des vertus et que, tout compte fait, il est « moins ennuyeux » que toute sorte de divertissement, il ne tient pas compte de la puissance dévastatrice du travail qui annihile toute vie intérieure, soit dans une léthargie qui fait de l'ouvrier un moribond, soit dans une violence qui le réduit à néant.

C'est pourquoi le fait que l'homme puisse jouir de moments de repos après un labeur ingrat qui aura nécessité une lourde dépense d'énergie est tout à fait compréhensible. Il ne verra jamais le divertissement comme plus « ennuyeux ». Désireux d'aller vers plus de légèreté, l'homme accomplit sa tâche quotidiennement sans oublier le repos de la fin de semaine, et, plus tard, celui des vacances. Tout corps endolori et tout esprit aliéné ont eux aussi droit à de brefs instants de répit. Tel est l'un des enjeux de *La Condition ouvrière*. Weil déclare que, pour supporter le travail et sa dureté, il faut des compensations comme l'ambition d'une autre condition sociale. Les plaisirs faciles et violents sont un autre exemple. En effet, elle remarque que, le dimanche, l'ouvrier a toujours envie d'oublier son travail et donc de dépenser, d'être habillé différemment de la semaine. La philosophe le comprend très bien et conclut en disant qu'« [il] faut des satisfactions de vanité et des illusions de puissance que la licence procure très facilement » (page 421). De même, la tentation de la débauche est comme un stupéfiant agréable pour celui qui souffre. Il en va de même du désir de révolution : « c'est l'ambition transportée dans le collectif, la folle ambition d'une ascension de tous les travailleurs hors de la condition des travailleurs » (page 421). Enfin, elle pense qu'écrire serait aussi un passe-temps qui n'aurait rien de vain dans la mesure où il aiderait les ouvriers à se libérer. Elle n'est pas dupe, elle sait très bien qu'elle leur en demande trop car ils ont envie de se détendre : « Je sais bien : quand on a fait ses huit heures, on en a marre. On en a jusque-là pour employer des expressions qui ont le mérite de bien dire ce qu'elles veulent dire. On ne demande qu'une chose, c'est de ne plus penser à l'usine jusqu'au lendemain matin. C'est un état d'esprit tout à fait naturel auquel il est bon de se laisser aller » (pages 205-206). Elle reconnaît aussi que, « [quand]

on est dans cet état d'esprit, on n'a rien de mieux à faire qu'à se détendre : causer avec des copains, lire des choses distrayantes, prendre l'apéro, faire une partie de cartes, jouer avec ses gosses » (page 206). De même, dans la « Conférence sur la rationalisation », Weil pose la question du « régime le plus désirable » (page 304) et de la meilleure organisation possible à l'usine, en s'étonnant que personne n'ait réfléchi au problème jusque-là. Elle excuse, cependant, les ouvriers de ne pas avoir traité sérieusement la question, en raison de leurs « préoccupations immédiates, urgentes, quotidiennes » (page 304), leur tâche les empêchant d'analyser le problème et d'élaborer des théories sur ce qu'ils subissent au quotidien. Ayant un réel besoin de divertissement, ils ne souhaitent que « s'évader » (page 304). C'est, d'ailleurs, ainsi que le poète Virgile considère le travail du laboureur en hiver. En effet, « [pendant] les froids, les laboureurs jouissent d'ordinaire du fruit de leurs travaux, en donnant tour à tour de gais festins entre eux » (page 106). Comme ils sont déliés de leurs tracas du quotidien et des caprices des dieux, « [l']hiver aux bons génies les régale et chasse leurs soucis » (page 106). Chez Vinaver, le divertissement est à lier à la thématique du carnaval, moment de l'année durant lequel le haut et le bas s'inversent au nom d'une régénération des forces vitales. Si Weil envisage aussi cette inversion des rôles lors de la grève (« on ne veut pas se laisser rouler, être pris pour des imbéciles. Après avoir passivement exécuté tant et tant d'ordres, c'est trop bon de pouvoir enfin, pour une fois, en donner à ceux mêmes de qui on les recevait » (page 277)), le dramaturge procède différemment. Pour lui, le renversement des rapports hiérarchiques est l'occasion d'offrir au spectateur un moment de détente psychologique. Ainsi, lors du premier intermède, Passemar, le dramaturge, est brutalisé par ses danseurs qui « [le] cognent, plaquent à terre, piétinent, relèvent, jettent en l'air » (premier mouvement), puis, placé sur la caisse « comme sur un trône » (premier mouvement) et mené en « procession » (premier mouvement), il est comme le roi du carnaval. Peut-être est-ce là une figuration de son rôle dans l'entreprise Ravoire et Dehaze qui étrille ses employés et les violente. En effet, la variation des situations (ballotté un jour, mis sur un piédestal le jour suivant) peut être aussi la désignation bouffonne de l'auteur comme roi des fous, à analyser comme une pause, un intervalle comique durant lequel, comme au carnaval, tout est permis. Ainsi le théâtre servirait-il de divertissement qui permettrait de se libérer des tensions du travail et de la vie quotidienne. C'est d'ailleurs ce que pense Passemar quand il déclare que « le seul théâtre qui fasse des recettes est un théâtre qui répond à la demande d'un public qui est le public de la société de consommation » (quatrième mouvement). Alors, tout divertissement servirait de contrepoint à l'ennui. Il offrirait à l'homme un moment durant lequel il pourra regagner des forces et vivre pour lui, sans inféodation quelle qu'elle soit.

Pour tout homme qui se démène et peine lors de ses heures de travail, la phrase de Baudelaire serait presque perçue comme une provocation. Le travail a tout d'« ennuyeux », dans la mesure où il enferme dans une routine mortifère et qu'il suscite un immense dégoût que les brefs instants de repos ne suffiront sans doute pas à résorber.

Ainsi, ne peut-on pas envisager que le travail soit corrélé à l'amusement et que l'un se nourrisse de l'autre simultanément ? Dans cette optique, le travail serait alors lui aussi un divertissement, qui viendrait « détourner » – rappelons que le terme « divertissement » est construit sur le verbe latin *verto* qui signifie « tourner », « se tourner » – l'homme de sa misère, en lui apportant une forme de bonheur et de légèreté. Il ne s'agit pas de passer sous silence les souffrances voire les sacrifices qu'il implique mais d'éclipser l'ennui dont parle Baudelaire et d'envisager le travail dans une perspective plus lumineuse, moins fataliste.

D'une part, travailler peut être aussi synonyme de « s'amuser » dans la mesure où l'activité quotidienne implique une créativité, une stimulation de l'esprit qui relève parfois du jeu. Alors, le travailleur *amuse* et *s'amuse* des autres. Telle est la position de Lubin qui déroule à sa cliente, Madame Lépine, son numéro de parfait commercial. Il *joue* et *se joue* d'elle en utilisant un langage hyperbolique. Tout est « sensationnel » (premier mouvement), « sans précédent » (premier mouvement), il lui fait une « offre avantageuse » (premier mouvement), « une offre incroyable » (premier mouvement), qu'elle ne peut, bien évidemment, pas refuser. Il donne l'impression à la cliente qu'elle est unique et que « [sa] société a étudié spécialement pour [elle] » l'offre qu'il lui fait. Entêté, il ne prend aucunement en compte les réticences de sa cliente et continue inlassablement à la flatter. La vente prend même l'allure d'une scène de séduction quand Lubin-Don Juan lui propose, non sans un sous-entendu grivois, « six grosses » (premier mouvement), sans que le lecteur sache de quoi il s'agit. Le commercial feint de s'intéresser à l'intime, à la vie personnelle, et flatte même la vanité maternelle en lui demandant comment va sa fille, si elle n'est pas « déjà plus grande que sa maman » (premier mouvement). En somme, le travail est un jeu pour Lubin, qui cherche sans cesse de nouveaux stratagèmes pour faire céder la droguiste. Il en est de même pour Benoît et Dutôt pour qui « le produit n'est pas seulement le produit » (premier mouvement) mais ce « à quoi il fait rêver » (premier mouvement), et même pour Passemar, qui a eu l'idée « de corser un peu ces récits légendaires par une action mimée et dansée qui pourrait avoir du charme » (premier mouvement). Nous pouvons voir combien, dans ce commentaire métadiscursif, le personnage, double de Vinaver, conçoit son travail de dramaturge comme un jeu. Il souhaite procurer du plaisir à ses spectateurs et être la source de leur jouissance. Virgile, lui aussi, parle de son travail de poète comme un doux divertissement. Ainsi, « florissant aux soins d'un obscur loisir » (page 172), il composa *Les Géorgiques*, chanta les travaux des paysans et modernisa les sujets poétiques. Il éprouve d'avance une certaine fierté à se différencier des autres poètes « qui auraient charmé les esprits oisifs sont maintenant trop connus » (page 135). Il ajoute même qu'« [il lui] faut tenter une route où [il] puisse [lui] aussi [s']élancer loin de la terre et voir [son] nom vainqueur voler de bouche en bouche » (page 135). Non sans une certaine ostentation, il revendique être « le premier » (page 135) à faire « descendre les Muses du sommet Aonien pour les conduire avec [lui] dans [sa] patrie » (page 135). Pour Weil, « [certes] le travail n'est pas le jeu » (page 347) et n'a donc *a priori* rien d'un amusement, mais elle évoque, à de nombreuses reprises, le plaisir qu'éprouve l'ouvrier à venir travailler chaque matin.

En effet, dans son « Appel aux ouvriers de Rosières », la philosophe décrit « la joie du travail, la fierté du travail accompli » (page 207), l'intérêt porté à la tâche, le plaisir de la vitesse, celui du travail mécanique qui permet momentanément « des rêveries agréables » (page 207). De la même façon, elle propose une nouvelle méthode pour trouver de la poésie dans toute chose, et donc pour faire de la tâche la plus laborieuse un divertissement. En effet, « [il] serait facile de découvrir, inscrits de toute éternité dans la nature des choses, beaucoup d'autres symboles capables de transfigurer non pas seulement le travail en général, mais chaque tâche dans sa singularité » (page 426). Pour ce faire, il faut accepter de dessiller son regard, « il faut que les choses sur lesquelles les besoins et les obligations de la vie contraignent à porter le regard reflètent ce qu'elles nous empêchent de regarder directement » (page 426). Ainsi, établir, comme le fait Baudelaire, une hiérarchie entre travail et amusement n'a rien de pertinent quand on sait que, pour certains, travailler est vecteur de plaisir et permet à l'homme de trouver une voie d'épanouissement qui le pousse à être sans plus créatif.

En éprouvant du plaisir à aller travailler, l'homme fournit des efforts plus soutenus qui le raviront et lui donneront confiance, ce qui lui permettra de se sentir plus à l'aise et donc d'œuvrer encore plus efficacement. S'amuser au travail présuppose un climat favorable à l'épanouissement, un état dans lequel la bonne humeur, la sérénité et la concorde règnent. Virgile donne l'exemple des abeilles qui sont heureuses chaque matin de quitter la ruche pour aller travailler. Dès que les beaux jours reviennent, elles « parcourent les fourrés et les bois, butinent les fleurs vermeilles, et effleurent, légères, la surface des cours d'eau. Transportées alors de je ne sais quelle douceur de vivre, elles choient leurs couvées et leurs nids ; elles façonnent alors avec art la cire nouvelle et composent un miel consistant » (pages 156-157). Il en est de même pour le bon paysan qui, après fourni les efforts nécessaires à ses travaux, sera tellement heureux qu'il diffusera ce bonheur autour de lui. Alors, « ses enfants câlins suspendus à son cou se disputent ses baisers ; sa chaste demeure observe la pudicité ; ses vaches laissent pendre leurs mamelles pleines de lait, et ses gros chevreaux, cornes contre cornes, luttent entre eux sur le riant gazon » (page 131). Cet état d'ataraxie rejoint l'expérience de la grève décrite par Simone Weil dans La Condition ouvrière. Même si, évidemment, elle sait que la peine va revenir, « on aura toujours eu ça » (page 277), remarque-t-elle avec soulagement. Elle décrit les nouvelles conditions de travail qui font de la grève une parenthèse enchantée : « On se détend complètement. On n'a pas cette énergie farouchement tendue, cette résolution mêlée d'angoisse si souvent observée dans les grèves » (page 277). Les ouvriers poussent la chansonnette, « font des plaisanteries, dont on rit pour le plaisir de s'entendre rire » (page 277). Plus encore, Weil déplore le fait que les petits incidents quotidiens ne favorisent pas ces instants de partage et que l'ouvrier soit toujours vu comme un outil de travail et non comme un homme. Elle dépeint cette camaraderie comme utopique car, « ne parvenant pas à se nouer » (page 335), elle reste « une velléité informe » (page 335). Dans Par-dessus bord, l'entreprise est décrite comme un lieu de frivolité. Si le foyer est synonyme d'ennui avec comme seul plaisir « une promenade dans la zone » (premier mouvement) le dimanche, le lieu de travail est, au contraire, décrit comme le lieu du bonheur personnel, celui où l'on peut, à l'instar d'une femme anonyme dans le jeu des conversations croisées du premier mouvement, nouer une relation adultère avec un collègue. Si les répliques des deux amoureux sont noyées au milieu d'un flot de paroles disparates, nous pouvons, toutefois, comprendre que tous deux font le constat d'une vie routinière ennuyeuse et navrante dans laquelle « le boulot le ménage encore le boulot le bistrot » (premier mouvement) sont les seuls vecteurs de partage entre conjoints, ce qui pousse chacun d'eux à l'adultère au travail. Ainsi, même si les raisons n'ont rien de louable, certains hommes sont heureux de retrouver la sérénité, la légèreté voire la frivolité au travail, car elles contrastent étonnamment avec la pesanteur du foyer, dans lequel l'homme est soumis à d'autres formes de servitude.

Alors, ne pourrait-on pas envisager le travail comme un divertissement au sens pascalien, dans la mesure où il offrirait une échappatoire à l'homme, un moyen de contrecarrer l'ennui existentiel ? La question ne serait pas de savoir s'il « faut travailler » et s'il est plus ou moins « ennuyeux » que l'amusement comme le pense Baudelaire, mais d'envisager le travail comme une alternative pour l'empêcher de céder au spleen. Telle est la thèse de Simone Weil qui décrit les hommes en pleine déréliction, « jetés hors de l'éternité » (page 348), condamnés à « traverser le temps, avec peine, minute après minute » (page 348). En s'incluant dans son argumentation, elle insiste sur notre chute, à nous tous, dans un « monde où nous sommes tombés » (page 348) sans le souhaiter, puis évoque la peine que nous avons reçue en « partage » (page 348) ainsi que la monotonie du travail comme « forme » (page 348) de châtiment. Ainsi l'homme serait-il condamné à peiner dans la plus grande des souffrances, avec comme seul espoir celui de la contrition. Virgile, lui aussi, décrit le travail comme précaire et le paysan comme impuissant dans un monde dominé par la cruauté des dieux. En effet, lors de l'épisode de l'épidémie des troupeaux à la fin du livre III, il écrit alors que « [le] laboureur s'en va, tout triste, dételer l'autre bœuf affligé de la mort de son frère et laisse sa charrue enfoncée au milieu du sillon » (page 151). Par conséquent, à quoi sert-il aux bœufs d'avoir autant travaillé ? « Que leur servent leur labeur et leurs bienfaits ? que leur sert d'avoir retourné avec le soc de lourdes terres ? » (page 151) Il ne s'agit là ni d'une punition divine ni d'un sombre revers des plaisirs que se serait octroyés le paysan, car « ce ne sont ni les présents Massiques de Bacchus, ni les festins répétés » (page 151) qui en sont les causes. Le poète fait alors le constat de la vanité du travail de l'éleveur et de la cruauté de son sort : les bêtes seront toutes ensevelies, et les cadavres seront « décomposés par une affreuse pourriture, jusqu'au moment où l'on apprend à les couvrir de terre et à les enfouir dans des trous » (page 152). Le travailleur se retrouve seul, confronté à la vacuité de son existence, sans aucune explication à ce désastre, dans une situation d'attente, sans savoir, paradoxalement, ce qu'il cherche ou désire. Cette cruauté du destin touche aussi Madame Bachevski dans la pièce de Michel Vinaver. Benoît la licencie soudainement et sans argument valable, alors qu'elle se sent encore « en plein boom » (cinquième mouvement). Benoît lui explique sournoisement qu'elle frôle le *burn-out* mais il continue à la flatter en lui disant qu'elle appartient aux « tempéraments bouillants et dynamiques », (cinquième mouvement) qu'il faut protéger. Lucide sur les flagorneries de son supérieur hiérarchique, Madame Bachevski comprend qu'elle ne donne plus satisfaction. Pourtant, jugeant qu'elle est indispensable à l'entreprise et plus efficace que Madame Alvarez qui, plus âgée qu'elle, mériterait davantage d'être mise au placard, elle refuse d'être « liquidée » (cinquième mouvement) de la sorte, signe que son activité dans l'entreprise lui donne le sentiment d'exister pleinement, d'être utile quelque part sur terre. Néanmoins, celui qui comprend le mieux que travailler est une façon de combler un vide existentiel immense qui ronge l'homme est Alex qui, à peine embauché par Benoît, narre l'histoire de la mort de son père. Déporté à Auschwitz, il était un jour aux latrines quand un SS le fusilla. Il tomba alors « en arrière dans une fosse à merde » (sixième mouvement). Alex continue son discours par une annonce sibylline en disant que, désormais, il « entre dedans » (sixième mouvement), qu'il s'avance et, à la différence de son père, « tombe en avant » (sixième mouvement). Est-ce une prolepse de son futur chez Ravoire et Dehaze ? En étant responsable de merchandising, va-t-il, lui aussi, tomber « dans une fosse à merde », métaphore burlesque de l'entreprise de Benoît ? Alex, Madame Bachevski, l'éleveur ou bien l'ouvrier chez Weil, tous font état du travail comme une simple vanité qui n'apporte rien à l'homme, si ce n'est de le divertir, autrement dit, de le détourner de cet ennui existentiel qui le ronge.

En somme, à l'inverse de Baudelaire qui établit une forme de hiérarchie entre travail et amusement, il serait alors pertinent de percevoir le travail comme un divertissement qui permet à l'homme, délaissé par Dieu, de combler momentanément le vide existentiel qui l'envahit.

Ainsi, « [il] faut travailler », c'est une obligation comme l'écrit Baudelaire dans le feuillet 18 de *Mon cœur mis à nu*. En partant de ce constat tout à fait péremptoire, le poète tord le cou aux préjugés en affirmant que le travail est « moins ennuyeux » que toute forme d'amusement. Il stimule l'homme, le pousse dans une dynamique et un élan vital qui lui permettent d'entrevoir d'autres voies d'épanouissement personnel. Toutefois, en rester là est réducteur car cela reviendrait à fermer les yeux sur la monotonie et la lassitude qu'engendre la répétition d'une même activité quotidiennement. En effet, le travail, par l'uniformité qu'il engendre, implique une forme de léthargie qui anéantit progressivement autant le corps que l'esprit de l'homme. Ce dernier ne cessera donc de se projeter dans des instants de repos, seuls moments de répit qui l'obligeront à ne pas vivre au présent mais éternellement tendu vers un avenir fantasmé. Alors, plutôt que la hiérarchie proposée par Baudelaire, il serait intéressant d'envisager le travail comme un divertissement, à la fois parce qu'il est tout à fait possible de « s'amuser » en fournissant de lourds efforts, et parce que l'homme est plus productif s'il œuvre dans une atmosphère propice à son bien-être. Ainsi le travail serait-il un divertissement parmi tant d'autres qui comblerait un vide existentiel. Constatant son impuissance et son inutilité sur terre, l'homme travaille en attendant que la lumière de Dieu jaillisse et puisse le guider au milieu de ses ténèbres. Dès lors, nous pouvons rapprocher ce constat désenchanté de la pensée de Paul Valéry, qui, au XXe siècle, écrit dans *Mauvaises Pensées et autres*, en 1942 : « J'écris qu'il est vain d'écrire ». Si le poète sétois évoque lui aussi la vanité de son travail, il le fait de façon un peu différente de celle que nous venons d'expliciter dans notre argumentation. En effet, si le travail est un divertissement qui contrecarre le *spleen*, Valéry écrit à une autre époque, marquée par le désenchantement d'une génération d'écrivains qui a le sentiment de plus innover, comme si, tout ayant déjà fait en littérature, l'acte d'écriture devenait inutile. Le poète donne un autre sens à la vanité du travail poétique qui n'est plus un simple divertissement. Cette « épouvantable inutilité d'expliquer quoi que ce soit à qui que ce soit » (préface des *Fleurs du Mal*, 1857), comme l'écrivait Baudelaire un siècle plus tôt, las de défendre son projet poétique novateur, est désormais intériorisée, digérée. En effet, là où le Faust de *Lust* dans « *Mon Faust* » désespérait de ne pouvoir dépasser les limites du savoir scolastique pour rejoindre la nature universelle, le Disciple, ce Faust « réincarné », désespérait sous le poids du déjà dit. Il incarne donc une problématique propre à Valéry qui écrivait : « C'est un grand malheur que l'on naisse au milieu des chefs-d'œuvre récents, et qu'il faille désespérément faire tout autre chose » (*Œuvres I*, page 713). Tel est le drame de Valéry qui dépeint aussi la vanité de son travail poétique dans « Remerciement à l'Académie française » en reconnaissant de façon mélancolique : « quoi de plus vertigineux, quoi de plus confondant pour l'esprit que la contemplation des murs cuirassés et dorés d'une grande bibliothèque » (*Œuvres I*, pages 730-731).

Dissertation n° 5

par Anne Griffet-Bonnet

Sujet

Dans *Le Capitalisme est-il moral?*, André Comte-Sponville affirme que le travail « doit avoir un *sens*. Quel sens? La fin, ou les fins qu'il poursuit : gagner sa vie, bien sûr, mais aussi l'épanouissement, l'utilité sociale, l'aventure collective, la convivialité, la responsabilité. C'est cela que les gens cherchent dans le travail, non pas le travail lui-même, mais ce qu'il permet ou procure ». Dans quelle mesure cette assertion correspond-elle aux analyses menées cette année dans les œuvres inscrites à votre programme?

Éditions utilisées

La Condition ouvrière, Simone Weil, Folio essais n° 409, 1951, pages 51 à 76, 205 à 351, 389 à 397, 418 à 434.

Les Géorgiques, Virgile, G.F. n° 128, traduction de Maurice Rat.

Par-dessus bord (version hyper-brève), Michel Vinaver, *Théâtre complet* II, Actes Sud, 1969.

○ Analyse du sujet

- André Comte-Sponville soutient ici la thèse que le travail est moyen au service de fins.
- Il « doit avoir un sens », c'est-à-dire une signification, une justification. Le verbe « devoir » suppose qu'il s'agit d'une nécessité : il faut que le travail se justifie, et c'est par ce qu'il rend possible (« ce qu'il permet »), ce qu'on va obtenir grâce à lui (ce qu'il « procure »).
- La question posée ensuite amène notre auteur à préciser ce sens du travail. Il s'agit de l'objectif que l'on poursuit par le travail. C'est d'abord un objectif matériel, financier. L'expression « bien sûr » marque une évidence : on travaille avant tout pour subvenir à ses besoins, pouvoir vivre et faire vivre les siens.
- Mais il ne s'agit pas là de l'unique objet du travail, comme l'indique le « mais aussi ». Il poursuit aussi des finalités plus « psychologiques », listées dans une énumération. Le premier terme de cette accumulation semble chapeauter ceux qui suivent, lesquels définissent l'idée d' « épanouissement », c'est-à-dire de plénitude que procure le travail. Elle comprend le sentiment que nous avons grâce à lui de servir la société, de participer à un projet avec les autres, de créer des liens agréables avec eux, tout en assumant nos charges et en en répondant.

- André Comte-Sponville conclut cette énumération par un présentatif, doublé d'un parallélisme en opposition (« C'est cela... non pas... mais »). Obtenir un salaire, avoir le plaisir d'œuvrer ensemble et pour tous, d'assumer pleinement un rôle : voilà ce pourquoi nous travaillons (le « cela » reprend ce qui précède). Et voici ce que le travail n'est pas : il n'est pas à lui-même son propre objectif, il est simplement un moyen pour parvenir à obtenir et à réaliser des choses.

Éléments de problématisation et plan

○ Problématisation

Le travail est-il simple moyen au service de fins qui lui donnent sa raison d'être ? Ne recherche-t-on en l'accomplissant que ce à quoi il permet d'accéder ? Le sens du travail vient-il de ce que nous obtenons par son entremise ?

○ Plan possible

I. **Illustration de la thèse d'André Comte-Sponville** : le travail est un moyen au service de fins diverses, ce qui constitue sa raison d'être. On ne l'accomplit pas pour lui-même.

1. Le travail est avant tout un moyen pour obtenir de quoi subsister.
2. Il procure une forme d'épanouissement au travailleur qui œuvre avec son équipe pour le bien commun, ce qui lui donne un sens.
3. On ne le recherche donc pas pour « lui-même », et si l'on peut s'en passer, on s'en passe volontiers.

II. **Contradiction de la thèse d'André Comte-Sponville** : cette nécessité de trouver un sens dans le travail est mise à mal dans nos œuvres, où il peut sembler dénué de toute signification.

1. Le travailleur ne gagne pas assez en contrepartie de son labeur.
2. La grande aventure collective à laquelle il est censé participer se révèle décevante.
3. La finalité escomptée : trouver un épanouissement par le biais du travail, est souvent manquée. L'absence de sens réel trouvé au travail désespère le travailleur.

III. **Dépassement de la thèse d'André Comte-Sponville** : il faut œuvrer à redonner un véritable sens au travail, voire en faire une finalité en soi.

1. Gagner de l'argent peut devenir une obsession malsaine, qui nuit à l'épanouissement du travailleur.

2. En faisant du travail un moyen au service de fins, on en arrive à considérer le travailleur comme un outil au service d'objectifs, ce qui est délétère.
3. Il faut parvenir à ce que le travail cesse d'être un simple moyen pour devenir une finalité.

Dissertation rédigée

Dans son *Mythe de Sisyphe,* Camus évoque la punition à laquelle les dieux ont condamné le roi de Corinthe : « rouler sans cesse un rocher jusqu'au sommet d'une montagne d'où la pierre retombait par son propre poids ». Il conclut qu' « il n'est pas de punition plus terrible que le travail inutile et sans espoir ». Dans *Le Capitalisme est-il moral ?,* André Comte-Sponville confirme cette nécessité d'une raison d'être du travail lorsqu'il écrit qu'il « doit avoir un *sens.* Quel sens ? La fin, ou les fins qu'il poursuit : gagner sa vie, bien sûr, mais aussi l'épanouissement, l'utilité sociale, l'aventure collective, la convivialité, la responsabilité. C'est cela que les gens cherchent dans le travail, non pas le travail lui-même, mais ce qu'il permet ou procure ». André Comte-Sponville soutient ici la thèse que le travail est moyen au service de fins. Il « doit avoir un sens », c'est-à-dire une signification, une justification. L'emploi du verbe « devoir » laisse supposer qu'il s'agit d'une nécessité : il faut que le travail se justifie, et c'est par ce qu'il rend possible (« ce qu'il permet »), ce qu'on va obtenir grâce à lui (ce qu'il « procure »). La question posée ensuite amène notre auteur à préciser ce sens du travail. Il s'agit de l'objectif que l'on poursuit par le travail. C'est d'abord un objectif matériel, financier. L'expression « bien sûr » marque une évidence : on travaille avant tout pour subvenir à ses besoins, pouvoir vivre et faire vivre les siens. Cependant, il ne s'agit pas là de l'unique objet du travail, comme l'indique le connecteur « mais aussi », qui marque une gradation dans les justifications avancées : le travail poursuit également des finalités plus « psychologiques », listées dans une énumération. Le premier terme de cette accumulation semble chapeauter ceux qui suivent, lesquels définissent l'idée d' « épanouissement », c'est-à-dire de plénitude que procure le travail. Elle comprend le sentiment que nous avons grâce à lui de servir la société, de participer à un projet avec les autres, de créer des liens agréables avec eux, tout en assumant nos charges et en en répondant. L'auteur conclut cette énumération par un présentatif, doublé d'un parallélisme en opposition (« C'est cela... non pas... mais »). Obtenir un salaire, avoir le plaisir d'œuvrer ensemble et pour tous, d'assumer pleinement un rôle : voilà ce pourquoi nous travaillons (le « cela » reprend ce qui précède). Et voici ce que le travail n'est pas : il n'est pas à lui-même son propre objectif, il est simplement un moyen pour parvenir à obtenir et à réaliser des choses. À l'issue de cette analyse, on se demandera si on ne recherche en travaillant que ce à quoi le travail permet d'accéder. En d'autres termes, le travail est simple moyen au service de fins qui lui donnent sa raison d'être ? À la lumière des *Géorgiques* de Virgile, d'extraits d'écrits de Simone Weil rassemblés sous le titre *La Condition ouvrière,* et de la version hyper-brève de la pièce de Michel Vinaver intitulée *Par-dessus bord,* après avoir souscrit à la thèse de notre auteur, qui attribue un sens au travail dans ce que nous obtenons par son entremise, nous verrons ensuite en quoi nos œuvres rendent bien difficile cet échange épanouissant dans la mesure où le travailleur, maltraité, est souvent déçu de ce qu'il y gagne. Par conséquent, ne faudrait-il pas redonner un sens au travail voire en faire une fin en soi ?

Premièrement, comme le soutient André Comte-Sponville, le travail semble devoir trouver sa signification dans ce qu'on peut obtenir en l'effectuant. Il n'est pas fin, mais moyen permettant d'atteindre deux objectifs : subvenir à ses besoins, et s'accomplir en ayant le sentiment de participer à une œuvre commune.

En effet, le travail poursuit un but premier, que Lubin expose d'emblée comme une évidence dans la pièce de Michel Vinaver : « c'est pour vous faire gagner de l'argent » (*Par-dessus bord*, p. 248). Tout repose sur cet échange financier : si les fournisseurs ne sont pas payés, « ils ne livreront pas le solde de la commande » et l'usine s'arrêtera (*Par-dessus bord*, p. 294). Lorsque l'on quitte l'entreprise, on « pren[d] [son] fric » (*Par-dessus bord*, p. 285). Le travail permet ainsi avant tout à celui qui l'exerce de gagner sa vie, de subvenir à ses besoins et à ceux de sa famille. Au quatrième mouvement, Passemar fait état de ses « responsabilités familiales » lorsqu'il discute de son avenir dans l'entreprise avec Benoît, qui le rassure : « Vous êtes chef du service administration des ventes depuis une dizaine d'années vous remplissez vos tâches avec efficacité » (*Par-dessus bord*, p. 342-343) : *a priori*, il continuera à travailler là. Au cinquième mouvement, il exprime son désir de gagner plus d'argent avec sa deuxième activité, l'écriture de sa pièce. Cela lui serait nécessaire : « Ça arrangerait bien mes affaires si cette pièce pouvait rencontrer un succès non seulement d'estime mais commercial parce que du côté de Ravoire et Dehaze les choses ne vont pas si bien en ce qui me concerne et en ce qui concerne quelques autres d'ailleurs » (*Par-dessus bord*, p. 383). Lorsque Benoît, Grangier et Saillant expliquent à Madame Bachevski qu'elle va être mise à la retraite de façon anticipée, ils disent vouloir reconnaître qu'elle a été « un serviteur dévoué et ardent de la maison » et ont étudié pour ce faire un dispositif « qui [lui] assurera une transition graduelle à peine sensible entre [son] revenu annuel et le revenu de [ses] vieux jours » (*Par-dessus bord*, p. 385). Simone Weil confirme : « À l'usine, vous êtes là seulement pour exécuter des consignes, livrer des pièces conformes aux ordres reçus et recevoir, les jours de paye, la quantité d'argent déterminée par le nombre de pièces et les tarifs. [...] On ne vous demande que des pièces, on ne vous donne que des sous ». L'emploi de l'adverbe « seulement » et de négations restrictives insiste sur le fait que le travail se limite à cet échange et à cette finalité : l'ouvrier produit, il touche un salaire. Il compte « sous par sous » combien lui « rapporteront ces pièces » : « Qu'est-ce que j'ai gagné cette heure-ci ? Et l'heure suivante ? ». Les efforts fournis ont une « contrepartie : les quelques billets, les quelques pièces qu'on recevra au travers d'un guichet » (*La Condition ouvrière*, p. 270). Simone Weil en éprouve de la satisfaction : « Je m'y faisais de 7 à 8 F l'heure – et ça compte, ça, tu sais ! », « Ces soirs-là, je sentais la joie de manger un pain qu'on a gagné » (*La Condition ouvrière*, p. 59). C'est aussi pour pallier le

« besoin pressant » que les agriculteurs se mettent au travail (*Les Géorgiques*, p. 101). Virgile qualifie les cultivateurs de « trop fortunés » : ils « voient la très juste terre leur verser de son sol une nourriture facile » (*Les Géorgiques*, p. 129). Ils ne sont pas à proprement parler aisés, mais sont récompensés de leurs efforts. Le travailleur pourra nourrir sa famille. C'est par son labeur « qu'il sustente sa patrie et ses petits-enfants, ses troupeaux de bœufs et ses jeunes taureaux qui l'ont bien mérité. Pour lui, point de relâche qu'il n'ait vu l'année regorger de fruits, ou accroître son bétail ou multiplier le chaume cher à Cérès, et son sillon se charger d'une récolte sous laquelle s'affaissent ses greniers ». « Ses vaches laissent pendre leurs mamelles pleines de lait » (*Les Géorgiques*, p. 131). Ainsi, le travail est bien avant tout un moyen au service d'une fin matérielle. On s'y soumet pour gagner sa vie, se nourrir.

Plus encore, comme le soutient notre auteur, le travail donne un sens profond à la vie de celui qui l'exécute, le bonheur d'assumer une tâche par la participation à une œuvre commune, dans la fraternisation avec une équipe. Tout cela aboutit à une forme de bien-être du travailleur. Dehaze accueille les employés de son entreprise à sa fête annuelle en notant l'esprit de groupe qui y règne. Il la définit comme « notre petite et sympathique réunion que je me permettrai d'appeler une réunion de famille tant il est vrai que ceux qui travaillent quarante heures par semaine ensemble forment une authentique communauté » (*Par-dessus bord*, p. 262). C'est ensuite l'association de tous les acteurs de l'entreprise réunis qui mènera à trouver un nouveau nom au produit phare et à envisager l'avenir ensemble : « Je veux que nous jetions un torrent d'idées sur le tapis projetons-nous à dix ans à vingt ans » (*Par-dessus bord*, p. 380). À la suite d'une séance de brainstorming, Jack et Jenny expliquent à Benoît « la puissance de cette méthode » : « Parce qu'un brainstorm/Ne peut pas rater » (p. 352). À la fin de la pièce, Ralph Young qui vient de racheter Ravoire et Dehaze explique aux employés qu'ils entrent « dans une grande famille » : « La société que nous achetons ça n'est pas les machines ni les bâtiments ni les produits it's the people ce sont les gens c'est vous tous que nous voulions c'est vous tous que nous avons c'est vous vous » (*Par-dessus bord*, p. 415). L'entreprise fonctionne donc parce que tous s'impliquent ensemble et collaborent à la réussite commune. Simone Weil valorise de la même manière la « grande respiration du travail en commun à laquelle il est enivrant d'avoir part » : « L'usine pourrait combler l'âme par le puissant sentiment de vie collective [...] que donne la participation au travail d'une grande usine ». « On ne se sent pas petit comme dans une foule, on se sent indispensable » (*La Condition ouvrière*, p. 329). Elle note le « bien indicible » que lui fait le sourire « plein de sympathie fraternelle » du soudeur qui comprend ses difficultés (*La Condition ouvrière*, p. 58). Chez Virgile, les abeilles sont le modèle d'un groupe soudé dans le travail, élevant « leur progéniture en commun », possédant « des demeures indivises dans leur cité », et mettant « en commun les trésors amassés » (*Les Géorgiques*, p. 160). Elles se partagent les tâches, se protégeant les unes les autres, se reposant et « repren[ant] le travail en même temps ». « Elles n'ont toutes qu'une seule âme » (*Les Géorgiques*, p. 161). Surtout, le travail apparaît dans l'œuvre comme une collaboration entre l'homme et les bêtes d'une part, l'homme et les dieux d'autre part. Il englobe tous ces acteurs en communion avec la nature, réunis dans un labeur à la fois physique et intellectuel dans la mesure où il s'agit pour l'homme de déchiffrer les indices laissés par les dieux pour accomplir au mieux sa tâche. Lorsque Virgile raconte « la mémorable découverte du maître d'Arcadie », Aristée, il explique comment le sang corrompu de jeunes taureaux immolés a souvent produit des abeilles, grâce aux révélations des Muses et du devin Protée (*Les Géorgiques,* p. 167). Protée a dévoilé à Aristée qu'il devait payer pour ce qui est arrivé à Orphée (lequel a perdu Eurydice en le fuyant), et Cyrène a expliqué à son fils Aristée comment implorer les Nymphes en sacrifiant des taureaux. Aristée a exécuté « les prescriptions de sa mère » (*Les Géorgiques,* p. 172), et d'autres hommes, à sa suite, ont fait de même. Il s'agit pour les travailleurs d'élucider les indices que les dieux ont laissés pour les aider : « Et pour que nous puissions connaître à des signes certains les chaleurs, et les pluies, et les vents précurseurs du froid, le Père lui-même a déterminé ce qu'annonceraient les phases de la lune, quel signe marquerait la chute des autans, quels indices souvent répétés engageraient les cultivateurs à tenir leurs troupeaux plus près des étables » (*Les Géorgiques,* p. 107). Les techniques adoptées dans le travail sont donc le résultat d'une collaboration entre les hommes et les dieux qui les instruisent et les aident. Travailler, c'est par conséquent atteindre un but personnel dans l'activité collective : former une équipe, sentir des liens interindividuels très épanouissants se tisser par la poursuite d'un objectif commun.

Ainsi, le travail n'est pas une fin en soi, et si l'on pouvait se passer de l'exercer en obtenant sans s'y livrer de quoi vivre et s'épanouir, on le ferait. Dans l'œuvre de Virgile, le travailleur de la terre s'arrête dès qu'il a obtenu suffisamment de son labeur. Le poète loue le « repos assuré » de la vie calme du cultivateur, ses « doux sommes sous l'arbre » (*Les Géorgiques,* p. 129), « ses jours de fête [...] allongé sur l'herbe » (*Les Géorgiques,* p. 131). « L'hiver, le cultivateur se repose. Pendant les froids, les laboureurs jouissent d'ordinaire du fruit de leurs travaux, en donnant tour à tour de gais festins entre eux. L'hiver aux bons génies les régale et chasse leurs soucis : ainsi quand les carènes chargées ont enfin touché le port, les matelots joyeux mettent sur les poupes des couronnes » (*Les Géorgiques,* p. 106). Passemar, dans la pièce de Michel Vinaver, raconte qu'il n'était pas prédisposé à travailler chez Ravoire et Dehaze. Il se serait bien contenté d'exercer son loisir favori, écrire des pièces de théâtre, car il a un don pour l'écriture qui s'est manifesté dès l'âge de neuf ans. Mais « il fallait vivre » (*Par-dessus bord,* p. 251). Dans le troisième mouvement de *Par-dessus bord,* Jiji confirme à son futur époux qu'elle aime l'inactivité : « Comme ça t'aimes rien faire/Oui faire en général j'aime pas trop/Dormir ?/ Non être sur le ventre sucer une paille ou bien me balancer » (*Par-dessus bord,* p. 295). Simone Weil conclut sa lettre de mars 1935 à son élève Simone Gibert par cette injonction : « Jouissez du printemps, humez l'air et le soleil (s'il y en a), lisez de belles choses (*La Condition ouvrière,* p. 72). La grève d'ailleurs représente, pour notre philosophe, une parenthèse enchantée. Le simple fait d'entrer dans l'usine gardée par un ouvrier qui sourit, de retrouver les camarades dans un lieu où on a tant peiné, de circuler librement, parler, manger, alors que les machines sont à l'arrêt, de pouvoir y chanter, y rire, fait qu'on est heureux. Les machines muettes sont remplacées par des manifestations de la vraie « joie de vivre » (le mot « joie » revient en anaphore p. 275-276), « au rythme de la vie humaine – le rythme qui correspond à la respiration, aux battements du cœur, aux mouvements naturels de l'organisme humain – et non à la cadence imposée par le chronométreur » (*La Condition ouvrière*, p. 276). Les liens interindividuels peuvent d'ailleurs se créer en dehors du travail lorsqu' « on n'a rien de mieux à faire qu'à se détendre, causer avec des copains, lire des choses distrayantes, prendre l'apéro, faire une partie de cartes, jouer avec ses gosses » (*La Condition ouvrière*, p. 205-206). Ainsi, le travail n'est pas une fin en soi : sitôt qu'on ne poursuit plus d'objectif en l'exerçant, on y met fin, et on est plutôt heureux d'avoir des temps de pause.

Il semble donc bien que le travail trouve effectivement son sens dans ce qu'il permet d'obtenir. Il est moyen qui vise deux finalités essentielles : nourrir celui qui l'exerce et faire en sorte qu'il puisse, dans sa participation à un projet collectif, se sentir bien. On ne travaille pas pour rien, preuve que le travail ne saurait être une fin en soi.

Cependant, que devient ce sens nécessaire au travail dans nos œuvres, lorsqu'elles présentent l'image de travailleurs souffrants, peinant à trouver dans leur labeur un moyen efficace au service de fins réalisées ?

En premier lieu en effet, l'échange que nous avons envisagé ne semble pas égalitaire : certains travaillent beaucoup pour obtenir très peu. Dans *Les Géorgiques*, le travail de la terre est parfois décevant car « c'est une loi du destin que tout périclite et aille rétrogradant. Tout de même que celui qui, à force de rames, pousse sa barque contre le courant, si par hasard ses bras se relâchent, l'esquif saisi par le courant l'entraîne à la dérive (p. 103). La récolte peut « tromper [l']attente [de ceux qui ont semé] en ne leur donnant que des épis vides » (*Les Géorgiques*, p. 104). Simone Weil décrit le quotidien d'ouvriers qui peinent à se nourrir, et ont l'impression de recevoir une « aumône » (*La Condition ouvrière*, p. 269). Les salaires ont baissé et sont peu adaptés au don total de soi consenti par l'ouvrier. Une ouvrière témoigne ainsi : « Il y a 5 ou 6 ans, m'a-t-elle dit, on se faisait 70 F par jour, et "pour 70 F, on aurait accepté n'importe quoi, on se serait crevé". Maintenant encore certaines qui n'en ont pas absolument besoin, sont heureuses d'avoir, à la chaîne 4 F l'heure et des primes » (*La Condition ouvrière*, p. 75). La philosophe évoque « la pauvreté à laquelle on est condamné » et qui « fait mal » (p. 227). L'ouvrier souffre de la faim. Il lui est impossible de savoir combien il va gagner, de vérifier si c'est bien le compte, car les « calculs [sont] tellement compliqués » (*La Condition ouvrière*, p. 269). « Quand on gagne 3 francs de l'heure ou même 4 francs ou même un peu plus, il suffit d'un coup dur, une interruption de travail, une blessure, pour devoir pendant une semaine ou plus travailler en subissant la faim ». Cela dépasse le cadre de la sous-alimentation. Avoir faim quand on travaille aussi durement physiquement, « c'est une sensation poignante ». Après le travail, il faudra trouver le commerce où les pommes de terre sont bon marché, même s'il faut faire un chemin plus long, alors qu'on est fatigué. « Deux cents mètres plus loin, elles coûtent deux sous de moins. Il faut imposer ces deux cents mètres à un corps qui se refuse à marcher. Les sous deviennent une obsession, jamais à cause d'eux, on ne peut oublier la contrainte de l'usine. Jamais on ne se détend ». Et si on « craque », si on « fait une folie », on devra subir encore davantage la faim, avec un cercle vicieux potentiel : avoir faim, c'est travailler moins et c'est donc avoir moins d'argent, donc avoir plus faim. Une structure ternaire est employée pour montrer à quoi mène ce cercle vicieux : « Il mène à l'épuisement, à la maladie, à la mort » (*La Condition ouvrière*, p. 271). Dans la pièce de Vinaver, les puissants sont aussi de mauvais payeurs : l'antiquaire Toppfer a raconté à Dehaze que la tabatière dont Louis XV avait passé commande à Ducrollay pour l'offrir à la Pompadour n'avait jamais été payée. La Pompadour étant tombée en disgrâce entre temps, le roi a prétexté un « défaut microscopique » pour ne pas prendre livraison de la commande (*Par-dessus bord*, p. 274). Lors du « festin de mariage », les difficultés financières des convives apparaissent également au cours du dialogue qui ouvre le dernier mouvement : « Il gagne encore moins que moi/Mais quand on prend les deux salaires à la fois/Mais vous perdez l'allocation de salaire unique » (*Par-dessus bord*, p. 401-402). Ainsi, la première finalité assignée au travail par André Comte-Sponville se révèle difficilement atteinte par certains dans nos œuvres.

D'autre part, alors que notre citation attribue au travail une impression d'accomplissement positif lié au sentiment de réaliser une œuvre commune, de participer à une « aventure collective », c'est en réalité peu souvent le cas dans la pratique. Notamment à l'usine : « De vraie fraternité, je n'en ai presque pas senti ». Les collègues ne sont pas de « vrais copains » (*La Condition ouvrière*, p. 54). Simone Weil pointe le problème d'empathie entre les êtres humains dans notre société : « Les hommes ne savent jamais se mettre à la place les uns des autres » (p. 209), problème amplifié au travail où une grande solitude règne, chacun se concentrant sur sa tâche : « Personne ne sourit, personne ne dit un mot. Comme on est seul ! » (*La Condition ouvrière*, p. 266). Elle souligne le caractère précieux du moindre signe de gentillesse, dans un sourire, une parole aimable, justement lié à la rareté de ce type de manifestations : « Mais il y en a très peu, très peu » (*La Condition ouvrière*, p. 60-61). Chez Ravoire et Dehaze, la communication semble se faire aussi avec difficulté : Grangier déplore que « l'information » ne « parvienne » pas au service fabrication, Madame Alvarez, sans cesse en conflit avec Madame Bachevski, souhaiterait « un peu d'esprit de coopération », et regrette qu'il ne faille pas « s'attendre chez les gens de l'usine à la moindre initiative » (*Par-dessus bord*, p. 253). Dans le deuxième mouvement, Grangier présente sa démission et dénonce « une atmosphère systématique d'incompréhension » : « C'est la boîte entière qui fout le camp il n'y a plus de boîte Monsieur Olivier il n'y a plus que les gens et les gens c'est jamais très joli quand il n'y a plus de boîte pour leur donner le sentiment qu'ils font quelque chose en commun » (*Par-dessus bord*, p. 282). Enfin, Virgile énumère les ennemis variés que le laboureur et ses bêtes ont à craindre, dans la nature et les dieux, qui ne sont pas toujours des collaborateurs bienveillants : « Et cependant, en dépit de tout ce mal que les hommes et les bœufs se sont donné pour retourner la terre, ils ont encore à craindre l'oie vorace, les grues du Strymon, les endives aux fibres amères et les méfaits de l'ombre. Le Père des dieux lui-même a voulu rendre la culture des champs difficiles, et c'est lui qui le premier a fait un art de remuer la terre en aiguisant par les soucis les cœurs des mortels et en ne souffrant pas que son empire s'engourdît dans une triste indolence ». Avant cette intervention de Jupiter, « la terre produisait tout d'elle-même, librement, sans contrainte ». Mais il a fait en sorte d'instiller le mal dans la nature dans le but que les hommes aient à chercher des remèdes pour subsister. C'est par « un travail acharné » que les « obstacles furent vaincus » (*Les Géorgiques*, p. 100-101), et si le paysan ne s'y livre pas, il en sera réduit « à secouer, pour soulager [s]a peine, le chêne dans les forêts » (*Les Géorgiques*, p. 102). Dernier exemple, les troupeaux sont décimés par les pathologies envoyées par les forces du mal, comme les Euménides à la fin du troisième livre : « La pâle Tisiphone, échappée des ténèbres du Styx, sévit en plein jour et pousse devant elle les Maladies et la Peur, levant chaque jour plus haut la tête avide qu'elle dresse. [...] Déjà la Furie abat les animaux par bandes, et entasse, dans les étables mêmes, les cadavres décomposés par une affreuse pourriture » (*Les Géorgiques*, p. 152). L'épanouissement lié au plaisir d'œuvrer en commun est donc constamment mis à mal dans les œuvres portées à notre étude.

Finalement, l'être humain sort souffrant et cassé de ce marché de dupes. À la petite fête annuelle donnée par Monsieur Fernand chez Ravoire et Dehaze, un employé se résout à être, comme les autres, un homme duquel on essaie de tirer le plus possible : « Qu'ils cherchent à nous exploiter c'est normal c'est leur rôle qu'est-ce que tu ferais si t'avais le pognon » (*Par-dessus bord*, p. 260). Dans le cinquième mouvement, Lubin démissionne, déçu de ce qu'on veut faire de lui, un simple magasinier : « Si Monsieur Dehaze était encore là pour voir comment on mène à l'abattoir ses anciens représentants parce que le bâtard s'est entouré d'une bande de fumiers qui tueraient leur propre mère si ça pouvait servir leur carrière » (*Par-dessus bord*, p. 393). Le fait que le banquet de mariage final soit parallèlement un pot d'adieu au père de la mariée, Lubin, et signe l'accueil d'Alex, son gendre, chez Ravoire et Dehaze, n'est pas bon signe pour celui-ci. Benoît le félicite plus comme créateur du service merchandising que comme un jeune marié, comme le montre l'évolution de la phrase qu'il prononce, s'achevant sur le plus important à ses yeux : « Je vois dans le fait qu'il a célébré ce matin même son mariage avec cette jeune personne délicieusement fraîche non pas une coïncidence mais l'augure que notre sympathique petite réunion qui tient lieu à ce jeune couple plein de charme et d'ambitions de banquet de mariage ouvre une ère de prospérité sans égale pour notre société ». Alex a alors le sentiment de glisser « dans une fosse à merde » (*Par-dessus bord*, p. 406). Simone Weil dénonce le fait qu'on oblige les ouvriers à concentrer leur attention « sur un problème mesquin », médiocre, n'ayant aucun intérêt réel. « Ainsi, il ne reste pas d'autre sentiment possible à l'égard de son propre sort que la tristesse ». La tentation est grande de n'avoir plus que le « train-train vulgaire » comme ligne de mire (*La Condition ouvrière*, p. 53). La dignité, « le respect de [s]oi-même » se voient brisés en quelques semaines par la cassure de l'être sous l'effet de la contrainte, de l'humiliation. Et contre toute attente, aucun sentiment de révolte ne résulte de cette oppression. Au contraire : c'est la « docilité » qui en est la conséquence, « une docilité de bête de somme résignée », un véritable « abaissement » que l'on ne formule pas (*La Condition ouvrière*, p. 59). Il faut alors envisager comme une « grâce » le moindre instant où l'on reconquiert une forme de libération, loin de la douleur (*La Condition ouvrière*, p. 60). « Plutôt souffrir tout cela en silence » pensent les ouvriers dans cet univers où aucun intérêt ne semble porté à l'autre. Les mains gercées et couvertes de coupures doivent être lavées dans de l'eau glacée, frottées dans de la sciure, mais personne ne songe à se plaindre car « ils se foutent bien de nous » (*La Condition ouvrière*, p. 268-269). « Il faut serrer les dents. Tenir. Comme un nageur sur l'eau. Seulement avec la perspective de nager toujours, jusqu'à la mort. Pas de barque par laquelle on puisse être recueilli. Si on s'enfonce lentement, si on coule, personne au monde ne s'en apercevra seulement. Qu'est-ce qu'on est ? Une unité dans les effectifs du travail. On ne compte pas. À peine si on existe » (*La Condition ouvrière*, p. 272). « Concilier les exigences de la fabrication et les aspirations des hommes qui fabriquent est un problème que les capitalistes résolvent facilement en supprimant l'un de ses termes : ils font comme si ces hommes n'existaient pas » (*La Condition ouvrière*, p. 307). Chez Virgile, le travailleur de la terre est également souvent soumis à une profonde déprime, notamment lorsqu'il prend conscience qu'il a travaillé pour rien : lorsque les vents se déchaînent et font « voler au loin dans les airs la lourde moisson », lorsque le Père lui-même « lance ses foudres d'une dextre flamboyante ; sous la secousse la terre immense tremble, les bêtes se sont enfuies, et une consternation effroyable a abattu les cœurs des mortels ». « Fumant sous la dure charrue, le taureau s'affaisse et vomit à plein gosier un sang mêlé d'écume, et pousse de suprêmes gémissements. Le laboureur s'en va, tout triste, dételer l'autre bœuf affligé de la mort de son frère et laisse sa charrue enfoncée au milieu du sillon. [...] Que leur servent leur labeur et leurs bienfaits ? que leur sert d'avoir retourné, avec le soc de lourdes terres ? » (*Les Géorgiques*, p. 151). N'étant d'aucune utilité, ne récompensant pas celui qui s'y livre, le travail est désespérant. Le travailleur, pourtant dévoué à sa tâche, est donc souvent en proie à un profond désespoir.

Ainsi, le sens attribué au travail semble dérisoire dans nos œuvres : le salarié gagne parfois à peine de quoi vivre, il se sent très isolé, et a l'impression désolante qu'il ne compte guère.

Devant ce terrible constat, il faut impérativement œuvrer à redonner un véritable sens au travail, en ne le limitant pas à être un moyen, voire en en faisant une finalité en soi.

Premièrement, le salaire et le gain peuvent devenir une obsession qui nuit à une hiérarchie axiologique sur laquelle devrait reposer le véritable sens de la vie. La morale doit l'emporter sur la volonté de s'enrichir, de gagner quelque chose. Dans cette mesure, la deuxième fonction assignée par André Comte-Sponville au travail doit être valorisée afin que la première ne prenne pas toute la place. Monsieur Onde le souligne au début du cinquième mouvement : « Ce que la société divine a gagné en efficacité elle l'a perdu en puissance morale et mystique elle n'est plus que l'exacte projection des bandes ou des États terrestres dont le seul souci est de gagner et de vaincre », « vision un peu sombre des choses » selon Cohen (*Par-dessus bord*, p. 371-372). Même le théâtre y est soumis, comme le déplore Passemar : « Il faut bien admettre que le seul théâtre qui fasse des recettes est un théâtre qui répond à la demande d'un public qui est le public de la société de consommation alors il faut lui offrir le produit qu'il désire c'est-à-dire le marketing mix » (*Par-dessus bord*, p. 321). Chez Ravoire et Dehaze, tout est problème financier depuis le premier mouvement, comme en témoignent ces alertes de Cohen à Dehaze : « Depuis six semaines il y a eu des sorties considérables et très peu de rentrées/Ma situation de trésorerie jamais depuis que je suis ici elle n'a été aussi critique » (*Par-dessus bord*, p. 276). Dehaze déplore que cela soit au détriment de la loyauté, qualité qui tend à disparaître avec la modernité : « La loyauté Cohen est un concept qui appartient à votre génération et à la mienne » (*Par-dessus bord*, p. 279). Benoît demandera d'ailleurs peu après au chef comptable de « mett[re] [ses] scrupules dans [sa] poche] » (p. 289). Les manigances de Benoît pour récupérer le poste de son père qu'il a contribué à éliminer sont le signe d'une totale immoralité dans ses rapports à l'entreprise, à l'argent et à la famille. Obsédé par les gains de Ravoire et Dehaze, il considère que Dehaze gère mal car « l'or dans ses mains s'est transformé en sable et le sable lui file entre les doigts » (*Par-dessus bord*, p. 271). Il fait croire à son frère que leur père devrait lui passer la main et va parallèlement mentir à ce dernier, en soutenant qu'Olivier nourrit l'ambition sournoise de prendre sa place[1]. Quand Olivier suggère à son père de se reposer, Dehaze y voit la preuve que Benoît a dit vrai et ne veut plus le voir (p. 284). Il meurt quelques jours plus tard des suites d'un infarctus, ce qu'Olivier considère comme « une sorte d'assassinat ». Il voudrait pouvoir succéder à son père, pensant être son digne héritier : « Aujourd'hui je me sens dans l'obligation de prendre la présidence pour assurer la continuité dans un esprit de fidélité à tout ce que papa a entrepris » (*Par-dessus bord*, p. 291). Mais après avoir insisté pour que l'on « débranch[e] » leur père, arguant, contre l'avis d'Olivier qu'ils ne peuvent plus « allonger ces deux cents billets par jour » (p. 298), « continuer à allonger tous ces radis » (p. 312), c'est Benoît qui reprend la direction de Ravoire et Dehaze, en souscrivant un prêt de six millions (p. 302) à Ausange, lequel le soutient car il faut à la banque « un méchant bonhomme qui aime mordre » (p. 311). Mais Cohen ne se réjouit pas devant les rentrées d'argent, et estime que cette finalité n'est peut-être pas à atteindre à tout prix : « Il y a mille et une façons pour un coffre de se remplir » (*Par-dessus bord*, p. 314). Margerie représente aussi cette hiérarchie à rétablir. Elle reproche son obsession à Benoît : « L'argent l'argent tu vas finir par me dégoûter de ton argent » (*Par-dessus bord*, p. 326). Cette nécessité de se concentrer sur des intérêts autres que le profit peut enfin se trouver symbolisée dans le quatrième mouvement par la métaphore[2] de l'étron, appelé aussi l'« or noir », objet d'une jouissance suprême selon les jeunes consultants (p. 335).

1. « Méfiez-vous d'Olivier/Olivier perd un peu la tête il s'est mis dans l'idée que vous deviez céder la place » (p. 282).
2. Métaphore confirmée par le psychosociologue Reszanyi : « L'argent est la matière fécale vécue sous une forme qui n'a pas besoin d'être refoulée parce qu'elle a été désodorisée déshydratée rendue brillante » (p. 357).

Battistini soutient qu'il faut dépasser ce stade anal et que « d'autres intérêts prennent ensuite le dessus », ce qui constitue « un progrès » (*Par-dessus bord*, p. 336-337). Virgile valorise le travail de la terre, qui rapporte suffisamment, et déplore les visées belliqueuses de certains, ayant le gain pour objet. Ils « pénètrent dans les cours et les palais des rois », voulant « boire dans une gemme », « dormir sur la pourpre de Sarra », échangeant contre « l'exil leurs demeures et leurs seuils si doux » (*Les Géorgiques*, p. 130). « L'autre enfouit ses richesses et couve l'or qu'il a enterré ». Ce n'est pas une activité vertueuse. Simone Weil argue également de cette nécessité d'établir une meilleure hiérarchie des valeurs en plaçant la considération humaine au-delà de « l'obsession du salaire » (*La Condition ouvrière*, p. 68), du « désir avide d'accumuler des sous » (p. 338). « Le problème central, à mes yeux, c'est le rapport entre les revendications matérielles et les revendications morales » (*La Condition ouvrière*, p. 278). Elle dénonce une monomanie à laquelle tous se livrent par contagion de l'« atmosphère de la société bourgeoise », elle-même soumise à une obsession : la comptabilité, l'argent, le budget. Tout le monde se laisse prendre à cette « déformation d'esprit », car il est beaucoup plus facile de comprendre des chiffres que de se pencher sur des mécanismes profonds. Les ouvriers vont plus aisément demander une hausse de salaire qu'analyser la cause et les mécanismes de la souffrance qu'ils subissent au travail. C'est mal hiérarchiser les choses (*La Condition ouvrière*, p. 305). Le stimulant essentiel de l'ouvrier ne doit plus être « l'appât des sous » (p. 228), « l'appât du gain » (p. 233) : il faut « déchirer le voile que met l'argent entre le travailleur et le travail » (p. 346). L'ouvrier ne souffre « pas seulement de l'insuffisance de la paie » (*La Condition ouvrière*, p. 306). Il souffre essentiellement d'un état d'infériorisation, d'un sentiment de soumission à la volonté de ceux qui le dirigent. Les ouvriers qui font la grève ont un objectif : pouvoir vivre mieux mais surtout, ils corrèlent l'attribution de « meilleurs salaires » au sentiment qu'enfin ils comptent « pour quelque chose » (*La Condition ouvrière*, p. 278). Il faut faire en sorte que l'ouvrier puisse recevoir davantage qu'une rétribution matérielle, une rétribution « morale[1] » : « À leurs efforts dans ce domaine correspond seulement une quantité supplémentaire de sous. Jamais ils n'ont droit à une récompense morale de la part d'autrui ou d'eux-mêmes : remerciement, éloge, ou simplement satisfaction de soi. C'est là un des pires facteurs de dépression morale dans l'industrie moderne » (*La Condition ouvrière*, p. 234). C'est donc l'intérêt moral et non l'intérêt financier qui doit prévaloir pour que le travail ait véritablement un sens. Cela est vérifié dans la pièce de Michel Vinaver, où Madame Bachevski, qui a pourtant été sommée de partir en quelques heures et avant l'âge prévu pour sa retraite, est extrêmement émue de l'hommage que lui rend Benoît lors du festin final : « Je me suis donnée à la société merci à Monsieur Benoît de m'avoir invitée merci merci pour tout ce que vous avez fait merci à vous tous merci pour tout » (*Par-dessus bord*, p. 411). Être reconnue compte finalement beaucoup plus que rester en poste. Lorsque Simone Weil se

1. Et il faut se méfier : après la grève, « il est à craindre qu'à l'amélioration des salaires corresponde une nouvelle aggravation des conditions morales du travail » (p. 281).

justifie auprès de Victor Bernard d'avoir éprouvé des sentiments de joie et de délivrance quand la grève a été déclarée, elle argue enfin d'un intérêt moral pour tous, et veut oublier l'aspect financier de l'action des ouvriers : « Je ne pense pas en ce moment à l'intérêt matériel – peut-être les conséquences de cette grève seront-elles en fin de compte néfastes pour l'intérêt matériel des uns et des autres, on ne sait pas – mais à l'intérêt moral, au salut de l'âme. Je pense qu'il est bon pour les opprimés d'avoir pu pendant quelques jours affirmer leur existence, relever la tête, imposer leur volonté, obtenir des avantages dus à autre chose qu'à une générosité condescendante. Et je pense qu'il est également bon pour les chefs – pour le salut de leur âme – d'avoir dû à leur tour, une fois dans leur vie, plier devant la force et subir une humiliation. J'en suis heureuse pour eux » (p. 250). Une hiérarchie vertueuse doit donc permettre d'échapper à la prédominance de la finalité financière dans le travail, pour que ce dernier ait un véritable sens.

Deuxièmement, il faut dépasser la vision d'un travail limité à n'être qu'un moyen, nécessairement insatisfaisante, dans la mesure où c'est l'exécutant qui devient finalement ce moyen. Le risque d'opérer une confusion entre travail et travailleur mène à une réification insoutenable qui détruit tout le sens du travail. Dans *Par-dessus bord,* Alex évoque l'échange sordide orchestré par le chef du camp de concentration qui a « une passion pour Mozart », pour la survie de sa mère, grande pianiste : « Il a trouvé pour ma mère une place au bordel ma mère était très jolie très mince avec de grands yeux noirs des cheveux noirs très longs de longs doigts très fins deux fois par semaine il la faisait venir du bordel pour la soirée il restait sans bouger dans un fauteuil de cuir rouge à fumer son très long cigare pendant qu'elle jouait des sonates toutes les sonates » (p. 298). La mère d'Alex est amenée à se prostituer pour le plaisir de cet homme qui voit en elle un moyen d'assouvir son amour pour le compositeur. L'employé peut même se tuer à la tâche, comme le précise Olivier : « Ils se tueraient pour la maison les Guillaumat les Chevrier » (*Par-dessus bord,* p. 273), à l'image des Juifs qui ont dû « décharger d'un wagon des sacs de ciment et les recharger dans le même wagon sous les coups de matraque » : travail inutile, accompli sous la contrainte, dont « certains sont morts » (*Par-dessus bord,* p. 310). Les abeilles, dans *Les Géorgiques,* sont présentées également comme des travailleuses acharnées, qui peuvent se tuer littéralement à la tâche : « Elles se brisent les ailes contre des pierres dures, et vont jusqu'à rendre l'âme sous leur fardeau, tant elles aiment les fleurs et sont glorieuses de produire leur miel » (*Les Géorgiques,* p. 160). Or, le travailleur ne devrait pas se sacrifier ainsi. Dans *La Condition ouvrière,* on précise qu'il ne devrait pas être considéré comme un « simple intermédiaire entre les machines et les pièces usinées » (p. 331), ni « un objet inerte que chacun peut à tout moment changer de place » (*La Condition ouvrière,* p. 332). Simone Weil a eu la sombre impression, lors de son expérience à l'usine, que les pièces usinées étaient personnifiées là où l'ouvrier était réifié. Ces pièces ont en effet des fiches, des noms, une forme… « On pourrait presque croire que ce sont elles qui sont les personnes, et les ouvriers qui sont des pièces interchangeables. Elles ont un état civil », alors que l'ouvrier montre pour entrer dans l'usine une carte où il est en photo avec « un numéro sur la poitrine, comme un forçat », symbole qui « fait mal ». « Les choses jouent le rôle des hommes, les hommes jouent le rôle des choses ; c'est la racine du mal » (*La Condition ouvrière*, p. 336). Cela est amplifié par le déni de l'intelligence et de la conscience professionnelle du subordonné, de sorte que l'intelligence semble toujours du côté du chef alors que l'ouvrier « joue presque le rôle d'une chose maniée par l'intelligence d'autrui ». Ce processus doit être rectifié : Simone Weil soutient que la subordination peut être « belle » quand on exige aussi de l'intelligence et de la volonté, de la conscience de la part du subordonné : on reconnaît sa « valeur humaine » et un rapport de confiance mutuelle s'instaure entre chef et ouvrier. Elle aurait aimé qu'on lui prouve qu'on avait confiance en elle, même dans la tâche la plus pénible. « Quand les ordres confèrent une responsabilité à celui qui les exécute, exigent de sa part les vertus de courage, de volonté, de conscience et d'intelligence qui définissent la valeur humaine, impliquent une certaine confiance mutuelle entre le chef et le subordonné, et ne comportent que dans une faible mesure un pouvoir arbitraire entre les mains du chef, la subordination est une chose belle et honorable. Soit dit en passant, j'aurais été reconnaissante à un chef qui aurait bien voulu m'assigner un jour quelque tâche, même pénible, malpropre, dangereuse et mal rétribuée mais qui aurait impliqué de sa part une certaine confiance en moi ; et j'aurais obéi ce jour-là de tout mon cœur. Et je suis sûre que beaucoup d'ouvriers sont comme moi. Il y a là une ressource morale qu'on n'utilise pas » (*La Condition ouvrière*, p. 241). Redonner un sens au travail c'est donc redonner sa dignité au travailleur, notamment par une forme de reconnaissance : ce n'est pas lui qui est « à vendre ».

Finalement, en restituant une place réelle à l'homme dans le travail, on pourra faire de celui-ci, contrairement à ce qu'affirme André Comte-Sponville, une fin en soi, l'absence de finalités trouvées dans le travail lui-même étant très nuisible. Selon Simone Weil, elle enferme l'homme dans un cercle vicieux (travailler pour manger, mais manger pour avoir la force de travailler). « Tout est intermédiaire dans cette existence, tout est moyen, la finalité ne s'y accroche nulle part. La chose fabriquée est un moyen ; elle sera vendue [...]. La matière, l'outil, le corps du travailleur, son âme elle-même sont les moyens pour la fabrication ». Le bien n'est « nulle part » (*La Condition ouvrière*, p. 420). Pour rectifier cela, il convient de restaurer l'humanité dans le travail, « chercher l'organisation la plus humaine compatible avec un rendement donné » (*La Condition ouvrière*, p. 210). Simone Weil est optimiste : « Cet idéal, on peut peut-être un peu s'en approcher » (p. 211). Elle-même a éprouvé des joies pures et profondes dans le travail des champs effectué par le passé. On peut selon elle se soumettre à toute discipline, pourvu qu'elle soit « humaine » (*La Condition ouvrière*, p. 283), éprouver « la joie du travail, la fierté du travail accompli », « [s'] intéresser à [sa] tâche », « avoir plaisir à sentir que ça va vite », apprécier la facilité d'un travail mécanique exécuté « sans avoir besoin de [se] casser la tête », permettant de se perdre dans « des rêveries agréables » (*La Condition ouvrière*, p. 207). À l'usine, on se heurte « douloureusement, mais quand même joyeusement à la vraie vie » (*La Condition ouvrière*, p. 58). Notre philosophe propose des actions concrètes, consistant avant tout à tenir l'ouvrier au courant de sa part dans la fabrication du bien auquel il contribue, en lui faisant voir la pièce complète qu'il a participé à bâtir, (« quelles seront la place et la fonction de ce morceau de laiton dans une rame de métro »), en proposant aux familles de venir à l'usine : « Tout ouvrier serait heureux et fier de montrer l'endroit où il travaille à sa femme et ses enfants » (*La Condition ouvrière*, p. 345). Car la réalité de la vie est bien dans le travail, c'est « l'activité et dans la pensée et dans l'action » (*La Condition ouvrière*, p. 69), qui peut donner un sens à l'existence entière. Notre philosophe joue sur les définitions du mot « sens », lorsqu'elle explique qu'elle veut « orienter [sa vie] d'un bout à l'autre par la volonté et le travail dans un sens déterminé » (*La Condition ouvrière*, p. 56). Michel Vinaver explique lui aussi que la réintégration de l'humain dans l'entreprise peut redonner une signification aux tâches de chacun. Selon Madame Bachevski, Monsieur Dehaze sera regretté car il était « profondément humain » (p. 289). Benoît (alors même qu'il vient de décharger son frère de toute responsabilité à l'usine) clame haut et fort (hypocritement) ce que tous voudraient entendre, à savoir que « dans une affaire ce qui compte en définitive ce sont les hommes » (p. 330). Le boulot de Dutôt est d'« insuffler l'enthousiasme à [ses] hommes » (*Par-dessus bord*, p. 275). Il faut que le travail soit le fruit d'une adhésion pleine et entière de l'être pour qu'il devienne « une expérience exaltante » (*Par-dessus bord*, p. 410). Passemar trouve « exaltant d'imaginer un théâtre sans plus aucune limite au niveau des moyens d'expression ». La représentation semble être à elle-même sa propre finalité : « Je suis tenté par le théâtre total où toutes les formes d'art concourent au spectacle le ballet le cirque le cinéma l'opéra » (*Par-dessus bord*, p. 265). Margerie, passionnée par la Pompadour, veut écrire une thèse sur « le rôle des petits objets précieux dans l'évolution politique de la cour entre 1740 et 1769 » (p. 307), travail de recherche solitaire qui n'a d'intérêt que dans son accomplissement même. Au début du cinquième mouvement, Cohen se dit « plus heureux maintenant le travail est plus intéressant » (*Par-dessus bord*, p. 371). Lubin clame lui aussi son amour pour le travail : « Je suis né vendeur il me faut la route le contact avec la clientèle le goût de la victoire chaque fois que j'enlève une commande je leur ai dit Ravoire et Dehaze c'est toute ma vie » (*Par-dessus bord*, p. 393). Quant à Virgile, il ne cesse de chanter le bonheur de travailler, tant pour le paysan qui « a plaisir à planter Bacchus sur l'Ismare et à vêtir d'oliviers le grand Taburne » (*Les Géorgiques*, p. 117), que pour lui-même : « Un doux amour m'entraîne le long des pentes désertes du Parnasse ; il me plaît d'aller par ces cimes » (*Les Géorgiques*, p. 144). Le travail est par conséquent une fin en soi lorsque l'homme, considéré, se réalise en l'effectuant. Il donne concomitamment un sens à sa vie.

Ainsi, il faut redonner au travail une vraie raison d'être, sans se résoudre à accepter ni une mauvaise hiérarchie des priorités, plaçant le gain avant la morale, ni la réification d'un travailleur qui se vend. Réhumaniser le travail mènera à le percevoir comme une finalité à part entière, ce qui donnera un vrai sens à l'existence de celui qui l'exécute.

Pour conclure, nous avons pu confirmer dans un premier temps une vision du travail qui trouve son sens dans le fait qu'il soit un moyen au service de finalités matérielles et psychologiques, et qui n'est pas une fin en soi. Mais nos œuvres présentent aussi et surtout des activités professionnelles dépourvues de signification profonde : des travailleurs accablés, ne gagnant pas assez, isolés, trouvant peu d'épanouissement dans le travail. Dans ces conditions, le constat dressé par notre auteur doit sans doute servir de fondement à une réforme du travail pour correspondre à cette nécessité de sens : accepter à tous les niveaux de gagner moins peut-être, mais en étant reconnu dans sa dignité, faire de celui qui travaille quelqu'un qui n'est pas à vendre, humaniser le travail afin qu'on prenne plaisir à l'exercer, pour lui-même. Il reste beaucoup à faire pour que le travailleur trouve dans son labeur une véritable raison d'être et en sorte grandi, but que dans ses *Lettres à Lucilius*, Sénèque assigne au travail en en faisant « l'aliment des âmes nobles ».

Dissertation n° 6

Romain Berry

Sujet

Joseph, le narrateur du roman en vers *À la ligne. Feuillets d'usine* (2019), écrit par Joseph Ponthus, déclare dans la première partie de l'œuvre : « Déjà il me tarderait presque de/Retrouver l'usine/Comme si/Je n'étais pas encore allé/Au plus loin du possible du bout de mon épuisement/Au bout du travail/Au bout de mon travail/Sur l'usine et moi-même » (Folio n° 9841, page 122) Dans quelle mesure cette citation éclaire-t-elle la lecture des trois œuvres au programme?

Éditions utilisées

- *La Condition ouvrière*, Simone Weil, Folio essais n° 409, 1951, pages 51 à 76, 205 à 351, 389 à 397, 418 à 434.
- *Les Géorgiques*, Virgile, G.F. n° 128, traduction de Maurice Rat.
- *Par-dessus bord* (version hyper-brève), Michel Vinaver, Théâtre complet II, Actes Sud, 1969.

Dissertation rédigée

Le roman *L'Œuvre au noir*, écrit par Marguerite Yourcenar en 1968, raconte l'histoire de Zénon Ligre qui parcourt le monde, étudie les sciences, singulièrement la médecine, et l'alchimie, alors que les épidémies et les guerres, qui dressent les uns contre les autres peuples et religions, ravagent l'Europe. De multiples bruits circulent à propos de Zénon : le personnage fascine et inquiète. Dans la troisième partie, intitulée « La Prison », Zénon est jugé pour athéisme et hérésie. Il peut avoir la vie sauve s'il consent à se rétracter. Il refuse, pris de dégoût pour le monde qui l'entoure d'où les propos suivants du narrateur à son égard : « La démarche de l'esprit se frayant un chemin à l'envers des choses menait à coup sûr à des profondeurs sublimes, mais rendait impossible l'exercice même qui consiste à être. Il avait trop longtemps aliéné le bonheur d'aller droit devant soi dans l'actualité du moment [...] ». Ainsi Zénon est-il tellement occupé par sa quête, tellement obsédé par sa science et son érudition qu'il en oublie d'exister et ne se rend pas compte de son aliénation qui le mènera à une fin tragique. Il en va de même pour Joseph, le narrateur du roman en vers *À la ligne. Feuillets d'usine* (2019) écrit par Joseph Ponthus. Employé tout d'abord dans une usine de poissons puis dans un abattoir breton, il déclare dans la première partie de l'œuvre : « **Déjà il me tarderait presque de/Retrouver l'usine/Comme si/Je n'étais pas encore allé/Au plus loin du possible du bout de mon épuisement/Au bout du travail/Au bout de mon travail/Sur l'usine et moi-même** » (Folio n° 9841, page 122). Son expérience d'intérimaire prenant fin, Joseph ne semble pas se satisfaire d'un répit bien mérité après une dernière « [nuit] d'apocalypse bulotesque » (page 120). Il éprouve même, étrangement, une hâte à retourner au travail, à « [retrouver] l'usine », comme il le dit. Voici une confession bien surprenante pour celui qui ne cesse de décrire précisément chaque geste technique qu'on lui impose quotidiennement. Même s'il personnifie l'usine comme une vieille compagne de route ou une bien-aimée qu'il lui « tarderait » de revoir, le narrateur atténue toutefois ses propos en utilisant des formules modalisantes (« presque », « Comme si »), signe que ce souhait de retrouver bulots, crevettes et autres coquillages n'a rien d'attendu ou de rationnel. En effet, son travail harassant est constamment traité dans le roman en termes utilitaires ; il répète que c'est « [un] boulot alimentaire » (page 13) et que « [l'] usine c'est pour les sous » (page 13). D'ores et déjà se crée une tension entre la nécessité d'un travail, aussi difficile qu'il soit, qu'il espère pérenne et le bonheur qu'il pourrait lui apporter. La suite paronymique et synonymique de la page 20, « J'espère l'embauche/J'attends la débauche/J'attends l'embauche », résume précisément cette ambivalence du travail, telle qu'elle est rappelée dans le sujet. Il y a à la fois un empressement à « retourner à la crevette » (page 27) et à réexécuter les gestes mécaniques qui coûtent pourtant au narrateur, et une conscience évidente de l'« épuisement », qui confine à l'obsession. En effet, les propos de Joseph dans la citation le prouvent. Le parallélisme de construction « Au bout de », qui vient après le superlatif, lui-même employé dans la construction hyperbolique « Au plus loin du possible du bout », témoigne d'une volonté intime d'aller au plus profond de soi-même, d'entamer un mouvement de quête intérieure dont la finalité serait heuristique. Il réside ici encore une tension entre l'entêtement de l'ouvrier appliqué, qui donne de lui-même au travail et qui, toujours oppressé, n'est plus en mesure de penser à autre chose, et une dimension plus spirituelle, liée à la connaissance de soi. En jouant sur la polysémie du substantif « travail », le narrateur évoque à la fois le travail en tant qu'occupation journalière grâce à laquelle on perçoit un salaire en échange d'un bien ou d'un service et le travail en tant que force dynamique à l'origine d'un mouvement. L'épanalepse « Au bout du travail/Au bout de mon travail » évoque la finalité paradoxale de l'éreintement de Joseph à l'usine de poissons : certes, le travail dénerve et puise dans les ressources naturelles de l'homme (« épuisement », répétition d'« Au bout de ») mais, paradoxalement, il motive l'homme à repousser et à dépasser ses limites, comme si le travail était un catalyseur qui aide à découvrir à la fois le monde qui entoure l'être humain et à sonder son monde intérieur. Comme est réuni, au sein d'un même vers (« Sur l'usine et sur moi-même »), le double objet de la quête, nous nous apercevons que l'intérimaire donne ici une fonction psychanalytique à son travail pourtant difficile – ce qui n'est pas sans rappeler d'autres passages du roman durant lesquels l'existence ouvrière devient une odyssée où Ulysse combat des montagnes de bulots et des carcasses de bœuf à désosser. En effet, Joseph, par la magie de sa parole, trouve le côté positif de ce qui est pourtant profondément réifiant. Même s'il fait partie des « [petits] troufions de l'usine/Attendant de remonter au front » (page 60), des « vagues engagés volontaires dans une guerre contre la machine/Perdue d'avance certes » (page 60), il demeure quand même optimiste et réinvestit ce travail ingrat d'une autre force intellectuelle, spirituelle, qui oriente l'homme vers la connaissance. Le point nodal de la citation réside alors dans l'adverbe « presque », amplifié par la comparative hypothétique, qui dévoile tout le paradoxe des propos de Joseph. Alors que le travail est ici traité en terme d'« épuisement » de toutes les forces vitales humaines puisqu'il pousse à aller « [au] bout » de soi-même, pourquoi est-il en même temps le support d'un élan vers quelque chose de plus spirituel qui aboutirait à la connaissance de soi et du monde ? Il serait alors intéressant d'envisager, dans un premier temps, le travail comme une activité vitale qui pousse l'ouvrier à transformer son labeur en plénitude. La souffrance que le travail impose est sublimée car elle permet une double connaissance, celle du monde qui l'entoure et celle de son monde intérieur. Néanmoins, la tâche de l'ouvrier est telle qu'elle se mue parfois en obsession à tel point qu'il est obsédé par les tâches qu'il aurait pu ou dû effectuer. Éternellement insatisfait, il regrette de ne pas être allé « au bout » de lui-même. Le constat de Joseph suggère alors la souffrance de tout travailleur aliéné qui ne sera jamais satisfait de sa tâche et qui se projettera immédiatement dans une autre ou bien regrettera celle passée. Ainsi, le propre de l'activité humaine n'est pas de laisser l'homme dans un étau, oppressé entre regret d'un travail imparfait et hâte de son amélioration. Le travail ne se vit pas dans la rétrospection ou la prospection mais au présent. Pour répondre à ces problématiques, nous nous appuierons sur *La Condition ouvrière* de Simone Weil, recueil de textes hybrides (lettres, brouillons d'articles de presse, extraits de conférences) dans lequel la jeune professeure de philosophie qu'elle était à l'époque raconte son expérience de travail dans différentes usines afin de ressentir au plus près ce que subit la classe ouvrière, sur le traité d'agriculture des *Géorgiques* du poète latin Virgile, écrit en 37 avant Jésus-Christ, sous la volonté pressante de Mécène – lui-même poussé par Octave – de faire l'apologie d'un retour à la terre en décrivant une nouvelle Arcadie, ainsi que sur la pièce de théâtre *Par-dessus bord* (version hyper-brève) de Michel Vinaver, écrite en 1969, dans laquelle le dramaturge et ancien PDG de Gillette passe au vitriol les relations entre les employés et les stratégies commerciales de l'entreprise Ravoire et Dehaze qui vend du papier toilette.

Certes, le travail, tel que le conçoit Joseph qui trime dans une usine de poisson, est à rebours de tous les préjugés qu'on pourrait avoir. C'est une activité vitale qui transfigure l'« épuisement » en désir de connaissance. Le sacrifice des forces physiques est alors compensé par la satisfaction d'une plénitude à venir.

Travailler mobilise le corps et l'esprit. Tout l'être est engagé, il est pris dans un mouvement, dans un élan régénérateur qui motive l'homme et le pousse à vouloir se dépasser, à aller « [au] plus loin du possible ». En un mot, le travail éloigne l'inertie. Telle est une des thématiques fondamentales des *Géorgiques* quand Virgile dit que le bon travailleur ne connaît jamais le repos tant il a à faire. Chaque saison l'oblige à un travail différent, la nature l'incitant à s'adapter à elle. Ainsi est-il toujours occupé, même en hiver, alors qu'il s'agit vraisemblablement de la saison durant laquelle il pourrait un peu se reposer. Certes, l'hiver chasse ses soucis mais c'est aussi le moment de cueillir les glands et les baies du laurier, de tendre des pièges aux grues, aux cerfs, de poursuivre les lièvres, d'abattre les daims, comme si les activités revenaient de façon cyclique et que le travail n'en finissait jamais. Cette thématique est répétée un peu plus loin dans le traité quand le poète évoque les tâches du vigneron. Lui aussi a de quoi faire en hiver ; il doit couper les branches épineuses du houx, s'occuper de la saulaie inculte, creuser le sol, brûler les sarments mis au rebut, rentrer les échalas au logis… Quand il pense avoir bientôt achevé sa tâche, il découvre d'autres activités qui l'attendent : « il lui faut encore tourmenter la terre, la réduire en poussière, et, bientôt, craindre Jupiter pour les raisins mûrs » (page 128). Ainsi le vigneron n'est-il, lui non plus, jamais tranquille. Cette absence de repos est aussi celle qui caractérise Benoît, nouveau PDG de Ravoire et Dehaze, après l'infarctus de son père, Fernand Dehaze. Lors de son discours d'investiture à la tête de l'entreprise, il donne sa nouvelle vision des choses résolument tournée vers l'avenir. Puisque la baisse des ventes n'est qu'un lointain souvenir, il pense, au contraire, que « le redressement est encore possible mais il exige une attitude absolument nouvelle partir de zéro vivre une aventure avec tout ce que cela comporte de rigueur de don de soi » (troisième mouvement). Homme providentiel, courageux, à l'*éthos* messianique, Benoît croit fermement en son travail et en celui de ses collaborateurs, il souhaite se dépasser en cherchant de nouvelles stratégies commerciales, comme d'autres cadres se démènent eux aussi pour le bien de l'entreprise. C'est le cas de Dutôt et d'autres représentants qui se battent gentiment pour obtenir des primes ou bien de Lubin qui use de circonlocutions et d'habiletés rhétoriques pour séduire Madame Lépine, la grossiste en droguerie. Ainsi, travailler oblige l'homme à repousser ses limites, à être constamment sur le qui-vive, en somme, à stimuler son imagination. En effet, Benoît et Dutôt dialoguent et évoquent leur nouvelle stratégie de vente. Quand Benoît dit que « [le] produit n'est pas seulement le produit » (deuxième mouvement), Dutôt rétorque dans la même lignée que « [c']est à quoi il fait rêver » (deuxième mouvement), sous-entendant ainsi le rôle créateur qu'a le chef des ventes. Il doit ruser et (ré)inventer le produit afin de le rendre le plus attractif possible. Simone Weil va dans le même sens que Vinaver car, selon elle, le travail regénère l'individu. Même s'il est source de douleur, il apporte aussi la joie. C'est d'ailleurs la concomitance de ces deux états qui structure la troisième lettre envoyée à Albertine Thévenon dans laquelle la philosophe pense que cette antithèse constitue « la vraie vie » (page 57). Elle ajoute même que l'usine est « un endroit où on se heurte durement, douloureusement, mais quand même joyeusement à la vraie vie. Pas cet endroit morne où on ne fait qu'obéir, briser sous la contrainte tout ce qu'il y a d'humain, se courber, se laisser abaisser au-dessous de la machine. » (page 57). Dans cette optique, nous pourrions penser que la véritable gageure du travail, tout avilissant qu'il puisse être, est qu'il pousse, paradoxalement, l'homme à reconquérir sa dignité. Il s'agit là d'une sorte de défi que le travailleur se fixe, similaire à celui que Weil s'est elle-même fixé en allant faire l'expérience de la vie en usine dans la Loire. Elle écrit à la syndicaliste Thévenon : « Lentement, dans la souffrance, j'ai reconquis à travers l'esclavage le sentiment de ma dignité d'être humain, un sentiment qui ne s'appuyait sur rien d'extérieur cette fois, et toujours accompagné de la conscience que je n'avais aucun droit à rien, que chaque instant libre de souffrances et d'humiliations devait être reçu comme une grâce, comme le simple effet de hasards favorables. » (page 60) En somme, le travail repousse les limites de l'homme, il stimule son esprit ou son corps et devient à chaque instant plus créateur. En allant « [au] plus loin du possible du bout » de lui-même, l'homme se sent vivant.

Plus encore, travailler apporte aussi la satisfaction de soi. En effet, l'homme aime aller « [au] bout de son travail » comme le confie Joseph, parce qu'il est désireux d'accéder à un état de plénitude, noble récompense des efforts consentis. Ainsi, y a-t-il une forme de sublime dans le travail : l'homme se sacrifie momentanément, donne de lui-même, pour accéder, ensuite, au bonheur de voir sa tâche bien exécutée. Tel est le cas de Virgile qui pense qu'un travail bien effectué appelle la louange de celui s'y est adonné avec ferveur. Quand le vigneron, arrivé « au bout de ses rangées » (page 128), « chante la fin de ses peines » (page 128), c'est un indice évident qu'il a atteint un instant de plénitude qui le rend fier de sa besogne. C'est la même chose quand il observe les arbres fruitiers qui « s'élancent rapidement vers les astres par leur propre vertu » (page 128). Bien qu'ils n'aient « pas besoin de [leur] aide » (page 128) pour pousser, eux qui sont « maîtres de leurs forces » (page 128), ce sont quand même des hommes qui les ont plantés et s'en sont occupés (« Et les hommes hésiteraient à planter des arbres et à y consacrer leurs soins ! » (page 128)), ils en sont donc très fiers. Peu importe si le travail est dur et éreintant, peu importe s'il abîme les corps, le paysan sera à coup sûr récompensé. Commencera alors un cercle vertueux dans lequel le labeur appelle la fertilité qui procure la satisfaction de l'agriculteur, qui, lui, fera le bonheur de son foyer. Il verra alors « ses enfants câlins suspendus à son cou se [disputant] ses baisers ; [que]sa chaste demeure observe la pudicité ; [que]ses vaches laissent pendre leurs mamelles pleines de lait, et [que] ses gros chevreaux, cornes contre cornes, luttent entre eux sur le riant gazon » (page 131). Toutefois, pour atteindre ce moment de sérénité, l'homme ne devra jamais se contenter de ce qu'il a fait dans le passé car « [pour] lui, point de relâche, qu'il n'ait vu l'année regorger de fruits, ou accroître son bétail, ou multiplier le chaume cher à Cérès, et son sillon se charger d'une récolte sous laquelle s'affaissent ses greniers » (page 131). Virgile, nostalgique, oppose cet âge d'or, qui caractérisait le mode de vie des Sabins, à l'arrivée de la guerre, qui éclipse ce moment d'harmonie bienheureuse par l'arrivée des dissensions. Ainsi conclut-il son livre II en disant que « telle fut la vie que menait sur les terres Saturne d'or : on n'avait point alors entendu encore souffler dans les clairons, ni sur les dures enclumes crépiter les épées » (page 131). *A contrario*, Simone Weil est plus optimiste. Selon elle, ce n'est pas parce que le travail est dur, dégradant et réduit à de la manutention qu'il est dénué de sens. Au contraire, « [il] y a aussi des symboles à trouver pour ceux qui ont des besognes d'exécution autres que le travail physique » (page 429). Lorsque l'homme travaille, il porte une attention toute particulière à sa tâche, qui va l'inciter à faire de même avec le monde qui l'entoure. C'est, selon la philosophe, un des rares moyens « pour posséder la plénitude et la vertu » (page 429). Elle pousse la comparaison un peu plus loin en disant que le travailleur doit être comme un artiste qui cherche la plénitude dans l'art. Elle écrit : « Si la vocation de l'homme est d'atteindre la joie pure à travers la souffrance, ils sont placés mieux que tous les autres pour l'accomplir de la manière la plus réelle. » (page 434) Ainsi voit-on comment l'homme est en mesure de transfigurer sa souffrance et d'en faire une source de joie. Il deviendra alors une sorte d'alchimiste lui aussi. De plus, dans son « Appel aux ouvriers de Rosières », Weil décrit aussi la joie, la fierté du travail accompli et l'intérêt porté à la tâche qui apporte le contentement de celui qui s'est adonné à une tâche aussi ingrate. Ce dernier sait donc convertir en plaisir ce qui n'était jusque-là que contrainte. En effet, la vitesse, les ordres, le bruit des machines deviennent alors le support d'une méditation, d'une fuite vers un ailleurs métaphysique que seul le travail peut offrir. Weil nous prévient que « [s'il nous] arrive de [nous] intéresser à [notre] tâche. Si certains jours [nous avons] plaisir à sentir que ça va vite et que par suite [nous gagnons] bien. Si quelquefois [nous pouvons] passer des heures à travailler [...] en [nous] perdant dans des rêveries agréables » (page 207), c'est preuve que la magie a opéré et que nous avons su trouver une forme de beauté dans la tâche effectuée. Cette analogie entre le travailleur et l'artiste transfigurateur est aussi utilisée dans *Par-dessus bord*, notamment à travers les commentaires métadiscursifs de Passemar qui évoque les attitudes de ses acteurs. Il veut les laisser libres de travailler comme ils le souhaitent. Même s'ils « peuvent faire des choses n'importe lesquelles » (troisième mouvement), il n'y voit aucun inconvénient, « pourvu que ça entre dans les temps entre le début et la fin d'une action » (troisième mouvement). Jouer la comédie, c'est aussi transfigurer une réalité, souvent laide, pour y introduire un soupçon de folie. C'est aussi ce que souhaitent Peyre et Battistini. Peyre déplore que la surface du papier toilette soit « inutilisée » (cinquième mouvement), Battistini propose donc d'y imprimer « de petits textes instructifs » (cinquième mouvement), Peyre renchérit en suggérant même d'y écrire « une encyclopédie sans début ni fin » (cinquième mouvement). Enfin, c'est peut-être Margerie qui nous donne le plus bel exemple de cette recherche de l'art dans le monde du travail. Dans le sixième et dernier mouvement de la pièce, elle annonce son projet de travail : en commençant par pasticher Hugo (« Demain à l'aube... »), elle informe Benoît qu'elle embarquera sur le « France » pour rejoindre les États-Unis, afin de fonder, à San Francisco, « un institut de beauté comme un défi français à toutes ces usines sans âme où la beauté est débitée à la chaîne » (sixième mouvement). Ce projet placé « sous le signe de la Pompadour » (sixième mouvement) est donc une façon non pas de transfigurer comme c'était le cas dans les autres exemples cités, mais d'opposer une forme de beauté – stéréotypée, certes. Vinaver est ironique – à la laideur du monde du travail. En somme, travailler induit des souffrances, parfois même inexprimables, mais qui suscitent aussi une joie, une hâte, comme le souligne Joseph, le narrateur d'*À la ligne*, quand il évoque sa hâte de « [retrouver] l'usine ». Le travailleur récoltera le fruit de son labeur et, désireux d'y trouver de la beauté, accèdera à un état de plénitude.

Enfin, aller « au bout de [son] épuisement » et au bout de soi-même est une façon d'explorer des facettes du monde ou de soi-même qui étaient jusque-là inexplorées. Les pénibles efforts sont alors convertis, dans un mouvement d'ascèse, en une force spirituelle ou intellectuelle qui ravira le travailleur. Simone Weil pense que les efforts consentis seront convertis en une force intellectuelle qui pousserait le travailleur à regarder sa tâche autrement. Autrement dit, la souffrance entraîne un dessillement et nous incite à regarder le monde qui nous entoure différemment : « Il serait facile de découvrir, inscrits de toute éternité dans la nature des choses, beaucoup d'autres symboles capables de transfigurer non pas seulement le travail en général mais chaque tâche dans sa singularité. » (page 426). La philosophe ajoute un peu plus loin qu'« il faut que les choses sur lesquelles les besoins et les obligations de la vie contraignent à porter le regard reflètent ce qu'elles nous empêchent de regarder directement » (page 426). Ainsi le travail nous incite-t-il à « les lire » (page 426) et même à relire notre existence en passant par le prisme de notre souffrance. Plus encore, Weil affirme que le travail nous incite à explorer des facettes de nous que nous ignorons. C'est ainsi qu'elle conclut la deuxième lettre à Albertine Thévenon en remarquant que, malgré la grande souffrance, elle éprouva toutefois beaucoup de satisfaction à avoir fait l'expérience de l'usine, heureuse d'avoir pu « [s'] éprouver [elle-même] » (page 56), reconnaissant qu'elle est « bien différente de ce qu'[elle était] quand [elle y est] entrée – physiquement épuisée, mais moralement endurcie » (page 56), signe que cette expérience laborieuse fut comme un catalyseur ontologique qui lui permit d'explorer des facettes de son « moi » encore inexplorées. Weil ajoute que la bonté est tellement rare à l'usine qu'elle incite au repli sur soi, et donc à une meilleure connaissance de soi. En effet, il est très difficile de compter sur autrui car « le moindre acte de bienveillance, depuis un simple sourire jusqu'au service rendu, exige qu'on triomphe de la fatigue, de l'obsession du salaire » (page 68). Parfois même, les ouvriers sont tellement aliénés qu'ils n'ont même pas la force d'analyser la raison de leur sacrifice. Anesthésiés, ils ne parviennent pas à entamer cette fouille ontologique. C'est alors Weil qui prend elle-même le relais et se fait intermédiaire en leur demandant chaque soir d'écrire quelque chose sur leur journée passée à l'usine. En effet, « ils seront bien contents de voir imprimées des choses qui peut-être remuaient au fond de leur cœur sans pouvoir se traduire par des mots ; ou peut-être des choses qu'ils auraient su exprimer, mais taisaient par force » (page 209). Telle est aussi la méthode de Jenny et Jack, les deux conseillers en *marketing* de l'entreprise Ravoire et Dehaze. Aller vers le dévoilement de soi, explorer des zones obscures de la conscience, évacuer sous forme de lapsus tout ce que l'être humain s'interdit sont les trois premières étapes de leur *brainstorming*. En rejetant les préjugés et en poussant chaque employé à répondre de façon instinctive dans un jeu qui explore les recoins de leur conscience, Jenny et Jack radicalisent en quelque sorte la méthode cartésienne du doute. Virgile procède, cependant, un peu différemment, puisque le paysan, tel qu'il est décrit par le poète, n'est jamais typifié et n'a pas de réelle épaisseur psychologique. Toutefois, le travail tel qu'il est décrit dans *Les Géorgiques* est une voie d'accès pour mieux appréhender le monde qui l'entoure ; le bon paysan qui lirait ce traité ne « [tardera] » pas, pour paraphraser

Joseph Ponthus à aller « [au] bout de [son] travail » sur les champs. Il connaîtra, par exemple, les spécificités de chaque type de terre, comme il est expliqué dans le livre II. En effet, une terre grasse et humide annonce la fécondité et donnera des « vignes vigoureuses et abondantes en suc de Bacchus ; elle est fertile en grappes, fertile en un liquide pareil à ce nectar que nous offrons en libations dans l'or et les patères » (page 121). Si, au contraire, il souhaite élever du bétail et des veaux, il devra choisir « les lointains pâturages de la grasse Tarente, ou une plaine semblable à celle qu'a perdue l'infortunée Mantoue » (page 121) car ce sont des plaines riches en fontaines, en gazons, qui raviront les troupeaux : « toute l'herbe qu'aura broutée ton gras bétail dans les longs jours, la fraîche rosée d'une courte nuit suffira pour la faire renaître » (page 121). En revanche, une terre noire et grasse est propice aux blés. C'est une terre « d'où le laboureur irrité a fait disparaître une forêt, abattant des bocages longtemps inutiles et arrachant jusqu'au bout de leurs racines les antiques demeures des oiseaux » (page 121). Ainsi, le travail tel qu'il est décrit pousse certes l'homme à se donner du mal. Il tire une récompense : il aura découvert des facettes de lui qu'il ne connaissait pas jusque-là et aura acquis une forme de sagesse qui lui sera salutaire.

En somme, la frénésie de l'homme à vouloir retourner au travail et « [retrouver] l'usine » comme Joseph le stipule n'est pas inconcevable quand on envisage le travail comme une force qui dynamise l'individu, le sort de sa léthargie et lui permet de convertir ses efforts en sagesse. Le travailleur est alors similaire à l'artiste qui, assis à sa table ou devant son chevalet, souffre pour aller « [au] bout » de sa création.

Néanmoins, le travail est aussi – et même avant tout – synonyme d'obsession à tel point que, même lors des moments de repos, le travailleur ne peut pas s'empêcher de ruminer, de repenser à sa tâche et peut-être même de regretter de ne pas être allé « [au] plus loin possible » de lui-même. La puissance des efforts consentis devient aliénation.

Ce qui est latent dans les propos de Joseph, c'est l'obsession de l'ouvrier à qui « tarderait » le retour à l'usine. Incapable de jouir de l'arrêt du travail ou du répit accordé par la fin d'un contrat (ce qui est le cas de Joseph à la page 122 d'*À la ligne*), le travailleur est aliéné et ne peut plus penser à autre chose. Son cerveau est atrophié. Simone Weil décrit l'homme comme conditionné par sa tâche à tel point que toute sa vie est rythmée par ses obligations professionnelles, au point qu'il est incapable de profiter des pauses. C'est pourquoi la philosophe affirme, à de nombreuses reprises, que le travail implique la mort de la conscience. Quand elle énonce au bas de la page 60 qu'« [on] ne peut pas être "conscient" » et que « la pensée se recroqueville, se rétracte, comme la chair se rétracte devant le bistouri », elle montre combien l'aliénation est forte et combien l'homme en est victime. Ensuite, pour montrer que le travail est ingrat et anéantit toute capacité intellectuelle, Weil compare l'usine à l'université. Dans la lettre à Simone Gibert, elle décrit l'usine comme mortifère : « Car ce n'est pas là comme à l'université, où on est payé pour penser ou du moins pour faire semblant ; là, la tendance serait plutôt de payer pour ne pas penser » (page 68), attestant combien toutes les capacités de raisonnement du travailleur sont annihilées. L'obsession est même décrite dans une sorte de mise en abîme tant Weil elle-même est obnubilée par son travail de philosophe. Elle le dit au début de sa lettre du 16 mars 1936 à Victor Bernard : « votre usine m'obsède, d'où le nombre de lettres » (page 230) qu'elle lui envoie. Enfin, plus loin dans l'œuvre, la philosophe décrit la frénésie de Taylor qui mit vingt-six ans à peaufiner ses méthodes de travail. Dans la courte biographie qu'elle fait de lui, elle narre l'obsession de ce jeune homme, nommé directeur d'usines à vingt-quatre ans, de monter sans cesse la cadence des machines. Continuellement en conflit avec ses anciens collègues et ne maîtrisant pas tout à fait les outils nécessaires pour savoir comment les temps de production pourraient progresser, il créa « un petit laboratoire pour faire des expériences sur les méthodes d'usinage » (page 312) duquel il ne sortait pas tant que les résultats de ses expériences ne correspondaient pas à ses attentes. Ainsi Taylor incarne-t-il le travailleur qui, désireux d'aller « [au] bout de [son] travail », comme l'écrit Ponthus, ne se rend pas compte qu'il est aliéné. Cette obsession est aussi envisagée par le dramaturge Michel Vinaver mais de façon comique. Alors que Madame Alvarez, suite à la rupture de stock de « Super-Douceur », a fait une note de service à Olivier mettant Dutôt en copie, ce dernier s'emporte contre ces lourdeurs administratives, hurlant qu'il « [s']en torche [des] notes de service » (premier mouvement) – ce qui est assez drôle de la part d'un vendeur de papier toilette ! –, qu'il lui « faut la camelote » (premier mouvement) à tout prix. Ce comportement est critiqué par Margerie dans le deuxième mouvement. Bien que vénale et cupide, la jeune femme dénonce le comportement des jeunes cadres américains qui ne pensent qu'au résultat. Elle se moque de cette nouvelle génération tout droit sortie des écoles de commerce, qui emploie un langage abscons et un jargon emprunté à l'anglais. Elle accuse Benoît qui, à ses yeux, « [devient] tous les jours un petit peu plus manager et un peu plus con » (deuxième mouvement), s'engluant inconsciemment dans la routine qui consiste à « [manger] travailler dormir » (deuxième mouvement). Margerie porte un regard extérieur sur l'entreprise, alors que les employés de Ravoire et Dehaze ne perçoivent pas cette aliénation. Ils croient se démener pour la prospérité de la firme, mais ce n'est pas le cas. Tels des fantoches, ils sont vidés de toute substance, incapables de raisonner et de produire un énoncé cohérent. Tel est le cas de Peyre et Benoît qui, dans le cinquième mouvement, fascinés, redisent de façon mécanique le slogan de Jaloux. Ils sont tellement hypnotisés qu'ils répètent même le mot « virgule » au milieu du slogan que Jaloux avait épelé. *A contrario*, chez Virgile, il n'y a pas de réelle aliénation au travail qui soit dénoncée par le poète. Cela ne cadrerait pas avec ses intentions de faire la promotion du travail agricole. Cependant, nous pouvons quand même saisir des signes d'enfermement du paysan. Le poète décrit aussi le travail comme redondant, comme s'il était pris dans une forme de circularité qui le contraint, car ce labeur « revient toujours en un cercle, et l'année en se déroulant le ramène avec elle sur ses traces » (page 127). Le travail est donc aussi une source d'aliénation dans la mesure où l'homme, désireux de donner le meilleur de lui-même, ne se rend plus compte qu'il fait du travail sa priorité au point de délaisser d'autres parties de sa vie. En n'existant que par son travail, il se vide de sa substance et devient une proie pour d'autres hommes qui se plairont à exercer un pouvoir sur lui.

Ainsi, le travailleur, constamment surveillé, est contraint de se démener pour que la tâche exécutée emporte l'adhésion de ses supérieurs, allant donc jusqu'à ne plus écouter son propre corps et crouler sous l'« épuisement ». Rongé et en voie de déshumanisation, il ne serait rien de moins qu'une machine. Encore une fois, c'est un des leviers de l'argumentation de Simone Weil. Selon elle, ce n'est pas le travail qui asservit l'ouvrier mais la surveillance constante des chefs qui injectent du hasard dans le déroulement de la journée de travailleur en venant perturber abusivement le travailleur. En se permettant d'intervenir quand bon leur semble, ils suscitent une peur qui sera assimilée à une dépendance pour l'ouvrier. Weil va plus loin encore en disant, dans sa première lettre à Victor Bernard, que l'esprit de classe est excité par la mise en valeur de l'infériorisation de l'ouvrier. Elle pointe les « phrases malheureuses » (page 215) de ses supérieurs qui, sans doute inconsciemment, lui donnent l'impression de cette infériorité. L'auteure essaie de convaincre son interlocuteur – Victor Bernard, directeur de l'usine de Rosières – que ces piques cruelles sont l'expression d'un manque de tact manifeste, tout à fait caractéristique de celui qui se trouve constamment en position dominante. Cette soumission forcée aux chefs, qui contraignent l'ouvrier à aller au bout de lui-même et à toujours en demander plus, prend des accents plus violents dans la pièce de Vinaver. Déjà Benoît congédie son père et d'autres employés sans aucune raison. Mais c'est surtout Madame Bachevski qui décrit la subordination à ses chefs en termes surprenants. Inquiète car menacée par les fournisseurs, elle s'humilie : « je me suis mise à plat ventre, moi, Madame Bachevski » (troisième mouvement), alors qu'à la page suivante, Jjji, dont le passe-temps préféré est de ne « rien faire » (troisième mouvement), se met ventre à terre, dans la plus grande des insouciances, pour sucer l'herbe, ce qui, par comparaison, ne fait que renforcer la violence de l'humiliation de Madame Bachevski. Toutefois, c'est l'épisode du *happening* à la prétendue boîte de jazz, L'Infirmerie, qui explicite plus radicalement encore l'inféodation : Jiji fait monter sur scène Toppfer et trois autres spectateurs. Elle leur donne des indications à la manière d'une metteure en scène sadomasochiste : « vous êtes des rampants vous ne savez pas encore marcher vous n'êtes pas encore nés […] vous allez tout faire pour ne pas naître » (cinquième mouvement). Tous s'exécutent dans un délire pseudo-psychanalytique, mystico-politique, puisqu'ils doivent rentrer dans la baignoire qui symbolise la « mère de tous les orphelins de Jésus-Christ […] damnés de la terre Trotski Guevara Ford Rockfeller… » (cinquième mouvement) En outre, ce jeu « dure quatre minutes à mon chronomètre » (cinquième mouvement), comme pour insister, de façon similaire à Simone Weil, sur la pression du temps qui écrase l'homme, ici lors d'un jeu de rôle et, plus largement, à l'usine. Enfin, c'est la soumission aux dieux qui emprisonne le paysan des *Géorgiques*. En effet, que ce soit Cérès qui surveille le laboureur et discrimine celui qui travaille bien de celui qui travaille mal ou bien Jupiter dont les voix/voies sont impénétrables ou bien la Furie qui « abat les animaux par bandes, et entasse, dans les étables mêmes, les cadavres décomposés par une affreuse pourriture » (page 152), les dieux ont la main sur le destin de l'agriculteur qui les invoque pour obtenir de belles récoltes et leur fait des offrandes. C'est, d'ailleurs, dans le but d'obtenir les faveurs des dieux que le poète incite le paysan à faire un sacrifice annuel à Cérès, « en accomplissant les rites sur de gras herbages, quand le déclin de l'extrême hiver fait déjà place au printemps serein » (page 107). Ainsi aura-t-il de gras agneaux, des vins moelleux, un doux sommeil, des ombres épaisses. De la même façon, au livre IV, Cyrène enjoint à son fils, Aristée, de porter des offrandes aux Nymphes qui ont pris le parti d'Eurydice avec qui elles menaient des chœurs dans les bois sacrés. Elle l'exhorte à leur « porter des offrandes » (page 171), en leur demandant la paix et en vénérant « les Napées indulgentes » (page 171). Sa mère lui explique comment les implorer : il devra choisir quatre très beaux taureaux, quatre belles génisses, dresser quatre autels, tuer les bêtes et abandonner leurs dépouilles « sous les frondaisons du bois sacré » (page 171). Au neuvième jour, il faut jeter aux mânes d'Orphée « les pavots du Léthé », honorer Eurydice en lui sacrifiant une génisse, immoler une brebis noire et retourner dans le bois sacré. Il y a donc un comportement à respecter pour bien travailler. Il faut honorer les dieux et, plus généralement, être docile aux ordres des chefs. Cette soumission ne peut pas être convertie comme le sous-entend l'auteur de la citation. Au contraire, elle provoque un anéantissement de l'homme, une perte de son estime de soi.

Alors, l'ouvrier ne sera jamais satisfait et ne satisfera jamais ses chefs. À l'instar de Joseph, il éprouve une forme de culpabilité voire d'autodépréciation car, ne pouvant pas jouir de son répit, il se projette déjà dans son retour au travail ou bien se montre dur avec lui-même, éternellement insatisfait. En effet, dans la pièce de Vinaver, les relations au travail sont tellement difficiles que le travailleur lui-même justifie sa soumission par une forme d'auto-flagellation. C'est le cas d'Olivier qui intègre si bien son caractère flegmatique qu'il se décrit comme un moule ou une moule. Dans le quatrième mouvement, Margerie lui confie que Benoît et elle l'ont comparé à « un moule », bien que Margerie, faisant quelques erreurs sur le genre des noms vu que le français n'est pas sa langue maternelle, ait voulu dire « une moule ». Olivier, au lieu de s'énerver, tellement habitué à subir les assauts de Benoît quand il est au bureau, valide la comparaison avec la moule et la poursuit naïvement : « Je m'ouvre et je me ferme » (quatrième mouvement). Margerie se moque alors de lui en filant la métaphore : « Et tu restes accroché à ton banc toute la vie » (quatrième mouvement). Elle l'encourage à se fâcher car elle s'amuse d'avance de le voir rouge de colère, elle lui donne même le sobriquet de « Monsieur le marquis de la Moule » (quatrième mouvement) sans qu'il montre de résistance. Ainsi, l'intégration de l'infériorité est telle qu'elle pousse l'employé le plus modèle à culpabiliser. Il ne croit tellement pas en ses qualités et ses compétences qu'il continue à donner de lui-même tout en se persuadant que ce n'est jamais assez. Passemar et Madame Bachevski illustrent parfaitement cet argument. Alors qu'il croit que Benoît va le renvoyer, Passemar se lance dans son propre réquisitoire, il dénigre tout ce qu'il a fait dans l'entreprise, en reconnaissant qu'il a échoué dans tous les domaines. Il juge que son travail « n'a pas été concluant » (cinquième mouvement), qu'il a

« apporté quelques idées » (cinquième mouvement) mais qu'il ne s'est jamais « [vraiment] jeté à l'eau » (cinquième mouvement). De même, à la fin de la pièce, Madame Bachevski, pourtant licenciée, fait un discours qui prend l'allure d'un plaidoyer *a posteriori*, dans lequel elle chercherait à montrer aux yeux de tous qu'elle n'a rien à se reprocher et que son implication dans l'entreprise a toujours été irréprochable. Une telle culpabilité ressemble à celle que pourrait ressentir le paysan des *Géorgiques*, s'il venait à ne pas appliquer les conseils du poète. En effet, Virgile ne cesse de prédire ce qui arriverait s'il venait à oublier les rites à faire. Pire encore, il le met en garde, comme à la page 110 par exemple, quand il proclame qu'« il est utile de faire attention » quand, « parvenu au terme de sa carrière, le soleil va quitter l'Olympe ». Il exige que l'homme soit un « cultivateur vigilant » (page 123) qui doive se souvenir de tous les conseils prodigués. Simone Weil, quant à elle, pense que si l'ouvrier s'autodéprécie et se considère comme inutile, c'est parce qu'il ne voit jamais le produit de son travail et qu'il n'en saisit pas l'intérêt. Tout s'éloigne de lui, une fois les efforts consentis. Il ne sait même pas ce qu'il produit. Il a juste le sentiment de « s'être épuisé à vide » (page 340), alors qu'il n'a rien mis de lui-même ou de sa pensée dans son travail. Il n'a jamais la satisfaction d'avoir créé quelque chose d'utile, comme si c'était l'usine qui créait, mais pas lui. La souffrance imposée est donc encore rendue plus inhumaine car elle ne sert à rien du tout. C'est une souffrance gratuite. Selon Weil, tout montre que l'ouvrier est un exilé quand il est à l'usine. « Il y reste étranger » (page 339). En somme, l'usine fait de lui et de ses collègues « dans leur propre pays, des étrangers, des exilés, des déracinés » (pages 340-341). C'est pourquoi la philosophe considère le travail comme purement régressif. Vu qu'il ne voit pas ce qu'il produit, il ne peut que se déprécier, obéir, n'être, finalement, qu'un enfant qui « espère un bonbon » (page 345). Ainsi, donner le meilleur de soi, comme le formule Joseph, qui, par l'hyperbole « [au] plus loin du possible du bout », repousse ses limites sans en avoir conscience, rend l'homme perméable à toute tentative de domination. Ce dernier, avili et soumis, finira par intérioriser cette dépréciation et perdre toute estime de lui.

En somme, l'acharnement au travail décrit par Ponthus est peut-être admirable, mais il est très souvent source d'aliénation. L'obsession engendre un mécanisme inconscient dont les dommages collatéraux entraînent la perte de dignité et de l'amour de soi. Finalement, le travailleur ne sera jamais satisfait du travail rendu et toujours en attente de faire mieux.

Ainsi, le propre de l'activité humaine n'est pas de laisser l'homme dans un étau, oppressé entre regret d'un travail imparfait et hâte de son amélioration. En effet, le travail ne se vit pas dans la rétrospection ou la prospection, mais dans l'*hic et nunc*. L'homme ne peut pas éprouver d'autres satisfactions que celles de se donner à un instant *t* à sa tâche.

En effet, travailler se vit au présent. L'ouvrier doit apprendre à éprouver une satisfaction dans chacun de ses gestes et faire preuve d'une attention minutieuse à son environnement, ce qui le mènera vers le contentement. Rien ne sert de regretter ou de se projeter, bien au contraire. Dans sa deuxième lettre à Albertine Thévenon, celle écrite entre la fin septembre et le début du mois d'octobre 1935, Simone Weil arrive à la conclusion que tout diffère entre l'ouvrière et la philosophe, malgré un engagement qui est similaire lors de son expérience à l'usine. Certes, il y a à la fois une proximité de cœur et de perception entre les deux amies, mais aussi une profonde différence dans la compréhension des choses et la façon de les envisager. Weil l'explique par le fait qu'elles envisagent le temps de façon opposée. Albertine vit dans l'instant, tandis que Weil a une perception plus allongée : elle inclut son présent dans une direction qu'elle donne à sa vie, elle souhaite « l'orienter d'un bout à l'autre par la volonté et le travail dans un sens déterminé » (page 55). Selon elle, la pire souffrance provient de ce qui brise « la vitalité et par conséquent la capacité de travail », elle oblige à « laisser vides » (page 55) les années devant soi. Ainsi propose-t-elle un remède dans l'attention portée à toute chose, à toute action. Le pire attentat n'est pas celui fait au corps mais à l'attention des travailleurs qui ne jouissent plus du moment présent. Elle lance un appel à s'emparer de nouveau de ce moment, à le transfigurer. Elle désire un travail qui, à la différence du taylorisme qui « vide l'âme de tout ce qui n'est pas le souci de la vitesse » (page 433), doit élever l'ouvrier, lui donner la sensation de toucher au ciel : « toute la société doit être constituée d'abord de telle manière que le travail ne tire pas vers en bas ceux qui l'exécutent » (page 434). Ainsi faut-il retrouver de la poésie au travail, prendre le temps de lever les yeux vers le ciel au lieu de courber l'échine et comprendre que l'ouvre « a besoin que la substance quotidienne de sa vie soit elle-même poésie » (page 424). De la même façon, si le paysan des *Géorgiques* observe le ciel et les astres, c'est qu'il considère le moment présent comme important et riche de sens. Aussi est-il appelé à déchiffrer les signes du *liber naturae* qui l'aideront à organiser ses travaux agricoles. En effet, à la page 108, l'utilisation du présent de l'indicatif et l'hypotypose témoignent de la parfaite synchronie entre les signes astraux observés et le comportement des animaux. Par exemple, « [jamais] pluie n'a surgi chez les gens à l'improviste » (page 108), c'est pourquoi « en la voyant surgir dans le fond des vallées, les grues ont fui dans les airs : ou la génisse, les yeux levés vers le ciel, a humé les brises de ses larges naseaux ; ou l'hirondelle, avec des cris aigus, a voltigé autour des lacs ; et les grenouilles, dans leur vase, ont chanté leur antique complainte » (page 108). Il est donc inutile d'espérer ou de conjecturer des événements futurs car, pour Virgile, une lecture judicieuse au présent suffit à ravir le paysan. Benoît, le PDG de Ravoire et Dehaze, défend aussi une vision du travail au présent. En effet, lors du *brainstorming* lancé par Jenny et Jack, il affirme ne rien comprendre à leur démarche de création qu'il juge inutile. Il est incapable de se projeter dans ce qui pourrait doper les ventes du produit. Il s'impatiente et préfère être efficace et réactif au moment présent en ne perdant aucune minute – tout est affaire de vente, rendement et bénéfice dans l'entreprise. Ainsi le travail s'effectue-t-il au présent sans regret du passé, sans procrastination ou frénésie, il s'agit de donner le meilleur de soi au moment opportun et de ne rien regretter.

C'est pourquoi, Joseph se leurre en désirant « [retrouver] l'usine » ou en déplorant de ne pas être allé au bout de lui-même. Car le plus important est de *se donner* à l'usine, de *s'adonner* avec enthousiasme à son travail tant qu'on est dans les lieux. Si certains fixent avec lassitude les aiguilles de l'horloge, d'autres s'emparent du moment présent, donnent le meilleur d'eux-mêmes et ne cèdent pas à la mélancolie *a posteriori*. C'est ce à quoi appelle le poète dans *Les Géorgiques*. Il appelle les laboureurs à donner le meilleur d'eux-mêmes : « Au travail donc, ô cultivateurs ! apprenez les procédés de cultures propres à chaque espèce ; adoucissez, en les cultivant, les fruits sauvages ; que vos terres ne restent pas en friche » (page 116). Il définit même le travail comme source de bonheur car « [il] y a un plaisir à planter Bacchus sur l'Ismare et à vêtir d'oliviers le grand Taburne » (page 116). Cet enthousiasme créateur et totalement désintéressé, qui se fait avec joie et entrain, est aussi celui des abeilles que Virgile décrit dans le livre IV. En effet, ce sont d'infatigables travailleuses car « [plus] elles verront leurs trésors épuisés, plus elles mettront d'ardeur à réparer leurs pertes, remplissant les vides et tapissant leurs greniers du suc des fleurs » (page 162). De même, dans la pièce de Vinaver, bon nombre de travailleurs s'adonnent à leur tâche avec beaucoup d'enthousiasme, à l'instar de Lubin qui se donne pour l'entreprise en revenant à la charge auprès de Madame Lépine. Il ne le fait pas pour lui, mais uniquement pour Ravoire et Dehaze. Au cinquième mouvement de la pièce, il annonce son départ à Madame Lépine, en lui expliquant qu'on l'a poussé à partir, qu'on a mené « à l'abattoir ses anciens représentants parce que le bâtard s'est entouré d'une bande de fumiers qui tueraient leur propre mère si ça pouvait servir leur carrière » (cinquième mouvement). Il ajoute qu'il a refusé un poste de magasinier car, « né vendeur » (cinquième mouvement), il lui faut « le contact avec la clientèle le goût de la victoire » (cinquième mouvement). Ainsi Lubin incarne-t-il le vaillant employé qui s'est toujours donné à son travail de façon désintéressée, comportement que lui reconnaît, d'ailleurs, Benoît, qui l'a pourtant licencié. Dans un discours d'éloge convenu, le PDG le décrit comme « une grande figure de la vente et un grand Monsieur de la société » (sixième mouvement). Simone Weil, elle aussi, donne le meilleur d'elle-même dans son travail de philosophe et dans le rôle de médiateur qu'elle choisit, afin d'ouvrir le dialogue entre les ouvriers et leurs dirigeants. Elle souhaite explicitement se rendre utile et mettre ses capacités à l'épreuve « dans l'intérêt de la population ouvrière » (page 243), afin d'améliorer ses conditions de travail. Néanmoins, Weil va plus loin encore en affirmant que le bon ouvrier sera mû par une volonté de faire un avec son usine, autrement dit de rentrer en synchronie avec les machines et avec le lieu, dans une sorte de fusion. Il est, effectivement, évident que « [l']usine pourrait combler l'âme par le puissant sentiment de vie collective » (page 329), l'ouvrier aurait le sentiment de « la participation au travail d'une grande usine » (page 329). Elle parle même d'« une espèce de grande respiration du travail en commun » (page 329) pour montrer combien chaque membre de l'usine fait corps avec les autres, afin de donner vie à une autre entité qui serait l'usine.

Alors, plutôt que de se sentir continuellement oppressé, le travailleur éprouvera la satisfaction d'avoir œuvré en synergie avec les autres travailleurs dans une collaboration féconde qui ne peut se faire qu'au moment présent. Il n'y a pas de place pour les regrets ou une projection utopique comme le fait le narrateur du roman de Joseph Ponthus, car travailler se vit dans l'*hic et nunc*, entouré de ceux qui éprouvent, au même instant, les mêmes sentiments. C'est pourquoi les abeilles servent d'*exemplum* pour Virgile. Elles savent travailler en commun et répartir équitablement leurs tâches avec toujours le souci de la collectivisation. Alors, « prévoyant la venue de l'hiver, elles s'adonnent l'été au travail et mettent en commun les trésors amassés. Les unes, en effet, veillent à la subsistance, et, fidèles au pacte conclu, se démènent dans les champs ; les autres, restées dans les enceintes de leurs demeures, emploient la larme du narcisse et la gomme gluante de l'écorce pour jeter les premières assises des rayons [...] d'autres font sortir les adultes, espoir de la nation, d'autres épaississent le miel le plus pur et gonflent les alvéoles d'un limpide nectar » (page 160). En somme, « [c']est un effervescent travail » (page 160). Elles vivent en symbiose, leur rythme de vie est similaire. En effet, « [toutes] se reposent de leurs travaux en même temps, toutes reprennent leur travail en même temps » (page 160). Elles partent au travail en même temps, rentrent en même temps et « réparent leurs forces » le soir. Quand c'est le repos, « le silence se fait pour toute la nuit, et un sommeil bien gagné s'empare de leurs membres las » (page 161). De la même façon, Fernand Dehaze puis son fils Olivier voient l'entreprise comme une grande famille, comme une « authentique communauté » (premier mouvement). La réunion d'entreprise au début de la pièce est, d'ailleurs, décrite comme une fête de famille : Olivier passe le micro à son père pour « quelques mots suivant la tradition » (premier mouvement). Fernand se lance dans un discours paternaliste en disant que cette « petite et sympathique réunion » (premier mouvement) mérite d'être appelée « une réunion de famille tant il est vrai que ceux qui travaillent quarante heures par semaine ensemble forment une authentique communauté » (premier mouvement). Il en est de même, plus loin dans la pièce, avec le discours de Young qui se veut fédérateur et explique que le rachat par les Américains sera l'occasion d'un partage entre les employés aux méthodes de travail différentes. Il utilise, lui aussi, la rhétorique éculée de la « famille » pour désigner l'entreprise en disant aux employés de Ravoire et Dehaze qu'ils entrent « dans une grande famille United Paper Company... partout le même esprit de famille the Youpico spirit comme nous disons » (sixième mouvement). Puis, il dresse le portrait de « l'homme Youpico » (sixième mouvement), sorte d'homme idéal dont « le regard clair et le maintien assuré » (sixième mouvement) sont les caractéristiques. Dans son appel aux ouvriers de Rosières, Weil souhaite améliorer les conditions de ceux qu'elle appelle des « inconnus qui [peinent] dans les ateliers de Rosières » (page 205), en les incitant à prendre un temps, le soir, pour écrire leurs sentiments sur la journée passée. Elle sait très bien combien il est difficile de prendre ce temps d'écriture personnelle alors qu'ils ont envie de se détendre mais elle est persuadée du bien que procurera cette guirlande de témoignages. Il s'agit, en lui rendant leur écrit – elle souhaite constituer un journal d'usine – et en accédant à sa demande, de se faire du bien à soi-même et de faire du bien aux autres, ceux qui ressentent les mêmes choses mais ne parviennent pas à les formuler clairement. Elle pense qu'il se créera ainsi une forme d'empathie entre les ouvriers, qu'elle formule avec un grand optimisme : « Vous vous comprendrez mieux les uns les autres, la camaraderie ne pourra qu'y gagner et ce sera déjà un grand bien. » (page 209). La philosophe va plus loin et rêve d'une collaboration entre ouvriers et chefs. C'est pourquoi, dans la lettre du 16 mars 1936 à Victor Bernard, elle se déclare favorable à une évolution de la subordination à la collaboration, voire à la coopération, ce qui serait même « l'idéal » (page 231). Pour ce faire, elle ne suscitera pas un « esprit de révolte » (page 231) chez les opprimés car, pour elle, la seule solution est de rester dignes et d'accepter ses souffrances. Ainsi tente-t-elle de faire comprendre à Victor Bernard que la sacralisation de sa fonction conduit à une « dépression morale » (page 234) des ouvriers qu'il serait intéressant d'effacer par une meilleure prise en compte de leur statut. En outre, Simone décrit le jour de grève comme un jour de joie. Rien que d'entrer dans l'usine gardée par un ouvrier qui sourit, de retrouver les camarades dans un lieu où résonnent encore les souffrances, de circuler librement, de voir les machines à l'arrêt, est source de bonheur. Les ouvriers chantent, rient, partagent ce qu'ils ont sur le cœur aux camarades et aux chefs, alors qu'auparavant ils travaillaient de façon isolée. Plus que d'envisager, comme Joseph, le travail comme un défi personnel sans en envisager la dimension sociale, il serait judicieux de considérer le travail comme une union des corps et des esprits certes, mais aussi une union des cœurs.

Ainsi travailler ne se lit ni au passé ni au futur mais au présent, ce qu'oublie le narrateur d'*À la ligne*. En effet, Joseph n'envisage son activité que de façon personnelle, sans prendre en compte les autres employés avec qui il pourrait collaborer. Il ne s'agit pas d'aller « [au] plus loin du possible du bout de [son] épuisement » mais d'envisager le travail comme une succession d'instants durant lesquels chaque employé donne le meilleur de soi dans la joie et l'allégresse.

En somme, si le travail est considéré comme dynamique dans la mesure où il incite l'homme à donner le meilleur de lui-même, à faire de lui un alchimiste qui transfigure sa souffrance en joie, avec comme objectif une rédemption par la beauté, il n'en demeure pas moins qu'il est aussi une source d'aliénation. En effet, être obsédé par son activité, comme l'est Joseph, une fois son contrat terminé, montre combien le travailleur, en plus de souffrir physiquement et de faire le sacrifice de son corps, perd toute capacité intellectuelle, en devenant une marionnette dans les mains de ses supérieurs hiérarchiques. Ainsi ne pourrait-on pas penser que « [retrouver] l'usine », comme le dit Joseph, est un leurre car il s'agirait, en somme, de retrouver l'autre à l'usine plus que l'usine elle-même, afin de travailler en synergie au moment présent. Car le travail n'implique pas un sacrifice mais un don momentané de soi, aux autres, à l'usine, à un lieu, afin de reformer une unité que certains, pourtant, fragilisent par goût de la domination. Ainsi le travail efface-t-il les inégalités sociales ou raciales quand les efforts de chacun sont portés à l'unisson. C'est pourquoi, dans son poème « L'Effort humain », écrit en 1945, le poète Jacques Prévert, qui personnifie ici l'effort, écrit qu'« [il] travaille comme un nègre/Et le nègre travaille comme lui », comme pour montrer que le travail, bien qu'il asservisse car il « n'a pas de savoir-vivre » et « n'a pas l'âge de raison », a comme bienfait de réunir les hommes et de faire fi des origines sociales.

Dissertation

Anne Griffet-Bonnet
et Romain Berry

Méthodologie du résumé

Maria Leone

Présentation de l'exercice

Descriptif et compétences à maîtriser

○ Descriptif

Quels que soient les concours présentés (dans la mesure bien sûr où ces concours intègrent une épreuve de résumé, en lien avec l'épreuve de dissertation), l'exercice de la contraction de texte répond toujours aux mêmes exigences de base.

Il s'agit donc de résumer un texte d'une **longueur donnée** (variant, selon les concours, de 600 à 1 800 mots) en un **nombre donné de mots**, avec une marge de 10 %. Ce nombre imposé varie selon les concours : 100 mots pour CCINP et E3A, 200 pour Centrale-Supélec, de 130 à 250, selon les textes-supports, pour la Banque PT.

Le nombre de mots à respecter est une contrainte essentielle, des points de pénalités sont ôtés aux candidats qui ne la respectent pas, ou qui comptent mal les mots de leur résumé. Il faut bien tenir compte du fait qu'en français, le mot est une unité de sens qui parfois ne comporte que très peu de lettres. Ainsi « c'est-à-dire » est une expression qui compte 4 mots, « l'état » vaut pour 2 mots, le pronom adverbial « y » compte lui pour un mot. Par contre, dans l'expression « répète-t-elle », le « t » ne sera pas décompté, car il n'a qu'une valeur euphonique et non sémantique (il permet de faire une liaison afin de ne pas « choquer l'oreille », mais est vide de sens).

Tout résumé implique que le candidat effectue une **lecture précise** du texte donné à résumer, afin d'en saisir la progression logique et les idées essentielles. Il faut ensuite reformuler ces idées avec ses propres mots, sans modifier la cohérence interne du texte initial (vous ne pouvez pas modifier l'ordre dans lequel les idées s'enchaînent), en manifestant une solide **maîtrise de l'écriture**. Le résumé ainsi produit correspond donc à une version réécrite et abrégée du texte initial puisque vous n'en conservez que l'essentiel. Cette contraction ne doit pas déformer le propos initial de l'auteur, elle doit être rédigée dans un style fluide et précis, dans le respect des règles syntaxiques et orthographiques.

Le résumé est toujours couplé à une dissertation. Il faut donc à la fois bien savoir gérer son temps et bien exploiter l'articulation entre les deux exercices : concernant la gestion du temps, sur une épreuve de 4 heures, il faut consacrer au maximum 1 h 15 au résumé ; concernant l'articulation entre le résumé et la dissertation, il faut bien considérer qu'une bonne compréhension du texte à résumer est absolument nécessaire pour bien envisager les enjeux de la dissertation. En effet certaines idées du texte peuvent pertinemment nourrir le développement de la dissertation, de même que l'extrait du texte servant de support à la réflexion doit bien être pris en compte dans le résumé.

○ Compétences à maîtriser. Ce qu'indiquent les rapports de jury

Qualité de la lecture et de la compréhension du texte

Le résumé est une épreuve de compréhension et d'expression, l'exactitude ou la justesse de la seconde confirmant la solidité de la première. [...] *Le candidat ne doit pas simplifier les contenus de l'extrait mais* **tenter d'en rendre les nuances. Les candidats doivent donc être particulièrement attentifs à la façon dont la pensée de l'auteur se construit, surtout lorsque cette dernière intègre des références culturelles et/ou des citations d'autres auteurs. Il faut être particulièrement vigilants afin d'éviter tout contresens.** *On doit donc rappeler aux candidats que si le texte a bien toujours un auteur, il lui arrive de faire entendre d'autres voix que la sienne et des idées auxquelles il n'adhère justement pas.*

Qualité de la sélection et de la hiérarchisation des idées

Il appartient [aux candidats] de **savoir distinguer l'essentiel de l'accessoire.** Cela, en se préservant des défauts pénalisés par les correcteurs qui regrettent que les candidats rédigent *sans même prendre le temps de bien répartir leurs 100-200 mots entre les différentes parties du texte, sans les équilibrer conformément à la structure bâtie par l'auteur, si bien que le début s'en trouve exagérément développé, la fin, au contraire, atrophiée, appauvrie, voire carrément éludée.*

La version résumée du texte doit être pertinemment découpée en paragraphes, de façon à rendre logiquement compte de la progression de l'information. Il n'est pas attendu que le résumé comporte exactement le même nombre de paragraphes que le texte support, au contraire, le résumé n'a rien d'une « contraction mécanique ». *Le résumé doit restituer la structure profonde de la pensée de l'auteur et en proposer une version reformulée répartie en paragraphes intelligents.*

Qualité de la reformulation et de la maîtrise de la langue

Il s'agit de saisir la thèse et le raisonnement d'un texte et de restituer de manière fidèle l'essentiel de son argumentation dans une langue correcte. **Pour cela, il faut, expliciter de façon neuve – sans reprise littérale, montage de citations, traduction synonymique ou démarquage syntaxique** *– les idées principales et leur enchaînement. Le résumé étant une contraction, la concision de la formulation est une exigence impérieuse,* **pourvu que l'économie de mots soit au service de la clarté.**

Le calque est absolument proscrit. Il est et restera sévèrement sanctionné. Tout effort véritable dans l'expression sera en revanche valorisé.

On attend des candidats une bonne maîtrise du lexique : les impropriétés et les maladresses sont lourdement sanctionnées. *L'aptitude intellectuelle et la compétence linguistique sont ici étroitement associées.*

Adossées à une compétence de lecture clairvoyante, l'expression écrite bien maîtrisée réalise les objectifs visés par le résumé de texte.

Exploitation pertinente de l'articulation entre le résumé et la dissertation

Attention, le rapport de Centrale rappelle qu'il est absolument essentiel de concevoir l'épreuve comme un tout et de ne pas dissocier le résumé de la dissertation. La bonne compréhension du texte à résumer limite fortement le risque de contresens en dissertation.

Tous les rapports rappellent l'importance, dans l'épreuve telle que la conçoit le jury, de l'articulation entre les deux exercices qui la composent, comme ces extraits de rapports de jury le rappellent :

Mais certains oublient que l'épreuve forme un tout et que le résumé prépare et guide la dissertation. Il faut donc être attentif au lien de pensée entre le résumé et la dissertation.

Sur la réflexion à analyser, beaucoup omettent de traiter le passage qui fait le sujet de dissertation – ce qui trahit une méconnaissance du lien entre les deux parties de l'épreuve.

Au lieu d'examiner attentivement la citation et de revenir au texte d'où elle tire ses harmoniques, pour au moins s'assurer d'une compréhension correcte, la plupart des candidats s'émancipent abruptement de la situation d'énonciation pour forcer la signification même littérale du propos et ouvrir carrière à la récitation de leurs cours.

○ Les exigences en fonction des concours

Au concours CCINP et E3A

Selon leur difficulté, les textes comportent entre 600 et 900 mots, le nombre imposé de mots pour le résumé ne varie pas, il est toujours de 100 mots (plus ou moins 10 %).

Le résumé est évalué sur 10 points, la dissertation sur 20 points (notation globale sur 30 points).

Au concours Centrale-Supélec

Les textes proposés comportent environ 1 200 mots, ils sont à résumer en 200 mots (plus ou moins 10 %). Ces textes mobilisent des compétences de bons, voire très bons, lecteurs et peuvent intégrer des références culturelles classiques.

Le barème de notation n'est pas indiqué pour l'épreuve, mais la note définitive sur 20 points réserve une part égale au résumé et à la dissertation. Il est néanmoins essentiel de prendre conscience de l'importance du résumé dans la note, en général un résumé médiocre entraîne un mauvais résultat global, la dissertation ne permettant pas de rattraper cette défaillance de la copie.

Au concours de la Banque PT, épreuve écrite B

Les textes à résumer comportent entre 1400 et 1800 mots, le nombre de mots imposé pour le résumé varie en fonction de la longueur du texte support : entre 120 et 250, toujours avec une marge de 10 %. Depuis 2015, tous les textes proposés étaient à résumer en 190 mots plus ou moins 10 %.

Le résumé est évalué sur 8 points et la dissertation sur 12 points.

Méthodologie

Les étapes du travail

○ Lecture approfondie du texte et identification de sa structure

C'est une étape essentielle du résumé, les rapports de jury regrettent chaque année que les candidats la négligent :

Les candidats ont peu cherché la structure du texte ; ils ont essentiellement relevé un peu au hasard et de façon subjective les fragments qui leur parlaient.

- *Identifier l'idée essentielle du texte*
- *Identifier les étapes structurant la progression du propos*
- *Traiter correctement les exemples en ciblant l'idée qu'ils illustrent, ou qu'ils expriment :*
  - *Si l'exemple est illustratif on le supprime et on ne conserve que l'idée qu'il véhicule.*
  - *Si l'exemple est constitutif du propos de l'auteur, on peut le faire apparaître dans le résumé.*
- *Décoder les informations et transitions logiques implicites.*

○ Rédaction du 1er jet

- *Conserver l'énonciation du texte support*
- *Résumer par étapes et non « phrase par phrase », en visant la précision et la concision*
- *Assurer la cohérence interne de son résumé en rendant explicites les articulations logiques implicites du texte support.*
- *Respecter l'équilibre des parties (ne pas « bâcler » la fin !)*

Améliorer et réduire l'expression :

Respecter le nombre maximal de mots, exploiter la syntaxe et la ponctuation.

Utiliser des expressions synonymes.

Réécrire certains passages en ciblant spécifiquement les idées essentielles.

○ Bilan des étapes à réaliser pour le résumé

- **Lecture approfondie du texte permettant d'en comprendre la structure logique.**
- **Rédaction d'un « avant-texte » du résumé dans lequel on reformule le propos de l'auteur avec ses propres mots (cet « avant-texte » vise à rendre compte du sens de façon précise et claire, dans un style fluide, sans chercher encore à obtenir le nombre imposé de mots).**
- **Réduction de l' « avant-texte » en un véritable résumé répondant aux critères des concours : nombre de mots imposé, qualité de l'expression personnelle, précision et fluidité du style.**

Le détail de chaque étape, à partir d'un texte-exemple Résumé type CCINP/E3A

Christian Rogue, *Le travail,* Introduction, 2005. Ce texte doit être résumé en 100 mots (plus ou moins 10 %).

Les idées essentielles apparaissent en gras et les articulations logiques importantes apparaissent en gras soulignées.

Tout travail préexiste à la *pensée* du travail. En tant que rendu nécessaire par les besoins de la survie, le travail est en effet de ces réalités qui, chez l'homme, précèdent toute réflexion : **l'homme travaille avant de penser, parce qu'il faut vivre ; et ce n'est que lorsque le travail est achevé que peut s'offrir, peut-être, un moment de temps libre où puisse s'épanouir la pensée**. Aussi loin qu'il faille faire remonter l'homme**, il est donc évident qu'il faut se le représenter comme nécessairement adonné à une activité, le travail, qu'il n'a eu le *loisir* de penser que beaucoup plus tardivement.**

Qu'est-ce que le travail, cette activité qui inscrit l'existence humaine dans le rythme de la vie ? Cette question, les Grecs qui inventèrent la philosophie aux VIᵉ et Vᵉ siècles ne se la posèrent jamais directement. La philosophie, pour eux, avait bien pour vocation de répondre à la question de l'homme – *connais-toi toi-même* ; mais précisément, être pleinement homme, dans leur perspective, ne commençait vraiment qu'avec le loisir, où la pensée devenait possible – une fois le travail dépassé. **Pour un Grec, l'homme n'est vraiment lui-même que lorsque sa pensée et sa liberté peuvent s'épanouir ; or, tel n'est pas le cas dans le travail, qui l'enchaîne aux besoins de la survie. Par conséquent, la philosophie n'avait guère, pour les Grecs, à se pencher sur cet *homme d'avant l'homme* qu'était l'homme au travail.**

Le travail ne fut ainsi jamais appelé à devenir un concept philosophique à part entière pour les Grecs, puisque précisément ils le situaient, comme le rappelle H. Arendt, au plus bas de leur hiérarchie des activités : le travail, pour les Grecs, est par essence servile et réservé à ces inférieurs que sont les métèques et les esclaves – et **il y a déchéance pour le citoyen libre que la misère contraint à travailler. Pour pouvoir s'adonner à ces occupations *dignes d'un homme vraiment libre*** qu'étaient la politique, la vie militaire ou, mieux encore, la philosophie même, **il était nécessaire d'être délivré de cet asservissement qu'est le travail.**

Dès sa naissance, la philosophie s'est donc pensée comme séparée du travail. La pensée requiert le loisir et la liberté ; enchaînée à la nécessité du travail, l'âme ne perd pas seulement sa liberté : déformée par des occupations grossières, elle ne peut plus enfanter de ces belles pensées qui seules sont dignes d'un homme libre. **Si l'on en croit le jugement que Socrate portait sur les artisans, un homme au travail est un être dégradé, et par nature impropre à la philosophie**[1].

La philosophie, de plus, est par essence désintéressée. C'est là l'origine essentielle de son opposition, maintes fois réaffirmée par Platon et Aristote, avec la sophistique. Parce qu'il se fait payer pour ses discours, le sophiste souffre du mépris qui accable toute occupation servile : c'est pour vivre, apparemment, que le sophiste se présente comme un vil commerçant en sciences. **L'intéressement dont témoigne sa pratique prouve suffisamment la vanité de son prétendu savoir ; car le vrai savoir vaut par lui-même, et n'a pas besoin qu'on le rémunère.** Celui qui aime véritablement le savoir – le philosophe – ne le recherche que pour lui-même. Aristote l'a montré à travers une anecdote célèbre de la *Politique* : spéculant sur la récolte d'olives, Thalès s'assura un jour le monopole des moulins à huile, et « prouva qu'il est facile aux amants de la science de s'enrichir quand ils le veulent, mais que ce n'est pas là l'objet de leur passion[2] ».

Pour les Grecs, travail et philosophie apparaissaient nécessairement étrangers l'un à l'autre. Cela ne signifie cependant en rien qu'ils considéraient que tout ce qui touche le travail fût en soi dépourvu d'intérêt. Parce qu'elle a vocation à atteindre un savoir universel, la philosophie ne saurait, par définition, se détourner d'aucune question. Tout est à penser pour le philosophe, et son investigation ne se reconnaît aucune limite. **Mais de fait, ils ne s'intéressent jamais directement au travail comme catégorie philosophique.**

1. Xénophon, *Économique*, IV, 2 : « Les métiers que l'on appelle d'artisans sont décriés et il est certes bien naturel qu'on les tienne en grand mépris dans les cités. Ils ruinent le corps des ouvriers qui les exercent et de ceux qui les dirigent en les contraignant à une vie casanière assis dans l'ombre de leur atelier, parfois même à passer toute la journée auprès du feu. Les corps étant ainsi amollis, les âmes aussi deviennent plus lâches. Surtout, ces métiers dits d'artisans ne leur laissent aucun loisir pour s'occuper aussi de leurs amis et de la cité ; si bien que ces gens-là passent pour de piètres relations pour leurs amis et de piètres défenseurs de leurs patries » (Paris, Belles-Lettres, traduction P. Chantraine, p. 45-46).
2. Aristote, *Politique*, I, 1259a16 (traduction J. Aubonnet, Paris, Belles-Lettres, p. 33).

○ Lecture approfondie du texte et identification de sa structure

Identifier l'idée essentielle

L'auteur souligne la disjonction fondamentale entre travail et philosophie pour les Grecs en expliquant pourquoi cette notion ne peut pas, dans la culture grecque, être un objet philosophique, même si elle peut être un objet de pensée (notamment pour toutes les pratiques et activités que le travail implique).

Identifier les étapes structurant la progression du propos

4 moments logiques constituent ce texte

1) **§ 1 : introduction : On ne peut travailler et penser en même temps. L'un précède et exclut l'autre.**

- Le travail relève de la survie et occupe l'homme tout entier.
- La pensée relève de la vie de l'esprit. Il faut que la pensée soit libre (libérée) de tout travail pour pouvoir s'exercer et être ce qu'elle doit être. La pensée n'advient que lorsque le travail s'arrête, remplacé par le loisir. Ainsi le travail, dans sa réalité concrète, a toujours précédé l'analyse que l'esprit a pu en faire.

2) **§ 2 à 4 : 1re partie « Pourquoi le travail ne peut relever de la philosophie ».**

- § 2 : L'homme qui travaille est un homme non « fini » intellectuellement, il porte la marque de la brutalité liée à son statut car le travail est un « asservissement » (il existe une sorte d'état de « sauvagerie » de l'homme asservi au travail). Or, la philosophie nécessite la liberté. Cette dernière n'advient que lorsque le travail cesse.
- § 3 : Asservissement et avilissement de l'homme qui travaille : ce double assujettissement est contradictoire avec l'état de philosophe.
- § 4 : Il y a donc une incompatibilité intrinsèque entre le travail et la philosophie. En effet, le travail dégrade et déforme l'homme, le rend impropre à toute pensée.

3) **§ 5 : 2e partie : « Pourquoi la philosophie ne peut être un travail ».**

- La philosophie ne peut être un travail car ce ne peut être une activité rémunérée comme la sophistique. La philosophie ne peut ni être « vendue », ni être « achetée » car elle ne vaut que pour elle-même. Sa valeur est telle qu'elle ne peut être chiffrée.
- L'anecdote sur Thalès ne doit pas apparaître dans le résumé. Il faut néanmoins en saisir l'idée essentielle afin d'améliorer la qualité de la reformulation (et la cohérence interne) du résumé.
- Idée véhiculée par cet exemple : les philosophes ont la capacité de gagner de l'argent, mais ce n'est pas ce qui les intéresse fondamentalement dans leur vie. Cela soutient l'idée que la philosophie ne peut s'envisager comme valeur marchande.

4) **§ 6 Conclusion : On peut penser et analyser tout ce qui a trait au travail, mais jamais faire du travail une notion philosophique.**

- Le travail est donc une notion « a-philosophique », car elle est incompatible avec toute forme de réflexion philosophique. Mais cela ne signifie pas que le travail et l'univers qui le constitue ne puissent pas être des objets de pensée.

○ Rédaction du 1er jet ou « avant-texte »

- *Conserver l'énonciation du texte support*
- *Résumer par étapes et non « phrase par phrase », en visant la précision et la concision*
- *Assurer la cohérence interne de son résumé en reformulant les idées essentielles et en rendant explicites les articulations logiques implicites du texte support (cf. expressions et mots en* **gras**).
- *Respecter l'équilibre des parties (ne pas « bâcler » la fin !)*
- *Proposer un découpage en § (3 au maximum pour un résumé en 100 mots).*

En bref : L'objectif de ce premier travail de rédaction est de produire une première version résumée du propos de l'auteur en retenant les idées essentielles, sans modifier la linéarité du texte, sans tronquer la fin, en formulant les liens logiques implicites et surtout de PRODUIRE UN TEXTE QUI AIT DU SENS, QUI SOIT LE RÉSULTAT D'UNE VÉRITABLE REFORMULATION (ET NON D'UN COLLAGE D'EXPRESSIONS TRANSPOSÉES SANS COHÉRENCE INTERNE).

○ Exemple de rédaction d'un 1er jet (144 mots)

Dans cette première étape, on vise la brièveté sans pour autant s'imposer encore strictement la règle du nombre de mots imposé.

Il s'agit de produire un texte de son « propre cru » qui valide la bonne compréhension du texte support du résumé.

Ce texte ne doit pas être monolithique, mais structuré et organisé en paragraphes. Cela doit être respecté car les paragraphes contribuent à assurer la bonne lisibilité et la cohérence interne de votre texte. Pour un texte comportant entre 90 et 110 mots, il faut envisager entre deux et trois paragraphes (1 à 2 alinéas).

Attention, le décompte des mots doit être fait « à la main » et non par le biais d'un traitement de texte. En effet, le traitement de texte dénombre les « espaces » et non les « mots » proprement dits. Par exemple « l'un » vaudra comme un seul mot pour un traitement de texte, alors que dans un concours il faut décompter deux mots : « l' » et « un ».

Si l'homme ne peut survivre ni vivre sans travailler, il n'a pu penser ni faire un retour analytique sur son activité laborieuse qu'après en avoir été libéré : la philosophie n'advient qu'après le travail. Cette succession des tâches marque une incompatibilité intrinsèque : le travail exclut toute forme de philosophie car il renvoie l'homme à sa primarité, il est un asservissement, voire un avilissement. Il peut même rendre quiconque travaille impropre à la noblesse de la pensée philosophique. *82 mots*

Pas plus que le travail n'est de la philosophie, la philosophie ne peut être un travail : elle est absolument incompatible avec toute rémunération. Les Sophistes se font payer, les Philosophes, non. *32 mots*

Cela n'exclut pourtant pas que l'on puisse penser ce qu'est le travail, ce que représente son univers, mais ces concepts ne relèveront jamais directement de la philosophie. *30 mots*

○ Propositions pour améliorer et réduire l'expression :

- *Utiliser des expressions synonymes :*

L'homme ne peut survivre sans travailler	7 mots
Le travail assure la survie	5 mots

- *Exploiter la syntaxe et la ponctuation :*

En effet,	2 mots
:	0 mot

- *Réécrire certains passages en ciblant spécifiquement les idées essentielles et en adaptant, si nécessaire, syntaxe et ponctuation.*

Si l'homme ne peut survivre ni vivre sans travailler, il n'a pu penser ni faire un retour analytique sur son activité laborieuse qu'après en avoir été libéré	30 mots
Le travail assure la survie mais il faut s'en libérer pour penser	13 mots
La philosophie n'advient qu'après le travail. Cette succession des tâches marque une incompatibilité intrinsèque	16 mots
En effet, travail et pensée, travail et philosophie sont incompatibles	10 mots
Le travail exclut toute forme de philosophie car il renvoie l'homme à sa primarité, il est un asservissement, voire un avilissement. Il peut même rendre quiconque travaille impropre à la noblesse de la pensée philosophique	36 mots
Tout travail est un asservissement souvent doublé d'un avilissement quand la philosophie est libre et noble. Tout travailleur est donc déformé, devenu impropre à toute pratique philosophique	28 mots
Pas plus que le travail n'est de la philosophie, la philosophie ne peut être un travail : elle est absolument incompatible avec toute rémunération. Les Sophistes se font payer, les Philosophes, non	32 mots
La philosophie ne peut en outre être un travail car elle ne peut, au risque de se dégrader en sophistique, donner lieu à rémunération	24 mots

Cela n'exclut pourtant pas que l'on puisse penser ce qu'est le travail, ce que représente son univers, mais ces concepts ne relèveront jamais directement de la philosophie	30 mots
Cela n'exclut pourtant pas que l'on pense le travail, mais ce concept ne relèvera jamais directement de la philosophie	21 mots

On obtient donc la version finale suivante (en gras) en 97 mots avec séparateur tous les 20 mots, comme demandé au concours CCINP/E3A.

Les connecteurs logiques, essentiels pour la cohérence interne du propos ont été soulignés.

Le travail assure la survie mais il faut s'en libérer pour penser. En effet, travail et pensée, travail et//philosophie sont incompatibles car tout travail est un asservissement souvent doublé d'un avilissement quand la philosophie est libre et//noble. Tout travailleur est donc déformé, devenu impropre à toute pratique philosophique.

La philosophie ne peut en outre être un//travail car elle ne peut, au risque de se dégrader en sophistique, donner lieu à rémunération. Cela n'exclut pourtant//pas que l'on pense le travail, mais ce concept ne relèvera jamais directement de la philosophie.

○ Sujet de dissertation

« L'homme travaille avant de penser, parce qu'il faut vivre ; et ce n'est que lorsque le travail est achevé que peut s'offrir, peut-être, un moment de temps libre où puisse s'épanouir la pensée ».

Vous vous demanderez dans quelle mesure cette réflexion éclaire les œuvres et le thème.

Entraînements

Résumé type CCINP/E3A

Juan Sebastian Carbonell, *Le futur du travail,* « La fin du travail n'aura pas lieu », 2022.

Ce texte doit être résumé en 100 mots, plus ou moins 10 %. Séparateur tous les 20 mots.

Dans un célèbre rapport publié en 2013, deux économistes d'Oxford estiment que l'automatisation du travail menacerait autour de 47 % de la totalité des emplois aux États-Unis[1]. En s'appuyant sur ce rapport, le site « Will Robots Take My Job ? » vous permet de savoir quelle est la probabilité que votre emploi soit automatisé dans un futur proche[2]. Si vous êtes comptable, le site affirme que « vous êtes condamné ». Si vous êtes un conducteur de taxi, le site affirme que les voitures autonomes sont aux aguets. Inutile de vous poser la question si vous êtes un travailleur manuel, vous subissez sûrement déjà le « chômage technologique ». Ce « grand remplacement technologique » risque-t-il d'advenir ? Ce rapport fait partie d'une longue série de travaux contemporains qui envisagent la perspective de la fin du travail. Ces travaux divergent sur quand et comment le travail sera remplacé par de nouveaux procédés techniques et ce qu'il adviendra de la société salariale après cette automatisation totale, mais tous s'accordent sur une chose : l'ère du travail arrive à sa fin.

Je voudrais prendre le contre-pied de cette thèse et défendre l'idée que le travail continue d'être une activité nécessaire à la société. Contrairement à une idée largement répandue, les nouvelles technologies ne font pas que supprimer du travail dans les entreprises. Elles ne servent pas non plus forcément à rendre le travail autonome, créatif et passionnant. Bien souvent, les nouvelles technologies contribuent à intensifier le travail, à déqualifier les salariés, quand ce n'est pas à les discipliner et à les surveiller. Loin des discours enflammés sur les nouvelles technologies, on n'assiste pas aujourd'hui à une disruption ou à une rupture en matière de travail. Dans la dynamique contemporaine du capitalisme, le travail comme les nouvelles technologies sont placés sous le sceau de la continuité.

Les débats sur les nouvelles technologies au travail sont obscurcis par les discours inquiets ou enthousiastes sur le futur des activités humaines. L'épidémie de Covid-19 et la crise sanitaire qu'elle a provoquée n'ont pas arrangé les choses, puisqu'elles ont ravivé les angoisses quant à la fin du travail en montrant qu'une économie à l'arrêt devrait pouvoir se passer de ses travailleurs. La hausse des transactions en ligne consécutive aux restrictions sanitaires, et notamment aux confinements

1. Il s'agit du rapport établi par Carl Benedikt Frey et Michael A. Osborne.
2. Voir le site Willrobotstakemyjob.com.

successifs, a provoqué une pénurie de main-d'œuvre qui a poussé les entrepôts logistiques à se tourner vers la robotisation. De la même manière, le secteur de l'hôtellerie, fortement affecté par l'épidémie, a investi dans des robots à UV pour désinfecter les chambres d'hôtel. Enfin, dans certaines villes des États-Unis, on a pu voir, pendant les quarantaines, de petits robots à quatre roues livrer des repas aux résidents enfermés chez eux. Certains ont alors appelé à la robotisation du travail, au nom du bien-être et de la sécurité des travailleurs des métiers dits « essentiels ». S'il n'y a pas d'humains sur les lieux de travail, plus besoin de se poser la question de la distanciation sociale.

De tels exemples sont de plus en plus fréquents et continuent d'alimenter les inquiétudes à l'égard de l'automatisation. Cependant, c'est mal comprendre ce que les nouvelles technologies font au travail que de croire que l'automatisation se résume à remplacer un être humain par une machine ou un logiciel. Je crois au contraire que le travail humain reste central dans la manière dont nos sociétés produisent et reproduisent leur existence matérielle. Loin de disparaître, la demande de travail augmente sous de nouvelles formes.

○ Préparer le résumé : identifier le propos général, la structure du texte et les idées essentielles

Plusieurs rapports ou travaux de spécialistes alertent sur la mutation technologique que notre époque semble traverser : le travail humain disparaîtrait, remplacé par celui des robots. Cette idée mérite d'être reconsidérée car de tels constats souffrent de partis pris nés de la crise sanitaire récente. Il semblerait bien que le travail humain demeure le socle de nos sociétés et que nous soyons confrontés à une considérable augmentation et mutation de la demande professionnelle.

Ce texte peut être découpé en quatre grandes parties :

1. **1er § : constat récent affirmant la disparition prochaine du travail humain.**

- Constat de notre société contemporaine (validé par les économistes et nourri des analyses des avancées technologiques) : nos travailleurs seront, pour la plupart, remplacés par des robots. Le travail est une activité en voie de disparition.

2. **2e § : pourquoi il faut remettre en question ce constat.**

Ce constat mérite d'être remis en question :

- Le travail est toujours une valeur pour la société.
- Les technologies ne sont ni un problème, ni une solution (ni elles ne contribuent à éliminer le travail, ni elles ne le facilitent ou augmentent son intérêt).
- Elles font évoluer plutôt négativement les conditions de travail (intensification du rythme, surveillance), mais elles participent en fait du progrès, c'est-à-dire de l'évolution propre au capitalisme.

3. **3e § : ce qui explique pourquoi un tel constat a pu avoir une telle portée (la crise sanitaire et les exemples effectifs de remplacement des travailleurs par des robots ou des IA).**

- Il est vrai que la situation sanitaire récente a biaisé le débat (en bien ou en mal) : soit que l'on considère que la robotisation supprime des emplois et remette définitivement en cause le travail humain, soit que l'on pense que cette robotisation constitue la meilleure réponse possible à la crise sanitaire.

4. **4e § : pourquoi les conclusions tirées des exemples précédents (§ 3) sont erronées selon l'auteur et les raisons qui permettent d'affirmer l'inverse.**

- Certes le contexte alimente les inquiétudes mais il risque surtout de tromper sur la réalité du problème, d'induire en erreur. Les humains ne seront manifestement pas remplacés par des robots ou des IA. Le travail humain reste le fondement de nos sociétés, mais il est en pleine transformation.

○ Proposition d'une première version résumée du texte, ou avant-texte (63 mots)

N.B. : Il est possible qu'un avant-texte soit parfois en dessous du nombre de mots demandés. En ce cas, l'avant-texte doit être retravaillé de façon à voir son nombre de mots augmenté, sans que la qualité soit amoindrie. Il s'agit d'ajouter pertinemment les informations importantes manquantes, de mieux assurer les transitions logiques.

Plusieurs rapports annoncent le remplacement prochain des travailleurs humains par des robots. *12 mots*

De telles annonces sont erronées : il faut reconsidérer ces nouvelles technologies afin de comprendre qu'elles s'inscrivent dans une logique. Certes la crise sanitaire a déséquilibré, voire biaisé le débat. Si l'angoisse est présente, il ne faut pas oublier que le travail humain demeure au fondement de nos sociétés. *51 mots*

○ Proposition d'une version résumée définitive du texte (110 mots) avec séparateur tous les 20 mots

Plusieurs rapports émanant de spécialistes annoncent le remplacement prochain des travailleurs humains par des robots ou autres systèmes intelligents mécanisés**//** : le travail humain disparaîtra donc à terme.

De telles annonces sont en fait erronées : il faut reconsidérer objectivement ces nouvelles**//**technologies afin de comprendre qu'elles s'inscrivent dans la logique d'évolution du capitalisme. Certes la crise sanitaire a**//**déséquilibré, voire biaisé le débat en faisant cas d'une série de situations où le remplacement, positif ou négatif, était**//**effectif. Si l'angoisse est présente, il ne faut pas oublier que le travail humain demeure au fondement de nos**//**sociétés et que nous assistons en fait à sa mutation.

○ Sujet de dissertation

« L'ère du travail arrive à sa fin ».

Ce constat vous paraît-il éclairant ? Vous répondrez en mobilisant vos connaissances liées aux œuvres et au thème.

Résumé type CCINP/E3A

Marc Loriol, Nathalie Leroux, *Le travail passionné. L'engagement artistique, sportif ou politique*, Eres, 2015.

Ce texte doit être résumé en 100 mots plus ou moins 10 %, séparateur tous les 20 mots.

L'envie de faire un travail passionnant, d'intégrer un monde social valorisant et motivant peut bien être exploitée par certains employeurs afin d'accroître la durée du temps de travail et éventuellement de proposer des rémunérations moindres et des perspectives de carrière plus limitées. Le fait de redonner une place à la passion au travail peut être d'ailleurs analysé par certains comme l'un des traits du « nouvel esprit du capitalisme » qui contribuerait à renforcer sa légitimité. Cela pose en creux la question de la « souffrance » de ceux qui perdent ou n'ont plus suffisamment de passion (à l'instar d'une forme d'acédie contemporaine, de perte de sens) dans des métiers qui la supposent et où existe une sorte d'injonction à l'engagement, d'autant que le management moderne semble parfois offrir un plaisir factice, une motivation artificielle, loin de la satisfaction partagée entre gens de métier de produire un « travail bien fait », un « beau travail ». Cette injonction managériale à la passion doit en effet être canalisée pour aller dans le sens des intérêts de l'employeur. Hassen Slimani (2015), dans sa recherche sur les centres équestres, montre bien que la passion du cheval doit être reconvertie en passion pour l'enseignement du cheval de façon à accroître la valeur du service produit. La passion risque de devenir un simple moyen pour un autre but : la rentabilité. Plus généralement, l'organisation contemporaine du travail fondée sur une évaluation strictement quantitative, un *reporting*[1] permanent, risque de favoriser le passage du plaisir à la souffrance du fait de l'obligation de faire un travail de mauvaise qualité, voire des choses que l'on désapprouve. Les cadres de proximité ont alors pour mission de « remonter le moral de leurs troupes » sans véritables moyens d'action sur les directives à appliquer.

Il faudrait alors distinguer entre la passion du travail comme valeur et la passion au travail, la première traduisant un amour pour le travail en général quel qu'il soit et la seconde pour l'objet particulier de son travail (par exemple, la réalisation d'une œuvre reconnue, la prise en charge de malades pour l'infirmière ou l'arrestation de délinquants violents pour le policier). Le management voudrait des salariés passionnés par le travail, quel que soit son contenu. La différence entre l'étude de

1. « Communication de données ».

la passion et celle des passionnés, c'est-à-dire entre l'objet de la passion (le travail sublimé, le modèle admiré et valorisé socialement) et le sujet passionné, avec ses propres orientations personnelles, issues de son histoire propre, pose toutefois la question complexe de la rencontre entre l'individu et la société, les attitudes personnelles et les valeurs sociales. C'est ce que la clinique de l'activité aborde à travers le jeu entre le genre et le style : « Le genre n'existe que lorsqu'il est mobilisé pour agir, comme un instrument qu'on met « à sa main », qu'on transforme éventuellement pour qu'il réponde à ses propres buts, à ses idées, ses intentions et ses passions. C'est dans ce mouvement d'appropriation que le genre est « stylisé », ce qui ne laisse pas indemne, pas plus que l'expérience personnelle. En retour, si le sujet parvient à développer son style d'activité, c'est alors le collectif qui peut découvrir une contribution nouvelle, un geste, une parole, un enchaînement d'actions qu'il lui reviendra de discuter et d'adopter, quitte à la transformer. C'est ce mouvement de stylisation-généralisation qui caractérise le développement du genre professionnel » (Prot et Miossec, 20047).

○ Préparer le résumé : identifier le propos général, la structure du texte et les idées essentielles

De nombreux employeurs recherchent désormais un engagement et une très forte implication de la part de leurs salariés. Ce nouvel esprit du capitalisme a des conséquences potentiellement négatives, voire désastreuses sur les travailleurs, notamment lorsque le principe de rentabilité prend le pas sur ce qui devrait être un plaisir, voire une passion. Aussi est-il important de comprendre les mécanismes qui sont au cœur des interactions entre les individus et la société et qui structurent les pratiques professionnelles.

Ce texte peut être découpé en deux grandes parties :

1. **§ 1 : Analyse du nouvel esprit du capitalisme et identification de ses trois conséquences et effets pervers.**

Le nouvel esprit du capitalisme est défini comme la mise en œuvre et la transformation d'un engagement passionné en principe de rentabilité. S'ensuivent des conséquences et effets pervers :

- Problème de la « souffrance » de ceux qui n'ont pas ou plus cet engagement passionné.
- Limite du management prônant une passion artificielle et factice pour le travail et recherchant en fait la rentabilité à tout prix.
- Inversion des priorités et déséquilibre : la communication systématique des résultats impose la nécessité de la quantité au détriment de la qualité. Cela enclenche un cercle vicieux et engendre la souffrance accrue des travailleurs et de leurs supérieurs directs, contraints malgré eux à mal travailler.

2. **§ 2 : Identification des implications sociologiques de ce « nouvel esprit du capitalisme » : quel équilibre professionnel est possible entre les attitudes personnelles et les valeurs sociales. Le double concept de « genre » et de « style » comme réponse proposée.**

- Ce « nouvel esprit du capitalisme » implique de reconsidérer les liens et les interactions entre l'individu et la société. Ainsi, l'analyse des pratiques professionnelles distingue-t-elle entre le « genre » et le « style ». Le premier renvoie à la façon dont le cadre professionnel est reçu et vécu par l'individu, le second, à la façon dont l'individu peut, par sa pratique professionnelle personnelle, infléchir ce cadre général.

○ Proposition d'une première version résumée du texte, ou avant-texte (123 mots)

Dans le domaine professionnel, l'engagement passionné pour son travail peut être détourné par l'employeur qui en fera un levier de rentabilité. Toutes les dérives professionnelles et les désorientations managériales sont dès lors possibles : de la souffrance du travailleur démotivé à la dynamique factice insufflée par les cadres. La quantité remplace la qualité sans que nul puisse inverser le processus. *61 mots*

Les données du problème doivent être clarifiées afin de bien distinguer ce qui relève du travail, de la passion et du sujet passionné. Cela conduit à considérer les interactions entre individus et valeurs sociales : soit comment l'individu s'approprie son cadre de travail, soit comment il peut par son style l'infléchir. Cette double interaction est le socle sociologique du travail. *62 mots*

○ Proposition d'une version résumée définitive du texte (107 mots) avec séparateur tous les 20 mots

L'engagement professionnel passionné peut être détourné par l'employeur qui en fera un levier de rentabilité. Toutes les dérives**//**professionnelles et les désorientations managériales sont alors possibles : de la souffrance du travailleur démotivé à la dynamique factice insufflée par**//**les cadres, sans que nul puisse inverser le processus.

Les données du problème doivent être clarifiées afin de bien distinguer**//**ce qui relève du travail, de la passion et du sujet passionné. D'où l'analyse des interactions entre individus**//**et valeurs sociales : comment l'individu s'approprie son cadre de travail, comment il peut par son style l'infléchir.**//**Tel est le socle sociologique du travail.

○ Sujet de dissertation

Dans quelle mesure peut-on considérer que le travail, qu'il soit ou non « passionné », « pose la question complexe de la rencontre entre l'individu et la société » ?

Résumé type CCINP/E3A

James Suzman, *Travailler. La grande affaire de l'humanité*, Introduction, 2020 (2021 pour la traduction en français par Marie-Anne de Béru).

Ce texte doit être résumé en 100 mots, plus ou moins 10 % (séparateurs tous les 20 mots).

Lorsque les économistes définissent le travail comme le temps et les efforts que nous dépensons pour répondre à nos besoins, ils éludent deux problèmes évidents. Le premier, c'est que, souvent, la seule chose qui différencie le travail du loisir, c'est le contexte, et le fait d'être payé pour faire quelque chose ou au contraire, de payer pour le faire. Pour nos ancêtres chasseurs-cueilleurs, la chasse au wapiti était du travail. Pour les nombreux chasseurs des pays industrialisés, c'est un loisir grisant – et parfois fort onéreux. Pour un graphiste, dessiner est un travail mais pour des millions de dessinateurs amateurs, c'est un plaisir et une détente. Et là où cultiver des relations avec les gens qui comptent constitue le travail du lobbyiste, se faire des amis nous est une joie. Le deuxième problème éludé par les économistes, c'est qu'indépendamment de l'énergie dépensée pour assurer la satisfaction de nos besoins essentiels (nourriture, eau, air, chaleur, compagnonnage et sécurité), il n'y a pas de vérité universelle sur ce qui constitue un besoin essentiel. Plus encore, la nécessité se mêle souvent de manière si imperceptible à nos désirs qu'il nous est parfois impossible de les séparer. Certains assureront ainsi que petit-déjeuner d'un croissant et d'un bon café est un besoin essentiel tandis que d'autres considéreront que c'est un luxe.

Ce qui se rapproche le plus d'une définition universelle du « travail » – une définition à laquelle pourraient adhérer les chasseurs-cueilleurs, les traders financiers en costume-cravate, les paysans cultivant leurs parcelles vivrières et tous les autres –, c'est que le travail implique de dépenser intentionnellement de l'énergie ou des efforts sur une tâche afin de parvenir à un but ou à une fin. Depuis que les hommes des temps anciens ont commencé à diviser le monde qui les entourait et à organiser l'expérience qu'ils en avaient à l'aide de concepts, de mots et d'idées, ils en ont certainement eu un pour le travail. Comme l'amour, la parentalité, la musique et le deuil, le travail est l'un de ces rares concepts auxquels les anthropologues ou les voyageurs jetés sur des rivages inconnus ont pu se raccrocher. Car là où le langage parlé ou des coutumes inintelligibles sont un obstacle, le simple fait d'aider quelqu'un à accomplir une tâche suffit souvent à faire tomber les barrières bien plus rapidement que des paroles malaisées. Le travail devient une expression de bonne volonté et, comme le chant ou la danse, il crée une communion d'intention et une harmonie d'expérience.

Abandonner l'idée que le problème économique est l'éternelle condition de l'humanité fait plus qu'étendre la définition du travail au-delà de la façon dont nous gagnons notre vie. Cela nous amène à considérer sous un angle nouveau notre relation historique profonde au travail depuis les débuts de la vie jusqu'à notre présent surchargé. Cela soulève aussi toute une série de nouvelles questions :

pourquoi accordons-nous aujourd'hui beaucoup plus d'importance au travail que ne le faisaient nos ancêtres chasseurs-cueilleurs ? Pourquoi, à une époque d'abondance sans précédent, sommes-nous toujours aussi préoccupés par la rareté ?

Pour répondre à ces questions, il faut nous aventurer bien au-delà des frontières de la science économique traditionnelle et pénétrer dans le monde de la physique, de la biologie de l'évolution et de la zoologie. Plus important peut-être, il faut porter sur ces domaines le regard de l'anthropologie sociale. C'est uniquement grâce aux études menées dans cette perspective sur les sociétés qui, au XXe siècle, continuaient à vivre de la chasse et de la cueillette que nous avons pu faire parler les pierres taillées, l'art rupestre et les os brisés qui constituent les seuls vestiges capables de nous révéler comment nos ancêtres chasseurs-cueilleurs vivaient et travaillaient. C'est aussi grâce à l'anthropologie sociale que nous pouvons entrevoir comment nos diverses expériences du monde sont influencées par les types de travail que nous faisons. Adopter cette approche plus globale nous offre des perspectives surprenantes sur les racines anciennes de ce que l'on considère souvent comme des défis propres à la modernité. Elle nous révèle, par exemple, comment notre relation aux machines reflète la relation que les premiers agriculteurs entretenaient avec les chevaux de trait, les bœufs et autres bêtes de somme qui les aidaient dans leur travail ; ou comment nos inquiétudes au sujet de l'automatisation rappellent étrangement celles qui troublaient le sommeil des maîtres dans les sociétés esclavagistes.

○ Préparer le résumé : identifier le propos general, la structure du texte et les idées essentielles

Il est nécessaire de repenser la façon dont nous définissons le travail en éliminant le critère économique. Nous nous apercevons alors que le travail est bien plus qu'une nécessité économique, il nous définit dans tous nos rapports aux autres et à la société. Il apparaît même comme ce qui, d'un point de vue anthropologique et sociologique, permet de penser une sorte de continuité entre les différents âges des sociétés humaines.

Ce texte peut être découpé en 2 parties :

1. **1re partie, § 1 : Pourquoi la définition économique du travail est limitée et erronée.**

- Retour critique sur la définition dite classique que les économistes donnent du travail (ce dernier est identifié comme « le temps et les efforts permettant de répondre à nos besoins »).
- Deux aménagements s'imposent :
  1. Prise en compte du contexte et de la présence ou non d'une rémunération (exemples de la chasse, du dessin…).
  2. La nécessité de réexaminer la définition très problématique de ce qu'est un « besoin » (dans la mesure où certains considèrent comme un luxe ce que d'autres verront comme essentiel).

2. **2e partie, § 2 à 4 : Ce que l'on découvre lorsque l'on élargit le champ définitionnel.**

§ 2 : le travail, l'un des plus anciens concepts, est le substrat de l'esprit de société et d'harmonie.

- Il existe une définition universelle du travail qui fait consensus si on le définit comme un « investissement personnel pour aboutir une tâche donnée ».
- Le concept de travail est parmi les plus anciens créés par l'homme car il implique une réflexion sur une question humaine fondamentale et car il se concrétise dans des actions manifestant la volonté des hommes de collaborer les uns avec les autres.

§ 3 et 4 : Illustration de son importance sociologique et anthropologique. Le § 4 propose une série d'exemples répondant aux ouvertures définitionnelles et aux questionnements posés dans le § 3.

- Une telle ouverture définitionnelle (qui dépasse, voire délaisse le critère économique) questionne notre rapport au travail, l'importance sociologique et anthropologique que nous lui accordons.
- Ainsi, ces constatations que certains gestes professionnels primitifs traversent les siècles, que notre travail détermine notre vision du monde ou que certaines peurs liées au progrès (mécanisation et automatisation) ne sont en fait qu'une transposition de celles qui hantaient déjà nos ancêtres apparaissent-elles évidentes.

○ Proposition d'une première version résumée du texte, ou avant-texte (130 mots)

Définir le travail d'un point de vue économique exclusivement comme ce qui nous permet d'assurer nos besoins est une double erreur : on oublie l'importance déterminante du contexte et l'arbitraire de ce qu'est un « besoin ». Il faut donc impérativement ouvrir cette définition, l'histoire de l'humanité nous y invite : non seulement le concept de travail est l'un des plus anciens, mais il renvoie à la capacité qu'ont les hommes de collaborer. *78 mots*

Ainsi le travail, loin de n'être qu'économique, a des fondements anthropologiques et sociologiques profonds qui nous permettent de comprendre les logiques d'évolution de nos sociétés, notamment concernant certains gestes professionnels archaïques ou la façon dont certaines angoisses ont pu demeurer tout en se modifiant du fait des évolutions techniques. *52 mots*

○ Proposition d'une version résumée définitive du texte (110 mots) avec séparateur tous les 20 mots

Définir le travail économiquement comme ce qui assure nos besoins est doublement erroné : on oublie l'importance du contexte et**//**ignore l'arbitraire du « besoin ». Il faut donc impérativement ouvrir cette définition, l'histoire de l'humanité nous y invite// : non seulement le concept de travail est très ancien, mais il renvoie à la capacité qu'ont les hommes de//collaborer.

Ainsi le travail, loin de n'être qu'économique, a des fondements anthropologiques et sociologiques profonds qui nous permettent//de comprendre l'évolution de nos sociétés, notamment concernant certains gestes professionnels archaïques ou la façon dont certaines angoisses ont//perduré tout en se modifiant du fait des évolutions techniques.

○ Sujet de dissertation

« Le travail devient une expression de bonne volonté et, comme le chant ou la danse, il crée une communion d'intention et une harmonie d'expérience. »

À la lumière des œuvres au programme, vous considérerez le sens que prend cette affirmation.

Résumé type Centrale

Marx, *Le Capital*, livre I, chapitre VII, 1867.

Ce texte doit être résumé en 200 mots, plus ou moins 10 %. Séparateur tous les 50 mots.

Le travail est de prime abord un acte qui se passe entre l'homme et la nature. L'homme y joue lui-même vis-à-vis de la nature le rôle d'une puissance naturelle. Les forces dont son corps est doué, bras et jambes, tête et mains, il les met en mouvement afin de s'assimiler des matières en leur donnant une forme utile à sa vie. En même temps qu'il agit par ce mouvement sur la nature extérieure et la modifie, il modifie sa propre nature, et développe les facultés qui y sommeillent. Nous ne nous arrêterons pas à cet état primordial du travail où il n'a pas encore dépouillé son mode purement instinctif. Notre point de départ c'est le travail sous une forme qui appartient exclusivement à l'homme. Une araignée fait des opérations qui ressemblent à celles du tisserand, et l'abeille confond par la structure de ses cellules de cire l'habileté de plus d'un architecte. Mais ce qui distingue dès l'abord le plus mauvais architecte de l'abeille la plus experte, c'est qu'il a construit la cellule dans sa tête avant de la construire dans la ruche. Le résultat auquel le travail aboutit préexiste idéalement dans l'imagination du travailleur. Ce n'est pas qu'il opère seulement un changement de forme dans les matières naturelles ; il y réalise du même coup son propre but dont il a conscience, qui détermine comme loi son mode d'action, et auquel il doit subordonner sa volonté. Et cette subordination n'est pas momentanée. L'œuvre exige pendant toute sa durée, outre l'effort des organes qui agissent, une attention soutenue, laquelle ne peut elle-même résulter que d'une tension constante de la volonté. Elle l'exige d'autant plus que par son objet et son mode d'exécution, le travail entraîne moins le travailleur, qu'il se fait moins sentir à lui, comme le libre jeu de ses forces corporelles et intellectuelles ; en un mot, qu'il est moins *attrayant*.

Voici les éléments simples dans lesquels *le procès de travail* se décompose : 1) activité personnelle de l'homme ou travail proprement dit ; 2) objet sur lequel le travail agit ; 3) moyen par lequel il agit.

La terre (et sous ce terme, au point de vue économique, on comprend aussi l'eau), de même qu'elle fournit à l'homme, dès le début, des vivres tout préparés, est aussi l'objet universel de travail qui se trouve là sans son fait. Toutes les choses que le travail ne fait que détacher de leur connexion immédiate avec la terre sont des objets de travail de par la grâce de la nature. Il en est ainsi du poisson que la pêche arrache à son élément de vie, l'eau ; du bois abattu dans la forêt primitive ; du minerai extrait de sa veine. L'objet déjà filtré par un travail antérieur, par exemple, le minerai lavé, s'appelle matière première. Toute matière première est objet de travail mais tout objet de travail n'est point matière première ; il ne le devient qu'après avoir subi déjà une modification quelconque effectuée par le travail.

Le moyen de travail est une chose ou un ensemble de choses que l'homme interpose entre lui et l'objet de son travail comme conducteurs de son action. Il se sert des propriétés mécaniques, physiques, chimiques de certaines choses pour les faire agir comme forces sur d'autres choses, conformément à son but. Si nous laissons de côté la prise de possession de subsistances toutes trouvées – la cueillette des fruits par exemple, où ce sont les organes de l'homme qui lui servent d'instrument, – nous voyons que le travailleur s'empare immédiatement, non pas de l'objet, mais du moyen de son travail. Il convertit ainsi des choses extérieures en organes de sa propre activité, organes qu'il ajoute aux siens de manière à allonger, en dépit de la Bible, sa stature naturelle. Comme la terre est son magasin de vivres primitif, elle est aussi l'arsenal primitif des moyens de son travail. Elle lui fournit, par exemple, la pierre dont il se sert pour frotter, trancher, presser, lancer, etc. La terre elle-même devient moyen de travail, mais ne commence pas à fonctionner comme tel dans l'agriculture, sans que toute une série d'autres moyens de travail soit préalablement donnée. Dès qu'il est tant soit peu développé, le travail ne saurait se passer de moyens déjà travaillés. Dans les plus anciennes cavernes on trouve des instruments et des armes de pierre. À côté des coquillages, des pierres, des bois et des os façonnés, on voit figurer au premier rang parmi les moyens de travail primitifs l'animal dompté et apprivoisé, c'est-à-dire déjà modifié par le travail. L'emploi et la création de moyens de travail, quoiqu'ils se trouvent en germe chez quelques espèces animales, caractérisent éminemment le travail humain. Aussi Franklin donne-t-il cette définition de l'homme : l'homme est un animal fabricateur d'outils « *a toolmaking animal* ». Les débris des anciens moyens de travail ont pour l'étude des formes économiques des sociétés disparues la même importance que la structure des os fossiles pour la connaissance de l'organisation des races éteintes. Ce qui distingue une époque économique d'une autre, c'est moins ce que l'on fabrique que la manière de le fabriquer, les moyens de travail par lesquels on fabrique. Les moyens de travail sont les gradimètres du développement du travailleur, et les exposants des rapports sociaux dans lesquels il travaille. Cependant les moyens mécaniques, dont l'ensemble peut être nommé le système osseux et musculaire de la production, offrent des caractères bien plus distinctifs d'une époque économique que les moyens qui ne servent qu'à recevoir et à conserver les objets ou produits du travail, et dont l'ensemble forme comme le système vasculaire de la production, tels que, par exemple, vases, corbeilles, pots et cruches, etc. Ce n'est que dans la fabrication chimique qu'ils commencent à jouer un rôle plus important.

[...] Dans le procès de travail l'activité de l'homme effectue donc à l'aide des moyens de travail une modification voulue de son objet. Le procès s'éteint dans le produit, c'est-à-dire dans une valeur d'usage, une matière naturelle assimilée aux besoins humains par un changement de forme. Le travail, en se combinant avec son objet, s'est matérialisé et la matière est travaillée. Ce qui était du mouvement chez le travailleur apparaît maintenant dans le produit comme une propriété en repos. L'ouvrier a tissé et le produit est un tissu.

Si l'on considère l'ensemble de ce mouvement au point de vue de son résultat, du produit, alors tous les deux, moyen et objet de travail, se présentent comme moyens de production, et le travail lui-même comme travail productif.

○ Préparer le résumé : identifier le propos général, la structure du texte et les idées essentielles

Le travail est défini exclusivement par rapport à la condition de l'homme. Il est assimilé à un processus de production. Si ses différentes étapes constitutives et ses modalités d'existence sont nettement identifiées, il apparaît ultimement à la fois comme incarné dans l'objet qu'il a produit et comme instance productive.

Ce texte peut être découpé en trois grandes parties :

1. **§ 1 : Définition du travail comme activité proprement humaine.**

   3 éléments caractérisent le travail :

   - Un principe d'action-réaction : le travail est action de l'homme sur la nature, et en retour (réaction), il modifie la nature humaine puisque cette dernière s'adapte et développe de nouvelles ressources.
   - Une implication intellectuelle mettant en œuvre aussi la volonté : tout travail est la concrétisation d'un projet préformé mentalement.
   - Un effort pénible.

2. **§ 2 à 4 : Identification des caractéristiques qui en font un processus de production.**

   § 2 : Le travail est un procès en trois étapes :

   - C'est une activité.
   - C'est un objet produit.
   - C'est un moyen de production.

§ 3 : L'agriculture, la chasse, la pêche sont les exemples des toutes premières activités laborieuses.

- Tous les matériaux ayant subi une action, une modification humaines deviennent des produits ou des matières premières.

§ 4 : Le travail humain se manifeste surtout dans les moyens mis en œuvre, que ces derniers soient organiques et naturels (bras, jambes) ou fabriqués (outils).

- La terre est le matériau premier et le point de départ de tout travail, mais elle ne témoigne du travail humain que lorsque ce dernier l'a en partie transformée ou a modifié certains des éléments naturels qui la constituent.
- Ce sont ces outils qui permettent de retracer et comprendre l'histoire des hommes. L'évolution sociale et le développement technique se manifestent prioritairement dans et par les moyens de production, et non dans et par les moyens de conservation et de circulation des objets produits, à l'exception de la production chimique.

3. **§ 5 et 6 : Double objectivation du travail : dans le produit fini et dans le processus de fabrication.**

§ 5 : Le travail est un processus caractérisé par son achèvement car l'objet produit et fini grâce aux moyens de travail et aux outils représente et incarne à terme le travail lui-même.

- De force en action et mouvement, le travail évolue en propriété stable et fixe, inscrite dans l'objet modifié.

§ 6 : Le travail est aussi à définir comme une action de production. L'aboutissement de la transformation d'un objet par une force agissante (le moyen de production).

○ Proposition d'une première version résumée du texte, ou avant-texte (265 mots)

Le travail implique un principe d'action-réaction entre l'homme et la nature : agissant pour la modifier, il est lui-même intrinsèquement transformé par sa propre action, voire potentiellement amélioré. Mais le travail le plus humainement représentatif est celui où l'homme fait l'épreuve de sa capacité à projeter imaginairement ce qu'il s'apprête ensuite à réaliser, et de sa volonté. En effet, le travail est un effort, une tension constante marquée par sa pénibilité. *78 mots*

Trois éléments caractérisent le processus de création qu'est le travail : l'action productive, l'objet produit, le moyen de production. Si l'agriculture, la chasse, la pêche sont représentatives des premières activités laborieuses, ces dernières sont plus significativement manifestées lorsque le travailleur accède non pas directement à sa production, mais indirectement en s'appropriant un moyen d'action – augmentant ainsi son potentiel naturel –, dont l'effet sera de modifier une matière première pour en obtenir ce qu'il veut. L'environnement naturel est le premier pourvoyeur de matière à transformer et d'outils. L'état de développement d'une société se mesure au degré de technicité des outils inventés pour le travail, témoignant d'une capacité spécifiquement humaine. Ainsi, les différentes ères économiques se distinguent-elles davantage par leurs techniques de production que par leurs circuits de production. Ces derniers prennent néanmoins toute leur importance avec le développement de la chimie. *151 mots*

Assimiler le travail à un processus aboutit ultimement à le matérialiser dans le produit fini, qui est le résultat d'une transformation et donc d'un travail, tout en le considérant comme une dynamique de production. *36 mots*

○ Proposition d'une version résumée définitive du texte (220 mots) avec séparateur tous les 50 mots

Le travail implique une action-réaction entre l'homme et la nature : agissant pour la modifier, il est lui-même intrinsèquement transformé. Mais le travail le plus humainement représentatif est celui où l'homme expérimente sa capacité à projeter imaginairement ce qu'il s'apprête ensuite à réaliser, et sa**//**volonté. En effet, le travail est un effort, une tension constante marquée par sa pénibilité.

Trois éléments le caractérisent comme processus de création : l'action productive, l'objet produit, le moyen de production. Si l'agriculture, la chasse, la pêche sont représentatives des premières activités laborieuses, ces dernières sont plus**//**significatives lorsque le travailleur accède non pas directement à sa production, mais indirectement en s'appropriant un moyen d'action dont l'effet sera de modifier une matière première pour en obtenir ce qu'il veut. L'environnement naturel est une réserve de matière à transformer et d'outils. L'**//**état de développement d'une société se mesure au degré de technicité des outils inventés, capacité d'ailleurs spécifiquement humaine. Ainsi, les différentes ères économiques se distinguent-elles davantage par leurs techniques de production que par leurs circuits de production, qui deviennent néanmoins importants avec le développement de la chimie.**//**

Assimiler le travail à un processus le matérialise dans le produit fini, tout en le considérant comme dynamique de production.

○ Sujet de dissertation

« Le travail est de prime abord un acte qui se passe entre l'homme et la nature ».

Quel sens donner à cette affirmation ?

Résumé type Centrale

Marcuse, « Les fondements philosophiques du concept économique de travail », *Culture et société*, traduction de G. Billy et D. Bresson, 1970.

Ce texte doit être résumé en 200 mots, plus ou moins 10 %. Séparateur tous les 50 mots.

La notion économique de travail a réagi de son côté sur les interprétations des fondements du travail en tant que tel, dans des domaines étrangers à l'économie. Elle a orienté les conceptions touchant le sens et l'essence du travail dans une direction bien déterminée, au point que maintenant, au premier chef, au sens propre du mot, c'est l'activité *économique* qui est considérée comme travail et l'activité du politicien, du chercheur, de l'artiste, du prêtre, n'est prise comme travail qu'au sens figuré et non sans hésitation, ce qui, par là même, l'oppose radicalement à l'activité économique. Mais ce n'est pas tout : la notion de travail a été encore plus rétrécie dans la théorie économique même. De plus en plus, on a tendance à ne plus entendre par là que le travail d'exécution, le travail commandé, non libre (dont le travail de l'ouvrier salarié est le prototype), même là où il s'agit expressément de définir la notion économique de travail, en rapport avec les concepts fondamentaux de l'économie politique.

[...] Mais voici que cette notion strictement économique, qui nous paraissait tout d'abord si claire, s'est désintégrée. Nous ne pouvons, par-delà les diverses notions de travail qui résultent de cette décomposition (tels que le travail comme facteur de production, le travail comme fondement de la théorie de la valeur et des prix, le travail comme travail d'exécution, objet dont on dispose, etc.), remonter à l'ensemble continu qui en est le fondement ni à la notion originelle dont elles dérivent. De quel droit l'activité économique est-elle conçue comme travail au sens propre ? La vie humaine étant prise dans son ensemble, que représente l'activité économique par rapport aux autres activités ? Pour quelle raison, parmi toutes les activités économiques, celle qui est simple travail d'exécution, celle qui est objet, apparaît-elle comme travail proprement dit ? Il se pourrait bien que, en se cantonnant dans les limites du travail économique, la théorie suppose déjà admise une notion de travail bien déterminée, qu'en elle s'exprime déjà une conception bien déterminée de l'économie, une interprétation donnée de la nature et du sens de l'économique au sein de l'existence humaine, que, par conséquent, l'évidence apparente avec laquelle s'impose la notion économique de travail conduise à préjuger des questions les plus graves. À notre sens, on ne pourra jeter de lumière là-dessus qu'en instaurant une discussion philosophique fondamentale concernant la notion de travail, discussion qui tentera de définir correctement la place et le sens de cet « état de fait » qu'est le travail dans la vie humaine ; c'est justement parce qu'il s'est chargé d'un contenu indécis qu'à notre avis nous devons nous pencher de nouveau sur le concept global de travail. Peut-être cette discussion (que nous ne ferons qu'entamer) contribuera-t-elle à nous faire redécouvrir le lien objectif existant entre la philosophie et l'économie politique, lien qui s'est pour la dernière fois actualisé chez Marx pour disparaître ensuite.

[...] Cette science moderne qu'est la *science du travail* tente de poser le problème dans toute son ampleur. Mais, partout où elle s'évade de l'économique et du technique, c'est d'un point de vue biologique et naturaliste. Pour elle, le problème du travail est alors essentiellement un problème psychologique. Or, la psychologie (et, à plus forte raison, une psychologie fondée sur les sciences naturelles et la biologie) est impuissante devant le problème du travail, car (c'est ce que nous pensons démontrer dans les pages suivantes) le travail est un concept ontologique, c'est-à-dire ici un concept qui saisit l'être même de l'existence humaine en tant que tel. [...]

Le mouvement de la vie humaine est une *praxis* en ce sens précis que c'est à l'homme lui-même qu'il revient de *faire* (*tun*) son existence : elle est pour lui une tâche à appréhender et à accomplir. De façon permanente, il a à *faire avancer* (*Geschehen-machen*) sa vie alors que, par exemple, l'existence de l'animal est simple et consiste à *laisser advenir* (*Geschehen-lassen*) même quand il « fait » quelque chose, construit son nid, repousse un agresseur, cherche sa nourriture. Cette pratique est dans sa totalité « biologiquement sanctionnée », d'après l'expression pertinente de Wexberg. Devant son existence, l'animal n'est pas confronté à une tâche qu'il aurait à accomplir par son être. L'homme, en revanche, se trouve toujours vis-à-vis de lui-même et de son univers, confronté à une situation qui n'est pas, dès l'abord, immédiatement, sienne. Ne pouvant, ainsi, laisser advenir (*Geschehen-lassen*) son existence, il doit s'approprier toute situation en recourant à sa propre « médiation ». Ce processus de médiation est appelé *production et reproduction* (expression délestée depuis Marx de son sens ontologique originel et restreinte à la sphère économique). Production et reproduction ne visent nullement le seul mouvement de l' « existence matérielle » au sein de la pratique économique, mais la façon dont est assumée et produite (*Geschehen-machen*) l'existence humaine comme un tout : appropriation, dépassement (*Aufhebung*), transformation, promotion de l'existence dans toutes ses sphères – la situation donnée du « monde » qui est notre vis-à-vis immédiat, comme de notre existence même au sein de cette situation –, mouvement de progression et de production permanentes de l'existence et de son univers (sous son aspect « matériel » comme sous son aspect « vital » ou « spirituel »). Cette pratique est, chez l'homme, essentiellement une pratique consciente (*wissendes Tun*), visant sciemment son « but » – cette production permanente s'y conformant et s'y mesurant –, une pratique orientée par rapport à des fins (*zweckmässiges Tun*).

C'est cette pratique médiatrice et consciente, cette production et reproduction permanente de l'existence humaine (par opposition au laisser-advenir immédiat de l'existence animale, par exemple) qui est la base du *travail*.

○ Préparer le résumé : identifier le propos général, la structure du texte et les idées essentielles

La notion de travail souffre d'un problème définitionnel double : réduite au pur champ économique, elle est de plus assimilée à une série très limitée de tâches concrètes et déterminées. Il est impératif d'ouvrir une réflexion philosophique fondamentale afin d'examiner précisément les tenants et aboutissants de ce concept. Il apparaîtra alors qu'il est prépondérant pour définir la condition de l'homme dans le monde. Réciproquement, c'est parce que l'homme se distingue des autres espèces animales dans sa façon d'exister et d'interagir avec son environnement que l'on peut comprendre en quoi véritablement consiste le travail.

Ce texte peut être découpé en trois grandes parties :

1. **§ 1 : Introduction : Problème de la définition du travail entendu comme doublement spécialisé (assimilation à de l'économique et réduction infondée et insatisfaisante).**

Restriction et spécialisation progressive de la notion de travail :

- Le sens économique devient prépondérant par rapport aux autres réalités du monde de la pensée que constituent les activités politiciennes, scientifiques, créatrices ou spirituelles.
- Au sein même de cette approche exclusivement économique, le travail est encore réduit à une activité imposée et non libre.

2. **§ 2 à 4 : Nécessité de mieux considérer ce qu'est le travail, pour mieux le définir, notamment selon une perspective plus vaste que celle imposée par la réduction à l'économique.**

§ 2 : Cette réduction de sens pose deux problèmes :

- Le sens économique lui-même apparaît comme évanescent, indiscernable.
- Pourquoi réduire le travail aux tâches imposées et contraintes ? Ne sommes-nous pas victimes en la matière de nos préjugés ?

Une réévaluation philosophique précise de la notion de travail et de ses implications concrètes s'impose. Cela conduira à réactualiser les données marxistes de cette grande question : comment l'économie politique s'articule-t-elle à la philosophie ?

§ 3 : Les conclusions de la « Science du travail » et les corrections qu'on y doit apporter :

- Redéfinir le travail précisément, tel est l'objectif de la « Science du travail ». Elle conduit à affirmer l'importance de la dimension psychologique du travail, or il apparaît nécessaire de corriger cette approche.
- Le travail n'est pas un concept psychologique, mais un concept ontologique car il permet de penser l'humain dans son essence.

§ 4 : Pourquoi le travail est une question ontologique :

- Différence entre l'animal et l'homme : le « laisser advenir » propre à la condition animale et la « médiation » humaine.
- Les hommes ont seuls, et par différence d'avec les animaux, la capacité d'assumer leur condition et de vouloir faire effort pour que cette condition existe et se maintienne face au réel.

3. **§ 5 : Conclusion : Nouvelle définition (plus précise et plus juste) de ce qu'est le travail.**

- La conscience que l'homme a de devoir constamment, matériellement et intellectuellement, agir et réagir sur son environnement pour exister et maintenir son statut d'homme, est le fondement même du travail.

○ Proposition d'une première version résumée du texte, ou avant-texte (273 mots)

La notion de travail souffre dans sa définition d'une double et impropre réduction : non seulement toute activité laborieuse n'est plus considérée que sous l'angle économique, mais de plus, à l'intérieur même de cette sphère réduite, le travail ne renvoie plus qu'aux tâches exécutives et contraintes, sans considération des déformations impliquées en économie politique. *58 mots*

Une telle réduction pose un double problème : elle dissout le socle définitionnel à partir duquel concevoir le travail et délaisse arbitrairement la multiplicité des réalités humaines découlant de cette notion. Ne sommes-nous pas victimes de nos préjugés, voire d'un raisonnement vicieux qui prédéfinit le travail comme intrinsèquement économique pour ensuite y rapporter tous ses enjeux ? Il semble urgent d'ouvrir un réel chantier philosophique afin d'aborder plus authentiquement ce qu'est le travail. Cela pourrait d'ailleurs conduire à réactualiser les données marxistes selon lesquelles toute approche philosophique du travail s'ancre dans la question économico-politique. *99 mots*

Si la « science du travail » apparaît comme la plus apte à redéfinir le travail, elle apparaît néanmoins limitée car elle réduit le travail à une notion psychologique alors que sa véritable nature est ontologique. Et ce, pour une raison fondamentale que nous révèle la comparaison de la condition humaine à la condition animale : si les bêtes peuvent s'abandonner à leur existence où chacun de leurs actes ou de leurs efforts est décidé par l'instinct, l'homme, lui, doit constamment agir et interagir consciemment avec son environnement pour exister. Or, le travail consiste précisément dans cette tension et interaction constantes avec le monde afin de réaliser ce que nous considérons comme nos buts à atteindre. *116 mots*

○ Proposition d'une version résumée définitive du texte (215 mots) avec séparateur tous les 50 mots

Notre définition du travail est doublement impropre : exclusivement économique et trop centrée sur les tâches exécutives.

Une telle réduction pose un double problème : elle dissout le socle définitionnel à partir duquel concevoir le travail et délaisse arbitrairement la multiplicité des réalités humaines découlant de cette notion. Nous sommes victimes de**//**nos préjugés, voire d'un raisonnement vicieux qui prédéfinit le travail comme intrinsèquement économique pour ensuite y rapporter tous ses enjeux. Il semble urgent d'ouvrir un réel chantier philosophique afin d'aborder plus authentiquement ce qu'est le travail. Cela pourrait d'ailleurs conduire à réactualiser les données marxistes**//** selon lesquelles toute approche philosophique du travail s'ancre dans la question économico-politique.

Si la « science du travail » apparaît comme la plus apte à redéfinir le travail, elle apparaît néanmoins limitée car elle réduit le travail à une notion psychologique alors que sa véritable nature est ontologique. Et ce, pour**//**une raison fondamentale révélée par la comparaison des conditions humaine et animale : si les bêtes peuvent s'abandonner à une existence guidée par l'instinct, l'homme, lui, doit constamment agir et interagir consciemment avec son environnement pour exister. Or, le travail consiste précisément dans cette tension et interaction constantes//avec le monde afin de réaliser ce que nous considérons comme nos buts à atteindre.

○ Sujets de dissertation

1. Pour la « science du travail », « le problème du travail est alors essentiellement un problème psychologique ».

Vous vous demanderez quel sens donner à cette affirmation.

2. « Le travail est un concept ontologique, c'est-à-dire ici un concept qui saisit l'être même de l'existence humaine en tant que tel ».

Vous vous demanderez quel sens donner à cette affirmation.

Résumé type Centrale

Giuseppe Rensi, *Contre le travail,* « La dévalorisation morale du travail crée la survalorisation économique », publié en italien en 1923, traduction de Marie-José Tramuta (2017).

Ce texte doit être résumé en 200 mots, plus ou moins 10 %. Séparateur tous les 50 mots.

Il en ressort que la façon dont on considère le travail du point de vue moral, et la façon dont, du point de vue social, on tend à donner une solution au problème du travail sont en étroite relation, mais une relation qui, bien qu'elle semble à première vue fondée sur la contradiction, établit entre elles une sorte de rapport inversé. En somme, plus le concept de travail est moralement tenu pour noble et le travail lui-même considéré comme une vertu, moins on accorde d'importance à l'amélioration des conditions des travailleurs et moins on tend à s'en soucier ; plus le travail est en soi peu estimé, plus les revendications économiques et sociales pèsent dans la conscience publique. Sommes-nous dans un milieu social où la question des conditions de travail est devenue croissante, voire prépondérante ? On peut *grosso modo* en conclure qu'en un tel moment historique, le travail se retrouve dénué de toute aura morale et religieuse. Sommes-nous, en revanche, dans un milieu social dans lequel les conditions de travail sont chose insignifiante, dont nul ne se soucie ? On peut grosso modo en conclure que, dans un tel moment historique, on considérera le travail comme un élément essentiel de la vie morale (fût-ce sous forme d'expiation, d'épreuve de patience, de résignation ou autre) et, en tant que facteur capital de la vie religieuse, il sera paré de telle ou telle approbation émanant de la religion, deviendra le véhicule indispensable de telle ou telle fin qu'elle sert (par exemple, la nécessité d'une vie pénible pour en acquérir une autre, bienheureuse, aux cieux).

Un moment de réflexion nous persuade de la nécessité d'un tel rapport inversé, bien que, à première vue, le rapport direct semble devoir s'imposer et s'impose de fait. En vérité, si le travail est une chose noble, s'il constitue l'exercice d'une vertu et s'il représente un moment important de la vie religieuse, il n'y a aucune raison de se préoccuper d'améliorer les conditions dans lesquelles il se déroule, ce qui revient toujours, pour l'essentiel, à en diminuer la durée et en augmenter la rétribution ; en effet, il n'y aurait aucune raison de chercher à réduire la durée d'autres vertus, la tempérance par exemple, et de se battre pour qu'elles soient, en tant que vertus, gratifiées économiquement selon une progression croissante. Si le travail est une vertu, s'il s'accompagne d'échos ou de répercussions à caractère religieux, son exercice est alors un devoir moral et religieux et, en tant que vertu, ne lui est échue aucune compensation. Il est cependant rétribué dans la seule mesure où maintenir en vie le travailleur est nécessaire. Il n'y a donc pas lieu d'augmenter cette rétribution au-delà du minimum requis par le jeu des forces économiques (offre et demande de la valeur travail, achat et vente de celle-ci) dans une société donnée. Toute prétention supérieure, dès lors que l'on tient le travail pour une activité noble, un devoir moral, une vertu, un acte ayant des conséquences religieuses, est absolument injustifiée. Par contre, l'aspiration à l'amélioration des conditions de travail, à la diminution de sa durée et à une rétribution plus élevée, les « revendications » prolétariennes, l'exigence de l' « émancipation » des travailleurs – tout cela ne tire sa justification unilatérale, ne peut déboucher sur une lutte sociale, trouver consensus, soutien, admiration, que sur la base d'une conception du travail dénuée de valeur morale ou religieuse, le tenant pour grossier et matériel, pénible, nuisible et triste. C'est pourquoi la morale de la société capitaliste – si on la considère à son stade initial, rigoureux, pur, et non pas, comme à présent, perturbée et déformée par l'agitation et l'émergence de forces et tendances d'une autre nature, et en voie de transformation – insiste originairement sur une conception du travail comme phénomène éthico-religieux de grande importance. Il s'agit en effet de la seule manière d'obtenir un double résultat : d'un côté, l'assujettissement et la dure condition des classes prolétariennes paraissent justifiés dans la conscience des classes dominantes, de l'autre, le caractère pénible de la situation des classes laborieuses semble à la conscience de ces dernières plus facilement acceptable, voire allégé. En revanche, lorsque les revendications des classes laborieuses ne cessent de croître comme aujourd'hui, lorsque le travail fait entendre sa voix de plus en plus fort, lorsqu'il prend dans la société encore capitaliste, mais qui a désormais perdu les contours originels de son architecture initiale, une place égale ou supérieure à celle du capital – de façon concomitante à ce phénomène qui voit l'accroissement considérable de la puissance économique et politique du travail, que constatons-nous ? Les propos enthousiastes sur la fonction du travail ressassés de façon toujours plus récurrente et sonore dans les milieux ouvriers ou dans les journaux prolétaires ne sauraient nous tromper. Si nous regardons au-delà de ces pures paroles, et que nous nous tournons vers la réalité, nous voyons clairement combien, avec l'accroissement de l'importance économique, de la considération sociale, de l'ascendant politique du travail, se développent parallèlement (ou pour être plus juste, en sont le précédent nécessaire) l'ennui profond, l'intolérance, le sentiment du caractère insupportable, la haine du travail même, précisément dans ces classes qui, vivant de celui-ci, s'efforcent de pousser toujours plus haut, dans tous les domaines, son estime. La valorisation croissante du travail, son autorité et la dignité qu'il apporte, ne sont que la conséquence de la répugnance et de la haine, de plus en plus claires et de moins en moins comprises, qu'il inspire. Cela se traduit par l'absolu discrédit moral dans lequel il est tombé auprès des travailleurs ; il leur apparaît inévitablement comme un fait purement matériel et brutal, dénué de toute valeur éthique, dont il convient, dans la mesure du possible, de se soustraire. Il suffit pour s'en convaincre de considérer les « samedis anglais », les heures fériées et semi-fériées qui se multiplient à tout propos, les grèves de plus en plus fréquentes pour des motifs de plus en plus futiles, le dégoût croissant, généralisé et avéré du travail, dégoût qui naît là où le ferment pour conquérir en sa faveur les plus vastes « revendications » est le plus vivace. Les classes laborieuses haïssent le travail – et désirent d'autant plus sa valorisation qu'elles le haïssent. La haine du travail ; voilà le véritable catalyseur de l'exigence qu'il soit l'objet, sous tous ses aspects, d'une considération toujours plus grande.

○ Préparer le résumé : identifier le propos général, la structure du texte et les idées essentielles

La perception sociale du travail et la valeur morale qui peut ou non lui être reconnue sont en interaction systématique : plus le travail sera chargé d'une valeur morale et moins on se préoccupera de ses conditions, à l'inverse, tous les mouvements sociaux de lutte pour la reconnaissance et l'amélioration des conditions de travail sont significatifs de sa dévalorisation morale. La classe laborieuse se retrouve donc dans une contradiction indépassable puisqu'elle souhaite faire reconnaître ce qu'elle méprise le plus, à savoir le travail qu'elle doit accomplir.

Ce texte peut être découpé en deux grandes parties :

1. **§ 1 : Présentation des liens logiques entre la perception sociale du travail et sa valeur morale.**

- Analyse des rapports entre point de vue éthique et perception sociale du travail : constat d'une inversion proportionnelle des deux systèmes de valeurs.
- Plus le travail est reconnu moralement, moins on se préoccupe sociologiquement des conditions dans lesquelles il est réalisé. Inversement, plus on se mobilise pour obtenir des conditions décentes de travail et moins le travail est estimé moralement. Dans le premier cas, il est même possible que le travail reçoive une valeur morale supérieure et devienne un moyen incontournable pour un accomplissement spirituel.

2. **§ 2 : Présentation des conséquences philosophico-politiques liées à la reconnaissance ou non du travail comme vertu.**

   a) **Début du § 2 jusqu'à « En revanche » : Le cas du travail comme vertu et les conséquences économiques et philosophico-politiques.**

      - Si le travail est une vertu, il est logique de ne pas chercher à en diminuer la durée (ou en augmenter la rétribution) car sur le plan moral, cela n'aurait aucun sens.
      - Si le travail est une vertu, la rétribution peut être minimale : il suffit qu'elle permette au travailleur de se maintenir en vie. Une rétribution supérieure serait injustifiée car en contradiction avec la reconnaissance de la valeur morale intrinsèque au travail.
      - Inversement, les luttes sociales pour l'amélioration des conditions de vie liées au travail ne peuvent se justifier que si le travail apparaît comme pénible et déshumanisant.
      - C'est la raison pour laquelle originellement le système capitaliste fait du travail une nécessité éthique et religieuse : cela seul permet de soumettre la classe ouvrière à un travail long et difficile sans lui assurer une forte rétribution.

   b) « **En revanche » jusqu'à la fin : Le cas du travail dévalorisé et méprisable (du travail qui n'est pas une vertu). Présentation des conséquences philosophico-politiques et identification de la contradiction fondamentale dans laquelle est prise la classe laborieuse.**

      - Si le travail n'est pas une vertu, du fait de l'évolution de l'esprit du système capitaliste, alors le travail devient intolérable, insupportable, presque une contre-valeur morale, pour ceux-là mêmes (les travailleurs) qui souhaiteraient le plus l'estimer. Il est alors comparable au Capital lui-même. Se développe ainsi une haine du travail.
      - Cette haine est paradoxale puisqu'elle engendre malgré tout la nécessité de valoriser le travail. Cela se produit dès lors que le travail perd toute valeur morale, toute dimension éthique. Le travail n'est plus alors qu'une activité méprisable. Ainsi s'expliquent les revendications répétées et parfois infondées pour des loisirs ou des allègements professionnels.
      - Cet état de fait traduit la contradiction fondamentale dans laquelle les classes laborieuses sont prises : c'est parce qu'elles haïssent le travail qu'elles en souhaitent la valorisation et revalorisation.

○ Proposition d'une première version résumée du texte, ou avant-texte (278 mots)

Le travail prend une valeur sociale absolument différente selon qu'on le considère ou non comme valeur morale. En effet, si le travail est chargé d'une grande valeur morale, on se préoccupera peu des conditions de vie des travailleurs, mais à l'inverse, plus l'opinion publique se mobilise pour améliorer les conditions de travail des classes laborieuses, plus cela signifie que le travail est devenu méprisable, dénué de toute valeur morale. Ainsi, on constate même que les classes sociales qui ignorent délibérément toute mobilisation pour les classes laborieuses font du travail une sorte de moyen éthique pouvant même permettre une forme d'accomplissement spirituel. *106 mots*

De fait, si le travail est une vertu, il devient inutile, voire hors de propos de chercher à le rémunérer ou à en diminuer le temps. Seule s'impose une rétribution minimale qui permette au travailleur de vivre (ou survivre). Inversement, les luttes sociales pour l'amélioration des conditions de vie ne se justifient que si le travail est considéré comme pénible et déshumanisant. C'est bien pour cela qu'à l'origine le capitalisme fait du travail une nécessité éthique, voire religieuse afin que les plus pauvres acceptent de travailler sans relâche et sans compensation financière. *97 mots*

Pourtant, du fait de l'évolution sociologique du capitalisme, les classes ouvrières en sont venues à nier toute dimension morale et vertueuse au travail, pour souhaiter l'imposer comme valeur économique. Cette évolution conduit à ne plus voir en lui qu'ennui, mépris et dégoût. Cet état de fait manifeste la contradiction fondamentale propre à la classe laborieuse qui veut voir reconnu et valorisé cela même qu'elle déteste au plus haut point : le travail. *75 mots*

○ Proposition d'une version résumée définitive du texte (220 mots) avec séparateur tous les 50 mots

Le travail prend une valeur sociale absolument différente selon qu'on le considère ou non comme valeur morale. Effectivement, si le travail est valorisé moralement, on se préoccupera peu des conditions de vie des travailleurs, inversement, plus l'opinion publique se mobilise pour améliorer les conditions de travail des classes**//** laborieuses, plus cela signifie que le travail est devenu méprisable, dénué de toute valeur morale. Ainsi, on constate même que ceux qui refusent toute mobilisation pour les classes laborieuses voient le travail comme une forme d'accomplissement spirituel.

De fait, si le travail est une vertu, pourquoi le rémunérer correctement**//**ou le réduire ? Une rétribution minimale pour le travailleur suffit. Inversement, les luttes sociales ne se justifient que si le travail est considéré comme pénible et déshumanisant. C'est bien pour cela qu'originellement le capitalisme fait du travail une nécessité éthique, voire religieuse afin que les plus pauvres l'**//**acceptent sans rien revendiquer.

Pourtant, du fait de l'évolution sociologique du capitalisme, les classes ouvrières désormais nient toute dimension morale et vertueuse au travail, souhaitant l'imposer comme valeur économique. Cette évolution conduit à ne plus voir en lui qu'ennui, mépris et dégoût, et manifeste la contradiction fondamentale//propre à la classe laborieuse qui veut voir reconnu et valorisé cela même qu'elle déteste le plus : le travail.

○ Sujets de dissertation

1. « La haine du travail ; voilà le véritable catalyseur de l'exigence qu'il soit l'objet, sous tous ses aspects, d'une considération toujours plus grande. »

Vous questionnerez le sens de cette pensée.

2. « En quoi le travail peut-il être une vertu ? »

Vous vous demanderez quelle(s) réponse(s) les œuvres apportent à ce questionnement.

Résumé type Centrale

Dominique Méda, *Le travail. Une valeur en voie de disparition ?* Chapitre II, « Des sociétés sans travail ? », « Le paradigme grec », 2021 (1re édition 1995).

Ce texte doit être résumé en 200 mots, plus ou moins 10 %. Séparateur tous les 50 mots.

Dans la question du rapport au travail, la Grèce constitue une référence. En effet, la société grecque, celle que nous connaissons à travers les textes philosophiques, historiques et littéraires, non seulement présente un certain nombre de caractéristiques propres aux « économies domestiques » précapitalistes, mais se distingue aussi par un ensemble de réflexions et d'institutions dont nous savons qu'elles constituent une part fondamentale de notre héritage philosophique, scientifique, culturel et politique. La question du travail a été pensée en tant que telle par les philosophes grecs, même si le terme de travail ne présente pas les mêmes significations que dans nos sociétés modernes. Par rapport aux sociétés étudiées précédemment, la société grecque possède donc l'avantage d'avoir articulé rationnellement sa position par rapport au travail ou par rapport à un certain nombre de tâches qui relèvent aujourd'hui de notre idée du travail. L'interprétation en est d'autant facilitée.

Les philosophes grecs, au-delà de leurs différences, partagent globalement la même conception du travail : il est assimilé à des tâches dégradantes et n'est nullement valorisé. L'époque grecque représente à ce titre une sorte d'idéal type des sociétés dans lesquelles le travail n'est pas glorifié, au nom du développement d'autres activités. Il ne s'agit certes pas de revenir à ce modèle, mais nous sommes persuadés qu'il faut en saisir toutes les implications pour mieux comprendre notre époque. Autrement dit, il ne suffit pas de se débarrasser du modèle grec en arguant du fait qu'il appartient à une civilisation définitivement dépassée et en ajoutant au postulat d'incompréhensibilité (cette époque serait trop différente de la nôtre pour que nous la comprenions, nous ne pouvons que projeter nos propres catégories sur elle) un postulat d'intransférabilité (ces sociétés sont trop différentes des nôtres, particulièrement du point de vue du développement économique, pour que nous puissions le moins du monde nous en inspirer). Afin de mesurer la pauvreté de ce dernier argument, il nous suffira de nous rappeler que c'est en Grèce classique qu'ont été en partie inventées la démocratie, la science, la philosophie ou encore les mathématiques et que toute notre histoire n'est, d'une certaine manière, qu'un long dialogue, parfois interrompu, avec l'héritage grec, dialogue scandé par la redécouverte d'Aristote au Moyen Âge, via les philosophes arabes, ou le « retour » à la Grèce du XVIIIe siècle français et du XIXe siècle allemand.

Avant d'analyser la représentation que les Grecs se sont faite du travail, il nous faut rappeler très rapidement comment s'ordonnent le monde et les sociétés grecs, tels qu'ils sont présentés dans les principaux textes qui vont de l'*Iliade* d'Homère à *La Politique* d'Aristote. Le monde grec est clos et discontinu : il est constitué d'un ensemble fixe (les astres) et du monde sublunaire, soumis à la génération et à la corruption, c'est-à-dire à la mobilité, à la transformation et à la mort. L'ensemble du monde soumis à la « mortalité » tend à ressembler à ce qui est immortel, ce qu'Aristote exprime de la façon suivante : Dieu, premier moteur, meut par amour. Les activités humaines sont valorisées en fonction de la plus ou moins grande ressemblance qu'elles peuvent avoir avec l'immobilité et l'éternité. D'où la valorisation de la pensée, de la *theoria*, de la contemplation ou plus généralement de la science, qu'elle soit mathématique ou philosophique, dans la mesure où elle a pour objet des essences ou des figures immuables, qui échappent au perpétuel mouvement. Cette activité, comme par contagion, est la seule susceptible de nous rendre semblables à ce qui est contemplé, et donc, d'une certaine façon, de nous soustraire à l'action du temps. Elle est exercée par l'âme ou la raison et non par le corps. Deux autres activités sont également valorisées, particulièrement chez Aristote : l'activité éthique et l'activité politique. La première, encore appelée *praxis*, désigne les activités qui ont leur fin en elles-mêmes, d'autant plus valorisées qu'elles sont soustraites à la nécessité : elles ne visent pas à autre chose qu'elles-mêmes, ne sont pas des instruments au service d'une autre fin. La seconde permet à l'homme d'exercer son humanité, c'est-à-dire la raison et la parole et elle s'emploie à rendre toujours meilleure ce sans quoi l'homme seul n'est rien : la cité.

À ces activités fortement valorisées, parce qu'elles relèvent de la sphère de la liberté, s'opposent les activités qui nous attachent à la nécessité et qui constituent, à des degrés divers, le pôle non valorisé des activités humaines. Le travail y appartient. Trois caractéristiques majeures le définissent, à quelques variations près : le travail, compris comme notion univoque englobant les différents métiers ou les différents « producteurs », n'existe pas. Les activités qu'il recouvre sont méprisées. Enfin, le travail n'est en aucune manière au fondement du lien social.

On trouve en Grèce des métiers, des activités, des tâches ; on chercherait en vain *le* travail. Les activités sont au contraire classées dans des catégories irréductiblement diverses et traversées par des distinctions qui interdisent de considérer le travail comme une fonction unique. La plus importante concerne la différence entre les tâches rassemblées sous le terme de *ponos*, activités pénibles, exigeant un effort et un contact avec les éléments matériels, un contact dégradant, donc (c'est la logistique ou l'intendance), et celles qui sont identifiées comme *ergon* (« œuvre »), dont la caractéristique est de pouvoir être imputées à quelqu'un et qui consistent dans l'application d'une forme à une matière (le potier façonne par exemple une coupe en mettant en forme une matière donnée). Traversant cette première distinction, on trouve également une série d'activités bien séparées : les activités agricoles, dont la logique est encore proche des pratiques religieuses et qui constitue un mode de vie à part entière, une série de métiers manuels exercés par le cordonnier, le charpentier, etc., et les activités serviles. Chacune a son domaine et sa logique propre, et le plus souvent aussi, sa « classe-support » : les agriculteurs, les artisans et les esclaves. Dans la Grèce archaïque, connue à travers les textes d'Homère ou d'Hésiode, la hiérarchie des activités s'ordonne selon le plus ou moins grand degré de dépendance par rapport aux autres qu'elles impliquent : en bas de l'échelle, on trouve l'activité de l'esclave et du thète (le mercenaire qui loue ses bras à un propriétaire pour un temps déterminé et qui peut être utilisé pour toutes les tâches, à la différence de l'artisan qui maîtrise un savoir spécialisé). Dans l'Odyssée, l'ombre d'Achille déclare à Ulysse que la vie d'un simple thète chez le plus indigent laboureur lui paraîtrait préférable à la royauté chez les morts, pour signifier qu'il préférerait à la mort même l'état le plus bas de la vie sociale. Viennent ensuite les démiurges, ou encore artisans. Certes, ceux-ci maîtrisent une « technique » mais ils sont également frappés de dégradation sociale, car ils travaillent pour le *demos*, le peuple, et sont donc redevables à autrui de leurs moyens d'existence. Artisans et mendiants appartiennent à la même catégorie : celle où l'on ne vit que de la commande et de la rétribution d'autrui. Les activités commerciales sont également condamnées : elles révèlent une avidité indigne de l'homme. Seules les activités agricoles échappent à la condamnation, car seules elles permettent d'échapper à la dépendance d'autrui. Ainsi les activités laborieuses ne sont-elles pas méprisées en elles-mêmes, mais surtout en raison de la servitude par rapport à autrui qu'elles entraînent. Hésiode ne méprise pas le travail, il le considère comme nécessaire depuis que les hommes ont perdu l'âge d'or, mais si le travail est obligatoire pour pourvoir aux besoins de la vie, il doit s'opérer dans des conditions qui permettront de sauvegarder l'indépendance, c'est-à-dire la liberté et la dignité.

○ Préparer le résumé : identifier le propos général, la structure du texte et les idées essentielles

Afin de connaître notre rapport au travail il est nécessaire de comprendre comment ce dernier était considéré en Grèce antique. En effet, malgré certaines réticences, il semble bien que les Grecs demeurent pour notre société contemporaine une référence incontournable. Les fondements de leur société révèlent deux grandes vérités (une troisième n'est qu'évoquée : le fait que le travail n'engendrerait aucune sociabilité) : premièrement le travail n'existe pas comme concept uniforme et unique, deuxièmement les activités qu'il recouvre sont plus ou moins méprisables, selon le degré de dépendance aux autres qu'elles impliquent, aussi seule l'agriculture est-elle respectable. Ainsi, il existe une forme noble du travail, celui qui ne comporte ni servitude, ni dépendance.

Ce texte peut être découpé en trois grandes parties :

1. **§ 1 : Introduction : Pourquoi il est important d'identifier comment les Grecs définissent le travail.**

- Les Grecs demeurent pour de nombreux domaines (philosophie, sciences, culture et politique) une référence pour nous.

2. **§ 2 et 3 : Pourquoi les Grecs demeurent une référence pour notre société et quels sont les fondements de leur culture.**

- § 2 : Les Grecs sont une référence pour la notion de travail. En Grèce antique, le travail est dévalorisé. Il faut comprendre pourquoi car la proximité conceptuelle avec notre société est réelle. Même si la transférabilité de leurs critères culturels a pu être discutée, les Grecs demeurent pour nous des modèles ou des références en matière de pensée politique, scientifique et philosophique.
- § 3 : En prérequis à la compréhension de la notion de travail, se pose donc la connaissance des théories cosmogoniques et des fondements de la société qui distingue entre le monde des « fixes » (les vérités intemporelles), valorisé, et celui, dévalorisé, des « mobiles » (les vicissitudes humaines sublunaires).

  Trois activités surtout sont valorisées :

  - La theoria (pensée).
  - L'éthique.
  - La politique.

3. **§ 4 et 5 : Les trois caractéristiques du travail et les implications sociologiques concrètes des deux premières caractéristiques.**

- § 4 : Les activités non valorisées sont celles recouvrant ce que nous identifions au « travail », sachant que :
  - Le travail, comme notion homogène n'existe pas.
  - Ce que le « travail » recouvre est méprisé.
  - Le travail n'engendre pas la sociabilité.

- § 5 : Explicitation des deux premières caractéristiques précédentes :
  - On parle non pas de « travail », mais de deux grands types de tâches. *Ponos* pour le « travail » pénible, *ergon* pour ce qui relève de la création. Il faut aussi considérer les tâches transversales (relevant soit de *ponos*, soit d'*ergon*) : l'agriculture, les métiers manuels, les métiers serviles.
  - Le « travail » est méprisé car tout travail implique une forme de dépendance. Les Grecs établissent une hiérarchie des travaux en fonction des degrés de dépendance (on distingue ainsi les thètes au bas de l'échelle, puis les artisans, plus libres mais eux-mêmes néanmoins dépendants du peuple). Seule l'agriculture échappe à cette dévalorisation car elle n'implique pas de dépendance à autrui. C'est pourquoi Hésiode ne méprise pas ce travail (les hommes doivent travailler la terre pour vivre).

La seule condition à laquelle le travail peut être sauvé du mépris est donc bien celle-ci : il doit préserver la liberté et la dignité en dégageant de toute forme de dépendance.

○ Proposition d'une première version résumée du texte, ou avant-texte (374 mots)

Les données philosophiques, institutionnelles et culturelles émanant de la Grèce antique constituent pour nous un ensemble de savoirs précieux afin de comprendre comment se définit et comment s'est construite la notion de travail. Un même constat ressort des réflexions des différents philosophes grecs : le travail est méprisable et peu enviable, cela ne peut certes nous servir de modèle pour définir notre approche moderne de la notion, mais peut nous la faire mieux comprendre. *74 mots*

Il faut donc admettre que malgré les différences de fonctionnements (susceptibles de nous faire douter de notre bonne compréhension de l'Antiquité), malgré nos réticences à considérer que nous pourrions nous inspirer de cette civilisation, les Grecs restent pour nous des passeurs plus ou moins directs, toujours incontournables de culture, à peu près dans tous les domaines, notamment les plus fondamentaux. *61 mots*

Aussi est-il important, pour bien saisir les enjeux pour nous de leur conception du travail, de cerner précisément leurs représentations cosmologiques et sociétales. Deux grands systèmes apparaissent : celui, trivial et éphémère, des choses sublunaires soumises aux changements, et celui, noble et éternel, du cycle des astres échappant à toute dégradation et transformation. Sur cette base, toutes les activités humaines relevant de la théorie et des vérités immuables, ou celles morales et politiques dont le but est d'atteindre une sorte de perfection absolue, sont intrinsèquement valorisées et reconnues comme supérieures à toutes les autres. *95 mots*

À l'inverse, on leur oppose toutes les activités humaines relevant de la vie quotidienne, soumises aux changements et aux vicissitudes humaines. Le travail en fait partie, qui peut se définir comme une notion hétérogène, méprisable, détachée de toute sociabilité. En effet, les Grecs ne définissent pas LE travail, mais considèrent un ensemble de tâches catégorisées selon leur degré de pénibilité ou de création, selon leur nature (agricole, manuelle, servile) ou leur marquage social (agriculteurs, artisans). Plus la tâche implique une dépendance à d'autres strates de la société ou individus, plus elle est méprisée et méprisable. Seule l'agriculture sort valorisée de ce classement car elle est détachée de toute servitude aux autres. Ainsi le travail n'est pas en soi vil, seule la dépendance à autrui l'est, il peut même être exercé noblement dès lors qu'il n'implique aucune soumission. *144 mots*

○ Proposition d'une version résumée définitive du texte (217 mots) avec séparateur tous les 50 mots

La Grèce antique constitue un repère culturel et philosophique nous permettant d'appréhender la notion de travail, ce, malgré les différences et écarts civilisationnels. Son système de représentation explique sa conception du travail et demeure pour nous éclairant. On y distingue deux domaines opposés : le monde sublunaire trivial et dégradé**//**et celui des astres fixes, noble et authentique. Si la morale et la politique, par leur recherche de perfection, relèvent du deuxième, le travail, lui, relève du premier car il s'inscrit dans les activités humaines relevant de la vie quotidienne, soumises aux changements et aux vicissitudes humaines.

Le travail,**//**peut donc se définir comme une notion hétérogène, méprisable, détachée de toute sociabilité. En effet, les Grecs ne définissent pas LE travail, mais considèrent un ensemble de tâches catégorisées selon leur degré de pénibilité ou de création, selon leur nature (agricole, manuelle, servile) ou leur marquage social (agriculteurs, artisans). Plus**//**la tâche implique une dépendance à d'autres strates de la société ou individus, plus elle est méprisée et méprisable. Seule l'agriculture sort valorisée de ce classement car elle est détachée de toute servitude aux autres. Ainsi le travail n'est pas en soi vil, seule la dépendance à**//**autrui l'est, il peut même être exercé noblement dès lors qu'il n'implique aucune soumission.

○ Sujet de dissertation

« Hésiode ne méprise pas le travail, il le considère comme nécessaire depuis que les hommes ont perdu l'âge d'or, mais si le travail est obligatoire pour pourvoir aux besoins de la vie, il doit s'opérer dans des conditions qui permettront de sauvegarder l'indépendance, c'est-à-dire la liberté et la dignité. » (« Hésiode ne méprise pas le travail [...] c'est-à-dire la liberté et la dignité ») : « Quelles réflexions cela vous inspire-t-il ? Vous répondrez en mobilisant les œuvres du programme »

Cet ouvrage a été achevé d'imprimer en juin 2022
dans les ateliers de Normandie Roto Impression s.a.s.
61250 Lonrai (Orne)
N° d'imprimeur : 2202475
Dépôt légal : juin 2022

Imprimé en France